黄河小浪底水利枢纽规划设计丛书

大坝设计

林秀山　总主编

高广淳　主　编

中国水利水电出版社

黄 河 水 利 出 版 社

内 容 提 要

本书为"黄河小浪底水利枢纽规划设计丛书"的大坝设计卷，由直接参与工程设计的人员撰写。本书全面、系统地论述了小浪底水利枢纽工程大坝的设计特点，内容涉及坝址及坝型选择、筑坝材料设计、坝体结构设计、坝基处理设计、动力分析与抗震设计、大坝计算分析、大坝观测设计、大坝初期挡水运用及大坝安全性评价等，并对工程设计优化与创新、设计中的经验与体会作了介绍。

本书内容丰富，实用性强，可供从事水利水电工程设计、施工、运行管理人员以及大专院校有关专业的师生参考。

图书在版编目(CIP)数据

大坝设计/高广淳主编. —郑州：黄河水利出版社，2008.12

（黄河小浪底水利枢纽规划设计丛书/林秀山总主编）

ISBN 978-7-80734-506-0

Ⅰ.大… Ⅱ.高… Ⅲ.黄河-水利枢纽-大坝-设计 Ⅳ.TV632.613 TV649

中国版本图书馆 CIP 数据核字(2008)第 188917 号

出 版 社：中国水利水电出版社

地址：北京市西城区三里河路 6 号　　邮政编码：100044

黄河水利出版社

地址：河南省郑州市金水路 11 号　　邮政编码：450003

发行单位：黄河水利出版社

发行部电话：0371-66026940　　传真：0371-66022620

E-mail：hhslcbs@126.com

承印单位：河南省瑞光印务股份有限公司

开本：787 mm×1 092 mm 1/16

印张：23

字数：530 千字　　印数：1—2 000

版次：2008 年 12 月第 1 版　　印次：2008 年 12 月第 1 次印刷

定价：96.00 元

总序一

黄河小浪底水利枢纽是“以防洪（包括防凌）、减淤为主，兼顾供水、灌溉、发电，蓄清排浑，除害兴利，综合利用”为开发目标的大型水利工程，是国家“八五”重点建设项目，也是当时我国利用世界银行贷款最大的工程项目。小浪底主体工程于1994年9月开工，2001年底按期完工。工程采用国际招标方式选择了世界上一流的承包商，从施工管理、工程设计、移民搬迁到环境影响评价全面和国际接轨，为我国水利水电建设积累了宝贵经验。工程建成运行5年来，在黄河下游防洪、防凌、减淤冲沙、城市供水、发电、灌溉方面发挥了不可替代的作用。截至2004年底，累计发电约150亿kWh。在黄河连续枯水的情况下为确保黄河不断流提供了物质基础。显著的社会效益和经济效益使小浪底水利枢纽成为治黄的里程碑工程。

本着建设我国一流工程的目标，我有幸参与了小浪底工程的建设管理。一流的工程首先要以一流的设计为龙头。小浪底工程由于其独特的水文泥沙条件、复杂的工程地质条件和严格的水库运用要求，给工程设计提出了一系列挑战性的课题，被国内外专家公认为是世界上最具挑战性的工程之一。黄河勘测规划设计有限公司[1]的工程技术人员，经过近30年的规划论证和10多年的方案比选，以敢于创新和科学求实的精神，在国内科研院所和高等院校的配合下，较满意地解决了一个个技术难题，诸如深式进水口防泥沙淤堵、施工导流洞改建为孔板消能泄洪洞的重复利用、排沙洞后张预应力混凝土衬砌、洞室群围岩稳定、大坝深覆盖层基础处理、进出口高边坡加固、20万移民的生产性安置等，提出了以集中布置为鲜明特点的枢纽建筑物总体布置方案，同时也创造了许多国内国际领先水平的设计。小浪底工程于1999年10月蓄水运行以来，已安全正常地运行了5年，并经历了2003年高水位的运用考验，实践证明，小浪底工程的设计是成功的。

小浪底工程成功的设计，为小浪底工程的建设提供了可靠的技术保障。

---

[1] **编者注**：黄河勘测规划设计有限公司为原水利部黄河水利委员会勘测规划设计研究院。

黄河勘测规划设计有限公司的同志们认真总结小浪底工程的设计经验，编写出版了这套技术丛书。这套丛书的出版，无疑将丰富和促进我国水利水电建设事业的发展，也希望通过这套丛书使小浪底水利枢纽的成功经验得到更好的推广和应用。

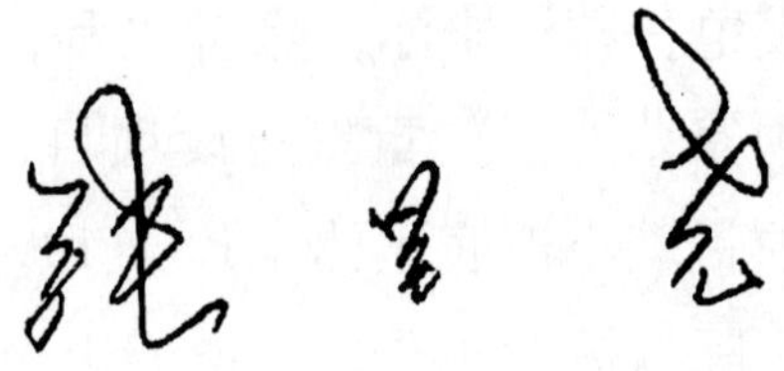

二〇〇三年三月一日

总 序 二

小浪底水利枢纽是黄河治理开发的关键工程。如今这座举世瞩目的工程已全面竣工，几代黄河人的小浪底之梦终成现实。宏伟的小浪底工程犹如一座巍峨的丰碑，记载着人民治黄的丰功伟绩，同时又是一座黄河治理开发的里程碑工程。它的建成运用，使治黄工作进入了一个能够对黄河下游水沙进行调控的新阶段。

黄河是世界上最复杂、最难治的河流。大量的泥沙淤积在下游河道内，使下游河道滩面高于大堤背河地面，成为举世闻名的地上悬河。如何把黄河的事情办好，一代又一代黄河人进行着孜孜不倦的探索和实践。

位于黄河中游最后一个峡谷出口处的小浪底，是三门峡水利枢纽以下唯一能够取得较大库容的坝址，处于承上启下控制黄河水沙的关键部位。修建小浪底水库对于黄河下游防洪、防凌、减淤等具有非常重要的作用，其战略地位是其他治黄工程无法替代的。

小浪底工程规模宏大，地质条件复杂，水沙条件特殊，运用要求严格，被公认为世界坝工史上最具挑战性的工程之一。面对这些难题，设计人员总结国内外的工程实践经验，克服重重困难，以勇于开拓创新又实事求是的科学精神，攻克了一个个技术难关，创造了多项国内外领先的设计成果。目前，工程已经开始发挥巨大的综合效益，特别是在调水调沙及塑造黄河下游协调水沙关系方面更是发挥了突出作用。

小浪底工程的勘测、规划和设计实践体现了“团结、务实、开拓、拼搏、奉献”的黄河精神，凝聚了广大治黄人员的智慧，同时也为今后的工作积累了丰富的经验。现在黄河勘测规划设计有限公司的同志总结小浪底工程的设计经验，编撰了这套规划设计丛书，非常必要、及时。丛书注重工程特点，论述设计思路和方法，突出创新成果，体现时代特征，系统全面反映了工程设计情况，对于今后的治黄工作乃至我国水利水电工程建设都将具有很好的借鉴作用。

小浪底工程建成后，黄河治理开发的任务依然非常繁重。小浪底水库本身的运用方式仍然需要深入研究，以保证其最大限度地发挥综合效益。同时，必须抓住小浪底水库投入运用的大好机会，抓紧开展黄河下游治理工作，并加快黄河干流骨干工程和南水北调西线工程建设、中游水土保持以及小北干流放淤等工作，构建完善的黄河水沙调控体系，使治黄工作朝着“维持黄河健康生命”的终极目标迈进。

李国英

2005年9月22日

总 前 言

小浪底水利枢纽位于黄河中游三门峡以下约130km黄河最后一个峡谷的出口处。从三门峡到小浪底，河床比降0.1%，南岸是秦岭山系邙山，北岸是中条山、王屋山，河谷宽500～1 000m，洪水水面宽200～300m，每遇洪水，黄河波浪滔天、咆哮而下。黄河出小浪底峡谷之后，河道突然展宽，大浪没有了，小浪也到底了，进入了由黄河泥沙堆积而成的黄淮海平原。郑州花园口以下约800km的下游河道高悬于两岸地面，在约1 400km堤防的约束下流入渤海。居住在峡谷出口右岸黄河岸边一个小山村的先人们，观黄河流态的变化，以“小浪底”命名了自己的小山村。年年岁岁，世世代代，先人们并不知道今天小浪底竟成了家喻户晓的一个巨大的水利枢纽的名字。这个名字牵系着国内外许多专家、学者，牵系着曾为之奋斗的上万名中外建设者，牵系着上至中央领导、下至黎民百姓。

小浪底水利枢纽控制黄河流域面积69.4万km^2，占黄河流域总面积（不包括内陆区）的92.3%，控制黄河天然年径流总量的87%及近100%的黄河泥沙。小浪底工程处在承上启下控制黄河水沙的关键部位，与龙羊峡、刘家峡、大柳树、碛口、古贤、三门峡一起成为开发治理黄河的七大骨干工程，在治黄中具有十分重要的战略地位。

小浪底工程建在因含沙量高而闻名于世的黄河上。黄河不仅水少沙多，而且水沙在时间上分布不均，黄河下游为地上悬河，河道上宽下窄，比降上陡下缓，排洪能力上大下小，凌汛也威胁着黄河两岸人民的安全。我国近代治河的先驱者，总结我国的治河经验，引进西方科技，提出了“全面开发，综合利用”的水利规划思想。新中国成立以后，开始了人民治黄的历程。历经50多年，治黄取得了举世瞩目的成就。在黄河流域整体规划的基础上，小浪底工程的开发论证经过了近半个世纪漫长的历程。根据黄河的特点及小浪底工程在黄河流域规划中所处的位置，对小浪底工程的开发目标进行了多次分析论证，一致认为小浪底水库处在控制黄河下游水沙的关键部位，是黄河干流三门峡以下唯一能取得最大库容的重大控制工程，在治黄中具有重要的战略地位。国家计委于1986年5月明确小浪底水利枢纽的开发目标为“以防洪（包括防凌）、减淤为主，兼顾供水、灌溉和发电，蓄清排浑，除害兴利，综合利用”。要求达到的目标是：提高下游防洪标准；基本消除下游凌汛威胁，在一定时段内遏制黄河下游河床淤积的趋势；调节径流提高下游灌溉供水保证率；水电站在系统中担任调峰。

小浪底水利枢纽由于其独特的水文泥沙条件，复杂的工程地质条件，适应多目标开发的严格的运用要求，以及巨大的工程规模和在治理黄河中重要的战略地位，被国内外专家公认为是世界坝工史上最具挑战性的工程之一。多年来，参与工程规划设计和研究的人员如履薄冰，认真总结借鉴前人的经验，以求实创新的精神开展工作，攻克了工程规划设计中的许多技术难关，保证了工程的规划设计达到先进水平。设计人员既尊重科学，又敢于突破常规，开拓创新，先后进行了400余项科学试验和专题论证分析，融汇了国内外许多专家的心血和智慧，解决了一个又一个难题。在建造深 82m 的混凝土防渗墙、将 3 条直径 14.5m 的导流洞改建为永久的多级孔板消能泄洪洞、在地质条件极为复杂的左岸单薄山体内建造了规模宏大和数量众多的地下洞室群、在高水头大直径排沙洞设计中采用了双圈缠绕的后张无黏结预应力混凝土衬砌结构、在国内大规模采用了双层保护的预应力锚索和钢纤维喷混凝土技术等多方面取得突破，在国内外处于领先地位。如今，小浪底水利枢纽以其独具鲜明特色的总体布置和建筑物设计展现在世人面前。小浪底工程为黄河治理开创了崭新的局面。

小浪底工程的规划设计、研究和论证，以及工程建设一直得到中央领导、水利部和国家有关部委的关注，并得到国内外许多专家的支持和帮助，融汇了他们的心血和智慧。

小浪底工程的成功设计，为小浪底工程的建设做出了巨大的贡献。为总结小浪底工程规划设计方面的经验和教训，我们组织了直接参与小浪底工程规划设计的人员从工程规划、设计的各个方面，认真总结小浪底工程的设计经验，并出版黄河小浪底水利枢纽规划设计丛书，以期和同行进行技术交流，丰富和促进我国水利水电建设事业，使小浪底工程的成功经验得到更好的推广和应用。黄河勘测规划设计有限公司对丛书的出版给予了大力支持，国务院南水北调建设委员会办公室主任张基尧和水利部黄河水利委员会主任李国英亲自为丛书作序，在此表示衷心的感谢。

由于水平所限，谬误之处在所难免，敬请指正。

黄河小浪底水利枢纽设计总工程师

林秀山

2005年9月

黄河小浪底水利枢纽规划设计丛书
编辑委员会

黄河小浪底水利枢纽规划设计丛书书目

◆ 枢纽规划设计　　林秀山　主编

◆ 工程规划　　李景宗　主编

◆ 水库移民　　翟贵德　主编

◆ 环境保护研究与实践　　张宏安　主编

◆ 水库运用方式研究与实践　　刘继祥　主编

◆ 大坝设计　　高广淳　主编

◆ 泄洪排沙建筑物设计　　潘家铨　主编

◆ 引水发电建筑物设计　　杨法玉　主编

◆ 机电与金属结构设计　　王庆明　主编

◆ 工程安全监测设计　　宗志坚　主编

前 言

小浪底水库大坝是迄今我国最大的壤土斜心墙大坝，坝高160m，坝顶长1 667m，坝顶宽15m，坝体填筑总量5 073万m^3。坝基采用厚1.2m、最大造孔深度82m、混凝土抗压强度35MPa的国内最深厚的混凝土防渗墙，以截断坝基覆盖层基础，并对坝基及作为大坝延伸的左岸单薄山体进行了帷幕灌浆，形成了坝基垂直防渗体系。大坝斜心墙通过内铺盖、上游拦洪围堰斜墙与坝前淤积泥沙形成的天然铺盖连接起来，构成坝基的水平辅助防渗线。大坝设计充分利用黄河多泥沙的特点，简化坝基渗控措施，采用17种材料进行坝的分区设计，将截流戗堤、枯水围堰、拦洪围堰和主坝有机地结合成一个整体。

小浪底坝址区自然条件复杂，如坝基最深达70余m的砂砾石覆盖层，基岩内泥化夹层发育，坝轴线处河床深槽右侧有一高约45m的基岩陡坎，断距达220m的F_1顺河向大断层及多条小断层，左岸相对单薄的山体，右坝肩及坝上游体积达1 100万m^3的滑坡体和倾倒变形体，较高的地震设防烈度以及河床覆盖层的振动液化和渗透稳定等。

鉴于坝址附近有储量丰富、质量良好的土料、石料和砂砾石料及坝基工程地质条件，选择了壤土斜心墙堆石坝坝型。根据其自然条件和坝址附近丰富的筑坝材料，形成了小浪底大坝以下主要设计特点：

（1）采用斜心墙坝型，以避开坝轴线上河床深槽右侧的基岩陡坎，并便于内铺盖的布置。

（2）充分利用黄河多泥沙的特点，通过设置内铺盖将主坝防渗体、拦洪围堰斜墙和坝前泥沙淤积形成的天然铺盖连接起来，构成了坝基以垂直防渗为主、水平防渗为辅的双重防渗体系。

（3）枯水围堰、上游拦洪围堰为大坝的一部分，并将左岸单薄山体作为大坝的延伸进行设计。

1993年2月15日大坝自右岸混凝土防渗墙开始施工，1994年12月中旬国外承包商开始坝基开挖，1999年10月25日水库下闸蓄水，2000年11月30日大坝竣工。历时8年，中外建设者采用了诸多先进技术、先进工艺、先进设备以及国际化的管理模式，创造了日最高填筑强度6.7万m^3、月最高填筑强度158万m^3和年最高填筑量1 636.1万m^3的国内最高记录，谱写了中外建设者合作治理开发黄河的新篇章。

大坝施工过程中，除采用了大量先进设备外，还采用了多项先进的施工方法和施工工艺，诸如：

（1）主坝防渗墙施工时，在横向塑性混凝土槽孔墙保护下，用液压铣槽机（双轮铣）切削的平板式接头技术，解决了高标号混凝土防渗墙接头孔施工困难的问题，不但工效高，而且接头质量好。

（2）主河槽段拦洪围堰基础采用高压旋喷灌浆成墙技术，设备先进，工效高，仅用1台钻机和1台旋喷钻机在98 d内完成灌浆进尺11 562.4m、成墙面积9 897.2m^2。

(3)坝基帷幕灌浆广泛采用稳定性浆液,使灌浆工艺大为简化。

(4)利用高压旋喷灌浆加固心墙基础坡、洪积覆盖层,不但减少了坝基开挖量、基础处理工程量和填筑量,还为抢填大坝的拦洪高程赢得了宝贵的工期。

(5)GIN(灌浆强度值)法灌浆技术的引进和成功应用,并取得了有益的经验。

(6)关键的原型观测仪器通过数据采集、控制单元MCU和计算机联网,进行观测数据的自动传输和处理分析,对大坝的工作性态进行实时监控。

小浪底水库蓄水运用近9年来,已发挥了显著的社会、经济效益:大旱之年,通过科学调度,实现了黄河下游不断流;2003年"华西秋雨"期间,按照黄河防总的统一调度并与有关水库联合运用,减少了下游洪灾损失约110亿元;小浪底水库投入运用后,有效地解除了黄河下游凌汛灾害;截至2008年4月底,水库共拦蓄泥沙23.23亿m^3,并连续5年进行了调水调沙运用,有效地减少了下游河道的淤积抬升,提高了下游河槽的过水能力;为下游供水、灌溉提供了可靠的水源;截至2008年,累计发电350亿kWh,2004~2007年连续4年年发电量超过50亿kWh,提前达到了设计水平;通过水库的合理调度,保障了黄河下游及入海口的生态需求流量,大大改善了黄河下游的生态环境。小浪底水库的运用,对于黄河下游起到了其他工程措施无法替代的作用。

小浪底大坝的成功建设凝聚了中外坝工专家,特别是我国坝工专家的智慧以及大坝设计工程师创造性的工作和中外建设者的创造性劳动,小浪底大坝是集体智慧的结晶。

在小浪底大坝的论证和整个设计过程中,甘宪章、杜士斌、李弘、彭新祺、李运涛、倪新贤等均为大坝的设计倾注了自己的心血,在此谨向他(她)们表示崇高的敬意。

为总结小浪底高土石坝的设计经验,兹编写本书,以期与同行进行技术交流,为共同促进我国高土石坝设计水平的提高尽我们的微薄之力。书中难免存在错误和不足之处,敬请批评、指正。

高广淳

2008年8月

《大坝设计》编写人员名单

主　编　高广淳

章　名	编写人员
第一章　概述	高广淳　甘宪章
第二章　工程设计条件	甘宪章　韩秋茸
第三章　坝线、坝型比较与选择	孙胜利　姜苏阳
第四章　筑坝材料设计与研究	孙胜利　王新奇　田华祥
第五章　坝体分区和结构设计	李治明　韩秋茸　杨永叶
第六章　基础处理设计	段世超　代巧枝
第七章　动力分析	韩秋茸　李治明
第八章　大坝监测设计	王　跃　李海河
第九章　施工中出现问题及处理	段世超　杨永叶　曹国利
第十章　大坝工程施工	高广淳　李治明　段世超
第十一章　大坝初期挡水运用情况及大坝安全性评价	高广淳　赵洪岭　韩秋茸

目　录

第一章 概 述

第一节 工程概况

小浪底水利枢纽位于河南省洛阳市以北40km的黄河干流上，上距三门峡水库130km，下距郑州京广铁路桥115km。坝址位于黄河中游最后一个峡谷段的出口，控制流域面积占花园口以上流域面积的91.5%，是黄河干流三门峡以下唯一能够取得较大库容的控制性工程，处在承上启下控制黄河水沙的关键部位，在治黄中具有重要的战略地位。

工程开发目标是以防洪(包括防凌)、减淤为主，兼顾供水、灌溉和发电，蓄清排浑，除害兴利，综合利用。

整个枢纽由三部分组成：一是拦河大坝，坝型为带内铺盖的壤土斜心墙堆石坝，最大坝高160m，总库容126.5亿m^3，坝体方量5 073万m^3；二是泄洪排沙建筑物，包括10座进水塔、3条孔板泄洪洞、3条排沙洞、3条明流泄洪洞、1条灌溉洞、1座正常溢洪道、1个综合消能水垫塘；三是引水发电建筑物，包括与排沙洞共用的3座综合进水塔、6条直径为7.8m的高压引水隧洞、地下厂房、尾水洞、尾水渠和防淤闸等。

小浪底枢纽工程受地形地质条件限制和运行要求，16条引水和泄水隧洞、溢洪道、地下厂房洞群均集中布置在左岸山体内，且呈空间立体交叉，地下洞室之多、程度之复杂为国内外所罕见。黄河小浪底水利枢纽工程位置见图1-1-1。

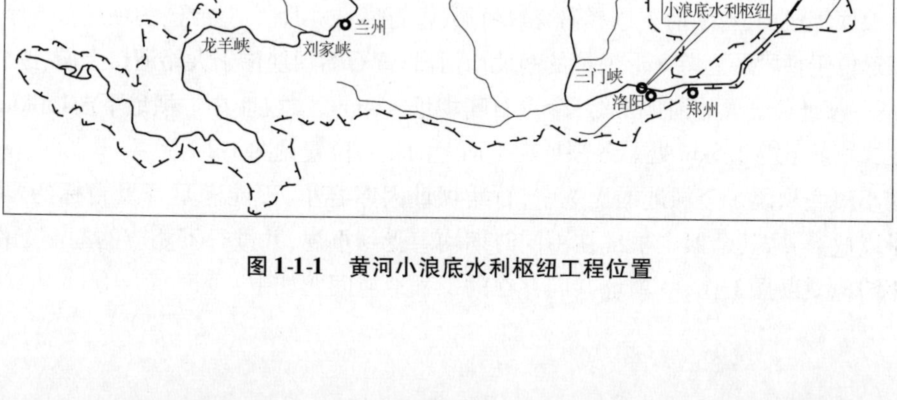

图1-1-1 黄河小浪底水利枢纽工程位置

第二节 河段开发规划及坝址选择

一、三门峡至小浪底河段规划

1954 年黄河规划认为:三门峡至小浪底河段的主要任务是防洪。根据本河段为峡谷的地形地质条件,共规划了三门峡、任家堆、八里胡同、小浪底四个梯级。在整个黄河的干流规划中,小浪底为第 40 个梯级,并拟定小浪底水利枢纽是以发电为主的径流电站。

1958 年提出的《小浪底水利枢纽设计任务书》,拟定小浪底枢纽以发电为主,综合利用,合并小浪底、八里胡同为一级开发;1969 ~ 1974 年的河段规划中,主要进行了一级和二级开发方案的比较论证,最终推荐小浪底高坝一级开发方案,以发挥防洪、防凌、减淤、灌溉、发电等综合利用效益。至此,基本确定了三门峡至小浪底区间为一级开发方案的原则。

在以后的规划中,重点进行了以下工作:水库一次抬高水位蓄水拦沙运用和逐步抬高水位拦粗(沙)排细(沙)运用方案比较;研究 265.00m、270.00m、275.00m 三个不同最高蓄水位方案的各项经济、技术指标,并推荐最新蓄水位 275.00m 的方案;对分两期施工的初期最高蓄水位 245.00m、250.00m、255.00m 三个方案各项指标的比较论证,推荐初期最高蓄水位 250.00m。

1985 年 12 月完成上报的《黄河小浪底水利枢纽工程设计任务书》,经国务院领导批准,同意设计任务书确定的工程开发任务是以防洪(包括防凌)、减淤为主,兼顾供水、灌溉、发电等综合利用,同意设计任务书确定的水库运用方式和工程总体布置,并按最高蓄水位 275.00m 进行设计等。至此,最终确定了三门峡至小浪底区间河段为一级开发、一次建成的规划方案。

二、坝址比较与选择

(一)坝段基本情况

由于小浪底水利枢纽是黄河干流在三门峡以下唯一能够获得较大库容的控制性工程,是黄河下游重大防洪措施之一,对黄河下游的治理开发具有重大意义。因此,黄河水利委员会自 20 世纪 50 年代初期以来,便开始了对小浪底的勘测、规划、设计和科研工作。

小浪底坝段内,自上而下选择研究过竹峪、青石嘴、一坝址、二坝址、三坝址等 5 个坝址。竹峪坝址位于坝段最上游 S 形河湾的南北向河段;青石嘴坝址位于大峪河口上游,距竹峪坝址 8km;一坝址位于大峪河口下游,距青石嘴坝址 1.4km;二坝址在一坝址下游1.0km处;三坝址在二坝址下游 2.6km 处。各坝址在平面上的相对位置见图 1-2-1。

在小浪底坝段 5 个坝址的比选中,竹峪坝址因库容小,不能满足开发目标的要求,而最早予以放弃外,其余四个坝址在不同时期均曾受到重视,并进行了相应的勘测工作。经过多年的地质勘探工作,各坝址共同存在的工程地质问题如下:

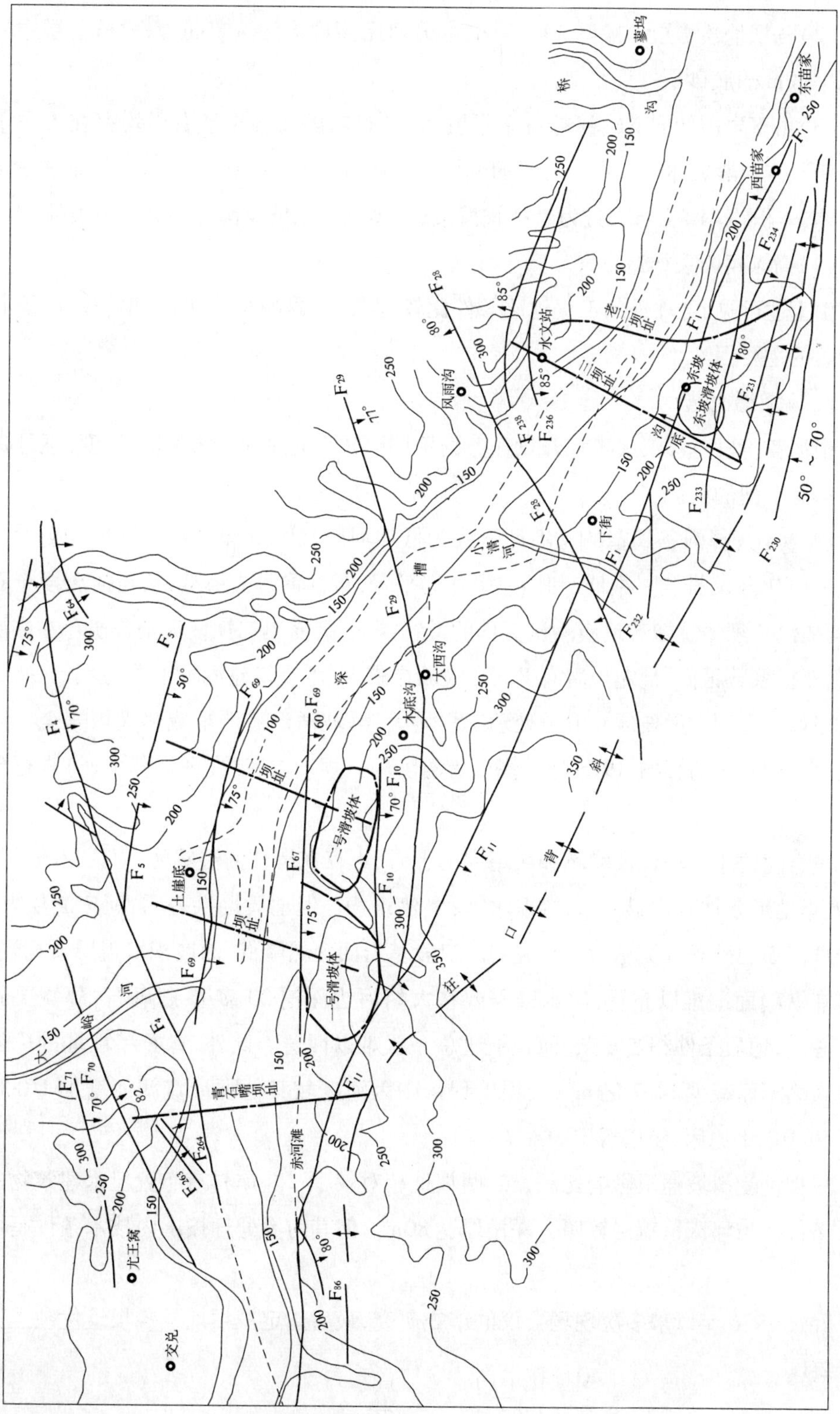

图 1-2-1 小浪底坝址位置示意图

(1)砂页岩地层倾角平缓,并普遍存在泥化夹层,其物理力学指标较低。

(2)各坝址覆盖层一般厚20~40m,部分河床深槽最深达80m,深槽覆盖层中有厚度达10~20m的底砂层。

(3)由于岩层倾向NE,河谷右岸岸坡为顺向坡,因而各坝址右岸均存在大小不同的倾倒变形体和滑坡体。一坝址右岸的1号滑坡体,体积达1 100万m^3;二坝址右岸的2号滑坡体,体积约410万m^3,且为悬挂式滑坡;三坝址有东坡及沟西两处小滑坡体。

(4)高倾角断裂构造发育。

由上述可见,各坝址的工程地质条件比较复杂,是影响坝型比选、枢纽总布置和工程造价等的主要因素。

(二)坝址比选

根据各阶段对小浪底工程开发任务的不同要求和地质问题揭露的深度,坝址选择各阶段都有不同的认识。

1954年选择河谷最窄的三坝址下线为低坝坝址。1960年推荐二坝址为重力坝高坝坝址。1971年又推荐一坝址,利用左岸基岩平台,布置重力式溢洪道,与河床段土石坝连接,构成混合坝型。随着地质勘探工作的继续深入,揭露出二坝址坝基普遍存在多层泥化夹层,摩擦系数很低,且左坝肩有F_4、F_5大断层贯穿,不宜修建混凝土重力坝。一、二两坝址右岸都有大型古滑坡体。滑坡处理工程量大,滑坡涌浪又严重威胁大坝安全。为避开滑坡对大坝安全的影响,1975年又提出青石嘴和三坝址沟底线(即推荐坝址)进行比较研究。

青石嘴位于一坝址大滑坡和大峪河的上游,不存在滑坡涌浪威胁,河床覆盖层相对较薄,左岸地形条件较优,易于布置泄水、发电建筑物。但地质勘探查明,河床断层发育;左岸洞群区断层破碎带宽达150m;隧洞出口段基岩面突然降低,而坡积覆盖层又相当厚,使洞群在纵剖面上难以布置;尾水渠需要在大峪河边深挖20多m砂砾石,外侧要做挡墙等。总之,地质条件相当复杂,而且枢纽总布置难以回避。此外,青石嘴坝址的库容因不包括大峪河而减少14.7亿m^3;大坝工程量则因河床较其他坝址宽阔而增加1 000多万m^3。由于以上原因,予以否定。

三坝址受滑坡涌浪影响比一、二两坝址相对较小,左岸具有布置泄水建筑物的地形地质条件,虽河床覆盖层较厚,深槽厚达80m,但其防渗处理按国内技术条件是可以解决的。

经过1976年以来多次现场会议的审查研究,最后选定三坝址。各坝址优缺点比较见表1-2-1。

表 1-2-1　　各坝址优缺点比较

坝址	优点	缺点
青石嘴	1. 位于一、二两坝址大滑坡上游，没有滑坡涌浪威胁； 2. 左岸地形较好，洞子亦不长； 3. 覆盖层较薄	1. 左右岸断层影响带很宽，岩性破碎软弱，左岸洞子出口基岩很低，难以布置； 2. 电站尾水渠入大峪河，需挖深 20 多 m； 3. 河床内断层交会密集，河床宽，大坝工程量增加 1 000 万 m^3 以上； 4. 由于坝址在大峪河以上，库容减少 14.7 亿 m^3，要弥补这一缺点，需增加坝高，进一步增大工程量
一坝址	覆盖层相对较薄	1. 右岸有大滑坡 1 100 万 m^3，需挖除； 2. 左岸岩石平台上有中等湿陷性黄土台地，覆盖甚厚，如筑土石坝，挖填工程量最大
二坝址	1. 覆盖层较三坝址薄，如全部挖除，心墙可以做在基岩上； 2. 左岸山体较三坝址宽厚	1. 右岸有 410 万 m^3 大滑坡，距一坝址不到 1km，受上游滑坡威胁很大，处理大滑坡，工程量大； 2. 左岸 F_4、F_5 断层很破碎，影响建筑物布置； 3. 下游坝坡位于深槽上，砂层接近地表，有液化可能； 4. 造价高于三坝址
三坝址	1. 左岸布置泄水建筑物比各坝址均有利，工程造价相对较低； 2. 对外交通相对较方便； 3. 上游大滑坡涌浪传到三坝址威胁不大，较二坝址有利； 4. 河床覆盖层虽较厚，但底砂层埋藏较深，不会发生液化	1. 覆盖层最厚达 80m，但防渗墙试验是成功的； 2. 有 F_{236}、F_{238} 断层与泄水建筑物相交，但不很严重； 3. 左岸山体相对较单薄； 4. 右岸坝基下有 F_1 顺河大断层

第三节　枢纽总体布置

一、总体布置的任务

小浪底水利枢纽正常运用水位 275m，设计坝高 154m（实际坝高 160m），总库容126.5 亿 m^3，装机 1 800MW，属国家大(1)型Ⅰ等工程，主要建筑物为 1 级建筑物。枢纽按千年一遇洪水设计、万年一遇洪水校核、百年一遇洪水导流。在水库总库容 126.5 亿 m^3 中，长期有效库容 51 亿 m^3，淤沙库容 75.5 亿 m^3。小浪底枢纽建筑物总体布置的任务如下：

(1)根据坝址区的地形地质条件，选择合适的挡水建筑物型式。

(2)在已选定坝型的基础上，选择合适的泄水建筑物，满足枢纽宣泄洪水的要求，枢纽总泄流能力不得小于17 000m^3/s，在非常死水位 220m 时泄流能力不得小于 7 000m^3/s。

(3)妥善处理诸如进口防泥沙淤堵、高速含沙水流磨蚀等工程泥沙问题。

(4)妥善处理黄河洪水挟带的漂浮物。

(5)选择合适的引水发电建筑物型式，研究减少过机沙量的措施，妥善解决高含沙水流条件下的汛期发电问题。

二、总体布置的特点

小浪底水利枢纽在黄河治理中重要的战略地位、特殊的水沙条件和复杂的地质条件，以及十分严刻的水库运用方式，给枢纽设计提出了一系列极具挑战性的技术难题。诸如河床深覆盖层的处理，进水口防泥沙淤堵，高速含沙水流处理，水轮机抗磨及水电站汛期发电问题，左岸单薄山体稳定，进出口开挖高边坡的支护，地下洞室群的围岩稳定等。其中与枢纽建筑物总体布置关系最为密切的是泄洪方式的选择。根据对近 20 个枢纽总体布置方案的比选，小浪底工程最终推荐采用的枢纽总体布置方案如图 1-3-1 所示，其有如下鲜明的特点：

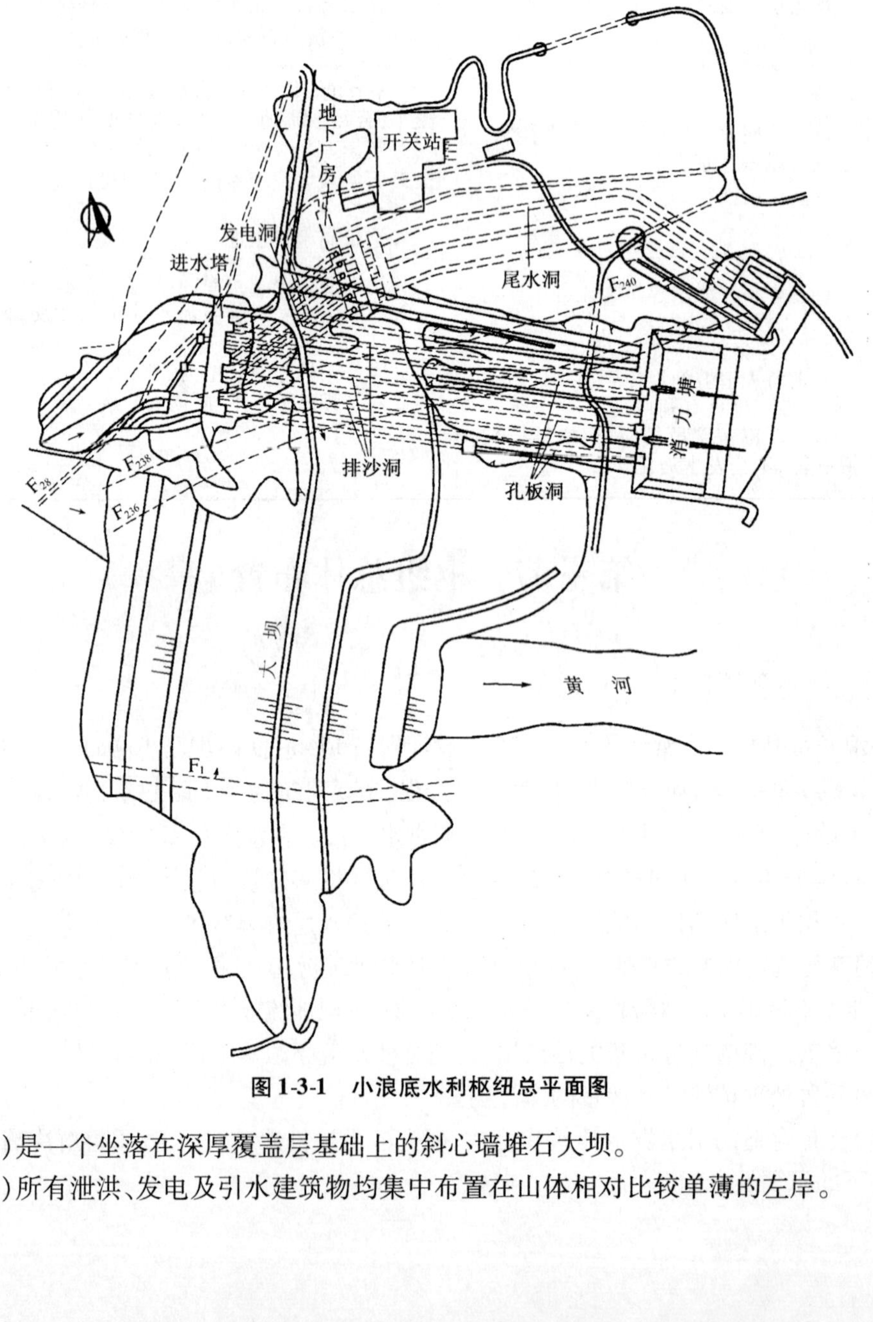

图 1-3-1 小浪底水利枢纽总平面图

(1)是一个坐落在深厚覆盖层基础上的斜心墙堆石大坝。

(2)所有泄洪、发电及引水建筑物均集中布置在山体相对比较单薄的左岸。

(3)采用以具有深式进水口的隧洞群泄洪为主的方案,9 条泄洪洞总泄流能力 13 563m^3/s,占总泄流能力的 78%。其中 3 条泄洪洞为由导流洞改建的多级孔板消能泄洪洞。

(4)所有泄洪、发电、引水建筑物的 16 个进口错落有致地集中布置在 10 座进水塔内,9 条泄洪洞和 1 座陡槽式溢洪道采用出口集中消能的方式。

(5)采用以地下厂房为核心的引水发电系统。

这样的布置方式可满足宣泄设计洪水及校核洪水的要求,并留有约 3 000m^3/s 的泄流能力作为安全裕度。采用进水口集中布置的方式,并设高程至 250m 的进口导墙导引水流,可保持进口冲刷漏斗,辅以加大闸门启闭机容量、设置高压水枪及进口泥沙淤积监测等措施,可保证进水口不被泥沙堵死。设置的高位明流洞可兼排漂排污。采用低位导流洞改建的多级孔板消能泄洪洞进行洞内消能,不仅解决了枢纽总布置的困难,也为解决高速水流创出了一条新路。压力式排沙洞直接布置在引水发电进口下 15 ~ 20m,可大大减少过机沙量,采用新型抗磨水轮机及其他防护和维修措施可保证水电站汛期正常发电。排沙洞采用双圈缠绕的后张无黏结预应力混凝土衬砌结构,可防止高压水向单薄山体渗透,保证左岸单薄山体的稳定和安全。此外,泄洪洞的高流速段采用了 70MPa 的高强硅粉混凝土衬砌,采取了掺气减蚀措施,出口采用大型水垫塘消能,对枢纽建筑物的正常运行都会发挥应有的作用。对进出口开挖高边坡及洞室群的围岩稳定均给予足够的重视和设计考虑。

第二章 工程设计条件

第一节 基本数据

一、建筑物等级和洪水标准

水利部水规[1988]41号文规定，小浪底水利枢纽工程为Ⅰ等工程，大坝为1级建筑物。按千年一遇洪水40 000m^3/s设计、可能最大洪水52 300m^3/s校核；施工导流按百年一遇洪水设计。

上游施工围堰为主坝的一部分，库容大于5亿m^3，拦洪标准按百年一遇洪水设计。施工期随着坝体的升高，拦洪设计标准逐步提高到千年一遇。围堰稳定标准同主坝。

左岸单薄山体视为主坝的延伸，且所有泄洪、引水、发电建筑物全部集中布置在左岸，其重要性与主坝相同，故设计标准同主坝。垭口副坝与主坝联合挡水，设计标准同主坝。

二、水文、泥沙及设计水位

（一）代表性流量和洪量

代表性流量和洪量见表2-1-1。

表2-1-1 代表性流量和洪量

序号	项目	单位	数量	备注
1	多年平均流量	m^3/s	1 342	
2	实测最大流量	m^3/s	22 000	
3	调查历史最大流量	m^3/s	36 000	1843年8月
4	设计洪水流量	m^3/s	40 000	$P=0.1\%$
5	校核洪水流量	m^3/s	52 300	可能最大洪水
6	围堰拦洪标准	m^3/s	18 010	$P=1\%$
7	实测最大洪量	亿m^3	91.9	12天，1933年洪水，三门峡站
8	设计洪量	亿m^3	139.0	12天
9	校核洪量	亿m^3	172.0	12天

（二）水库水位

水库典型设计水位见表2-1-2。

表 2-1-2　水库典型设计水位

序号	项目	单位	水位	备注
1	设计洪水位	m	274.00	$P=0.1\%$
2	校核洪水位	m	275.00	可能最大洪水
3	正常蓄水位	m	275.00	
4	正常死水位	m	230.00	

（三）水库容积

水库典型库容见表 2-1-3。

表 2-1-3　水库典型库容

序号	项目	单位	库容	备注
1	总库容	亿 m^3	126.5	275.00m 水位
2	防洪库容	亿 m^3	40.5	
3	调水调沙库容	亿 m^3	10.5	
4	有效淤沙库容	亿 m^3	75.5	

（四）泥沙

水库泥沙情况见表 2-1-4。

表 2-1-4　水库泥沙情况

序号	项目	单位	沙量	备注
1	多年平均输沙量	亿 t	13.51	1919 年 7 月～1995 年 6 月
2	多年平均含沙量	kg/m^3	36.9	1919～1960 年
3	实测最大含沙量	kg/m^3	941.0	1977 年 8 月 7 日
4	设计水平年（2010 年）平均入库沙量	亿 t	12.75	
5	2000 年水平年平均含沙量	kg/m^3	42.5	

三、地震设防标准及地震动参数

（一）地震烈度

坝址区地震基本烈度为Ⅶ度。根据水利部水规［1988］41 号文和《水工建筑物抗震设计规范》（SDT10—78）的规定，将大坝的设计地震烈度定为Ⅷ度。

（二）动力设计参数

坝址场地峰值加速度为 0.215g，持时近场为 15s，远场为 38s。场地设计反应谱见表 2-1-5。

表 2-1-5 场地设计反应谱

周期 T(s)	0.03	0.07	0.1	0.3	0.6	1.0
近场 β	1	2.5	2.5	2.5	1.2	0.08
远场 β	1	1.9	2.5	2.5	2.5	0.2

第二节 工程地质与水文地质条件

一、工程地质条件

(一)地形地貌

坝址左岸山体临河山头高程 290 ~ 300m。向北约 2 500m 范围内山脊高程一般在 290m 以上,仅在大坝桩号 D0 - 819.05 ~ D0 - 989.5 有一垭口,最低高程仅约 260m,需修建副坝。左岸山体由于上游受宣沟、风雨沟,下游受翁沟、葱沟和西沟的切割,形成单薄山体,其中在 275m 高程有四处山体厚度仅为 80 ~ 100m。临河谷平均坡度 30° ~ 40°。除少量坡脚有坡积物外,275m 高程以下岩层基本裸露。

右岸 155m 高程以下为Ⅰ级阶地和漫滩,155m 高程以上为基岩。260m 高程以下由于受东坡东、西两冲沟切割,形成了三条平行的南北向小山梁,260m 高程以上山体宽厚,不存在单薄山体问题。

坝址区只分布Ⅰ、Ⅱ、Ⅳ三级阶地,缺失Ⅲ级阶地。左坝肩接Ⅳ级阶地基座,右坝肩端部接塬面以下基岩。

(二)地层岩性

坝址区出露的基岩地层主要为:二叠系上统(P_2)和三叠系下统(T_1)岩组,属沉积碎屑岩地层,根据岩性差异细分为若干工程地质岩组。

三叠系下统(T_1)岩组。其中 T_1^1 岩组为暗紫红色粉细砂岩,夹薄层泥岩透镜体,厚 30m;T_1^2 岩组为紫红色钙质细砂岩,夹少量薄层泥质粉砂岩和钙质砾岩,厚 28 ~ 32m;T_1^{3-1} 岩组为紫红色钙硅质石英细砂岩,夹薄层泥质粉砂岩与粉砂质页岩,厚 28 ~ 31m;T_1^{3-2} 岩组以紫红色泥钙质粉细砂岩为主,夹钙质、硅钙质细砂岩,厚 30m 左右;T_1^4 岩组为紫红色硅质、钙硅质石英细砂岩,有少量钙质细砂岩,夹薄层泥质粉砂岩或粉砂质泥岩,总厚58 ~ 66m;T_1^{5-1} 岩组为紫红色硅钙质细砂岩与钙泥质粉砂岩或粉砂质黏土岩互层,含软岩高达 40% 左右,多分布在下部,岩层总厚 10m 左右;T_1^{5-2} 岩组岩性与 T_1^4 相近,厚 20m 左右;T_1^{5-3} 岩组中上部以紫红色钙硅质细砂岩为主,夹薄层钙泥质粉砂岩,中下部以钙质、泥钙质粉细砂岩为主,夹少量泥质粉砂岩,厚 28 ~ 33m;T_1^{6-1} 岩组以泥质粉砂岩为主,厚 50 ~ 60m;T_1^{6-2} 岩组为钙质细砂岩夹少量泥质粉砂岩薄层,厚 7 ~ 9m;T_1^{6-3} 岩组中下部以泥质、钙泥质粉细砂岩为主,夹钙质细砂岩,上部为泥钙质砂岩与粉砂岩互层,厚 55 ~ 60m。

T_1^1 ~ T_1^5 岩组主要分布在左岸及右岸 260m 高程以上,其中 T_1^1、T_1^2 岩组在河床两侧有部分分布。T_1^6 岩组在左岸山头有少量分布,其余在泄水建筑物出口,已在坝体范围以外。

二叠系上统(P_2)岩层主要出露在右岸。P_2^1 岩组为粉砂质页岩与泥质页岩;P_2^2 岩组主要为砂岩与细砂岩，夹砾质粗砂岩，厚49.19～54.57m；P_2^3 岩组为粉砂质黏土岩与砂岩互层，P_2^{3-1}、P_2^{3-3}、P_2^{3-5} 为黏土岩，P_2^{3-2}、P_2^{3-4}、P_2^{3-6} 为砂岩，分布于右岸 260m 高程以下，厚85.19～136.9m；P_2^4 岩组以砂粉质黏土岩为主，夹薄层粉砂岩及细砂岩，厚54.81～68.17m。

（三）地质构造

1. 断层

坝址区对大坝设计有影响且具有一定规模的断层及其特性见表2-2-1。

表2-2-1　坝址区主要断层及其特性

序号	断层编号	位置	产状(度)			垂直断距(m)	断层性质	断层带宽度(m)	断层带物质组成及胶结情况
			走向	倾向	倾角				
1	F_1	右岸坝基	285～300	N或S	80～85	220±		7～10	断层泥及角砾，两壁为砂岩时为角砾、岩粉及泥，壁面上有擦痕
2	F_{230}	右坝肩	近EW	S	52～60	30～70	正	0.3	断层泥及角砾，在倾向方向有分支，局部破碎带较宽
3	F_{231}	右岸坝基	290	NE	75～90	0～9	正	0.1	断层泥及角砾，断层在上坡一带转变为劈理发育
4	F_{232}	右岸坝基	277	SW	76	10～35	正	<0.3	断层泥及角砾，断距向西递减
5	F_{233}	右岸坝基	275	SW	65	17	正	<0.3	断层泥及角砾，向西延至小清河边规模变小，在猪娃崖南与F_1相交
6	F_{251}	右岸滩地	272	SW	70～75	3	正	2.0	断层泥及角砾
7	F_{252}	右岸滩地	283	NE	70	8～12	正	1.57	断层泥及角砾
8	F_{257}	右岸滩地	275	SW	75	2～87	正		
9	F_{258}	右岸滩地	275	SW	75	11～13	正		
10	F_{236}	左岸	80～106	SE—SW	70～87	60～85	正	1.5	断层泥及角砾
11	F_{238}	左岸	80～106	SE—SW	85	12～30	逆	1.2	断层泥及角砾
12	F_{240}	左岸	81～105	SE—SW	85	12～15	逆	0.5	断层泥及角砾
13	F_{461}	小南庄—扁担岭	310	NE	80～88	300	正	0.5～1.0	断层泥和岩粉，挤压紧密

F_1 断层是坝址区规模最大的一条断层，从上游至下游横穿坝基，位于右岸坡脚处。断层面在东坡至下街倾向北，倾角 80° ~ 85°，向东、向西均倾向南。北盘下降南盘上升，垂直断距 220m 左右。断层宽度变化较大，在上游围堰轴线附近为 8 ~ 12m，上坡线附近 5 ~ 9m，坝轴线处 7 ~ 10m，在下游坝脚附近的 41 号探洞宽 10m，包括两侧影响带为 10 ~ 30m。断层带充填物为断层泥所包括的角砾、岩块和岩粉。据压水试验和强力抽水试验证明，横穿断层带方向是一个隔水带。

坝址区断层具有以下特点：

(1)断裂从走向可分为两组：一组近东西向，另一组为北东向，且集中成束出现，近东西向断层是坝基防渗处理的重点。

(2)绝大多数都是高角度正断层。

(3)断层带以断层泥与压碎岩块岩粉充填为主。

(4)断层带宽度变化受两侧岩性影响，两侧软岩时宽度小，坚硬岩石时宽度大。

2. 节理

坝址区岩层中的节理主要发育在以坚硬砂岩为主的刘家沟(T_1)地层中。节理按走向分组主要发育 NWW、NNW、NE、NNE 四组节理。NNW 节理数量最多，倾向稳定，延展性和切层性较差，一般只发育在单层内。NWW 组节理次之，倾向以 SSW 为主，倾角 80°，少数倾向 NNE，倾角 85°以上。节理发育有一个重要特性，即在一个部位同时发育主要为两组(一对“X”)节理，加上零星节理与层面组合将岩体切割成矩形的六面体。

节理发育多在单层内，当软、硬岩相间分布时节理发育在硬岩中。节理一般近于垂直层面，统计表明，倾角 80°以上的占 91.6%，倾角 75° ~ 80°的占 5.6%，倾角 75°以下的仅占 2.8%。节理间距一般在 0.3 ~ 1.5m 之间。

二、水文地质条件

(一)水文地质分区

沿灌浆帷幕轴线可分为三个水文地质分区。

1. 左岸 F_{28} 以东及 F_{461} 以南至黄河岸边(Ⅰ区)

本区分布的基岩地层主要为 $T_1^1 \sim T_1^6$ 岩组，节理裂隙发育程度较低。表层强风化卸荷影响造成的强透水带厚 8 ~ 20m，钻孔单位吸水量绝大部分小于 100Lu。地下水位北高南低，一般为 136 ~ 139m。以 F_{236} 为界，其南侧地下水位一般在 135 ~ 136m 高程，与黄河水位相近，由于 F_{236}、F_{238} 断层横向隔水，其北侧基岩无统一地下水位，最高水位实测值为 139m。

2. 河床段(Ⅱ区)

本区包括河槽及两岸漫滩和Ⅰ级阶地。本区主要为 P_2^4 地层，河床中分布了一系列小断层，但没有使 P_2^4 地层完全错断。P_2^4 岩层及小断层透水性均不强(见表 2-2-2)，可以作为一个完整的相对隔水层。

3. 右岸 F_1 断层以南(Ⅲ区)

本区 F_1 断层以南至 F_{230} 断层，分布的地层主要为巨厚层粉砂质黏土岩与砂岩互层。黏土岩裂隙不发育或呈紧闭状态，为不含水的相对隔水层。砂岩裂隙相对发育，受降水及小清河水侧向补给形成层状含水层,并自西向东渐次由潜水变为承压水。

表 2-2-2　　岩性对断层透水性影响统计

孔号	上盘地层岩性	下盘地层岩性	试段埋深(m)	透水率(Lu)
T450	P_2^4 灰质砾岩	P_2^4 粉细砂岩	27.35	22.2
T544	P_2^4 粉砂质黏土岩	P_2^4 粉砂质黏土岩	32.94	21.5
T264	P_2^4 粉砂质黏土岩	P_2^4 粉砂质黏土岩	52.56	7.3
T458	P_2^4 粉砂质黏土岩	P_2^4 粉砂质黏土岩	16.04	107.1
T512	P_2^4 砂质黏土岩	P_2^4 粉砂质黏土岩	0.28	1.1
T268	P_2^4 粉砂质黏土岩	P_2^4 灰质砾岩	24.55	445
	P_2^{3-6} 细中砂岩	P_2^{3-5} 粉砂质黏土岩	46.86	0.5
	P_2^4 粉砂质黏土岩	P_2^4 粉砂质黏土岩	13.7	0.97
T237	P_2^{3-5} 紫红色黏土岩	P_2^{3-5} 细砂岩夹少量中砂岩	111.96	0.2
T236	T_1^1 粉细砂岩	T_1^1 粉细砂岩	6.39	24.2
	P_2^4 黏土岩	P_2^4 黏土岩	29.68	5.51
T282	P_2^4 紫红色黏土岩	P_2^4 紫红色黏土岩	27.87	0.41
T214	P_2^4 紫红色黏土岩	P_2^4 紫红色黏土岩	13.65	9.3
	P_2^4 紫红色黏土岩	P_2^4 紫红色黏土岩	21.47	4.9
T215	T_1^1 粉砂岩夹砾岩薄层	T_1^1 粉砂岩	14.2	267
	T_1^1 粉细砂岩	P_2^4 黏土岩	29.84	54.6
T230	T_1^2 粉砂岩夹砾岩薄层		19.98	9.4
			17.98	<1
T283	T_1^1 粉细砂岩	T_1^1 粉细砂岩	41.93	8.9
	P_2^4 黏土岩	P_2^4 黏土岩	67.76	17.4
T294	T_1^1 钙质细砂岩	T_1^1 钙质粉细砂岩	33.27	140
T284	T_1^1 砂质黏土岩	T_1^1 粉砂质黏土岩	39.85	0.6
	T_1^1 黏土岩夹薄层砾岩	P_2^4 黏土质粉砂岩	50.72	0.4
	T_1^1 黏土岩夹薄层砾岩	P_2^4 黏土质粉砂岩	57.78	10.8
	T_1^1 黏土岩夹薄层砾岩	P_2^4 黏土质粉砂岩	59.98	2.1
	P_2^4 钙质细砂岩	P_2^4 粉砂质黏土岩	91.19	9
	P_2^{3-6} 黏土岩含零星砾岩	P_2^{3-6} 青灰色细砂岩	99.37	0.5

(二)基岩透水性特点

坝址区基岩的透水性主要受岩性、断层和风化卸荷三大因素的影响。按岩体渗透性分布规律表现出层状、带状、壳状三种渗透结构。

由于砂岩裂隙较黏土岩、页岩发育,当岩层呈二者层状分布时,其透水性大小也呈层状分布,见表 2-2-3。

表 2-2-3　　岩层透水性层状分布

岩组代号	透水性分类	砂岩含量(%)	泥岩含量(%)	顺层透水性(m/d)	垂层透水性(m/d)	各向异性度
T_1^5	砂泥岩类	71	29	0.64	0.006 1	104.1
T_1^4	砂岩类	95	5	0.62	1.04	0.6
T_1^{3-2}	泥岩类	43	57	0.000 9	0.001 5	0.5
T_1^{3-1}	砂岩类	90	10	0.42	0.71	0.6
T_1^{2-1}	砂泥岩类	52	49	0.05	0.004 9	10.2

由于受风化卸荷影响，岩层的透水性从岩层表面向下有明显减小，左岸岩层透水性随深度变化的统计资料见表2-2-4。

表2-2-4　　岩层透水性随深度变化统计

透水性分层	底面高程（m）	厚度（m）	透水率（Lu）
强透水层	250～275	8～20	46
中等透水层	221.69～255	6～54	7
弱透水层	243～275	7～110	3

在较大的顺河向断层两侧影响带内裂隙宽度增大，对透水性有明显影响，形成带状渗透结构。在F_{238}、F_{236}及F_1断层两侧一定宽度内，中强透水带底界比两侧深得多，而小断层的影响不明显，在断层交会带及走向发生转折的地方，中强透水带深度和宽度都大，透水性也大。从位于F_1断层附近的T222钻孔可知，岩面以下80m以上的岩体具强～极强透水性。

第三节　主要工程地质问题

一、坝基覆盖层

（一）厚度

坝址处河床宽度约600m，左侧为一深槽，深80m左右，右岸滩地覆盖层厚度一般30～40m。在坝轴线附近，深槽右侧基岩陡坎坡度较陡，约为1∶0.4。向上游深槽逐渐变浅，基岩陡坎坡度变缓。

（二）分区与组成

坝基河床覆盖层包括冲积砂砾石层，砂层和岸边坡积层，沟口洪积层及冲、洪积交互层。其中坡积层、洪积层、表砂层坝基开挖时已基本挖除，仅将冲积层分述如下。

（1）上部砂砾石层：顶面高程125～138m，厚30～45m。砾石成分主要为石英砂岩、石英岩，其次为玄武安山岩类，夹少量当地砂岩孤石。含砂率一般为20%～30%。颗粒组成见表2-3-1。

（2）夹砂层：分布在上部砂砾石层中间，在坝基范围内主要是高程120m上下的砂层，一般厚度为1.0～4.0m，主槽部位厚0.5～1.0m，局部为透镜体。夹砂层颗粒以极细砂为主，细砂与中砂次之，见表2-3-2。

（3）底砂层：在河床深槽内呈条带状顺河分布于上部砂砾石层以下，厚度20～25m。顶面高程80～110m，颗粒组成以细砂为主，占50%～60%，极细砂占10%～20%，下部夹有少量中细砂、中粗砂。

（4）底部砂砾石层：分布在深槽最底部，一般厚5～10m，最厚达30m以上。砾石成分以石英岩、石英砂岩为主，粒径一般为5～10cm。接近基岩分布有大孤石，最大块径3.0m左右，一般为0.5～1.5m。

(三)物理力学性质

1. 地层容重

当含砂量在 30% 左右时,干容重为 22.0 ~ 23.5kN/m^3;当含砂量为 70% 左右时,干容重为 18.0 ~ 19.5kN/m^3,与砂层密度接近。

表 2-3-1　　河床冲积砂砾石层颗分成果汇总

序号	部位	取样孔(井)号	代表高程(m)	颗粒级配(%)									修正后含砂率(<2mm)(%)
				>100mm	100~80mm	80~60mm	60~40mm	40~20mm	20~10mm	10~5mm	5~2mm	<2mm	
1	右岸滩地	竖井		16.25	9.66	12.19	13.19	14.59	6.90	3.32	1.01	22.89	
		浅井		22.63	22.63	12.65	16.39	15.01	4.60	2.46	1.11	25.15	
2	左岸高含砂率	G16,G19,G20,G24,T495	136.76 ~ 118.46	7.42	5.18	5.04	7.63	11.36	7.77	6.05	4.79	44.76	32.67
			125.77 ~ 106.52	0.91	2.32	3.15	3.73	7.16	6.85	6.46	6.08	63.34	40.54
3	河床中部	G39 - 1/2 T450 T484	137.00 ~ 123.96	11.93	6.94	7.49	9.69	12.54	9.16	7.29	7.27	27.77	20.27
			129.99 ~ 119.52	9.35	5.9	8.29	8.27	10.03	7.39	6.97	5.42	38.38	28.02
			126.02 ~ 118.14	4.55	3.46	4.70	5.78	7.80	5.80	4.98	7.89	55.03	
			120.11 ~ 96.05	3.50	4.39	5.60	7.41	11.86	9.97	9.57	10.77	36.96	23.64
		G05	128.42 ~ 127.65	19.90	5.56	4.17	8.06	9.54	6.20	5.74	5.37	35.46	25.89
			127.65 ~ 121.72	1.78		2.44	4.49	5.95	4.82	4.60	4.98	70.94	
			121.72 ~ 117.44	10.49	5.07	4.58	4.58	11.58	8.13	6.60	3.55	45.42	33.16
			117.44 ~ 96.64	5.87	3.48	5.77	7.65	13.69	10.85	9.43	9.30	34.06	21.80
		G12,G21	129.32 ~ 107.53	13.15	5.88	6.97	10.27	15.11	9.22	8.38	7.27	23.75	17.34
			107.53 ~ 97.67	2.32	4.14	4.27	8.67	11.40	11.37	12.37	12.75	32.71	20.93
		G06,G18,G30,T452,T454,T456,T458	136.77 ~ 127.39	11.11	6.05	8.78	10.74	15.78	10.37	8.79	6.35	22.03	16.08
			134.76 ~ 121.87	6.20	3.41	5.29	6.34	9.16	6.12	5.65	6.10	51.81	
			128.96 ~ 98.23	5.64	3.85	6.38	8.75	13.87	10.41	10.42	9.54	31.14	19.93
4	河床右侧滩地	G15	134.85 ~ 131.50	5.50	10.92	13.45	12.64	13.09	9.16	6.36	5.68	23.20	16.94
			131.50 ~ 122.05	2.20	1.30	6.77	10.05	17.16	12.05	6.91	5.73	37.83	27.62
		G23	135.16 ~ 131.80	10.78	3.48	4.13	8.19	10.96	7.65	5.63	5.36	43.82	31.99
			131.89 ~ 126.94	10.49	1.51	5.00	4.46	5.16	4.19	3.76	3.12	62.31	
			126.94 ~ 118.87	11.41	4.69	3.39	3.90	9.12	7.15	5.40	4.72	50.23	36.67
		G13	131.78 ~ 127.03	27.45	8.95	12.53	13.96	8.35	5.37	3.34	3.22	16.83	12.29
			127.03 ~ 120.61	6.69	8.76	5.52	4.89	7.51	3.44	2.78	2.58	57.83	
			120.61 ~ 119.60	7.47	11.99	2.26	9.05	11.09	6.33	5.43	3.85	42.53	31.05
			119.60 ~ 115.33	8.60	4.67	3.20	7.21	10.08	4.75	3.77	3.44	54.26	
			108.33 ~ 106.85	10.04	9.15	3.52	12.32	15.49	7.92	5.11	3.87	32.57	23.78
		G09,G29	136.29 ~ 125.10	4.81	2.92	4.50	5.81	9.83	6.91	5.75	5.03	54.44	
			126.61 ~ 120.36	9.50	6.88	9.38	8.81	12.59	6.64	6.14	7.15	32.91	24.02
			123.84 ~ 119.41	0.78	2.80	4.59	6.23	7.83	4.53	3.56	2.70	66.98	
			120.02 ~ 113.25	5.59	6.98	12.62	9.24	11.74	5.35	5.10	7.32	36.07	26.33
5		T501,T572,G30	133.98 ~ 125.90	14.54	5.73	7.39	8.75	13.89	10.89	9.4	7.25	22.07	16.11
			129.20 ~ 115.80	2.54	2.99	4.54	4.22	6.46	5.61	5.43	5.79	62.43	
			121.61 ~ 107.05	8.00	7.94	4.50	8.55	14.27	9.78	8.43	6.34	32.19	23.50
		T501	113.17 ~ 105.02		1.10	4.10	5.80	10.50	9.50	11.10	9.10	46.60	34.02
			105.02 ~ 103.99		8.30	7.80	7.70	18.20	11.50	11.60	9.50	25.40	18.54
			103.99 ~ 95.14	0.92	2.35	1.58	5.93	10.55	9.10	9.29	8.80	51.48	

表 2-3-2　　夹砂层颗粒级配综合统计

名称	组数	颗粒级配(%)						d_{60} (mm)	d_{10} (mm)	d_{50} (mm)	不均匀系数
		2 ~ 0.5 mm	0.5 ~ 0.25 mm	0.25 ~ 0.1 mm	0.1 ~ 0.05 mm	0.05 ~ 0.005 mm	< 0.005 mm				
中、轻壤土	1	1	4	32	26	21	15				
砂壤土	3			0 ~ 5	30 ~ 63	27 ~ 65	5 ~ 8				
	平均			2	41	51	6				
粉砂	12	0 ~ 10	0 ~ 34	0 ~ 51	15 ~ 83	6 ~ 37	2 ~ 11	0.062	0.006	0.062	10
	平均	3	15	34	28	14	6				
细砂	1	13	26	40	16	3	2	0.1	0.042	0.082	2.4
中砂	5	9 ~ 15	43 ~ 61	26 ~ 38	2 ~ 8	0 ~ 45	0 ~ 7	0.135	0.042	0.115	3.2
	平均	10	48	29	6	4	3				

2. 相对密度

当含砂量小于 30% 时,相对密度为 0.77 ~ 0.796,大于 30% 时相对密度为 0.60 ~ 0.63,见表 2-3-3。

表 2-3-3　　不同含砂量砂砾石密度和相对密度

含砂率(%)	天然干容重(kN/m³)	最大干容重(kN/m³)	最小干容重(kN/m³)	相对密度
< 30	23.1	23.4	22.0	0.796
	23.5	24.0	22.0	0.77
> 30	21.0	22.1	20.9	0.63
	22.0	22.7	20.9	0.60

3. 抗剪强度

根据大型直剪试验和三轴剪切试验,不同级配的砂砾石抗剪强度建议值如表 2-3-4 所示。

表 2-3-4　　不同级配的砂砾石抗剪强度建议值

序号	代表地段	含砂率(%)	容重(kN/m³)	内摩擦角(°)
1	夹砂层	100	15.5 ~ 16.5	28
2	底砂层	100	16.0 ~ 18.5	30
3	左岸边高含砂率区	> 50	19.0 ~ 21.0	30
4	河床中部冲洪积层	30 ~ 40	21.0 ~ 22.0	33
5	河床冲积砂砾石层	< 30	22.0 ~ 23.5	36

(四)渗透性及渗透稳定性

在坝基覆盖层中做过多次抽水试验,试验结果列入表 2-3-5。

表 2-3-5　　坝基覆盖层抽水试验成果

地层层位	岩性	孔号	试段高程(m)	渗透系数(m/d)
上部砂砾石层	砂砾石	群 1	134.02 ~ 95.96	33
	砂砾石	群 2	135.36 ~ 119.36	30
	砂砾石	G15	124.44 ~ 127.59	4.64
	砂砾石	T452	102.91 ~ 98.81	171.17
	砂砾石,137.62 ~ 135.32m 为粉砂层	T262	133.49 ~ 128.72	4.14
	砂砾石	T262	103.27 ~	98.50
	砂砾石	T501	112.55 ~ 106.85	101.74
	砂砾石	G30 - 2	132.56 ~ 127.81	10.69
	砂砾石	G30 - 2	113.61 ~ 108.66	45.27
	碎石、岩屑及砂土	G26	137.62 ~ 132.62	10.3
	冲—洪积物、泥质砂、卵石、块石	G13	119.60 ~ 116.49	13.85
	砂砾石	T260	128.11 ~ 123.59	140.50
	砂砾石	T260	115.77 ~ 111.25	5.97
	砂砾石,125.62 ~ 121.72m 为细砂	G05	122.90 ~ 118.10	19.10
	砂砾石	G05	112.43 ~ 107.63	84.17
	砂砾石	T256	110.46 ~ 105.97	3.77
	淤泥质粉细砂,含卵石,含砂率 81.3%	G06	127.94 ~ 124.90	0.73
	砂砾石,块石,沙土	T456	120.81 ~ 116.61	16.41
	含砾砂层,砂占 49% ~ 63.3%	G24	127.88 ~ 123.06	89.15
		G24	115.61 ~ 110.81	8.01
	砂砾石,119.49 ~ 118.61m 为中砂	T273	116.34 ~ 111.83	3.5
	砂砾石	T273	100.50 ~ 95.88	80.83
底部砂砾石层	砂砾石	T572	75.05 ~ 69.44	94.49
	砂砾石	T450	64.49 ~ 70.17	70.89
夹砂底砂层	细砂层(共 6 次)			5.97 ~ 0.21

坝基砂砾石渗透稳定性有以下规律:①不均匀系数小于 10 的均匀砂和粉细砂,渗透破坏形成为流土;②不均匀系数在 10 ~ 20 时,渗透破坏形成可能是流土,也可能是管涌;③不均匀系数大于 20 时,含砂量大于 40% 属流土破坏,含砂量为 25% ~ 40% 时,容重较大时破坏形式为流土,密度较小时破坏形式为管涌,含砂量小于 25% 时破坏形式为管涌。坝基砂砾石渗透变形试验结果见表 2-3-6。

表 2-3-6　　坝基砂砾石渗透变形试验结果

含砂率(%)	容重(kN/m^3)	孔隙率(%)	渗透系数(cm/s)	试验临界坡降 J_{kp}	破坏形式
15(B)	21.8	19.30	3.60×10^{-1}	0.06	管涌
20(A)	19.9	26.30	3.10×10^{-1}	0.085	管涌
20(A)	21.0	22.20	1.65×10^{-1}	0.115	管涌
20(A)	22.5	16.70	3.61×10^{-1}	0.080	管涌
20(B)	21.3	21.10	1.96×10^{-2}	0.099	管涌
25(B)	21.0	22.20	8.28×10^{-3}	0.062	管涌

续表 2-3-6

含砂率（%）	容重（kN/m^3）	孔隙率（%）	渗透系数（cm/s）	试验临界坡降 J_{kp}	破坏形式
25(B)	21.7	19.60	1.95×10^{-3}	0.173	管涌
25(B)	22.1	18.10	1.41×10^{-3}	0.168	管涌
25(B)	22.9	15.20	3.19×10^{-4}	0.475	管涌
30(A)	19.8	26.60	1.48×10^{-2}	0.079	管涌
30(B)	21.0	22.20	2.87×10^{-3}	0.101	管涌
30(B)	21.6	20.00	2.50×10^{-3}	0.228	管涌
30(B)	22.5	16.70	1.05×10^{-3}	0.115	管涌
30(B)	22.9	15.20	3.32×10^{-4}	0.620	管涌
40(B)	20.0	25.90	8.56×10^{-4}	0.344	管涌
40(B)	20.8	23.00	9.91×10^{-4}	0.760	管涌
40(B)	21.4	20.70	3.72×10^{-4}	0.851	流土
40(B)	22.0	18.50	2.95×10^{-4}	1.300	流土

注：(A)为含砂率小于30%的砂砾石，(B)为含砂率大于30%的砂砾石。

二、泥化夹层

（一）泥化夹层的类型

按泥化夹层的粒度成分，主要有以下五种类型：

(1)全泥型(a 型)：为不含碎屑或碎屑含量甚微的黏土、砂质黏土等。厚度一般为1cm 左右，常处于可塑状态。

(2)泥夹碎屑型(b 型)：碎屑含量在10%以下，碎屑之间相互不接触，具有一定程度的定向排列，湿时可塑。

(3)粉砂夹泥、泥夹粉砂型(c 型)：碎屑含量小于10%，但粉粒含量高，属砂壤土。

(4)泥膜型(d 型)：厚度小于0.3cm 的全泥型，强度与夹层起伏差和泥膜性质有关。

(5)碎屑夹泥型(e 型)：碎屑含量10%～30%，碎屑之间部分相互接触或咬合，有一定方向的排列。强度取决于碎屑含量和夹泥性质。

（二）泥化夹层的分布

坝址区泥化夹层与建筑物关系较密切，且连续性较好的泥化夹层主要分布在 P_2^{3-2}、T_1^{3-1}、T_1^4 和 T_1^5 各岩层中，现分述如下。

1. P_2^{3-2} *岩层*

P_2^{3-2}①：距层底1～2m，母岩为砂质页岩、泥质页岩，厚6cm。泥化层厚2～5cm。东西顺河向连续长度250m 以上，南北向100m 以上。该层夹泥为全泥型及泥夹碎屑型。

P_2^{3-2}②：距层底6.4m，母岩为粉砂质页岩，厚5～17cm，常见厚度5cm。泥化层厚1.5cm，为全泥型及泥夹碎屑型，连续长度70m。

P_2^{3-2}③：距层底8.4～9.5m，母岩为粉砂质页岩，厚35cm 左右。泥化层厚1～5cm，为泥夹碎屑型。

P_2^{3-2}④：距层底10.8～12.4m，母岩为黏土页岩。泥化层厚1～6cm，为泥夹碎屑型，上下围岩为中薄层硅钙质细砂岩。

2. T_1^3 *岩层*

T_1^3 岩层分布于左岸坝轴线以下 400m 至坝轴线上游风雨沟口 150 ~ 230m 高程以下。泥化夹层距层底 17m，母岩为泥质页岩，夹泥层厚 5 ~ 7cm，为碎屑夹泥型。长 220m，分上下两层，相隔 0.5 ~ 1.0m，追索连续率 56.2% 以上。

3. T_1^4 *岩层*

T_1^4 岩层分布于左坝肩、左岸山体，是坝区泥化夹层发育的主要岩层之一。具有密实度大、泥化程度高、连续率高的特点。共分 16 层，但主要有③、④、⑤、⑥、⑦、⑫、⑭七层。

$T_1^4$③距层底 4.6 ~ 6.0m，母岩为粉砂质黏土岩、黏土岩，常见厚度 15cm，上下为厚层硅质细砂岩。泥化层厚 0.1 ~ 2cm，常见厚度 1cm，为泥夹碎屑型，个别为泥膜型，沿河可见长度 325m。

$T_1^4$④距层底 9 ~ 11m，母岩为粉砂质黏土岩，常见厚度 18cm，上下为厚层硅质细砂岩。泥化层厚 0.4 ~ 4cm，常见厚度 1.5cm。除全泥型外，其他各型都有，追索连续率 53.2%，起伏角 3.27°，波长 31.1cm，峰高 0.89cm。

$T_1^4$⑤距层底 11.6 ~ 13.0m，母岩为黏土岩、粉砂质黏土岩、泥质粉砂岩互层，常见厚度 10 ~ 20cm，上下为厚层硅质细砂岩。泥化层厚 0.5 ~ 10cm，常见厚度 1 ~ 2cm。各型都有，追索连续率 79.8%，起伏角 5.32°，波长 38cm，峰高 1.77cm。在左岸基本连续，是左岸 T_1^4 岩层主要夹泥之一。

$T_1^4$⑥距层底 15.6 ~ 17.6m，母岩为黏土岩与粉砂质黏土岩互层，常见厚度 10 ~ 20cm，上下为厚层硅质砂岩。泥化层厚 0.1 ~ 3cm，常见厚度 1 ~ 1.5cm。粉砂夹泥型、碎屑夹泥型、泥夹碎屑型、泥膜型等各型都有。追索连续率 93.2 %，起伏角 4.7°，波长 30.27cm，峰高 1.22cm。在左岸基本连续，是左岸 T_1^4 岩层主要夹泥之一。

$T_1^4$⑦距层底 19.0 ~ 20.0m，母岩为泥质粉砂岩与黏土岩互层，常见厚度 5 ~ 10cm，上层为硅质厚层砂岩、下层为硅钙质厚层砂岩。泥化层厚 0 ~ 2cm，为碎屑夹泥型、泥夹碎屑型、泥膜型。母岩和夹泥厚度都不很稳定，起伏角 3.93°，波长 48.5cm，峰高 1.59cm。分布于左岸沿河陡崖处，可见长度 450m，是左岸 T_1^4 岩层主要夹泥之一。

T_1^4⑫距层底 40.0 ~ 42.0m，母岩为粉砂质黏土岩、页岩，常见厚度 10cm，上下为厚层硅质砂岩。泥化层厚 0.5 ~ 2cm。泥夹碎屑型、碎屑夹泥型及全泥型。分布于左岸坝轴线下游附近至上游，可见长度 150m。

T_1^4⑭距层底 49m，母岩为泥钙质细砂岩夹薄层页岩、黏土岩。厚度 10 ~ 140cm，常见厚度 50cm。泥化层厚 1 ~ 2cm，为泥夹碎屑型、碎屑夹泥型和泥夹粉砂型。分布于临河部位，可见长度 450m 以上，是 T_1^4 岩层上部的主要夹泥层。

4. T_1^5 *岩层*

T_1^5 岩层中的夹泥层主要分布于 T_1^{5-1} 上部、T_1^{5-2} 中上部和 T_2^{5-3} 上部，现将部分夹泥层分述如下。

T_1^{5-1}③夹泥层距层底 7 ~ 9m，母岩为页岩、粉质页岩，常见厚度 15 ~ 20cm。泥化层厚 1 ~ 18cm，常见厚度 1 ~ 2cm，是 F_{236}断层以北的主要泥化夹层。

T_1^{5-1}④夹泥层距层底10~12m,母岩为页岩、粉砂质页岩,常见厚度15~50cm。泥化层厚0.2~5cm,常见厚度1~2cm,为全泥型、泥夹碎屑型、碎屑夹泥型。地表出露,在左岸坝肩坝轴线上游风雨沟,最大可见长度120m,为该岩层内的主要泥化夹层。

T_1^{5-2}⑤夹泥层距层底9.4~12m,母岩为黏土岩、粉砂质黏土岩,常见厚度10~15cm。泥化层厚0.2~7cm,常见厚度1~2cm,为泥夹碎屑型、全泥型及泥膜型。分布在左坝肩坝轴线—风雨沟,最大可见长度200m,是T_1^{5-2}岩层中主要夹泥层之一。

T_1^{5-2}⑦夹泥层距层底17.5~20m,母岩为黏土岩、粉砂质黏土岩,常见厚度10cm。泥化层厚0.5~1.5cm,为泥夹碎屑型。分布在左坝肩坝轴线—风雨沟,是T_1^{5-2}岩层中主要夹泥层之一。

T_1^{5-3}⑤夹泥层距层底22.7~24m,母岩为黏土岩、粉砂质黏土岩,厚3~130cm,常见厚度5cm。泥化层厚0.5~5cm,常见厚度1~2cm,分布于左岸山体,南端弱北端较强,是T_1^{5-3}岩层中主要夹泥层之一。

T_1^{5-3}⑥夹泥层距层底25~28m,母岩为粉砂质黏土岩,常见厚度7cm。泥化层厚1~5cm,常见厚度2~3cm,为泥夹碎屑型、碎屑夹泥型,集中分布于左坝肩山体北端,是T_1^{5-3}岩层中主要夹泥层之一。

(三)泥化夹层的性状

1.粒度成分

用水浸泡法进行的62组颗分试验表明,泥化夹层中黏粒含量为0~43%,平均为17.03%;用研磨加氨水煮沸法进行的7组颗分试验表明,黏粒含量为33%~44%,平均为38.03%。

2.矿物及化学成分

泥化夹层矿物成分以伊利石为主,含高岭石、褐铁矿、绿泥石,非黏土矿物成分为石英、长石、云母和方解石。

泥化夹层化学成分以二氧化硅(SiO_2)、三氧化二铝(Al_2O_3)为主,并含有铁、碱金属和碱土金属的氧化物,SiO_2含量为39.3%~51.1%;纯伊利石的K_2O含量为8%。本区泥化夹层的K_2O含量多在3.71%~6.08%,伊利石含量变化在39%~75%。硅铝分子率比值为2.73~7.6,小于4的占60%,故黏土矿物主要为伊利石,可能含少量蒙脱石。

3.一般物理性质

泥化夹层的比重稍低于软岩,平均干容重19.7kN/m³,其平均指标见表2-3-7。

表2-3-7　　泥化夹层物理性质平均指标

天然含水量 ω (%)	天然容重 γ (kN/m³)	干容重 γ_d (kN/m³)	孔隙比 e	饱和度 G (%)	液性指数 I_L (%)	塑性指数 I_P (%)	土粒比重 Δ_s
14.16 (22组)	22.3 (22组)	19.7 (46组)	0.437 (34组)	91.8 (22组)	-0.28 (21组)	11.9 (22组)	2.83 (53组)

4.其他特点

实测膨胀率在3.1%~5.1%,相应膨胀力为6.7~8.63kPa。平均压缩系数为1.86kPa^{-1}。分散性试验表明,泥化夹层为一般抗冲蚀性土。浸出水化学分析表明,可溶盐含量为0.12%~0.14%,故不会引起化学侵蚀。

(四)泥化夹层的抗剪强度

各种类型泥化夹层抗剪强度试验成果列入表2-3-8。

表2-3-8　泥化夹层中型直剪试验成果

夹泥类型		抗剪强度					
		摩擦系数			凝聚力(100kPa)		
		屈服值(f)	峰值(f_p)	残余值(f_r)	屈服值(f)	峰值(f_p)	残余值(f_r)
全泥型(a)	最大值	0.249	0.344	0.344	0.245	0.216	0.216
	最小值	0.105	0.176	0.176	0.049	0.039	0.039
	平均值	0.194	0.249	0.249	0.137	0.127	0.127
	小值平均	0.150	0.213	0.213			
泥夹碎屑、泥夹粉砂型(b)	最大值	0.268	0.325	0.325	0.118	0.196	0.196
	最小值	0.158	0.231	0.231	0	0	0
	平均值	0.195	0.268	0.268	0.039	0.069	0.067
	小值平均	0.177	0.250	0.249			
碎屑夹泥型(e)	最大值	0.287	0.364	0.325	0.088	0.147	0.147
	最小值	0.263	0.344	0.287	0.039	0.137	0.137
	平均值	0.277	0.352	0.306	0.059	0.142	0.142
	小值平均	0.270	0.348	0.297			
粉砂夹泥型(c)	最大值	0.394	0.488	0.435	0.196	0.137	0.167
	最小值	0.123	0.195	0.195	0.059	0.049	0.049
	平均值	0.238	0.351	0.333	0.118	0.108	0.108
	小值平均	0.180	0.273	0.264			
泥膜型(d)	最大值	0.330	0.488	0.420	0.196	0.186	0.245
	最小值	0.176	0.222	0.141	0	0.02	0
	平均值	0.249	0.364	0.276	0.118	0.118	0.167
	小值平均	0.213	0.293	0.290			

三、倾倒变形体、滑坡体

(一)东坡倾倒变形体

东坡倾倒变形体位于右岸坝轴线下游侧的东坡山梁前部,分布高程145~230m。变形体中有F_{233}断层通过,断层以北为P_2^{3-4}岩组,以南为P_2^{3-5}、P_2^{3-6}及部分P_2^4地层。

(二)沟西倾倒变形体

沟西倾倒变形体位于沟西村西,沟西滑坡体以北,变形体岩层为P_2^{3-4}岩组。变形岩层厚7m左右,下部正常倾角6°左右,变形体岩块层面倾角10°~15°,分布高程175~230m。

(三)上坡塌滑体

上坡塌滑体位于坝址右岸上坡村北,高程变化于130~149m,顺河长200m,南北宽80m。岸坡表面已倾倒变形的岩体和坡积物一起向下塌落滑动在坡角处形成松散堆积,堆积物前沿被河床冲积物覆盖。

(四)沟西滑坡体

沟西滑坡体位于坝址右岸沟西村南,为一典型基岩滑坡。滑面为弧形的多级滑坡。由于沿弧形断面错落造成转动,滑坡体岩层与正常岩层形成反倾关系。

四、岩体风化卸荷情况

岩体风化卸荷后,物理力学性质发生不同程度的变化,但由于岩性不同,风化卸荷的影响程度也不同。在坝区内软弱的页岩、黏土岩类,风化后的物理力学性质变化较大,能进行全、强、弱等风化程度分带。但影响深度不大,一般全风化 1 ~ 3m,强风化 5 ~ 10m,微弱风化 15 ~ 20m。但坚硬的砂岩类风化后的物理力学性质变化不大。因此,单从物理力学性质变化来说,砂岩、页岩互层体不易进行风化程度分带。从卸荷松弛情况而言,不论是砂岩或黏土岩类都有较大程度变化,主要表现在裂隙数增多、裂隙宽度增大,透水性增强,弹性波波速变小。从岩体风化卸荷情况全面考虑,以卸荷为主、风化为辅进行分带,名为风化卸荷带,分带情况见表 2-3-9。

表 2-3-9　岩体风化卸荷分带

风化卸荷分带	弹性波纵波波速(m/s)	透水率(Lu)	弹性模量(100MPa)	
			动力	静力
极强风化卸荷带	<1 000	一般 100 ~ 1 000,个别 >1 000	小于 9.8	小于 4.9
强风化卸荷带	1 000 ~ 2 500	一般 10 ~ 100,个别 >100	一般 19.6 ~ 49.0	9.8 左右
微弱风化卸荷带	2 500 ~ 4 000	10 ~ 5	一般 98 ~ 294	一般 19.6 ~ 78.5
新鲜完整岩石	>4 000	<5	>294	>98

不同部位风化卸荷深度受地形、边坡性质和岩体特性影响有所不同,与岩层倾向一致的顺向坡风化卸荷比较深,而逆向坡较浅。一般顺向坡极强风化卸荷带深 5 ~ 10m,强风化卸荷带深 20m 左右;逆向坡极强风化卸荷带深 3 ~ 6m,强风化卸荷带深 6 ~ 10m;在分水岭平缓地带极强风化卸荷带一般深 5 ~ 8m,钻孔严重透水层厚度一般为 13 ~ 30m。

第三章　坝线、坝型比较与选择

第一节　坝址比较与选择

一、坝段的地形、地质特征

在初步设计阶段，小浪底工程共比选过青石嘴、一坝址、二坝址和三坝址等四个坝址。根据多年的地质勘察工作，归纳起来各坝址共同存在的主要工程地质问题有：

（1）河谷均为宽浅形的 U 形河谷，出露的岩层都是平缓的砂页互层，砂页岩中普遍存在软弱夹层。

（2）各坝址都有 20～40m 厚的砂砾石覆盖层，部分坝址河槽部位的覆盖层厚达 80m，深槽覆盖层中夹有 10～20m 厚的底砂层。

（3）河谷右岸岩层均倾向河床，因而都有大小不同的滑坡或倾倒变形体，其中位于一坝址、二坝址右岸的 1 号和 2 号滑坡体的体积分别为 1 100 万 m^3 及 410 万 m^3，三坝址有东坡及沟西两处小滑坡体，以及多处倾倒变形体。

（4）高倾角断层较发育，各坝址布置泄水建筑物洞群时，都遇到程度不同的断层破碎带。

由以上可见，各坝址的地质条件都比较复杂。各坝址之间的地质条件比较，只是相对优劣的关系。因此，枢纽布置难易、工程量大小、施工条件以及造价高低也是坝址选择的重要因素。

二、选坝过程及各坝址优缺点

根据各设计阶段对小浪底工程开发任务的不同要求和地质问题揭露的程度，对坝址选择有不同的认识。

1954 年选择河谷最窄的三坝址下线为低坝坝址。1960 年推荐二坝址为重力坝高坝坝址。1971 年又推荐一坝址，利用左岸基岩平台，布置混凝土重力坝段，与河床段土石坝连接，构成混合坝型。随着地质勘探工作的继续深入，揭露出坝基普遍存在多层泥化夹层，摩擦系数很低，不宜修建混凝土重力坝。一、二两坝址右岸都有大型古滑坡体。滑坡处理工程量大，滑坡涌浪又严重威胁大坝安全。为避开滑坡对大坝安全的影响，1975 年又提出青石嘴和三坝址沟底线（即推荐坝址）进行比较研究。

青石嘴位于一坝址的上游，不存在滑坡涌浪威胁，河床覆盖层相对较薄，左岸地形条件易于布置泄水、发电建筑物。但是经勘探，发现河床断层很多；左岸洞群区断层破碎带宽达 150m；隧洞出口段基岩面突然降低，而坡积覆盖层则很厚，使洞群在纵剖面上难以布置;尾水渠需要在大峪河边深挖20多m砂砾石,外侧要做挡墙。总之,地质上的缺点很多而且难以回避。此外,青石嘴坝址的库容因不包括大峪河而减少14.7亿m^3;大坝工程量则因河床较其他坝址宽阔而增加1 000万m^3以上。

三坝址位于一坝址下游3.5km处,受滑坡涌浪影响比一、二两坝址相对较小,左岸具有布置泄水建筑物的地形地质条件,虽河床覆盖层较厚,深槽达80m,但其防渗处理按国内技术条件是可以解决的。

经过综合比较,最终选定三坝址。

三、坝线比选

(一)三坝址地形地质条件

坝址左岸从上游的风雨沟至下游的翁沟长约1 000m。

左岸山体临河山头高程290~300m。向北约2 500m范围内山脊高程一般在290m以上,仅在大坝桩号D0－819.05~D0－989.5有一垭口,最低高程仅约260m,需修建副坝。左岸山体由于上游受风雨沟,下游受翁沟、葱沟和西沟的切割,形成单薄山体,其中在275m高程有四处山体厚度仅为80~100m。平均坡度30°~40°。275m高程以下岩石裸露。出露岩层以三叠系砂岩为主,夹薄层页岩。

坝址右岸155m以下为Ⅰ级阶地和漫滩,155m以上为基岩。260m高程以下由于受东坡东、西两冲沟切割,形成了三条平行的南北向小山梁,260m高程以上山体宽厚。出露岩层主要为二叠系砂岩、页岩互层。

坝址区只分布Ⅰ、Ⅱ、Ⅳ三级阶地,缺失Ⅲ级阶地。左坝肩接Ⅳ级阶地基座,右坝肩端部接塬面以下基岩。

坝址发育有数条断层,以顺河向为主,其中位于右岸坡脚的F_1断层规模最大,断距约达220m,断层带包括影响带最大宽度30m左右。

(二)坝线比选

枢纽泄水、引水发电隧洞和溢洪道等建筑物均布置在左岸,其进口布置在风雨沟,出口布置在葱沟。

根据坝址的地形、地质条件和泄水、引水发电等建筑物布置特点,左坝头只能选在小浪底水文站上方的山头上,变动余地不大;而右坝头摆幅比较大。结合坝型进行坝线的比选,其重点是对坝体坝基的稳定是否有利;防渗体能否避开河床深槽右侧的基岩陡坎;混凝土防渗墙能否部分安排在前期施工;对左岸泄水建筑物进口布置的影响等。

对于心墙坝型，主要比较以下坝线：心墙坝线（原沟底线）、上坡线、左岸下移沟底线。具体位置见图3-1-1。从上述各坝线来看，上坡线基岩深槽位于右岸滩地，便于进行防渗墙的前期施工，优点虽突出，但该坝线靠上游，影响左岸泄水建筑物进口的布置，未再考虑；左岸下移沟底线和左岸下移东坡线对左岸进口已基本没什么影响，但需在左岸单薄山体的下游坡修建40余m高的坝，显然不太合理。因此，就心墙坝型而言，推荐采用心墙坝线（即原沟底线）。其主要优点是充分利用了左岸山梁，坝上游坡对进口布置影响不大，右岸通过东坡上游的沟底，对防渗和抗滑稳定有利；其主要缺点

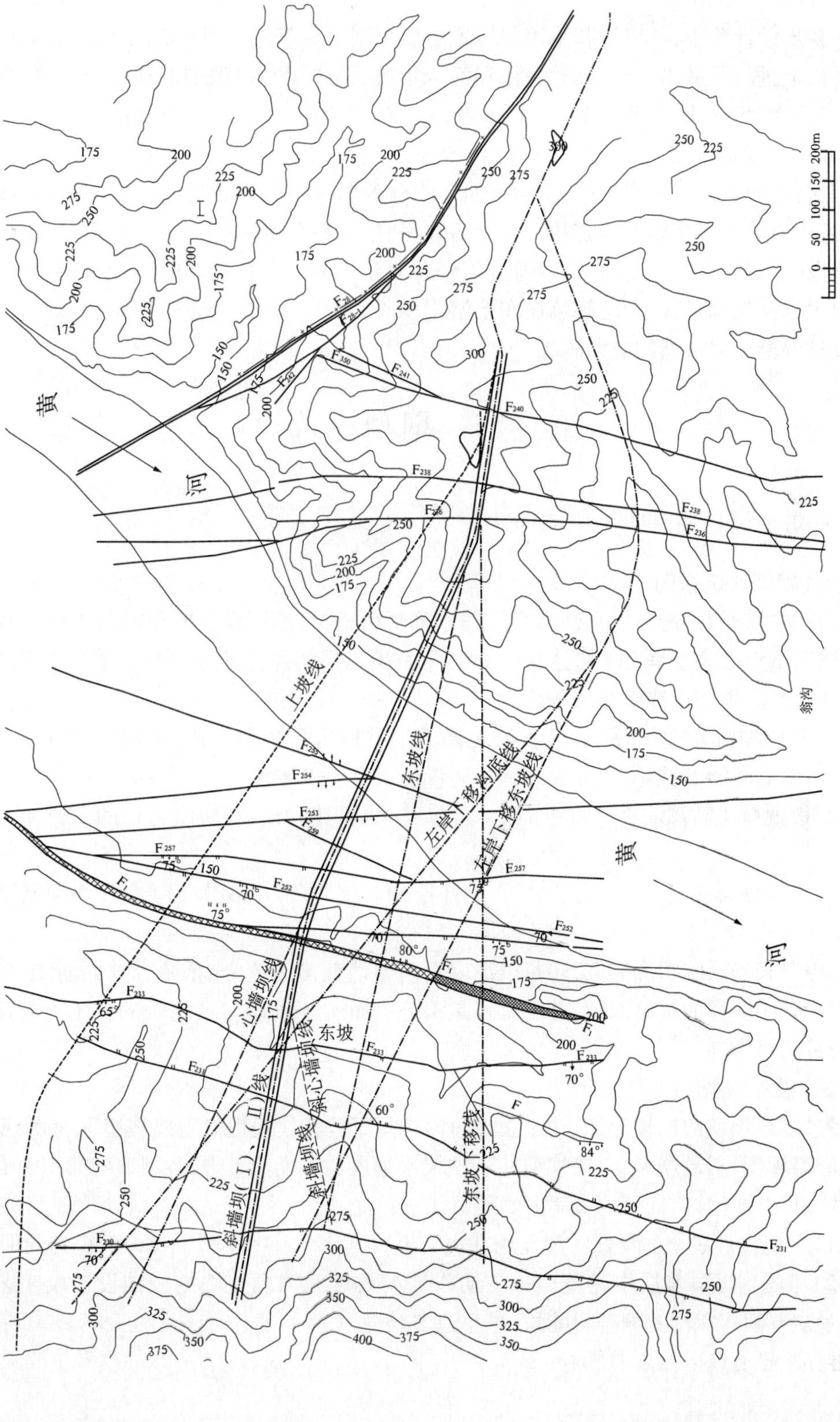
黄河
黄河
上坡线
东坡线
左岸下移沟底线
左岸下移东坡线
心墙坝线
东坡
斜心墙坝线
斜墙坝（Ⅰ）、（Ⅱ）线
斜墙坝线
东坡下移线
翁沟
0 50 100 150 200m

图 3-1-1　坝线位置图

是，心墙未避开深槽右侧的基岩陡坎，同时深槽部位基本位于现河槽内，不便安排混凝土防渗墙的前期施工。

在初步设计阶段,最终推荐采用斜墙堆石坝坝型。对于斜墙坝型的坝线,又在心墙坝线的基础上进行了适当调整,即对左岸和河床坝段,仍采用心墙坝型的坝线,在接近右岸处,以半径为550m、圆心角为14°的圆弧弯向下游,然后沿其切线方向直抵右坝头,详见图3-1-1中的斜墙坝线。斜墙坝线的这种走向,基本可以解决上述坝线比选所要解决的几个问题:充分利用了左岸山梁;上游坡对泄水建筑物进口的布置影响不大;右岸坝线折向下游,使斜墙坐落在东坡上游的沟底,对防渗和稳定都有利;在采用该坝线的情况下,使河床坝段防渗斜墙的底部基本可以避开深槽基岩陡坎的不利影响,同时在左坝肩也避开了基岩中的强透水带;由于防渗墙设在上游围堰下,有相当一部分位于右岸滩地上,因此便于安排混凝土防渗墙的前期施工。

第二节　坝型比选

一、初步设计阶段

(一)坝型比选原则

土石坝坝型的比选与坝基砂砾石处理方案密切相关,不同设计阶段研究过的各种坝型中,研究重点之一就是对最深达80m的砂砾石覆盖层的防渗处理方案。结合小浪底工程的实际情况,坝型比选中对坝基防渗处理,基本的设计思路有三种:

(1)利用坝前天然淤积铺盖和混凝土防渗墙共同进行坝基防渗,前期以拦洪围堰下混凝土防渗墙防渗,后期主要靠天然铺盖防渗的双重防渗体系。

(2)以混凝土防渗墙垂直防渗为主、坝前泥沙淤积铺盖水平防渗为辅的双重防渗体系。

(3)中美联合设计中,美方提出了大开挖的心墙堆石坝和斜心墙堆石坝坝基防渗方案。

其中以天然淤积防渗为主,还是以混凝土防渗墙截渗为主,或是两者共同防渗,始终是坝型比较中研究的重要课题,其中重点是深近80m砂砾石覆盖层造墙的技术可行性及墙体质量的可靠性。

(二)推荐坝型

经过多种坝型的比较论证,初步设计阶段选择了具有代表性的斜墙坝型Ⅰ、斜墙坝型Ⅱ、斜心墙坝型、斜墙坝型、心墙坝型共五种坝型编入初步设计报告,各坝型的典型断面见图3-2-1,其中推荐斜墙坝型Ⅰ,其主要理由如下:

(1)坝前泥沙淤积的良好防渗作用在黄河上及其他一些中小型工程中已得到验证。

(2)考虑到深覆盖层中建造混凝土防渗墙的难度和国内造墙的机械设备及工艺水平,尽量避开河床深槽右侧基岩陡坎,减小造墙难度。

推荐坝型有以下显著的优点:

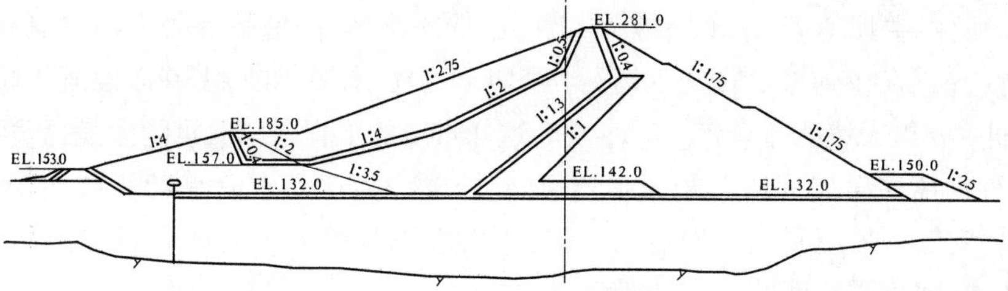

(a) 斜墙坝型 I

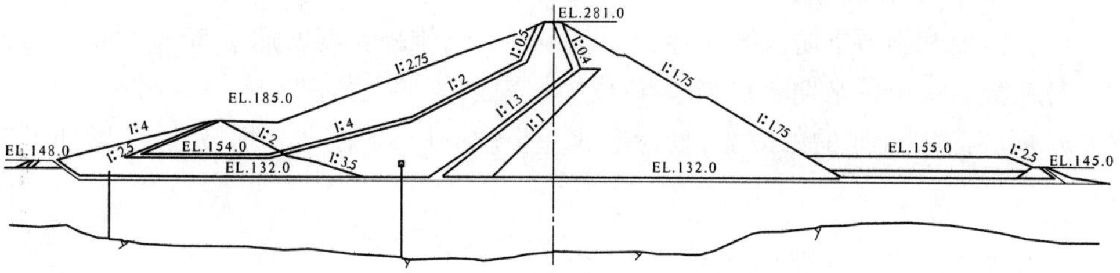

(b) 斜墙坝型 II

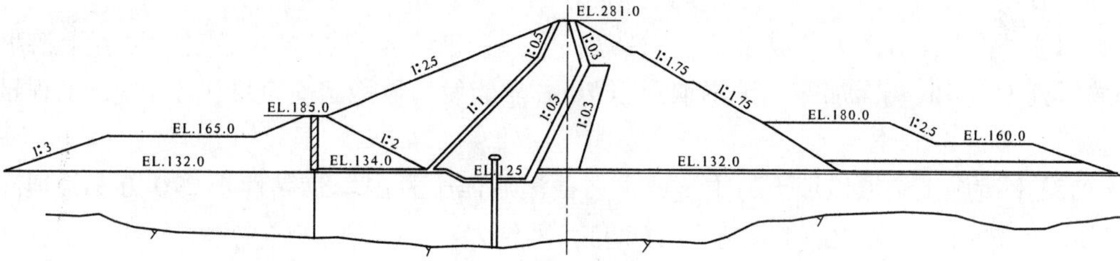

(c) 斜心墙坝型

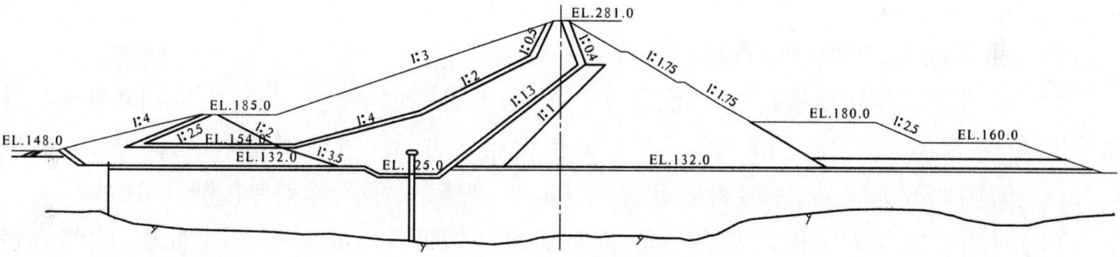

(d) 斜墙坝型

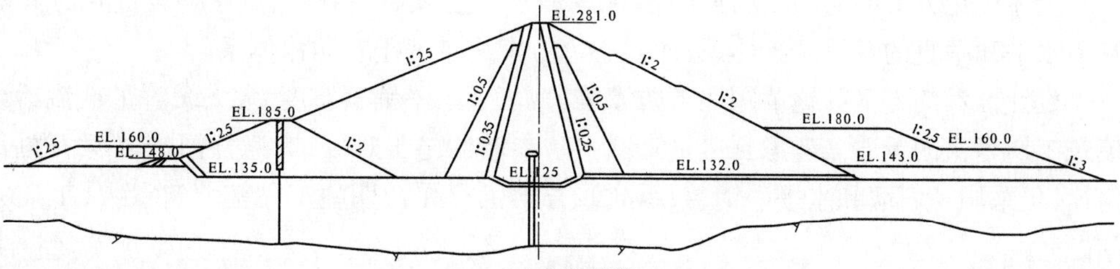

(e) 心墙坝型

图 3-2-1　初步设计阶段基本坝型典型断面

(1)初期以垂直防渗为主、水平防渗为辅的双重防渗体系。设计中充分考虑坝前泥沙淤积的防渗作用,由主坝斜墙、水平内铺盖、上游围堰防渗体、围堰下混凝土防渗墙和坝前泥沙淤积形成完整的防渗体系。在工程运行初期坝前淤积未形成前,坝基以混凝土防渗墙为主防渗,后期主要靠天然铺盖防渗。对小浪底这样重要的工程考虑双重防渗是合适的。

(2)坝轴线处河床覆盖层深槽右侧为高约40m、坡度约为1∶0.3的基岩陡坎,向上游该陡坎逐渐变缓、变低。采用斜墙坝型,可将混凝土防渗墙尽量向上游布置,以避开河床深槽右侧基岩陡坎,减小了造墙的深度和难度。

推荐坝型存在的缺点是:

(1)因需要和围堰下防渗墙相连,与心墙坝相比,帷幕长度增加了500多m。

(2)截流后一个枯水期要将围堰和防渗墙完成,工期太紧。

(3)坝底部25m厚的内铺盖,人为形成一个软弱层,致使上游坝坡放缓,增加了工程量。

二、招标设计阶段坝型优化

随着设计工作的不断深入,初步设计推荐的坝型暴露出下述问题:

(1)水平内铺盖人为形成了一个软弱层,它控制着大坝上游坡的稳定。尽管上游坡已放缓到1∶2.75,仍需加宽拦洪围堰顶至70m,才能使坝坡稳定安全度满足要求,工程量较大。

(2)上游施工围堰以填土为主。要求在截流后四个月内填筑黏性土270万m^3,坝高上升50m,再加上混凝土防渗墙施工,工期紧、风险大。

(3)混凝土防渗墙设在上游围堰下,拉长了坝基防渗线,使帷幕灌浆和基础处理工作量增大。

针对上述问题,对坝型进行进一步优化:

(1)对初设推荐坝型进行优化形成两个方案:上游围堰下设一道厚0.8m的高压旋喷桩混凝土防渗墙,主坝斜墙和水平铺盖同初设推荐坝型;主防渗墙移至斜墙下,墙厚1.3m,上游围堰改为斜墙,围堰斜墙下设高压旋喷桩墙,水平内铺盖厚度减为10m。

(2)对斜心墙坝方案优化为在斜心墙底部设一道厚1.3m混凝土防渗墙,取消内铺盖,上游坝坡改陡,上游围堰为斜墙。

上述优化方案的典型断面见图3-2-2。这三个方案各有特点,其中初设优化方案的坝基为水平和垂直的双重防渗体系,而斜心墙方案为单一垂直防渗体系。

设计推荐的方案简化了围堰下防渗墙,减薄了水平铺盖厚度,大大缓解了截流后坝体填筑工期紧张的矛盾。考虑到尽量降低主防渗墙的施工难度,为避开河床砂砾石覆盖层深槽,仍采用了斜墙和水平内铺盖,因此该方案仍存在初期施工黏土填筑量大、工期紧的问题。

针对上述方案仍存在黏土填筑量大、工期紧,以及内铺盖形成人为的软弱层等问题,进一步优化后,最终确定坝型的典型断面如图3-2-3所示。其主要特点是:采用以垂直防渗为主、水平防渗为辅的双重防渗体系。斜心墙下设主混凝土防渗墙,墙厚1.2m。上游

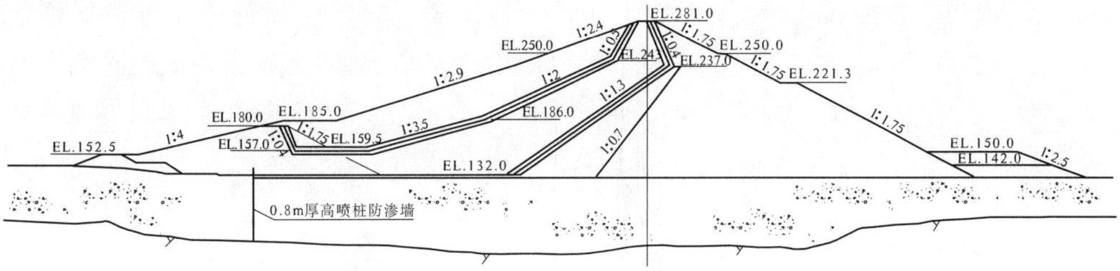

(a) 初设改1

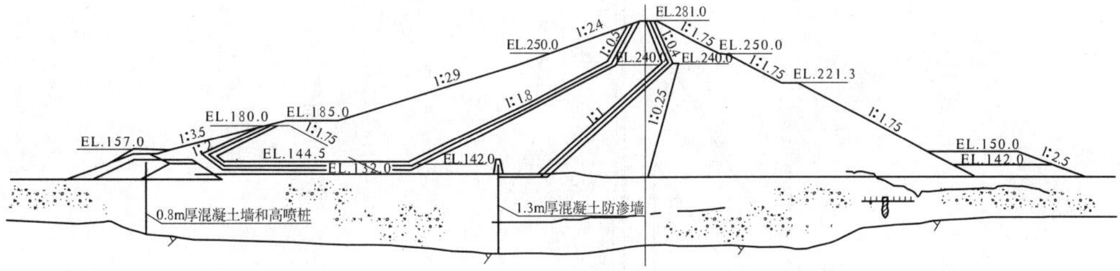

(b) 初设改2

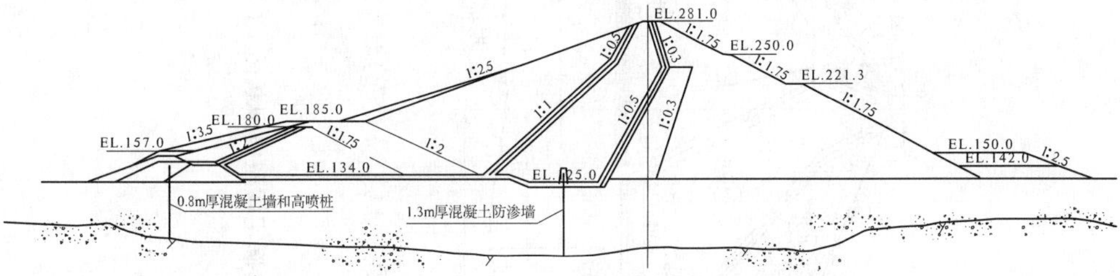

(c) 初设改3

图 3-2-2　初步设计改进方案大坝断面

围堰下防渗墙仅作为施工期拦洪围堰地基的临时防渗措施，靠左岸浅覆盖层部位采用高压旋喷桩墙，深槽部位采用塑性混凝土防渗墙。

招标设计最终选定坝型与初设推荐坝型相比，主要有以下优点：

(1) 坝基防渗由以水平防渗为主、垂直防渗为辅改为以垂直防渗为主、水平防渗为辅的方案后，提高了大坝防渗的可靠性。

(2) 斜墙改为斜心墙后增大了上游堆石坝壳，提高了坝体抗滑稳定性和抗震性能。

(3) 水平内铺盖改为上爬内铺盖，消除了坝体下部人为形成的软弱层，提高了上游坝坡稳定性；改陡了上游坝坡，将上游围堰顶由宽 70.00m 缩窄为 20.00m，坝体填筑方量减少约 5.3%。

(4) 主坝混凝土防渗墙移至斜心墙下，使大坝防渗线缩短约 530.00m，帷幕灌浆进尺减少约 39%。

(5) 上游围堰改为斜墙，水平内铺盖改为上爬薄内铺盖后，减少了土方填筑量和施工难度，使截流后施工工期紧张问题得到解决。

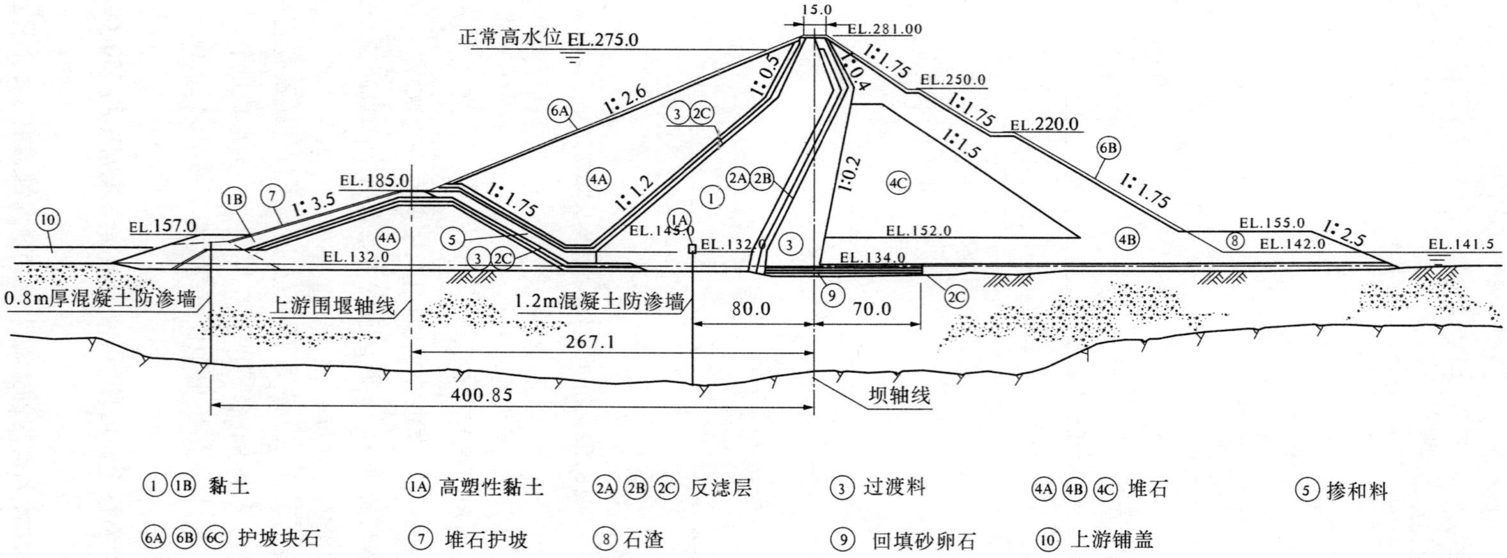

图 3-2-3　最终确定坝型典型断面　（单位：m）

第四章　筑坝材料设计与研究

第一节　坝料选择的原则和研究思路

一、坝料选择的原则

对于碾压式土石坝这种典型的当地材料坝，筑坝材料选择和设计是直接影响大坝安全性和经济技术指标的重要因素，因此是一项非常重要的工作。小浪底高土石坝的筑坝材料包括防渗料、反滤料和坝壳料等三大类共 17 种材料。填筑方量之大、填筑的坝料类型之多在国内已建土石坝中尚属首次。

在确保大坝安全的前提下，为了经济合理选择筑坝材料，按照坝料选择和设计的一般原则，在设计过程中随着研究工作和对小浪底土石坝技术特点认识的逐渐深入，针对料场实际情况并经技术经济比较，综合考虑选择坝料，基本原则如下。

（一）适宜性原则

所谓适宜性，是指所选用的筑坝材料的基本性能应与大坝不同分区和部位对材料的要求相适应。同时要求材料的基本性质"具有长期稳定性"，也就是在工程长期的运用中，筑坝材料的基本性能不应有明显的不利变化。

天然筑坝材料的基本性能是客观存在的，是否适于筑坝却随土石坝建设技术的发展和设计者对当地材料研究的深入程度不同可能有不同的认识。在小浪底土石坝筑坝材料选择和设计中，对工程区附近土石料（包括枢纽建筑物开挖料）是否适于作为筑坝材料，不仅要对材料的基本性能研究论证，还要对看似不符合要求的材料进行采用技术手段改善其性能后能否用于筑坝的论证研究。

对于材料基本性质的"具有长期稳定性"要求，则从材料的物理力学性质和水理性质两方面进行研究。有些材料的性能随工程的长期运行有可能发生不利的变化，一方面研究其不利变化的程度；另一方面通过技术措施改善其性能，使其满足要求。

（二）就地、就近取材，尽量减少对环境影响的原则

就地取材是当地材料坝设计的最基本原则。我们在料场选择中，更注意就近取材，以坝址处为中心，由近到远，认真勘察。在满足上述适应性原则的基础上，尽量采用近处料场的材料。

为了尽量减少筑坝材料开采对环境的影响，我们注意了以下几个方面的问题：

（1）在选择料场时，尽量少占或不占农田，对于同时可开采土料和堆石料等多种筑坝材料的料场优先采用。

（2）优先考虑建筑物开挖料的利用，既可少占农田，又减少了开挖料堆弃工作和对环境的影响。

(3)料场表层清理的耕植土,就近堆存,用于料场开采后复耕或植被恢复。

(三)方便应用原则

方便应用是指便于开采、运输和压实等。满足这一要求的筑坝材料有利于提高工作效率,加快施工进度,节省工程投资。同时,为应付和处理施工中不可预见的特殊情况提供了有利条件。另外,应用方便的料场,施工管理简单;便于压实的筑坝材料有利于提高压实质量,因此对保证工程质量有利。

选择的筑坝材料是否方便应用,除与筑坝材料本身的性质密切相关外,也与坝料开采、运输和压实等施工机械密切相关。比如:①对于分层明显、性质不太均匀的土料,用大型的开挖机械通过立采法和/或斜采法可将坝料掺和均匀;②对于采用大型运输设备的水利水电工程,其料场是否方便应用,不仅仅取决于料场至坝址间的距离,地形条件也是重要的评价依据,不可忽视;③对于黄土类土,需通过碾压彻底破坏其原状结构,才能最大限度地减小水库蓄水后的沉降量,凸块震动碾是理想的压实机具。

二、研究思路

小浪底坝址区附近,防渗土料主要为黄土类土,坝壳料为堆石和砂砾石,反滤层料为砂砾石料。针对土料、堆石料和砂砾石料这三大类天然建筑材料的不同特点和筑坝技术要求,研究的侧重点有所不同。

(一)防渗土料

根据料场分布和坝体结构特点,考虑施工进度安排、防渗体不同材料分区对土料的要求、环境影响等,研究料源平衡和料场利用方式。

对于防渗土料,除进行常规的物理性质、化学性质、抗剪强度、渗透特性(包括渗透系数和渗透比降)、压缩特性、击实性能等试验研究外,还根据黄土与一般黏性土的不同,着重对黄土的分散性、湿陷性、抗冲蚀性能等进行试验研究。在此基础上,重点研究论证采用的压实度,以便在技术可行、经济合理的前提下,选用合适的压实度和压实机具,通过碾压最大限度地破坏黄土的原状结构,尽量减少浸水后黄土的湿陷变形。

对于5区内铺盖材料,主要围绕“提高抗剪强度及在地震条件下的动强度特性”研究材料的颗粒级配。

(二)反滤料

反滤料的设计研究始终遵循以下两条基本思路:

(1)对于不同部位反滤层的不同功能需求,设计其级配。

(2)采用常规的计算方法并结合已建工程经验,拟定反滤料的级配,然后有针对性地进行试验验证。

设计的反滤料主要突出“当防渗体开裂出现集中渗漏时,反滤应能控制集中渗漏,并迅速使裂缝愈合”的技术要求。

(三)坝壳料

坝壳料的研究主要根据料源材料性质和分区设计相结合,使得选用的材料性质与各不同分区的功能相适应,从而达到合理利用各种质量的堆石料,且蓄水运用后材料性质不致发生明显的不利变化。

众所周知，对于堆石料而言，在料场岩性一定的情况下，堆石的级配和压实的密实程度是决定其力学性能和变形特性的主要因素，因此是堆石料研究的重点。

第二节　防渗土料

一、料场选择

（一）防渗料的分类及工程量

根据功能不同，大坝防渗体共分为 5 个区，分别命名为 1 区、1A 区、1B 区、5 区和 10 区，采用了 5 种类型的土料。其中 1 区为主坝斜心墙区，1A 区为主坝混凝土防渗墙顶部的高塑性土区，1B 区为上游围堰斜墙区，5 区为连接主坝斜心墙和上游围堰斜墙的上爬式内铺盖区，10 区为上游水平人工铺盖。以上 5 种材料除 5 区为土与砂砾石掺和料外，其他各区均为单一的土料，各区工程量见表 4-2-1。

表 4-2-1　　防渗土料工程量

材料分区	1 区	1A 区	1B 区	5 区	10 区
工程量（万 m^3）	820.0	1.0	150.0	45.0	100.0

（二）料场特性

坝址区分布的土料主要为上更新统（Q_3^2）次生黄土类土和中更新统（Q_2^2）红黄色黄土类土。主要料场分别为寺院坡、西河清、小浪底（包括大西沟、小西沟、庙上）等料场。按地质年代分，寺院坡料场处在四级阶地，其余处在二级阶地。四级阶地和二级阶地两者的土料相比，前者具有塑性好、渗透性小、抗冲刷能力稍好、击实性能稍差、强度偏低、压缩性偏大等特点，除轻粉质壤土处于中间偏分散性外，其他为非分散性土；而后者则相反，且有些料场中的某些土料具有分散性。

上述各土料料场概况见表 4-2-2。

表 4-2-2　　土料料场概况

料场名称	位置	运距（km）	高程（m）	储量（万 m^3）
寺院坡	右岸山顶	1 ~ 4	380 ~ 450	2 521
小浪底（大西沟、小西沟、庙上）	右岸上游	1 ~ 2	166 ~ 230	236.9
西河清	右岸下游	3.0	175 ~ 190	530.9
会瀍沟	右岸马屯西	13		4.3

按《土工试验规程》（SDS01—79）的三角分类法，寺院坡料场土料主要为重粉质壤土、中粉质壤土和轻粉质壤土及少量黏土，按统一分类法应为中塑性黏土。各料场土料的基本特性见表 4-2-3。

表 4-2-3　　料场土料的基本特性

料场名称	土名	颗粒级配（%）				不均匀系数	流限（%）	塑限（%）	塑性指数（%）	比重
		2 ~ 0.1mm	0.1 ~ 0.05mm	0.05 ~ 0.005mm	<0.005mm					
寺院坡	轻粉质壤土	2.3	12.1	72.0	13.6	8.7	31.1	20.8	10.3	2.72
	中粉质壤土	2.2	10.4	70.2	17.2	10.1	33.0	20.8	12.2	2.72
	重粉质壤土	1.0	8.5	66.3	24.2	12.3	36.6	21.2	15.4	2.73
西河清	轻粉质壤土	1.3	26.0	60.0	12.7	10.9				
	中粉质壤土	0.3	19.6	62.4	17.7	16.8	27.5	19.0	8.5	2.72
	重粉质壤土		21.2	60.8	18.0	14.8				
大西沟、小西沟	重粉质壤土		23.8	54.6	21.6	23.0	27.5	19.0	8.6	2.73
庙上	中粉质壤土		22.5	61.0	16.5	17.6	26.0	19.0	7.0	2.73
	重粉质壤土		19.5	55.5	25.0	50.9	30.0	19.0	11.0	2.74

（三）1 区料场

根据料场分布位置、高程和不同分区对筑坝材料的要求，拟作为 1 区料料场的有寺院坡、西河清等料场。重点对寺院坡和西河清两料场土料进行了试验研究。西河清等料场中砂壤土有分散性，因此不予采用。

根据初步设计阶段对上述各料场的调查与试验研究和对比分析，考虑四级阶地和二级阶地两种料场土料特性的差别、土料用量与料场储量、大坝的结构特点及在国际招投标施工条件下便于管理等因素，选择寺院坡料场为 1 区土料料场。

寺院坡土料场实际由寺院坡、李家坡、艮沟、后苇园、前苇园、毛沟、栾庄和西南坡等 8 个小料场组成。料场北部边界距坝址约 1km，南北长 3 000m、东西宽 600m。料场土层厚 10 ~ 30m，由北向南平均黏粒含量逐渐减小。8 部分的重、中、轻粉质壤土储量及距坝址距离见表 4-2-4。

表 4-2-4　　寺院坡料场土料储量及距坝址距离

料场名称	运距（km）	轻粉质壤土		中粉质壤土		重粉质壤土		合计（万 m^3）
		储量（万 m^3）	百分比（%）	储量（万 m^3）	百分比（%）	储量（万 m^3）	百分比（%）	
寺院坡北山梁	1.5			112.0	21	418.0	79	530.0
李家坡北山梁	2.5	25.0	10	88.0	36	129.0	54	242.0
艮沟西山梁	2.5	11.8	7	20.0	11	146.0	82	177.8
后苇园西山梁	3.0			93.0	50	93.0	50	186.0
前苇园山梁	4.0	7.0	5	9.0	6.5	121.0	88.5	137.0
毛沟北山梁	4.5	35.0	18.8	12.5	6.7	138.5	74.5	186.0
栾庄南山梁	4.5	84.7	18.1	49.0	10.5	333.7	71.4	467.4
西南坡山梁	5.0	78.0	23.1	128.5	38.1	130.5	38.8	337.0
合计		241.5	10.7	512.0	22.6	1 509.7	66.7	2 263.2

寺院坡在岩层顶面和土层中上部分布有少量红黏土，约60万 m^3，土料中的钙质结核含量约6.7万 m^3。李家坡轻粉质壤土分布在上部12m土层中，钙质结核含量约9.8万 m^3。艮沟中轻粉质壤土分布在标高399～403m以下，厚3.4～5.5m，钙质结核含量约2.8万 m^3。前苇园轻粉质壤土分布在上部10m厚土层中，基岩面上有一层约30万 m^3 的黏土。毛沟轻粉质壤土分布在土层中部，厚2.7～5.2m。栾庄轻粉质壤土分布在下部，厚3.2～7.5m。西南坡山梁轻粉质壤土分布在山梁西段土层中部，厚3.4～7.0m。

从表4-2-4可以看出，料场中土料主要为中、重粉质壤土，约2 000万 m^3，占总储量的90%左右，相当于1区料的2.44倍，轻粉质壤土仅占总储量的10%左右。

（四）1B区料场

拟作为1B区料料场的有小浪底料场（包括大西沟、小西沟、庙上）等，料场均位于右岸坝址围堰上游1～2km范围内，属黄河二级阶地，高程166.00～230.00m。

4个料区都以河流冲积相的中、重粉质壤土为主，呈互层分布。土层总厚度10～30m，底部为 Q_1^3 层的砂砾石。料场中轻粉质壤土含量仅占总量的6.8%；中、重粉质壤土占总量的93.2%，储量为220.9万 m^3。

（五）1A区料场

对于1A区料，曾研究了会瀍沟、梁村和河北省磁县等料场，重点对梁村料场和会瀍沟料场进行了比较分析。试验研究表明，两料场土料性能相近，位置相邻，距坝址均为13km。但梁村料场上覆的无用土层较厚，不利于开采。从料场储量而言，会瀍沟料场储量为总用量（包括混凝土防渗墙施工固壁泥浆用料）的3.4倍，已满足要求，且紧靠专线公路。考虑上述因素，最终选择会瀍沟料场作为1A区土料料场。

会瀍沟料场位于黄河南岸马屯镇西2km处，距坝址13km。土料分布在会瀍沟南面山梁斜坡上，地面高程377.00～392.00m，地势平坦。上部有2～10m的覆盖层，可以作为1A区的土料为料场中的姜黄色粉质黏土和棕红色粉质黏土，料场储量见表4-2-5。

表4-2-5 会瀍沟料场土料储量

材料名称	层厚（m）	储量（万 m^3）
无用层	1.63～9.26	19.32
姜黄色粉质黏土	1.35～3.32	7.92
棕红色粉质黏土	0.43～3.60	5.71
粉质黏土储量合计		13.63

（六）5区掺和料

在初步设计阶段内铺盖土料与大坝斜心墙土料相同。招标设计阶段，为提高内铺盖强度，共对 P_2^4 黏土岩风化料、第三纪红土、风化砂砾石料和河床砂砾石与寺院坡土料掺和料等四种材料进行了研究。

1. P_2^4 黏土岩风化料

所谓黏土岩风化料，实际上是利用其风化速度快的特点，将开挖岩石放置一段时间后再上坝。风化料的颗粒级配见表4-2-6。

表 4-2-6　　P_2^4 黏土岩风化料颗粒级配

土样编号	颗粒级配(%)							
	100 ~ 60mm	60 ~ 40mm	40 ~ 20mm	20 ~ 5mm	5 ~ 2mm	2 ~ 0.5mm	0.5 ~ 0.25mm	0.25 ~ 0.1mm
1	15	6	14	37	20	6	1	1
2	8	8	29	39	11	4	1	
3	2		13	65	15	4	1	

2. 第三纪红土

该土层位于寺院坡料场下部紧靠岩层面，储量约 60 万 m^3。该层土料分为两层，上层呈岩块状，下层呈土状。上层风化后及下层的土料级配见表 4-2-7。

表 4-2-7　　寺院坡料场粉质黏土级配

土样	颗粒级配(%)						
	>2mm	2 ~ 0.5mm	0.5 ~ 0.25mm	0.25 ~ 0.1mm	0.1 ~ 0.05mm	0.05 ~ 0.005mm	<0.005 mm
上层	38	1	0	1	4	34	22
下层					14	48	38

3. 王良料场风化砂砾石料

王良料场位于黄河右岸坝址下游的塬上，属第三纪地层。距坝址约 5km，储量约 40 万 m^3。采用风化料干筛、洗筛、风化和风化后洗筛的土料平均级配见表 4-2-8。渗透系数为 10^{7}cm/s 数量级。

表 4-2-8　　王良料场风化砂砾石料颗粒级配

土样制备	颗粒级配(%)										
	>40 mm	40 ~ 20mm	20 ~ 10mm	10 ~ 5mm	5 ~ 2mm	2 ~ 0.5mm	0.5 ~ 0.25 mm	0.25 ~ 0.1 mm	0.1 ~ 0.05 mm	0.05 ~ 0.005 mm	<0.005 mm
干筛	15.2	29	12.7	7	5.7	12.7	8	6.7	3		
洗筛	14.3	27	12	5.7	3.3	4	6.3	6.7	4	9	8.3
风化	17	25.7	17.3		2.7	5	6	5.7	3	9.3	8.3
风化后洗筛	14.3	27.1	17.0	3.3	4.0	6.3	6.7	4.0	9.0	8.3	

4. 掺和料

掺和料用寺院坡料场土料与坝址处河床砂砾石掺和而成，砂砾石最大粒径为 60mm，经掺土 30%、40% 两种料的试验，含砾量 31% ~27%，含黏量 5.6% ~7.4%，渗透系数为 10^{-6} ~ 10^{-7}cm/s。

从上述 4 种料的初步资料可看出，P_2^4 黏土岩风化后的含砾量高达 72% ~84%，平均为 79%，而且又缺乏粒径 0.1mm 以下的细颗粒，显然不能满足要求，不适于作 5 区料；第三纪红土颗粒偏细，也不能满足要求；王良料场风化砂砾石料和掺和料两种材料的基本性能相近，可作为 5 区料。但王良料场储量仅 40 万 m^3，不能满足 5 区料 45 万 m^3 的用量要求,且运距较远,因此决定采用掺和料。

二、1 区和 1B 区土料研究

(一)基本性质

寺院坡料场和小浪底土料场土料的基本特性见表 4-2-3。

从上述土料的基本性质可看出,小浪底料场土料基本满足筑坝材料要求。但塑性较差,尤其是其中的轻粉质壤土,塑性指数偏小。

1985 年进行了 45 组化学分析,分析结果表明,土料中易溶盐含量平均为 0.04%,中溶盐含量平均为 0.05%;碳酸盐含量为 3.45% ~18.92%,平均为 6.68%;有机质含量为 0.04% ~0.26%,平均为 0.17%;pH 为 7.6 ~9.0,平均为 8.4。1992 年补充做了 10 组化学分析,分析结果表明,土中易溶盐含量平均为 0.034%,中溶盐含量为 0,难溶盐碳酸钙含量平均为 2.36%,有机质含量平均为 0.107%;pH 为 8.14 ~8.70,平均为 8.41。

从这些试验结果可知,易溶盐和有机质含量均能满足规范要求。

(二)分散性和抗冲蚀性试验研究

土料的分散性和抗冲蚀能力,采用了双比重计(SCS)试验、针孔试验、阳离子交换试验和饱和浸提液阳离子测定试验等多种方法进行研究。

1. 双比重计试验

双比重计试验,是将同一个土样分别进行两种不同的处理,用比重计法测得小于 0.005mm颗粒百分含量,其比值即为分散度。第一次试验,样品不加分散剂,不煮沸,不搅拌,只将土样浸泡在一定量的蒸馏水瓶中,然后放置在一个负大气压的抽气瓶中抽气 10min,即进行比重计测定。第二次试验是将定量土样加浓度 4% 氨水煮沸,按《土工试验规程》(SDS01—79)作比重计测定。土料分散性判别方法:

非分散性土:分散度 <30%;

过渡型土:分散度 30% ~50%;

分散性土:分散度 >50%。

试验结果表明,西河清料场 15 组土料中,有一组中粉质壤土的分散度为 36.8%,属过渡型土;其余土料分散度为 12% ~28.6%,属非分散性土。

木底沟一组轻粉质壤土的分散度为 36.4%,一组轻粉质砂壤土的分散度为 33.3%,属过渡型土;其余二组轻粉质壤土分散度为 10% 和 27.3%,属非分散性土。

大西沟、小西沟料场四组土料中,中、轻粉质壤土分散度为 7.1% ~23.5%,属非分散性土。

2. 针孔试验

1)试验方法

针孔试验是一种模拟实体冲蚀破坏的方法。根据 J. L 谢拉德提出的在 38mm 长的试件中心穿 1.0mm 左右的针孔,让蒸馏水流过针孔,在 5cm、18cm、38cm、102cm 水头作用下,观测流量、浑浊度、水色、针孔冲蚀大小,以此来鉴定土的分散性。分散性判别标准见表 4-2-9。

表 4-2-9 黏性土分散性冲蚀试验类别区分标准

分散性类别	土类	水头(cm)	作用水头历时(min)	试验结束时流量(mL/s)	试验终了时流出水的颜色	试验结束时针孔直径扩大倍数
D_1	分散性土,在5cm水头作用下	5	5	1.5	很阴暗	2倍
D_2	易于冲蚀	5	10	1.0	阴暗到轻微	2倍
ND_4	在5cm或18cm水头作用下冲	5	10	0.8	轻微但易看见	1.5倍
ND_3	蚀缓慢的中间土	18~38	5	2.5	轻微但易看见	2倍
ND_2	非分散性土,在38cm或	102	5	3.5	清或难以看到	2倍
ND_1	102cm水头作用下无胶质冲蚀	102	5	5.0	很清	无冲蚀

2)仪器设备

黏性土分散性冲蚀仪器见图 4-2-1。

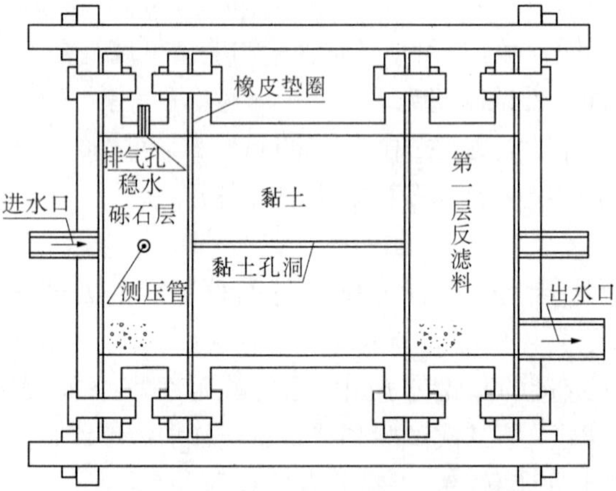

图 4-2-1 分散性冲蚀仪器示意图

3)试验方法、步骤

(1)将扰动土样先过 2mm 孔径的筛,然后取通过 2mm 筛孔的土样以蒸馏水配制成含水量略低于塑性限度的土,放置在保潮器内,静置 5~7 d 备用;

(2)用击实法进行制样,分五层击实,击实功能达普氏标准的 95%;

(3)样品装好后,先将上游端塑料锥体用手指将其嵌入土内,然后穿孔,进行试验。

4)试验结果

从寺院坡料场 14 组土样的针孔试验过程来看,经针孔流出的水自始至终都清净,而且每级水头作用下流量较稳定,试验后针孔直径几乎没有任何变化,均为非分散性土。

西河清料场的 30 组土中,有 3 组中粉质壤土为中间状态土,5 组重粉质砂壤土、1 组中粉质壤土、3 组轻粉质壤土为分散性土,其余为非分散性土。

3. 阳离子交换试验

阳离子交换试验是测定土样中吸附阳离子总量和吸附钠离子含量。用交换钠离子百分比 *ESP* 进行评价。*ESP* < 7% 为非分散性土;*ESP* = 7% ~ 15% 为中间状态土;*ESP* > 15% 为分散性土。

从阳离子交换试验可以看出,西河清 15 组土样 *ESP* 为 0.55% ~ 1.91%,大西沟、小

西沟料场的 *ESP* 为 1.58% ~4.46%，均为非分散性土。

4. 饱和浸提液阳离子测定试验

饱和浸提液阳离子测定，实质上是测定饱和土样中孔隙水的阳离子含量。钠百分比 $R<40\%$ 为非分散性土；$R=40\%\sim60\%$ 为中间状态土；$R>60\%$ 为分散性土。

通过饱和浸提液试验，寺院坡料场 14 组土样的 R 为 20.24% ~38.60%，均为非分散性土。西河清料场 19 组土样中，1 组轻粉质壤土 R 为 53.07%，4 组中粉质壤土 R 为 40.85% ~52.63%，为分散性土，其余土料 R 为 25% ~35.51%，均为非分散性土。大西沟、小西沟为中间状态土。

5. 试验结果分析

从试验结果可得出如下结论：

(1)用来研究土料分散性的各个试验结果比较吻合。

(2)土料的分散性。各料场土料从抗分散冲蚀能力分析，寺院坡料场的土抗分散性好；大西沟、小西沟等小料场的土性差；西河清料场的土料含有砂壤土，土质比较复杂，三种类型的土均有，总的来说，抗分散性能较差。

(3)土料的抗冲蚀能力。针孔冲蚀试验，既可鉴定土的分散性能，又能研究土体的抗冲蚀能力。从针孔试验结果看，土的抗冲蚀能力与黏粒含量有关，抗冲蚀能力随黏土含量增大而增强。黏粒含量低于 11% 的壤土和砂壤土，采用分散度试验、阳离子交换试验及饱和浸提液试验时都确认为非分散性土，而在针孔试验中不能抵抗 5cm 水头的冲刷而破坏，说明抗冲蚀性差，其原因是黏粒含量较少，结构连接力弱。

(三)击实性能

为研究土料的击实性能，先后按照 SDS01—79、SD128—84 和 GBJ123—88 等三种版本的土工试验规程规定的击实试验方法对寺院坡料场的重粉质壤土、中粉质壤土和轻粉质壤土分别进行了标准击实试验，试验结果汇总见表 4-2-10。

表 4-2-10　　1 区土料击实试验结果汇总

土名	试验规程	标准击实功能(kJ/m^3)	击数	组数	最大干容重(kN/m^3)		最优含水量(%)	
					范围值	平均值	范围值	平均值
重粉质壤土	SDS01—79	864	25	49	16.3 ~ 17.9	16.96	15.8 ~ 21.3	16.82
	SD128—84	607.5	27	6	16.6 ~ 17.2	16.82	18.0 ~ 19.6	18.66
	GBJ123—88	591.6	25	18	16.1 ~ 17.6	16.76	15.8 ~ 18.5	
中粉质壤土	SDS01—79	864	25	31	16.3 ~ 17.9	17.10	14.5 ~ 21.3	16.96
	SD128—84	607.5	27	1	16.8		17.5	
	GBJ123—88	591.6	25	13	16.3 ~ 17.6	16.90	16.0 ~ 20.2	18.71
轻粉质壤土	SDS01—79	864	25	12	16.3 ~ 17.7	17.10	15.0 ~ 18.5	16.59
	SD128—84	607.5	27	1	17.7	16.0		
	GBJ123—88	591.6	25	9	16.4 ~ 17.3	16.60	17.0 ~ 20.8	18.60

从表 4-2-10 可以看出,对于三种土料而言,三种标准击实功能下的最大干容重和最优含水量均有一定差别,重粉质壤土最大干容重和最优含水量的变化比较有规律,最大干容重随击实功能的增加而增大,最优含水量随击实功能的增加而减小。而中粉质壤土和轻粉质壤土似乎规律性不好,这主要是由于这两种土用 SD128—84 试验方法仅做一组试验,没有代表性。在不同标准击实功能下,重粉质壤土最大干容重差别为 0.2kN/m³,最优含水量差别为 1.2%;中粉质壤土最大干容重差别为 0.3kN/m³,最优含水量为 1.75%;轻粉质壤土分别为 1.1kN/m³ 和 2.6%。

为了合理地选定重粉质壤土和中粉质壤土的设计干容重和最优含水量,做了不同击实功能的击实试验,试验结果列入表 4-2-11。

表 4-2-11　　1 区土料不同击实功能试验结果

土名	试验规程	击数	击实功能(kJ/m³)	组数	最大干容重(kN/m³)	最优含水量(%)
重粉质壤土	SDS01—79	25	864	49	16.96	18.62
		32	1 104	32	17.1	18.60
	SD128—84	27	607.5	5	16.8	18.66
		37	832.5	4	17.1	17.25
	GBJ123—88	25	591.6	18	16.8	17.82
		35	828.8	18	17.1	18.62
中粉质壤土	SDS01—79	25	864	31	17.1	16.96
		32	1 104	32	17.1	16.40
	SD128—84	27	607.5	1	16.8	17.50
		37	832.5	1	16.50	
	GBJ123—88	25	591.6	13	16.90	18.71
		35	828.8	13	17.30	17.48

为了进一步研究土料的最大干容重随击实功能增大而增加的规律,选用 5 个有代表性的混合土样按规程 SD128 - 011—84 规定的方法进行了不同击实功能的试验,击数与最大干容重关系曲线如图 4-2-2 所示。可以看出,当击实功能达到标准击数(27 击)后直至 50 击,击数每增加 10 击其最大干容重约增加 0.2kN/m³。

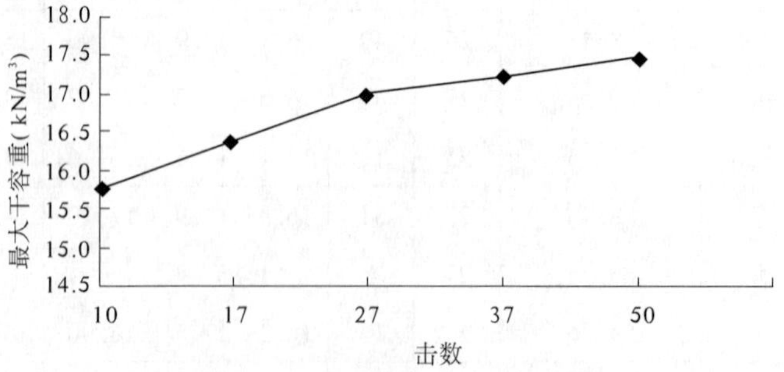

图 4-2-2　击数与最大干容重关系

用于 1B 区的小浪底料场的重粉质壤土、中粉质壤土的击实试验结果汇总见表 4-2-12。

表 4-2-12　　　　击实试验结果汇总

料区	土名	试验规程	击实功能(kJ/m^3)	最大干容重(kN/m^3)	最优含水量(%)
庙上	中粉质壤土	SDS01—79	864	17.8	14.2
		SD128—84	607.5	17.6	15.4
	重粉质壤土	SDS01—79	864	17.8	15.0
大西沟	中粉质壤土	SD128—84	607.5	17.5	16.2
平均				17.8	15.1

从表 4-2-12 的击实试验结果与寺院坡料场土料对比可看出，小浪底土料场土料的击实性能较好，平均最大干容重 17.8kN/m^3，比寺院坡料场土料的平均最大干容重 16.95kN/m^3增加了 5%。

为进一步了解土料的击实性能，按上述 3 种试验规程规定的方法进行了不同击实功能的试验。现仅列出标准击实功能和大于标准击实功能的试验结果(见表 4-2-13)。

表 4-2-13　　　　击实功能与最大干容重、最优含水量关系

料区	土名	击实标准	击数	γ(kN/m^3)	$\gamma_{增大}/\gamma_{标准}$	ω(%)	$\omega_{增大}/\omega_{标准}$
庙上	重粉质壤土	SDS01—79	25(标准功能)	17.8	1.015	15.0	0.967
			32(增大功能)	18.07		14.5	
	中粉质壤土	SDS01—79	25(标准功能)	17.8	1.019	14.2	0.958
			32(增大功能)	18.14		13.6	
		SD128—84	27(标准功能)	17.6	1.011	15.4	0.942
			37(增大功能)	17.8		14.5	
大西沟	中粉质壤土	SD128—84	27(标准功能)	17.5	1.011	16.2	0.957
			37(增大功能)	17.7		15.5	

(四)设计干容重和含水量选定

土料的干容重和含水量设计与土料击实性能、压缩变形性能等多种因素有着密切的关系，干容重和含水量对土料的抗剪强度、渗透性能、抗水流冲蚀性能等都有较大的影响，同时与土料填筑施工机械和施工方法的选择、施工进度、工期、工程造价都有关系。

设计含水量按试验的最优含水量选取，设计干容重按式(4-2-1)确定：

$$\gamma_d = P\gamma_{dmax} \tag{4-2-1}$$

式中　γ_d——设计干容重；

γ_{dmax}——标准击实试验最大干容重；

P——压实度。

我国《碾压式土石坝设计规范》(SDJ218—84)将 P 定义为压实度，对于 1、2 级坝和各种等级的高坝要求压实度应不低于 0.96~0.99，适用的击实标准为 SDS01—79。1993 年对该规范的修改和补充规定中将 P 定义为压实系数，并且将压实系数提高至不低于 0.97~0.99。

考虑到小浪底工程规模宏大及其重要性，在设计中还参考了国外的设计标准。美国

垦务局的土石坝填筑标准规定,黏性土用普氏击实试验控制时,当大于 4#(4.75mm)筛干重占总数百分数 $P=0\sim25\%$ 时,高于 50 ft(1ft = 0.304 8m)的坝压实系数下限为 0.98,平均为 1.00;当 $P=20\%\sim50\%$ 时,压实系数下限为 0.95,平均为 0.98。美国陆军工程师团(1977 年)规定,填筑标准要求压实系数为 0.95 ~ 1.00(以普氏击实为标准)。根据前述的击实试验结果,按照上述标准计算的寺院坡料场的重粉质壤土、中粉质壤土平均干容重值见表 4-2-14。

表 4-2-14　　不同压实度的设计干容重

标准	压实系数	干容重(kN/m³)
SDJ218—84	0.96 ~ 0.99	16.3 ~ 16.8
SDJ218—84(补充)	0.97 ~ 0.99	16.5 ~ 16.8
美国垦务局	0.98 ~ 1.00	16.6 ~ 16.95
	0.95 ~ 0.98	16.1 ~ 16.6
美国陆军工程师团	0.95 ~ 1.00	16.1 ~ 16.95

由上述击实试验成果可知,当击实功能大于标准功能时,随着击实功能增加,土料的干容重仍有增大。因此,设计干容重不应选得过小,以减小其后期的沉陷。从坝体结构而言,由于坝较高,坝基有深约 80m 砂砾石覆盖层深槽,计算表明,沿坝轴线方向的不均匀沉陷量较大。若选定的压实度偏低,后期沉陷将较大,对防止心墙裂缝不利,因此应选用较高的压实度。

由土料击实干容重统计资料可知,平均干容重为 16.95kN/m³ 是三种击实试验方法标准击实功能下的统计值。由于 SD128—84 标准和 GB123—88 标准的标准击实功能低于 SDS01—79 标准,因而我国《碾压式土石坝设计规范》(SDJ218—84)补充规定中规定,当采用规程 SD128—84 规定的方法进行试验时,采用的压实度宜适当提高。

考虑上述多种因素,根据小浪底工程的实际情况,设计采用压实度 100%,相应设计干容重为 16.9kN/m³,最优含水率 18.6%。

土料干容重的大小对其抗剪强度有较大的影响,为了验证其相互关系,按不同干容重进行了三轴抗剪试验,典型的试验结果汇总于表 4-2-15。

表 4-2-15　　干容重与抗剪强度关系

土名	干容重(kN/m³)	CU 指标			
		C(MPa)	φ(°)	C'(MPa)	φ'(°)
中粉质壤土	16.5	0.06	15.6	0.025	27.3
	17.0	0.07	18.8	0.034	28.3
重粉质壤土	16.5	0.06	14.0	0.018	26.1
	17.0	0.068	16.7	0.033	25.7
	17.5	0.08	18.9	0.04	25.7

从表 4-2-15 可看出,当干容重值大于设计干容重 16.9kN/m³ 后,抗剪强度增加明显减小,表明选定的设计干容重是合适的。

不同干容重下的压缩试验结果见表 4-2-16。

表 4-2-16　　干容重与压缩系数 a_{1-2} 关系

土名	干容重 γ_d(kN/m^3)	组数	压缩系数 a_{1-2}(1/100kPa)
重粉质壤土	16.5	11	0.013
	17.0	11	0.01
	17.5	7	0.007
中粉质壤土	16.5	4	0.01
	17.0	3	0.005
	17.5	4	0.009

从表 4-2-16 中可看出，对重粉质壤土当干容重为 17.0kN/m^3 时，再增加干容重，土料压缩系数的减小幅度并没有增大，而中粉质壤土的压缩系数不仅没有减小反而又有增加，也说明设计干容重是合适的。从表 4-2-16 还可看出，同一种土料的压缩系数变化的规律性并不太好，可能有两方面的原因：一是压缩试验时，在 100 ~ 200kPa 压力下的压缩系数容易出现波动；二是表中各种干容重的压缩试验组数不同。

一般而言，黄土类土经过重塑压实后，工程性质有所改变。但若填筑含水量偏小、干容重偏低，仍有不可忽略的湿陷变形。为验证选择的土料设计干容重是否合适，曾用不同干容重和含水量进行湿陷变形对比试验，试验表明：当制备试样干容重为 16.5kN/m^3、含水量为 19.5% 时，在法向应力为 0.2 ~ 0.8MPa 下，湿陷变形系数为 0.4 ~ 1.6，最大值出现在法向应力为 0.5MPa 情况下；当制备试样干容重为 17.0kN/m^3、含水量为 18.1% 时，在上述压力下没有发生湿陷变形。虽然这种对比试验做得较少，且与其他的试验结果也不完全一致，但仍说明适当增大设计干容重并在最优含水量下填筑，对减小土料的湿陷变形是有利的。

试验表明，土料干容重的变化幅度不大时，对其渗透性影响并不显著。典型土样不同干容重的渗透系数见表 4-2-17。

表 4-2-17　　干容重与渗透系数关系

土名	土样编号	干容重 γ_d (kN/m^3)	K_{10} (× 10^{-8} cm/s)	干容重 γ_d (kN/m^3)	K_{10} (× 10^{-8} cm/s)	干容重 γ_d (kN/m^3)	K_{10} (× 10^{-8} cm/s)
重粉质壤土	586 - 7 - 390	16.5	1.09	16.9	0.609	17.6	0.518
	586 - 7 - 410	16.6	1.61	16.9	1.003	17.5	0.426
	586 - 7 - 408	16.6	1.93	17.1	1.66	17.5	0.654
	586 - 7 - 378	16.4	3.38	17.0	1.10	17.5	0.491
	586 - 7 - 389	16.4	31.7	17.0	25.4	17.5	16.7

（五）击实土的工程性质

1. 渗透特性

1）渗透系数

大量试验表明，土料的渗透系数为 1 × 10^{-7} ~ 1 × 10^{-8}cm/s。

2）抗渗比降

土料的抗渗强度受土料的干容重大小、起始含水量、饱和度、保护土料的反滤级配及渗流出口是否被水淹没等多种因素影响。我们曾委托中国水利水电科学研究院进行试验，由于试验设备的限制，最大水头仅能达 200 比降，所以试验时取试样干容重小于设计干容重。试验表明，当干容重为 16.0kN/m^3 时，其抗渗比降达 200，试样没有破坏。试验认为，当干容重为 16.9kN/m^3 时，其抗渗比降可达 300 以上。

实践表明，高土石坝防渗体难免发生集中渗漏，为研究此种情况下土料的抗渗比降，中国水利水电科学研究院、黄委会勘测规划设计研究院等单位做了土料缝隙抗渗试验。试验表明，在相同反滤保护下，土体裂缝后的抗渗比降为完整土样的 1/10 ~ 1/15。考虑到土料质量的不均一性、施工填筑的不均匀性和其他不可预见因素，并参考其他工程经验，设计确定斜心墙断面时采用的允许抗渗比降为 2，确定坝基混凝土防渗墙插入土体高度时采用的接触允许抗渗比降为 5。

3）渗透变形特性与抗冲蚀性能

试验表明，寺院坡土料渗透破坏时的特征是：当水头超过临界水头后，土样破坏很快，80% 的土样在 20min 内破坏，40min 内破坏比例达 90% 以上；最后的破坏形式均为穿洞破坏，90% 的土样都是一开始先向反滤掉土，或者渗流量明显增大，然后穿洞；重粉质壤土冲蚀破坏时，土料呈团粒状剥落，团粒直径一般在 0.25 ~ 1.1mm；中粉质壤土的团粒较小。以上试验结果说明，土料的抗冲蚀性能较差，应加强反滤保护。

2. 压缩和膨胀特性

中国水利水电科学研究院（简称北科院）和黄委会水利科学研究院（简称黄科院）等单位所做的土料压缩试验结果汇总见表 4-2-18。

表 4-2-18　　土料压缩试验结果汇总

土名	压缩系数(北科院)(1/100kPa)		黄科院成果					
			压缩系数(1/100kPa)				压缩指数 C_c	
	不浸水	浸水	非饱和		饱和			
			范围值	平均值	范围值	平均值	范围值	平均值
重粉质壤土	0.005 38	0.005 49	0.004 7 ~ 0.01	0.006 85	0.007 1 ~ 0.01	0.008 47	0.190 ~ 0.242	0.213
中粉质壤土	0.004 51	0.005 06	0.005 81 ~ 0.046 9	0.008 19	0.011 6 ~ 0.015 8	0.013 7	0.225 ~ 0.327	0.227

从试验结果可看出，这种土料应属中、低压缩性土。典型土样压缩变形试验结果如图 4-2-3 所示。从图中可看出，当填筑含水量小于最优含水量略超过 2% 时，填土的浸水下沉量和总压缩量都明显增大；当填筑含水量大于最优含水量略超过 1% 时，填土的浸水下沉量和总压缩量与最优含水量状态下的接近，但固结速率却大大降低，从而增加大坝完工后产生的沉降量在总沉降量中的比例。

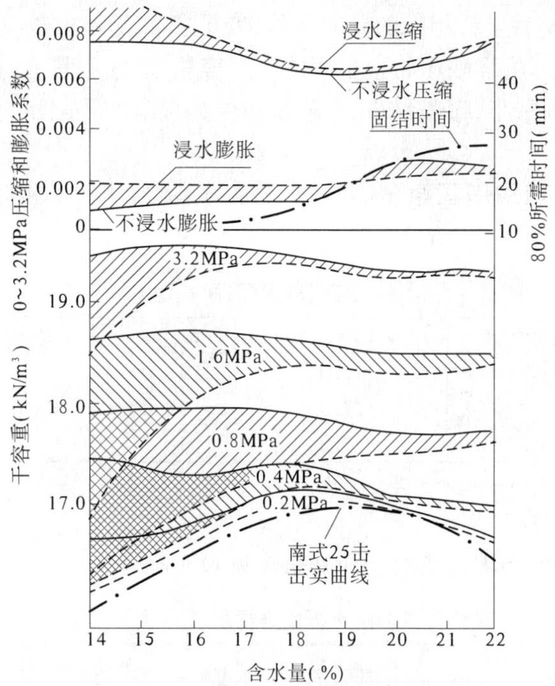

图 4-2-3　典型土样压缩变形试验结果

为了解筑坝土料的膨胀、湿陷特性，对寺院坡料场土料进行了不同荷载下的膨胀、湿陷试验。试验按《土工试验规程》(SDS01—79)进行，膨胀和湿陷值均以压缩稳定后为基准。试验采用磅秤式固结仪和 WG—1A 型三联式固结仪，试样面积 30cm^2、高 2cm。试验结果见表 4-2-19 和表 4-2-20。

表 4-2-19　不同土料同一干容重各级压力下膨胀量(湿陷量)　(%)

土料编号	压力 P(kPa) 12.5	25	50	100	200	400	800	备　注
土 1	2.009	1.362	0.728	0.201	−0.086	−0.264	−0.433	$\rho_d = 16.9$kN/m^3
土 2	2.363	1.775	1.015	0.520	0.099	−0.081	−0.612	$\omega = 18.6\%$
土 3	2.217	1.608	0.712	0.231	0.015	−0.158	−0.444	重粉质壤土

表 4-2-20　同一土料不同干容重各级压力下膨胀量(湿陷量)　(%)

干容重 (kN/m^3)	压力 P(kPa) 12.5	25	50	100	200	400	800	备注
17.1($\omega = 18.0\%$)	2.455	1.588	0.913	0.493	0.181	−0.142	−0.364	重粉质壤土
16.9($\omega = 18.6\%$)	2.217	1.608	0.712	0.231	0.015	−0.158	−0.444	
16.7($\omega = 19.4\%$)	1.458	0.867	0.482	0.111	−0.071	−0.244	−0.462	

从表 4-2-19 中可以看出，土体膨胀量随上部压力的增大而减小。在相同的外力、相同的干容重条件下，不同土料的膨胀量(湿陷量)是不相同的。在不同压力下浸水，从膨胀转变为湿陷的界限压力亦不相同。

表 4-2-20 表明，同一土料相同的外力条件，若干容重及其相对应的含水量不同，由膨胀变形转变为湿陷变形的界限压力也不相同。干容重大，膨胀量大，由膨胀转变为湿陷的界限压力也较大；干容重小，膨胀量小，由膨胀转变为湿陷的界限压力也较小。

3. 抗剪强度

三轴试验成果整理采用了摩尔圆法和主应力差法，重、中粉质壤土的试验结果见表 4-2-21。

表 4-2-21　　土料抗剪强度指标（平均值）

试验方法	试验组数	γ_d（kN/m^3）	ω（%）	C（100kPa）	φ（°）
UU（总强度）	8	17.0	18.0	1.26	18.81
CU（总强度）	8	17.0	18.0	0.94	15.3
CD（有效强度）	10	17.0	18.1	0.33	25.78

4. 动抗剪强度指标

动强度试验用土样物理性质及静强度指标见表 4-2-22。

表 4-2-22　　动强度试验用土样物理性质及静强度指标

土样	流限（%）	塑限（%）	塑性指数（%）	比重	γ_d（kN/m^3）	C（100kPa）	φ（°）
重粉质壤土 1	35.0	24.0	11.0	2.74	16.8	0.05	26.2
重粉质壤土 2	35.8	23.6	12.2	2.74	16.9		
中粉质壤土	42.8	23.7	19.1	2.72	16.9	0.22	28.3

动强度试验结果见表 4-2-23，表中所列结果取轴向应变达到 5% 作为破坏标准。

表 4-2-23　　土料动强度指标

土料名称	固结比	$N=10$		$N=20$		$N=30$	
		C_d（100kPa）	φ_d（°）	C_d（100kPa）	φ_d（°）	C_d（100kPa）	φ_d（°）
重粉质壤土 2	1.5	0.58	18.26	0.55	17.96	0.54	17.68
	2.0	0.64	17.43	0.61	16.91	0.59	16.31

注：表中 N 为振动次数，$N=10$，相当于 6 度地震；$N=20$，相当于 7 度地震；$N=30$，相当于 8 度地震。

（六）施工填筑标准

1. 上坝土料的选择

上述试验结果表明，重粉质壤土、中粉质壤土的性能较接近，且均优于轻粉质壤土。从料场储量来看，寺院坡料场主要是重粉质壤土和中粉质壤土，轻粉质壤土含量仅占 10% 左右，重、中粉质壤土的储量已满足要求。因此，采用重粉质壤土和中粉质壤土作为填筑大坝斜心墙和围堰斜墙的防渗土料，1 区、1B 区土料的级配包线见图 4-2-4。

寺院坡料场中还含有少量的钙质结核，对于成层的钙质结核全部清除，对于零星分布的钙质结核可不清除，但含量不应超过 8%，且在坝面填筑时不应集中。

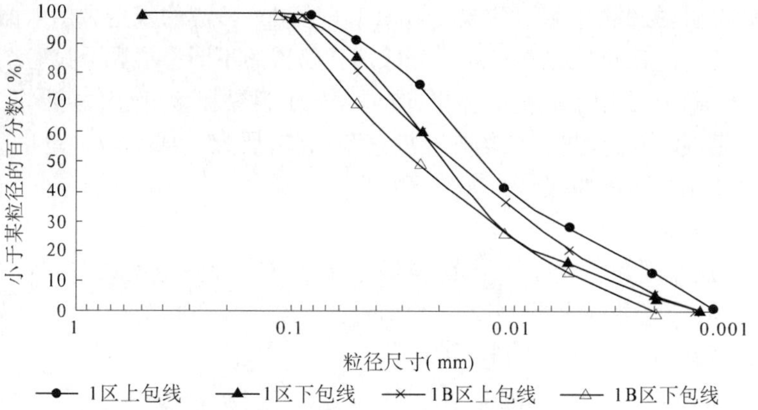

图4-2-4　1区、1B区土料级配曲线

2. 填筑标准的确定

小浪底工程实行国际招标施工,施工现场采用标准普氏击实试验确定填筑标准。考虑工程的重要性和普氏方法的击实功能得出的干容重小于SDS01—79的试验方法得出的最大干容重等因素,规定压实干容重应等于或大于标准普氏击实试验最大干容重,也就是说,施工压实度等于或大于100%。

由于料场土料压实性能不同,其最大干容重也不同,因此现场按压实度控制,而不采用一个固定的干容重控制,即采用"固定压实度、浮动干容重"的方法控制。采用这种控制方法,可确保各种土料均能达到相同的压实度,避免了用一种干容重控制可能造成干容重要求过高不易达到或干容重要求偏低导致密实度不足等缺点。

填筑含水量控制在最优含水量的+2%~-1%范围内。基础面上1m厚填筑范围内的填筑含水量在最优含水量+3%~+1%。要求含水量调节在料场进行,必须在坝面调节时,要求采用喷雾状喷水器洒水。

土料的填筑层厚度一般部位不大于0.25m,碾压遍数不少于6遍。压实机械采用凸块振动碾,要求滚轮净重不小于13 000kg,直径不小于1.80m,宽度不小于2.00m。滚轮应至少有120个凸块,每个凸块面积不小于9 000mm^2,高度不小于100mm。

边角部位填筑层厚度不大于0.13m,要求采用专门压实机械,如小型振动碾、蛙夯或小型夯板。

每层土料均要求采用圆盘耙将土块耙碎。在上层填筑前,应将下层土刨毛,深度至少20mm,必要时应洒水。

(七)施工中的土料级配调整

1. 问题的提出

1996年上坝的1区土料均采用寺院坡料场艮沟山梁土料,9~12月上坝土料质检月报资料表明,大量的1区土料黏粒含量偏高,据估算约有17万m^3,其级配曲线大大超过设计级配包线,相当一部分黏粒含量超过40%,最高甚至高达45%以上,高出设计黏粒含量上限28%达17%。据分析可能有以下几方面的原因:

(1)设计阶段料场勘探时,取样容重偏少,致使代表性较差。

(2)初步设计阶段,颗分试验按照《土工试验规程》(SDS01—79)的规定采用氨水作分散剂；而施工质检按照《土工试验规程》（SD128—006—84）的规定采用六偏磷酸钠作分散剂。两方法使用的比重计也不相同。分散剂和仪器的不同造成颗分试验结果的差异。

（3）施工开采时，取用了底部的黏土，造成上坝土料黏粒含量过高。

根据以上情况，有必要进行料场补充勘察和试验，研究造成黏粒含量偏高的原因，论证是否需要修正土料级配曲线。

2. 料场补充勘察

经建设单位、监理和设计各方研究，料场补充勘察在寺院坡料场共布置 10 个勘探竖井。依据土层厚度，竖井深度为 14.2～26.6m，合计总进尺 206.3m。勘察结果表明，各料场的土层分布情况与初步设计阶段一致。

3. 颗分对比试验

为验证两种试验方法的黏粒含量的差别，在竖井内每 1m 取 1 个颗分样，个别厚土层每 2m 取 1 个颗分样，共 141 个土样 284 组颗分对比试验。两种不同分散剂颗分试验的黏粒含量相差在 −8%～11% 之间，其分布统计见表 4-2-24。

表 4-2-24　　两种方法差异分布统计

p_2-p_1（%）	−8～−6	−6～−4	−4～−2	−2～0	0～2	2～4	4～6	6～8	8～10	≥10
频数（组）	1	6	7	19	20	25	26	18	9	109
分布频率（%）	0.7	4.3	5.8	13.5	14.2	17.7	18.4	12.8	6.4	7.1

注：p_2 为六偏磷酸钠作分散剂的黏粒含量；p_1 为氨水作分散剂的黏粒含量。

对比试验所取的 141 个土样的土料包括重粉质砂壤土、轻粉质壤土、中粉质壤土、重粉质壤土和粉质黏土等五种土料。从试验结果可看出，采用六偏磷酸钠作分散剂的试验结果有 70% 以上土样的黏粒含量大于用氨水作分散剂时的试验结果。

由前述可知，作为上坝土料的中粉质壤土和重粉质壤土共有 99 组试验，采用六偏磷酸钠作分散剂进行颗分试验黏粒含量平均提高 3.1%。

4. 上坝土料级配的调整

根据上述试验结果将原设计级配曲线进行了适当的调整。由上述可知，采用六偏磷酸钠作分散剂进行颗分试验，黏粒含量平均提高 3.1%，考虑到试验结果较分散，黏粒含量平均提高 6%～8% 时所占比例仍高达 12.8%，因此将黏粒含量上限上调 7%，修正为 35%，修正后的级配曲线如图 4-2-5 所示。

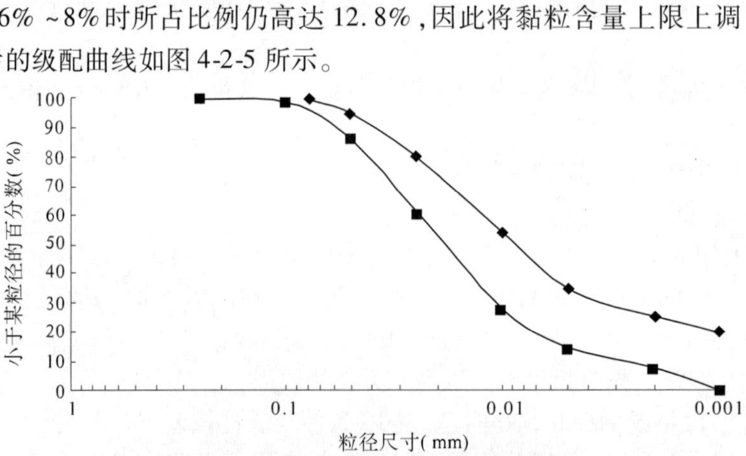

图 4-2-5　修正后的 1 区土料级配曲线

三、1A 区高塑性土研究

(一)物理性质

料场中两种土料的物理性质见表 4-2-25,由表可看出姜黄色粉质黏土稍优于棕红色粉质黏土,但差别不大。同时考虑料场中两种土料的分布及施工开采等因素,两种土料均可作为1A 区料。

表 4-2-25 会瀍沟土料物性

土料名称	颗粒级配(%)						流限 W_L (%)	塑限 W_P (%)	塑性指数 I_P (%)	比重 G_S	天然容重 (kN/m³)	天然含水量 (%)
	0.5~0.25 mm	0.25~0.1mm	0.1~0.05 mm	0.05~0.005 mm	<0.005 mm	<0.002 mm						
姜黄色粉质黏土		6	5	50	39	21	59	29	30	2.78	20.2	22.3
棕红色粉质黏土		6	4	55	35	20	49	26	23	2.77	20.1	22.6
粉质黏土(平均)	0.1	3.8	6.5	55.1	35.5		52.5	28.3	24.2	2.75		

(二)压实度设计

在主混凝土防渗墙顶设置高塑性土区的目的主要是提高墙顶以上土体适应变形能力,防止墙顶以上土体发生裂缝,改善混凝土防渗墙的应力状态,因此要求土料具有较好的塑性。为此,需要选择合适的干容重和相应的含水量,使压实后的土体有较好的压缩变形特性。

采用两种不同的击实试验标准所得到的最大干容重和最优含水量平均值见表 4-2-26。典型土样不同干容重的压缩性能见表 4-2-27。

表 4-2-26 不同击实功能的最大干容重和最优含水量

击实标准	击数	击实功能(kJ/m³)	最大干容重 (kN/m³)	最优含水量 (%)
GBJ123—88	15	355.0	14.7	27.4
	25	591.6	15.5	24.6
SD128—84	17	382.5	15.3	26.8
	27	607.5	15.8	23.9

表 4-2-27 典型土样压缩系数

土样编号	干容重 γ_d (kN/m³)	饱和度 S_r (%)	各压力段的压缩系数(1/100kPa)(压力单位 100kPa)						
			1~2	2~4	4~6	6~8	8~12	12~16	12~20
586-7-461	14.7	93	0.015	0.020	0.018	0.014	0.010	0.007	0.006
		100	0.017	0.021	0.017	0.013	0.010	0.007	0.006
	15.5	88	0.005	0.005	0.010	0.012	0.009	0.006	0.005
		100	0.013	0.019	0.013	0.010	0.009	0.006	0.005
586-7-462	15.5	91	0.017	0.019	0.016	0.013	0.010	0.007	0.005
		99	0.015	0.021	0.018	0.012	0.010	0.006	0.005
	16.0	88	0.006	0.009	0.011	0.010	0.010	0.007	0.005
		100	0.015	0.013	0.013	0.011	0.009	0.006	0.005

如上所述，在坝体发生沉降变形时要求高塑性土区也能产生相应的变形，防止出现由于混凝土防渗墙顶的顶托作用和墙顶土体变形能力不够，而使墙顶土体发生裂缝。所以，该区土料的干容重和含水量设计主要是考虑土料的压缩变形特性。由坝体应力应变计算知，1A 区的大主应力约 2.0MPa，因此不希望 1A 区土料在较小的压力下过早地完成压缩变形，同时也不希望 1A 区土料在压力大于 2.0MPa 才开始出现较大的压缩变形。从表 4-2-27 可看出，当压力小于 0.8MPa 时土料保持较强的变形能力，当压力大于 0.8MPa 后变形能力逐渐减弱。相对而言，当压力大于 0.8MPa 以后，击实功能低、干容重小的变形能力稍大一些。根据上述情况，设计选用的压实度为 0.90 ~ 0.95。

由土体的压缩变形规律可知，其压缩变形主要发生在固结阶段，在该阶段土体压缩变形是土体随超静水压力消散而发生的压缩量。由于 1A 区包括在 1 区土料之间，超静水压力的消散受两种土料的渗透系数比值影响。若 1 区土料的渗透系数小于等于 1A 区土料的渗透系数，或非常接近，则超静水压力不易消散，压缩变形无法产生；若 1 区土料的渗透系数远远大于 1A 区土料的渗透系数，随压力增大超静水压力较快消散，在坝体变形远未稳定时 1A 区土料变形已完成。所以，1A 区土料的压缩变形过程不仅与上覆压力有关，还与其排水条件有关，即与两种土料的相对渗透性有关。渗透试验表明，1A 区土料的渗透系数约为 10^{-9}cm/s，1 区土料的渗透系数为 10^{-7}cm/s，是 1A 区土料渗透系数的 100 倍，基本可以满足要求。

1A 区土料的级配曲线见图4-2-6。

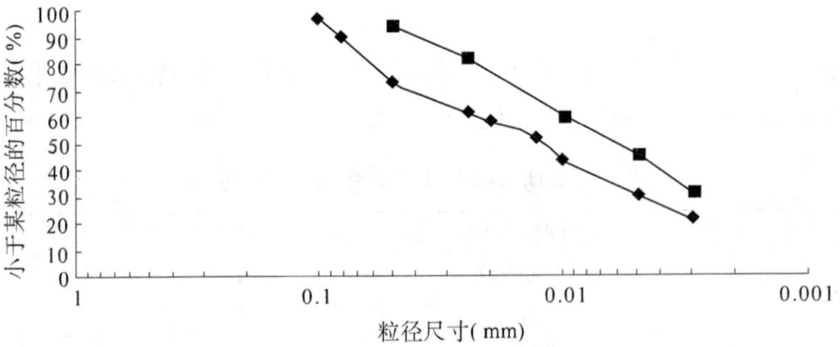

图 4-2-6　1A 区土料的级配曲线

四、5 区掺和料

（一）掺和料级配选择

如上所述，内铺盖料由纯土料改为掺和砾石土的目的就是在其渗透性能满足防渗要求的前提下，提高其静抗剪强度并改善动力特性。

研究表明，影响砾石土渗透性的主要因素是细料的性质、含砾量（粒径大于 5mm 颗粒含量）和压实度。当含砾量不超过某一极限值（砾石完全起骨架作用时的砾石含量，一般用 P_5^{II} 表示）时，渗透系数变化不大，其值主要依细料性质而定。

掺和料中的砂砾石含量不大于 70%，其中含砾量不大于 30%，级配是根据河床砂砾石的实际级配情况确定的，掺和用土料为 1 区土料。掺和料（5 区）设计级配曲线见图 4-2-7。

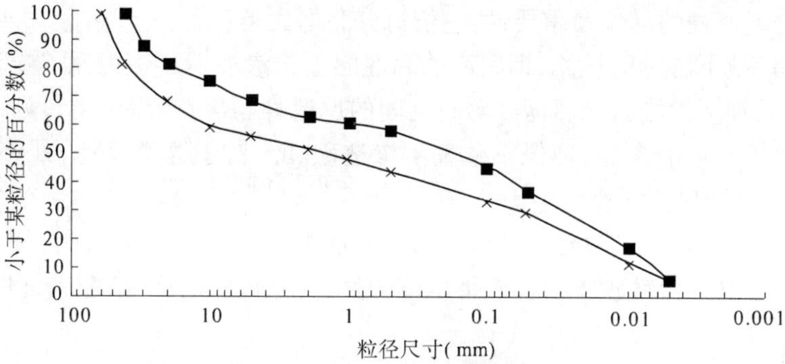

图 4-2-7 5 区料设计级配曲线

(二)物理力学性能

击实试验采用 SD128—87 规定的方法进行,击实功能为 $604kJ/m^3$。上、下包线的最大干密度分别为 $20.5kN/m^3$ 和 $21.0kN/m^3$,最优含水量分别为 9.5% 和 7.8%。

掺和料的渗透系数为 $8.72\times10^{-7}\sim3.73\times10^{-6}$。在反滤保护的条件下,临界比降为 4.94 ~7.31。

三轴试验的抗剪强度(总应力强度)指标分别为:上包线 $\varphi=20.8°$,$C=30kPa$;下包线 $\varphi=22.3°$,$C=50kPa$。

用平均级配进行的三轴试验表明,当取干容重为 $20.3kN/m^3$ 时,有效强度指标为 $\varphi=28.05°$,$C=22.0kPa$。

(三)5 区掺和料的动强度特性

采用平均级配、干容重为 $20.3kN/m^3$、$\varphi=28.05°$、$C=22.0kPa$ 的样品进行了动力试验,动抗剪强度指标见表 4-2-28。

表 4-2-28 5 区掺和料动抗剪强度指标

固结比	材料	$N=10$		$N=20$		$N=30$	
		C_d(100kPa)	φ_d(°)	C_d(100kPa)	φ_d(°)	C_d(100kPa)	φ_d(°)
1.5	掺和料	0.20	17.2	0.18	16.7	0.18	16.3
	寺院坡土料	0.58	18.26	0.55	17.96	0.54	17.68
2.0	掺和料	0.13	23.7	0.12	23.3	0.10	23.2
	寺院坡土料	0.64	17.43	0.61	16.91	0.59	16.31

从上述试验结果可看出,当固结比达到 2.0 时,掺和料的动抗剪强度比寺院坡土料有较大的提高。

第三节 反滤料

一、设计分区和反滤料分类

大坝设置反滤层的部位较多,各区反滤层的设置详见图 3-2-3。反滤料的总工程量为 261.00 万 m^3,其中 2A 区料 80 万 m^3,2B 区料 65 万 m^3,2C 区料 101 万 m^3。

根据反滤料所处的部位及重要性，它们可分为两大类：

(1)主防渗线下游侧的反滤，即斜心墙和混凝土防渗墙下游侧的第一层(2A)和第二层(2B) 反滤及坝下游堆石和河床砂砾石之间的反滤，因其位于渗流出口处，应能控制和封闭通过防渗体的集中渗漏，确保不致发生渗透破坏。对于这类反滤，某些文献中称为"关键性"反滤或"控制性"反滤。

(2)主防渗线上游侧的反滤(2C)，包括斜心墙上游侧和内铺盖两侧及围堰斜墙下游侧的反滤层。因其重要性较主防渗线下游侧的反滤相对差些，称为"非关键性"反滤。

二、设计原则

(一)反滤的基本功能要求

众所周知，反滤应满足保土和透水性两项基本功能：

(1)保土功能。要求反滤应能防止地基或填筑料的土颗粒移动。也就是说，细反滤必须保护更细颗粒的填土或地基；粗反滤应能防止细反滤的颗粒移动。这一要求通常称为防止管涌或稳定性准则，也称为保土准则。

(2)渗透性功能。除发生超静水压力以外，反滤应能使相邻被保护土层的渗流通过。相邻两种材料的渗透系数比常采用最小为25。考虑到不同的材料和由于反滤压实引起的各向异性，平均渗透系数比应大于100。若由于不均匀沉降或地震引起心墙(基土)料产生贯穿裂缝，应加强反滤层。

(二)设计原则

反滤设计遵循以下原则：

(1)提高"关键性"反滤的可靠性，简化"非关键性"反滤的原则。在已建成的土石坝中，由于集中渗漏导致渗透破坏以致溃坝的事故时有发生。统计资料表明，这种原因导致溃坝的约占溃坝总数的25%，仅次于洪水漫顶的溃坝率。近几十年来设计和施工的土石坝，仍不能完全避免集中渗漏的发生。引起集中渗漏的原因很多，归纳起来可概括为四方面：①不均匀沉陷所产生的张开裂缝；②沿防渗体与岩基或混凝土接触面的渗流；③施工缺陷；④水力劈裂。

对于如何防止因集中渗漏引起渗透破坏而危及大坝安全的问题，国外曾有人提出"多道防线"的设计思想，即：①尽量减少不均匀沉陷引起的坝体裂缝；②一旦开裂渗水，要能控制和制止这种渗漏。

美国土石坝专家谢拉德认为，在堆石坝内防止防渗体或坝基发生管涌破坏的有效措施是设置级配良好的反滤层和有效的排水体。

总结国内外的经验，并根据小浪底土石坝的特点，确定了以下设计原则：①提高"关键性"反滤的可靠性，加厚斜心墙下游及其底部的反滤层；②当防渗体开裂出现集中渗漏时，反滤应能控制集中渗漏，并迅速使裂缝愈合；③在确保工程安全的条件下，尽量简化"非关键性"反滤，降低工程造价。

(2)合理利用天然筛分料和人工轧制料。

(3)以科学试验为主、常规计算为辅确定反滤料级配。

采用计算方法初选反滤料，最终以试验为依据确定反滤料级配。考虑防渗体产生裂缝时的工况，采用孔洞试验和缝隙试验两种方法模拟反滤料的工作条件，确保当发生集中渗漏时，渗流出口处的反滤料应能控制渗漏通道发展并使其逐渐自愈。

三、料场选择

比较了马粪滩料场和连地滩料场。马粪滩料场位于坝址右岸下游 6 ~ 7km 处，总面积约为 130.00 万 m^2，水上有效厚度 1 ~ 3m，储量 141.2 万 m^3，水下有效厚度 3 ~ 10m，储量为 783.4 万 m^3，总储量约为 924.6 万 m^3。连地滩料场位于坝址左岸下游约 10km，总面积约 69.3 万 m^2，水上储量 37.1 万 m^3，水下储量 600.1 万 m^3，总储量 637.2 万 m^3。两料场砂砾料岩石成分主要为石英岩和石英砂岩，质地坚硬，强度较高。两料场砂砾料的颗粒组成如图 4-3-1 所示。

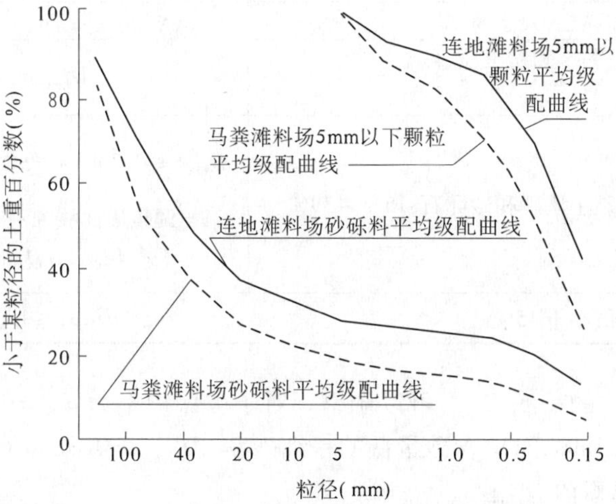

图 4-3-1　马粪滩料场和连地滩料场砂砾料颗粒组成

从图 4-3-1 可以看出，两料场有以下几个共同点：

(1)5mm 以下的颗粒含量少，马粪滩料场为 19.2%，连地滩料场为 28.7%。

(2)在 5mm 以下的颗粒中，以细砂和粉细砂为主，缺乏中、粗砂。马粪滩料场 1mm 以下细颗粒含量占 5mm 以下颗粒的 75%，连地滩为 87%。

(3)20mm 以上粗颗粒含量较多，缺少反滤料所需要的小石和中粗砂。

由于连地滩料场同时也是混凝土骨料料场，所以仅可使用混凝土骨料的筛余料(粒径小于 5mm 的颗粒)作为反滤料料源。因此，最终选择马粪滩料场作为大坝反滤料料场。

马粪滩料场缺乏反滤需要的中、粗砂(粒径 5 ~ 1.0mm)和小石子(粒径 10 ~ 5mm)。若仅采用筛分料，筛分反滤料的级配不好；若采用筛分配制，因中、粗砂和小石子需求量大，料场储量不够。为此，采用筛分料和人工轧制料掺和配制反滤料。反滤料总量为 261 万 m^3，考虑开采、加工和运输等各种损耗，并留一定的富裕度，设计总开采量约为 437 万 m^3。

四、反滤设计

(一)特征粒径的确定方法

初期采用《碾压式土石坝设计规范》(SDJ218—84)规定的公式确定：

$$D_{15}/d_{85} \leqslant 4 \sim 5 \tag{4-3-1}$$

$$D_{15}/d_{15} \geqslant 4 \tag{4-3-2}$$

通过试验验证资料分析,发现用以上公式推求的保护黏性土的反滤料往往偏细,谢拉德准则确定反滤料的特征粒径,效果良好,方法如下。

1. 满足保土准则的 D_{15max}

对于反滤而言,保土准则是必须满足的,对于四类不同的被保护土,J·L·谢拉德提出了适用于"关键性"反滤的保土准则见表 4-3-1。

表 4-3-1　反滤准则(D_{15max})

被保护土类别	基土类型和过 200 号筛(0.075mm)百分比	滤土准则
1	细粉土和黏土;大于 85%	$D_{15max} \leqslant 9d_{85}$(若 $9d_{85}<0.2$mm,取 0.2mm)
2	砂,粉土,黏土和粉土质、黏土质砂;40% ~85%	$D_{15max} \leqslant 0.7$mm
3	粉土质、黏土质砂和砂卵石;15% ~39%	$D_{15max} \leqslant 0.7\text{mm}+\frac{1}{25}(40-A)(4d_{85}-0.7)$ A = 调整后曲线通过 200 号筛的百分数 (若 $4d_{85}<0.7$mm, 取 0.7mm)
4	砂和砂砾;小于 15%	$D_{15max} \leqslant 4d_{85}$(全料)

对于非关键部位的反滤 D_{15max} 可以调整。对于被保护土为 $d_{15}=0.03 \sim 0.1$mm 的细粒土,可取 $D_{15max} \leqslant 0.5$mm;对于含砂量低的粉细砂,取 $D_{15max}=0.3$mm 可能是合适的。

2. 满足透水性准则的 D_{15min}

保护黏性土的砂砾石反滤料一般能满足透水性要求。对于保护无黏性土,有时就要求反滤料满足透水性准则(见表 4-3-2)。

表 4-3-2　透水性反滤准则(D_{15min})

被保护土类别	排水准则
所有类别	$D_{15min} \geqslant 4d_{15}$(全料)(但不小于 0.1mm)

(二)反滤料级配及其上、下包线的确定方法

在以往的反滤设计中,按反滤准则求出了反滤料的 D_{15} 后,其级配曲线由设计者根据工程经验拟定级配曲线。一般情况下,需经试验验证后,才能最终确定采用的反滤级配及其包线。但是,通过一个 D_{15} 点可以作出无数条级配曲线。对于比较复杂的情况,或设计者经验相对较少,拟定的级配曲线往往与实际需要的相差较多,常常需进行大量的试验,才能选定所需的级配曲线。小浪底工程最初的反滤料设计研究过程中,采用这种传统的方法拟定多组反滤的级配曲线,进行试验验证,效果并不理想。后来按照反滤料的特征粒径 D_{15}、D_{60}、D_{10} 能较好地代表反滤料特性这一特点,参照国外工程经验和研究成果,采用以下方法求出其 D_{60}、D_{10},拟定的反滤级配曲线较为合理,大大减小了试验验证工作量。

1. D_{10}的确定

按反滤准则求出反滤料的D_{15}后，可按下式计算D_{10}：

$$D_{10}=D_{15}/n_1 \tag{4-3-3}$$

式中　n_1——D_{15}/D_{10}的经验值。

美国土壤保护局、《美国国家工程手册》等文献建议$n_1=1.2$，国内的石头河大坝心墙下游反滤料平均值$n_1=1.25$，鲁布革大坝的心墙下游不同部位的反滤料，上包线$n_1=1.2$和1.42，下包线$n_1=1.25$和1.5。

2. D_{60}的确定

反滤料的D_{60}可按下式计算：

$$D_{60}=n_2D_{10} \tag{4-3-4}$$

式中　n_2——系数，可参照已建土石坝反滤料的不均匀系数选用。

美国土壤保护局、《美国国家工程手册》建议$n_2=6$，在特定的范围内，不均匀系数大于6，是完全可以接受的。中国水利水电科学研究院总结国内实际工程经验，经研究认为，当被保护土为非黏性土时，n_2应不大于20；当被保护土为黏性土时，n_2应不大于30～40，并不小于2～3。

3. 级配包线的确定

按上述方法，根据$D_{15\max}$和$D_{15\min}$可求出相应的$D_{60\max}$、$D_{10\max}$和$D_{60\min}$、$D_{10\min}$，就可绘制出两条D_{60}以下级配曲线，大于D_{60}的部分可根据曲线的趋势延长。

当仅仅需要控制反滤的保土性时，只能得出一条合适的反滤级配曲线。若同时需要控制反滤的透水性，可得到另一条级配曲线。为防止出现间断级配的反滤料，需要选定合适的上、下包线的带宽。

为了控制上、下级配包线的带宽，美国《国家工程手册》中建议，60%含量及其以下，同一含量的粗级配包线粒径与细包线粒径之比$D_{n\max}/D_{n\min}\leqslant5(n\leqslant60)$。按照上、下级配包线的这一关系，当求出任一条级配包线后，就可方便地求出另一条级配包线。

当反滤料仅有保土性控制时，将得到的$D_{15\max}$、$D_{60\max}$和$D_{10\max}$分别除以5，就可得到另一条级配包线。

若反滤料同时由保土性和透水性控制，也应调整$D_{15\max}$、$D_{60\max}$、$D_{10\max}$和$D_{15\min}$、$D_{60\min}$、$D_{10\min}$，使相应的比值不大于5。

$D_{n\max}/D_{n\min}\leqslant5$的要求对于天然砂砾石筛分料可能是合适的。对于轧制掺和的反滤料，选择较小的$D_{n\max}/D_{n\min}$值可能更方便配料。

五、反滤料级配

（一）2A、2B区

1. 级配选定

两区均位于斜心墙下游侧，处于渗流出口的关键部位，属“关键性”反滤，是反滤设计的重点。初步设计阶段，第一层曾采用0.1～5mm，这样需设置三层反滤，但第一、第二层反滤细颗粒含量较多，而料场中恰恰缺乏反滤需要的中、粗砂。这样势必增加中、粗砂的人工轧制量，使反滤料生产成本大大增加。

经多种方案的比较，最终将第一层反滤（2A 区）的粒径范围定为 20 ~ 0.1mm，第二层反滤（2B 区）的粒径范围定为 60（或 80）~ 5mm。

选定的斜心墙下游第一层（2A）和第二层（2B）反滤料级配如表 4-3-3 和图 4-3-2 所示。

表 4-3-3　　2A 区、2B 区反滤料级配

粒径范围（mm）	包线名称	颗粒组成（%）										
		80 ~ 60 mm	60 ~ 40 mm	40 ~ 20 mm	20 ~ 10 mm	10 ~ 5 mm	5 ~ 2 mm	2 ~ 1 mm	1 ~ 0.5 mm	0.5 ~ 0.25 mm	0.25 ~ 0.1 mm	<0.1 mm
20 ~ 0.1	上包线				15	15	18	12	12	12	13	3
	下包线			10	17	16	17	10.5	10.5	9	10	
60 ~ 5	上包线		17	23	25	25	4	3	3			
	下包线	15	15	25	25	20						

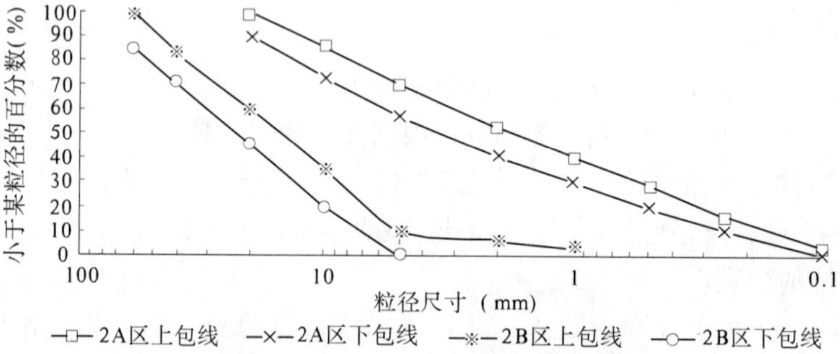

图 4-3-2　2A 区、2B 区反滤料级配曲线

2. 基本性质

1）特征粒径

特征粒径见表 4-3-4。

表 4-3-4　　特征粒径

反滤料名称	包线名称	特征粒径（mm）				不均匀系数
		d_{85}	d_{60}	d_{15}	d_{10}	
2A	上包线	10	3.1	0.23	0.16	19.4
20 ~ 0.1mm	下包线	16	5.7	0.36	0.25	22.8
2B	上包线	44	20	5.8	5.0	4.0
60 ~ 5mm	下包线	60	32	8.4	7.1	4.5

2）2A 区的渗透变形特性

相对容重 $D_r = 0.7$，渗透变形试验结果见表 4-3-5。

表 4-3-5　　**2A 区、2B 区渗透变形试验结果**

反滤料名称	包线名称	天然砂石含量(%)	人工砂石含量(%)	干容重(kN/m³)	渗透系数 K_{10} (cm/s)	临界坡降 K_{kp}	渗透破坏形式
2A (20～0.1mm)	上包线	25	75	20.0	3.75×10^{-3}	1.72	流土
		35	65	20.2	2.85×10^{-3}	2.25	流土
	下包线	25	75	20.4	9.3×10^{-3}	1.32	管涌
		35	65	20.5	7.3×10^{-3}	1.65	流土
2B (60～5mm)	上包线	25	75	19.1	1.65		
		35	65	19.3	2.35		
	下包线	25	75	18.8	6.2		
		35	65	18.7	6.8		

从表 4-3-5 可看出,4 个试样中 3 个为流土型破坏,1 个试样为管涌型破坏,但临界坡降较高,达 1.32,施工中应尽量避免粗细颗粒分离现象。

3)2B 区的渗透变形特性

该层反滤料采用的相对密度与 2A 区相同,由于其渗透系数高达 1.65～6.8cm/s,增加水头后渗流量较大,受仪器出水口限制未求出临界坡降(见表 4-3-5)。试验表明,2B 区反滤料的渗透系数为 2A 区反滤料的 1 000 倍,完全能满足透水性要求。

3. 反滤特性

1)2A 区料保护 1 区料试验

为验证设计的反滤料保护心墙的反滤性能,选寺院坡中粉质壤土进行反滤试验。试验是在考虑了防渗体产生裂缝的条件下进行的,试验结果见表 4-3-6。

表 4-3-6　　**2A 区料保护 1 区料反滤试验结果**

土料			反滤料			开始水力条件			结束水力条件			试验情况描述
干容重(kN/m³)	含水量(%)	缝隙尺寸(mm)	包线名称	轧制料含量(%)	干容重(kN/m³)	坡降	流量(cm³/s)	流速(cm/s)	坡降	流量(cm³/s)	流速(cm/s)	
14.9	19.6	5×100	下包线	65	20.5	20.4	14.17	2.83	42.3	2.1	0.42	开始水浑,20min 后变清,上游缝 1/3 被淤堵,下游缝基本完好,缝下部约有 1cm 黏土,下游缝与反滤接触处有 0.3～1.0cm 厚的黏土
			下包线	75	20.4	38.5	39.0	7.8	42.2	6.3	1.26	开始水浑,5min 后变清,上游缝轻微闭合,下游缝基本完好,上下游缝除一处有微小缝隙外几乎不连通,下游缝与反滤接触处,有一薄层黏土

从表 4-3-6 可以看出，使用第一层反滤（2A 区）下包线保护 1 区料也能起到较好的反滤作用。试验还表明，轧制料掺量为 75% 时，2A 区料对 1 区料的反滤保护性能优于轧制料掺量为 65% 时对 1 区的反滤保护性能。说明天然砂砾石级配不好，宜适当增加轧制料掺量，以确保反滤料质量。

2）2B 区料保护 2A 区料试验

试验结果见表 4-3-7。

表 4-3-7　2B 区料保护 2A 区料反滤试验结果

2A 区						2B 区					淤填量（%）	K_2/K_1
包线名称	轧制料掺量（%）	容重（kN/m^3）	渗透系数 K_1（$\times10^{-3}$ cm/s）	临界坡降 J_{kp}	试验最大坡降 J_{max}	包线名称	轧制料掺量（%）	容重（kN/m^3）	渗透系数 K_2（cm/s）	试验最大坡降 J_{max}		
上包线	75	20.0 ~ 20.2	3.23 ~ 5.6	1.85	33.49 ~ 35	下包线	75	1.88 ~ 18.7	2.2 ~ 8.88	0.004 2 ~ 0.058	2.3 ~ 3.49	392.9 ~ 2 749
下包线	75	20.4	2.1 ~ 7.0	1.46 ~ 7.22	34.32 ~ 37.4	上包线	75	19.1	1.22 ~ 2.7	0.133 ~ 0.167	1.7 ~ 1.9	128.6 ~ 174
上包线	65	20.2	1.45 ~ 6.6		35 ~ 37.1	下包线	65	18.7	2.66 ~ 5	0.004 2 ~ 0.167	1.8 ~ 3.61	757.6 ~ 1 834
下包线	65	20.5	3.9 ~ 13	2.97	35.6 ~ 39.9	上包线	65	19.3	1.0 ~ 2.30	0.038 ~ 0.196	2.4 ~ 2.7	76.9 ~ 590

（二）斜心墙下游保护河床砂砾石的 2C 区反滤

坝基砂砾石含砂量变化较大，且砂砾石中有细砂、粉细砂透镜体，因此其透水性变化也较大，渗透系数在 10^{-1} ~ 10^{-4}cm/s 之间，允许渗透比降小于 0.1。据渗流计算，工程运用后在心墙下游渗流出口处的渗透坡降大于 0.1。在这种情况下，砂砾石结构将会重新调整，细颗粒将会向渗流出口处移动。在有效的反滤保护下，这些细颗粒将会停留在砂砾石表面，而不致流失。该处的砂砾石的透水性将会随着细颗粒涌入而减小。当反滤层下面与表层河床砂砾石层接触带的透水性减至接近反滤层透水性时，其结构渐趋稳定。这时，反滤料满足了保护河床砂砾石的反滤要求，又满足了透水性要求。根据这种情况，拟定了多种反滤级配。经试验论证选用的反滤级配如图 4-3-3 所示，反滤料的渗透变形试验结果列入表 4-3-8，保护典型的河床砂砾石样品反滤试验结果见表 4-3-9。

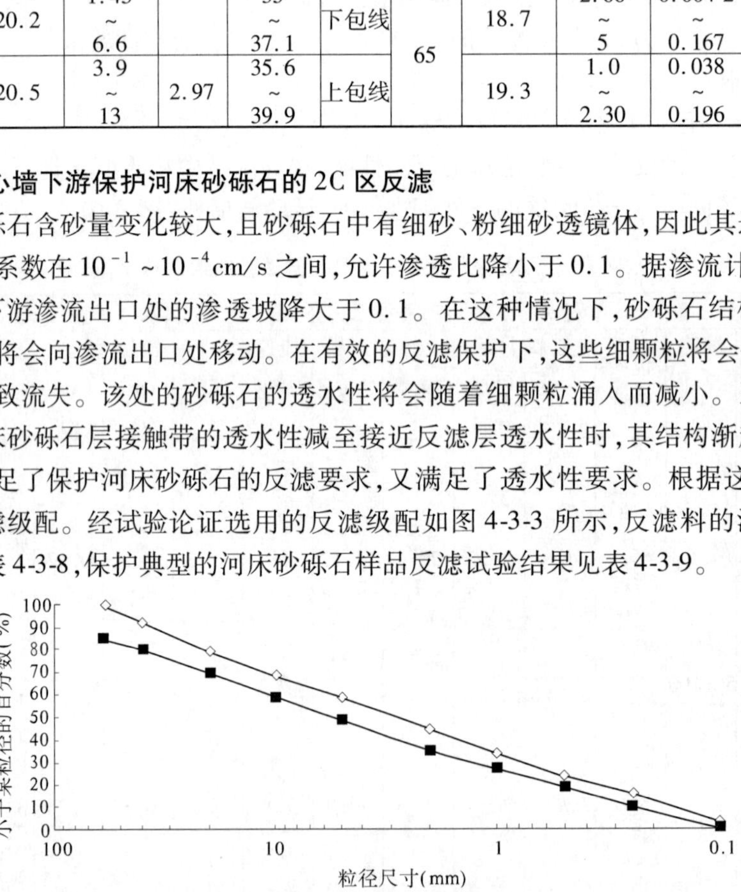

图 4-3-3　2C 区反滤料级配曲线

表 4-3-8　　**2C 区料渗透变形试验结果**

包线名称	轧制料含量(%)	容重(kN/m³)	等效粒径(mm)	平均孔隙直径(mm)	渗透系数(cm/s)	临界坡降	渗透破坏形式
上包线	75	20.4	0.550	0.669	2.69×10^{-3}	1.29	先管涌后流土
下包线		20.9	0.984	0.112 7	4.12×10^{-3}	1.26	先管涌后流土

表 4-3-9　　**2C 区反滤保护河床砂砾石试验结果**

河床砂卵石			反 滤 料			K_2/K_1
样品编号	渗透系数 K_1 (cm/s)	试验最大坡降 J_{max}	包线名称	渗透系数 K_2 (cm/s)	试验最大坡降 J_{max}	
上包线	1.40×10^{-4}	14.2	下包线	4.20×10^{-3}	0.43	30.00
	3.06×10^{-4}	5.02	上包线	1.31×10^{-3}	0.41	4.28
平均级配	3.20×10^{-3}	4.02	下包线	1.40×10^{-3}	0.52	4.38
	3.60×10^{-3}	1.06	上包线	4.00×10^{-3}	2.19	1.11
	3.20×10^{-4}	0.855	下包线	4.75×10^{-3}	1.07	1.48
下包线	1.11×10^{-2}	0.503	下包线	4.80×10^{-3}	5.46	0.43
	1.83×10^{-2}	0.255	上包线	2.65×10^{-3}	5.98	0.14

由表 4-3-8 的试验结果可看出,2C 区料的渗透破坏形式由管涌型最终转变为流土型,临界坡降达 1.26 以上,远大于河床砂砾石实际产生的水力坡降,具有较高的安全度。同时从表 4-3-9 的试验结果可以看出,当河床砂砾石承受的渗透比降高达 5.02 ~14.2 时,未出现破坏现象,能起到较好的反滤保护作用。

(三)其他部位的反滤(2C 区)

1. 围堰斜墙(1B 区)下游

该反滤层为两部分,其一位于 1B 区下游侧,其二位于河床右岸下游的砂砾石层顶面。当围堰挡水时,前者的作用是保护斜墙,后者保护河床砂砾石。

2. 内铺盖(5 区)上、下侧

5 区上面的反滤是,当水库水位下降时, 内铺盖上下出现渗压差而发生由下而上的渗流时保护内铺盖;5 区下面的反滤是,当水库水位升高时,在内铺盖内发生从上向下的渗流时保护内铺盖。

3. 主坝斜心墙(心墙)上游

当库水位骤降时,保护心墙。

以上 3 种不同部位的 2C 区反滤即为前述“非关键性”反滤。2C 区保护土料反滤试验结果表明,在试验比降高达 37.2 ~38.5 的条件下,渗水在 20min 后即由浑变清,渗流量减少,缝隙愈合,反滤层未淤塞,这说明可以保护防渗土料。

在实际运用中,上述几种反滤均不可能出现试验中高比降的运用条件,上述反滤级配是偏于安全的。

第四节　堆石料

一、设计分区

按其在坝体中所处的部位,堆石料可分为堆石和反滤料之间的过渡料区(3 区)、上游 A 类堆石区(4A 区)、下游 B 类堆石区(4B 区)和下游 C 类堆石区(4C 区),以及上、下游护坡(6A 区、6B 区和 7 区)石渣压戗区(8 区)和斜心墙底部回填的砂砾石区(9 区)。

各区材料的填筑工程量见表 4-4-1。

表 4-4-1　　**堆石料工程量**

材料	3 区	4A 区	4B 区	4C 区	8 区	6A 区、6B 区、7 区	9 区
工程量(万 m^3)	320	1 300	1 210	470	380	98	30
合计(万 m^3)	3 778						30

二、料场及料源选择

堆石料主要有料场开采的堆石料和枢纽建筑物的开挖料两种。

(一)料场选择

我们曾先后研究了石门沟、鱼沟、右坝肩等 11 个料场。经初步设计阶段的论证,选定石门沟石料场作为主料场。堆石料主要为硅质、硅钙质胶结的细、中粗砂岩。

石门沟料场位于黄河南岸马屯乡艮沟与后苇园之间,小浪底 2 号公路以西,上部被寺院坡土料覆盖。料场距坝址 2.5km,料场南北长 1 000m、东西宽 500m,上覆黄土厚 30m 左右。

石料主要为三叠系下统刘家沟组 T_1^3、T_1^4 岩组。T_1^3 上部 30.00m 为 T_1^{3-2} 岩组,以紫红色厚层、巨厚层泥质粉砂岩、细砂岩为主,其次为钙质细砂岩,夹薄层粉砂质黏土岩。T_1^4 岩组厚度 60.00m,主要为紫红色厚层、巨厚层硅质与少量钙质胶结的石英细砂岩,其次为石英中砂岩和粉砂岩,夹薄层页岩。

料场范围内,无断层穿过,岩层层位稳定。岩层中裂隙发育情况对爆破堆石级配影响较大,料场主要发育有以下 4 组节理:

(1)NW 270°~290°,倾向 SW,倾角 70°~80°;

(2)NW340°~350°,倾向 SW,倾角 80°左右;

(3)NE10°~20°,倾向 SE,倾角 80°左右;

(4)NE60°~70°,倾向 SE, 倾角 70°~80°。

以上 4 组节理,以第一、三两组较发育,延伸长度 20m 以上,切层厚度 10m 以下,绝大部分发育在砂岩中。节理间距为层厚的 0.5~2.0 倍,一般与层厚相近。绝大多数节理面与岩层面近于正交,倾角很少有小于 75°的。

上述岩组中各类岩石含量见表 4-4-2。

表 4-4-2　　T_1^3、T_1^4 岩组各类岩石含量

岩石名称	粉砂质页岩(%)	泥质粉砂岩(%)	钙泥质砂岩(%)	钙质细砂岩(%)	硅钙质砂岩(%)
T_1^{3-1}	6.4	9.6		51.3	32.7
T_1^{3-2}	3.5	35.6	20.8	40.1	
T_1^4	2.0	8.0	3.6	18.1	68.3

石门沟料场储量及物理力学指标分别见表 4-4-3 和表 4-4-4。

表 4-4-3　　石门沟料场储量及开采厚度

岩组	开采高程(m)	开采厚度(m)	储量(万 m^3)
T_1^3	280.00～325.00	20.00～45.00	1 854.7
T_1^4	305.00～380.00	60.00	2 536.1
合计			4 390.8

注：表内料场储量为折合的上坝方量。

表 4-4-4　　石门沟料场石料主要物理力学指标

岩层岩性	比重	容重 (kN/m^3)	孔隙率 (%)	吸水率 (%)	平均抗压强度(MPa)		软化系数
					干	饱和	
钙硅质砂岩	2.76	26.3		0.65	145	88.9	0.61
钙泥质砂岩	2.73	26.2	4.03	0.72	56.5	46.8	0.83
钙泥质粉砂岩	2.74	26.0	5.11	1.14	66.2	46.3	0.70
泥质粉砂岩	2.75	25.7	6.55	2.68	58.6	31.3	0.53
粉砂质页岩	2.76	25.5	7.61	3.10	33.3	14.8	0.44
黏土页岩	2.78	25.6	7.91		40.6		

(二)枢纽建筑物开挖料

枢纽建筑物开挖料主要来源于洞群进口、洞群、地下厂房、出口消力塘及尾水渠、正常溢洪道等的开挖。开挖总量约 2 596 万 m^3，根据开挖料利用规划，坝体回采利用量为 1 243万 m^3。

堆石料共约 3 780 万 m^3，其中开挖料回采约 1 240 万 m^3，石门沟料场开采 2 540 万 m^3。

三、3 区料

(一)材料设计

1. 设计原则

3 区料主要填筑在 2B 区下游侧，有 2B 区与坝壳堆石之间的过渡和作为斜心墙的支撑体两种作用。其次填筑在 2C 区与堆石、河床砂砾石与堆石之间，主要起材料粒径过渡的作用。3 区料大部分位于水下。

根据 3 区料在坝体结构中的作用和工作条件，要求岩性强度高、软化系数大。

2. 材料岩性选择

从岩性看，T_1^4 岩组主要以硅质、硅钙质或钙质胶结的砂岩为主，平均饱和抗压强度大

于60MPa的含量为98%,适于作为3区料。

河床砂砾石成分主要为石英岩和石英砂岩,从岩性而言也可以作为3区料。但是,砂砾石中缺乏5~1mm颗粒,20~5mm颗粒也很少。若采用砂砾石料,则必须进行机械轧制上述粒径的材料。考虑到260万m^3反滤料中机械轧制料生产量已较大,若过渡料也采用机械轧制料掺配,工作量增加较大。轧制试验表明,由于石英岩、石英砂岩强度很高,轧制较困难。

考虑上述材料情况及3区料与反滤料的区别,按照施工规划及施工进度计划安排,确定3区料从石门沟料场开采。

3. 级配设计

根据反滤料和堆石料的级配以及工程经验,过渡料最大粒径不超过250mm,其级配见图4-4-1。

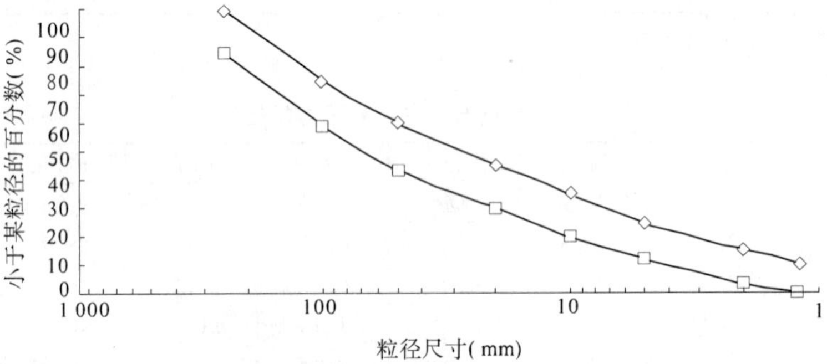

图4-4-1 3区料设计级配曲线

根据岩石爆破开采的经验,采用阶梯式爆破的堆石料一般为连续级配料,参考国外国际招标施工经验,在施工中可不严格规定其级配。但为满足透水性要求,在标书技术规范中规定,最大粒径250mm,5mm以下的颗粒含量不超过30%,小于0.1mm粒径含量不超过5%。

4. 施工中的设计修改

承包商进场后不久,提出了在马粪滩料场利用生产反滤料筛余的超径漂石生产3区料的要求。根据该料场砂砾石级配特点,要求以机械轧制与筛分料掺和,对设计的级配进行了调整。调整后的级配曲线如图4-4-2所示。

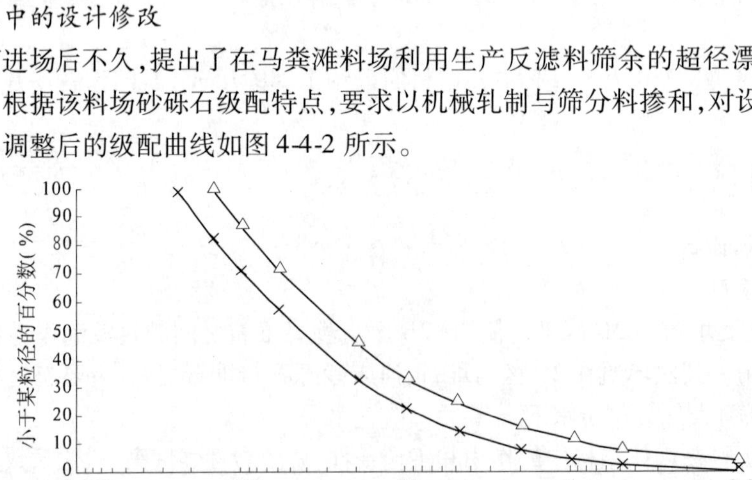

图4-4-2 调整后的3区料级配曲线

考虑到河床砂砾石与机械轧制掺配的 3 区料仍以圆形颗粒为主，抗剪强度低，因此要求左岸坝段的 3 区料仍应从石门沟料场开采。

四、4A 区、4B 区、4C 区堆石料设计

（一）材料岩性选择

根据料源的实际情况和各区所处的部位及运用条件，选择不同特性的堆石料。

1. 4A 区

4A 区位于斜心墙上游，绝大部分处于水下，采用石门沟料场的 T_1^4 岩组堆石料，平均饱和抗压强度为 60MPa，软岩含量不大于 2%。

2. 4B 区

4B 区位于斜心墙下游坝壳下游水位以下和坝壳表面，要求具有较高的抗风化能力，因此要求采用石门沟开采的和隧洞进口开挖的 T_1^3、T_1^4 岩组堆石料。T_1^3 岩组饱和抗压强度大于 30MPa，软岩含量不大于 6.4%，满足 4B 区的运用条件要求。

3. 4C 区

4C 区位于下游坝壳水上部分，是专门为利用饱和抗压强度小于 30MPa 的软岩含量较高的枢纽建筑物开挖料而设置的。枢纽建筑物开挖料中除 T_1^6 岩组等饱和抗压强度小于 30MPa 的粉砂岩、黏土岩含量超过 20% 的开挖料以外，均可用于 4C 区。

（二）级配设计

1. 设计的级配

众所周知，级配良好的堆石料经合理地压实可得到较高的密实度、较高的变形模量和较高的抗剪强度。对土质防渗体土石坝而言，并不像混凝土面板坝那样要求堆石有高的压缩模量，主要是对堆石的抗剪强度有较高的要求。所有的堆石抗剪强度试验均表明，密实度对堆石抗剪强度的影响是显著的，而堆石的级配是影响堆石压实容重的重要影响因素之一。试验研究表明，当堆石中粒径小于 5mm 的颗粒含量超过 30% 左右时，堆石的抗剪强度明显降低。

根据 4A、4B、4C 三个分区选用的材料不同，对其小于 5mm 的细料含量也不同。4A、4B 区均采用岩性较好的堆石料，要求粒径小于 5mm 的颗粒含量不超过 25%。4C 区料中软岩含量较多，规定粒径小于 5mm 的颗粒含量不超过 30%。堆石中粒径小于 5mm 的颗粒含量下限对堆石的抗剪强度影响较小，已建土石坝堆石试验表明，粒径小于 5mm 的颗粒含量 10% ~30% 时与含量 30% 时的内摩擦角很接近，即使小于 5mm 的颗粒含量为 5% 时与含量 30% 时的内摩擦角最大值相差也很小。因此，仅规定小于 5mm 的颗粒上限含量不超过 30%。

对于薄层碾压施工的土石坝，各国对堆石料的最大粒径规定有所不同。原苏联规定不应大于挖掘机斗容积或不大于填筑层厚度的 0.5 ~0.7 倍；美国规定不大于层厚；有些国家倾向于减小堆石的最大粒径。参照国内外工程经验以及所选择的压实机械和填筑层厚度，规定最大粒径不大于层厚，即不大于 1 000mm。

设计的 4A 区、4B 区、4C 区堆石料级配曲线见图 4-4-3。

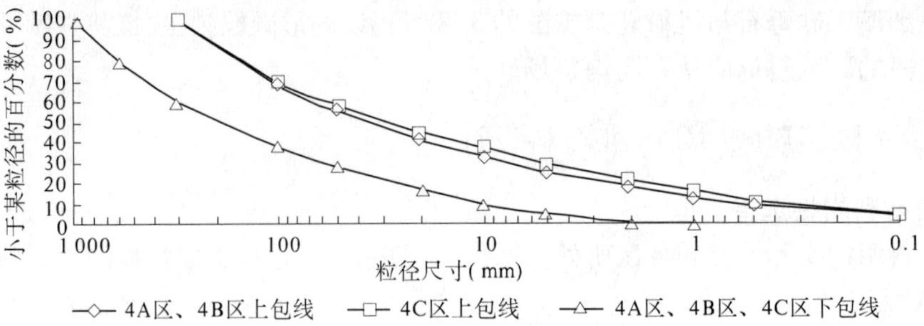

图 4-4-3 4A 区、4B 区、4C 区堆石料级配曲线

2. 施工控制的级配

如上所述,对堆石抗剪强度影响较大的因素主要是粒径小于 5mm 的颗粒含量和含泥量。为便于施工控制和管理,习惯上仅控制堆石料的最大粒径、细粒含量和含泥量,而不规定严格的级配,即国内所称的"三点控制法"。参照国内外已建工程经验,标书技术规范也采用这种方法控制堆石料的级配。

对于 4A、4B 区料,规定堆石料的最大粒径为 1 000mm,小于 5mm 含量小于 25%,含泥量小于 5%。对于 4C 区料,最大粒径与 4A 区相同,粒径小于 5mm 的颗粒含量不大于 30%,含泥量小于 5%。

实践表明,采用阶梯式爆破,一般小于 5mm 的颗粒含量下限能满足要求,因此标书技术规范没有作规定。

五、8 区堆石料

8 区料的作用按部位不同分为两类,河床部位主要是作为防止河床砂砾石地震液化的盖重和下游坝坡稳定而设,两岸部分主要解决坝体(山体)稳定问题。但两个部位 8 区料的共同点是均位于水上,要求其内摩擦角不小于 30°,因此可采用任何岩组的堆石料。

8 区料的最大粒径不大于 1 000mm。研究表明,含泥量达 10% 以上时,在粗颗粒表面形成黏膜,使堆石料的摩擦力明显降低。考虑对 8 区料仍有内摩擦角为 30°的要求,因此规定含泥量不大于 10%。

六、护坡料设计

6A 区护坡位于上游水位以下和水位变动区,6B 区位于下游坡面,要求护坡块石具有较高的抗风化能力。7 区护坡为临时性护坡。根据 6A、6B 区的工作条件,要求采用从石门沟料场开采的有棱角的砂岩岩块。

6A 区护坡位于坝上游坡,根据计算,要求粒径大于 700mm 的颗粒含量不小于 50%,粒径小于 400mm 的颗粒含量不大于 10%。

6B 区护坡位于坝下游坡,相对 6A 区要求稍低。粒径大于 500mm 的颗粒含量不小于 50%,粒径小于 80mm 的颗粒含量不大于 10%。

7 区为上游围堰护坡,工程投入正常运用后处于死水位和泥沙淤积面以下,只是在施工期起护坡作用。为使泥沙淤积与围堰斜墙能较好地连接,护坡中应有均匀且多的孔隙,因此要求最大粒径500mm,且大于400mm的颗粒含量不小于50%,粒径小于100mm的含量不大于10%。

七、填筑标准及施工控制

(一)填筑层厚度的确定

1.4A 区、4B 区、4C 区、8 区

堆石料的填筑层厚是影响压实效果的重要因素之一。据研究,采用振动碾时,相同的压实功能,层厚0.8m与1.6m相比,干容重可提高8%,压缩模量可提高50%。但层厚越薄,堆石开采、填筑的成本越高。因此,应从技术、经济两方面综合考虑,确定合理的层厚。

根据数十座坝的统计,堆石料层厚一般为0.60~1.50m,且层厚为1.00m左右者居多。参考已建土石坝,考虑小浪底土石坝选用的压实设备情况,各区堆石料层厚为1.00m。

2.3 区

对于过渡层,考虑相邻的反滤料层厚为0.25m、堆石料的层厚为1.00m,为方便施工,3区料的层厚确定为0.50m。

(二)碾压机械及压实参数

堆石料碾压采用振动平碾,要求滚轮静重不小于10t,直径不小于1.50m,宽度不小于2.00m。滚轮的振动频率应在20~30Hz之间,振动频率在30Hz时所产生的离心力不小于29t。碾压时的行进速度不大于3.20km/h。

大量的工程实例表明,堆石料的碾压遍数一般为4~8遍。实测资料表明,当碾压遍数达6~8遍以后,再增加遍数,堆石料的密实度增加很少,甚至基本上不再增加。因此,对于4A、4B、4C区堆石料,规定碾压遍数不少于6遍。8区料要求较低,碾压遍数不少于4遍。3区料的层厚较薄,规定碾压遍数不少于4遍。

碾压时加水是提高堆石压实效果的常用措施之一。加水可将细颗粒充填到粗颗粒的孔隙中,使材料浸润减小石块间的摩阻力,软化石块棱角使其易于压碎,从而提高压实效果。堆石压实资料表明,只要堆石料的细颗粒含量适当,加水对任何类型的堆石都有影响。但对吸水率低(饱和面干含水量小于2%)的坚硬岩石,加水效果不明显。从表4-4-3和表4-4-4可看出,石门沟料场中岩石强度高,但软化系数较低。堆石料中只要有一定含量的细颗粒,加水对提高压实效果仍会起一定的作用。对4A区堆石料,由于含软岩少,加水效果可能较小;对4B区堆石可能会稍好;对4C区和8区堆石料,加水效果应是较明显的。由于设计时没有进行碾压试验,因此在标书中并没有明确规定各区堆石料的加水量,而是要求按照《碾压式土石坝施工技术规范》的规定和现场碾压试验确定。

第五节　开挖料的利用

一、开挖料的基本性质

(一)土料和砂砾石料

1. 土料

右岸坝基开挖黄土主要包括右岸岸边坡积、右岸高漫滩、东坡洪积扇及其前沿的冲积

带,以及坝轴线下游侧东坡倾倒变形体上覆黄土等。右岸坝基土料开挖总量约 180 万 m^3。

洞群出口开挖土方总量约 900 万 m^3,由于该部位的轻壤土属分散性土料,不宜作为防渗土料。

2. *砂砾石料*

砂砾石主要是 130m 高程以上的开挖,开挖方量约 114 万 m^3。但有部分开挖料含砂量超过 40%,属于易液化材料,不再作为坝基回填料。

(二)岩石开挖料

岩石开挖料是开挖料利用研究的重点,下面将不同部位开挖岩石料的基本性质分述如下。

1. 明挖

右岸坝基开挖料主要为二叠系 P_2^3、P_2^4 两岩组石料,总开挖量 80 万 m^3。P_2^3 岩组为粉砂质黏土岩和砂岩,呈互层状,约各占 50%。P_2^4 岩组以厚层粉砂质黏土岩为主,夹薄层粉砂岩及细砂岩粉。砂质黏土岩强度较低,平均干抗压强度为 34.4MPa,最低仅为 11.2MPa,软化系数为 0.41,风化速度较快。

洞群进口开挖料主要以三叠系 T_1^3、T_1^4 和 T_1^5 岩层为主,T_1^4 为工区内质量最好的岩层,T_1^3、T_1^5 岩层软岩含量稍高,其中 T_1^5 岩层中的 T_1^{5-1} 软岩含量最高。典型剖面统计的平均饱和抗压强度大于 60MPa 的岩层占 95% 以上。这几类岩石开挖料总方量约为 660 万 m^3,其中坚硬岩石达 627 万 m^3,是岩石开挖最集中、岩石质量最好的部位。

洞群出口消力塘、电站尾水渠及溢洪道开挖总方量为 896 万 m^3,其中消力塘开挖 674 万 m^3,尾水渠开挖 139 万 m^3,溢洪道开挖 83 万 m^3。这些部位的开挖料绝大多数为 T_1^6 岩层,其软岩含量达 64.4%。软岩主要为泥质粉砂岩,层理发育,含有少量蒙脱石、高岭石之类的具有膨胀晶格的矿物,遇水易膨胀、崩解,岩石强度低,风化崩解速度快。根据实地观察,当新鲜完整的岩块在大气中暴露 1 ~ 2 个月之后,便风化成较均匀的碎块,其粒径多数为 10mm 以下;另外,经爆破开挖及运输堆存后,砂粒含量往往会很高。三轴剪切试验表明,其内摩擦角 $\varphi = 26.6° \sim 29.2°$,凝聚力 $C = (0.8 \sim 0.9) \times 100\text{kPa}$。渗透试验表明,渗透系数 $K_{10} = (1.64 \sim 4) \times 10^{-6}\text{cm/s}$,临界渗透比降为 5.51 ~ 11.55。根据上述性质,以及各类石渣料开挖量的综合比较,T_1^6 开挖料仅用于填筑大坝下游压戗(8 区)。

2. *洞室开挖*

洞室岩石开挖,总开挖方量为 478 万 m^3,其中 T_1^3、T_1^4、T_1^5 三岩层开挖量为 19 万 m^3。

二、开挖料的填筑部位及质量要求

(一)水平铺盖(10 区)

在右岸滩地原有的黄土覆盖层之上,设置了长、宽约 400m 的人工铺盖,从而加强右岸滩地的防渗效果。由于设置了水平人工铺盖,将上游围堰混凝土防渗墙由原设计的墙右端点与右岸岸坡相接优化为仅插入铺盖内一定长度,使混凝土防渗墙长度减少约 280.0m,减少防渗面积 8 000m^2。由于该区为右岸滩地上游围堰地基的临时防渗措施,所以可利用右岸坝基开挖的黄土和黄土与粉细砂混合料填筑,填筑方量为 100 万 m^3。

（二）上游围堰

上游围堰混凝土防渗墙的一部分为高压旋喷墙，为减小造墙施工难度，墙上下游两侧用开挖的砂砾石料回填。

（三）心墙基础回填（9 区）

由于主河槽部位砂砾石覆盖层顶高程仅为 125～129m，低于心墙地基面开挖高程，为使心墙地基面高程一致，以有利于混凝土防渗墙顶土体的应力和变形，利用符合要求的开挖砂砾石料回填在高程较低的主河槽，总填筑方量 50 万 m^3。

（四）4C **区**

为多利用开挖料，在下游坝壳内下游水位以上设置了 4C 区。该区不存在后期风化问题，也无遇水软化变形的问题。因此，该区可填筑含软岩较多的开挖料。工程实践表明，只要碾压密实，其变形模量与硬岩堆石相近，仅对其抗剪强度有一定的要求。对于该区，要求粉砂岩和黏土岩含量不大于20%，可以用 T_1^3、T_1^4 和 T_1^5 岩层开挖料填筑，总填筑方量 470 万 m^3。

（五）8 **区**

8 区石渣压戗随部位不同其作用也不同，但两种不同部位的 8 区料均是利用其重量，对抗剪强度要求不高。因此，可用任一岩层的开挖料填筑，但要求在填筑施工中尽量将质量较好和较差的开挖料混合填筑，总填筑方量 380 万 m^3。

三、堆弃料场规划和上坝方式

（一）施工进度与上坝方式

小浪底工程施工总进度计划是按照关键路线法编制的。根据进度计划具有较好的施工连续性、资源需求均衡性及施工水平的先进性等要求进行优化调整，从而使进度计划达到经济、合理的效果。最终确定的施工进度计划中填筑与主要土石方开挖施工进度关系如表 4-5-1 所示。

表 4-5-1　填筑与主要土石方开挖施工进度关系

项目	方量（万 m^3）		开始时间	结束时间
	土料	石料	（年-月）	（年-月）
洞群进、出口土石方开挖（国内标）	357.07	139.12	1992-09～10	1993-12
进、出口土石方开挖（二标）	573.37	817.03	1994-07	1995-10
洞室开挖（二标）	—	101.20	1994-07～1995-03	1995-12～1997-09
截流前坝体填筑（一标）	228.13	738.98	1996-02	1998-02
截流后坝体填筑（一标）	672.73	3 049.64	1998-02	2000-06

根据施工总进度要求，截流时间安排在 1997 年 10 月底，此时要求导流洞具备过水条件，进、出口所有工程也应在截流前全部完工。从 1996 年初开始进行围堰和部分坝体填筑。从表 4-5-1 可以看出，在坝体开始填筑时，除正常溢洪道以外，其他建筑物开挖大部分已经完成。因此，开挖料直接上坝的条件不成熟，只能将开挖料暂时堆存，大坝填筑

时，二次回采上坝。

（二）堆、弃渣场规划

根据坝址区地形、两岸开挖情况、主体工程施工程序、施工总布置，以及大坝填筑等要求，将渣场划分为弃渣场和堆渣场。共布置有 10 个渣场，其中堆渣场 8 个，左岸 5 个，右岸 3 个；弃渣场 2 个，左、右岸各 1 个。堆、弃渣场的布置原则如下：

（1）尽可能将弃料弃入库区或填沟造地。

（2）考虑回采方便，堆渣场尽量就近布置，缩短回采运距。

（3）考虑坝体填筑对材料的要求，同时考虑开挖施工方便，将不同性质的开挖料分别堆存。

主要的堆存与回采规划和回采量详见表 4-5-2。

表 4-5-2　开挖石渣和砂砾石堆存回采规划

序号	开挖项目	石方开挖量（万 m^3）			运距（km）	渣场名称	堆渣量（万 m^3）	回采运距（km）	回采量（万 m^3）	填筑部位（区）
		T_1^3、T_1^4、T_1^5	其他	砂砾石						
1	右岸岸坡		129.0		1.5	大西沟	129.0	1.5	20.0	8
2	右岸滩地		46.0	37.7	1.5	大西沟	37.7	1.5	36.7	5、9
3	左岸河床		4.0	106.5	0.5	堰后	110.0	0.5	75.0	5、9、8
4	进口	660.0			2.0	桥沟口	70.0	1.2	70.0	4C
					5.5	东河清	160.0	4.0	140.0	4C
					6.5	西河清	170.0	3.0	160.0	4C
					1.5	进口场地平整	57.0		57.0	
					2.5	小南庄	154.0	2.5	40.0	进口塔架后
					1.5	6 号公路	50.0		50.0	
5	出口		674.0		4.5	槐树庄	200.0	7.0	200	8
					3.0	进口场地平整	151.0		151.0	
					2.0	廖坞工区场地	71.0		71.0	
					5.0	小南庄	252.0			
6	尾水渠		139.0		5.0	小南庄	139.0		20.1	开关站
7	洞群（含厂房）	459.0	19.0		2.0	桥沟口	103.0	1.2	100.0	4C
					5.0	槐树庄	319.0	7.0	312.0	8
					2.0	桥沟	56.0	3.5	50.0	4C
		32.0			2.0	桥沟口	32.0	1.2	30.0	4C
8	溢洪道、副坝等处		290.0		3.0	小南庄	290.0	2.0	48.0	副坝
合计		1 151.0	1 301.0	144.2			2 550.7		1 630.8（坝 1 242）	

四、开挖料利用经济分析

小浪底工程中利用开挖料的工程项目，除主坝、副坝外，还有西沟坝、开关站及场内公路等。因此，不做利用率分析，但为说明利用开挖料的经济性，仅将大坝利用开挖料的经济效益分析如下。

如上所述,采用回采上坝方式,降低了开挖料利用的经济效益。但与用开采料相比,利用开挖料仍具有一定的经济效益和社会效益。为说明这一问题,采用初步设计的单价,将主坝和副坝利用开挖岩石料的经济分析列入表 4-5-3。

表 4-5-3　　开挖料利用经济效益分析

序号	堆渣场名称	坝填筑区号	回采量(万 m^3)	减少运距(km)	节省费用(万元)		
					运费	钻爆费	合计
1	大西沟	8	20.0	5.5	121.0	47.6	168.6
2	小西沟	5、9	38.00	3.5	147.0	0	147.0
3	堰后	8	21.0	6.5	150.0	49.98	199.98
4	堰后	5、9	54.0	4.5	267.3	0	267.3
5	桥沟口	4C	200.0	5.8	1 276.0	476.0	1 752.0
6	东河清	4C	140.0	3.0	462.0	333.0	795.0
7	西河清	4C	160.0	4.0	704.0	380.8	1 084.8
8	桥沟	4C	50.0	3.5	192.5	119.0	311.5
9	槐树庄	8	512.0	0	0	1 218.6	1 218.6
10	小南庄	副坝	48.0	5.0	264.0	114.2	378.2
合计			1 243.00		3 583.8	2 739.18	6 322.98

第五章　坝体分区和结构设计

第一节　坝顶高程和坝坡

一、坝顶宽度和马道

小浪底大坝为壤土斜心墙堆石坝，坝顶设计高程 281.00m，最大坝高 160m，坝顶长 1 667m，坝体填筑工程量 5 073 万 m^3。

坝顶宽度主要考虑坝高、交通、维护、防洪和地震烈度等因素确定，以往还要求考虑人防要求。随着我国经济的迅速发展和国力的不断增强，坝区的生态、旅游等功能得以强化，管理相对严格，目前我国坝顶公路纳入外部公路网作为永久交通的情况已不多见，据统计，一般高坝坝顶宽度不大于 15m。根据小浪底坝较高、覆盖层厚、地震烈度高等具体情况，确定坝顶宽为 15m。

根据目前土石坝的发展，上游坝坡除观测需要外，已趋向不设马道，下游坝坡也趋向于不设和少设马道，如高 260m 的印度特里坝，上、下游坝坡均未设马道。有的坝考虑方便施工和交通，在坝坡上设置 Z 字形斜马道，这种形式在狭窄河谷中应用较多。另外，对于高土石坝而言，上游围堰高度和填筑方量很大，若与主坝坝体结合，经济效益非常明显，近代高土石坝，如原苏联的罗贡坝、努列克坝，美国的奥洛维尔坝、新美浓坝，加拿大的买加坝、波太基山坝、马尼克 3 号坝，墨西哥的奇科森坝，我国援建的阿尔巴尼亚的菲尔泽坝等都采用了这种型式。小浪底大坝上游围堰堰顶高程 185.00m，高约 60m，填筑方量达 466 万 m^3，采用上游围堰和坝体结合型式，由稳定和施工交通要求确定堰顶宽度 20m，作为上游马道；下游坝坡主要考虑观测、坝坡稳定设两级马道，高程分别为 250m 和 220m，宽度分别为 6m 和 14m。

坝坡的坡度一般根据坝型、筑坝材料、基础性质、坝高和坝址地震烈度等因素初步拟定，并由稳定分析确定。如果坝基抗剪强度较低或具有液化可能，可以采用基础开挖、加密或压戗等方法来解决。

二、坝顶高程

所谓坝顶高程，严格地说可分为设计坝顶高程和坝顶填筑高程两种。设计坝顶高程是按设计标准，由水库静水位加上相应的坝顶超高算得的；坝顶填筑高程是在设计坝顶高程的基础上，考虑竣工后各坝段坝顶竣工后产生的最大沉降量后，坝顶竣工时的实际填筑高程。

（一）设计坝顶高程

坝顶超高按照以下运用条件确定，并根据工程具体情况分别计算，取其最大值：

(1)设计洪水位加正常运用条件的坝顶超高;

(2)正常蓄水位加正常运用条件的坝顶超高;

(3)校核洪水位加非常运用条件的坝顶超高;

(4)正常蓄水位加非常运用条件的坝顶超高,再加地震安全加高。

坝顶在水库静水位以上的超高按下式计算:

$$y = R + e + A \tag{5-1-1}$$

式中　y ——坝顶超高,m;

R ——最大波浪在坝坡上的爬高,m;

e ——最大风壅水面高度,m;

A ——安全加高,m。

地震区的安全加高还应增加地震附加沉降和地震壅浪高度,具体数值可以按有关规范规定确定。当坝顶上游侧设有与坝体防渗体相连接的防浪墙时,坝顶超高可以改成是防浪墙顶在静水位以上的超高,但此时在正常运用条件下,坝顶应高出静水位 0. 5m,在非常运用条件下,坝顶应不低于静水位。

小浪底水库正常蓄水位 275m,按照上述要求,结合工程具体情况,坝顶超高由以下几部分组成:

(1)地震附加沉降。根据日本等国外、国内经验,地震附加沉降一般为坝高(包括坝基覆盖层)的 1% 左右。小浪底大坝坝高 160m,包括砂砾石覆盖层总厚约 230m,因此取地震附加沉降为 2. 3m。

(2)地震涌浪,取 1m。

(3)滑坡涌浪。已建工程中有因库区大体积滑坡引起涌浪、发生漫顶的事例,如国内的柘溪水电站、意大利的瓦依昂水电站等。小浪底大坝上游 3km、2km 分别有体积为 1 100万 m^3 和 410 万 m^3 两个大滑坡体,经分析,水库蓄水后或遭遇地震时有可能复活;根据护坡涌浪模型试验结果,当库水位 275m、滑速 6m/s 时,产生的滑坡涌浪推延至坝前,涌浪高度为 0. 88m。

(4)正常运用情况,计算波浪爬高为 1. 68m。

(5)安全超高,根据《水利水电枢纽工程等级划分及洪水标准》规定,取 0. 7m。

水库正常蓄水位 275m 时,以上五项合计 6. 48m,则防浪墙顶设计高程可为 281. 48m。根据一般工程经验,确定防浪墙高 1. 2m,坝顶设计高程为 281. 0m。

(二)坝顶填筑高程

坝顶填筑高程即竣工时坝顶高程,等于设计坝顶高程加上坝顶预留的竣工后沉降超高。坝顶预留沉降超高可确保大坝竣工后不因坝体沉降而使坝顶高程低于设计高程。

竣工后沉降量与坝高直接相关,坝高越高,沉降越大。因此,各坝段的预留沉降超高应随坝段坝高而变化。另外,在预留沉降超高时,应适当注意大坝中段预留的沉降超高量,宜略大,使土石坝万一溃决时,不从坝的中部先行漫溢,以减缓溃坝速度。

沉降超高通过沉降计算确定。沉降计算是土石坝设计的重要内容之一,当前,最常用的土石坝沉降计算方法分为经验公式法、分层总和法和有限元法三类。

经验公式较为常见的有劳顿(Lauden)和列斯特(Leest)公式、顾慰慈公式和 M·И·

戈戈别里得捷公式等,这些经验公式,技术背景各有差异,1984 年版《土石坝设计规范》就纳入了劳顿(Lauden)和列斯特(Leest)公式。

分层总和法是目前规范推荐的主要沉降计算方法,其基本原理是:把坝基和坝体分成若干层,计算每层土的压缩变形量,认为坝基和坝体的沉降量为各分层土的压缩变形量的总和;计算各分层土的压缩变形量时,假设土层只发生竖向压缩变形,没有侧向变形,因此分层总和法仅能计算土石坝的竖向位移。

20 世纪 80 年代以后,随着计算技术的迅猛发展,国内外土石坝应力、应变计算逐渐推广应用有限元法,并积累了较多的经验。有限元法可以计算土石坝的竖向位移、水平位移和应力等。目前对于施工期的分析成果比较多,相对成熟,但对竣工后的沉降,由于参数方面的问题,研究滞后。

分层总和法和有限元法的原理是完全不同的,计算结果也有较明显的差别。分层总和法是计算建筑物地基沉降的经典方法,土石坝沉降计算引用这种方法,已取得丰富经验;有限元法虽然理论上更为合理,但由于参数取得难度相对较大,计算结果离散性较大,特别是竣工后变形分析,离实用还有一定距离。因此,目前仍多以分层总和法的沉降计算结果作为预留沉降超高的基础。

对于重要的、地质条件复杂的中高坝,沉降超高一般根据沉降计算、有限元计算和工程类比等三种方法,经综合比较确定。

1. 沉降计算

1)基本资料

沉降大小主要取决于坝体、坝基土的压缩性,而直接反映材料压缩性的是压缩曲线,压缩曲线由固结试验确定。

试验是否满足要求、准确与否,在一定程度上取决于试样选择。因此,试验试样应结合坝体、坝基的实际工作状态选取。一般情况下,坝基土试样采用原状土,坝体土样要采用满足填筑标准的土样。

计算施工期沉降量时,坝体土采用非饱和状态的压缩曲线,坝基土则要根据实际的饱和状态确定。计算最终沉降量时,坝体土一般采用饱和状态下的压缩曲线。

计算采用的寺院坡土料、坝基河床砂砾石、堆石的压缩曲线见图 5-1-1,寺院坡土料的孔隙压力系数曲线见图 5-1-2。

2)计算方法

竣工时和最终沉降量均按下式计算:

$$S_t = \sum_{i=1}^{n} \frac{e_i - e_{it}}{1 + e_i} h_i \tag{5-1-2}$$

式中 e_i——第 i 计算层施加附加应力前的孔隙比;

e_{it}——第 i 计算层相应于 σ_{it} 作用下的孔隙比;

σ_{it}——第 i 计算层土在 t 时刻的竖向有效应力;

n——分层数目;

h_i——第 i 分层土层厚度。

计算坝体及坝基的最终及竣工时沉降量时,只要将 e_{it} 分别代以最终的或竣工时的孔

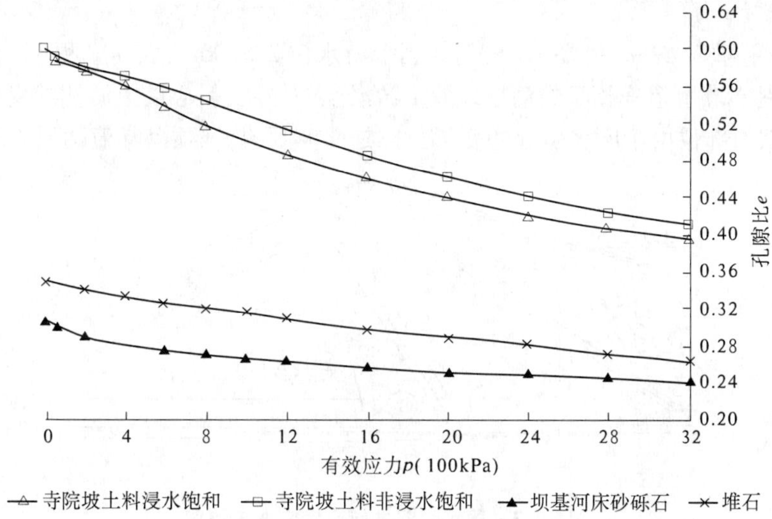

图 5-1-1　材料压缩曲线

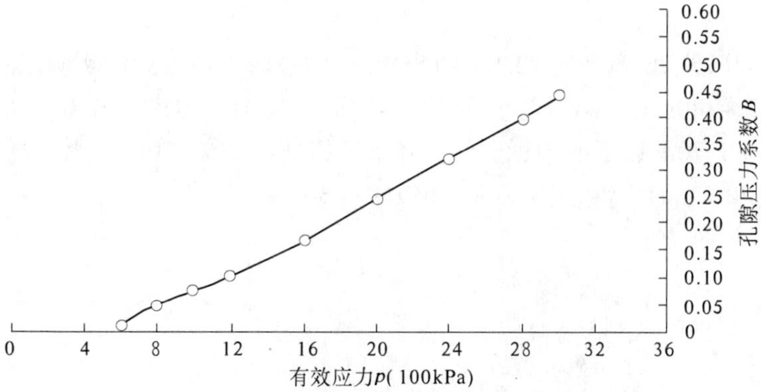

图 5-1-2　寺院坡土料孔隙压力系数曲线

隙比即可。

另外，对于心墙特别是窄心墙分区坝，在计算心墙应力时，还应考虑“拱效应”的影响，否则计算结果会有较大的误差。小浪底大坝河床段为斜心墙，而且宽度相对较大，经计算分析“拱效应”不明显。

3）计算结果

计算结果见表5-1-1。竣工后最大沉降发生在坝轴线上游45m的心墙最大厚度处，沉降值217.84cm；坝顶最大沉降发生在坝顶上游侧，即距坝轴线7.5m处，沉降值为81.76cm。

表 5-1-1　　　最大断面 D0+387.50 沉降计算结果

坝基沉降量(cm)	坝体沉降量(cm)		竣工后沉降量(cm)	备注
	施工期	最终		
248.27	601.61	683.37	81.76	坝轴线上游7.5m处
236.66	678.24	896.08	217.84	心墙最大厚度处

2. 有限元计算

计算采用邓肯 $E—\mu$ 和 $E—B$ 模型。当上游水位 275.00m、坝前淤积达 254.00m 时，由于库水、斜心墙中超静孔压的消散以及上游淤土的作用，斜心墙上游侧的变形矢量图见图 5-1-3。坝顶部位由于库水引起的变形总体是向前倾的，坝顶沉降值达到 2.12m。

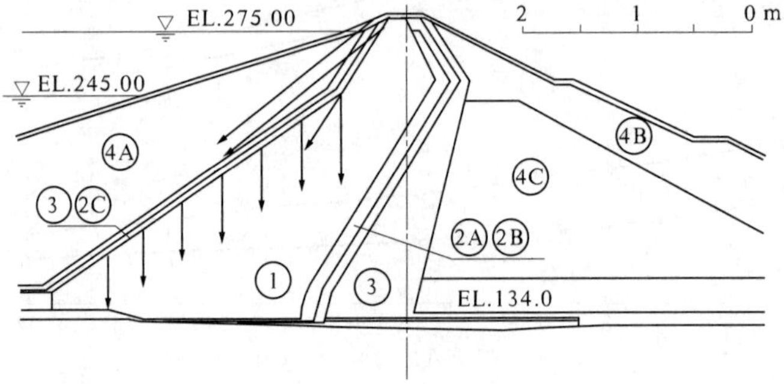

图 5-1-3 蓄水引起的斜心墙变形矢量图

3. 已建坝竣工后坝顶沉降量统计分析

1）心墙坝

图 5-1-4 为国外 26 座坝高 22.00 ~ 155.00m 的心墙坝竣工后的实测沉降率。资料表明，沉降量为 2 ~ 140cm，沉降量与坝高的比值（沉降率）在 0.04% ~ 1.0%，而主要集中在 0.2% 附近。对于 70m 以下的中、低坝，沉降率不超过 0.68%；70m 以上的高坝，沉降率小于 0.4% 的占 70%，沉降率在 0.6% ~ 1.0% 的占 30%。

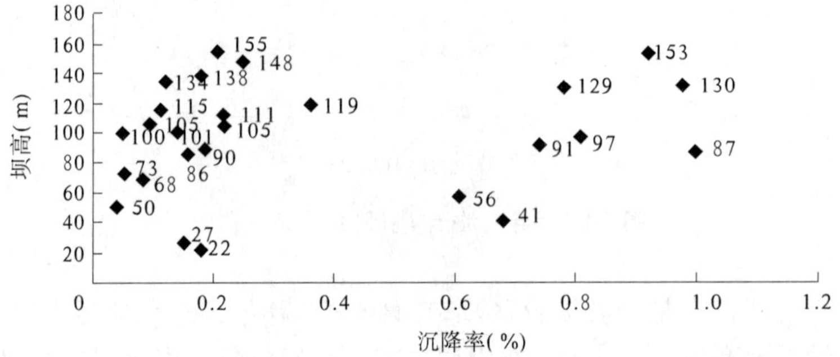

图 5-1-4 国外心墙坝沉降率

（图中数字为坝高）

图 5-1-5 为国内 38 座坝高 17 ~ 113.8m 的心墙坝竣工后的沉降观测资料。资料表明，沉降量为 2.5 ~ 150.0cm，沉降率为 0.07% ~ 5.88%。这些沉降量都在坝轴线部位，包括坝轴线处截水槽黏土的沉降量，有的坝轴线处底部无截水槽，则包括坝基覆盖层的沉降量。由图 5-1-5 可看出，沉降率大于 2% 的坝有 3 座，占统计坝的 7.9%；沉降率在 1% ~ 2% 之间的有 9 座，占 23.7%；沉降率在 1% ~ 0.7% 的有 5 座，占 13.2%；其余 21 座小于 0.7%。

2）斜心墙坝

国外斜心墙坝在竣工后的沉降实测资料共收集了 15 座的，坝高 23 ~ 136m，沉降量为 5 ~ 60cm，沉降率在 0.06% ~ 1.14%。坝高与沉降率的关系曲线见图 5-1-6。从图中可以

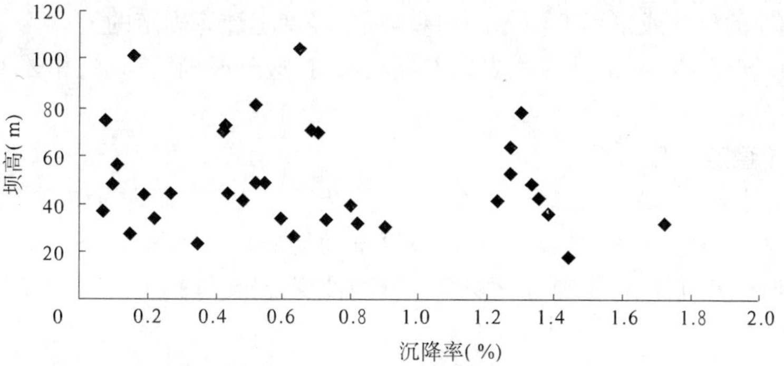

图 5-1-5　国内一些心墙坝实测沉降资料

看出,国外斜心墙坝竣工后沉降率都不大,绝大部分在 0.65% 以内。

由以上观测资料可知,国外两种坝型在竣工后的沉降变形均较小;国内心墙坝竣工后的沉降变形相对较大,沉降率大于 1% 的占 31.6%,大于 0.7% 的占 44.8%。但实测资料基本以中低坝为主,超过 100.0m 的坝资料较少。

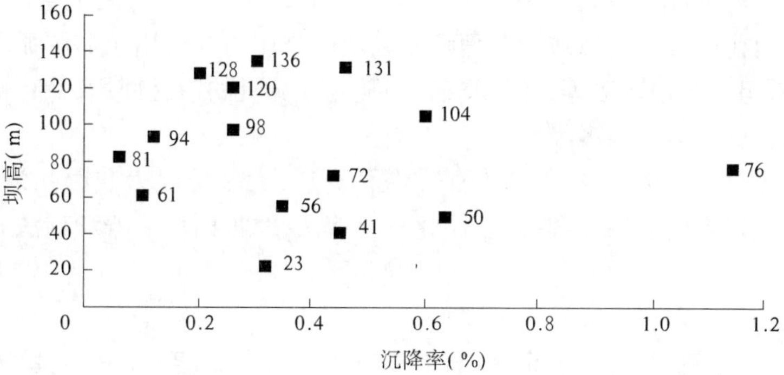

图 5-1-6　国外 15 座斜心墙坝沉降率统计

(图中数字为坝高)

4. 坝顶预留沉降超高

分层总和法计算的最大沉降量为 2.17m,但该值并不在坝顶;坝顶计算的最大沉降量仅为 0.82m,约为坝高的 0.37%。有限元法计算值为 2.12m,约为坝高的 0.96%。根据完建坝统计资料分析,小浪底大坝沉降率应取大于 0.7%。综合考虑上述因素,确定坝顶最大预留沉降超高为 2.0m,约为含砂砾石覆盖层厚度坝高的 0.91%。

5. 填筑坝顶高程

坝顶设计高程为 281.00m,坝顶最大预留沉降超高为 2.00m,确定坝顶填筑高程为 283.00m。

由于沉降超高沿坝轴线随坝高变化,因此坝顶填筑高程也是变化的。在桩号 D0 + 107.50 ~ D1 + 136.00 坝顶填筑高程为 283.0m,向左、右坝端逐渐降低到 281.00m。

三、坝坡

(一)坝坡的确定

坝坡一般是根据坝型、坝高、坝的等级、坝体和坝基材料的性质,以及地震烈度等因素,参照已建坝的经验或采用近似方法初步拟定,经稳定计算确定的。

当坝基或筑坝土石料沿坝轴线方向差异较大时,应分段确定坝坡,相邻坝段之间设置渐变段。

(二)坝坡稳定计算

坝坡稳定计算的目的是保证土石坝在自重、孔隙压力、外荷载的作用下,具有足够的安全性,不致发生通过坝体或坝基的整体或局部剪切破坏。坝坡稳定计算也是目前土石坝设计中为数不多的、具有明确量化安全标准的计算分析手段。

1. 计算方法

稳定计算方法分为刚体极限平衡法和剪应力水平法两大类。前者是目前常用并已积累丰富经验的方法,后者是近年来新发展起来的,理论上更合理,但使用经验不多,且没有公认的评价准则,一般只作为前者的补充。

刚体极限平衡法,常用的方法为条分法。计算方法,按土条间力的作用关系分,有不计条块间作用力和计及条块间作用力两种;按滑动面形状分,分为圆弧法和折线法两种。

瑞典圆弧法是不计条块间作用力的计算方法,计算简单,有与之配套的参数取得、安全评估方法。简化毕肖普圆弧法和其他计及条块间作用力并适用于非圆弧滑动面的计算方法,如摩根斯坦-普赖斯法等,计算复杂,但随着计算机的广泛使用,计算也变得比较简单,容易实现,也已积累了很多经验。

小浪底大坝为分区坝,岩石坝基中存在泥化夹层,大多情况为非圆弧滑动面。因此,根据具体情况分别采用了瑞典圆弧法、简化毕肖普法、摩根斯坦-普赖斯法和推力传递系数等方法。

2. 计算工况

土石坝分施工、建成、蓄水三个时期,需要分别计算其稳定性。控制稳定的有施工期(包括竣工时)、稳定渗流期、水库水位降落期和正常运用遇地震四种工况。

一般而言,控制上游坡稳定的工况为不利水位和水位骤降,及其可能与地震组合的工况。下游坡通常是以正常运用水位或遇地震为控制工况。

1)不利水位

坝坡处于某一水位时,由于水位以上为湿密度,以下为浮密度,因此存在一个比正常蓄水位或空库时稳定安全系数低的水位,一般称该水位为不利水位。对于上游坝坡,不利水位一般在1/3~1/2坝高处,具体可以通过试算求出。

小浪底大坝与围堰结合,且围堰较高,因此不利水位按上游围堰和坝体分别考虑。经试算,大坝不利水位位于上游围堰顶高程185.0m以下,低于死水位,发生概率很小,因此将死水位230.00m作为不利水位。

2)水位骤降

大坝处于高水位长期运用,在坝体内形成稳定渗流场,浸润线以下的土体处于充分饱和状态。如果库水位降落的速度超过了孔隙水压力消散的速度,即水库水位骤降,对渗透性较小的坝体,则会产生超孔隙水压力,对稳定不利。

水库水位降落速度、降幅与水库的运用方式密切相关,小浪底水库有调水调沙、人造洪峰冲刷下游河道的运用要求。调水调沙期间,制造人造洪峰,库水位降落较快,初步拟定的库水位骤降运用工况见表 5-1-2。

表 5-1-2　　小浪底水库水位骤降运用工况

运用阶段		发生日期（月份）	骤降幅度（m）	时间（d）	最大降落速度（m/d）
人造洪峰	水位逐步抬高阶段	12	240.00 ~ 206.00	9	6
	形成高滩深槽前	12	262.00 ~ 238.00	12	5
	正常运用阶段	6、12	275.00 ~ 259.00	11	4

水库运用后期，坝前泥沙最终淤积高程将达 254.00m，深槽部位最低也达 230.00m 高程，考虑深槽不在坝前和水库泥沙淤积形态，对于非常情况的水位降落幅度确定为 275.00 ~ 250.00m。

对于上游围堰，施工期存在水位降落情况，但在斜墙中不易形成浸润线，故不考虑该工况。

3）其他情况

上游围堰和主坝均考虑施工期工况，施工期稳定按上游无水计算稳定。对于上游坡地震只与不利水位组合。

3. 计算假定

计算稳定渗流期下游坝坡稳定时，假定坝壳浸润线与下游水位相同，斜心墙的浸润线按渗流计算确定。计算库水位骤降情况下的上游坝坡稳定时，假定上游堆石区浸润线位置与水位降落后的上游水位相同，而斜心墙内的浸润线按不降落考虑。因淤积泥沙较难固结，稳定计算中考虑淤积作用时，仅考虑其重量而不计其抗剪强度。

4. 安全系数标准

采用瑞典圆弧法计算时，安全系数采用《碾压式土石坝设计规范》（SDJ218—84）的 1993 年修改和补充规定第 1.0.17 条表 7.3.8 规定的标准。当采用摩根斯坦 - 普赖斯法时，正常运用条件下安全系数不小于 1.50，非常运用条件按在上述标准规定数值基础上提高 10% 考虑。

上、下游坝坡各种工况的计算方法及与之相配套的要求安全系数见表 5-1-3。

5. 筑坝材料及坝基材料抗剪强度指标

1）土料

土料抗剪强度分为有效应力法和总应力法两种。由于控制土的抗剪强度是有效应力 σ'，而不是总应力 σ，而且有效强度指标测定和取值比较稳定可靠，因此对于重要工程一般以有效应力法为基本方法。但有时为了简化计算或对于非饱和土，也采用总应力法。土的有效应力抗剪强度指标一般采用三轴压缩、直接慢剪试验测定；总应力抗剪强度指标用直接快剪或固结快剪试验测定。

土的有效应力抗剪强度按下式计算：

$$\tau = C' + (\sigma - u)\tan\varphi' = C' + \sigma'\tan\varphi' \quad (5\text{-}1\text{-}3)$$

表 5-1-3 计算工况、计算方法及安全系数标准

计算工况		上游坝坡	下游坝坡	土料指标	计算方法	要求安全系数
正常情况（稳定渗流期）	不利水位 230.00m	√		CD	摩根斯坦	1.5
	正常蓄水位 275.00m		√	CD	摩根斯坦	1.5
				CD	推力传递法	1.3
非常情况	施工期	√		UU	摩根斯坦	1.3
	库水位骤降	√		CU	摩根斯坦	1.3
	正常高水位遇地震		√	CD	摩根斯坦	1.3
					瑞典圆弧法	1.2
					推力传递法	1.1
	不利水位遇地震	√		CD	摩根斯坦	1.3

注：推力传递系数法安全系数标准供参考；计算方法中摩根斯坦法是摩根斯坦－普赖斯法。

土的总应力抗剪强度按下式计算：

$$\tau = C_u + \sigma\tan\varphi_u \tag{5-1-4}$$

式中 τ——土体的抗剪强度；

C'、φ'——有效应力抗剪强度指标；

σ——法向总应力；

σ'——法向有效应力；

u——孔隙压力；

C_u、φ_u——不排水剪总强度指标。

小浪底大坝防渗土料抗剪强度指标均由三轴压缩试验测定。试验成果见表 5-1-4 ~ 表 5-1-6。计算中，按一般经验，土料的抗剪强度指标 φ 值取其小值平均值；对于 C 值，考虑试验结果准确性较差，取其小值平均值的一半。

表 5-1-4 三轴饱和固结排水剪试验（CD）成果

土样编号	干容重 γ_d（kN/m³）	含水量 ω（%）	有效强度指标	
			C'（MPa）	φ'（°）
寺 1	16.7	20.0	0.035	25.5
寺 2	17.0	19.0	0.035	24
寺 3	17.1	18.0	0.035	24
寺 E63-1-1	17.03	17.22	0.035	28
寺 E75-1-1	17.13	17.62	0.035	27.7
寺 E117-1-2	17.03	18.77	0.025	25.6
E01-4-1	17.1	19.4	0.035	23
E78-4-1	17.2	17.5	0.035	22
E1	17.0	18.3	0.04	26
E2	17.1	15.0	0.02	32
算术平均值			0.033	25.78
小值平均值			0.023	24.02

表 5-1-5　　三轴饱和固结不排水剪试验(CU)成果

土样编号	干容重 γ_d (kN/m³)	含水量 ω (%)	总强度指标	
			C (MPa)	φ (°)
寺 1	6.7	20	0.035	16.5
寺 E63-1-1	17.03	17.22	0.119	13.5
寺 E75-1-1	17.13	17.74	0.081	12.5
寺 E117-1-2	17.03	18.77	0.057	15.9
E01-4-1	17.1	19.4	0.086	14
E78-4-1	17.2	17.5	0.11	11
E1	17.0	18.3	0.10	21
E2	17.1	15.0	0.16	18
算术平均值			0.094	15.3
小值平均值			0.065	12.75

表 5-1-6　　三轴不饱和不固结不排水剪试验(UU)成果

土样编号	干容重 γ_d (kN/m³)	含水量 ω (%)	总强度指标	
			C (MPa)	φ (°)
寺 1	16.7	20	0.08	15.5
寺 E63-1-1	17.03	17.22	0.105	24
寺 E75-1-1	17.13	17.74	0.123	18.5
寺 E117-1-2	17.03	18.77	0.12	17
E01-4-1	17.1	19.4	0.15	12
E78-4-1	17.2	17.5	0.12	20.5
E1	17.0	18.3	0.19	15
E2	17.1	15.0	0.12	28
算术平均值			0.126	18.81
小值平均值			0.111	15.6

2) 堆石料

工程实践证明，粗粒料的内摩擦角随法向应力增加而减小，呈现明显的非线性现象，即在靠近坝坡面的小应力部位，抗剪强度较高；在靠近坝底的高应力部位，抗剪强度较低。小浪底水库大坝堆石料种类较多，在选择堆石料抗剪强度时，将材料岩性相近的 4A、4B、3 区料简化为一类，4C 区料为一类，8 区料为一类。

(1) 4A、4B、3 区堆石料，曾经进行了不同尺寸、不同干密度的三轴试验，在现场还做过大型直剪试验，其抗剪强度试验结果见表 5-1-7。

表 5-1-7　　堆石料抗剪强度试验结果　　(°)

试验单位	干试样		饱和试样		干—饱和试样	
	φ_0	$\Delta\varphi$	φ_0	$\Delta\varphi$	φ_0	$\Delta\varphi$
黄科院	53.4	9.6	51.6	9.92	51.7	7.7
清华大学	51.3	6.4	46.3	5.8		
昆明院	53.4	11.5	50.3	9.8		
北科院			47.4	5.14		

以上试验结果的非线性表达式为：

$$\varphi = \varphi_0 - \Delta\varphi \lg(\sigma_3/P_a) \tag{5-1-5}$$

用线性指标表示时，φ = 40.5° ~ 44.9°，平均为 42.7°。

按现行规范规定，土质防渗体土石坝的稳定计算，与安全系数标准配套的材料抗剪强度指标为线性指标，非线性指标仅可作为核算用，以下稳定计算均采用线性指标。

由于堆石料材料试验级配采用的是相似级配料，试验没有土料试验成熟，试验组数也较少，试验结果不一定能完全反映实际情况。因此，堆石料的抗剪强度指标还应结合已建工程经验，进行工程类比。部分堆石内摩擦角随应力变化的试验结果见图 5-1-7。由图中可看出，当竖直应力达到 3.0MPa 时，堆石的内摩擦角一般都大于 40°。多次应力应变计算证明，小浪底土石坝堆石区的最大竖直应力大多不大于 3.0MPa，因此其内摩擦角取 40°。

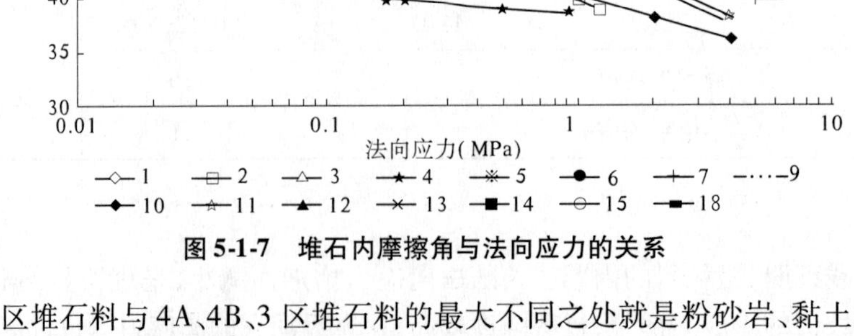

图 5-1-7　堆石内摩擦角与法向应力的关系

(2)4C 区堆石料与 4A、4B、3 区堆石料的最大不同之处就是粉砂岩、黏土岩等软岩含量较高，设计要求软岩含量最高可达 20%。虽然有资料表明，这种堆石料经充分压实后，其抗剪强度不一定比硬岩堆石料低，但根据开挖料的实际情况，采用的填筑层厚和碾压遍数与 4A、4B、3 区堆石料相同，4C 区堆石料与 4A、4B、3 区相比，选用了稍低的抗剪强度指标,为 34°。

(3)8 区料主要来源于消力塘开挖的 T_1^6 岩层。岩性主要为泥质粉砂岩,饱和抗压强度小于 15MPa 的软岩含量高达 64.4% ~72.8%,击实后粒径 5mm 以下的细颗粒含量在 60% ~70% 以上。该料的三轴抗剪强度试验结果列入表 5-1-8。

表 5-1-8　T_1^6 岩层堆石料三轴抗剪强度试验结果

样品编号	干容重 (kN/m^3)	含水量 (%)	σ_{3max} (kPa)	凝聚力 (kPa)	内摩擦角 (°)
П59	19.1	10.0	800	80	29.2
П61	20.1	10.0	800	90	26.6

8 区料的性质与通常用的风化料相近,且试验组数较少,在选取抗剪强度参数时还参照已建坝的资料。几个已建坝的风化石渣料的抗剪强度参数见表 5-1-9。

表 5-1-9　已建坝风化石渣料的抗剪强度参数

坝名	材料岩性	干容重 (kN/m^3)	含水量 (%)	凝聚力 (kPa)	内摩擦角 (°)	备注
漳河	泥质砂、页岩	16.5 ~17.9	4 ~10		34 ~42	试验值
石盘	砂岩	18.5	10 ~12	10 ~70	31.23 ~35.17	试验值
富水	黏土岩	18.0 ~20.0		30 ~50	26 ~40	试验值
卧虎山	页岩	14.5 ~16.0		15 ~30	31.0 ~35.7	试验值
升钟	砂岩	16.5 ~17.5			34.3 ~36.87	试验值
鸭河口	花岗片麻岩				31 ~36 25 ~28	试验值 设计值
江西某坝	板岩 砂岩	18.0		0.5	23.0 28.4	试验值 设计值

实际采用时,不考虑凝聚力,取内摩擦角为 30°。与表 5-1-9 相比,8 区料采用的设计值比已建坝的试验值稍小,但比已建坝的设计采用值稍大。

3)泥化夹层

岩层中泥化夹层的主要特点是抗剪强度低、层数多、倾角缓,且有断脚。水库蓄水后,随着泥化夹层浸水软化,其抗剪强度性能会进一步恶化。因此,泥化夹层是控制两岸坝段稳定的主要工程地质因素。

(1)为研究泥化夹层的抗剪强度特性,我们曾进行了室内抗剪强度试验、中型固结快剪试验和大型原位抗剪强度试验。试验结果分别列入表 5-1-10、表 5-1-11、表 5-1-12。

表 5-1-10　　泥化夹层室内抗剪强度试验结果

序号	试样编号	所在岩层	室内定名	摩擦系数	凝聚力(kPa)
1	D_{10}	T_1^5	粉质黏土	0.14	8.83
2	D_{11}	T_1^3		0.26	1.96
3	D_{12}	T_1^4		0.25	5.88
4	D_{21}	T_1^{5-1}		0.20	1.96
5	D_{22}	P_2^{2-4}		0.23	3.92
平均值				0.228	4.12

表 5-1-11　　泥化夹层中型固结快剪试验结果

类型	试验组数	统计值类型	内摩擦系数			凝聚力(kPa)		
			屈服值	峰值	残余值	屈服值	峰值	残余值
(a)型	7	范围值	0.105～0.249	0.176～0.384	0.176～0.325	4.9～24.5	3.9～21.6	3.9～21.6
		平均值	0.194	0.249	0.249	13.7	12.7	12.7
		小值平均值	0.159	0.213	0.213			
(b)型	3	范围值	0.158～0.268	0.231～0.325	0.231～0.325	0～11.8	0～19.6	0～19.6
		平均值	0.195	0.268	0.268	3.9	6.9	6.7
		小值平均值	0.177	0.250	0.250			
(c)型	5	范围值	0.123～0.394	0.195～0.488	0.195～0.435	5.9～19.6	4.9～13.7	4.9～16.7
		平均值	0.238	0.351	0.333	11.8	10.8	10.8
		小值平均值	0.180	0.273	0.264			
(d)型	3	范围值	0.176～0.330	0.222～0.448	0.141～0.420	0～19.6	2.0～18.6	0～24.5
		平均值	0.249	0.364	0.290	11.8	11.8	16.7
		小值平均值	0.213	0.293	0.276			
(e)型	2	范围值	0.263～0.287	0.344～0.364	0.287～0.325	3.9～8.8	13.7～14.7	13.7～14.7
		平均值	0.277	0.352	0.306	5.9	14.2	14.2
		小值平均值	0.270	0.348	0.297			

表 5-1-12　　泥化夹层大型原位抗剪强度试验结果

编号	组数	件数	类型	厚度(cm)	试验条件			峰值强度		残余强度	
					试验面积(cm^2)	剪切方式	限制膨胀	摩擦系数	凝聚力(kPa)	摩擦系数	凝聚力(kPa)
T_1^4(7)	1	3	(a)	0.1～4.5	70×70	平推	无	0.190	0		
P_2^{3-2}(1)	1	10	(a)	0.5～4.0	70×70	平推	有	0.200	0.98	0.16	0

续表 5-1-12

编号	组数	件数	类型	厚度(cm)	试验条件			峰值强度		残余强度	
					试验面积(cm^2)	剪切方式	限制膨胀	摩擦系数	凝聚力(kPa)	摩擦系数	凝聚力(kPa)
$P_2^{3-2}(1)$	1	10	(a)	0.2~2.0	70×70	平推	有	0.210	16.67		
$T_1^4(7)$	1	6	(a)	1.0~4.5	100×100	平推	有	0.250	5.00		
$T_1^{5-2}(7)$	1	4	(a)~(b)	1.3~2.6	70×70	平推	无	0.190	12.75		
$T_1^{5-2}(7)$	2	9	(a)~(b)	1.3~2.6	70×70	平推	有	0.230	11.77		
$T_1^{5-2}(4)$	1	9	(b)	0.4~0.5	70×70	平推	有	0.230	3.92	0.22	0
$T_1^{5-2}(4)$	1	3	(b)	0.5~4.0	70×70	平推	无	0.190	0		
$T_1^4(7)$	2	10	(b)	0.5~4.0	70×70	平推	有	0.280	20.00		
$T_1^1(7)$	2	9	(b)	1.0~4.5	70×70	平推	有	0.225	3.24	0.20	0
T_1^2	1	5	(d)、(c)	0.5~2.5	50×50	平推	无	0.280	2.94		
$T_1^4(7)$	2	8	(d)	<0.1	50×50	平推	无	0.370	4.90		
T_1^2	1	4	(b)	0.5~2.5	50×50	平推	无	0.380	3.20		

(2)选取抗剪强度指标时考虑了以下几点:

①泥化夹层形成之后经过相当长时间的超固结压密,使现有强度大于残余强度,但为安全计仍采用残余强度。

②同类型的泥化夹层,用不同的试验方法所取得的抗剪强度参数是不一致的,确定其抗剪强度参数时主要依据野外大型抗剪试验结果,中型抗剪试验作为参考。

③沿泥化夹层延伸方向,类型、厚度均不固定,为了实用和使用方便,将性质相近的夹层予以合并。

④泥化夹层的起伏差对其强度有较大影响,但大型抗剪强度试验已包括这种影响,故在确定抗剪强度指标时,不再考虑起伏差的影响。

根据以上考虑,将泥化夹层划分为三大类,并分别确定其抗剪强度指标如下:

①全泥型、泥夹碎屑型:P_2^{3-2} 岩层摩擦系数 $f=0.2$;其他 $f=0.25$,$C=0.005$MPa。

②碎屑夹泥型、粉砂夹泥型:$f=0.26$,$C=0.005$MPa。

③泥膜型:$f=0.29$,$C=0.005$MPa。

(3)仅确定泥化夹层种类及其抗剪强度指标,还不能直接或方便地用于计算,因为夹泥层往往是不连续的,确定计算参数时还考虑了夹泥层的连续率。

4)河床砂卵石

对河床砂卵石进行了直剪和大型三轴试验。试验结果说明,对于砂卵石的抗剪强度,当含砂量小于25%时，直剪和三轴试验结果接近，$\varphi=36°\sim38°$；当含砂量大于30%时，两者有一定差别，三轴为36°~38°，直剪为32°~34°。

5)5区掺和料及其他材料

对掺和料曾进行过固结不排水剪和动力试验，由于掺和料在坝体稳定计算中所占比例较小，仅经过少数试验确定有效抗剪强度指标为$C'=22.0$kPa，$\varphi'=28.0°$。反滤料、黄土、淤土、强风化砂岩等抗剪强度参数均由工程类比而得。

6)计算采用指标

坝体及坝基材料计算采用的抗剪强度指标见表5-1-13。

表5-1-13　　计算采用抗剪强度指标

筑坝材料		容重（kN/m³）		抗剪强度	
		湿容重	饱和容重	摩擦角 φ(°)	凝聚力 C(MPa)
1区、1B区壤土	CD有效强度	20.1	20.7	25	0.020
	CU总强度			14	0.077
	UU总强度			16	0.111
2A、2B、2C区反滤料		19.1	21.6	36	0
3区过渡料		21.6	23.3	40	0
4A、4B区堆石料		21.1	23.0	40	0
4C区任意料		21.0	22.5	34	0
5区掺和料		20.8	21.7	28	0.030
8区石渣压坡		19.6	22.0	30	0
河床砂卵石		22.2	22.2	37	0
黄土		17	19.4	20.8	0.011
淤土		17.6	17.6	0	0
砂岩		26.0	26.0	35	0
软弱夹层	小南庄—F_{240}断层	20.1	20.7	15.11	0.005
	F_{240}断层—4[#]断面	20.1	20.7	14.57	0.005
	4[#]断面(14)夹泥层	20.1	20.7	14.04	0.005
	河床P_2^4岩层面	20.1	20.7	16.70	0.005
	5[#]断面—F_1断层	20.1	20.7	14.04	0.005
	P_2^4岩层面	20.1	20.7	16.70	0.005
	P_2^{3-2}(1)夹泥层	20.1	20.7	11.31	0.005
	左岸进口上游坡	20.1	20.7	14.04	0.005

6. 计算坝段的划分

稳定计算时,按照地形地质条件和坝体结构特点,将大坝分为左坝肩坝段、河床坝段和右坝肩坝段三个坝段。

(1)左坝肩坝段自桩号 D0+000 至左岸岸边,长约 200m。在此坝段,大坝防渗体由斜心墙渐变成正心墙,防渗体坐落在基岩上。该段山体由于受坝下游沟道的切割,位于倾向下游岩层中的泥化夹层发生断脚、出露,存在沿泥化夹层的深层抗滑稳定问题。

(2)河床坝段长约 500m,坐落在 25~70m 厚的河床砂砾石覆盖层上,坝体断面为斜心墙。

(3)右坝肩坝段自 F_1 断层至右坝头,长约 600m。在此坝段,坝型由斜心墙渐变成正心墙,防渗体坐落在基岩上。同左岸类似,基岩中也存在倾向下游的泥化夹层,对下游坝坡稳定不利。

7. 左坝肩坝段稳定分析

左坝肩的稳定主要由泥化夹层控制。此范围分布的泥化夹层主要有 T_1^4 岩层中的 5、6、7、12 号和 14 号夹泥层,T_1^{5-2} 岩层中的 5、6、7 号夹泥层。其中 T_1^4 岩层中的 5、6、7 号夹泥层埋藏较深,相对来说,对稳定影响较小;位于 T_1^4 岩层上部的 14 号和 T_1^{5-2} 岩层中的 5、6、7 号夹泥层埋藏浅,并在下游断脚,控制左坝肩稳定。如 D0+057.50 断面 T_1^{5-2} 岩层中的 6 号夹泥层,D0+107.50 断面 T_1^4 岩层中的 14 号夹泥层,选此两断面作为左坝肩稳定分析的典型断面。

计算表明,在正常高水位遇设计地震组合情况下,靠近河床的 D0+107.50 断面下游坡沿 3 号滑动面(T_1^4 岩层中的 14 号夹泥层)计算稳定安全系数不满足要求;而同一夹层,在 D0+057.50 断面的计算稳定安全系数却有较大的富裕度。这种现象主要取决于泥化夹层的埋深,靠近河床的断面泥化夹层埋深浅,稳定性差,而远离河床的断面泥化夹层埋深大,稳定性好。因此,对于左坝肩,仅从一个断面并不能确切反映整个坝段的实际稳定情况,需要整体考虑。

为了研究该坝段的实际稳定情况,采用了增减夹泥层 C 值的方法,来考虑断面间的相互影响。即在计算中将稳定安全系数较大坝段的富裕阻滑力换算成凝聚力,加到相邻的、不满足稳定安全系数要求的断面上。通过这种增减 C 值的方法,实现坝段坝基岩体间力的传递。

典型计算断面的主要夹泥层分布及滑裂面位置见图 5-1-8 和图 5-1-9。左坝肩典型断面的稳定计算结果见表 5-1-14。

8. 河床坝段稳定分析

1)上游围堰

上游围堰高约 60m,既是单独的挡水建筑物,又是主坝坝体的一部分,因此按主坝的稳定标准进行稳定核算。施工期地震按基本烈度Ⅶ度计。

施工期采用总应力抗剪强度指标,1B 区土料采用三轴试验的不固结不排水剪(UU)总强度指标。计算方法采用摩根斯坦-普赖斯法。

围堰为大坝的一部分,根据其运用条件,对不利水位与无水两种情况进行了上游坡计算。计算结果见表 5-1-15,滑裂面位置见图 5-1-10。

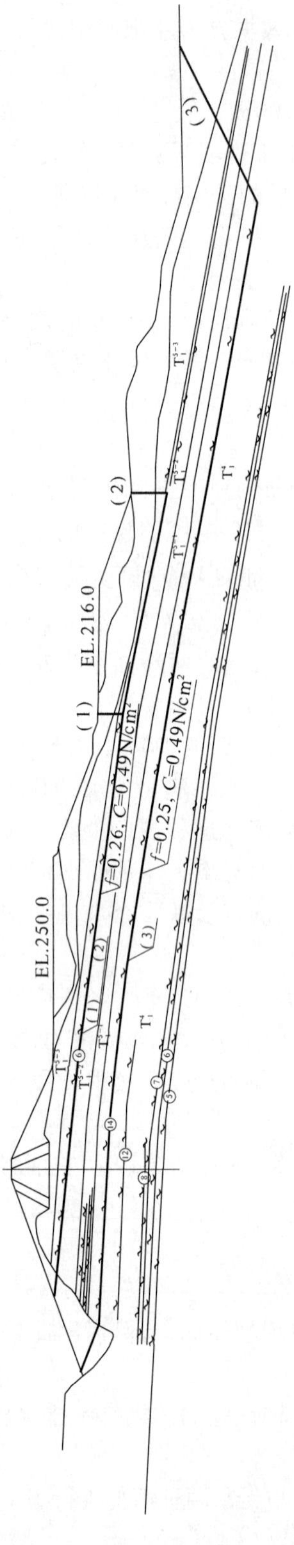

图 5-1-8　D0 +057.50 断面主要夹泥层分布及滑裂面位置

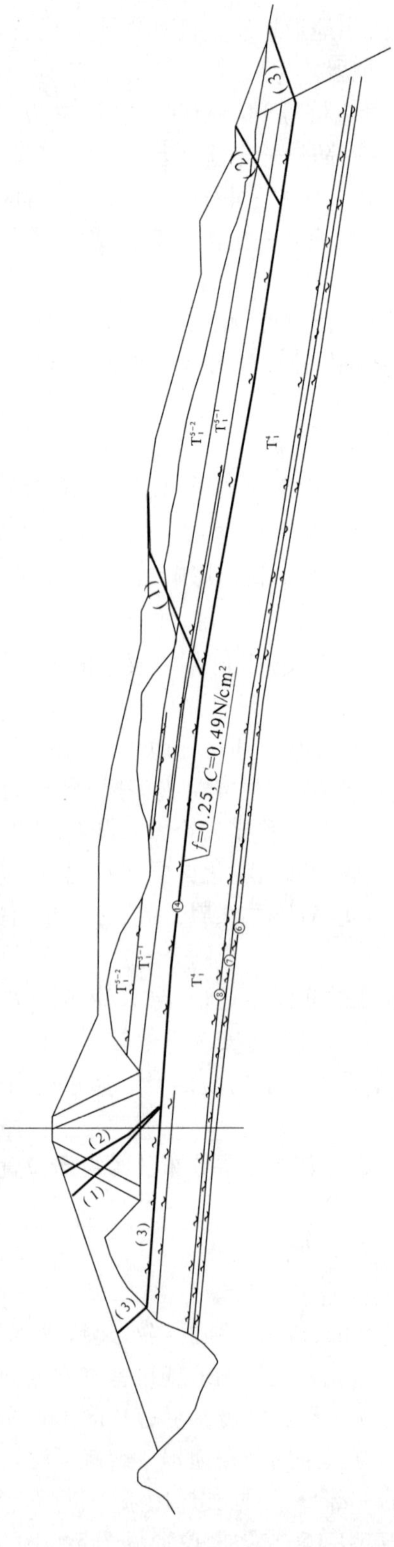

图 5-1-9　D0 +107.50 断面主要夹泥层分布及滑裂面位置

表 5-1-14　　左坝肩典型断面稳定计算结果

断面号	夹泥层编号	计算情况	滑裂面编号	设计地震烈度	计算方法	要求安全系数	计算安全系数	备注
D0 + 057.50	T_1^{5-2}(6)	上游水位275.00m	(1)	0	推力传递法	1.3	1.90	
				Ⅷ		1.1	1.34	
			(2)	0		1.3	1.48	
				Ⅷ		1.1	1.15	
	T_1^4(14)		(3)	0	摩根斯顿 - 普赖斯法	1.5	1.95	
				Ⅷ		1.3	1.39	
				0		1.5	1.83	考虑整体作用，夹泥凝聚力 $C=0.5+(-2.5)=-2.0(t/m^2)$
				Ⅷ		1.3	1.32	
D0 + 107.50	T_1^4(14)		(1)	0		1.5	2.48	
				Ⅷ		1.3	1.86	
			(2)	0		1.5	1.76	
				Ⅷ		1.3	1.37	
			(3)	0		1.5	1.74	
				Ⅷ		1.3	1.24	
				0		1.5	1.83	考虑整体作用，夹泥凝聚力 $C=0.5+1.5=2.0(t/m^2)$
				Ⅷ		1.3	1.31	

表 5-1-15　　上游围堰稳定计算结果

计算情况	滑裂面编号	设计地震烈度	设计要求安全系数	计算安全系数
上游不利水位 160m	(1)	Ⅶ	1.2	2.97
上游无水	(2)	0	1.3	4.00
		Ⅶ	1.2	3.24
	(3)	0	1.3	4.01
		Ⅶ	1.2	3.35

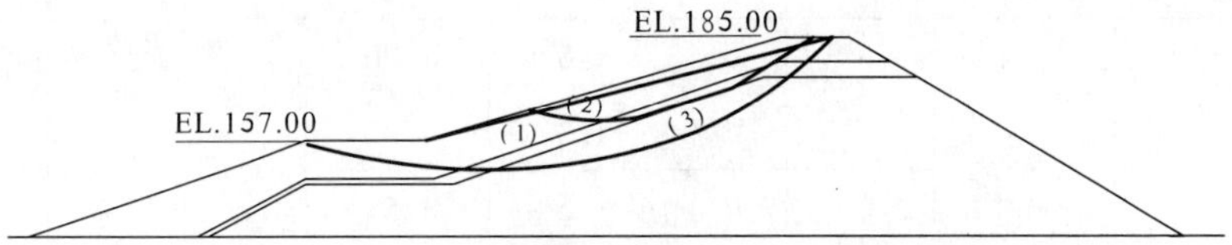

图 5-1-10　上游围堰稳定计算滑裂面位置示意图

以上计算结果说明，就围堰本身而言，上游边坡的安全系数偏大，但它是大坝的一部分，边坡还取决于大坝的整体稳定。

2）坝体

河床段坝体坐落在深厚砂卵石覆盖层上。靠近左、右岸边处，覆盖层相对较薄，下部岩层中均有埋藏较浅的泥化夹层。因此，在中部、左右岸边分别选择不同的代表断面进行稳定计算。

对于中部坝段，选取最大断面 D0 + 387.50 作为典型断面；左岸岸边选择 D0 + 217.50、右岸滩地选择 D0 + 527. 50 和 D0 + 660. 14 为典型断面。根据各断面具体情况,分别进行上、下游坡稳定计算。计算结果见表 5-1-16,滑裂面位置分别见图 5-1-11 ~ 图 5-1-17。

表 5-1-16　　河床坝段典型剖面稳定计算结果

坝坡	计算断面	计算工况	滑裂面编号	地震烈度	设计要求安全系数	计算安全系数	备注	
上游坡	D0 + 217. 50	不利水位 230m	(1)	0	1. 5	1. 52	无淤积	滑裂面位置见图 5-1-11
				Ⅷ	1. 3	1. 08		
			(2)	0	1. 5	1. 99	淤积高程 195m	
				Ⅷ	1. 3	1. 39		
		水位骤降	(3)	0	1. 3	1. 27	无淤积	
							淤积高程 195m	
		施工期	(1)	0	1. 3	1. 35	无水	滑裂面位置见图 5-1-12
			(2)	0	1. 3	1. 84		
	D0 + 387. 50	不利水位 230. 00m	(1)	0	1. 5	2. 05	无淤积	滑裂面位置见图 5-1-13
				Ⅷ	1. 3	1. 58		
			(2)	0	1. 5	2. 09		
				Ⅷ	1. 3	1. 61		
		水位骤降	(3)	0	1. 3	1. 82		
			(4)	0	1. 3	1. 68		
	D0 + 660. 14	不利水位 230. 00m	(1)	0	1. 5	2. 626	淤积高程 215m	滑裂面位置见图 5-1-14
				Ⅷ	1. 3	1. 852		
			(2)	0	1. 5	1. 647	无淤积	
				Ⅷ	1. 3	1. 277		
下游坡	D0 + 217. 50	上游水位 275. 00m,下游水位 141. 50m	(1)	0	1. 5	1. 70		滑裂面位置见图 5-1-15
				Ⅷ	1. 3	1. 32		
	D0 + 387. 50		(1)	0	1. 5	1. 58		滑裂面位置见图 5-1-16
				Ⅷ	1. 3	1. 34		
			(2)	0	1. 5	1. 86		
				Ⅷ	1. 3	1. 56		
			(3)	Ⅷ	1. 2	1. 22	不考虑条间力	
	D0 + 527. 50		(1)	0	1. 5	1. 69		滑裂面位置见图 5-1-17
				Ⅷ	1. 3	1. 42		

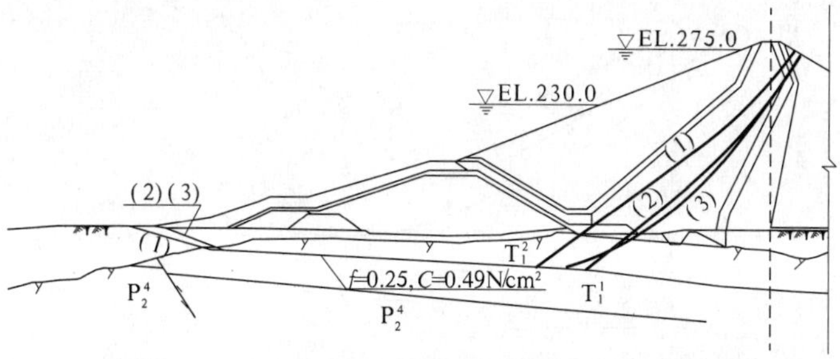

图 5-1-11　D0 + 217. 50 断面上游坡稳定计算成果

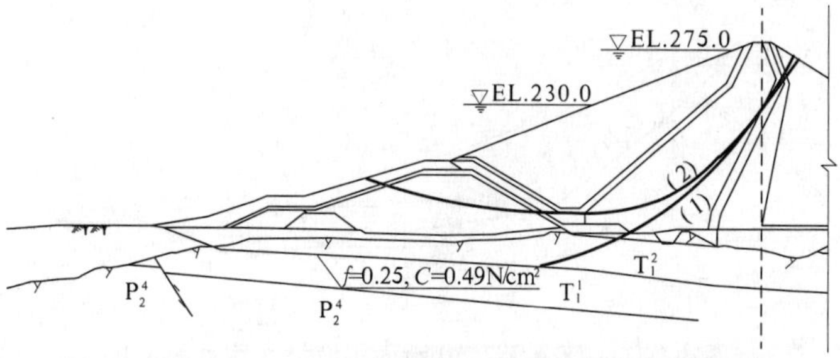

图 5-1-12　D0 + 217. 50 断面施工期上游坡稳定计算成果

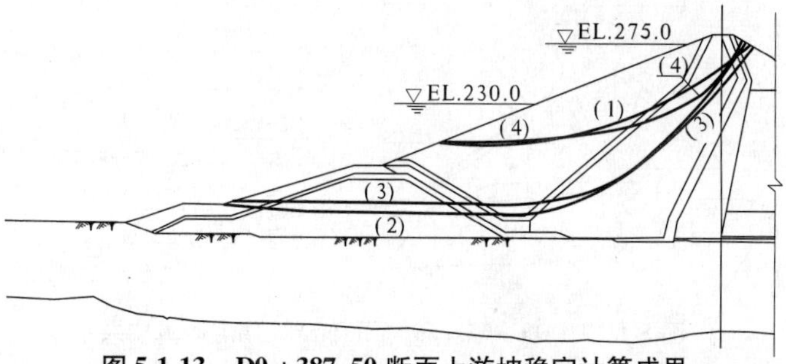

图 5-1-13　D0 + 387. 50 断面上游坡稳定计算成果

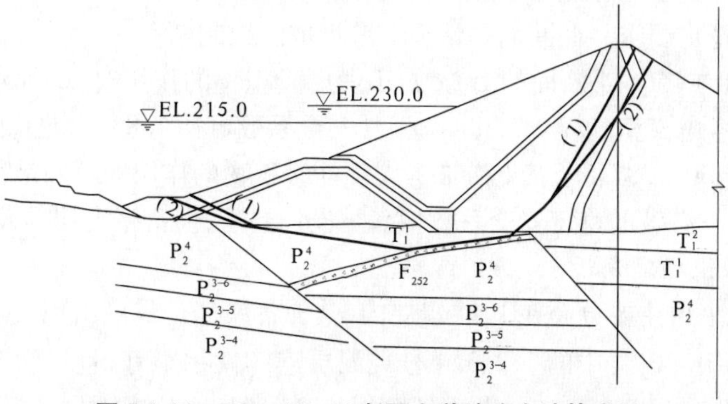

图 5-1-14　D0 + 660. 14 断面上游坡稳定计算成果

由以上计算结果可知，左、右岸岸边砂卵石覆盖层较薄，且有浅层夹泥时，滑裂面沿夹泥层滑动控制着上游坝坡的坡度，其控制工况为不利水位遇地震。

左岸岸边 D0 + 217. 50 断面的上游坡，沿 T_1^2 岩层底面夹泥层滑动，在不考虑坝前淤积

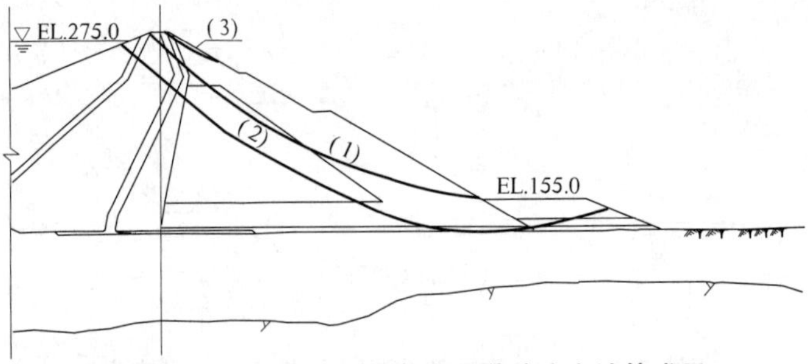

图 5-1-15　D0 + 217. 50 断面下游坡稳定计算成果

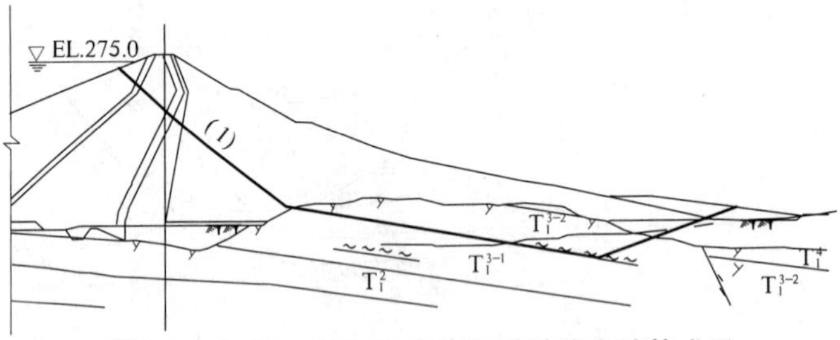

图 5-1-16　D0 + 387. 50 断面下游坡稳定计算成果

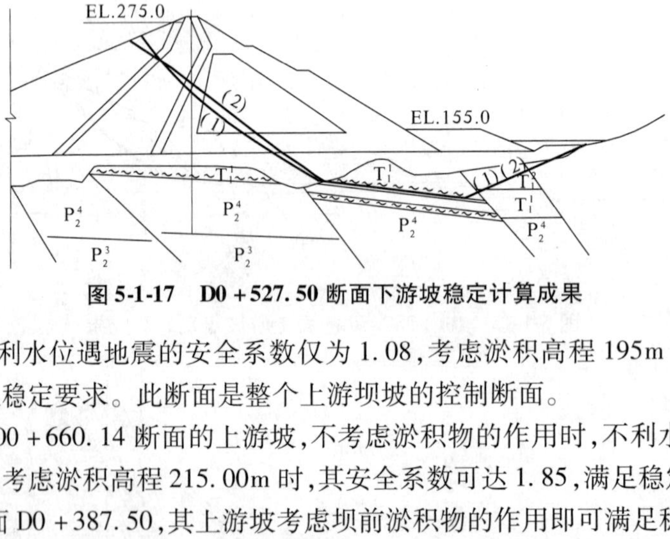

图 5-1-17　D0 + 527. 50 断面下游坡稳定计算成果

物的作用时，不利水位遇地震的安全系数仅为 1. 08，考虑淤积高程 195m 时，其安全系数可达 1. 39，满足稳定要求。此断面是整个上游坝坡的控制断面。

河床右侧 D0 + 660. 14 断面的上游坡，不考虑淤积物的作用时，不利水位遇地震的安全系数为 1. 27，考虑淤积高程 215. 00m 时，其安全系数可达 1. 85，满足稳定要求。

主河槽断面 D0 + 387. 50，其上游坡考虑坝前淤积物的作用即可满足稳定要求。

各典型断面下游坡的稳定安全系数均满足设计要求，但富裕度均不大。

9. *右坝肩坝段稳定分析*

右坝肩泥化夹层主要分布在 P_2^{3-2} 岩层内，其他各层都是零星出现，连续率低，对坝的稳定不起控制作用。P_2^{3-2} 中的 1、2、3、4 号夹泥层连续性都很好，且均为全泥型和泥夹碎屑型，抗剪强度低，在 D0 + 797. 34 断面埋藏很浅，特别是 4 号夹泥层，在下游坝坡范围内几乎全部连续，且在坝脚附近出现断脚现象，控制下游坝坡稳定，故重点对此断面进行了计算。其计算结果见表 5-1-17 和图 5-1-18。

由计算结果可知，若不采取工程措施，正常运用条件下的安全系数小于 1，当压坡高程达到 195. 00m 时，方可满足稳定要求。

表 5-1-17　　右坝肩 D0 +797.34 断面下游坡稳定计算结果

计算情况	滑裂面	设计地震烈度	设计要求安全系数	计算安全系数	备注
上游水位275m	(1)	0	1.5	0.91	无压坡
		Ⅷ	1.3	0.72	
	(2)	0	1.5	1.64	压坡高程 195m
		Ⅷ	1.3	1.33	

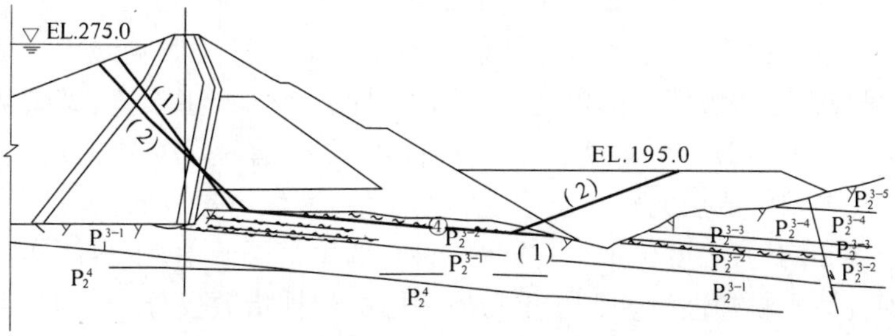

图 5-1-18　D0 +797.34 断面下游坡稳定计算结果

第二节　坝体分区和结构设计

一、坝体分区

土石坝坝体分区一般依照就地取材、挖填平衡的基本原则，使各种材料得到合理的运用，达到安全、经济、适用的目的。各区材料的性质、施工和压实要求等，都要有具体可供考核、检验和进行质量评定的技术指标。另外，坝体分区设计还要研究围堰与坝体相结合的可能性。

从坝料渗透性方面讲，对于防渗体在中心的心墙、斜心墙等坝型，坝体分区一般以防渗体为中心，向上、下游的材料渗透性逐步增大；对防渗体在上游的斜墙等坝型，坝料渗透性向下游逐步增大。当利用风化料或软岩筑坝，为防止其继续风化，表面要设置抗风化能力强的新鲜坚硬石料作为保护层。对于高土石坝，且上游围堰较高、方量较大时，为减少坝体的填方量和减小施工期的填筑强度，尽可能采用围堰和坝体相结合的形式。

根据上述原则，综合考虑小浪底坝址地形地质、天然建筑材料、开挖料性质和数量、基础处理和坝高等因素，经技术经济比较，确定采用壤土斜心墙堆石坝坝型，并按照大坝各部位的功能，进行坝体分区设计。坝体共由 17 种材料组成，其中防渗体包括 1 区壤土斜心墙、1A 区高塑性土区、1B 区壤土围堰斜墙、5 区掺和料内铺盖和 10 区上游壤土铺盖；2A、2B、2C 区为反滤层，3 区为过渡层，4A、4B、4C 区为坝壳堆石区，6A、6B 区和 7 区为护坡，8 区为下游石渣压戗，9 区为坝基回填砂砾石。

二、防渗体设计

(一)1 区

1 区是大坝防渗体系的核心,是防渗体设计的重点,采用寺院坡料场的黄土类土填筑。下面分河床、两岸和过渡三个坝段介绍其设计。

1. 河床横剖面

一般来说,防渗体的几何尺寸受多种因素的影响,如坝高、土料数量和施工难易程度、土料性质、设计地震烈度、坝基地质条件及处理方法、土料与坝壳堆石料单价之比等。小浪底坝址区土料储量丰富、压实性能好,土、石料场基本处于同一位置,土料单价比石料低。所以,对小浪底大坝影响斜心墙尺寸的最主要因素是土料性质。

土料的允许渗透比降、塑性和抗裂性能等对斜心墙尺寸的影响最大。据渗透试验结果,寺院坡土料最大渗透破坏比降可达 300 以上,即使土体产生裂缝,其破坏比降仍可达最大破坏比降的 1/10 ~ 1/15。但寺院坡土料性质不一,有轻、中、重粉质壤土,还有少量黏土。尽管设计要求将成层的轻粉质壤土和黏土清除,但零星分布的清除困难,与中、重粉质壤土完全掺和均匀,难度也很大。同时,斜心墙填筑碾压中,土料压实也存在一定的不均匀性。寺院坡土料塑性稍差,中、重粉质壤土的塑性指数仅分别为 11.4 和 14.4。试验还表明,寺院坡土料的抗冲蚀能力较差,渗透破坏时的特征是:当水头超过临界水头后,土样破坏很快,80% 的试样在 20min 内破坏,40min 内破坏比例达 90% 以上,最后的破坏型式均为穿洞破坏。考虑上述多种因素,并参考其他黄土地区工程的经验,设计采用的土料允许比降不大于 2。

为避开坝轴线附近河床深槽部位的基岩陡坎,主坝混凝土防渗墙布置在坝轴线上游 80m 处,并依此确定斜心墙的布置。考虑内铺盖、上游铺盖和淤积的防渗作用后,确定混凝土防渗墙插入斜心墙内的高度为 12.00m,斜心墙底部宽度主要考虑土的允许比降、混凝土防渗墙顶至斜心墙上游坡的最小距离两个因素。渗流计算表明,该距离不宜小于 40m。由此确定斜心墙上游边坡为 1∶1.2,下游边坡为 1∶0.5。这样,墙顶至斜心墙上游坡的最小距离为 42.38m(见图 5-2-1)。

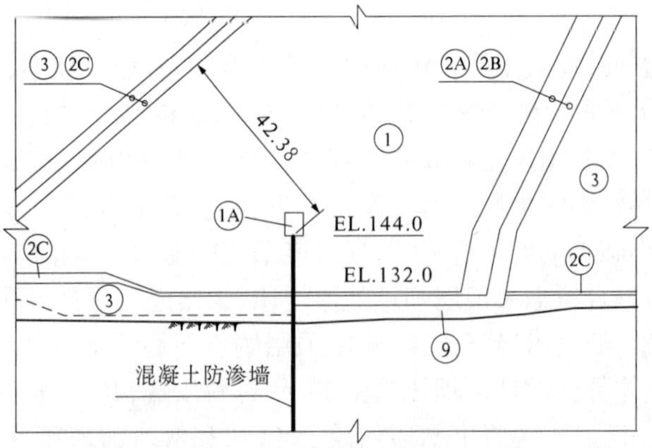

图 5-2-1　混凝土防渗墙与斜心墙关系　(单位:m)

综合考虑防渗、施工和结构等要求,斜心墙顶宽确定为 7.5m。为便于斜心墙顶面与坝顶防浪墙的连接,斜心墙顶面靠上游布置。设计坝顶高程为281.00m,坝顶路面总厚度1.0m,最终确定斜心墙顶高程为280.00m,高于最高静水位5.0m。

斜心墙上部设计成正心墙型式,上游245.00m高程以上边坡1:0.5,下游250.00m高程以上边坡1:0.4。主要目的是增加坝体上部上游坝壳的堆石厚度,提高坝体的抗震性和上游边坡的稳定,同时也便于斜心墙向两岸正心墙的过渡。

2. 两岸横剖面

桩号D0+107.50以左、D1+007.34以右,两岸坝段岩石坝基的防渗体均设计为正心墙。

左岸山顶心墙基础开挖后,基岩面高程均在245.00m以上。心墙按河床剖面确定。右岸坝基开挖后,防渗体基础高程约在160.00m以上。综合考虑心墙与岩石接触抗渗比降、坝基岩石开挖和灌浆帷幕位置等因素,将心墙上游坡调整为1:0.4(见图5-2-2)。

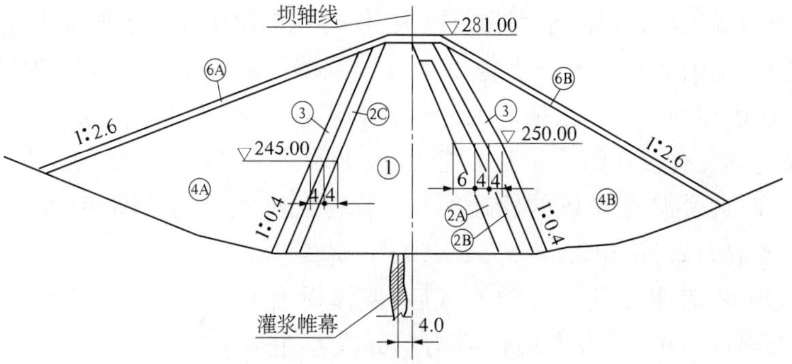

图5-2-2　右岸坝体典型横剖面　(单位:m)

3. 过渡段

河床坝段斜心墙与两岸正心墙之间设过渡坝段连接。

左岸过渡坝段在桩号D0+247.50~D0+107.50之间,位于岸坡上。该过渡段最大坝高约150m,长高比约为0.93。防渗轴线位置由河床断面的坝轴线上游80m,逐渐过渡到轴线上游4m。

右岸防渗体过渡坝段在桩号D0+693.74~D1+007.34之间,基础为岩石,过渡段最大坝高约150m,长高比约为2.09。防渗轴线位置变化同左岸。

过渡段布置见表5-2-1。

表5-2-1　防渗体过渡段布置

桩号		斜心墙(心墙)上游坡		斜心墙(心墙)下游坡	
		245.0m高程以上	245.0m高程以下	250.0m高程以上	250.0m高程以下
左岸	D0+107.50	1:0.5	1:0.5	1:(-0.4)	1:(-0.4)
	D0+157.50	1:0.5	1:1	1:(-0.4)	1:0.1
	D0+217.50	1:0.5	1:1.2	1:(-0.4)	1:0.35
	D0+247.50	1:0.5	1:1.2	1:(-0.4)	1:0.5

续表 5-2-1

桩号		斜心墙(心墙)上游坡		斜心墙(心墙)下游坡	
		245.0m 高程以上	245.0m 高程以下	250.0m 高程以上	250.0m 高程以下
右岸	D0 +693.74	1:0.5	1:1.2	1:(-0.4)	1:0.5
	D0 +797.34	1:0.5	1:0.8	1:(-0.4)	1:0.2
	D0 +867.34	1:0.5	1:0.7	1:(-0.4)	1:0.1
	D0 +937.34	1:0.5	1:0.5	1:(-0.4)	1:(-0.1)
	D1 +007.34	1:0.4	1:0.4	1:(-0.4)	1:(-0.4)

(二)1A 区

混凝土防渗墙顶部,墙、土刚度相差巨大,使得此部位土体处于弱应力区,极易产生裂缝或水力劈裂。我国某两座土石坝曾发生过因混凝土防渗墙顶土体产生裂缝或水力劈裂,而发生渗透破坏的事故。根据有限元计算和工程经验,在墙顶设置了高塑性土区(见图 5-2-3),以使其具有较强的适应变形能力,改善墙顶土体和防渗墙的应力状态。

高塑性土取自会瀍沟料场的粉质黏土,平均黏粒含量为 35% ~39%,塑性指数为 23 ~30,渗透系数为 $2.38 \times 10^{-9} \sim 5.52 \times 10^{-9}$cm/s。

应力应变分析表明,墙顶设置 1A 区后,墙体周围土体的应力状态比较简单,没有发现拉应力单元及小主应力过小的单元,但几乎所有的单元均处于剪切破坏状态,有可能发生顺渗流方向的错动。为保证坝体安全,加强了渗流出口处的反滤保护。

由于插入 1 区的混凝土防渗墙与两侧土体之间将产生较大的相对位移,曾考虑在墙两侧也填一定厚度的高塑性土。但试验证明,虽然墙与土体间紧密结合时,高塑性土具有较高的抗渗比降,可是当墙与土体间接触不良时,一旦产生裂缝或水力劈裂,高塑性土的接触裂缝自愈能力比寺院坡土料差得多,因此仅在墙顶设置了高塑性土区。

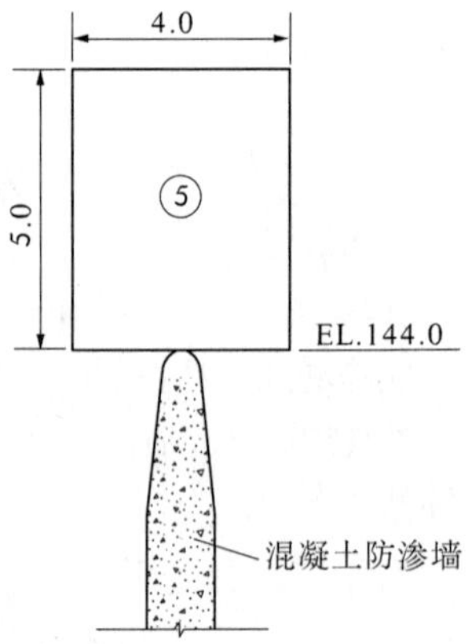

图 5-2-3 1A 区结构 (单位:m)

(三)5 区

设置 5 区的目的是将 1B 区与 1 区连接起来,与坝前泥沙淤积一起构成坝基辅助防渗体系。

5 区料由 30% 的寺院坡土料与河床砂卵石掺和而成,渗透系数为 $8.72 \times 10^{-7} \sim 1.47 \times 10^{-6}$cm/s,试验最大渗透比降 69.8 ~138.6,临界比降 4.94 ~7.31,平均 6.13。渗流分析表明,不同组合情况下,内铺盖可削减总水头的 10% ~40%。设计内铺盖厚 6.00m,计算承受水力坡降 2.23 ~8.90,平均 5.56,小于试验平均临界比降。

5 区与两岸边坡完整岩石相连。由于 5 区的厚度较薄,在与两岸坡连接处局部加厚。为使其与基岩面接触良好,表面填一层 1.0m 厚的 1 区料。接触渗流比降随岩坡的坡度变化而不同,最小接触渗径为12.30m,按内铺盖可削减总水头的10%~40%,接触比降为1.08~4.34。5区与两岸岸坡连接见图5-2-4。

(四)1B区

1B区在防渗体系中具有双重作用。首先作为围堰防渗体,蓄水运用后,与库区淤积相连接,形成坝基水平辅助防渗体系。

为便于与库区泥沙淤积相连接,布置为表面式斜墙。根据稳定分析,确定斜墙外坡为1∶3.5,内坡按防渗要求确定。按照允许渗透比降小于5的要求,确定1B区顶部厚度6.5m,斜墙厚6.0~10.0m,承受最大水力坡降4.53。

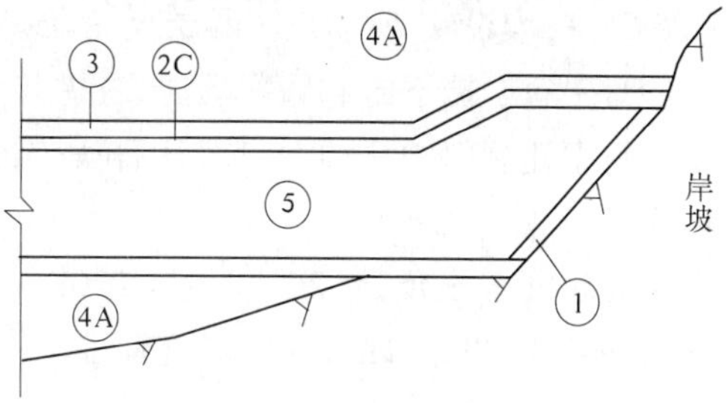

图5-2-4 5区与两岸岸坡连接

(五)10区

大坝上游右岸滩地上,堆积或沉积有8~15m厚的粉细砂、砂壤土或黄土类土,同时坝基也将开挖大量同类土料,利用这些土料,可以形成人工铺盖。另外,根据施工总体布置,要求滩地有较大面积的平整场地,为截流前工程施工布置附属企业和堆存块石、石串、铅丝笼等截流材料。

综合以上因素,为充分利用开挖料,并减少围堰防渗墙工程量,将坝基开挖的土料填筑在右岸滩地,与原来滩地上的土料一起形成人工铺盖。铺盖长、宽各约400m,填筑高程150m,厚度约30m。10区以左的围堰基础采用混凝土防渗墙防渗,这样就形成了垂直防渗与水平防渗相结合的围堰基础防渗系统。该系统在施工期为围堰的主防渗线,运用期为大坝的辅助防渗线。

三向渗流计算表明,围堰上游的入渗水流通过敞口段(即无防渗墙段)向下游渗透时,经历有压渗流向无压渗流过渡的过程,即在混凝土防渗墙上游形成大片承压区。渗流计算同时表明,在防渗墙右端及其附近地区,砂卵石层将承受高达0.160~0.747的渗透比降;墙端以左渗透坡降大于0.1的范围达75.0m,而坝基砂卵石的允许渗透比降仅0.1。为此,在防渗墙右端及以左80.0m范围砂卵石基础面设有反滤料保护。

利用铺盖和防渗墙共同防渗,与完全采用防渗墙防渗相比,节省塑性混凝土防渗墙防渗面积9 593m²;开挖料可就近填筑,减少了工程投资;同时,平整的铺盖表面也满足了施工场地布置要求。

三、反滤层设计

反滤层的主要作用是滤土减压,防止土体产生渗透破坏。土质防渗体与坝壳、坝基透水层之间以及下游渗流出逸处,如果不满足反滤要求,均须设置反滤层。反滤层厚度与施工方法、坝体不均匀沉降变形、出逸渗透比降、反滤料自身特性和地震烈度等有关。

小浪底坝基、坝体的防渗结构比较复杂,需要设置反滤层的部位较多,如防渗体两侧、心墙下游覆盖层表面、下游坝壳与断层带和破碎带等接触面等渗流出逸处。根据被保护部位的重要程度,分别设置两层或一层反滤;就材料分区而言,分成2A、2B区和2C区三种。

(一)2A、2B 区

心墙下游和底部(指防渗墙下游部分)、F_1 断层与下游坝壳接触面渗流出逸处(见图 5-2-5),均设置 2A、2B 区两层反滤。2A 区粒径 0.1～20mm,2B 区粒径 5～60mm。

对于斜心墙下游和底部反滤,考虑与坝壳接触面附近往往会产生较大的不均匀变形,反滤料中轧制料中含的针、片状颗粒影响其质量,大坝设计地震烈度高等因素,为确保大坝安全,确定倾斜的 2A 区水平宽度为 6m, 2B 区为 4m;底部水平反滤,2A 区厚度 2.0m,2B 区厚度 1.0m。F_1 断层 2A、2B 区厚度均采用 1.0m。

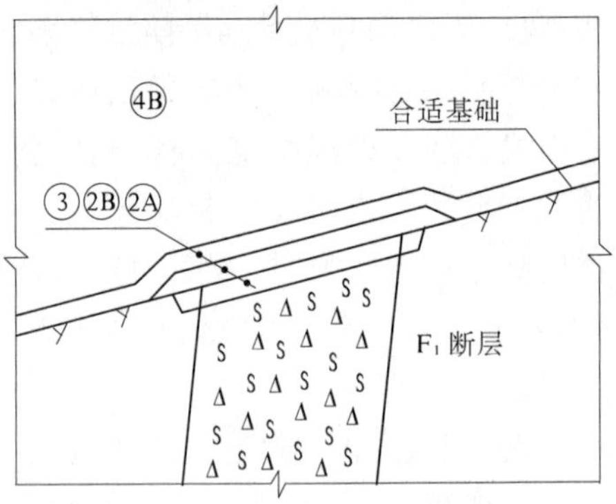

图 5-2-5 F_1 断层带反滤布置

(二)2C 区

2C 区反滤布置于斜心墙或心墙的上游侧、上游拦洪围堰斜墙下游侧、内铺盖两侧,以及河床部位心墙下游至坝轴线下 70m 范围的坝壳基础表面。

斜心墙的上游侧反滤,主要作用是在库水位骤降时,保护心墙。大量原型观测资料表明,水库水位骤降时靠近反滤层的防渗体内的渗透比降一般小于 1.0,而小浪底坝由于泥沙淤积阻渗作用,坡降会更小。因此,仅设 2C 区一层反滤,最小水平宽度为 4.0m。

上游拦洪围堰斜墙和内铺盖,在蓄水期渗流方向是自上游向下游或自外向内;库水位产生较大降落时,内铺盖会出现自下而上的渗流。因此,在围堰斜墙下游、内铺盖两侧均设一层最小水平宽度为 4.0m 的反滤。

河床砂砾石覆盖层含砂率一般小于 30%,允许渗透比降较小,仅 0.1。渗透计算分析表明,当防渗墙存在施工缺陷时,斜心墙后渗流出逸处平均渗透坡降将达 0.19～0.31,远大于砂卵石基础的允许渗透坡降。因此,为防止砂砾石产生渗透破坏,在斜心墙下游一定范围设置 1.0m 厚反滤。

另外,在其他渗流出逸处,也根据需要设置 2C 区反滤。如 10 区人工铺盖与围堰防渗墙连接段,围堰斜墙下游至主坝斜心墙的 F_1 断层顶面等处。

四、堆石区设计

(一)3 区

当防渗体与坝壳料之间的反滤层颗粒级配和厚度不能满足过渡要求时,就需要设置过渡层。过渡,包括刚度过渡、粒径过渡两个方面。按不同过渡要求,小浪底大坝在反滤料与坝壳间、坝壳堆石与岩基或砂砾石基础之间设置了 3 区过渡层。

斜心墙或心墙上、下游侧过渡层的作用有二:一是与反滤层共同协调坝壳堆石与斜心墙的不均匀变形;二是实现 2B 区与坝壳堆石之间的粒径过渡。其他部位的过渡层,主要作用是粒径过渡。

河床坝段 2B 区反滤层下游的 3 区过渡层,布置成从顶部向下逐渐加厚的形式;两岸坝段 2B 区反滤层下游的 3 区过渡层布置成等厚形式,水平宽度为 4.0m。

其他部位过渡层与反滤坡度保持一致。倾斜反滤与堆石之间过渡层,水平宽度为4.0m;水平反滤与堆石之间过渡层,厚度为1.0m。

根据2B区反滤料和坝壳堆石的颗粒级配情况、渗透试验和工程类比,3区过渡层料的级配为0.1~300mm。

(二)4A、4B、4C区

堆石是小浪底坝用量最大的填筑材料。4A、4B、4C区布置主要依据填筑部位、工作条件划分。4A区位于上游,常年处于水下或库水位变动区,对石料材质要求最高;4B区为下游坝壳底部水位变动区和坡面部位堆石,要求次之;4C区处于下游干燥区,对石料材质要求最低。

4A、4B区堆石要求具有较强的抗水、抗风化能力,主要采自石门沟料场的T_1^4岩组,岩性为硅质、钙硅质胶结砂岩,其中4A区要求软岩含量小于5%,4B区要求软岩含量小于10%。

4C区位于下游坝壳内部,是专门为利用除T_1^6以外的建筑物开挖石渣料而设置的,要求软岩含量小于20%,填筑范围根据可利用开挖料数量、坝坡稳定要求和下游最高水位等综合分析确定。河床部位,底面最低高程152.00m,高于下游最高水位;顶面高程240.00m,顶宽22.0m;上游与3区相连,下游坡1:1.5。纵向填筑范围,从桩号D0+217.50至桩号D0+937.34,总长为719.84m,底面高程沿线变化(见表5-2-2),两桩号之间底面高程渐变过渡。

表5-2-2　　4C区底面高程变化

桩号	D0+217.50	0+232.5	0+247.50	0+320.00~0+693.74	0+727.34	0+797.34	0+832.34	0+867.34	D0+937.34
高程(m)	235.00	204.00	168.00	152.00	180.00	200.00	205.00	210.00	230.00

(三)8区

8区为石渣压戗。河床部位为防止河床砂砾石液化和下游坝坡稳定要求而设;两岸根据坝体沿泥化夹层的深层滑动稳定要求而设。

8区料可以是任何岩组堆石料,主要采用建筑物开挖料。一般来说,8区主要起压戗作用,所以对软岩含量不严格限制。但为保证其达到一定强度(要求内摩擦角达到30°),因此控制其含泥量不大于10%。

河床坝段盖重高度和长度,按动力计算和工程经验综合分析确定。盖重顶高程155.00m,长80.0m,总厚度为25.0~30.0m;142.00m高程以下用4B料填筑,以利排水。两岸坝段压戗的填筑高程、范围等均由稳定计算确定。

五、护坡设计

坝表面为土、砂、砂砾石等材料时,一般都要设专门护坡。而堆石坝则可利用堆石中粒径较大的石块作为护坡。堆石坝广泛采用堆石或抛石护坡，即在堆石填筑面上，将超径大块石用推土机或抓石机置于上游坡面，或者用超径石抛填于坡面，这样护坡适合于机械化施工，能做到既快又省，而且保证安全。护坡料应选用新鲜、坚硬、抗风化能力强的块石。

小浪底大坝上、下游均采用堆石护坡，上游护坡为6A区，厚2.0m；下游护坡为6B区，厚1.0m。上游拦洪围堰护坡为7区，由两层组成，内侧为3区料，外侧迎水面为7区堆石，内、外两层厚度分别为0.30m和0.50m。护坡料均来自石门沟料场T_1^4岩组。

6A区级配根据风浪计算和工程类比确定，要求粒径大于700mm的颗粒含量大于50%，粒径小于400mm的颗粒含量不大于10%。对6B区，要求粒径大于500mm的颗粒含量大于50%，粒径小于80mm的颗粒含量不大于10%。7区护坡是临时性的，水库运用后将位于淤积面以下，要求最大粒径500mm，大于400mm的颗粒含量不小于50%，小于100mm的颗粒含量不大于10%。

六、细部结构设计

（一）坝顶构造

坝顶上游侧设有钢筋混凝土防浪墙，墙底与斜心墙顶相接，墙顶高于坝顶1.20m。沿轴线方向每10.00m设一伸缩缝。防浪墙下游侧设有电缆沟。

由于坝较高，且坝区将建成旅游风景区，考虑安全和美观等，在坝顶下游侧和上坝步梯两侧设了栏杆。

根据坝址区气候条件，斜心墙顶以上结合坝顶道路设保护层厚度为1.0m。考虑竣工时坝体沉降尚未完成，坝顶路面采用柔性材料铺筑。

防浪墙采用C15混凝土，钢筋为Ⅰ级。经抗滑、抗倾覆计算，安全系数均满足要求。

（二）上坝步梯

河床段大坝下游坡，在桩号D0+322.00、D0+567.00（中心线）处各设一道2.5m宽上坝步梯。考虑坝体沉降变形，步梯由混凝土预制块组成。

（三）坝后渗水排放

为防止尾水回淤，影响坝基、坝体的渗水正常排放，竣工后不拆除下游围堰，这样一来，下游围堰就必须达到既可施工期挡水、竣工后又可以向下游排水的功能。为达到以上功能，下游围堰采用斜墙防渗，在围堰中部设置50m宽透水料区，待大坝填筑到一定高程时，将围堰透水料区范围防渗土料挖除，即可通过透水料区排水。水库运用以来，效果良好。

第三节　左岸山体加固处理设计

一、地形地质情况

小浪底左坝肩为一南北山梁，长约2km。其中岸边500m，受上游风雨沟，下游翁沟、西沟和葱沟等的切割，山体相对比较单薄，由于岩层倾向下游，山体上部岩层中还存在多层连续性较好的缓倾角泥化夹层，水库蓄水后，夹泥层性状会随之变化，在水压力及地震力作用下，山体上部存在稳定问题，为此需进行加固处理。

控制左岸山体稳定的主要是 T_1^5 岩层内的泥化夹层。地质勘探查明，该岩层内共有17层泥化夹层，倾角一般为12°～14°，其中有些夹层的连续性较好，一般连续长度达200～400m，夹泥层综合摩擦系数 $f=0.23\sim0.29$，凝聚力 $C=4.9$kPa。在下游坡和坡脚，夹泥层或临空出露、或埋深较浅，对山体上部的稳定十分不利。三条近于平行的断层 F_{236}、F_{238}、F_{240} 横切山体，破坏了山体的整体性。

另据地质调查，山体下游坡浅表层岩体已发生过蠕滑和倾倒变形，水库蓄水后，水文地质条件改变，特别是当遭遇地震时，山体稳定问题将更为突出。

二、加固设计标准

受地形、地质条件限制，小浪底枢纽所有泄水、引水、发电及灌溉建筑物都集中布置在左岸单薄山体。这些建筑物包括3条孔板泄洪洞、3条明流泄洪洞、3条排砂洞、6条发电洞和地下厂房、1条灌溉洞和1条正常溢洪道等。因此，左岸山体稳定直接关系枢纽的正常运行，对于整个工程的安全至关重要。

鉴于左岸山体在工程中的重要地位，并作为大坝的延伸，其加固设计标准同大坝1级建筑物，设计地震烈度为Ⅷ度。

三、加固处理设计

缓倾角泥化夹层是控制左岸山体稳定的内在因素，而水库蓄水则是加强这种控制作用的外在因素。水库蓄水对左岸山体稳定有两个不利作用：一是水压力使下滑力增加，二是浸润线抬高使夹泥层长期浸水，抗剪强度降低。在这两种作用中，前者基本无法改变，采取措施将后者的不利作用降至最低，成为必然和最有效的选择，而“上拦、下排”是最为有效的方法。

当仅采取拦、排措施不能满足稳定要求时，就需要附加一些其他工程措施，常用的如压戗、抗滑桩和预应力锚索或其综合措施等。左岸山体泥化夹层埋藏较浅，在下游沟谷断脚，具备采用压戗、抗滑桩和预应力锚索加固的条件。各建筑物岩石开挖量约2 450万 m^3，其中除部分材质较好的石料用于坝体填筑外，其余石渣可用做石渣压戗。

基于以上考虑，结合左岸山体地形、地质条件和建筑物布置特点，曾研究过多种加固处理方案，具有代表性的有以下五种：

（1）沿山梁设置灌浆帷幕与排水，下游坡采用石渣压戗。

（2）沿山梁设置灌浆帷幕与排水，不足者用混凝土齿槽或混凝土压戗。

（3）混凝土面板包山方案，即上游坡设混凝土面板，其下设反滤、排水层，在面板底座布置灌浆帷幕，其下游设排水隧洞，下游坡采用石渣压戗或预应力锚索。

（4）沿山梁设灌浆帷幕和排水，下游坡设混凝土抗滑桩或键。

（5）沿山梁设灌浆帷幕和排水，局部稳定性不足，设置预应力锚索。

稳定分析表明，采取灌浆、排水和压戗措施后，稳定安全系数与要求值相差已很小，若采用钢筋混凝土抗滑桩作为补充，仍需3m×5m截面、深30.00m混凝土抗滑桩100多根，工程量和施工难度均较大。

泥化夹层的性状、连续率和抗剪强度，对处理方案和工程量影响重大，要特别慎重对待。在深入细致的地质调查和大量试验的基础上，考虑夹泥层空间分布、类型、连续率、厚度以及构造特点等，对各夹泥层分别给定抗剪强度指标，并组织国内、外专家进行了多次论证。按最终确定的指标设计的压戗高程，由初设阶段的262.00m降至245.00m，其中正常溢洪道至F_{238}断层之间，压戗工程量节省了约49%。

根据以上研究，帷幕+排水+石渣压戗方案相对较为经济，作为最终推荐方案。

四、左岸山体稳定分析

（一）计算假定

试验表明，泥化夹层与石渣抗体的破坏是不同步的。在剪切试验中，泥化夹层破坏时的峰值位移为2~3mm，而压戗的峰值位移达10~15mm，是夹泥的5倍。以上试验结果说明二者相互作用时，变形是不协调的。

考虑山体与石渣压戗的变形协调问题，同时考虑表层岩石风化程度对变形特性的影响，对石渣压戗和岩石作如下假定。

1. *夹泥层断脚情况*

如图5-3-1所示，对于夹泥层断脚的情况，当沿断脚夹泥层滑动的山体从石渣压戗滑出时，仅考虑石渣压戗滑动面以上的主动土压力作用。

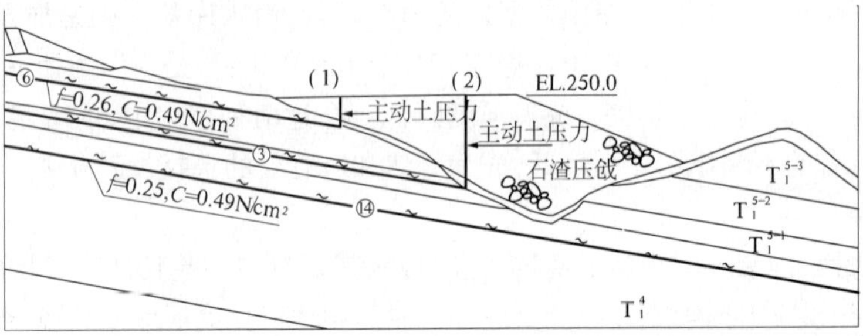

图5-3-1 夹泥层断脚滑出段石渣压戗抗力假定示意图

通过这种假定，在夹泥没有发生滑动破坏前，石渣压戗能提供有效的抗力，从而提高山体的稳定性。

2. *夹泥层不断脚的情况*

对于夹泥层不断脚的情况（见图5-3-2），考虑岩层风化对其变形特性的影响，按夹泥层埋藏深度不同分别给出不同的假定：

（1）当滑出点处夹泥层的埋深小于等于15.00m时，将滑出段岩体视为散粒体，假定提供的阻滑力同夹泥断脚情况，见图5-3-2（a）。

（2）当滑出点处夹泥层的埋深大于15.00m时，仅计滑出段岩体的剪摩强度提供的抗力，不计石渣压戗提供的主动土压力，见图5-3-2（b）。

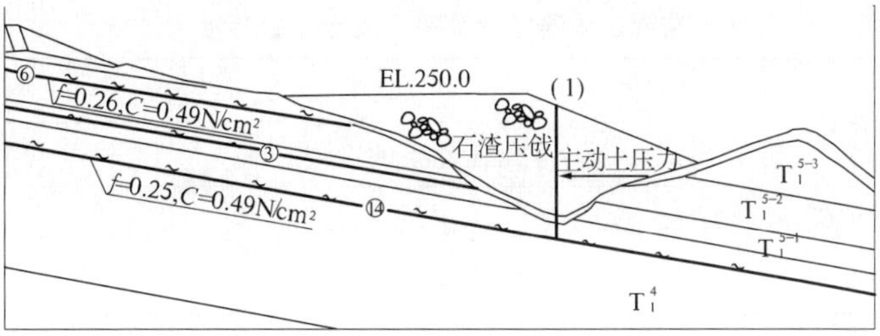

(a)

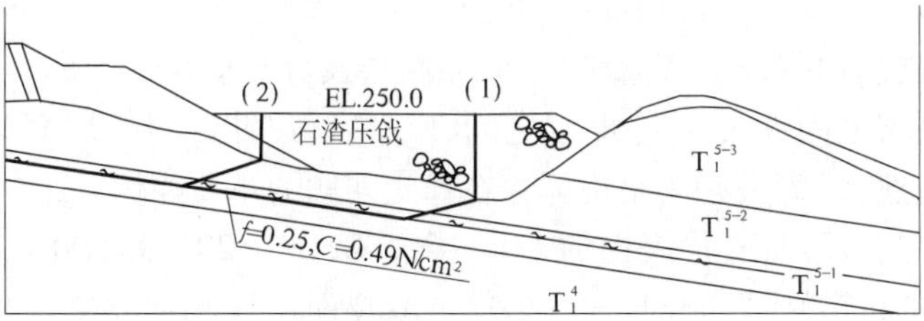

(b)

图 5-3-2　夹泥层不断脚滑出段抗力假定示意图

(二)计算方法及安全系数标准

1. 计算方法

按照上述假定及滑动面位置不同,采用了两种计算方法:

(1)当滑动面不通过上部坝体,仅沿夹泥滑动,滑动面从石渣压戗中滑出时,采用推力传递法。

(2)当滑动面同时通过上部坝体和夹泥层滑动,滑动面从石渣压戗中滑出时,采用摩根斯坦-普赖斯法。

2. 安全系数标准

采用摩根斯坦-普赖斯法计算时,仍采用《碾压式土石坝设计规范》(SDJ218—84)规定的安全系数标准。

推力传递法是计算山体稳定常用的计算方法之一。但由于滑动面还通过山体下游沟谷内填筑的石渣压戗,其材料为散粒体,所以此处计算既不同于土石坝深层滑动稳定,也不同于纯粹的山体或混凝土重力坝的深层滑动稳定,其安全系数标准值介于两者之间,参照《水利水电枢纽工程等级划分及设计标准》(SDJ12—78)中规定的安全系数标准(见表 5-3-1,1 级建筑物)。采用上述两种方法计算时,确定的安全系数标准见表 5-3-2。

表 5-3-1　　重力坝和土石坝安全系数标准

荷载组合	重力坝	土石坝	
		简化法	严格法
基本组合	1.10	1.3	1.5
特殊组合 I	1.05	1.2	1.3

表 5-3-2　　左岸山体稳定计算采用安全系数标准

计算方法	安全系数	
	正常工作条件	非常工作条件
摩根斯坦－普赖斯法	1.5	1.3
推力传递法	1.3	1.1

（三）稳定分析

左岸山体稳定分析的范围为 D0＋000 至正常溢洪道，长约 400.00m。此段山体的特点是，上、下游被支沟切割，F_{236}、F_{238} 和 F_{240} 三条断层及分支横穿过山体。为此，分为 F_{236} 以南段、F_{236}～F_{238} 断层之间、F_{238}～F_{240} 断层之间、F_{240} 断层以北四段。埋藏较浅、分布连续的泥化夹层，倾角一般为 12°～14°，是山体存在稳定问题的主要原因。

根据以上情况，选取具有代表性的 D0－029.00、D0－201.00、D0－310.00 断面进行计算。各种材料的抗剪强度指标见表 5-1-13。滑裂面位置和泥化夹层位置见图 5-3-3～图 5-3-5，计算结果见表 5-3-3。

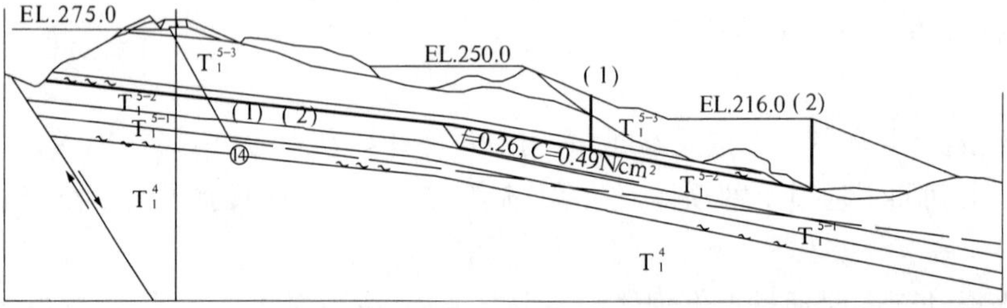

图 5-3-3　D0－029.00 断面下游坡滑裂面位置示意图

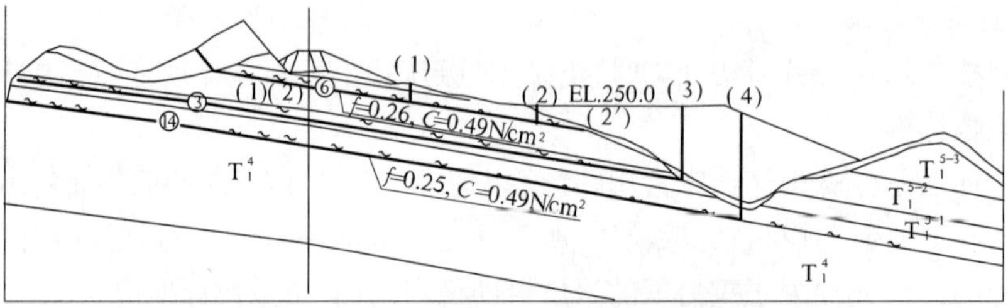

图 5-3-4　D0－0201.00 断面下游坡滑裂面位置示意图

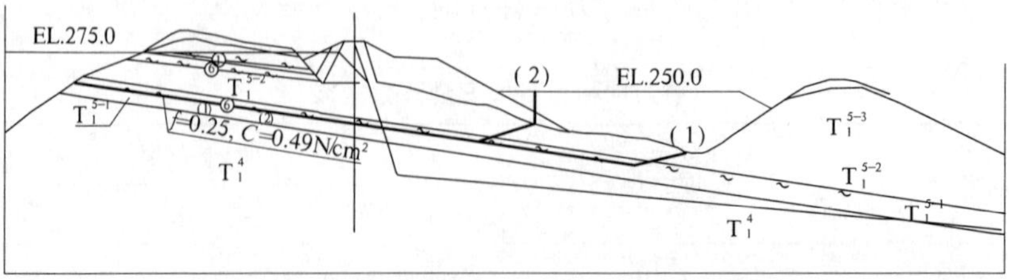

图 5-3-5　D0－310.00 断面下游坡滑裂面位置示意图

表 5-3-3　　　　左岸山体稳定计算结果

计算方法及计算断面	计算工况	滑裂面编号	设计地震烈度	设计要求安全系数	计算安全系数	备注
推力传递法 D0 - 029.00	建库前	(2)	0	1.3	1.47	
			Ⅷ	1.1	1.02	
	上游水位 275m	(2)	0	1.3	1.44	无压坡
			Ⅷ	1.1	1.01	
		(1)	0	1.3	1.69	压坡高程 216.00m
			Ⅷ	1.1	1.13	
		(2)	0	1.3	1.64	
			Ⅷ	1.1	1.11	
推力传递法 D0 - 201.00	建库前	(2)	0	1.3	1.66	
			Ⅷ	1.1	1.27	
		(3)	0	1.3	1.65	
			Ⅷ	1.1	1.25	
		(4)	0	1.3	1.53	
			Ⅷ	1.1	1.17	
	上游水位 275.00m	(2)	0	1.3	1.48	无压坡
			Ⅷ	1.1	1.14	
		(3)	0	1.3	1.49	
			Ⅷ	1.1	1.12	
		(4)	0	1.3	1.34	
			Ⅷ	1.1	1.01	
		(1)	0	1.3	1.46	压坡高程 250m
			Ⅷ	1.1	1.11	
		(2)	0	1.3	1.57	
			Ⅷ	1.1	1.19	
		(3)	0	1.3	1.68	
			Ⅷ	1.1	1.23	
		(4)	0	1.3	1.50	
			Ⅷ	1.1	1.11	
摩根斯坦 - 普赖斯法 D0 - 310.00	建库前	(1)	0	1.5	2.03	
			Ⅷ	1.3	1.4	
	上游水位 275.00m	(1)	0	1.5	1.57	无压坡
			Ⅷ	1.3	1.10	
		(2)	0	1.5	2.28	压坡高程 250m
			Ⅷ	1.3	1.51	

从以上稳定计算结果还可看出：

(1)建库前，没有地震时，山体的稳定安全系数都能达到设计要求值，说明建库前不考虑地震时左岸山体是稳定的。8 度地震时,其安全系数大多可达到设计要求值,虽有一断面不能满足设计要求的安全系数标准,但其值均大于 1,也具有一定的安全度。

(2)建库后的稳定。水库蓄水后,在库水推力和地震作用下,上部山体的下游坡存在稳定问题。由表 5-3-3 中的计算可看出,没有采取工程措施以前,所有断面均未达到设计要求的安全系数标准。在采用石渣压坡处理后,在压坡高程分别为 250.00m 和 216.00m 时,所有断面均可满足稳定要求。

稳定计算中,未考虑山体之间的整体作用,也未考虑沟与沟之间山梁的支撑作用,计算结果偏于安全。鉴于沿泥化夹层滑动与石渣变形不协调,稳定计算中仅考虑石渣压戗重量或主动土压力的假定,计算结果也是偏于安全的。

综上所述,经石渣压戗加固后的左岸山体是稳定的。

但还应注意到,水库蓄水运用后,将改变山体的水文地质条件,使岩体和泥化夹层性状产生变化,对山体稳定是不利的。在今后的工程运行中应加强监测,密切注意左岸山体的地下水条件变化,并根据变化情况分析左岸山体的稳定性状。

第四节　三维渗流计算

小浪底枢纽水文地质条件及建筑物布置复杂,不同设计阶段,针对工程设计中的某一具体部位,如天然淤积铺盖防渗性能、右岸承压水、帷幕和排水效果问题等,针对不同问题进行了多次二维、三维渗流计算分析。

1995 年渗流控制设计方案确定后,为全面了解小浪底枢纽区渗流场特征,验证渗流控制设计方案效果,在总结以往研究成果的基础上,进行了整体三维渗流分析。其中,考虑上游围堰较高、基础多种防渗措施、基坑使用期长等特点,对上游围堰单独进行了计算。

一、上游围堰三维渗流计算

(一)计算假定和计算参数

对上游围堰,渗流计算的主要研究对象为砂卵石覆盖层的渗透稳定问题。鉴于风化基岩、新鲜基岩、堰体防渗土料和混凝土防渗墙的透水性比河床砂卵石覆盖层小数百倍以上,为简化计算,假定它们均为不透水介质。渗流计算参数见表 5-4-1。

表 5-4-1　　上游围堰渗流计算参数

介质名称	渗透系数(m/d)		介质名称	渗透系数(m/d)	
	试验值	计算采用值		试验值	计算采用值
风化基岩	0.3	不透水	铺盖	0.086 4	0.086 4
新鲜基岩	0.03	不透水	表层分细砂	1	1
堰体防渗料	0.000 086 4	不透水	上部砂砾石	100 ~ 140	120
堰体堆石	86.4	86.4	细砂	3 ~ 5	4
混凝土防渗墙	0.000 008 64	不透水	下部砂砾石	75 ~ 100	87.5

（二）计算工况

（1）枯水围堰（堰顶 152.5m 高程）竣工期，上游水位 150.0m，下游基坑水位 125.0m。

（2）拦洪围堰（堰顶 185.0m 高程）竣工期，上游水位 177.3m，下游基坑水位 125.00m。

（三）计算成果

1. 渗流形态

图 5-4-1～图 5-4-4 为枯水围堰、拦洪围堰竣工期两种工况下的地下水自由面等高线和承压面等水头线分布图。从图中可看出，地下水自由面等势线和承压面等势线集中分布在防渗墙右侧敞口段及其附近的上下游区。同时，渗透水流从上游流向下游时，经历了一个由有压过渡到无压的过程。形成这种形态的渗流场的原因是，上游的入渗水流受到混凝土防渗墙的阻渗，只能从敞口段流向下游。枯水围堰和拦洪围堰的有压与无压分界点分别在混凝土防渗墙上游面桩号 D0＋408.0 和 D0＋472.0 处。由于拦洪围堰上游水位高，故其有压渗流区的范围较枯水围堰大。

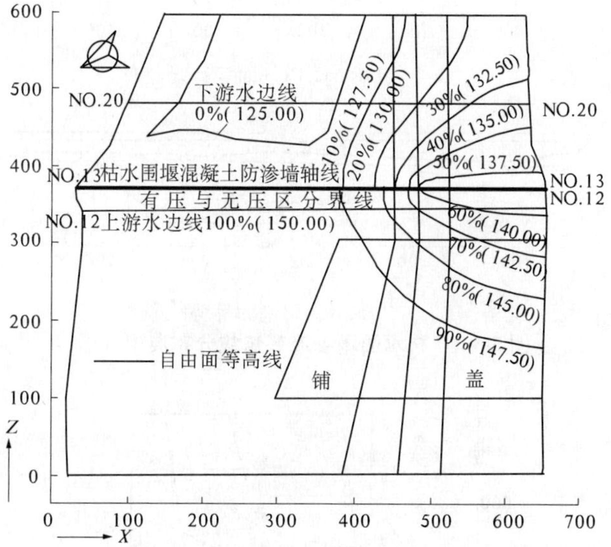

图 5-4-1　枯水围堰渗流等势线分布平面

2. 渗透坡降

图 5-4-5、图 5-4-6 为枯水围堰和拦洪围堰渗透坡降等值线图。从图中可看出，在混凝土防渗墙右端及其附近地区，渗透坡降较大。最大值在混凝土防渗墙端部，枯水围堰和拦洪围堰分别为 0.361 和 0.747。随着距混凝土防渗墙右端距离的增大，渗透坡降逐渐减小。在基坑的西南部又有所增大，拦洪围堰较为明显，最大值达 0.105。表 5-4-2 是两种工况下基坑周边的出渗坡降。

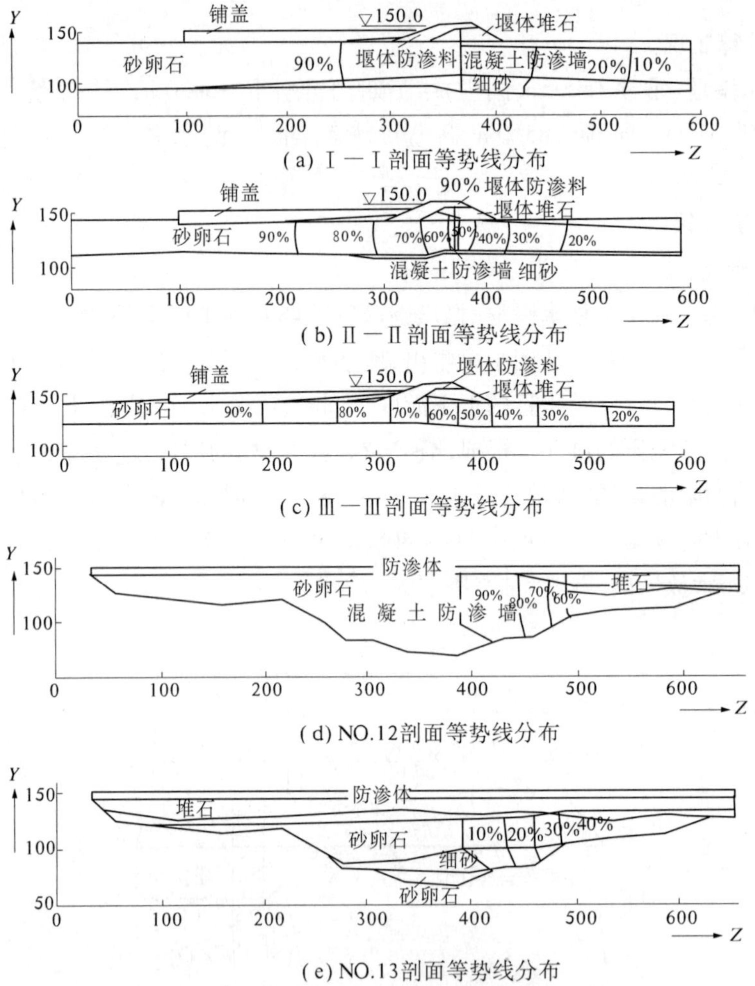

图 5-4-2　枯水围堰渗流等势线分布典型剖面

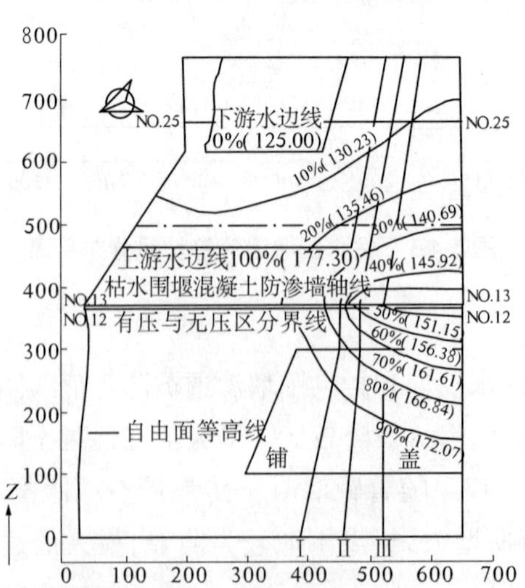

图 5-4-3　拦洪围堰等势线分布平面

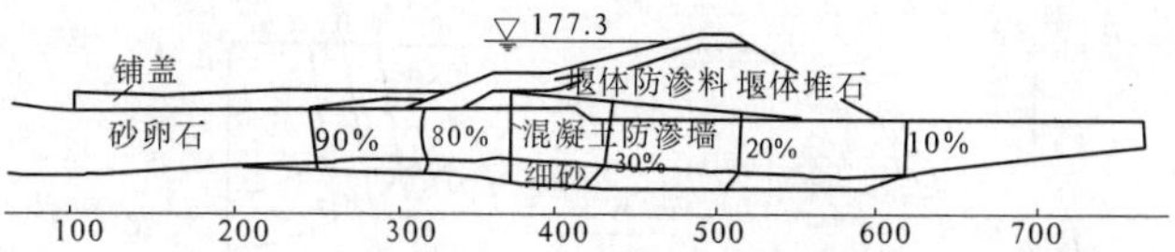

(a) Ⅰ—Ⅰ剖面等势线分布

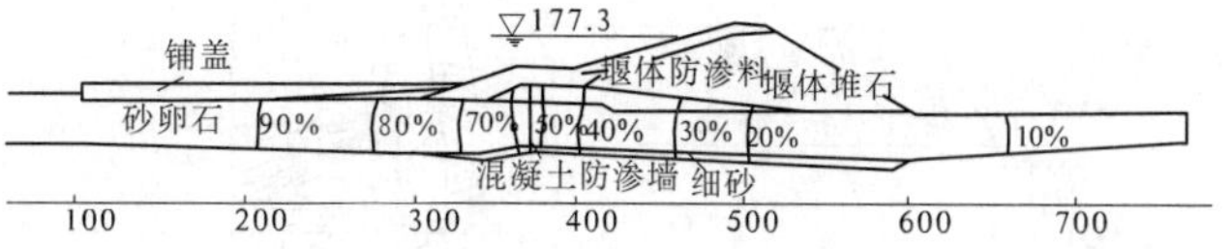

(b) Ⅱ—Ⅱ剖面等势线分布

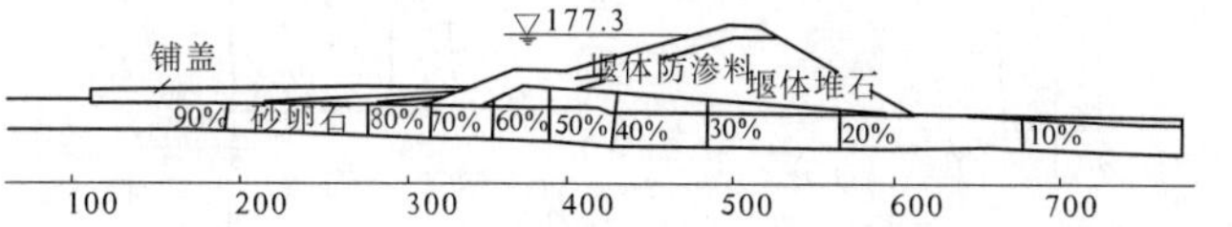

(c) Ⅲ—Ⅲ剖面等势线分布

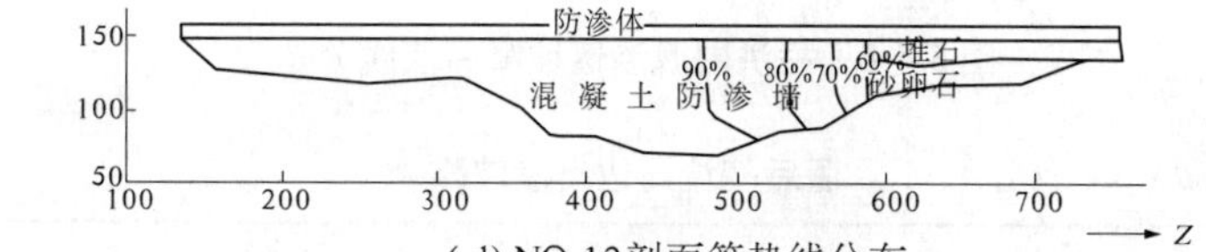

(d) NO.12剖面等势线分布

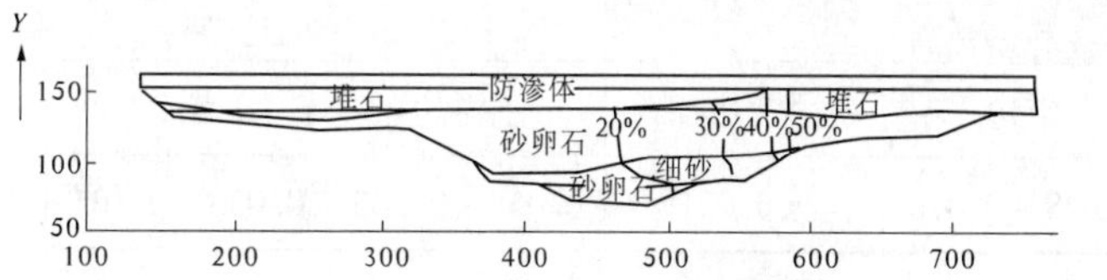

(e) NO.13剖面等势线分布

图 5-4-4　拦洪围堰渗流等势线分布典型剖面

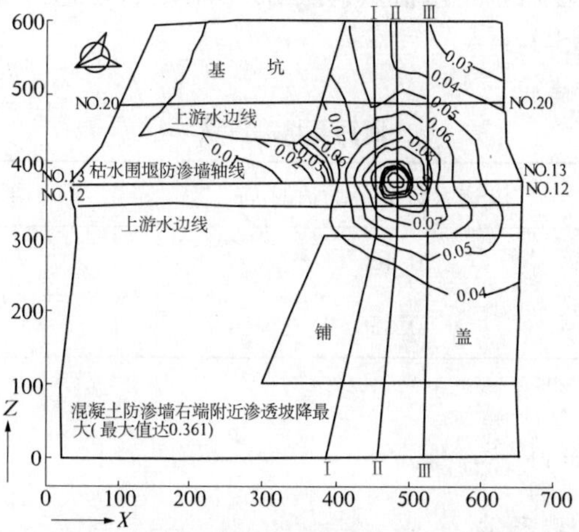

图 5-4-5　枯水围堰渗透坡降等值线分布

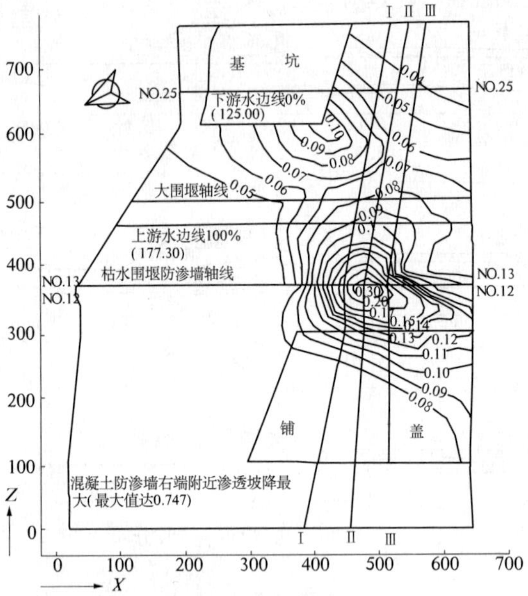

图 5-4-6 拦洪围堰渗透坡降等值线分布

表 5-4-2 **堰后基坑周边出渗坡降**

枯水围堰			拦洪围堰		
上游边	南边	北边	上游边	南边	北边
0.007~0.076	0.048~0.076	<0.001	0.056~0.105	0.033~0.105	<0.001~0.041

3. 基坑渗流量

枯水围堰和拦洪围堰后基坑渗流量，分别按覆盖层各层渗透系数平均值和大值进行了计算。计算结果见表5-4-3。

表 5-4-3 **堰后基坑渗流量** (单位：m^3/s)

工况	渗透系数为平均值时	渗透系数为大值时
枯水围堰	0.466	0.528
拦洪围堰	0.856	0.977

二、枢纽三维渗流计算

(一)计算模型和边界条件

1. 模型规划

枢纽区的地质条件、建筑物布置及渗流控制措施均比较复杂，根据坝区的地质构造、岩层渗透特征和主要建筑物布置，利用 F_{461}、F_{236} 和 F_{28} 断层在垂直断层方向的不透水特点，将 F_{461} 断层作为坝区渗流场的北部边界，南部边界取距右坝端约 400m 处；左岸以 F_{28} 断层为上游边界，以桥沟河为下游边界；河床段及右岸，上游考虑天然淤积作用，边界取上游坝脚以上 1 100m，下游取至桥沟口处。渗流场下部以相对不透水层为底部边界。

以 F_{236} 为界，将上述渗流场分为南、北两区进行渗流计算，并假定两区之间无水力联系。

2. 特殊工程部位的模拟

假定 F_1 断层带宽度 4m，垂直断层方向不透水，两侧破碎带各宽 10m，渗透系数取 10m/d，计算深度取 100m。

为研究防渗墙局部质量较差情况下的渗流状态，假定了局部渗透性加大和开叉（缝宽 15cm），渗透系数 10^{-4}cm/s。防渗墙开叉以裂缝单元模拟，假定裂缝单元为等厚的面单元。

假定天然铺盖顶部高程 200m，长度从上游坝脚起按 1 000m 计。

排水幕采用以沟代井的方法模拟，令进入沟的单宽流量与进入井列系统的平均单宽流量相等。

（二）计算参数和计算工况

坝区各部位材料渗透系数见表 5-4-4。

为全面了解坝区渗流场分布情况及各种因素对渗流影响，进行了库水位 275.00m、下游水位 141.50m，有、无天然铺盖和混凝土防渗墙质量好与局部有缺陷四种工况的计算。

（三）计算成果

1. 渗流形态

图 5-4-7 ~ 图 5-4-17 为有天然铺盖时，坝区等水位分布平面和各典型部位的等水位分布剖面图。

表 5-4-4　坝区各种材料渗透系数

部位	区域	渗透系数(m/d)	部位	区域	渗透系数(m/d)
P_2^4	左岸	0.01	P_2^{3-3}	右岸	0.021 5
T_1^{1-2}		0.03	P_2^{3-4}		0.226
T_1^{3-1}		0.10	P_2^{3-5}		0.093 5
T_1^{3-2}		0.01	P_2^{3-6}		0.34
T_1^4		0.30	P_2^4		0.21
T_1^5		0.053	F_{230}以南	右岸	0.02
T_1^6		0.01	F_{230}断层	右岸	0.003
F_{28}影响带		1.00	堆石坝壳	大坝	86.40

续表 5-4-4

部位	区域	渗透系数(m/d)	部位	区域	渗透系数(m/d)
P_2^{3-6}	河床	0.229 6	覆盖层	河床	36.4
P_2^4		0.14	壤土防渗体	大坝	0.000 086 4
T_1^1		0.227 5	混凝土防渗墙		0.000 008 64
T_1^2		0.30	围堰防渗体	围堰	0.000 864
T_1^{3-2}		0.18	内铺盖		0.000 864
P_2^1	右岸	0.003	天然铺盖	河床	0.008 64
P_2^{2-1}		0.174 8	灌浆帷幕	$K^*>0.3$	0.03
P_2^{2-2}		0.014 8	灌浆帷幕	$K^*=0.3\sim0.03$	0.01
P_2^{2-3}		0.071 4	F_1 断层	河床	0
P_2^{3-1}		0.012 8	F_1 断层破碎带	高程 30m 以上	10.00
P_2^{3-2}		0.111 3	F_1 断层破碎带	高程 30m 以下	0.01

注:K^* 为基岩渗透系数,单位为 m/d。

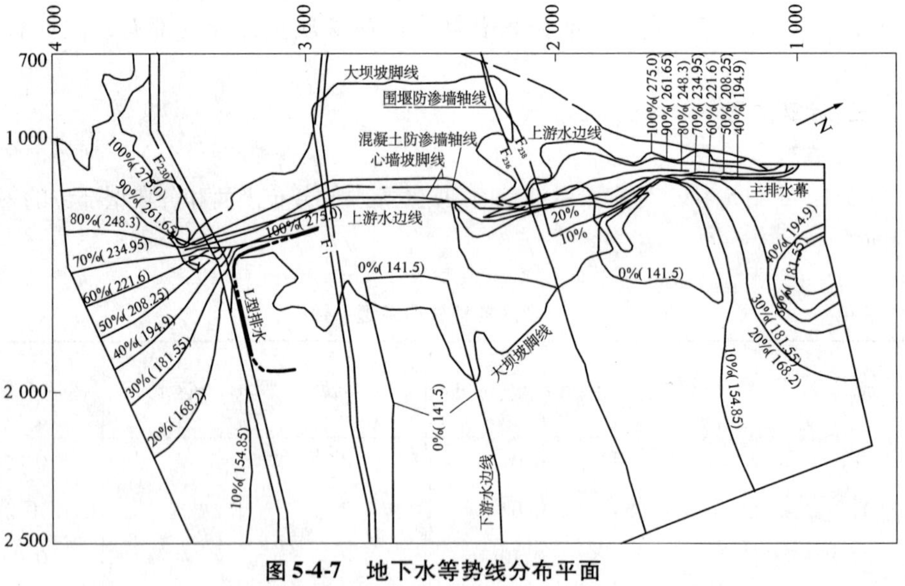

图 5-4-7 地下水等势线分布平面

2. 混凝土防渗墙防渗效果分析

1)渗透坡降

考虑天然铺盖,防渗墙完好时墙身承受的渗透坡降为 84.11 ~ 87.55,防渗墙局部质量较差时墙身承受的渗透坡降为 81.77 ~ 86.11。

不考虑天然铺盖,防渗墙完好时墙身承受的渗透坡降为 96.34 ~ 99.79,防渗墙局部

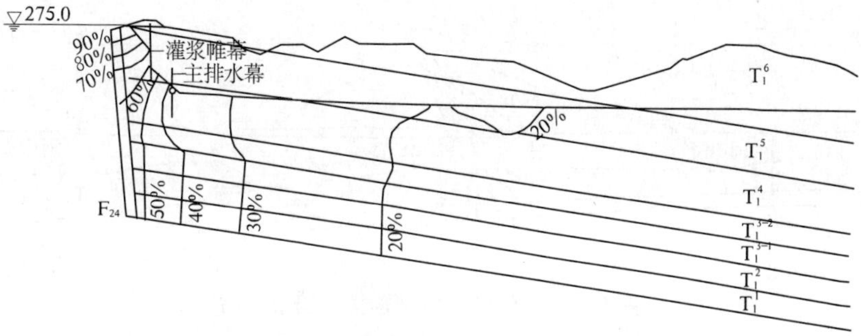

图 5-4-8　左岸山体典型剖面等势线分布

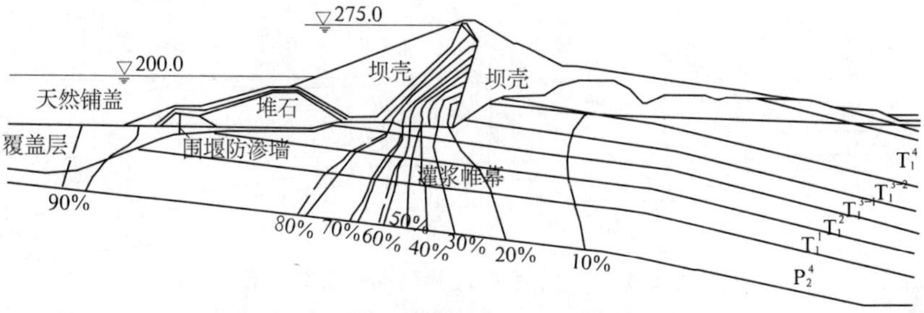

图 5-4-9　混凝土防渗墙左端剖面等势线分布

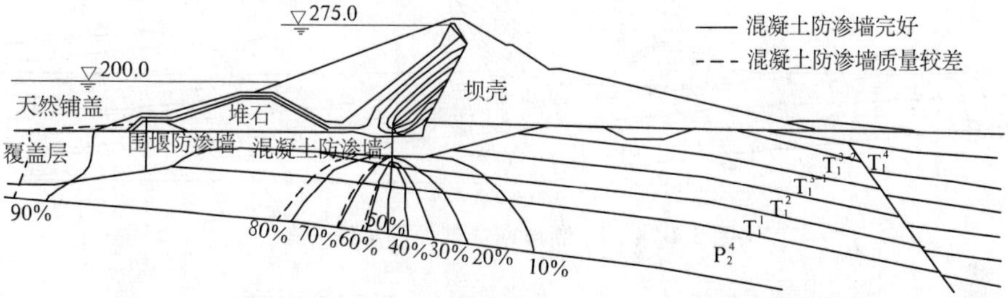

图 5-4-10　河床段混凝土防渗墙左侧伸入心墙 20m 部位等势线分布

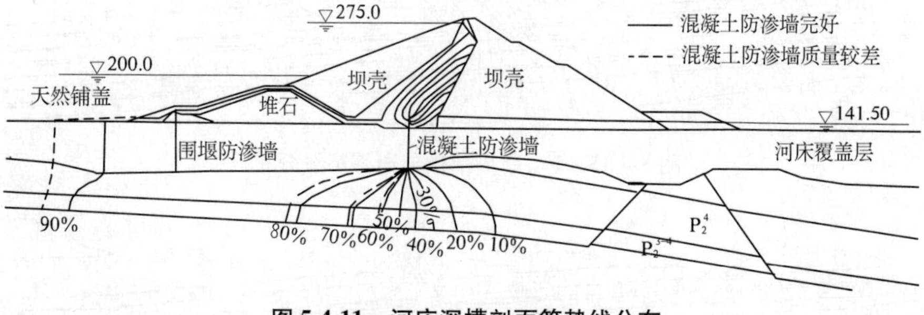

图 5-4-11　河床深槽剖面等势线分布

质量较差时墙身承受的渗透坡降为 95. 12 ~ 98. 90。

防渗墙顶部插入心墙 12m，渗径 25. 2m。考虑天然铺盖，防渗墙质量完好时平均接触渗透坡降为 4. 01 ~ 4. 17，防渗墙质量较差时平均接触渗透坡降为 3. 92 ~ 4. 10。

不考虑天然铺盖，防渗墙质量完好时平均接触渗透坡降为 4. 60 ~ 4. 75，防渗墙质量较差时平均接触渗透坡降为 4. 53 ~ 4. 71。

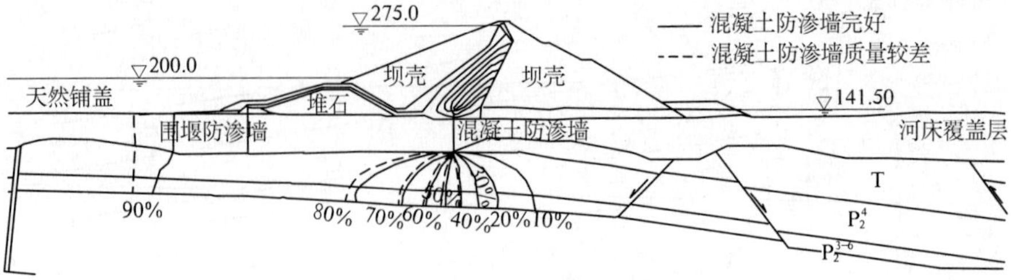

图 5-4-12　河床段中部剖面等势线分布

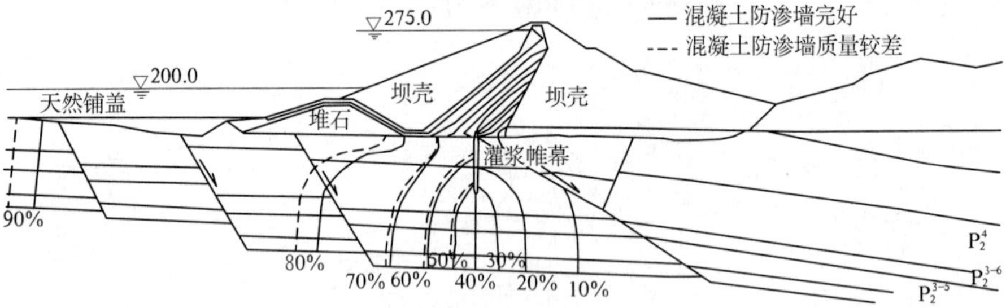

图 5-4-13　F_1 断层北侧剖面等势线分布

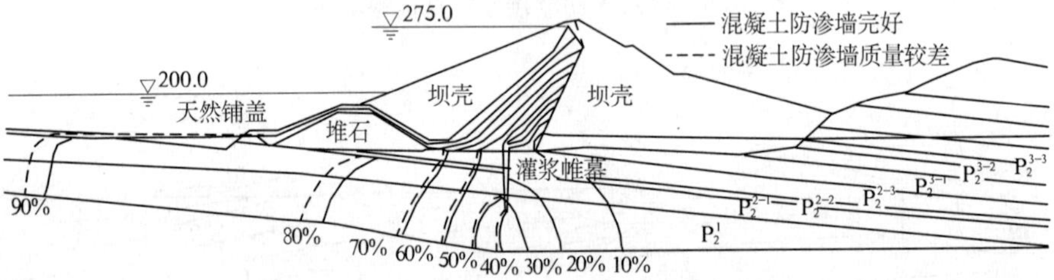

图 5-4-14　F_1 断层南侧剖面等势线分布

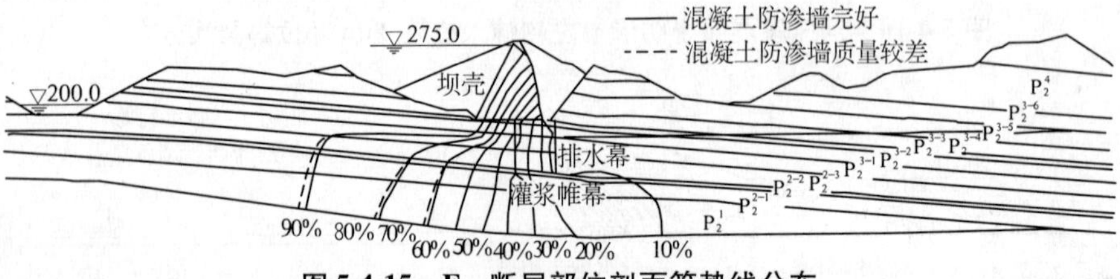

图 5-4-15　F_{231} 断层部位剖面等势线分布

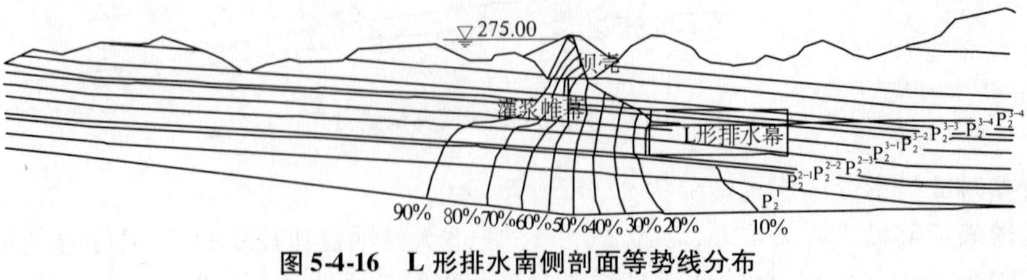

图 5-4-16　L 形排水南侧剖面等势线分布

接触渗透坡降沿程变化较大，见表 5-4-5，表中各区段位置见图 5-4-18。

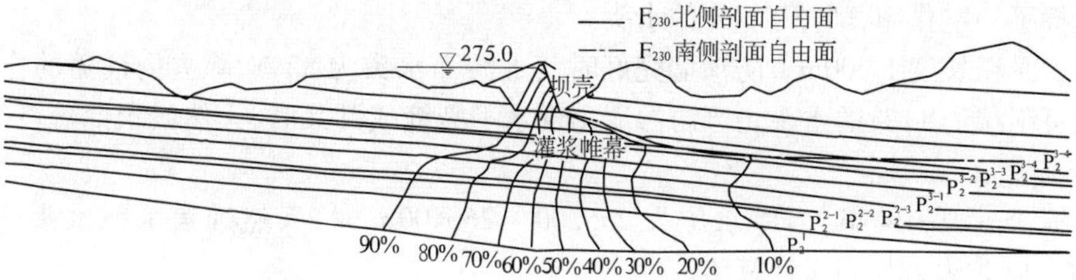

图 5-4-17　F_{230} 断层部位剖面等势线分布

表 5-4-5　防渗墙顶部插入心墙接触渗透坡降沿程分布

区段	水头（m）	距离（m）	坡降 J	比值 $J/J_{平均}$	区段	水头（m）	距离（m）	坡降 J	比值 $J/J_{平均}$
F	7.61	1.2	6.34	1.49	G	10.14	2.4	4.34	1.02
E	4.41	2.4	1.84	0.43	H	9.21	2.4	3.84	0.90
D	4.67	2.4	1.95	0.46	I	10.01	2.4	4.17	0.98
C	5.74	2.4	2.39	0.56	J	13.22	2.4	5.11	1.30
B	8.14	2.4	3.39	0.80	K	20.96	2.4	8.73	2.05
A	12.68	2.4	5.28	1.24					

注：总渗径 $L=25.2$m，总水头为 107.07m，$J_{平均}=4.25$。

防渗墙两端不仅有顶部绕渗，还有侧向绕渗，渗流形态较为复杂。因此，防渗墙左、右两端各伸入心墙 20m。计算表明，左、右两端的平均接触渗透坡降分别为 2.55 和 2.45，远小于其允许值。

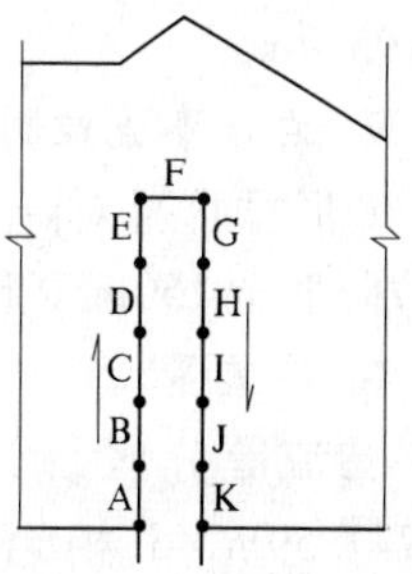

图 5-4-18　区段位置

2）防渗效果

计算表明，考虑天然铺盖作用，墙后剩余水头仅 4.0%～5.5%；不考虑天然铺盖，墙后剩余水头不大于 6.0%。

当防渗墙局部渗透系数达不到设计标准时，有天然铺盖防渗墙后的水头仅增高 0.35～1.4m，河床区的渗流量增大约 1 200m^3/d，覆盖层内的渗透坡降基本上没有变化。

当防渗墙局部开叉时，尽管宽度仅 15cm，但缝周围位势发生较大变化，开叉缝隙平均渗透坡降达 81.77，墙后水头增加 1.42m，墙后水力坡降未明显增大。

由上述结果可以看出，若防渗墙局部开叉（或裂缝），当宽度在 15cm 左右时，对墙后渗透坡降影响不大，如宽度较大、深度较浅，将有可能影响砂卵石基础的渗透稳定。

水库于 1999 年 10 月 25 日下闸蓄水，运用 6 年多来，达到的最高库水位为 265.69m，距正常蓄水位仅 9.31m。埋设于防渗墙上、下游侧的渗压计观测结果表明，防渗墙承受的渗透坡降为 57.9～83.87，小于设计坡降 92；墙下游砂砾石覆盖层内渗透比降为 0.002～0.055，小于其允许比降 0.10。以上充分说明防渗墙防渗效果显著。

3. 铺盖的防渗效果

如不考虑天然淤积铺盖，防渗墙完好时其上游水头约为 93%，说明内铺盖及上游防渗墙发挥了一定作用，削减了7%的水头。

考虑淤积长度1 000m。防渗墙完好时其上游面水头为82%，除去内铺盖的作用，天然铺盖可削减约11%的水头。当防渗墙出现水平裂缝或开叉时，天然淤积铺盖可约削减12%的水头。

根据渗流观测结果，当库水位为255.00～260.00m时，天然铺盖削减水头达26～37m，其实际防渗效果高于计算值。

4. *内铺盖承受的渗流坡降*

内铺盖的防渗效果与天然淤积铺盖密切相关，当内铺盖与天然淤积铺盖联合发挥作用时，其渗透坡降为3～4，不考虑天然淤积铺盖作用时，渗透坡降为1～1.5。

5. *F_1 断层的渗流控制效果*

考虑天然铺盖时，灌浆帷幕可削减40.3%～47.0%的水头，帷幕承受的最大渗透坡降为12.5，帷幕后剩余水头为14.8%～16.7%；不考虑天然铺盖时，灌浆帷幕可削减46.6%～54.5%的水头，帷幕最大渗透坡降为14.55，帷幕后剩余水头为16.3%～18.5%。

考虑天然淤积时，帷幕后心墙底部下游渗流出口区最大渗透坡降为0.514；不考虑天然淤积时，帷幕后心墙底部下游渗流出口区最大渗透坡降为0.599。

6. *左岸渗流控制效果*

地下厂房排渗效果显著，可使厂房区山体自由水面不超过140.0m高程；其他部位山体主排水幕后水位不超过200.0m高程，其中厂房以南不高于170m高程，厂房以北最高195.0m。

7. *右岸渗流控制效果*

L形排水幕对降低地下水位效果非常显著，它可以使 F_{230} 断层以北广大区域的地下水位降低至150m高程左右。F_{230} 断层可以阻止右岸绕坝渗流，削减水头3～10m。

8. *渗流量*

渗流量分区统计结果见表5-4-6。在正常情况下，整个枢纽区的总渗流量为35 747.59m³/d，相当于0.414m³/s。通过河床段的渗流量最大，占55.7%，左岸占39.67%，右岸占4.63%。

表5-4-6　　坝区渗透量计算统计

部位		有天然铺盖(m³/d)		无天然铺盖(m³/d)	
		防渗墙完好	防渗墙质量差	防渗墙完好	防渗墙质量差
左岸	F_{236} 以北	12 380.5	12 380.5	12 380.5	12 380.5
	F_{236} 至河边	1 799.48	1 799.48	1 821.86	1 821.86
河床	河床段	15 196.20	16 388.56	16 658.55	18 196.38
	F_1 断层带	4 714.55	4 714.55	5 117.80	5 117.80
右岸	F_1～F_{230} 断层	1 366.25	1 366.25	1 418.08	1 418.08
	F_{230} 断层以南	290.61	290.61	291.07	291.07
合计		35 747.59	36 939.95	37 687.86	39 225.69

上述各部位的三维渗流计算结果及渗流观测资料等表明，最终选定的枢纽区渗流控制设计方案，满足大坝和枢纽其他各建筑物对地下水位、渗透坡降等的设计要求。

第五节　静力应力和变形计算

据已建的土石坝工程统计，土石坝的失事主要由漫顶、滑动、渗透破坏等原因造成，其中由于土坝裂缝而产生集中渗漏是引起渗透破坏的主要原因之一。土石坝是采用当地材料填筑的挡水建筑物，在其自重、水荷载和其他荷载的作用下，所产生的变形（竖向位移和水平位移）要比混凝土建筑物大得多。由于坝体、坝基各部位的变形量可能不一致，即发生不均匀变形，甚至在某些部位的变形量发生突变，因此大坝有可能产生裂缝，从而危及坝的安全。

从 20 世纪 80 年代以后，国内土石坝应力、应变计算逐渐推广应用有限元法，并积累了较多的经验。尽管如此，由于其计算参数获得和处理的复杂性，以及对计算结果量化评价困难等因素，其计算结果仍仅能作为土石坝设计的定性的设计参考依据，达不到定量控制设计的程度。同时，鉴于有限元计算具有的复杂、工作量大等特点，一般情况下仅对重要的、坝基条件比较复杂和软弱的坝才进行这项计算。采用有限元法可获得土石坝在施工期、运用期等不同工况条件下变形、应力和应力水平等数据，据此判断坝体的工作状态和安全性。

小浪底大坝河床较宽，坝体分区复杂，坝基左岸较陡、右岸平缓，河床有达 45m 高的基岩陡坎，坝基砂砾石覆盖层深厚，达 70 余 m，清华大学、北科院、河海大学、黄科院等单位先后参加了有限元计算。

一、计算模型、条件及参数

（一）计算模型

目前土石坝有限元计算已开展得相当普遍，采用的计算模型有非线性弹性和弹塑性两大类，一般已不采用线弹性模型。我国最常用的模型是邓肯等提出的非线性弹性“双曲线—指数模型”（E—μ、E—B 模型）。

另外，黄文熙提出的清华弹塑性模型、沈珠江提出的南科院双屈服面和弹塑性模型、河海大学提出的椭圆—抛物线双屈服面模型、成都科技大学提出的非线性弹性修正 K—G 模型等，都在一定范围内得到了应用。

小浪底大坝应力应变计算主要采用邓肯等人提出的双曲线模型，坝基和坝体主要采用 E—B 和 E—μ 模型，混凝土防渗墙墙体采用线弹性模型，接触面采用 Goodman 和 Desai 单元形式。

（二）计算参数

计算参数的获得主要有试验和工程类比两种途径。

工程类比，可以直接从其他工程的试验结果类比，或根据已建土石坝原型观测资料反推，后者工作量较大，应用不多。

试验测定参数，存在材料模拟和试验条件模拟两方面的问题。关于试验材料，对于一般细粒土料,可直接用筑坝料进行试验。但对于砂砾石和堆石料等粗粒土,当最大粒径较大时,往往需要用缩小粒径的材料进行试验,试验采用的最大粒径不大于三轴仪直径的1/5。另外,试验条件模拟是非常复杂的问题,如堆石料湿化和蠕变等问题均尚处于研究中。

一般情况下,由于试验材料、试验方法和试验费用等问题,试验组数也不会太多。因此,通常仅对关键性材料进行一定数量的试验,同时结合工程类比,综合确定计算参数。小浪底大坝各种材料计算参数就是采用这种方法确定的。坝体各区、坝基覆盖层计算参数见表 5-5-1,混凝土防渗墙计算参数见表 5-5-2,混凝土防渗墙与周围材料接触面单元参数见表 5-5-3。

表 5-5-1　坝体填筑料和坝基材料计算参数

材料名称	分区	状态	容重 (kN/m^3)	φ (°)	C (10kPa)	R_f	K	n	G	F	D	K_b	m	K_{ur}	n_{ur}
砂卵石	坝基	饱和	22.9	35.0	0	0.67	960	0.42	0.38	0.19	9.30	420	0.28	1 400	0.412
小料场土料	1B	湿	20.0	28.0	3.0	0.91	440	0.60							
		饱和	20.9	27.0	1.5	0.95	355	0.50	0.47	0.23	2.06	270	0.10	480	0.50
反滤料	2A、2B、2C	饱和	21.7												
		湿	19.1	35.0	0	0.78	710	0.48	0.29	0.10	4.55	300	0.50	950	0.48
淤土		饱和	17.5	25.0	0	0.80	50	0.50				25	0.50	75	
上游堆石	4A	湿	21.1	41.0	0	0.80	840	0.49	0.43	0.26	5.0	300	0.40	1 600	0.67
		饱和	22.1	39.0	0	0.72	700	0.43	0.39	0.18	4.60	250	0.55	1 500	0.62
下游堆石	4B、4C	湿	21.1	40.0	0	0.78	750	0.50	0.25	0.04	5.50	280	0.40	1 400	0.60
寺院坡土	1	湿	20.1	25.0	2.0	0.95	550	0.31	0.43	0.19	1.40	200	0	680	0.31
		饱和	20.7	25.0	2.0	0.86	300	0.25	0.43	0.19	1.40	150	0	400	0.25
高塑性土	1A	饱和	19.9	15.0	5.0	0.78	60	0.70	0.29	0.05	2.04	20	0.70	150	0.70

表 5-5-2　混凝土防渗墙计算参数

防渗墙	强度(R_{28})(MPa)	容重(kN/m^3)	模量(MPa)	泊松比
主墙	35	24.5	30 000	0.167
围堰墙	2	24.5	1 500	0.167

表 5-5-3　　接触面单元参数

接触类型	δ	R_f	K_i	n
砂卵石与墙面(有泥皮)	11	0.7	15 000	0.78
黏土与墙面	18	0.7	10 000	0.70

二、计算结果

(一)坝体及坝基应力

招标设计段先后委托黄委会水利科学研究院、清华大学,对覆盖层最厚、坝最高的河床横断面(以下均简称最大剖面)和右岸岸边无覆盖层、大坝直接坐在基岩上的横断面(以下简称次大剖面),分别采用 $E—\mu$ 或 $E—B$ 模型进行应力应变计算,计算结果接近。结果表明,大、小主应力分布及数值符合一般土石坝的受力特点,一般均随深度的增大而增大;蓄水后,各断面的大、小主应力均增加 0.5 ~ 1.0MPa。应力图形显示斜心墙部分由于两侧坝壳的拱作用,应力有较明显的降低,清华大学 1995 年 5 月用有效应力法计算的大小主应力图反映得更为明显,但未出现拉应力,估计不会由于拱作用产生水力劈裂破坏。坝体内最大应力(发生在基础面和覆盖层底部),见表 5-5-4。典型应力图形见图 5-5-1 和图 5-5-2。

表 5-5-4　　坝体与坝基最大应力

计算情况和应力		竣工期		蓄水期	
		基础面	覆盖层底部	基础面	覆盖层底部
最大剖面	σ_1(0.1MPa)	20 ~ 25	25 ~ 30	25 ~ 30	24 ~ 35
	σ_3(0.1MPa)	8 ~ 11	8 ~ 10	12 ~ 20	12 ~ 25
次大剖面	σ_1(0.1MPa)	20 ~ 25	20	20	20
	σ_3(0.1MPa)	12 ~ 18	10 ~ 12	10 ~ 12	10 ~ 12

黄委会水利科学研究院和黄委会勘测规划设计研究院联合对大坝纵剖面竣工期进行了应力应变分析,计算结果显示,坝体最大应力与横剖面计算结果接近,基础面 σ_1 = 2.5 ~ 3.0MPa,σ_3 = 1.2 ~ 1.5MPa;覆盖层底部 σ_1 = 3.5MPa,σ_3 = 1.8MPa。应力图形见图 5-5-3。

(二)应力水平

据计算,除在斜心墙上游面顶部 200 ~ 220m 高程附近、防渗墙顶部及两侧的应力水平(SL)达到 1.0 之外,其余部位均小于 1.0,蓄水期较竣工期应力水平有所增加,特别是上游坝壳应力水平增加较多,局部达 1.0,而防渗墙顶部的应力水平有所降低。从应力水平分布分析,因 $SL \geqslant 1$ 的区域(称塑性区)较小,对坝体稳定影响不大。坝体(坝基)纵、横剖面应力水平分布见图 5-5-4 和图 5-5-5。

(三)坝体变形

1. 水平位移

由图 5-5-6 可以看出,沿坝轴线方向,水平位移从总体上看为由两岸向河中部移动,

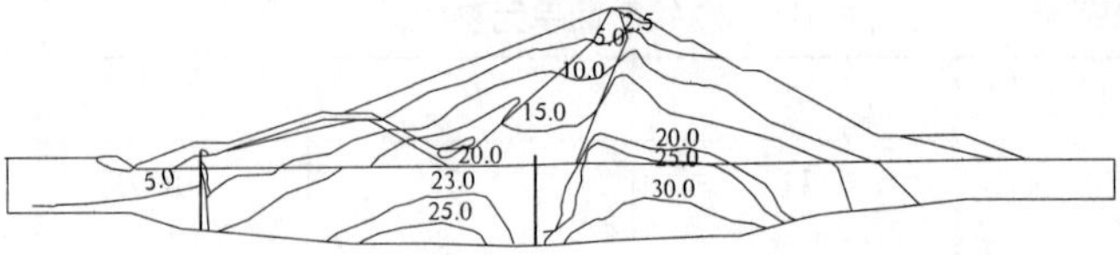

(a) 竣工期σ_1

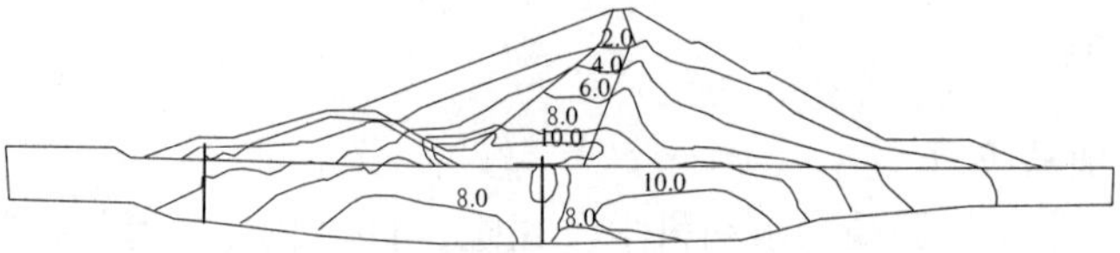

(b) 竣工期σ_3

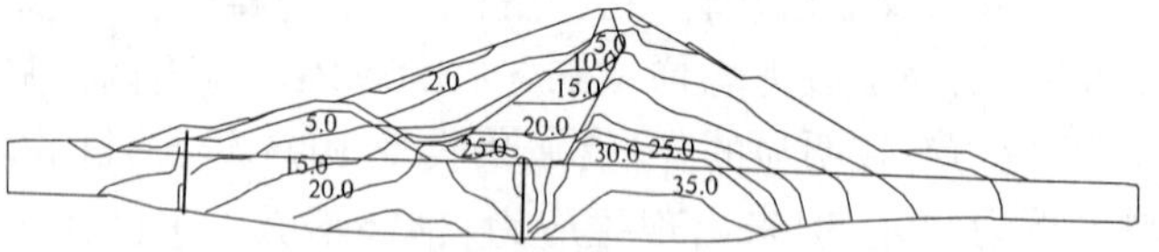

(c) 蓄水期σ_1

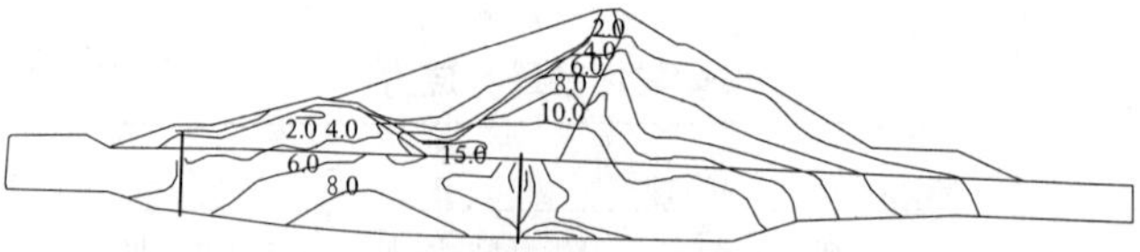

(d) 蓄水期σ_3

图 5-5-1　最大剖面坝体坝基典型应力图　(单位：×0.1MPa)

但局部产生向岸坡的位移达 1.00m(左岸岸边)。

横剖面水平位移的运动趋势为斜心墙和上游坝壳向上游移动,下游坝壳向下游移动。竣工期最大位移发生在 170m 高程附近斜心墙与上游反滤层界面上,向上游位移达 1.2m。竣工期与蓄水期下游水平位移最大值相比较,蓄水期水平位移代数值普遍增加,竣工期发生 1.2m 位移处,蓄水期变为 0.53m,说明在水压力作用下,向下游方向位移增量为 0.67m。另外,蓄水期零位移等值线向上游移动。典型横剖面水平位移等值线见图 5-5-7。

2. 垂直位移

尽管纵剖面计算尚不成熟,但计算反映出的现象符合一般规律。图 5-5-8 两剖面的计算成果均反映出,在基础面纵坡突变处、坝体分区材料界面纵坡突变处,均产生较大位移;在左岸陡坡处垂直位移最大达 3.0m。河床基岩陡坎仅对其上部附近坝体有一定影响。

坝体横剖面计算表明,竣工期最大位移发生在斜心墙中 1/2 ~ 1/3 坝高之间,计算值为 3.69m,其中坝基覆盖层沉降量约为 0.7m。蓄水期垂直位移变化不大。横剖面垂直位移等值线见图 5-5-9。

3. 原形观测结果

有限元计算结果与大坝原形观测结果的规律性和数值比较吻合,如大坝上游坡

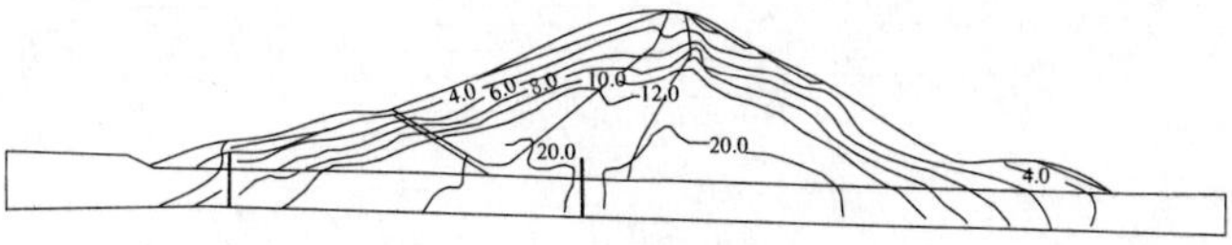

(a) 竣工期σ_1

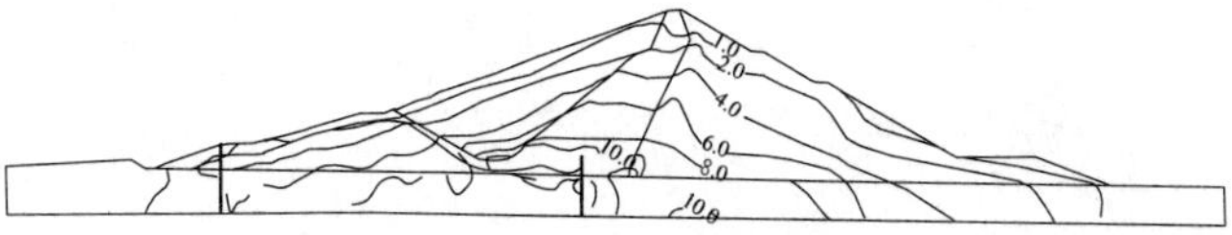

(b) 竣工期σ_3

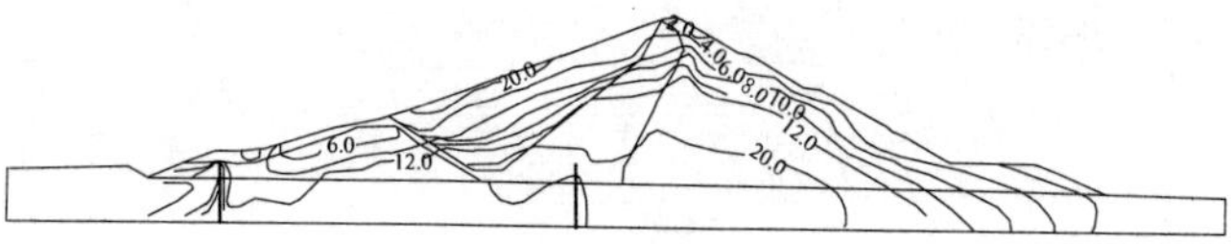

(c) 蓄水期σ_1

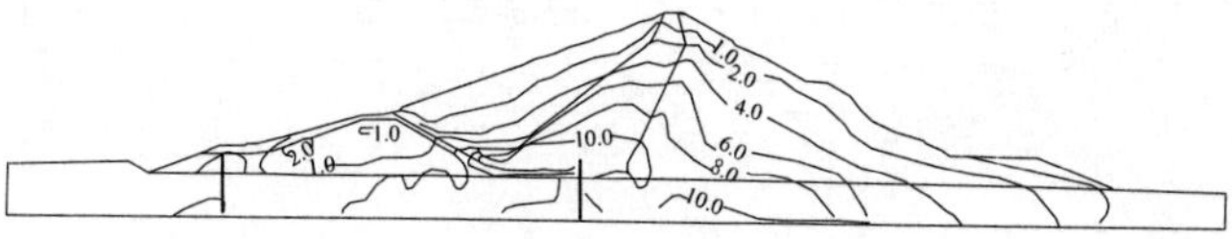

(d) 蓄水期σ_3

图 5-5-2　次大剖面坝体坝基典型应力图　(单位: ×0.1MPa)

225.00m 高程视准线上最大坝高剖面向上游水平位移 1 400mm,坝下游坡向下游位移,坝轴线方向的位移为向河床中央变位,河床最大剖面处的水平位移接近零等。

(四)主坝混凝土防渗墙应力与变形

主坝混凝土防渗墙深槽部位墙底基岩面最低高程约 60m,防渗墙最大高度 85m,墙顶插入斜心墙内 12m。混凝土防渗墙厚 1.2m,设计强度 R_{28} = 35MPa,弹性模量为 30 000MPa,抗渗标号大于 S8,渗透系数不大于 1×10^{-7}cm/s。

计算表明,墙体应力自上而下逐渐增加。竣工期和蓄水期墙顶大主应力分别为 3.9MPa 和 2.3MPa;墙顶土柱压力仅分别约 2.0MPa 和 1.5MPa,而墙底应力则分别达 52.5MPa 和 40.0MPa。应力的大幅增加主要是由墙与两侧土体的不均匀沉降对墙体间产生拖曳力所致,由此产生的应力占墙体应力的 90% 以上。施工期,高程 125 ~ 135m 的范围墙体会出现拉应力,最大拉应力达 5.32MPa。

竣工时墙顶向上游水平位移 0.3m,蓄水期受水压力和浮托力的作用,墙顶向下游水平移动了 0.41m。

(五)上游围堰混凝土防渗墙应力与变形

上游围堰混凝土防渗墙墙体由两部分组成:下部约 65m 是塑性混凝土防渗墙,设计厚度 0.8m,设计强度 R_{28} = 2.0MPa,弹性模量小于 500MPa,抗渗标号 S4,渗透系数 $K\leqslant10^{-7}$cm/s;上部 15m 为高喷桩墙,设计最小厚度 0.8m,R_{28} = 1.5 ~ 2.2MPa,渗透系数 $K\leqslant10^{-6}$cm/s。

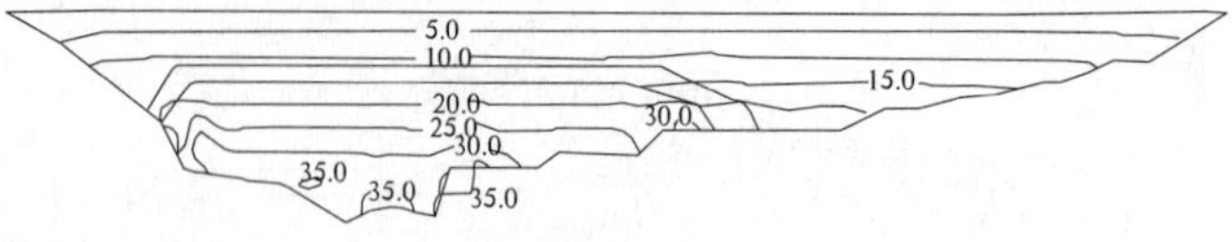

(a) 沿坝轴线σ_1

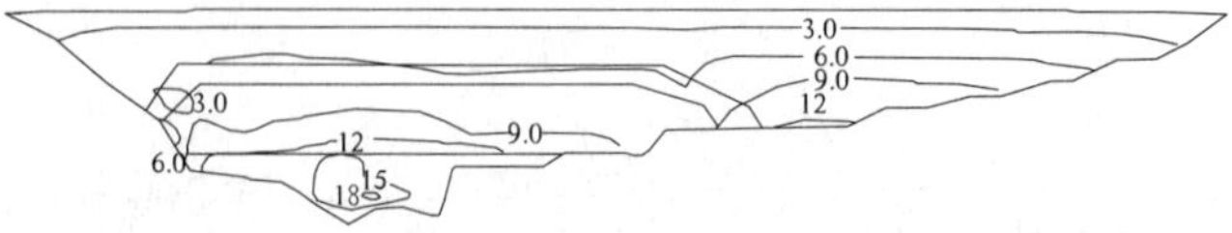

(b) 沿坝轴线σ_3

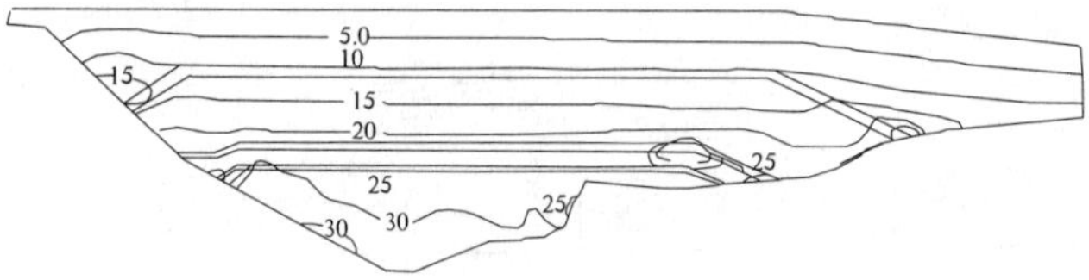

(c) 沿防渗轴线σ_1

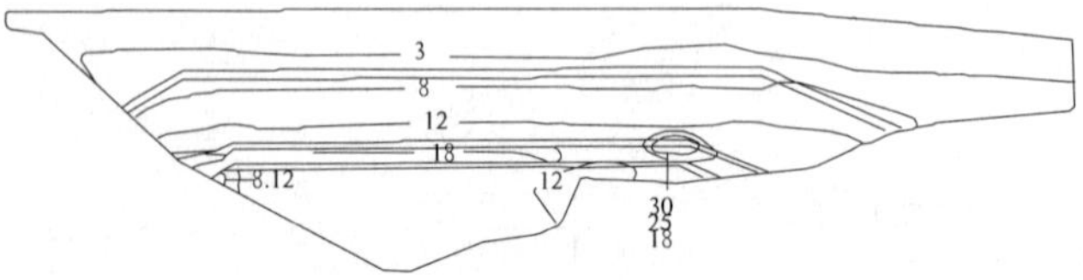

(d) 沿防渗轴线σ_3

图 5-5-3　主坝纵剖面应力图　（单位:0.1×MPa）

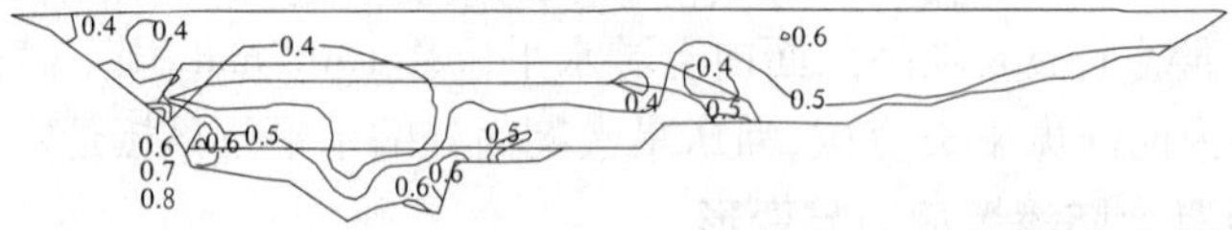

(a) 沿坝轴线剖面

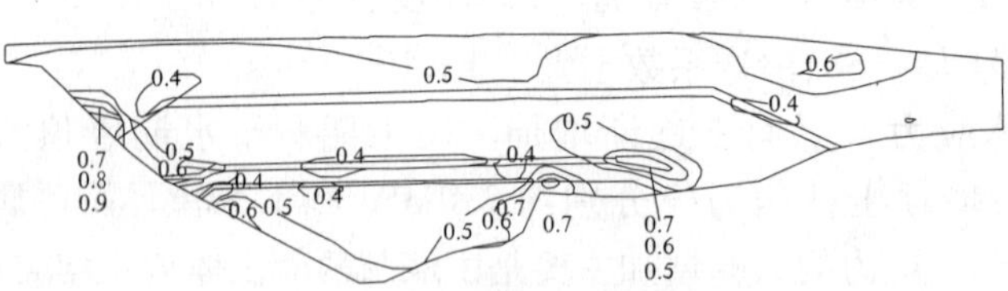

(b) 沿防渗轴线剖面

图 5-5-4　主坝纵剖面应力水平

由于围堰防渗墙上覆荷重较小,本身又为塑性混凝土,弹性模量较小,故墙身应力较低。经计算,竣工期墙身最大应力为 1.05MPa,出现在墙体下部;蓄水后,受水压力作用,墙上游面垂直应力减小,下游面应力小幅增加,但远小于混凝土设计强度。

墙身水平位移自下而上逐渐增大。竣工期受坝体土压力作用墙向上游移动,蓄水期墙体在水压力作用下转向下游移动,最大水平位移值为 60mm。

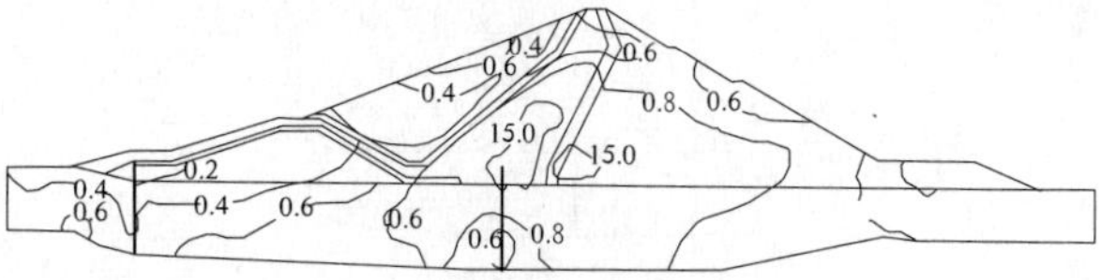

(a) 最大剖面竣工期

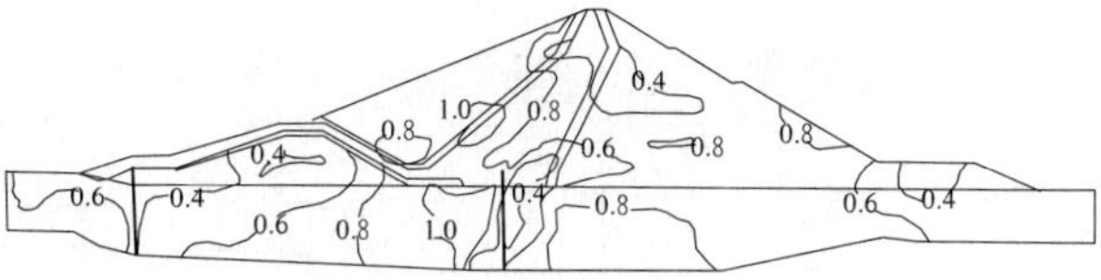

(b) 最大剖面蓄水期

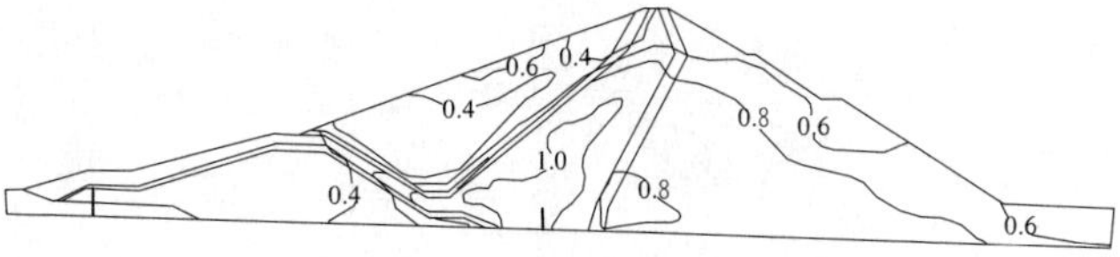

(c) 次大剖面竣工期

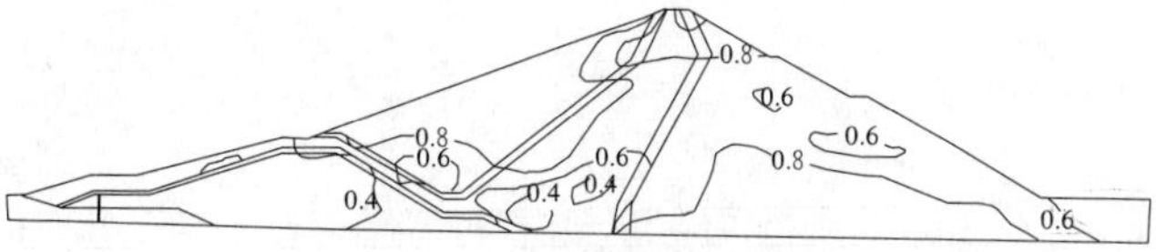

(d) 次大剖面蓄水期

图 5-5-5　主坝横剖面应力水平

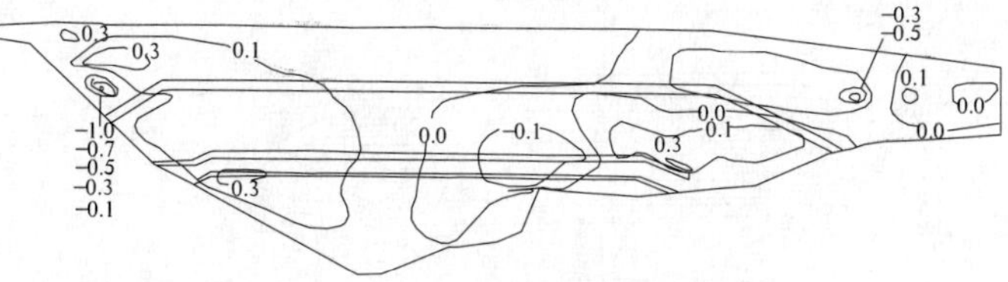

(a) 沿坝轴线剖面

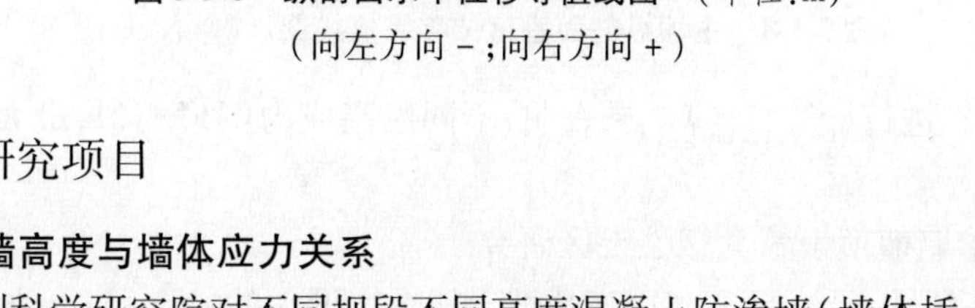

(b) 沿防渗轴线剖面

图 5-5-6　纵剖面水平位移等值线图　(单位:m)

(向左方向 -;向右方向 +)

三、其他研究项目

(一)防渗墙高度与墙体应力关系

黄委会水利科学研究院对不同坝段不同高度混凝土防渗墙(墙体插入斜心墙的高度

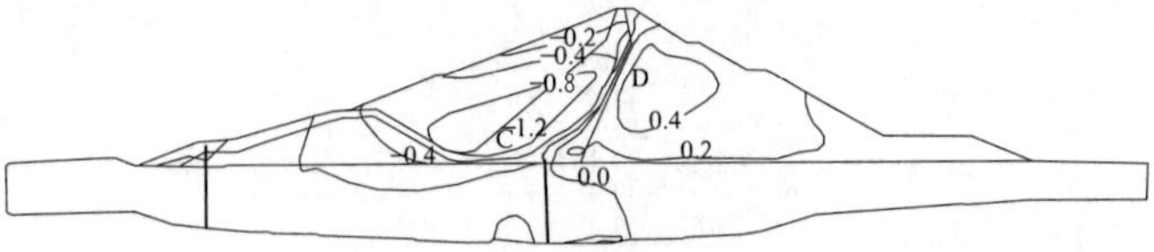

(a) 最大剖面竣工期

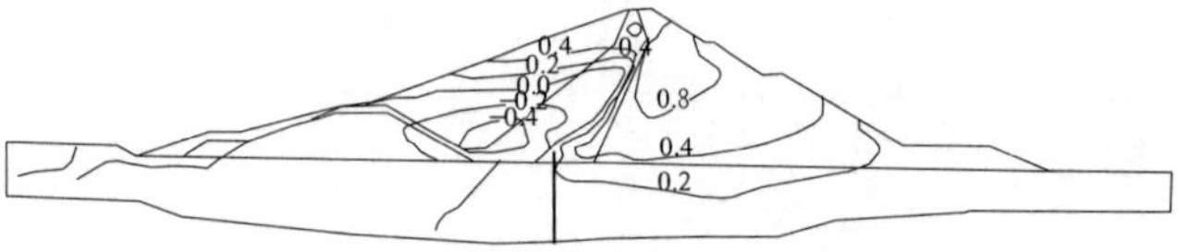

(b) 最大剖面蓄水期

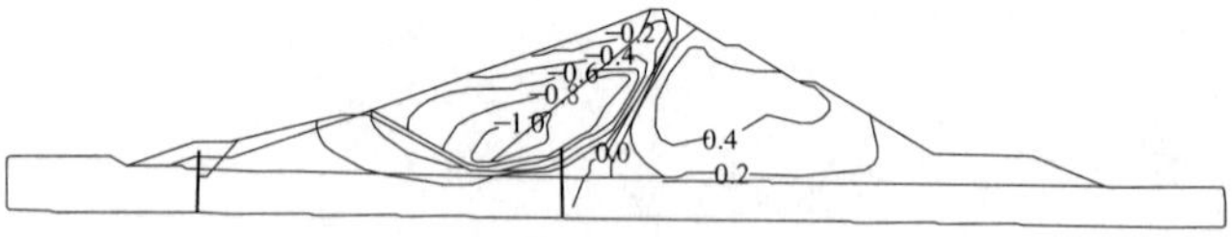

(c) 次大剖面竣工期

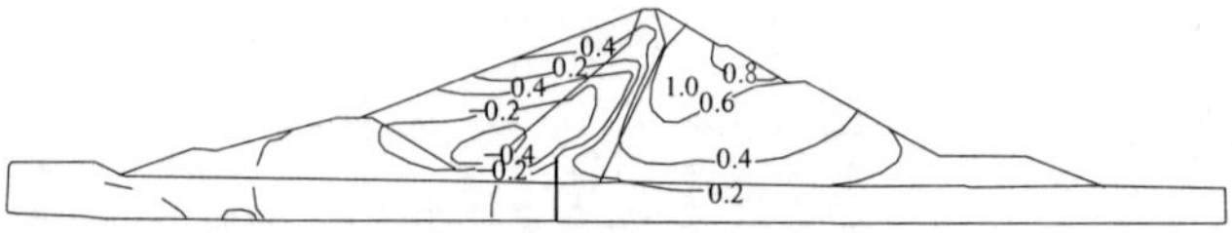

(d) 次大剖面蓄水期

图 5-5-7 横剖面水平位移等值线图 (单位:m)

(向下游方向 + ;向上游方向 -)

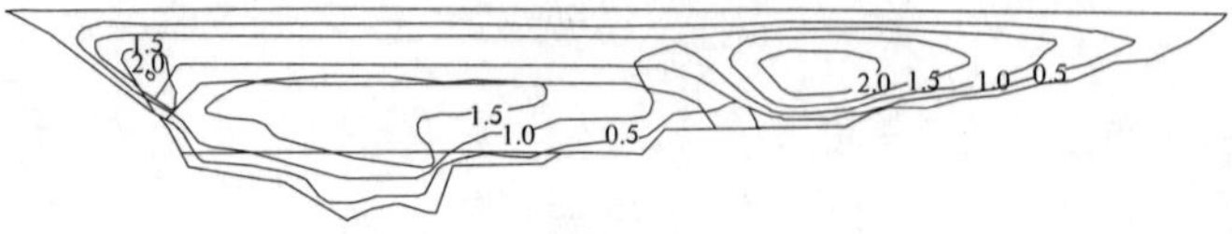

(a) 沿坝轴线剖面

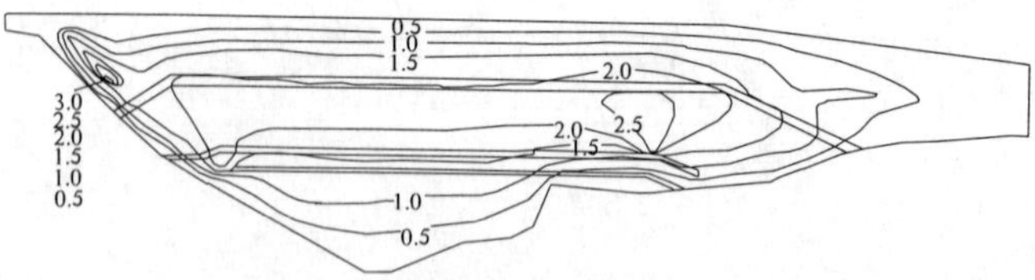

(b) 沿防渗轴线剖面

图 5-5-8 主坝纵剖面垂直位移等值线图 (单位:m)

不变)的应力状态进行计算,计算成果表明,不同墙高应力图形相似,最大、最小主应力见表 5-5-5。

(二)主防渗墙墙顶设置高塑性土区研究

墙顶设置高塑性土区,旨在利用高塑性土塑性变形大的特点,缩小防渗墙顶部与两侧

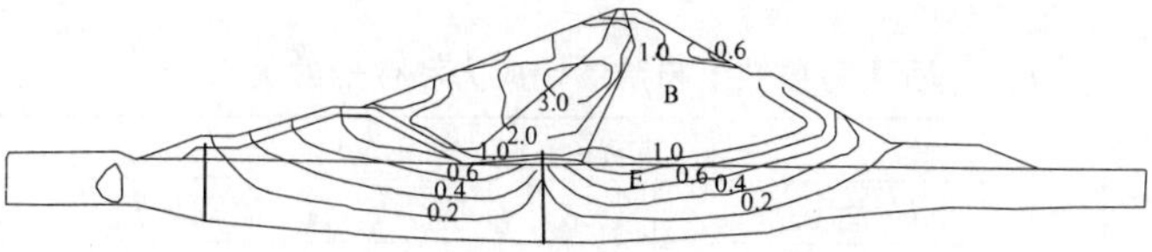

(a) 最大剖面竣工期

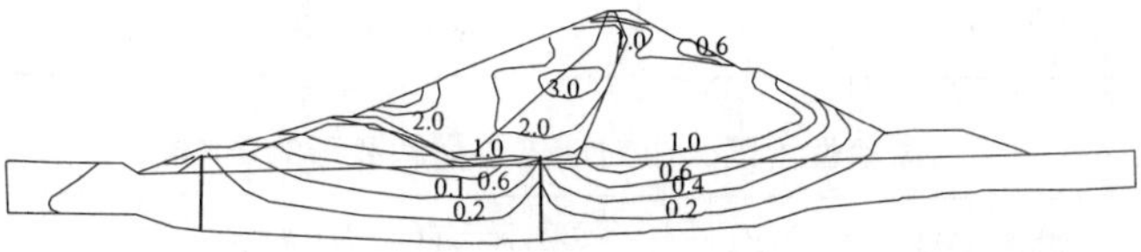

(b) 最大剖面蓄水期

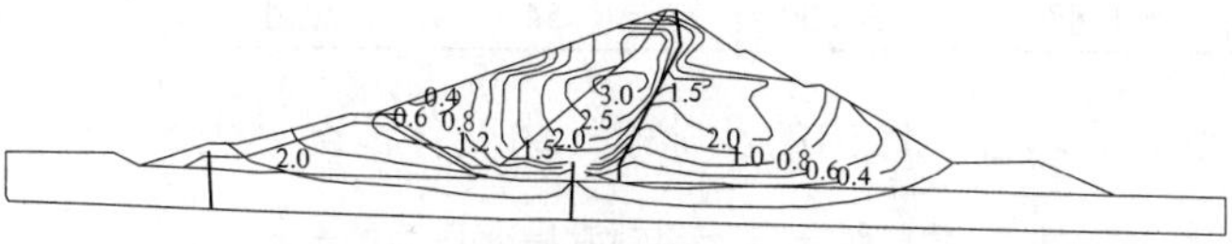

(c) 次大剖面竣工期

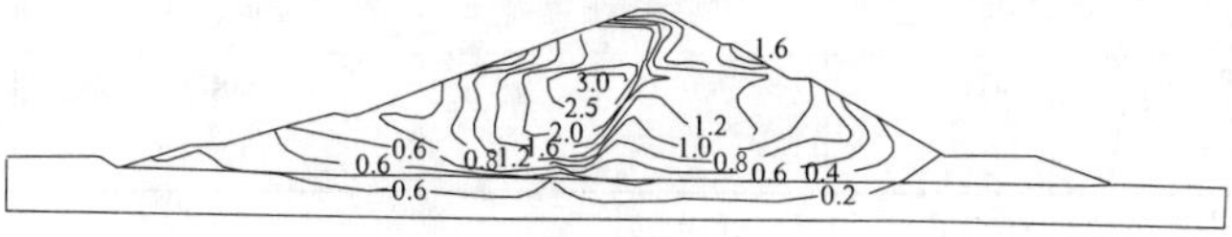

(d) 次大剖面蓄水期

图 5-5-9 横剖面垂直位移等值线图 (单位:m)

表 5-5-5 **竣工期防渗墙高度与墙体最大应力**

墙高(m)	91.00		71.00		51.00		31.00	
应力(MPa)	σ_1	σ_3	σ_1	σ_3	σ_1	σ_3	σ_1	σ_3
	59.42	5.69	50.70	4.89	38.97	4.28	25.03	2.65

土体之间的沉降差,以改善墙和墙顶土体的应力状态。

1. 有、无高塑性土区的研究

有、无高塑性土区,防渗墙应力和变形情况计算成果见表 5-5-6。

表 5-5-6 反映出,有、无高塑性土区对墙体最大应力影响很小,但有高塑性土区时最小压应力有显著提高,对墙体结构有利;有高塑性土墙顶应力大幅减小,墙顶位移变化不大。

2. 高塑性土区断面大小对比

高塑性土区按高 5.0m,宽分别为 4.0m、10.0m 的应力和变形计算结果见表 5-5-7。计算表明,高塑性土区的大小对墙体的最大应力和最大水平位移影响不大,但最小压应力随着该区的增大而减小。因此,从防渗墙应力控制和施工角度综合考虑,高塑性土区不宜过大。

表 5-5-6　　墙顶高塑性土与防渗墙应力和变形的关系

计算情况		防渗墙应力(MPa)			墙顶水平位移
		最大压应力	最小压应力	墙顶压应力	(cm)
竣工期	有高塑性土	65.5	3.38	11.45	-11.7
	无高塑性土	66.0	1.07	17.01	-9.98
蓄水期	有高塑性土	53.08	5.13	7.36	41.70
	无高塑性土	52.7	2.24	18.50	46.70

表 5-5-7　　高塑性土区大小对墙体应力和变形的影响

高塑性土区(高×宽)(m)	最大垂直应力(MPa)		最小垂直应力(MPa)		最大水平位移(cm)	
	竣工期	蓄水期	竣工期	蓄水期	竣工期	蓄水期
5×4	65.40	53.08	3.88	5.13	-11.70	41.70
5×10	64.83	54.60	1.54	3.01	-14.04	39.60

施工期斜心墙和高塑性土区内的孔隙水压力变化情况见表 5-5-8。

表 5-5-8　　高塑性土区大小对孔隙水压力的影响

高塑性土区(高×宽)(m)	斜心墙内最大孔隙压力(m)		高塑性土区内最大孔隙压力(m)	
	施工期	完工时	施工期	完工时
5×4	69.60	48.0	108.0	84.0
5×10	71.20	54.0	114.0	88.0

3. 施工期孔隙水压力变化研究

图 5-5-10 表示了斜心墙和高塑性土区在施工期的最高孔压与填筑高程的关系，高塑性土区产生的孔压值远高于斜心墙区，其值分别为 108.0m H_2O 和 69.6m H_2O。由于高塑性土区的渗透系数仅为斜心墙土料的 1/10 ~ 1/100，这使得高塑性土区内孔压上升较快、消散较慢。竣工时孔压值尚余 84m H_2O，占最大孔压的 78%。由此可见，利用高塑性土固结较慢的特点，可以改善防渗墙及周围土体的应力状态。

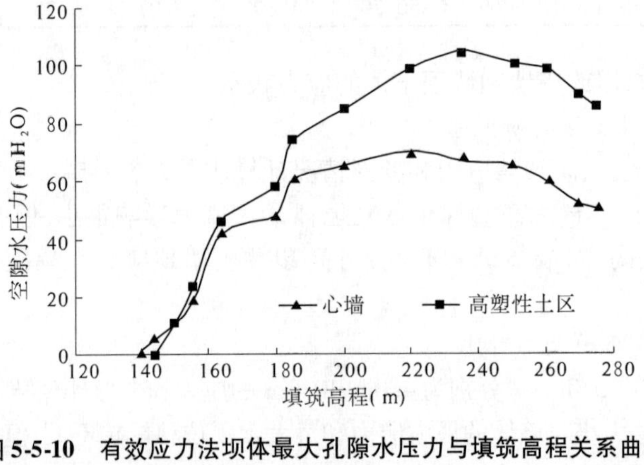

图 5-5-10　有效应力法坝体最大孔隙水压力与填筑高程关系曲线

第六章　基础处理设计

第一节　坝基开挖设计

小浪底大坝规模宏大，加之其复杂的地形、地质条件，在坝基开挖中存在多种地质单元形式，主要包括河床冲积砂砾石覆盖层开挖、岸边坡积物及洪积物开挖、滑坡体及塌滑体开挖、倾倒变形体开挖以及坝基岩石开挖等。部分地质单元，其工程性质是明确的，仅根据勘探成果可确定其开挖边界；另一部分则具有条件复杂、工程量大的特点，对工程设计、施工影响较大，需要进行全面的分析和论证，如倾倒变形体开挖、岩石开挖等。对前者给出基本的开挖原则，对后者进行较详细的论述。

一、覆盖层开挖

覆盖层主要研究表砂层和上部砂砾石层的震动液化特性。在地震条件下，不产生液化的材料可作为大坝基础。覆盖层的开挖按照以下原则进行。

（1）河床覆盖层中，表砂层及上部连续分布的易液化的材料对坝的稳定、变形影响较大，地震时应全部予以挖除。

（2）对于斜心墙基槽部位，为保证混凝土防渗墙插入斜心墙高度（12m）和混凝土防渗墙顶高程保持一致，即使材料性能适合于作为坝基，但高于设计高程的砂卵石层也应挖除。

（3）对于坡积物、洪积物，考虑其具有疏松、含泥量高等特点，对坝的结构和变形不利，坝基范围内全部挖除。

（4）坝基的不同部位，如主坝与上游枯水围堰，按照重要性不同，开挖要求稍有不同。

为便于施工管理，标书技术规范和开挖图中并未规定具体的开挖高程，仅规定开挖到“合适的基础”。在开挖施工中，根据现场实际揭露的地质情况，对拟定的开挖高程进行了适当调整。如下游坝壳范围内，纵向围堰下部及左岸岸坡处，凡遇到较大范围的砂层均需挖除。

二、滑坡体、塌滑体开挖

坝址区存在多处古滑坡体，匣于坝址上游的，会在水库蓄水后复活，滑坡产生的涌浪对大坝产生一定的影响。如坝上游右岸2.5～3km的Ⅰ、Ⅱ号滑坡体，其滑坡涌浪在坝顶超高中已充分考虑。与大坝基础存在直接关系的主要包括沟西滑坡体、上坡塌滑体及其他零星滑坡体、塌滑体。

沟西滑坡体分布于右岸坝轴线上游侧山坡上，分布高程180～250m，东西向长约120m，最大厚度25m，总体积30万m^3。该滑坡体由前后两个切层错落体组成，滑坡体物质松碎，黏土岩已成土状。

上坡塌滑体位于上坡村以北，高程变化于130～194m之间，顺河长200m，南北宽80m。该塌滑体由岸坡倾倒变形的岩体与坡积物一起向下塌落、滑动，在坡脚处形成松散堆积，堆积物的前沿被河流冲积物所覆盖。

沟西滑坡体、上坡塌滑体位于上游坝壳下，结构疏松。如留在坝下，水库蓄水后，对坝体稳定、变形不利，故将其全部挖除。

三、东坡倾倒变形体开挖及滑坡处理

（一）倾倒变形体的开挖设计

1. 概况

东坡倾倒变形体位于右岸下游坝壳下面，顺河方向自坝轴线下游40～280m，沿坝轴线方向长度250m。分布高程145～230m，厚度上部27～35m、下部10～15m。变形体上部覆盖黄土一般厚3～5m，最大厚度超过10m。总体积约90万m^3。

钻孔和竖井资料揭示，该变形体具有滑坡、倾倒变形两种特征。其中前部有一定的滑移距离，主滑方向北北东，即倾向河槽，前缘100～150m为坡积、堆积物。滑带位于P_2^{3-3}与P_2^{3-5}黏土岩底面，倾角8°左右。后部岩层以倾倒变形为主，即局部岩体产生倾倒、转动，致使表面裂缝数量、宽度增加，土随之充填而形成的土石混合体，内部结构与岩体无太大变化，抗剪强度和密实度均可满足坝壳基础要求。

2. 稳定分析

根据现场试验，前段滑带夹泥$f=0.18\sim0.23$。经计算天然状态下，倾倒变形体前部处于失稳状态，与现状条件不符。

按现状稳定条件反算f值。假定现状地震时的安全系数为1，即在地震情况下处于临界稳定状态时，反算f值为0.283。稳定分析采用指标如下：

（1）夹泥层：$f=0.283$，$C=0$，$\gamma=23.0\text{kN/m}^3$；

（2）倾倒变形体：$\varphi=30°$，$C=0$，$\gamma=26.0\text{kN/m}^3$；

（3）黄土：$\varphi=20.8°$，$C=0.011\text{MPa}$，$\gamma=17.0\text{kN/m}^3$。

由于倾倒变形体位置较高，未考虑地下水影响，施工期地震烈度为Ⅶ度，因此采用推力传递法。

在计算中，根据倾倒变形体前部滑移、后部倾倒变形的特点和滑裂面形式，将其分成两个滑块。后部和前部分别用滑块1和滑块2表示，如图6-1-1所示。对此两块分别进行了自然状态和黄土全部挖除两种工况的计算，结果见表6-1-1。

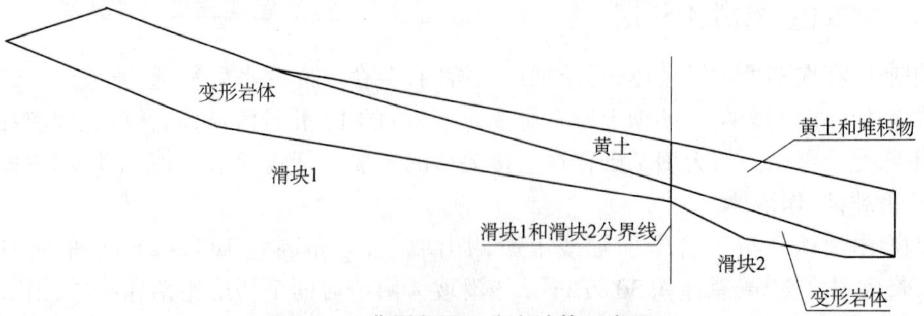

图6-1-1　典型断面1稳定计算示意图

表 6-1-1　　典型断面 1 稳定分析结果

滑块编号	计算情况	安全系数		备　注
		F_s	$F_{E/Q}$	
1	自然状态	1.318	1.112	夹泥层 $f=0.283$
1	下部黄土挖除	1.296	1.096	
1	黄土全部挖除	1.220	1.038	
2	自然状态	1.122	1.004	
2	黄土全部挖除	1.029	0.928	

由以上计算结果可知，滑块 2 在黄土全部挖除后处于临界稳定状态。

3. 开挖设计

鉴于倾倒变形体的工程特性，对倾倒变形体确定以下开挖原则：

(1)坝壳下的倾倒变形体仅挖除上部黄土覆盖层及土石混合体；

(2)心墙下的倾倒变形体全部挖除，并挖至完整岩石。

按照上述开挖要求，共计挖除土石方约 52 万 m^3。根据上述稳定分析结果，为确保倾倒变形体在开挖过程中的稳定，确定了以下开挖顺序和要求：

(1)严格遵循自上而下的开挖原则，严禁“先下部断脚，后上部去头”的开挖方法。

(2)在雨季，应加强巡视，必要时布置监测设施，如发现有异常变形或变形速率增加时，应及时采取有效的处理措施。

(3)开挖后应及时回填，防止开挖后倾倒变形体长期临空、边界条件恶化而出现失稳。

(二)滑坡处理

1. 滑坡情况

按照上述要求开挖后，1995 年 6 月底，在开挖坡的 167m 和 180m 高程上发现宽 4 ~ 10cm 的裂缝，顺河流方向缝长约 150m，个别地方的裂缝宽度达 28cm。

1995 年 7 月 6 日晨，位于坝轴线下游 40 ~ 260m、高程 143 ~ 180m，沿坝轴线方向宽 70 ~ 80m 的范围发生滑坡。该滑坡体前缘向河床方向滑移 1 ~ 2m，后缘下座约 2m，形成前缘滑坡，后缘拉裂的滑动状况，总体积约 13 万 m^3。

为摸清滑床情况，在滑坡体上开挖了两个竖井和三个探槽。开挖后发现，在东坡“倾倒变形体”上游侧，存在一古坡积物滑坡体，其后缘高程 180m，前缘为 148m，顺河流方向在坝轴线下游 40 ~ 170m 处。由于滑坡体前缘的堆积物被挖除，滑床处于临空状态，诱发了古滑坡体的复活滑动，从而造成倾倒变形体前缘部分的滑动。

根据开挖揭示的情况，滑床位于 P_2^{3-2} 岩层层顶，滑床上分布有厚 10 ~ 20cm 的泥化夹层，是引起滑动的主要条件。滑床倾向约 NE40°，倾角约 15°，后缘塌滑壁倾角约 40°。

根据滑动面情况，反求其摩擦系数为 $f=0.140 \sim 0.158$。

2. 处理方案

为论证倾倒变形体作为坝壳基础的可行性，选择垂直坝轴线的 D0 + 919.84 横剖面和平行坝轴线的 DS0 +260.00 纵剖面,用摩根斯坦法采用不同的摩擦系数进行稳定敏感性分析,计算结果见表 6-1-2。

表 6-1-2 **敏感性分析结果**

参数		滑动面摩擦系数				
		0.15	0.20	0.25	0.30	0.32
静力安全系数	D0 +919.84	4.462	4.597	4.740	4.939	4.956
	DS0 +260.00	1.023	1.227	1.434	1.651	—

由表 6-1-2 可以看出,沿坝坡方向滑动安全系数较大,但沿坝轴线方向滑动安全系数不满足要求,因此需进行处理。

滑坡体及拉裂区全部挖除。倾倒变形体前缘部分因受滑坡影响,其密实度变松也全部挖除,其余部分保留作为坝壳基础。共开挖 12.9 万 m^3,保留在坝壳基础内的倾倒变形体约为 4.0 万 m^3。

四、基岩开挖处理

对于防渗体、反滤层和过渡层范围内的岩石,要求开挖至完整的岩石;坝壳部位的基础开挖要求较低,一般清除严重风化、破碎及活动岩块。

防渗体部位的岩石基础开挖分为一般性开挖和结构性开挖两种情况。

(一)一般性开挖要求

一般性是对作为坝基岩石基础的基本要求,即确定合适的完整岩石建基面。

根据小浪底工程岩层的特点,其风化分级考虑卸荷影响,分为极强风化卸荷带、强风化卸荷带、弱风化卸荷带和新鲜岩体四个等级。顺向坡风化卸荷带比较深,一般极强风化卸荷带深 5 ~10m,强风化卸荷带深 20m 左右;逆向坡风化卸荷带比较浅,一般极强风化卸荷带深 3 ~6m,强风化卸荷带深 6 ~10m。

根据岩石的风化程度分级,心墙对基岩面的要求以及灌浆等,将完整岩石定义为未风化的,或虽风化但仍为完整的岩石结构,挖掘不破裂,须进行爆破松动才能开挖的岩石,大致相当于基本挖除强风化卸荷带。

世界上已建的高土石坝,其心墙基础均要求坐落在新鲜完整的岩石上,如加拿大的波太基山坝,坝高 183m,心墙基础挖除全风化岩层至新鲜岩石;泰国的色里克特坝,坝高 140m,心墙基础开挖至新鲜岩石;印度的特里坝,坝高 260m,心墙基础开挖至完整岩石面以下 3m 至坚硬岩石。

岩石基础开挖主要在两岸坝肩,坝肩岩石风化卸荷严重、新鲜基岩埋深大,左岸坝肩尤为突出。在满足大坝安全前提下,岩石的开挖工程量是确定开挖标准着重考虑的问题,这也是小浪底大坝心墙基础未开挖到新鲜岩石,而将弱风化岩层顶部作为大坝心墙基础的原因,并满足:

(1)在进行固结灌浆时,不致出现过多的地面冒浆现象,即使出现也较容易封堵;

(2)使喷混凝土或混凝土盖板能与岩面结合紧密牢固,不致在渗流的长期作用下沿结合面产生渗透破坏。

(二)结构性开挖要求

岩石的结构性开挖有两层含义:其一是对岩面的坡度、平整度等几何形状方面的要求;其二是指距开挖支付线2m以内的开挖,应采用小药量的分层开挖方式,使之不致破坏心墙基础面的岩石。心墙基础的结构开挖,提出了如表6-1-3的要求。

表6-1-3　心墙基础面结构开挖要求

项目	开　挖　要　求
一般要求	清除所有倒悬岩石,进行急变坡、铅直或接近铅直岩面的平缓修整等
垂直坝轴线的横向坡	(1)倾向上游边坡:不大于15°(平均坡); (2)倾向下游边坡:不大于10°(平均坡); (3)基础面一般不宜呈向上凸的形状
平行坝轴线的纵向坡	最陡边坡53°(1:0.75),从低到高边坡由陡变缓时转角小于20°。当转角超过20°,在陡坡上部加缓坡时,缓坡段高度一般不宜小于边坡高度的30%
平整度	岩面最大起伏差控制在0.50m左右
朝向下游的扩散角	(1)下游1/4心墙底宽不允许扩散; (2)沿坝轴线方向10m长,心墙底宽60%范围内,扩散角不大于5°; (3)沿坝轴线方向10m长,心墙底宽30%范围内,扩散角不大于15°; (4)在任何情况下,均应将扩散角减至最小

五、左岸“老虎嘴”及基岩陡坎处理

(一)概况

左岸坡脚“老虎嘴”及基岩陡坎是在技施设计阶段补充勘探发现的地质现象。帷幕轴线处,出现基岩平台和基岩陡坎相间分布的现象,从上至下依次为:

第一级基岩平台,平台高程在127~128m之间,平台范围在防渗轴线上、下游各20m左右,沿帷幕轴线方向最长约15m。

第一级基岩陡坎,位于110~128m高程之间,高度18m。

第二级基岩平台,内沿高程约110m,外沿高程约120m,平台宽度45m左右。

第二级陡坎,即“老虎嘴”,坎顶高程约120m,坎底高程约100m,高度20m。“老虎嘴”深度约5m。防渗墙北端覆盖层淹没的所谓“老虎嘴”,实际上是一处基岩反坡,在防渗轴线上下游各约20m处。

基岩平台和基岩陡坎分布情况详见图6-1-2。

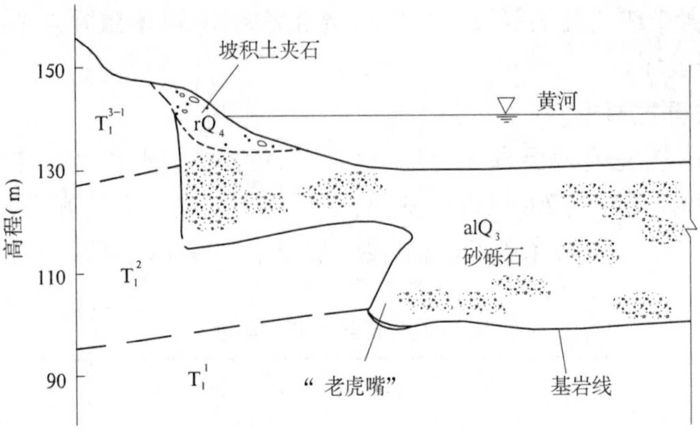

图 6-1-2　基岩平台和基岩陡坎分布

(二)处理方案

对“老虎嘴”的处理,曾比较了大开挖、部分开挖和旋喷桩加固三个方案。

大开挖方案是将“老虎嘴”全部开挖出来,削除岩石反坡和陡坡,对基岩平台进行彻底处理。此方案工程量大,截流后该段处理工作需占用较长的直线工期。

部分开挖方案是将最低开挖高程由原来开挖到“老虎嘴”底部基岩面约 100m 高程,提高至“老虎嘴”顶基岩平台前沿的 115m 高程。该方案削除 115m 高程以上倒悬岩体,对基岩平台及左端陡坎进行彻底处理,槽孔防渗墙嵌入陡坎内。此方案开挖深度比大开挖方案减少 15m,不仅减少了开挖工程量,还降低了开挖施工难度。

在部分开挖方案中,截流后该段处理仍将占用较长的直线工期,并会直接影响到 1999 年大坝抢填到预定 200m 的拦洪高程。

最终考虑以下因素:“老虎嘴”要彻底予以封堵;坡脚处高约 30m 的基岩陡坎要处理;坡脚附近覆盖层密实度相对较差,应予加密;尽量缩短该段基础处理工作占用的直线工期,为 1999 年汛前戗填大坝的拦洪高程争取时间。为此,确定采用高压旋喷灌浆对地基进行加固处理。高压旋喷灌浆可与主坝防渗墙施工同时进行而不占用直线工期。采取的具体措施如下:①将河床开挖高程确定为与一级平台基本平齐,即 127m 高程;②槽孔混凝土防渗墙向左岸延伸至岸边,将“老虎嘴”彻底封堵;③对 127m 高程以下覆盖层采用调整高压旋喷桩桩顶高程的办法,将其整形为 1∶1 的边坡。

对于基岩陡坎,为满足开挖边坡的要求,通常采用削坡和回填混凝土两种处理方式。

采用削坡的方法,使其满足设计要求,采用该方案,近 160m 高的岩石边坡开挖工程量很大。

采用回填混凝土对边坡进行整形处理,使其满足设计要求;或者采用部分开挖和部分回填整形的处理方案。这两种处理措施均需要进行覆盖层的开挖和基岩面的处理,并占用直线工期而影响到大坝的抢填拦洪高程。为此,对于上述基岩陡坎来说,采用通常的边坡开挖或回填混凝土整形的处理方案是困难的。

在防渗体与岩石岸坡的连接中,世界上有许多工程存在岸坡较陡的问题,需要设计者根据工程自身的条件,突破常规的接坡结构要求,提出符合实际的处理方案。目前防渗体和岸坡接坡的坡度有的已达到1∶0.2、1∶0.1，世界各国的实践情况见表6-1-4。

表 6-1-4　　土石坝防渗体与岩石岸坡连接坡度

坝名	国家	防渗体型式	坝高(m)	岸坡坡度
乌塔特4号	加拿大	心墙	122	1∶0.176
波太基山	加拿大	斜心墙	183	1∶0.5
买加	加拿大	斜心墙	245	1∶0.36
瑞沃斯托克	加拿大	心墙	125	1∶0.36
拉哥朗德3	加拿大	—	100	1∶0.2
拉哥朗德2	加拿大	斜心墙	168	1∶0.36
布鲁梅隆	美国	心墙	119	1∶0.3
奥洛维尔	美国	斜心墙	235	1∶0.25～1∶0.5
金字塔	美国	心墙	114	1∶0.4
瓜维奥	哥伦比亚	心墙	247	1∶0.2
契伏坝	哥伦比亚	斜心墙	237	1∶0.65
奇科森	墨西哥	心墙	263	1∶0.1
喀拉尔	墨西哥	心墙	134	1∶0.3
卡拉里斯	西班牙	心墙	156	1∶0.3
高濑	日本	心墙	176	1∶0.36
特里	印度	心墙	260	1∶0.36
密云白河主坝	中国	斜墙	66.4	1∶0.5
碧口	中国	心墙	101	1∶0.75～1∶0.5
石头河	中国	心墙	114	1∶0.75～1∶1

从表6-1-4中看出，我国在工程实践中采用较陡的岩石接坡实例较少，而国外的工程实例较多，而且具有很好的代表性。最具代表性的工程为墨西哥的奇科森坝，在狭窄的V形峡谷中，两岸基岩坡度为1∶0.1，高度达到263m，考虑地震和断层影响，放弃了进行比较的拱坝方案，采用心墙堆石坝。

奇科森坝在设计中，主要存在以下三个方面的问题：①心墙与坝肩基岩接触层的相互作用；②心墙与反滤层接触层的相互作用；③左岸边坡突变处，可能产生拉应力区。前两个问题，使心墙产生拱效应，心墙底部应力降低，这也是小浪底大坝设计中担心的问题。针对上述问题，奇科森工程采取了在心墙四周填筑高塑性土区的方法解决。

根据小浪底工程特点，结合"老虎嘴"的加固处理，对左岸基岩陡坎提出了如下加固处理措施：

(1)对127m高程以下覆盖层，采用调整高喷桩桩顶高程、桩距的办法，将其整形为1∶1的边坡；对127m高程以上的基岩陡坎回填压缩性很小的5区掺和料替代1区心墙料。

(2)与岩坡接触面，回填1m厚的高塑性土。

(3)对心墙在平面上向下游的扩散予以整形。

左岸基岩陡坎的加固处理情况见图6-1-3。

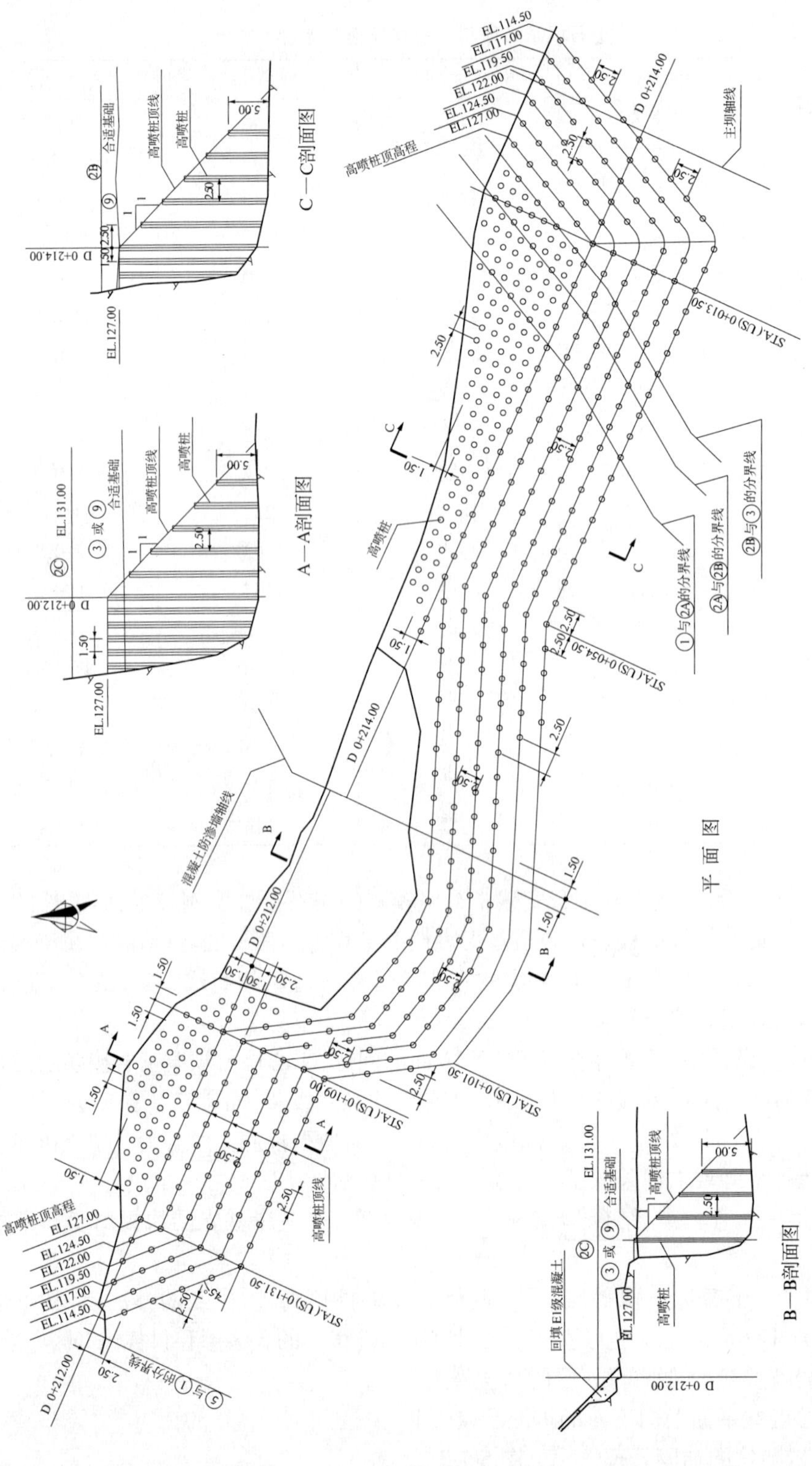

图 6-1-3 基岩陡坎加固处理 （单位：m）

（三）高压旋喷灌浆加固效果检查

1. 检测方法

为检查高压旋喷灌浆方法加固砂砾石地基的加固效果，采用“附加质量法”及弹性波测速法等地基物理力学参数原位测试新技术，获得测点上的密度、动弹性模量、动剪切模量、动泊松比等参数作为评价加固效果的依据。

测点布置在帷幕轴线上、下游两侧桩孔间距 1.5m × 1.5m 的区域内。

帷幕轴线上游共布置 8 个点位，计 13 个点次，其中灌浆前检测 5 个点次、灌浆后检测 8 个点次；下游 4 个点位，均在灌浆后检测。

2. 检测结果和加固效果分析

帷幕轴线上游灌浆前后检测结果见表 6-1-5。帷幕轴线下游灌浆后检测结果见表 6-1-6。

表 6-1-5　　上游侧检测结果

检测时间	点号	地基承载力基本值（kPa）	原位密度（g/cm^3）	纵波速度（m/s）	横波速度（m/s）	动弹性模量（$\times10^3$MPa）	动剪切模量（$\times10^3$MPa）	动泊松比	等效深度（m）	备注
灌浆前	1#	346	2.256	580	256	0.409	0.148	0.379	2.395	桩间
	2#	342	2.251	577	244	0.373	0.134	0.391	2.397	桩间
	3#	342	2.204	553	233	0.332	0.119	0.392	2.158	桩间
	4#	349	2.277	581	258	0.417	0.152	0.377	2.417	桩上
	5#	359	2.292	589	263	0.437	0.159	0.375	2.410	桩上
灌浆后	1#	1 036	2.368	1 084	547	1.882	0.708	0.329	2.758	
	2#	867	2.351	1 058	528	1.747	0.654	0.335	3.136	
	3#	1 045	2.370	1 213	612	2.361	0.888	0.329	3.255	
	4#	2 423	2.415	2 000	1 078	7.270	2.806	0.295	4.028	
	5#	2 527	2.472	2 061	1 122	8.025	3.112	0.289	4.196	
	10#	1 023	2.366	1 073	541	1.841	0.692	0.330	2.738	桩间
	11#	929	2.358	1 061	529	1.761	0.660	0.335	3.019	桩间
	12#	864	2.328	1 030	499	1.559	0.579	0.347	3.077	桩间

注：桩间测点位于 4 根桩的中心处。

表 6-1-6　　下游侧灌浆后检测结果

点号	地基承载力基本值（kPa）	原位密度（g/cm^3）	纵波速度（m/s）	横波速度（m/s）	动弹性模量（$\times10^3$MPa）	动剪切模量（$\times10^3$MPa）	动泊松比	等效深度（m）	备注
6#	3 645	2.480	2 513	1 340	11.590	4.453	0.301	4.321	桩上
7#	839	2.387	1 111	526	1.792	0.661	0.355	3.655	桩间
8#	863	2.393	1 201	582	2.185	0.811	0.346	4.157	桩间
9#	3 612	2.456	2 335	1 244	9.896	3.801	0.302	3.732	桩上

表 6-1-5、表 6-1-6 所列各测点检测结果说明,砂砾石覆盖层经采用高压旋喷灌浆方法加固后,其各项物理力学指标较加固前均有显著提高,加固效果十分明显:

(1)地基承载力。桩位处提高 6 倍,桩间提高 1.5 ~2.0 倍。

(2)原位密度。桩位处提高 6.06% ~7.85%,桩间提高 4.44% ~7.53%。

(3)动弹性模量。桩位处提高 16.4 ~17.4 倍,桩间提高 3.6 ~6.1 倍。

(4)动剪切模量。桩位处提高 17.5 ~18.6 倍,桩间提高 3.8 ~6.5 倍。

(5)纵波速度。桩位处提高约 3.5 倍,桩间提高 1.83 ~2.19 倍。

(6)横波速度。桩位处提高 4.2 倍,桩间提高 2.14 倍。

3. 灌浆龄期的影响

对于不同灌浆龄期条件下灌浆加固效果,选择位于桩上的 4#、5#、6#测点进行对比,其龄期分别为 6d、11d 和 25d,其检测结果见表 6-1-7。

表 6-1-7　　灌浆龄期与加固效果的关系

测点	龄期(d)	承载力(kPa)	原位密度(g/cm^3)	纵波速度(m/s)	横波速度(m/s)	动弹性模量($\times 10^3$MPa)	动剪切模量($\times 10^3$MPa)	动泊松比	等效深度(m)
4#	6	2 423	2.415	2 000	1 078	7.270	2.806	0.295	4.028
5#	11	2 527	2.472	2 061	1 122	8.025	3.112	0.287	4.196
6#	25	3 645	2.480	2 513	1 340	11.59	4.453	0.301	4.321

由表 6-1-7 中各项检测结果可明显看出,随着龄期的增长,地基承载力、原位密度、波速等各项指标均有提高。

第二节　深厚覆盖层防渗处理

一、深厚覆盖层防渗处理

(一)工程地质条件

大坝防渗墙轴线处覆盖层深厚,最深处达 70 ~80m,工程地质条件十分复杂。坝基以下覆盖层大致可分为三层:上部砂砾石层、底砂层和底部砂砾石层。上部砂砾石层厚 30 ~40m,其中分布有厚 1 ~4m 的夹砂层透镜体;底砂层厚 10 ~20m,以细砂为主,在河床深槽段呈连续分布;底部砂砾石层厚 5 ~10m,粒径一般为 50 ~100mm。接近基岩处分布有大孤石,一般以 0.5 ~1.5m 粒径的砾石为主,并存在最大粒径达 3m 的大孤石。砂砾石层中填料以极细砂为主,局部存在低含沙率的“架空层”。河床深槽右侧发育有高约 45m 的基岩陡坎,陡坎坡度 1:0.5 ~1:0.6。河床段基岩主要为二叠系的 P_2^4 黏土岩和三叠系的泥质或钙泥质胶结的粉砂岩或细砂岩。防渗墙右端坝基断裂构造发育,有 F_1 顺河大断层及 F_{251}、F_{252}、F_{257}、F_{258} 等顺河向断层展布。

(二)处理方案研究

坝基深厚覆盖层处理是大坝设计的关键课题之一,其处理方案的研究和我国当时的基础处理水平密切相关。

1. 大开挖方案

大开挖方案是指挖除覆盖层,将防渗体直接坐落在完整基岩上,这是一种较为广泛采用且较为稳妥的坝基防渗处理方法。国外在 20 世纪 60 ~ 70 年代,对于具有深厚覆盖层的工程,大开挖方式也是常用的处理手段之一,有关工程实例见表 6-2-1。

表 6-2-1　大开挖方案工程实例

坝名	国家	坝型	坝高(m)	覆盖层深度(m)
牧尾坝	日本	心墙堆石坝	106	23
圣路易斯坝	美国	心墙堆石坝	116.4	40
玛蒙特湖坝	美国	斜心墙堆石坝	142.8	42.4
契伏坝	哥伦比亚	斜心墙堆石坝	237	50
凯朋坝	土耳其	心墙堆石坝	207	50
买加坝	加拿大	斜心墙堆石坝	245	46
高濑坝	日本	心墙堆石坝	176	40
下诺奇坝	加拿大	心墙堆石坝	123.5	82

对于深覆盖层的开挖,其开挖工程量是首要考虑的问题。上述工程一般均处于相对较窄的 V 形河谷中,开挖工程量相对较少。比较典型的工程,如加拿大的下诺奇坝,覆盖层厚度 82m,采用了大开挖方案。深覆盖层开挖带来的主要问题有:基坑排水、开挖边坡与岩石岸坡的稳定,以及工程运用时增加了心墙的拱作用,易引起心墙产生裂缝等。

鉴于小浪底复杂的工程地质条件,在中美联合设计阶段,曾提出采用大开挖方案。由于其河谷较宽,开挖和回填工程量大,致使工期延长近 10 个月。

2. 灌浆方案

在深厚覆盖层上建造高土石坝,也可采用帷幕灌浆技术对坝基进行防渗处理。世界上利用帷幕灌浆技术建造了一定数量的土石坝。据统计,帷幕深度大于 50m 的有 13 座坝,其中比较典型工程见表 6-2-2。

表 6-2-2　深覆盖层帷幕灌浆工程实例

坝名	国家	坝型	坝高(m)	覆盖层厚度(m)	帷幕排数(排)
阿斯旺	埃及	心墙堆石坝	111	225	9
谢尔邦松	法国	心墙堆石坝	122	100	12
马特马克	瑞士	斜墙堆石坝	120	100	10
太沙基	加拿大	斜墙坝	42	147	5
塞尔文斯坦	德国	心墙堆石坝	46	100	6

在20世纪80年代以前,我国尚无在80m深覆盖层上建造防渗墙的施工经验,因此小浪底坝基防渗曾提出灌浆方案,并做了灌浆试验。试验结果表明:由于覆盖层深厚并有底砂层和大孤石,造孔极为困难,因此灌浆试验效果不甚理想。根据设计规范要求,对于砂砾石基础,灌浆帷幕的允许比降一般为3~4,由此要求幕体厚度应不小于35m,按孔、排距3m计算,至少需要布置12排灌浆孔,如此大的灌浆量,工期不允许。同时覆盖层帷幕灌浆具有施工工艺复杂、工程量大、费用高的特点,在一定程度上限制了它的应用,并逐渐被防渗墙技术所取代。

3. 防渗墙方案

随着防渗墙成墙技术的发展,其可靠的防渗质量、适应各种复杂地质条件的能力,以及相对低廉的工程造价,成为深厚覆盖层防渗处理最为常用的方法。加拿大马尼克-3工程,是在深覆盖层上建造防渗墙的典型实例,其有两道0.61m的防渗墙,最大成墙深度达131m。

对于小浪底近80m深覆盖层,以及复杂的地质条件,采用防渗墙方案时,需要研究以下一些问题:基岩陡坎造孔、地层漏浆及塌孔、混凝土浇筑,以及混凝土接头施工问题等。

1) 成槽

在防渗墙施工技术方面,20世纪90年代以前,我国深度超过70m的防渗墙,只有铜街子承重墙为74.4m和横山水库坝体加固防渗墙为72.3m。国外建造的深度超过70m的防渗墙实例较多,见表6-2-3。此外,日本建造了大量的深度较大的地下连续墙工程,主要用于地下油库和地下天然气储存设施的建设。

表6-2-3　国外混凝土防渗墙建造情况

坝名	国家	坝高(m)	最大成墙深度(m)	墙体厚度(m)	结构型式
加塔维塔	哥伦比亚	54	78.6	0.8	槽孔墙
马尼克-5	加拿大	72	77	0.61	联锁桩柱墙
大角坝	加拿大	93	73	0.61	联锁桩柱墙和槽孔墙
塞斯基勒	哥伦比亚	52	76	0.55	联锁桩柱墙和槽孔墙
拉·维力大	墨西哥	60	88	0.6	桩柱式和板槽式
马莱罗斯	墨西哥	60	91.4	0.61	联锁桩柱墙
纳沃霍坝	美国	110	110	1.0	槽孔墙
穆德山坝	美国	128	122.5	0.85	槽孔墙
马尼克-3	加拿大	107	131	2×0.61	联锁桩柱墙和槽孔墙

为验证在80m覆盖层中成墙的可行性，1980年在现场进行了厚度为0.8m的防渗墙成墙试验。施工采用我国传统的防渗墙成槽方法，即“钻劈法”。施工过程中，在孔深30～35m的架空层范围内，出现集中漏浆现象，采用回填黏土球的方法进行堵漏，效果明显。试验结果表明，80m厚的覆盖层成槽是成功的。

2）基岩陡坎问题

基岩陡坎在成槽过程中，易使钻具打滑，造成孔向偏斜。小浪底基岩陡坎一度成为覆盖层防渗处理的制约因素。初设推荐采用斜墙坝型，一个重要的原因就是防渗墙可向上游布置，以避开高约45m的基岩陡坎，这样就大大加长了防渗帷幕线的长度。

已建成的加拿大马尼克-3坝基防渗墙和大角坝防渗墙，由于河谷呈V形，因此亦存在基岩陡坎问题。对于深槽段基岩陡坎，马尼克-3坝基采用联锁灌注桩结构，为了保证钻孔的垂直度，使用了带有导向套筒的钻头；大角坝工程，基岩陡坎采用冲击钻钻进的方法施工，均达到了预期的效果。

经过研究分析，认为只要做到精心施工、控制钻凿速度，对于基岩陡坎采用冲击钻造孔是能够解决的。

3）防渗墙接头问题

防渗墙Ⅰ、Ⅱ期混凝土的接缝部位，是混凝土防渗墙施工的难点，其接缝是防渗墙防渗的薄弱环节。因此，接头缝连接质量是决定防渗墙成败的关键。我国通常采用两种接头方式：一是钻凿法，即所说的“套打一钻”，国内大量防渗墙采用该方法施工；二是拔管法，国内的拔管深度一般在40m以内。近年来，随着造孔机械设备的发展，国外多采用平板式接缝技术，即利用液压铣槽机将Ⅰ序槽已浇筑的混凝土部分削去，再浇筑Ⅱ序槽混凝土，使Ⅰ、Ⅱ序槽孔混凝土连接起来。如日本在1978年利用液压铣槽机完成了100m深的地下连续墙接头缝施工。

国内外防渗墙已建工程的实践经验，为小浪底防渗墙设计、施工提供了借鉴，但其深厚的覆盖层、复杂的地质条件、高强度的混凝土以及较厚的墙体，仍是小浪底混凝土防渗墙施工的难点。当时坝基深厚覆盖层的防渗处理成为小浪底大坝设计的挑战性课题之一。

二、大坝防渗设计特点

黄河是世界上泥沙最多的河流，这给枢纽建筑物的设计带来复杂的工程泥沙问题。对于大坝的防渗设计而言，大量的泥沙淤积在坝前将形成一个良好的天然防渗铺盖，对大坝的防渗十分有利。如何利用天然铺盖防渗是设计者必须考虑的问题。多年来，在大坝设计中，对如何利用天然铺盖进行了不同方案的研究，最终确定了坝基以混凝土防渗墙垂直防渗为主，利用天然铺盖作为坝基的辅助防渗措施的设计思想。

主坝防渗墙和斜心墙一起形成大坝的垂直主防渗体系；围堰斜墙和围堰防渗墙组成施工期的围堰防渗体系；斜心墙通过坝内上爬式内铺盖与围堰斜墙和坝前泥沙淤积形成的天然铺盖共同组成一道辅助的水平防渗体系，从而提高了坝基防渗的可靠性。

三、主坝防渗墙设计

(一)方案比选

1. 双墙方案

根据防渗墙的抗渗比降要求,布置两道厚 0.8 ~ 1.0m 的防渗墙,在墙顶或两道墙的中间设置观测、灌浆廊道。双墙方案质量可靠,在坝基出现渗漏问题时,可在廊道内进行补强处理。采用两道墙,造墙工作量大,占用直线工期长;在墙顶或两道墙中间布置廊道,增加了结构的复杂性。

2. 单墙顶设置廊道方案

一道墙,墙厚 1.2 ~ 1.6m,在墙顶设观测、灌浆廊道。墙与廊道采用柔性活接头连接。墙与廊道采用柔性连接,以改善防渗墙的受力条件,减少防渗墙墙体应力,当墙体出现问题的时候,通过廊道可对地层进行灌浆补强,同样墙顶布置廊道增加了结构的复杂性。

3. 塑性墙加灌浆方案

一道 0.8 ~ 1.0m 厚的塑性混凝土墙,在其两侧进行帷幕灌浆,以满足渗透稳定要求。基于塑性防渗墙用于大型永久工程中的实例尚少,不宜在小浪底这样的大型工程中应用。在覆盖层内灌浆施工难度大、工期长。

经过多年的论证和研究,考虑泥沙淤积形成水平铺盖的辅助防渗作用,可以削减 20% ~ 30% 的水头,为此可使主坝防渗墙厚度减薄。

最终推荐墙厚 1.2m 的单墙方案,取消墙顶廊道,保留墙顶高塑性土区。

(二)墙体设计

1. 墙体厚度

防渗墙厚度的确定主要考虑混凝土的抗渗比降及耐久性、施工技术水平、造孔机械设备能力和墙体应力等因素。

1) 抗渗比降

防渗墙混凝土是在泥浆下浇注,且为隐蔽性工程,其质量控制较为困难,有时可能会产生水平夹泥层或竖向接缝夹泥层,所以对混凝土防渗墙的抗渗比降有所控制。国内外防渗墙混凝土的抗渗比降一般采用 70 ~ 90。国内外几个混凝土防渗墙采用的渗透比降见表 6-2-4。

表 6-2-4　　国内外部分工程混凝土防渗墙参数统计

坝　名	坝高(m)	覆盖层深度(m)	墙厚(m)	混凝土强度(MPa)	渗透比降
密云白河主坝	66	44	0.8	11.0	80
碧口	101	34	0.8,1.3	11.1	90
毛家村	80.5	32	0.8 ~ 1.0	8.5 ~ 10.0	83
南谷洞	73.5	51	0.8	10.0	91
马尼克 -3	107	131	2 ×0.61	34.0	80

不考虑天然淤积的辅助防渗作用时，主防渗墙承受的最大水头约 140m；当考虑天然淤积、内铺盖和上游围堰防渗墙联合防渗时，防渗墙承担水头约 110m。根据小浪底水库的运用方式，水库运用初期为拦沙运用阶段，坝前淤积将会很快形成，并起到一定防渗作用，故墙体按承担 110m 水头设计，确定墙厚为 1.2m，相应抗渗比降为 92。

2）设备能力及技术水平

国内外混凝土防渗墙的厚度通常在 0.6～0.8m，厚度大于 1m 的防渗墙数量很少，国内仅碧口墙厚 1.3m、宝珠寺墙厚 1.4m，国外的有法国的维尔尼土坝，智利的科勒本斜心墙砾石坝防渗墙厚 1.2m。施工设备能力也是影响防渗墙厚度选择的重要因素之一，国内利用冲击钻，墙厚 1.4m 已到极限。考虑现已有 1.2m 抓斗和液压铣槽机等成套设备，利用这些设备造孔可以加快小浪底防渗墙的建造速度，提高成墙质量，并可降低工程造价，最终采用墙厚 1.2m。

2. 混凝土设计强度

墙体混凝土设计强度取决于防渗墙应力。鉴于小浪底工程的重要性和坝高等因素，初步设计阶段对防渗墙的结构型式曾作为国家“七五”攻关科研项目，采用不同的方法进行分析计算，取得了大量成果。

对现坝型混凝土防渗墙，先后由清华大学、黄河水利科学研究院和河海大学等单位采用相同或不同计算参数进行有限元计算。防渗墙为地下工程，工作条件十分复杂，计算中接触面力学特性的模拟及材料参数的选用都将直接影响到计算结果，甚至差别很大。计算结果尚不能直接用于设计，仅可作为重要的参考依据。以计算为参考，结合工程类比是小浪底防渗墙混凝土设计强度确定的主要手段。

1）防渗墙应力计算成果

有限元分析采用的接触面计算参数和材料参数见表 6-2-5 和表 6-2-6。

表 6-2-5　　接触面参数

材料类型	C	δ(°)	R_f	K_f	n
砂卵石和混凝土（泥皮）	0	11	0.7	15 000	0.78
黏土和混凝土	0	18	0.7	10 000	0.70
黏土与过滤体	0	25.6	0.76	14 600	0.83

注：主坝防渗墙混凝土 35MPa，E = 30 000MPa；上游围堰防渗墙混凝土 4MPa，E = 1 500MPa。

最大断面防渗墙的应力计算结果见表 6-2-7，次大断面防渗墙的应力计算结果见表 6-2-8。

表 6-2-6　　坝基、坝体材料计算参数

材料名称	分区	状态	参数												
			容重（kN/m^3）	C（MPa）	ϕ（°）	R_f	K	n	G	F	D	K_b	m	K_{ur}	n_{ur}
砂卵石	坝基	饱和	22.9	0	35.0	0.67	960	0.42	0.38	0.19	9.30	420	0.28	1 400	0.41
小料场土料	1B	湿	20.0	0.03	28.0	0.91	440	0.60	—	—	—	—	—	—	—
		饱和	20.9	0.02	27.0	0.95	355	0.50	0.47	0.23	2.06	20	0.10	480	0.50
反滤料	2A、2B、2C	饱和	21.7	—	—	—	—	—	—	—	—	—	—	—	—
		湿	19.1	0	35.0	0.78	710	0.48	0.29	0.10	4.55	300	0.50	950	0.48
淤土	—	饱和	17.5	0	25.0	0.80	50	0.50	—	—	—	25	0.50	75	—
上游堆石	4A	湿	21.1	0	41.0	0.80	840	0.49	0.43	0.26	5.0	300	0.40	1 600	0.67
		饱和	22.1	0	39.0	0.72	700	0.43	0.39	0.18	4.60	250	0.55	1 500	0.62
下游堆石	4B、4C	湿	21.1	0	40.0	0.78	750	0.50	0.25	0.04	5.50	280	0.40	1 400	0.60
寺院坡土	1	湿	20.1	0.02	25.0	0.95	550	0.31	0.43	0.19	1.40	200	0	680	0.31
		饱和	20.7	0.02	25.0	0.86	300	0.25	0.43	0.19	1.40	150	0	400	0.25
高塑性土	1A	饱和	19.9	0.05	15.0	0.78	60	0.70	0.29	0.05	2.04	20	0.70	150	0.70

表 6-2-7　　最大断面防渗墙应力(清华大学计算)

高程(m)	竣工期(MPa)				蓄水期(MPa)			
	上游面单元	中间单元	下游面单元	平均应力	上游面单元	中间单元	下游面单元	平均应力
142.0	5.82	3.97	1.82	3.87	5.26	1.19	0.51	2.32
138.5	11.48	6.78	2.15	6.80	6.30	4.08	1.08	3.82
134.0	21.77	10.27	-1.26	10.26	2.70	5.74	1.11	3.18
130.5	30.60	12.61	-5.32	12.63	19.44	11.44	3.43	11.45
127.2	31.35	15.14	-1.22	15.09	23.01	13.17	3.22	13.15
123.0	30.11	19.28	8.60	19.33	22.73	15.88	9.13	15.91
118.3	30.03	23.11	16.08	23.07	22.68	18.98	15.20	18.95
113.6	30.94	26.58	22.30	26.61	24.68	21.17	17.54	21.20
108.9	33.30	29.99	26.60	26.96	26.52	23.52	20.54	23.50
104.2	34.79	32.81	30.93	32.84	27.67	25.71	23.89	25.76
99.5	36.03	36.16	36.10	36.10	30.05	28.08	25.88	28.00
94.8	38.81	39.79	41.04	39.88	31.98	30.78	29.89	30.88
90.1	41.73	43.16	42.28	43.06	33.37	33.72	33.71	33.33
85.4	44.60	45.29	46.40	45.43	34.99	35.16	35.80	35.32
80.8	48.32	47.75	46.68	47.58	37.61	36.65	35.12	36.46
76.1	50.02	49.16	48.89	49.36	39.13	37.44	36.41	37.66
71.3	49.46	50.99	51.90	50.78	38.12	38.18	37.55	37.95
66.6	48.30	51.46	55.27	51.68	35.19	37.81	41.09	38.03
62.0	48.06	52.50	56.37	52.31	31.38	39.02	46.08	38.83
57.3	56.71	52.42	48.55	52.56	32.90	39.88	47.19	39.99

表 6-2-8　　次大断面防渗墙应力(清华大学计算)

高程(m)	竣工期(MPa)	蓄水初期(MPa)	高程(m)	竣工期(MPa)	蓄水初期(MPa)
142.0	6.8	6.3	117.5	22.1	14.2
138.25	9.1	7.9	112.5	24.7	15.7
134.25	11.2	9.0	107.5	27.0	17.2
131.0	13.7	9.8	102.5	28.3	18.7
127.5	15.7	9.8	98.75	28.9	19.7
122.5	18.7	11.7	96.25	29.0	20.3

采用不同的力学模型、参数和计算程序的防渗墙计算结果表明，防渗墙下部的应力较大。最大压应力发生在墙下部，其值大于 50MPa；最大拉应力发生在坝基表面的 130m 高程附近，其值大于 5MPa。

2）工程类比

铜街子水电站，混凝土防渗墙位于重力式挡墙下，深约 70m。由于防渗墙承受上部的重量，因此应力较高，混凝土设计强度为 35MPa。

加拿大马尼克－3 水电站，防渗墙采用的混凝土设计强度为 34MPa。防渗墙施工时，河谷两侧冲积层深度小于 50m 的地段，采用板槽式防渗墙；河谷中间冲积层大于 50m 的地段采用联锁灌注桩。工程投入运用后，混凝土防渗墙的实测资料表明，在坝体自重和水压力的联合作用下，墙体压缩了 140mm，墙顶向下游位移 285mm。桩承受最大压力和弯曲时所产生的压应力不超过 24.5MPa，小于混凝土平均抗压强度 41.8～45.6MPa。监测结果表明，填筑坝体所造成的应力约占混凝土墙垂直应力的 15%，由坝基沉降所引起的应力为 85%。峡谷使防渗体在沉降过程中产生了拱效应，坝体的部分重量传递到峡谷两边，两侧的墙体产生应力集中，部分墙段应力超过混凝土的抗压强度，导致墙的下端局部被压碎。

上述计算结果和工程经验说明，防渗墙应力的大小主要取决于河床覆盖层的深度、覆盖层性质、坝高及墙的受力条件等。小浪底防渗墙混凝土强度设计，参考了应力应变计算结果及国内外已建高标号混凝土防渗墙工程实例。考虑国内施工水平，同时考虑利用混凝土的后期强度增长，确定小浪底主坝防渗墙混凝土的设计强度为 $R_{28}=35$MPa、弹性模量不小于 30 000MPa，抗渗标号大于 W_8。这样，一年后混凝土强度可以达到 50MPa 以上，可满足防渗墙的应力要求。鉴于主坝防渗墙对大坝安全的极端重要性，水下浇筑的混凝土强度保证率要求不小于 85%。

混凝土防渗墙竣工 2～3 年坝体填筑才完成。在这一缓慢加荷过程中，由于混凝土自身徐变的影响，有可能使墙体的应力减小；而且墙是在高侧限条件下受压，墙越深，侧限压力越大，混凝土的抗压强度相对越高。上述因素都有利于改善防渗墙的受力条件，使混凝土强度满足防渗墙墙体应力的要求。此外，在造孔和混凝土浇筑过程中，墙体上、下游侧地基中均形成了较厚且致密的泥皮，可起到辅助防渗作用。

3. 防渗墙插入土体内高度

按《碾压式土石坝设计规范》（SDJ218—84）规定，混凝土防渗墙墙顶应做成光滑的楔形体，插入防渗体内的高度应大于 1/10 坝高，即要求防渗墙插入段与土体的接触比降应不大于 5。国内部分已建坝的混凝土防渗墙与土体的接触比降见表 6-2-9。

三维渗流计算结果表明，防渗墙插入防渗体内高度为 12m 时无论是否考虑坝前泥沙淤积的防渗作用，平均接触比降均小于 5。防渗墙左右两端在水平方向和土体的连接处为三向渗流作用，计算表明，墙体插入防渗体内 20m 时，接触比降也小于 5。

表 6-2-9　　国内部分已建坝的混凝土防渗墙与土体的接触比降

坝名	坝高(m)	防渗体形式	墙体厚(m)	墙深(m)	插入深度(m)	接触比降
毛家村	80.5	心墙	0.8~0.95	32	9.0	8.8
玉马	50	斜心墙	0.8~1.0	24	4.5	5.5
月子口	26	斜墙	0.6	18	2.0	6.5
密云	66	斜心墙	0.8	44	6.0	5.5
西斋堂	58	斜心墙	0.8	48	5.0	5.8
崇各庄	16	斜心墙	0.8	19	2.8	5.7
南谷洞	73.5	斜心墙	0.8	43.3	4.2	8.7
察尔森	40.8	厚心墙	0.55	20	4.0	5.1

4. 防渗墙左、右端点的确定

防渗墙左、右端点系根据河床和岸坡基岩面形状和地质条件确定。左岸岸坡较陡，防渗墙直接和岸边基岩相连接。右端点的确定主要考虑两方面因素：一是右岸滩地覆盖层仅深 20m 左右，一般情况下，覆盖层小于 15m 时，明挖后直接填筑土料更为经济；二是河床右侧由于受 F_1 顺河大断层及其分支断层的影响，岩体较为破碎，为了更好地对其进行处理，决定采用明挖处理方案。因此，防渗墙右端点选择在 F_1 断层左侧影响带以外。

5. 防渗墙结构设计

防渗墙位于斜心墙下。根据清华大学的计算结果，施工期由于受不平衡土压力作用，防渗墙下游侧在坝基表面附近产生拉应力，最大拉应力达 5.32MPa。为安全计，在 126m 高程以上的墙内设置钢筋笼。深槽段墙下游侧受力钢筋为 7 ⌽32/m，上游侧受力钢筋为 5 ⌽22/m。浅槽段墙上、下游两侧受力钢筋均为 5 ⌽22/m。坝基开挖后，墙体露出地面约 10m，在墙的上部设置钢筋笼还可以抵御大型施工机械碰撞及墙两侧土压力差等外荷作用对墙体可能造成的危害。

四、主坝防渗墙施工技术

(一)墙段分期及槽孔开挖

1. 施工分期

主坝防渗墙位于坝轴线上游 80m，轴线长 465.7m，防渗面积 21 092m^2。鉴于防渗墙位于关键线路上，为保证截流后大坝的施工进度，按防渗墙的施工顺序，将墙体分为三部分：右岸滩地段(DG0 +394.80 ~ DG0 +653.80)槽孔墙部分，墙长 259.0m，共 43 个槽孔，防渗面积 10 540m^2，为一期工程，由国内承包商在主体工程准备期施工；左岸主河槽段(DG0 +241.6 ~ DG0 +394.80)槽孔墙部分，墙长 153.2m，截流后由国际承包商施工，共 23 个槽孔，防渗面积 5 090m^2；槽孔墙顶以上的加高部分(DG0 +210.10 ~ DG0 +675.80)，墙长 465.70m，截流后由国际承包商施工，防渗面积 5 462m^2。

2. 槽孔开挖

一期国内承包商施工部分，采用冲击钻配合液压抓斗施工。

施工设备包括 CZ30 型和 CZ22 型冲击钻机 20 台，液压导板抓斗一台，$2m^3$ 卧式泥浆搅拌机 10 台。采用冲击钻机钻主孔，液压导板抓斗抓取部分副孔，另一部分副孔采用钻劈法施工。固壁泥浆采用当地黏土加入少量膨润土制成，膨润土掺量为 $1m^3$ 泥浆 12.5kg。

抓斗抓取副孔的工效为 $48m^2$/(台·日)，冲击钻凿主孔工效为 $1.8m^2$/(台·日)，钻凿副孔工效 $3m^2$/(台·日)，钻凿缓凝型混凝土接头孔的工效为 $2.3m^2$/(台·日)。

二期外商施工部分，采用一台液压双轮铣配合 2 台机械式抓斗施工。

机械式抓斗担负覆盖层的开挖，直接抓挖成槽；液压双轮铣担负基岩和混凝土的开挖，并对槽孔进行测斜和纠偏，清孔换浆等。重锤(11t)在开挖中起辅助作用，对大孤石或基岩进行破碎，然后用抓斗或双轮铣完成开挖。并配备一套先进的具有制浆、储浆、振动除沙滤浆和压力供浆系统，使槽孔的开挖效率大大提高，仅用 93d 完成了截水面积约 5 $100m^2$ 的混凝土防渗墙施工，比计划工期提前 58d。固壁泥浆采用法国优质膨润土制成，泥浆密度为 1.05 ~ 1.1g/cm^3。

机械抓斗的平均开挖工效为 $46.8m^2$/(台·班)，扩孔系数约为 1.18；双轮铣铣削接头缝混凝土的平均工效为 $12.5m^2$/(台·班)，铣削基岩的平均工效为 $7.8m^2$/(台·班)。

(二)混凝土配合比

1. 常规混凝土配合比

由于防渗墙混凝土强度高，因此选择合适的混凝土配合比对防渗墙的成墙质量至关重要。一期工程混凝土试验用水泥为荆门水泥厂三峡牌中热硅酸盐 525 号，石子二级配，外加剂为山西万荣五州化工厂生产的 KW 和中国建材科学院水泥所生产的 LH4 缓凝剂。常规混凝土配合比及试验结果见表 6-2-10。

表 6-2-10　　常规混凝土配合比及试验结果

试样编号	水灰比	每立方米混凝土材料用量(kg)						混凝土抗压强度(MPa)			塌落度(cm)
		水泥	石子	砂	水	缓凝剂(%)		3d	7d	28d	
						LH4	KW				
ZQ-1	0.438	400	1 150	675	175	—	1.5	11.2	22.7	44.3	22.0
ZQ-2	0.438	400	1 150	675	175	0.7	—	14.6	24.2	41.6	24.5
ZQ-3	0.438	400	1 150	675	175	0.4	0.75	18.6	26.7	48.9	22.5
ZQ-4	0.407	430	1 158	637	175	0.4	0.75	18.4	28.7	52.9	21.5

一期工程防渗墙混凝土采用的施工配合比见表 6-2-11。

表 6-2-11　　国内标常规混凝土配合比试验结果

水灰比	每立方米混凝土材料用量(kg)						混凝土抗压强度(MPa)	
	水泥	石子	砂	水	缓凝剂(%)		7d	28d
					LH4	KW		
0.45	389	1 157	679	175	0.4	0.75	23.0	44.1

二期防渗墙采用一级配混凝土，以增加混凝土的和易性，外加剂采用 R4 高效塑化剂和 RETARDER 缓凝剂。混凝土施工配合比见表 6-2-12。

表 6-2-12　　国际标常规混凝土采用配合比结果

水灰比	每立方米混凝土材料用量(kg)					缓凝剂(%)	
	水泥	水	中细砂(0～1.2mm)	粗砂(1.20～5mm)	小石(5～20.5mm)	R4	REATRDER
0.45	400	180	452	452	905	1.2	1.1

2. 缓凝型混凝土配合比

一期防渗墙施工时，曾采用缓凝型混凝土，利用掺粉煤灰的混凝土具有早期强度低、后期强度高的特点，减小接头混凝土钻凿的难度。缓凝型混凝土抗压强度设计指标按 90d 控制，即 $R_{90}=35\text{MPa}$。

试验用水泥为荆门水泥厂三峡牌中热硅酸盐 525 号，$R_{28}=62.4\text{MPa}$，石子二级配，连地砂，细度模数 $M=2.09$，粉煤灰为一级，来自焦作电厂，外加剂为广州产木钙。混凝土配合比试验结果见表 6-2-13。

表 6-2-13　　缓凝型混凝土配合比试验结果

试样编号	每立方米混凝土材料用量(kg)						混凝土抗压强度(MPa)				
	水泥	粉煤灰	石子	砂	水	外加剂(%)	7d	14d	28d	60d	90d
ZQ-1	240	160	1 132	693	174	0.9	0.5	6.2	18.4	21.8	25.8
ZQ-2	240	160	1 132	693	179	0.4	15.3	19.0	21.5	28.9	30.2
ZQ-3	240	160	1 132	693	197	0.5	11.3	16.9	23.3	36.9	36.2
ZQ-4	240	160	1 132	693	185	0.6	7.8	16.7	24.7	34.2	37.8
ZQ-5	240	160	1 132	693	194	0.7	10.4	15.3	21.6	31.0	35.1
ZQ-6	240	160	1 132	693	230	0	8.8	12.0	17.3	22.2	—
ZQ-7	280	120	1 132	693	188	0.6	17.1	27.1	29.4	—	—
ZQ-8	300	100	1 132	693	195	0.6	15.4	25.1	31.8	—	—
ZQ-9	320	80	1 132	693	190	0.6	—	20.9	24.2	—	—

从表 6-2-13 各组试验结果看出,ZQ－4 组在满足混凝土 90d 龄期设计强度条件下较为理想,故选用 ZQ－4 组作为混凝土施工配合比。

掺粉煤灰的缓凝型混凝土用于防渗墙,小浪底工程为国内首次。为了监测混凝土质量,对 39 个槽孔的混凝土进行了机口取样,取得 28d 和 90d 的抗压强度指标,并对部分试样取得 7d、14d、60d 和 360d 的抗压强度、抗渗指标及弹性模量的试验结果。机口取样实测结果和实验室试验结果对比情况见表 6-2-14。

表 6-2-14　缓凝型混凝土物理力学指标

样品	混凝土抗压强度(MPa)						抗渗标号	弹性模量(MPa)
	7d	14d	28d	60d	90d	360d		
实验室 ZQ－4	7.8	16.7	24.7	34.2	37.8	46.5	＞B8	23 300
机口取样(平均值)	15.8	19.4	28.7	31.4	38.7	47.8	＞B12	30 800

从机口取样情况来看,混凝土质量良好,技术指标满足设计要求。小浪底防渗墙缓凝型混凝土抗压强度和龄期的关系见图 6-2-1。

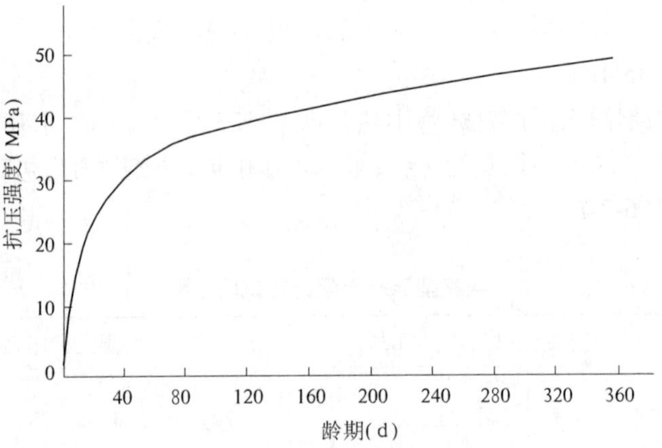

图 6-2-1　缓凝型混凝土龄期～抗压强度关系

(三)防渗墙质量检查

几十年来我国建造了大量的混凝土防渗墙,积累了较为丰富的施工经验,但对防渗墙的施工质量缺少一套完善的检查方法。在国内以往的混凝土防渗墙施工中,只注重施工过程中的质量控制,对成墙后的墙体不再进行必要的质量检查。我国现行的《水利水电工程混凝土防渗墙施工技术规范》也仅仅规定:检查可采用钻孔取芯和其他无损检测方法。没有指明钻孔取芯的检查内容和方法,也没有规定评价墙身质量的技术指标。

小浪底第一期工程施工过程中,在采用常规混凝土时,发现某些槽孔混凝土的施工质量不能满足设计指标的要求,因此提出对完成的第一期混凝土防渗墙墙体质量进行全面的质量检查。

1. 质量检查方法

小浪底第一期防渗墙墙体的质量检查项目是根据墙体施工中发现的问题及工地条件确定的。检查内容有钻孔取芯、压水试验和弹性波 CT 测试。

(1)钻孔检查:可直观定性评价混凝土质量,并选取具有代表性的混凝土芯做抗压试验,建立混凝土波速~强度关系;为检查Ⅰ、Ⅱ期槽孔接缝质量,布置斜孔进行检查。

(2)压水试验:在检查孔中做压水试验,检查墙体透水性。

(3)物探检查:利用弹性波透射 CT 测试成果,提出墙体波速等值线图,建立波速与混凝土强度的对应关系。

整个检查过程以钻孔取芯、弹性波 CT 测试为主,经过钻孔、弹性波 CT 测试后,又补充了少量的压水试验进行验证。钻孔检查毕竟是"一孔之见",不能全面反映防渗墙整体的质量,因而提出用弹性波 CT 对典型槽孔进行测试。对 CT 检查成果中反映混凝土强度偏低的部位,再补充钻孔来验证 CT 测试成果的可靠性,两者互为补充和验证。当对 CT 测试方法、成果分析总结,取得经验后,再用 CT 对墙体进行较大范围的检测。

2. 透射 CT 检测

透射 CT 检测断面的数量、位置及检测范围主要根据墙体施工情况而定。测试工作分三次进行。三次共布置 CT 断面 17 个,共计 29 个槽孔,检测范围约为一期工程防渗面积的 70%。对不同部位混凝土(常规混凝土和掺粉煤灰混凝土)分别采用了单孔法和跨孔法两种测速方法;根据各断面跨距大小,采用了超声波和地震波两种测试系统。

第一期防渗墙的常规混凝土和掺粉煤灰混凝土抗压强度与波速对应关系分别见表 6-2-15、表 6-2-16。两表中混凝土强度和波速关系,是从钻孔芯样中分别挑选不同类型的样品试验得到。由于不是为建立两者关系专门做的样品,因此成果具有一定的误差。

表 6-2-15　　常规混凝土波速与强度关系

超声波速(m/s)	地震波速(m/s)	抗压强度(28d)(MPa)	密度(g/cm^3)
3 600	3 200	20	2.15
3 980	3 580	30	2.23
4 135	3 735	35	2.26
4 260	3 860	40	2.29
4 500	4 100	50	2.34

表 6-2-16　　掺粉煤灰混凝土波速与强度关系

地震波速(m/s)	抗压强度(90d)(MPa)	密度(g/cm^3)
3 170	20	2.16
3 440	25	2.26
3 680	33	2.30
3 810	35	2.34

3. 钻孔取芯检查

钻孔取芯检查,一是可以根据混凝土芯样的情况,定性评价混凝土质量;二是可取代表性样品做抗压强度试验(结果见表6-2-17),用于建立混凝土强度与波速关系,使钻孔检查成果与透射CT成果互为补充和验证,从而客观、全面地评价墙体质量。根据实际施工情况,对可能存在质量问题的部位进行检查,同时又要兼顾透射CT检测要求(孔距≤1/2孔深)布置检查钻孔。共完成检查孔24个,钻孔进尺827.63m,取样36块,压水试验15段次。

表6-2-17 检查孔混凝土芯样试验结果

野外编号	样品名称	室内编号	自然密度(kN/m^3)	自然抗压强度(MPa)			试件尺寸(cm)/高径比
				试验值	标准值	28d值	
12	混凝土	30-3(1)	23.7	40.6	50.3	35.9	φ8.39×16.84/2.01
	混凝土	30-3(2)	24.0	34.1	42.3	30.2	φ8.33×16.92/2.03
	混凝土	30-3(3)	23.9	47.0	58.3	41.6	φ8.28×16.90/2.04
	混凝土	30-3(4)	23.9	37.0	47.0	33.6	φ8.46×17.15/2.03
	混凝土	30-3(5)	23.8	48.5	49.5	35.3	φ8.29×8.79/1.06
	混凝土	平均	23.9	41.6	49.5	35.3	
13	混凝土	30-4(1)	24.1	39.4	48.9	34.9	φ8.58×17.17/2.00
	混凝土	30-4(2)	24.0	43.5	53.9	38.5	φ8.58×17.60/2.05
	混凝土	30-4(3)	24.0	34.2	42.4	30.3	φ8.59×17.28/2.01
	混凝土	30-4(4)	24.2	38.4	47.6	34.0	φ8.58×17.33/2.02
	混凝土	30-4(5)	24.3	46.6	57.8	43.3	φ8.58×17.39/2.03
	混凝土	平均	24.1	40.4	50.1	35.8	

4. 压水试验

压水试验一般选在混凝土质量有问题的孔段进行。压水试验不但要检查典型孔段的透水性,还要与透射CT试验成果和钻孔取芯结果相互验证,以便全面评价墙体质量。压水试验结果见表6-2-18。

钻孔检查和采用物探弹性波透射CT检测所得成果相当吻合,以上检查方法受到世界银行特别咨询专家的好评。对发现的质量问题,根据情况分别采用灌浆、凿除混凝土重新浇筑、地面以上接头缝采用喷混凝土、地面以下接头缝采用高压旋喷灌浆等进行了认真彻底处理。

(四)Ⅰ、Ⅱ槽孔混凝土连接技术

小浪底防渗墙Ⅰ、Ⅱ槽孔混凝土连接,先后采用了体积占有法、套接法和铣削法。其中套接法分别在常规高强混凝土和掺粉煤灰的缓凝型混凝土中采用。

表 6-2-18　　压水试验结果

钻孔编号	高程(m)		透水率(Lu)	备　注
	起	止		
JT11C	113.1	107.0	40.9	有1m砂浆芯,混有泥浆,质松
	116.9	111.3	11.1	有蜂窝麻面
	104.8	99.7	0.3	有蜂窝麻面
	89.3	80.8	1.6	有严重蜂窝
JT17C	117.7	112.6	1.9	有0.76m砂浆芯,质软易碎
	91.0	83.9	0.2	有两条不规则的平行斜面
	84.4	77.3	1.9	有蜂窝麻面
	77.9	72.0	4.1	混凝土与基岩间有0.3m沉淀物
JT27C	128.2	115.0	0	混凝土芯中长柱,有蜂窝麻面
	136.6	128.2	26.0	高程143m处有一斜缝,冒水
	129.9	128.2	0	高程130m处有一斜缝,冒水
	133.0	129.9	242.3	高程136m处有一斜缝,冒水
$JT8C_1$	120.7	115.6	141.9	高程123～116m,取芯有两条斜面
$JT22C_2$	106.7	100.8	1.1	混凝土芯呈中长柱状,有蜂窝麻面
JT10C	99.0	64.0	13.2	混凝土芯完整呈中长柱状

注:①JT27C孔后三段和JT11C孔第二段压水试验均为综合段,计算时去掉重合部分,分开计算;②JT10C孔的一段压水试验混凝土芯完整、呈长柱状,但透水率偏大,分析认为是该段在钻孔完成后用双管双栓塞试验器,下部栓塞止水效果不好所致。

1. 体积占有法

对于小浪底防渗墙,采用常规混凝土时,由于混凝土强度高、深度大,采用钻凿法直接施工接头孔十分困难,因此提出了体积占有法。所谓体积占有法就是在Ⅰ序槽孔接头部位用其他材料预先充填,然后浇筑混凝土;Ⅱ序槽孔施工时,再将接头孔部位充填的材料凿除,形成接头孔。具体措施是在接头孔部位放置直径为1.05m的低标号素混凝土预制块和泡沫塑料块,混凝土预制块和塑料块做成砝码状,二者间隔放置,采用钢丝绳定位,边安装边下落。

通过对36号浅槽接头孔施工统计,平均工效约为$2.6m^2$/(台·日),相对较低。出现钻进缓慢的原因是由塑料泡沫引起的,当冲击钻向下冲击时,混凝土下部塑料泡沫的回弹作用,减少了钻头和混凝土间的作用力,延缓了混凝土破碎的过程。该法仅试验了几个槽孔,因存在问题较多,故未被采用。

2. 套接法

套接法施工防渗墙接头孔,分别在常规混凝土和掺粉煤灰的缓凝型混凝土中应用。

常规混凝土早期强度较高,5d、28d强度分别为30.7MPa和44.1MPa,接头孔成孔困难,主要表现为钻凿工效低,且易发生孔斜。出现孔斜后,纠偏难度很大,如一接头孔在钻凿至5.2m时,因孔斜过大而无法继续钻进,通过向孔内回填质地坚硬的卵石进行修孔。在施工的15个接头孔中有8个钻孔,因孔斜过大而报废。总计完成钻孔进尺385m,冲击钻(CZ30 型钻机)平均工效约为 1.15m^2/(台·日)。

常规混凝土接头孔施工困难,研究并采用了掺粉煤灰的缓凝型混凝土(设计抗压强度 R_{90} = 35MPa)。混凝土中掺入粉煤灰后,利用其早期强度较低进行接头孔的施工。

3. 铣削法

液压铣槽机又称双轮铣,是目前世界上最为先进的成槽设备。铣削法就是采用双轮铣对Ⅰ序槽孔接头处混凝土进行铣削、清理,以达到两期混凝土墙段相连接的目的。有关采用双轮铣处理防渗墙接头,早在 1978 年日本已经进行了深 100m 级防渗墙的成墙试验,并取得了成功。

小浪底二期防渗墙施工采用 HF4000 型双轮铣铣削基岩和混凝土。该设备由索列丹斯公司研制,以履带式起重机控制、操作,主要技术指标见表 6-2-19。

表 6-2-19　FH4000 型双轮铣主要技术指标

液压马达功率(kW)	切削鼓轮转速(r/min)	切削扭矩(kN·m)	起重能力(kN)	最大成槽深度(m)	泥浆泵排量(m^3/h)	允许最大渣径(mm)
349	9~25	40~120	1 200	150	450	100

根据双轮铣设备的性能,Ⅰ、Ⅱ序槽孔混凝土采用平接的方式连接。为确保接头缝的施工质量,在槽孔开挖前,先在Ⅰ、Ⅱ序槽孔接头部位,开挖长 2.8m、宽 1.2m、嵌入基岩 0.5m 的横向接头孔,并回填设计抗压强度为 R_{28} = 2MPa 的塑性混凝土。横向接头孔和Ⅰ、Ⅱ序槽孔的关系见图 6-2-2。

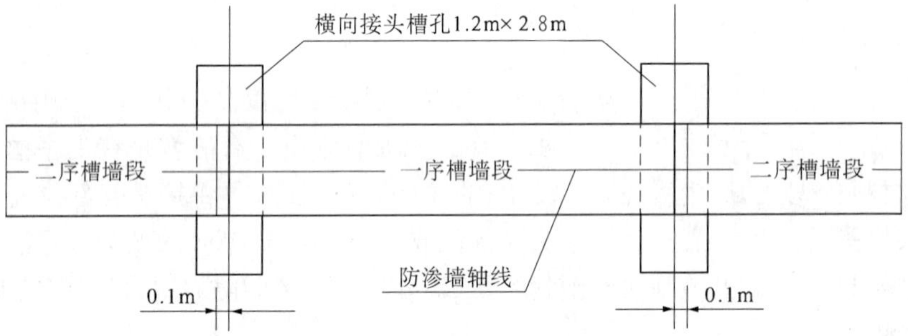

图 6-2-2　左岸河槽段防渗墙接头型式

在两个横向接头孔中间进行Ⅰ序槽开挖,Ⅰ序槽内的塑性混凝土,采用双轮铣进行铣削,铣削的宽度为 0.7m,因此Ⅰ序槽孔混凝土长度超出两个接头缝中心线各 0.1m。Ⅱ序槽孔开挖时,将剩余的宽度为 0.5m 塑性混凝土,连同Ⅰ序槽孔墙段超出接头缝中心线的 0.1m 混凝土,用双轮铣削去,使其形成新鲜混凝土面,然后浇筑Ⅱ序槽孔混凝土。Ⅰ、Ⅱ序槽孔混凝土接头缝两侧超过防渗墙宽度的塑性混凝土,将被保留下来,对接头缝起到保护和延长渗径的作用。

4. 墙段连接技术对比分析

1)接头缝施工工效

掺粉煤灰的缓凝型混凝土,虽然具有早期强度低、后期强度高的特点,但对于小浪底防渗墙混凝土来说，早期仍具有较高的强度。采用钻凿法施工，钻凿工效比常规混凝土提高了近 2 倍，达到了 2.3m^2/(台 · 日)。对于掺粉煤灰的缓凝型混凝土而言，接头孔的钻凿工效，仍然是制约防渗墙成墙速度的主要因素。

双轮铣铣削接头缝混凝土的平均工效为 12.5m^2/(台 · 班)，铣削基岩的平均工效为 7.8m^2/(台 · 班)。由于混凝土接头缝施工效率的提高，截水面积为 5 100m^2 的二期混凝土防渗墙仅用 93d 完成，比计划工期提前了 58d。

2)墙段连接质量

一期防渗墙施工，采用黏土泥浆护壁，抽砂桶清孔换浆，清孔换浆后，槽孔泥浆含砂量大。从防渗墙开挖情况看，接头缝内普遍存在夹泥过厚的情况，尤其在墙的上部，缝中间厚度一般为 0.5 ~ 2cm，外部厚度最厚达 10cm。个别接头缝在 1m 左右水头作用下，出现渗水现象。对于夹泥过厚的接头缝，基础面以上部分凿成 V 形槽，喷混凝土进行封堵，基础面以下部分在防渗墙上游侧采用高压旋喷灌浆进行了加固处理。

二期防渗墙施工部分，采用优质的膨润土泥浆固壁，泵吸反循环出渣。由于固壁泥浆质量好，加之采用大功率的泵吸反循环系统清孔换浆，因此泥浆含砂量小。从开挖情况看，混凝土结合面清晰，缝面仅附着泥浆粉，未见夹泥；从沿接头缝钻孔取芯情况来看，防渗墙与基岩接触紧密，Ⅰ、Ⅱ序墙段混凝土连接较好，两期混凝土芯大部分呈整体状，说明两期混凝土间存在一定的胶结强度。

从两期施工的防渗墙墙段连接情况看，固壁泥浆质量对接头缝的质量至关重要。因此，建造宽墙、深墙时，采用优质膨润土泥浆固壁是十分必要的。

五、上游围堰防渗墙设计

(一)基础防渗系统布置的特点

上游拦洪围堰为斜墙形式，其基础防渗采用了垂直防渗和水平防渗相结合的防渗形式，以减少防渗墙的造墙工程量。左岸河床深槽段采用垂直防渗，为混凝土防渗墙和高压旋喷灌浆防渗墙两种形式；右岸滩地利用坝基开挖黄土回填，形成水平防渗铺盖。

根据施工进度安排，截流后围堰施工工期十分紧张，因此加快围堰基础防渗的施工进度具有十分重要的意义。主河槽右侧为深槽段，覆盖层最大深度 70m，具有先期施工条件，采用塑性混凝土防渗墙，由国内承包商施工；左侧龙口段，覆盖层较浅，一般小于 40m，在满足防渗要求的前提下，为加快施工进度，采用高压旋喷灌浆防渗墙，截流后由大坝标国际承包商施工。

一期防渗墙左端点位置主要考虑两个因素：一是根据实践经验，高压旋喷灌浆深度一般不宜超过 40m；二是尽量向左延伸，以减少截流后工程量。右端点位置考虑减少渗透流量和降低墙后渗透比降，截断河床深槽段，并延伸到铺盖内一定长度。

为保证右岸滩地施工期间主河槽 20 年一遇洪水的过水断面，一期墙顶不宜高于原河床面。因此，防渗墙顶设计成一个台阶状。位于河槽段的墙顶高程为 135m，河槽以右墙顶高程为 140m。

上游围堰运用时间较短，右岸深槽段防渗墙采用塑性混凝土。左岸主河槽段宽约 250m，覆盖层较浅，其深度一般小于 20m，为尽量缩短基础处理时间，截流后施工。该段采用单排高压旋喷灌浆防渗墙，在枯水围堰顶施工。

（二）墙体设计

1. 墙厚

防渗墙厚度的确定主要考虑混凝土的抗渗比降和国内施工机械设备配套情况。塑性混凝土的允许抗渗比降一般采用 40 ~ 60。拦洪围堰洪水标准按百年一遇设防，堰前水位 177.3m，考虑基坑开挖，堰后最低水位约 125.0m，围堰上、下游水位差约 50m。混凝土允许抗渗比降按 60 考虑，防渗墙的厚度为 0.8m。考虑的另一个原因是国内有 0.8m 的液压抓斗成套设备，可提高工程施工进度，降低工程造价。

2. 混凝土设计指标

根据二维有限元计算，墙的最大应力位于墙的底部，其值在 2 ~ 6MPa，国内塑性防渗墙塑性混凝土的设计强度一般在 1.2 ~ 2.0MPa 之间；国外智利科尔本土坝，为斜心墙堆石坝，坝高 116m，坝基覆盖层深 68m，采用塑性混凝土防渗墙，墙厚 1.2m，90d 龄期混凝土无侧限抗压强度为 2.2MPa。国内外几个塑性防渗墙采用的设计参数见表 6-2-20。

表 6-2-20　国内外几个塑性防渗墙采用的设计参数

坝名	坝高（m）	墙深（m）	墙厚（m）	混凝土强度（MPa）	弹性模量（MPa）	备注
科尔本	116	68	1.2	1.4	300	主坝
水口	15	—	0.8	2.0	400 ~ 500	围堰
册田	10.5	—	0.8	1.2	280	病库加固
十三陵	20	31.8	0.8	2.0	800	围堰

塑性混凝土具有后期强度增长较大的特点，一年以后的强度一般为 28d 强度的 2.5 倍以上。塑性墙先期施工，完工后约两年上游围堰才能形成，利用混凝土后期强度是可行的。基于上述理由，混凝土的设计强度确定为 2MPa，强度保证率不小于 80%。

根据混凝土设计强度和覆盖层变形特性，并参考已建工程实例及科研成果，要求混凝土弹性模量不大于 500MPa，与坝基覆盖层的弹性模量基本相当，以保持墙体和覆盖层变形的协调性。混凝土抗渗标号不小于 S_4，渗透系数 1×10^{-7}cm/s。

3. 混凝土施工配合比

塑性混凝土主要是用黏土或膨润土取代常规混凝土中大部分水泥而形成的一种柔性材料。在节约大量水泥用量的同时，具有弹模小、适应变形能力强的特点。

针对塑性混凝土设计指标，施工单位进行了多组配合比试验，试验水泥为洛阳铁门水泥厂生产的黄河牌普通 425 号水泥，膨润土为山东昌邑高阳膨润土，外加剂为天津雍阳减水剂厂生产的 YNH－1 减水剂、YW 型微沫剂，混凝土配合比试验结果见表 6-2-21。

在 13 组试验中，第 $3^{\#}-3$ 组成果较好，但超强较多，为了降低抗压强度和弹性模量，在保持水泥用量不变的条件下增加膨润土用量，采用的混凝土施工配合比见表 6-2-22。

表 6-2-21　**塑性混凝土配合比试验结果**

试样编号	每立方米混凝土材料用量(kg)								坍落度(cm)	扩散度(cm)	物理力学指标(MPa)			渗透系数(cm/s)
	水泥	石子	砂	水	膨润土	黏土	外加剂(%)				混凝土强度		弹性模量	
							YW	YNH-1			7d	28d		
1#-1	125	945	804	251	25	—	0.01	—	20.2	38	1.1	2.4	310	$<10^{-6}$
5#-1	140	942	716	267	50	90	0.01	—	20.1	41	1.1	2.4	222	$<10^{-6}$
1#-2	125	948	808	243	25	—	0.01	—	20.9	40	1.6	3.0	456	3.3×10^{-6}
5#-2	140	927	716	272	50	90	0.01	—	20.7	32	1.3	2.5	380	2.9×10^{-7}
1#-3	125	971	808	221	25	—	0.02	0.4	20.4	37	1.4	2.6	395	2.2×10^{-7}
3#-1	150	757	768	209	30	—	0.02	0.4	20.5	35	2.6	4.1	733	8.9×10^{-6}
1#-4	125	957	807	236	25	—	0.02	0.48	19.0	36	1.5	2.8	423	1.5×10^{-7}
3#-2	150	920	770	254	30	—	0.02	0.4	22.5	36	1.4	2.5	366	9.8×10^{-8}
3#-3	150	920	770	247	30	—	0.02	0.4	11.9	44	2.4	4.0	676	9.4×10^{-8}
1#-5	125	957	808	221	25	—	0.02	0.4	19.2	40	0.9	1.8	273	—
1#-6	125	957	808	223	25	—	0.02	0.4	20.3	42	0.7	1.3	196	—
1#-7	125	971	808	234	25	—	0.02		20.7	34	1.1	2.1	271	—
1#-8	125	971	808	212	25	—	0.02		19.0	35	2.3	3.7	478	—

表 6-2-22 塑性混凝土施工配合比

水灰比	砂率(%)	每立方米混凝土材料用量(kg)						
		水泥	石子	砂	水	膨润土	外加剂(%)	
							YW	YNH-1
1.53	45.5	150	910	760	230	50	0.02	0.6

根据现场施工取样,测得的混凝土物理力学指标见表 6-2-23。

表 6-2-23 现场混凝土物理力学指标

取样地点	抗压强度(MPa)		28d 弹性模量(MPa)	渗透系数(cm/s)
	7d	28d		
机口	1.3~2.8	2.9~4.4	217.9	4.2×10^{-8}~5.2×10^{-8}

注:抗压强度为 7 个槽孔取样检测结果;弹性模量为 1 个槽孔取样检测结果;渗透系数为 2 个槽孔取样检测结果。

从机口取样对混凝土的检测结果来看,混凝土强度高,弹性模量低,具有较好的塑性。

塑性混凝土的抗压强度早期增长速度较慢,后期强度增长速度较高,这种特性从表 6-2-24机口取样试块不同龄期的抗压强度检测结果可以看出。

表 6-2-24 混凝土强度与龄期的关系

项目	龄期(d)					
	7	28	60	90	180	360
抗压强度(MPa)	2.5	3.8	5.7	6.0	7.10	10.1
强度增长系数	0.66	1.00	1.50	1.58	1.87	2.66

(三)高压旋喷墙设计

围堰基础覆盖层具有卵石分布集中、厚度大的特点,并含有大孤石,在此地层中能否形成连续的防渗墙,是高压旋喷灌浆防渗墙成败的关键。为此,进行了现场试验和施工性试验。

1. 现场试验

现场试验的目的主要是验证采用高压旋喷灌浆方法成墙的可行性以及成墙质量,为设计提供依据。现场试验由山东省水利科学研究所承担。

(1)试验区地质条件。试验区地面以下 0~5.4m 为粉细砂层;5.4~7m 为砂夹少量砾卵石层,自上而下卵石含量逐渐增多;7~19m 为卵漂石地层并夹有块石,块石粒径一般为 1~3m;19~22m 为含砾砂层;22~31.5m 为含少量漂石的砂卵石层。

(2)施工参数。高压旋喷灌浆防渗墙采用柱板状结构,即一个施喷桩和一个大角度摆喷板相连接,分别验证旋喷桩和摆喷板桩的成墙效果。采用的施工参数为:①高压水:压力 38~40MPa,流量 75L/min;②压缩空气:压力 0.7~0.8MPa,进气量 750~900L/min;③浆液:压力 0.1~0.5MPa,流量 80L/min,容重 17~18kN/m^3;④摆速:10~15r/min;⑤提速:4.0~7.5cm/min;⑥摆角:喷 200°,摆喷 60°~80°。

(3)成墙质量。造墙结束后,分别进行了板墙开挖和围井开挖目测检查、钻孔取样检查、围井压水和注水试验,室内外各项物理力学性能测试等。试验结果见表6-2-25。

表6-2-25　高压旋喷灌浆现场试验物理力学性能测试结果

试块编号	取样深度(m)	干容重(kN/m^3)	渗透系数(cm/s)	抗压强度(MPa)	弹性模量(MPa)
1-1	0.6~1.0	—	2.6×10^{-7}	—	—
1-2	1.0~1.5	—	4.2×10^{-7}	—	—
1-3	2.15~2.76	17.9	—	—	—
1-4	5.29~6.47	17.8	—	1.70	1.45×10^{3}
2-1	0.6~1.0	—	—	2.20	—
2-2	2.0~3.0	—	5.5×10^{-6}	—	—
2-3	3.0~4.0	18.4	—	1.90	—
2-4	4.0~4.5	—	5.9×10^{-6}	—	—
2-5	5.0~5.5	17.9	—	—	2.37×10^{2}

2. 施工试验

根据现场试验结果和截流后施工进度安排确定采用单排旋喷桩防渗墙,桩中心间距1m,成桩直径不小于1.2m。

施工试验由外商承担,采用稳定浆液,主要指标为:水灰比1.89:1,膨润土掺量为5%(重量比),容重13.5kN/m^3,马氏黏度35~40s,析水率(2h)<7%。为验证选定的浆液能否满足要求,并检验施工设备的性能和施工工艺,在填筑的砂卵石层中首先进行了4个单桩试验。

单桩采用单、双喷嘴(喷嘴直径3mm)和两种提升速度的不同组合。桩深10m,成桩7d后开挖检查,检查结果见表6-2-26。

表6-2-26　单桩桩径成果统计

桩号	喷嘴个数	提升速度(cm/min)	实测桩径(m)	
			最小	最大
1	1	26.7	1.37	1.92
2	1	17.1	1.75	2.42
3	2	26.7	1.30	1.94
4	2	17.1	1.57	2.19

4 种不同组合条件下，形成的旋喷桩最小桩径 1.3m，超过 1.2m 的设计要求。

在单桩试验基础上又进行了围井试验。主要检验成墙工艺和墙体的防渗性能。考虑到覆盖层中存在大孤石及不均匀性，试验采用双重管灌浆法，即浆气同轴，分为 3 个次序施灌，按逐步加密的原则进行。采用的主要施工参数：浆液配合比为：水∶水泥∶膨润土 = 850kg∶450kg∶22kg；灌浆压力 > 40MPa；空气压力 > 1.5MPa，输浆量 225L/min，进气量 750 ~ 900L/min，注浆流量 225L/min；转速 12r/min；提速 Ⅰ、Ⅱ 序孔原地层为 17.1cm/min，填筑层及 Ⅲ 序孔为 26.7cm/min。

围井由 25 个旋喷桩组成，其中 16 个间距 1m、深 32m 的桩，组成一个正方形围井，围井中间布置 9 个封底桩，桩体高度 2m。

围井渗透试验分别采用常水头和变水头两种方法。试验方法和计算公式采用香港政府发布的手册《Guide to site Investigation》-Geotechnical Engineer Office Civil Engineer Department Hong Kong 中的规定，渗透系数为 $1.41 \times 10^{-5} \sim 9.52 \times 10^{-6}$ cm/s。

试验中估测了 6 个桩的返浆量，Ⅰ、Ⅱ 序孔平均为 42%，Ⅲ 序孔平均为 50%。根据返浆量及地层的平均孔隙率估算出的成桩直径，最小为 1.32m、最大为 1.59m，平均 1.46m。开挖（内部 6.8m，外部 5.7m，均在填筑的砂卵石层内）结果表明，成桩直径比估算的桩径大，满足设计不小于 1.2m 的成桩直径要求。

单桩和围井试验表明，采用的浆液和控制参数是合适的，采用的施工工艺能够适应不同的地层特性，取得了较好的效果。高压旋喷灌浆防渗墙施工时，采用了试验确定的施工工艺和施工参数。

第三节 灌浆和排水系统设计

一、水文地质条件

渗透水流从水库通过裂隙在坝基及其两侧坝肩岩层中形成扬压力，向坝下游运动形成渗漏。水流渗透坡降较大时，会发生潜蚀问题；扬压力过高会对坝肩及山体的稳定构成威胁。坝基渗流量的增大、潜蚀的发生、坝肩及山体的滑动都是不允许的。减少这种破坏作用的发生，或使其安全度控制在允许的范围之内，需要通过工程措施解决，它们对大坝的安全及经济都是很重要的。只有在了解工程区水文地质条件的基础上，才能作出符合实际的工程措施。因此，研究和正确评价工程区水文地质条件是十分重要的。

（一）地质构造特征

坝址区受 F_1 顺河向断层错动的影响，形成右岸以二叠系黏土岩地层为主、左岸以三叠系砂岩地层为主的特性。

左右两岸分布较大断层的特性见表 6-3-1。断层所具有的隔水性和拥有 70m 覆盖层的河槽，使坝址区岩体之间相互的水力联系受到阻隔，从而形成了几个相对独立的水文地质单元。按照岩层之间水力联系条件，共划分为 6 个地质单元：Ⅰ 区为 $F_{461} \sim F_{240}$；Ⅱ 区为 $F_{240} \sim F_{236}$；Ⅲ 区为 F_{236} ~ 岸边；Ⅳ 区为河床段；Ⅴ 区为 $F_1 \sim F_{230}$；Ⅵ 区为 F_{230} 以右。

表 6-3-1　　枢纽区主要断层特性

编号	产状			断距(m)	宽度(m)	
	走向	倾向	倾角		断层带	影响带
F_{28}	45°~55°	NW	85°	300	4~6	20~30
F_{1}	100°~118°	NE	73°~85°	220	5~12	14~20
F_{461}	310°	NE	80°~88°	300	4~6	
F_{236}	90°~106°	SW	70°~87°	60~85	1.5~6	0~10
F_{238}	90°~106°	NE	80°~85°	12~30	1.2~8	12~25
F_{240}	80°~105°	N	80°~87°	2~15	0.5~2	2~3
F_{230}	90°~100°	SW	52°~75°	50~70	0.5~2.2	10
F_{231}	103°~110°	NE	75°~90°	0~9	1~2.0	4
F_{233}	95°~102°	SW	65°~80°	15~17	0.5~2	4

(二)岩层渗漏特征

岩体中裂隙是地下水渗漏的主要路径。岩性、断层和风化卸荷作用是影响裂隙发育的主导因素,在这些因素的作用下,坝址区岩层渗漏呈现出以下三个特征:

(1)层状渗透。是指沿透水岩层产生的渗漏。左岸的硅质、钙硅质、钙质砂岩,右岸的硅质中粒砂岩及细砂岩节理裂隙发育,是发生层状透水的主要岩层。左岸主要为 T_1^1、T_1^2、T_1^{3-1}、T_1^4、T_1^{5-2}、T_1^{5-3} 岩组;右岸主要为 P_2^{2-1}、P_2^{2-3}、P_2^{3-2}、P_2^{3-4} 岩组。

(2)带状渗透。是指沿断层带及其两侧影响带产生的渗漏。断层是坝址区的主要地质构造现象。上述几条主要断层的倾角多在70°以上,断距较大,错断和贯通各组岩层,沟通各透(含)水岩组,除 F_{28} 断层外,其余各条断层均呈顺河流方向展布,贯通水库上、下游,形成了库水集中的渗漏通道。

(3)壳状渗透。系指沿岩体表部风化卸荷带形成的渗漏。风化卸荷作用使具有临空条件的岩体裂隙遭受不同程度的拉开,形成具有强透水的壳状渗透结构。壳状渗漏在左坝肩表现得比较明显。

以上层状、带状及壳状渗透特性,构成了枢纽区各岩体透水结构的基本类型和渗透网络。

(三)基岩承压含水层

右岸 F_1~F_{230} 断层(Ⅴ区)间分布了巨厚层粉砂质黏土岩与砂岩互层的二叠系地层。黏土岩地层裂隙不发育或呈紧闭状态,为不含水的相对隔水层;而砂岩地层,裂隙发育且在上游小清河沿岸出露地表,通过降水和小清河河水补给。地层倾向下游,各层地下水自西向东渐次由潜水变为承压水,形成承压含水层。根据长期观测孔观测,在帷幕轴线附近,天然状态下当河水位约为135m时,各岩层承压水位为:P_2^{2-1},142.6~147.2m;P_2^{2-3},142.1~186.9m;P_2^{3-2},142.7~211.5m;P_2^{3-4},186.1~212.7m。

(四)泥化夹层渗透稳定性

坝址区与建筑物关系密切、连续性较好的泥化夹层所在层位有 T_1^3、T_1^4、T_1^5 和 T_1^6 地层。由于泥化夹层的性状事关左岸山体的稳定和建筑物的安全,因此在各个设计阶段做了大量的现场和室内试验研究工作。

泥化夹层室内原状接触冲刷试验成果见表 6-3-2。由该表得知泥化夹层的临界渗透坡降达 55 以上。对照国内其他一些工程试验结果(见表 6-3-3),其值偏大。经比较分析,小浪底主坝左岸岩层类别和软弱夹层的化学组成与葛洲坝工程接近;在形成原因上,与五强溪工程较为相似,都为构造运动引起层间错动形成。按一般经验,泥化夹层的允许渗透坡降为临界坡降的 1/2 ~ 1/3。考虑试验的代表性、建筑物的重要性等因素,泥化夹层的允许渗透坡降取为 3。

表 6-3-2　　T_1^{5-2} 岩层泥化夹层接触冲刷试验结果

样品编号	试验最大坡降	临界坡降	流量(cm^3/s)	备　注
西 1#	76.6	76.6	0.97	未破坏
西 3#	174.2	54.6	0.335	未破坏
东 1#	83.2	56.8	0.019 7	未破坏
东 3#	159.9	159.9	0.296	未破坏

表 6-3-3　　国内部分工程软弱夹层渗透变形试验结果

工程名称	基岩岩性	夹层成因	层　位	试验方法	临界坡降	破坏坡降	破坏类型
葛洲坝	砂　岩 粉砂岩 黏土岩	原生 构造	202 夹层	实测	3.5 ~ 6.5	5 ~ 10	冲刷流土
			308 夹层	实测	>30	—	—
青　山	大理石 夹岩脉	构造 蚀变	泥化夹层	室内	4 ~ 7	12.3	流土
				野外	—	1.0	接触流土
			F_A6 两侧 泥化夹层	室内	—	9.9 ~ 26	接触流土
				野外	—	>12	未破坏
五强溪	板　岩 石英岩 砂　岩	构造 及泥化	F_1 破坏 夹泥层	现场平硐	2.34	建议 2.0	局部流土
			B_{511} 纯夹泥层	现场平硐	3.12	建议 3.0	局部流土
铜街子	玄武岩	原生构造	C_5 夹层	—	—	3.0	—

二、左岸地下水渗控措施研究

在左岸单薄山体集中布置泄水和发电建筑物,其稳定性对整个枢纽工程的安全至关重要。采取的渗控措施一方面为了降低水库蓄水后单薄山体内的地下水位,使出露于翁沟的泥化夹层处于地下水位以下,避免恶化泥化夹层的性状,改变山体的稳定性;同时也为了降低位于山体内的洞群周围的外水压力,以免恶化隧洞的工作条件。渗控措施研究主要是对推荐采用的渗控措施进行地下水渗流场的预测分析,使排水幕下游的地下水位维持在 200m 以下。

(一)计算工况

为进行方案对比及水文地质条件分析,分别计算了以下 5 种不同条件下的地下水分布情况，各计算方案所假定的水文地质边界条件相同，其他计算条件见表 6-3-4。

表 6-3-4　渗控措施研究计算条件

计算类型	渗透结构			渗透性质		渗控措施	
	壳状	带状	层状	各向同性	各向异性	灌浆帷幕	排水幕
①	✓	✓	✓	×	✓	✓	0
②	✓	✓	✓	×	✓	✓	3
③	✓	✓	✓	×	✓	✓	2
④	✓	✓	✓	✓	×	✓	3
⑤	✓	×	×	✓	×	✓	3

注：✓——考虑条件；×——未考虑条件。

表 6-3-4 所列的 5 种计算类型的目的分别是：

(1) 计算类型①，了解灌浆帷幕在各向异性渗透岩体中降低地下水的作用。

(2) 计算类型②，了解在灌浆帷幕和三道排水幕共同作用下，在各向异性渗透岩体中降低地下水的作用。这种计算条件比较符合实际情况，因而这种预测结果能较好地代表水库蓄水后单薄分水岭山体内的地下水在渗控工程作用下的分布情况。

(3) 计算类型③是在保证安全的条件下，为节省渗控工程量，在第②种计算类型的基础上，去掉第一排副帷幕，以便了解采用灌浆帷幕两道排水幕时能否把地下水位降低到设计要求之下。

(4) 计算类型④，为对比说明岩体裂隙渗透性对降低地下水的影响，在其他条件相同的情况下，仅针对各分区透水岩体的渗透性，将 ω 值换算成各向同性的渗透系数。

(5) 计算类型⑤，为对比说明裂隙岩体渗透结构对降低地下水的影响，在不考虑带状、层状渗透结构的条件下，将浅部透水岩体和深部透水岩体的渗透性视为相同。

(二) 渗控工程降低地下水位的作用

在相同的水文地质边界条件、渗透结构和渗透参数分区的情况下，分别采用不同的渗控工程①、②、③种类型进行计算的成果，以说明渗控工程降低地下水的作用。

只有灌浆帷幕而不设排水条件下的地下水流场情况，是以 F_{236} 断层为界，分南、北两个区。在西部，南、北两个区的地下水位线不连续，而在东部，南、北两个区的地下水位线是连续的，这种现象说明 F_{236} 断层具有西段隔水而东段透水的特点。

从计算结果看，灌浆帷幕前后的水头差仅为总水头的 10%，说明灌浆帷幕降低地下水位的作用甚小。仅采用灌浆帷幕的渗控措施无法将地下水位降低到设计要求的 200m 以下。

在设置防渗帷幕和排水措施的条件下，主排水幕后的地下水自由面均低于 181m，其削减水头的效果十分明显。与无排水幕条件下的地下水渗流场相比，设置排水幕后，整个左岸山体地下水位普遍降低，石板沟和翁沟内的出渗区消失。

在去掉第一副排水幕的情况下，计算结果显示，地下水升高约 13m，这一差别仅限于主排水幕与第一副排水幕之间的地区，地下水自由面仍不高于 200m 的设计要求。

基于上述分析，降低地下水位主要靠主排水幕。因此，最终设置一道排水幕，取消副排水幕，地下厂房区专门设置排水系统。

三、灌浆和排水系统布置

（一）布置原则

防渗帷幕的作用是封堵岩体中大的裂隙，减少水库渗漏量。虽然帷幕使岩体的渗透特性发生了很大的变化，但其削减水头的能力有限。水头的削减，必须通过排水系统来解决。防渗帷幕和排水系统的结合是控制渗漏量和降低地下水位线的重要工程措施。

两岸坝肩基岩存在不同的水文地质条件。左岸单薄山体布置了小浪底工程的所有泄水和引水发电建筑物，地下洞室密布，一方面根据工程结构设计要求排水幕后地下水位应低于200m，同时应确保左岸山体的稳定；右岸主要是承压水问题，水库蓄水后，承压水水位将会大幅度上升。针对上述问题，两岸坝肩及左岸山体在设置防渗帷幕减少水库渗漏量的同时，设置了排水系统，以降低地下水位和减小承压水头。按照“上堵下排，堵排结合，以排为主”的设计原则，在左、右两岸山体中均设置了防渗帷幕和排水幕。

（二）防渗、排水幕布置

右坝肩防渗帷幕考虑右岸山体雄厚，且相对不透水岩层埋藏较深，故防渗帷幕向右岸山体内延伸150m，防渗帷幕端点的天然地下水位接近水库正常蓄水位。

左岸山体作为大坝的延伸，防渗帷幕一直延伸至风雨沟左端，即水库正常蓄水位线以北一定距离。

（三）排水幕线布置

右岸排水幕左端从 F_1 断层南侧起平行于坝轴线布置，距坝轴线52.5m，至 F_{230} 断层北侧折向下游与该断层平行延伸约400m，整个排水幕在平面上呈L形布置，平面布置见图6-3-1。

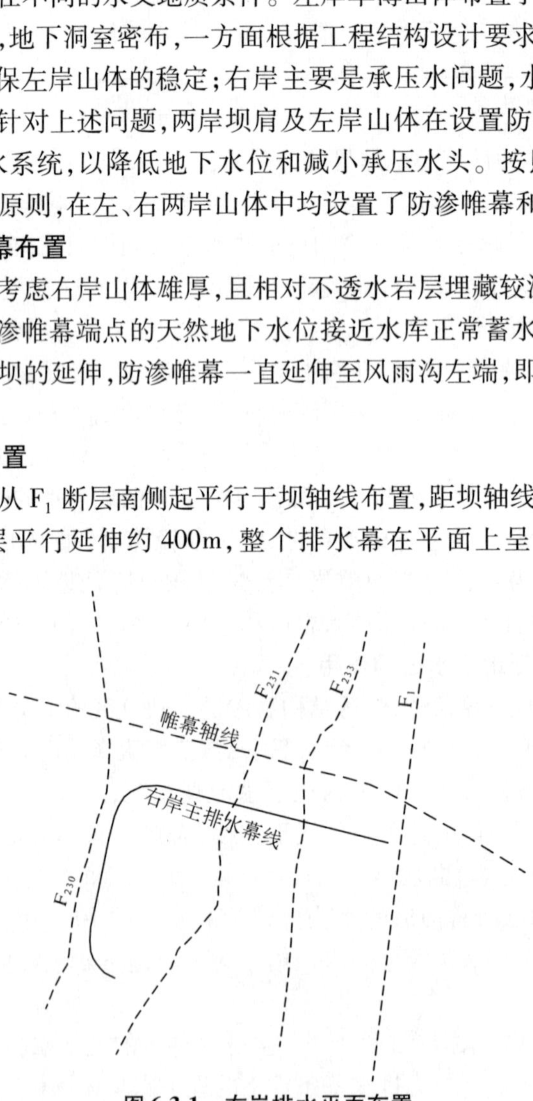

图6-3-1　右岸排水平面布置

左岸排水幕布置考虑以下因素：

（1）软弱夹层的允许渗透比降。如上所述，取软弱夹层的允许渗透比降为3，并根据渗流计算结果确定排水幕距灌浆帷幕的最小距离应不小于25m。

（2）泄洪、引水建筑物布置。

(3)泄洪、引水隧洞结构要求。排水幕下游的地下水位应低于200m。

排水幕基本与灌浆帷幕平行布置。根据孔板洞中闸室及其交通洞布置要求,此处排水幕在平面上呈折线;排水幕与发电洞相交段,避开发电洞上平段,排水幕距灌浆帷幕距离增大;垭口副坝及其以北排水幕按平行副坝轴线布置。F_{461}断层为一隔水带,其以北为以粉砂质黏土岩为主的T_1^7地层,将排水幕的北端定在F_{461}断层以南。平面布置见图6-3-2。

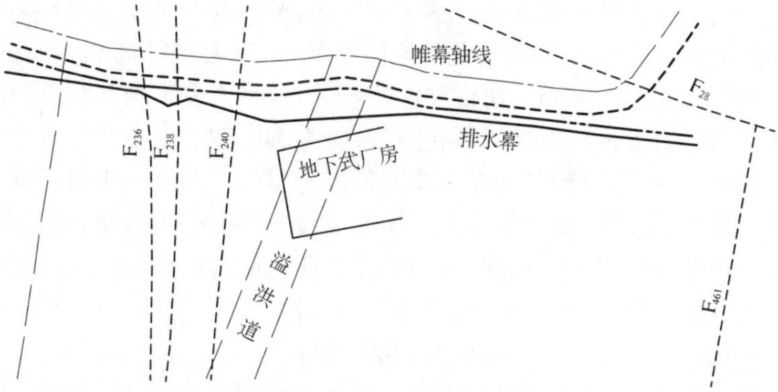

图6-3-2　左岸排水平面布置

四、帷幕灌浆设计

(一)灌浆帷幕布置

基岩的透水性主要与基岩的风化卸荷程度、地层岩性、断层性质和规模有关。透水性大小呈层状分布,具有相对隔水层和承压含水层,有相对独立的水文地质分区。小浪底基岩透水性的这些特点,是确定帷幕范围、深度的主要依据。

1. F_{461}断层至正常溢洪道(DG 0 -(1 +264.89) ~ DG 0 -550)

F_{461}断层(走向NWW)以北山体雄厚,无稳定问题;垂直F_{461}断层方向不透水,其以北的渗流对南侧山体影响很小。因此,将灌浆帷幕(和排水)左(北)端设置于F_{461}断层南侧。

F_{461}断层至F_{28}断层(DG 0 -(1 +264.89) ~ DG 0 -(1 +084.89))为T_1^7粉砂质黏土岩组,上部风化卸荷影响造成的强透水带厚度8 ~20m,下部大部分地层透水性小于1Lu;帷幕深40m,底高程为240m。

F_{28}断层两侧影响带(DG 0 -(1 +084.89) ~ DG 0 -(1 +044.89))帷幕局部加深,设计底高程200m。

F_{28}断层以南(DG 0 -(1 +044.89)至DG 0 -740.63),主要为T_1^5地层,其中T_1^{5-1}为相对弱透水岩层,其余为强透水岩层;灌浆帷幕沿山脊布置,底线伸入T_1^{5-1}岩层中,帷幕深度60 ~80m,设计底高程210m。该段帷幕主要是封闭山体上部的风化壳。

2. DG 0 -740.63 至左坝肩 DG 0 +365.80

该段布置了枢纽的所有泄洪、引水发电建筑物。正常溢洪道处,帷幕轴线结合闸底防渗设置于底板上游齿槽下,向南沿公路布置至主坝左端(DG 0 -349.00)。进入大坝范围后,帷幕轴线位于坝轴线上游4m。

该段主要为三叠系地层($T_1^1 \sim T_1^5$),发育有 F_{236}、F_{238}、F_{240} 等断层,强透水岩层的埋置深度较大,最深达 130m。另外,岸边受风化卸荷影响,高倾角裂隙发育,相对隔水层边界埋置较深,上部 70 多 m。属极强透水和强透水带。T_1^{3-2} 为相对弱透水岩层。

正常溢洪道和洞群段,幕底深入相对弱透水岩层 T_1^{3-2} 中,高程为 130 ~ 140m。岸边帷幕穿过强透水层至相对不透水岩层 P_2^4 中,帷幕垂直深度 80 ~ 150m。由于该段帷幕深度大,所以在 170m 和 235m 高程布置了两层断面 2.5m × 3.5m 的灌浆隧洞。覆盖层下深槽段基岩为 P_2^4 岩层,为相对不透水层,左岸帷幕右端深入该层,幕底高程 60m。

该段有长近 90m 灌浆帷幕的灌浆孔位于防渗墙下,帷幕底线高程 60m,孔深约 70m,其中在防渗墙内最大孔深约 45m。初步设计阶段,该段帷幕灌浆是制约工期的关键部位,帷幕灌浆设计利用岸边灌浆洞内进行斜孔灌浆,施工难度较大且存在帷幕、防渗墙连接等技术问题。招标设计以来,设计考虑在防渗墙顶进行施工。墙顶施工有两种方法:一是在防渗墙中预埋钢管进行灌浆,优点是节省防渗墙混凝土的钻孔工程量,但是由于钢筋笼在混凝土浇筑过程中存在上浮和偏移现象,因此灌浆孔孔向难以保证;二是从墙顶直接进行钻孔灌浆的施工方法。经综合比较,最后选用了后者。

3. 河床深槽段(DG 0 + 365.80 ~ DG 0 + 522.80)

河床深槽段防渗墙下基岩约 157m 范围未作帷幕灌浆。一是该段河床上部基岩为 P_2^4 厚层粉砂质黏土岩,透水性小,虽有 F_{253}、F_{255}、F_{256} 等一系列小断层的切割,因断层规模较小,断层带宽度不大,未破坏 P_2^4 岩层的完整性,故是坝基较好的相对不透水岩层;该段砂砾石厚度在 30m 以上,即使防渗墙下基岩局部产生集中渗流,渗透水流极易在厚度大于 30m 的覆盖层中扩散,防渗墙后面渗透坡降不会很大。渗流计算结果也证明了上述结论。

4. 深槽右侧至 F_1 断层段(DG 0 + 522.80 ~ DG 0 + 673.00)

该段上部岩层为 T_1^1、T_1^2 岩组,透水性较强,灌浆帷幕截断 T_1^1 岩组,幕底深入 P_2^4 粉砂质黏土岩。灌浆帷幕为一排孔,其中有长近 160m 位于防渗墙下,采用从墙顶直接进行钻孔灌浆的施工方法,孔深约 55m,在防渗墙中孔深 10 ~ 50m。

5. F_1 断层区(DG 0 + 673.00 ~ DG 0 + 732.00)

该段断层较多,主要有 F_{258}、F_{252}、F_1 及一些分支断层,帷幕轴线处断层带宽约 10m。受这些断层的切割,断层带内岩体破碎,且断层带两侧存在宽约 20m 的强或极强透水带,相对不透水层顶板距地面深达 100 多 m。

由于断层破碎带密实,根据一般工程经验,水泥灌浆效果可能不好,曾考虑采用化学灌浆,但考虑化学灌浆会对水质产生一定的污染,且该部位灌浆的目的主要是封堵断层影响带内宽大裂隙,因此仍采用水泥灌浆。

6. 右岸坝段(DG 0 + 732.00 ~ DG 1 + 521.36)

F_1 断层以右为二叠系($P_2^1 \sim P_2^4$)岩组。在长近 800m 的范围内,有 F_{233}、F_{231} 和 F_{230} 断层,断层规模不大,影响范围较小。F_{233} 断层以左 P_2^1 岩组为相对不透水层,帷幕伸入该层;以右 P_2^1 岩层埋深大,帷幕的深度按 0.5 倍的水头考虑,帷幕深 70m。

右岸山体相对雄厚,灌浆帷幕右端地下水位接近水库正常蓄水位 275m,向山体内延伸 150m,帷幕深 60m,幕底达 P_2^4 黏土岩层内。

沿灌浆帷幕轴线纵剖面见图 6-3-3。

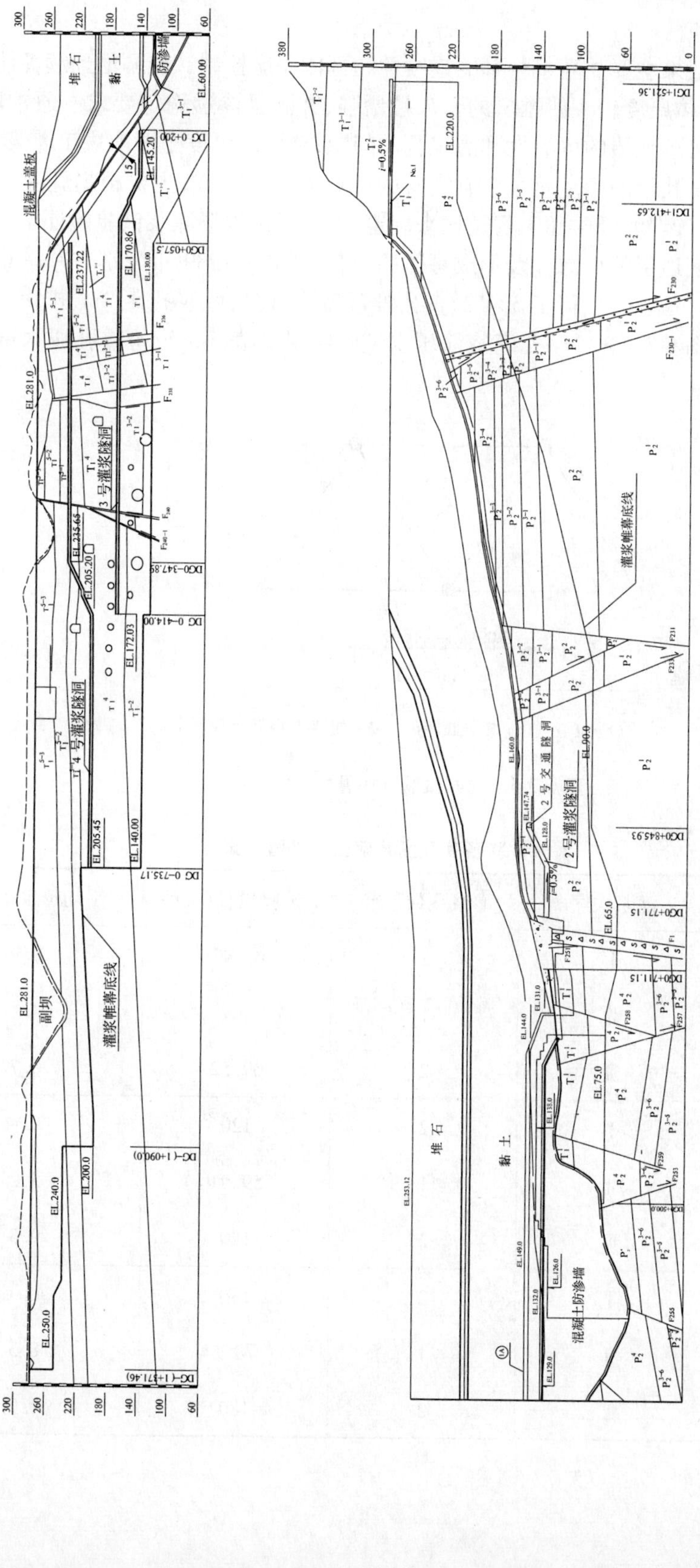

图 6-3-3　沿灌浆帷幕轴线纵剖面　（单位：m）

（二）帷幕灌浆设计参数

1. 排数和孔距

帷幕的防渗效果主要受灌浆帷幕的连续性和幕体厚度控制。帷幕的连续性使幕体起到防渗的效果，幕体厚度较大使帷幕的耐久性增强，并满足渗透稳定要求。通常情况下，帷幕的连续性取决于地层的可灌性和灌浆孔的间距；幕体的厚度主要取决于灌浆的排数。帷幕灌浆孔排数和孔距的确定至今没有完善的计算方法和公式，主要根据施灌区的水文地质条件，凭借设计者的经验和工程类比来确定，然后通过现场灌浆试验验证。

为了解小浪底地层的可灌性及形成幕体的质量，1988～1989 年分别在左岸布置了两个、右岸布置了一个试区，进行了 3 组铅直孔帷幕灌浆试验，灌浆孔距 2m、排距 1.5m，灌浆试验孔布置见图 6-3-4。各序孔灌浆前压水试验结果见表 6-3-5，检查孔压水试验成果见表 6-3-6。

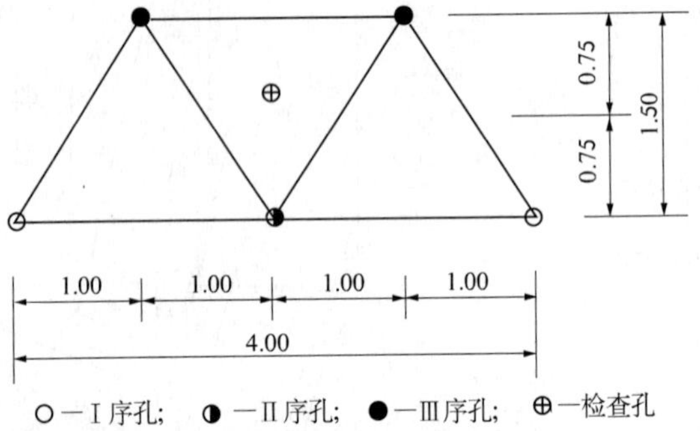

图 6-3-4　灌浆试验孔布置　（单位：m）

表 6-3-5　灌浆试验各序孔灌浆前压水试验结果

位置	灌浆次序	灌浆孔数(个)	试验段长(m)	平均透水率(Lu)
右岸河床	Ⅰ	2	69.47	8.9
	Ⅱ	1	35	4.4
	Ⅲ	2	69.52	6.7
左坝肩	Ⅰ	2	120	30.4
	Ⅱ	1	59.91	5.2
	Ⅲ	2	120	9.3
左岸山体	Ⅰ	2	180	45.6
	Ⅱ	1	78.1	8.3
	Ⅲ	2	180	6.7

表 6-3-6　　　检查孔压水试验结果

右岸河床			左坝肩			左岸山体		
试段	段长（m）	透水率（Lu）	试段	段长（m）	透水率（Lu）	试段	段长（m）	透水率（Lu）
1	2	0.3	1	2	4.4	1	2	0
2	3	2.5	2	3	0	2	3	0.8
3	5	3.9	3	5	1.5	3	5	0
4	5	1.0	4	5	2.7	4	5	0
5	5	1.4	5	5	0.3	5	5	0.1
6	5	0.4	6	5	0.2	6	5	0
7	5	0.4	7	5	0.2	7	5	1.8
8	5	0.4	8	5	0.1	8	5	1.0
—	—	—	9	5	0.8	9	5	0.8
—	—	—	10	5	0	10	5	0.8
—	—	—	11	5	0.1	11	5	0
—	—	—	12	10	0	12	5	1.0
—	—	—	—	—	—	13	5	1.8
—	—	—	—	—	—	14	5	2.3

根据表 6-3-5 和表 6-3-6 压水试验结果可以看出：Ⅰ、Ⅱ序孔灌后平均透水率递减幅度达 2～6 倍，说明浆液已有 2m 左右的扩散半径；而Ⅱ、Ⅲ序孔灌后平均透水率无递减关系，且两处均有所增加。从图 6-3-4 中的灌浆孔布置可看出，出现这一现象的原因是Ⅲ序孔布置不合理，不是逐渐加密法。表 6-3-5 中所谓的Ⅲ序孔灌浆前的透水率是代表Ⅰ、Ⅱ序孔这排灌浆的外侧透水性。所以，不能说Ⅱ序孔灌浆后的单位吸水率反而又增大了，只能说明第一排灌浆已影响到另一排的Ⅲ序孔位置的透水性。最终的检查孔压水试验证明，左岸基岩灌前平均透水率为 30.4～45.6Lu，右岸河床为 8.9Lu。灌后 3 个检查孔，共 34 段透水率均小于 5Lu。

右岸检查孔压水试验共 8 段。透水率大于 3Lu 的只有 1 段，占总数的 12.5%，1～3Lu 的为 3 段，占总数的 37.5%；小于 1Lu 的为 4 段，占总数的 50%。

左岸检查孔压水试验共 26 段。透水率大于 3Lu 的只有 1 段，占总数的 3.8%；1～3Lu 的为 7 段，占总数的 26.9%；小于 1Lu 的孔段占总数的 69.3%。

以上灌浆说明采用排距 1.5m、孔距 2m 的两排孔，可以形成高质量的幕体。

2. 斜孔灌浆试验

灌浆通常采用铅直方向布孔，这样使钻孔施工难度最小。对于陡倾角裂隙发育的地层，铅直灌浆孔和裂隙的倾向近于平行，灌浆孔穿越裂隙的几率减小，从而使灌浆效果受到影响。考虑小浪底左坝肩陡倾角裂隙发育，为了使灌浆孔能穿过更多的裂隙，提高灌浆效果，拟采用斜孔灌浆。

为了验证斜孔灌浆的灌浆效果，于 1992 年在左岸单薄分水岭顶部进行了斜孔灌浆试验。试验段岩层为 T_1^4、T_1^5 地层，灌浆孔孔距分别为 3m 和 4m，分三序孔施工。各序孔灌浆前压水试验结果见表 6-3-7、灌注浆液情况见表 6-3-8，二表中的 C_1 为 4m 孔距，C_2 为 3m 孔距。检查孔压水试验结果见表 6-3-9。

表 6-3-7　　斜孔灌浆试验各序孔灌浆前压水试验结果

钻孔次序		透水率(Lu)		
		最大值	最小值	平均值
Ⅰ		72.3	1.5	21.5
Ⅱ		47.5	3.5	20.3
Ⅲ	C_1	22.2	0.6	8.2
	C_2	40.2	3.6	11.3

表 6-3-8　　斜孔灌浆试验各序孔灌注浆液情况

钻孔次序		长度(m)	水泥消耗量(kg)	单位注入量(kg/m)
Ⅰ		73	11 125	152
Ⅱ		46	6 452	140
Ⅲ	C_1	38	4 852	128
	C_2	41	4 776	116

表 6-3-9　　斜孔灌浆试验检查孔压水试验结果

段　次		1	2	3	4	5	6	7	8	9	10
吕容值(Lu)	J_1	5.0	4.7	0.7	0.5	1.3	3.4	0.6	21.0	17.9	—
	J_2	1.6	2.5	2.5	0.6	0.8	3.0	6.3	0.3	2.9	0.4
	J_3	2.6	1.5	1.8	1.9	—	—	—	—	—	—

注：J_1 为 4m 孔距，J_2 为 3m 孔距，J_3 为斜孔。对原试验区进行取芯检查。

从上述试验结果看，斜孔灌浆 3m 孔距的试验结果满足设计要求，4m 孔距偏大。斜孔灌浆的效果明显优于直孔灌浆。

世界上已建高坝(见表 6-3-10)的实例，单排、双排和多排帷幕均有采用，说明了帷幕灌浆主要设计参数的不确定性。从已建工程情况来看，帷幕设计主要考虑幕体的连续性，而幕体的厚度并非是帷幕设计的主要控制指标。由灌注稀浆形成的幕体，结石强度低、耐久性较差，随着时间的推移，帷幕的防渗效果降低，这一点已被工程实践所证实。提高灌注浆液的浓度是解决幕体耐久性的必要条件。

从表 6-3-10 看出，对于高坝多采用两排及两排以上帷幕，加拿大的买加坝、哥伦比亚的契伏坝均采用了单排帷幕。根据小浪底的水文地质条件及黄河多泥沙的特点，最终确定主帷幕灌浆孔由两排改为一排，孔距由 1.5m 改为 2m。

为了保证左坝肩岸坡上部幕体的质量，在主帷幕两侧各设置 1 排深 15m 的副帷幕。

表 6-3-10 世界高坝基础处理主要情况统计

工程名称	国家	坝型	坝高（m）	心墙基础面处理		帷幕灌浆（排）
				岩面处理	固结灌浆	
渥洛维尔坝	美国	斜心墙土石坝	235	混凝土垫座		—
波太基山坝	加拿大	心墙土石坝	183	未处理，设置混凝土齿墙	全面，深 7.5m	1 ~ 5
买加坝	加拿大	斜心墙土石坝	245	喷混凝土、混凝土盖板	全面，深 9m，6m × 6m	1
契伏坝	哥伦比亚	斜心墙土石坝	237	混凝土垫板	全面，深 8 ~ 10m	1
凯朋坝	土耳其	心墙堆石坝	212	混凝土垫座，厚 44m	全面，深 10m、15m，3m × 3m	原设计 1 排，加强至 2 ~ 3 排
艾瓦西克坝	土耳其	斜心墙土石坝	179	回填混凝土盖板	全面	有
达特摩斯坝	澳大利亚	心墙堆石坝	180		心墙宽度的 40%，深 5m	3
恰尔瓦克坝	原苏联	心墙堆石坝	168	混凝土垫座，厚 14m	全面，深 10 ~ 12m	1 ~ 2
菲尔泽坝	阿尔巴尼亚	心墙堆石坝	165.6	混凝土垫板	全面	有
色里克特坝	泰国	心墙堆石坝	140	未处理	全面	有
努列克	原苏联	心墙土石坝	317	喷混凝土，0.15m，混凝土垫层	全面，深 4 ~ 8m	2 ~ 3
奇科森坝	墨西哥	心墙堆石坝	240			—
罗贡坝	原苏联	斜心墙土石坝	325	喷混凝土	全面，15m	2
特里坝	印度	心墙堆石坝	260	混凝土垫板	全面，深 5m、10m	3
克瑞马斯塔	希腊	心墙堆石坝	160		全面	1 ~ 3
卡麦德罗坝	墨西哥	心墙堆石坝	134	岩石完整，未处理	全面，深 10m	有

（三）灌浆洞上下帷幕幕体的连接

1. 灌浆孔布置

帷幕灌浆孔设计深度最深达150m。为保证幕体质量，沿帷幕轴线设1～2层灌浆隧洞，以减小钻孔深度，避免由于孔斜影响而导致幕体不连续。

对于有一层以上灌浆洞的帷幕连接，通常有两种方法：一是上、下层灌浆孔（灌浆洞）不在一条轴线上，帷幕灌浆孔均为铅直孔；二是上、下层灌浆孔（灌浆洞）在一条轴线上，上层帷幕孔向上游倾斜。第二种方法较为常用，故采用了后者。

帷幕灌浆孔的倾角主要考虑灌浆孔孔位距灌浆洞洞壁的距离以及施工允许偏差值。灌浆洞以上的帷幕，灌浆孔最大深度80m左右。按规范规定，当灌浆孔较深时，其孔向偏差值应小于孔深的2.5%，且不大于灌浆孔的孔距，即应不大于2m。为了便于施工控制，设计要求斜向上游的灌浆孔在灌浆洞洞底处与洞衬砌外壁的距离不大于3m。

2. 幕体衔接灌浆孔设计

对于分层施工的灌浆帷幕，上、下幕体衔接靠在灌浆洞内打水平衔接灌浆孔实现。衔接灌浆孔深度确定的原则是保证衔接灌浆幕体和上层幕体在任何情况下，都有一定的搭接长度，以确保形成封闭的幕体。根据上层帷幕灌浆孔深度和相应孔斜要求，确定衔接灌浆孔孔深为6m。

帷幕幕体与衔接灌浆连接部位，帷幕灌浆孔相对较深，采用灌浆压力较大。但衔接灌浆从灌浆洞中施工，受施工场地和灌浆洞结构的制约，灌浆压力不能太高，因而形成了高压灌浆幕体和低压灌浆幕体的结合体。为了使衔接灌浆幕体和帷幕灌浆幕体达到同等的防渗效果，衔接灌浆孔为两排孔，排距1m、孔距1.5m，梅花形布孔。

（四）环形灌浆

左岸山体的灌浆帷幕与明流洞、孔板洞、排沙洞和发电洞等相交，在相交部位需从各洞内沿洞壁一周布置向外的放射状灌浆孔进行灌浆，使隧洞内的灌浆与帷幕灌浆形成完整的幕体，这种灌浆我们称为环形灌浆。

1. 环形灌浆范围及孔深

环形灌浆范围包括幕体宽度和灌浆孔深度，灌浆孔的排距、幕体与洞的交角、孔向以及上层（或下层）幕体的深度等。

确定环形灌浆孔的深度，主要考虑环形灌浆和周围幕体的连接质量。明流洞、孔板洞、排沙洞和发电洞均布置有孔深5m的固结灌浆孔，在环形灌浆范围内隧洞的固结灌浆由环形灌浆来代替，所以环形灌浆深度不应小于固结灌浆深度。当上层幕体较深环形灌浆的最小深度取为6～8m、环形灌浆所在隧洞下面无灌浆洞时，其幕底线应与设计幕体底线齐平，环形灌浆形成的幕体为城门洞形；隧洞下方有灌浆洞时，环形灌浆底线与由灌浆洞上面施灌的幕体底线齐平。

2. 孔向

由于帷幕轴线与各隧洞不是正交的，因此环形灌浆幕体与帷幕灌浆幕体连接形式不同。环形灌浆孔布置可有两种型式：一是环形灌浆幕体与帷幕灌浆幕体平行，环形灌浆孔与洞壁不正交；二是环形灌浆孔与洞壁正交。第一种孔向布置，其连接可靠，钻灌工程量最小，但洞轴线与幕面交角较小时，即环形灌浆孔与洞内壁交角较小时，钻孔定向有一定难度。第二种孔向布置，是采用加厚环形灌浆厚度与幕体连接，其优点是洞轴线与幕面交角较小时，钻孔定向较容易，但钻灌工程量较大。根据灌浆帷幕与隧洞交角的实际情况，环形灌浆孔的布置大部分采用了第一种布置型式。环形灌浆孔典型布置见图 6-3-5。

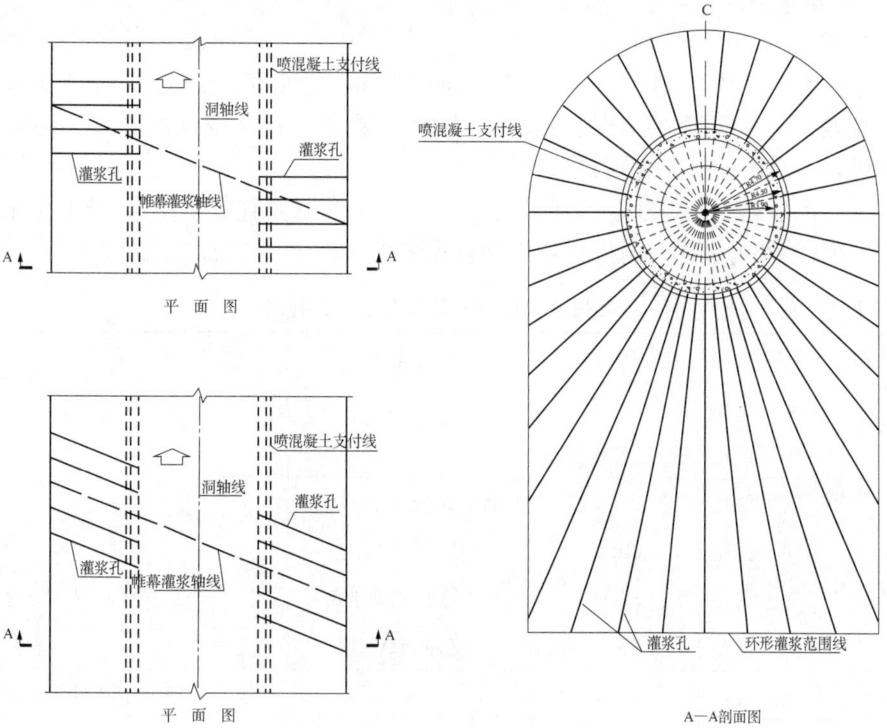

图 6-3-5　环形灌浆孔典型布置

3. 孔、排距

由于受洞子结构的限制，环形灌浆压力不宜太高，浆液扩散半径较小，因此孔、排距均应选小值。要保证环形灌浆和帷幕灌浆有好的连接，在确定环形灌浆孔、排距时，必须考虑所在层帷幕灌浆孔施工时灌浆孔允许偏斜，并应有约 5m 的搭接长度。

根据以上原则，确定环形灌浆孔排距为 1 ~ 1. 5m；由于灌浆孔为放射形布置，因此要求相邻两个灌浆孔的孔底最大间距不大于 2m。

最终确定孔板洞、排沙洞和发电洞上部（洞轴线所在水平面以上）环形灌浆孔排数为 4 排，明流洞上部（洞轴线所在水平面以上）帷幕灌浆孔较深，布置 5 排孔，排距均为 1. 5m；洞子下部（洞轴线所在水平面以下）环形灌浆由于不存在和帷幕灌浆的连接问题，且幕体较深，同时考虑该部分幕体不可能进行后期补灌，为两排孔，排距为 1m。

五、排水设计

（一）排水幕设计

右岸排水幕主要排 P_2^{2-1}、P_2^{2-3}、P_2^{3-2} 和 P_2^{3-4} 岩组内的承压层水。参考三维渗流计算结果和岩层分布情况，设计排水幕顶高程为 170m、底高程为 100m，幕体总高度 70m，通过中部约为 145m 高程的 1 号排水洞分别向上、向下钻孔形成。

根据左岸山体层状渗透结构的特点，排水幕主要排 T_1^4 和 T_1^{5-2} 岩组内的渗水。洞群区是左岸山体加固的重点区域，排水幕顶高程 220 ~ 235m，底高程 150m，幕体中间设置 2、3 号和 4 号排水洞。

（二）孔向、孔距

左岸排水孔孔径有 ϕ130mm（断层带）和 ϕ110mm 两种，孔距均为 3m。考虑基岩高倾角裂隙特点，为穿过更多的节理裂隙，增强排水效果，2 号和 4 号排水洞不受洞群影响的排水孔设计为沿洞轴线向北倾斜 15°的斜孔。

右岸岩体以黏土岩与砂岩呈互层状，设置排水的目的是释放承压水，排水孔深入承压含水层即可，因此 1 号排水洞排水孔均为直孔。排水孔孔向、孔深见表 6-3-11。

表 6-3-11　各排水洞排水孔的孔向及最大孔深

排水洞	孔向	最大孔深（m）	布孔范围	备注
1 号	向上直孔	30.0	全洞	
	向下直孔	45.0		
2 号	向上斜孔	27.0	上部无 3 号排水洞区域	
	向下斜孔	30.0	交通洞 A 以南	
	向上直孔	32.0	1、2 号明流洞下部	
	向下直孔	35.0	交通洞 A、B	
3 号	向下直孔	77.0	全洞	排水孔与下层 2 号排水洞贯通
4 号	向上斜孔	37.0	全洞	部分排水孔与下层 28 号排水洞贯通
	向下直孔	35.0	28 号排水洞北端以南	
	向下斜孔	35.0	28 号排水洞北端以北	

（三）排水孔组合过滤体

在坚硬岩石部位，钻孔即可直接作为排水孔，无需对岩体进行保护。在断层带和黏土岩部位，为防止岩体产生渗透破坏，排水孔内均采用组合过滤体进行保护。

组合过滤体自内向外由四部分组成：硬质 PVC 花管 ϕ75mm（对应排水孔孔径 ϕ130mm）；聚氨酯软泡沫塑料；土工过滤布 1；土工过滤布 2。详见图 6-3-6。

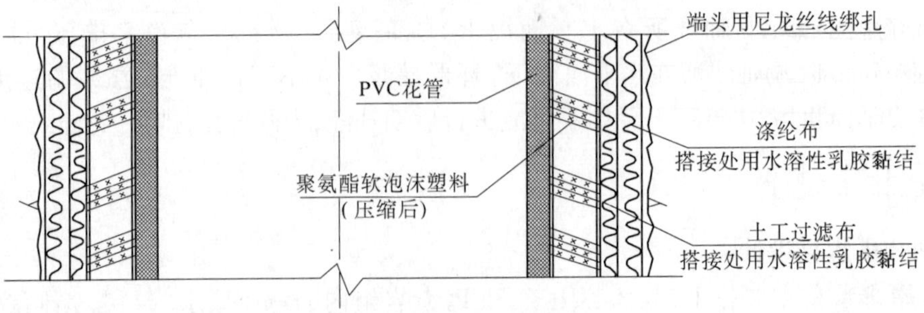

图 6-3-6　排水孔组合过滤体结构

1. 硬质 PVC 管(ϕ75mm)

PVC 管起支撑和排水作用,壁厚不小于 5mm。在 PVC 管上钻ϕ8mm 的孔,开孔率在 16% ~17%。

2. 聚氨酯软泡沫塑料

聚氨酯软泡沫塑料包裹在塑料花管外,利用其弹性大的特点,主要起充填 PVC 管与孔壁之间空隙的作用,使具有反滤作用的土工布与钻孔孔壁紧密结合。主要技术指标见表 6-3-12。

表 6-3-12　　组合过滤体材料技术要求

名称	规格	厚度(mm)	抗拉强度(N)	伸长率(%)	撕裂强度(kPa)	顶破力(N)	渗透系数(cm/s)	等效孔径(mm)
聚氨酯软泡沫塑料	32 ~ 36kg/m^3	30	—	—	—	—	≥2 × 10^{-2}	0.4 ~ 0.6
土工过滤布 1	150g/m^2	≥2.0	≥200	65	1 400	≥400	≥2 × 10^{-2}	≤0.14
土工过滤布 2	550g/m^2	≥4.8	≥700	65	1 400	≥1 200	≥2 × 10^{-2}	≤0.08

3. 土工过滤布

土工布位于聚氨酯软泡沫塑料的外侧,分为两层:内层主要是起反滤作用,保护排水孔免受冲刷破坏;外层主要是使泡沫塑料受到压缩。

安装时土工过滤布裹紧压缩聚氨酯软泡沫塑料,使其直径小于排水孔孔径,逐节送入排水孔中。待渗水使胶溶解后,土工布松开,聚氨酯软泡沫塑料膨胀挤紧孔壁,以达到过滤体和孔壁紧密接触的目的。

六、GIN 灌浆试验研究

(一)GIN 灌浆技术的特点及研究工作开展

1. GIN 灌浆技术特点

GIN 灌浆是目前国际上正在推广应用的一项新的灌浆技术,该法由瑞士灌浆专家隆巴迪(Lombardi)等提出。

GIN(Crouting Intensity Number)即灌浆强度值,它是用灌浆孔段上最终的灌浆压力 P(MPa)和单位灌浆段长浆液灌注量 V(L/m)的乘积表示,即 GIN = $P \cdot V$(MPa · L/m),其含义为单位灌浆段长度上消耗的能量。

隆巴迪认为:灌浆施工中,保持各灌浆孔段上消耗一致的能量,即保持 GIN 值为常数,便可形成一道大致均匀的防渗帷幕。在灌浆过程中保持 GIN 值为常数,可以自动对宽大裂隙限制其灌注量,而对可灌性较差的微细裂隙提高灌浆压力,这样既避免了导致地面抬动和水力劈裂的高压力和大灌注量的组合,又避免了对灌注微细裂隙不合适的低压力和小灌注量的组合。

隆巴迪建议了通常采用的 5 种 GIN 值,见表 6-3-13,其相应的包络线见图 6-3-7。

表 6-3-13 选用的 GIN 值

GIN 值 (MPa · L/m)			P_{max} (MPa)	V_{max} (L/m)
①	很高	>250	5.0	300
②	高	200	4.0	250
③	中等	150	3.0	200
④	低	100	2.25	150
⑤	很低	<50	1.5	100

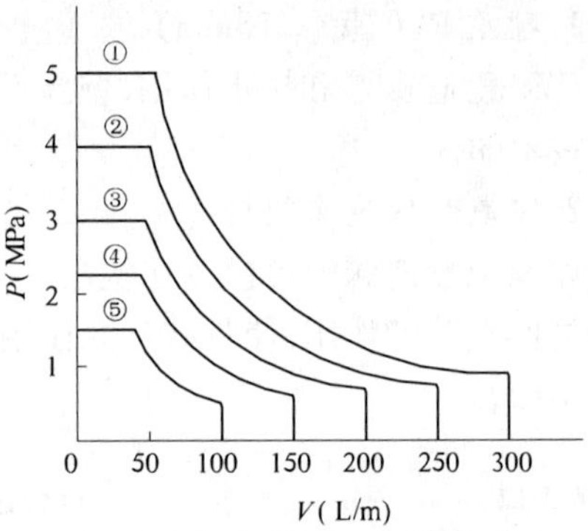

图 6-3-7 GIN 包络线

表 6-3-13 给出了 GIN 值以及相对应的最大灌浆压力和最大单位注入量等参数。隆巴迪认为在大多数情况下,推荐采用 150MPa · L/m 的具有中等灌浆强度的强度值。

GIN 灌浆技术要求满足以下条件:

(1)灌浆过程中,使用单一配合比的具有宾汉流体特性的稳定浆液,以获得密实、耐久的幕体。根据国外几个重要工程实践经验,隆巴迪对稳定性浆液建议的几个主要指标如下:

水灰比	0.67:1 ~ 0.8:1
密度	1.59 ~ 1.67g/cm³
马氏漏斗黏度	29 ~ 32s
28d 水泥结石强度	15 ~ 20MPa

(2)使用灌浆自动记录仪对灌浆全过程进行监控。通过计算机对选定的 GIN 曲线进行过程监控,以避免出现过高的灌浆压力和过大的、不必要的灌注量。

GIN 灌浆技术与我国传统灌浆技术比较具有以下明显优点:

(1)整个灌浆过程采用单一配合比的中等稠度的稳定浆液,不用变浆,使灌浆工艺简化;

(2)用 GIN 曲线控制整个灌浆过程,使幕体大致均一,降低了不必要浆材消耗;

(3)计算机监控灌浆的全过程,提高了灌浆效率和幕体质量。

2. 小浪底工程 GIN 灌浆技术的引进和推广应用

GIN 灌浆技术与我国传统的灌浆技术相比具有质优、低耗、高效等优点。小浪底工程帷幕灌浆工程量大,为简化灌浆工艺、提高灌浆质量、减少浆材消耗,在小浪底工程引进、应用该项灌浆技术,将会产生明显的经济效益和社会效益。为此,于 1994 年开始了 GIN 灌浆技术的引进和研究工作。

GIN 灌浆在小浪底的应用经历了技术引进、现场试验、试验性生产和推广应用四个阶段。

(1)技术引进阶段。引进 GIN 灌浆技术,首先对稳定浆液进行室内试验研究,为现场灌浆试验提供技术支持。

(2)现场试验阶段。该阶段确定的主要任务是:①通过室内和现场试验,确定合适的浆液配方;②选择适合不同地质条件、不同孔深的合适的 GIN 值及相匹配的最大灌浆压力 P_{max} 和最大单位灌注量 V_{max};③选择合适的灌浆结束标准;④综合 GIN 灌浆和我国传统灌浆技术的优点,探索出一种适合我国国情的 GIN 灌浆技术。

在技术引进和试验研究过程中,得到了世界银行特别咨询专家组、加拿大 CIPM 咨询专家以及隆巴迪的支持、帮助和指导,并遵循积极引进、经过试验掌握方法、总结经验逐步推广的原则,于 1995 年完成了 GIN 法帷幕灌浆现场试验,并组织国内灌浆专家进行了验收。

(3)试验性生产阶段。通过现场试验证明了 GIN 灌浆技术的优点,为了更好地掌握和推广 GIN 灌浆技术,在现场试验的基础上,1996 年经小浪底建管局批准,分别在右岸二叠系地层的 2 号灌浆洞内和左岸三叠系地层的 4 号灌浆洞内帷幕线上,完成了总进尺 3 815.1m的 GIN 法帷幕灌浆试验性生产。该成果通过了水利部组织的专家鉴定。

(二)稳定浆液的试验研究

GIN 灌浆有两个最为重要的组成部分,即灌浆强度值 GIN 的选取和稳定浆液的配制。

1. 稳定浆液的性能要求

稳定浆液系指掺有少量稳定剂、2h 析水率不大于 5% 的具有宾汉体特性的浆液。浆液的黏滞度控制着浆液流动的速率;浆液的凝聚力控制着浆液的扩散半径。稳定浆液不但要具有足够的稳定性,而且要具有良好的流动性。

根据隆巴迪的建议和国内已有的研究成果,结合小浪底工程的地质条件,对稳定浆液提出如表 6-3-14 中所列指标,作为室内试验的控制指标。

表 6-3-14　　稳定性浆液室内试验控制指标

项　目	单　位	指　标
水灰比		0.6:1~0.8:1
密度	g/cm³	1.60~1.67
马氏漏斗黏度	s	<35
2h 析水率		<4%
凝聚力	N/m²	<4
7d 结石强度	MPa	9~10
28d 结石强度	MPa	>15

2. 稳定浆液配比试验

浆液配比完成了近百组,主要进行以下对比试验:水灰比对水泥净浆性能的影响试验;搅拌速度对水泥净浆性能的影响试验;不同型号减水剂对水泥净浆性能的影响试验以及掺加膨润土改善水泥浆体稳定性试验等。在此基础上进行浆液配方的优选试验,从中筛选出满足设计要求的配方。室内试验满足设计要求的几组配方试验结果见表 6-3-15。

表 6-3-15 浆液配比试验结果

编号	水灰比	膨润土掺量(%)	减水剂(%)		马氏黏度(s)	密度(g/cm³)	2h 析水率(%)	凝聚力(N/m²)	抗压强度(MPa)	
			型号	掺量					7d	28d
膨 - 3*	0.65	2	UNF - 5	1.0	32.8	1.72	0.7	2.57	13.2 ~ 16.3	23.5 ~ 27.1
膨 - 18*	0.70	2.5	UNF - 5	0.75	32.4	1.69	0.7	—	7.9 ~ 10.9	21.5 ~ 22.1
膨 - 17*	0.75	3	UNF - 5	0.75	31.2	1.67	0.9	1.99	8.9 ~ 9.4	12.9 ~ 19.0
S_{11}^{*}	0.65	2	木钙	1.0	32.4	1.70	0.8	1.48	18.9	—
$U - A_3^{**}$	0.75	0.8	UNF - 5	0.5	30.6	1.65	2.0	1.86	16.5	21.5
$U - B_1^{**}$	0.65	0.6	UNF - 5	0.5	32.1	1.70	2.8	1.74	18.9	26.3

注：* 为 1995 年配方，系湖北荆门水泥；* * 为 1996 年配方，系洛阳铁门水泥。

根据实验室试验结果，结合现场的灌浆条件，推荐以下两种浆液配方，见表 6-3-16。

表 6-3-16 推荐采用的浆液配方

编号	水灰比	膨润土掺量(%)	减水剂	
			型号	掺量(%)
1	0.75	3	UNF - 5	0.75
2	0.65	2	木钙	1.0

3. 浆液质量的影响因素研究

1) 水灰比

水泥浆体中的水主要有三种作用：一部分水与水泥颗粒起水化反应，使之凝结硬化；一部分是使水泥浆体具有足够的分散性和流动性，对水泥颗粒起着分散和载运的作用；一部分为不参与上述作用的水，即所谓的“多余水”。“多余水”的存在容易造成水泥颗粒的沉淀，影响浆液的稳定性和水泥结石强度。不同水灰比条件下对纯浆性能的影响结果见表 6-3-17。

表 6-3-17 水灰比对浆液性能的影响

水灰比	黏度(s)	凝聚力(N/m²)	密度(g/cm³)	初凝时间(h:min)	3h 析水率(%)
0.55	85.4	7.32	1.82	10:20	6.2
0.65	59.2	4.37	1.72	11:45	10.9
0.75	27.0	2.87	1.66	12:05	18.5
0.85	20.9	2.59	1.62	12:42	22.8

从表6-3-17中可见，当水灰比由0.55增大到0.85时，浆液的黏度、凝聚力和密度逐渐减小，初凝时间增长，析水率增大。减小水灰比，使用稠浆能改善浆液的稳定性。减小水灰比增加浆液稳定性的同时，浆液的凝聚力增大，流动性变小。要获得稳定性和流动性均较好的浆液，需要借助其他的方法来实现。

2）搅拌速度

搅拌速度对浆液性能影响的试验结果见表6-3-18。

表6-3-18　　搅拌速度对浆液性能的影响

转速(r/min)	黏度(s)	凝聚力(N/m^2)	3h析水率(%)
人工搅拌	59.2	4.37	10.9
450	36.2	3.66	10.5
800	34.0	3.20	9.2
1 400	21.2	3.11	8.8

从表6-3-18中看出，随着搅拌速度的逐渐增大，浆液的黏度、析水率和凝聚力逐渐减小。在高速搅拌的条件下，水泥颗粒相互分离，湿化的程度提高，化学活性增强，从而改善水泥浆的黏度、凝聚力和析水率。

3）膨润土掺量

膨润土为增黏性材料，其改善水泥浆体稳定性的作用是增加浆液的黏度，阻止浆体的沉降与分离。膨润土对水泥浆稳定性的改善程度与膨润土的掺量和膨胀程度有关。事先对膨润土进行加水湿润膨胀非常重要。膨润土不同掺量对浆液物理力学指标的影响见表6-3-19。

表6-3-19　　膨润土掺量对浆液稳定性的影响

膨润土掺量(%)	水灰比	UNF-5掺量(%)	黏度(s)	密度(g/cm^3)	3h析水率(%)	凝聚力(N/m^2)
0	0.7	0.75	15.8	1.68	分层	1.01
1	0.7	0.75	17.0	1.68	分层	1.14
2	0.7	0.75	17.7	1.69	分层	1.24
2.5	0.7	0.75	19.4	1.69	0.8	2.06
3	0.7	0.75	19.6	1.69	0.3	2.13
2	0.7	0	不流动	1.70	1.1	1.94

室内试验表明，浆液配比中膨润土掺量对浆液的稳定性、黏度、析水率和凝聚力影响十分显著。随着膨润土掺量的增加，浆液的析水率明显减小，表明膨润土能有效地改善水泥浆液的稳定性，同时会提高浆液的黏度和凝聚力。

4) 高效减水剂

减水剂能够吸附在水泥颗粒的表面，在一定时间内阻碍水泥颗粒发生凝聚，产生水化反应，起到降低水灰比的作用。加入减水剂能改善浆液的流动性，浆液的流变参数黏度和凝聚力随减水剂掺量的增加而减小。在减小到一定程度后，再增加减水剂掺量，其降低黏度的作用已变得很小，且会带来浆体析水率增大和颗粒容易分层的不利因素。因此，在使用减水剂降低浆液黏度、改善浆液流动性方面，减水剂存在着最佳的掺量范围。不同掺量条件下，减水剂对浆液性能影响情况见表 6-3-20。

表 6-3-20　减水剂掺量对浆液性能的影响

膨润土掺量(%)	水灰比	减水剂		黏度(s)	密度(g/cm^3)	3h 析水率(%)	凝聚力(N/m^2)	备　注
		名称	掺量(%)					
0	0.65	—	0	59.2	1.72	10.9	4.37	人工搅拌 10min
0	0.65	木钙	0.20	25.2	—	7.7	3.14	
0	0.65	木钙	0.25	27.9	—	13.7	3.54	
0	0.65	木钙	0.30	24.6	—	18.2	3.83	
0	0.65	FDN	0.25	24.5	—	10.8	3.07	
0	0.65	FDN	0.50	23.0	—	18.0	2.31	
0	0.65	FDN	0.75	21.2	—	19.0	1.92	
2	0.70	UNF-5	0	不流	1.70	1.1	11.94	搅拌速度 2 800r/min
2	0.70	UNF-5	0.25	18.8	1.70	2.0	2.75	
2	0.70	UNF-5	0.50	17.9	1.70	2.2	2.13	
2	0.70	UNF-5	0.75	17.6	1.70	分层	1.24	
2	0.70	UNF-5	1.00	17.8	1.70	分层	0.95	
3	0.75	UNF-5	0.25	41.7	1.67	0.9	8.35	
3	0.75	UNF-5	0.50	20.3	1.67	1.0	4.72	
3	0.75	UNF-5	0.75	18.7	1.67	1.2	2.00	

通过上述对影响浆液特性的四大因素的试验研究，认为浆液的流动性和稳定性相互制约，稳定浆液则要求二者相互协调。当采用高速搅拌机、掺加适量的膨润土和高效减水剂，并尽可能减小水灰比制浆后，便可以获得既具有良好流动性、又能满足稳定性要求的浆液。

(三) 现场灌浆试验

1. 试区位置的选择

试验区选择在左岸垭口副坝处，地面高程 244m。主要考虑以下条件：

(1) 黄委会勘测规划设计研究院已在左岸单薄山体进行了 3 次常规帷幕灌浆试验，这些试验的地质条件、灌浆深度等与本次试验基本相同，试验资料具有可比性。

(2)该处地面相对平坦,施工场地容易布置,且能够与副坝的防渗帷幕结合。

2. 试验分组及灌浆孔布置

考虑小浪底灌浆帷幕设计有铅直孔和斜孔两种布孔方式,因而灌浆试验分为直孔和斜孔两组进行。灌浆孔均按3个次序布孔。直孔组结合生产,放在垭口副坝帷幕轴线上,孔深63m、孔距2m;斜孔组在帷幕线下游,两者相距15m,灌浆孔设计孔深65m、孔距3m。灌浆孔平面布置见图6-3-8。

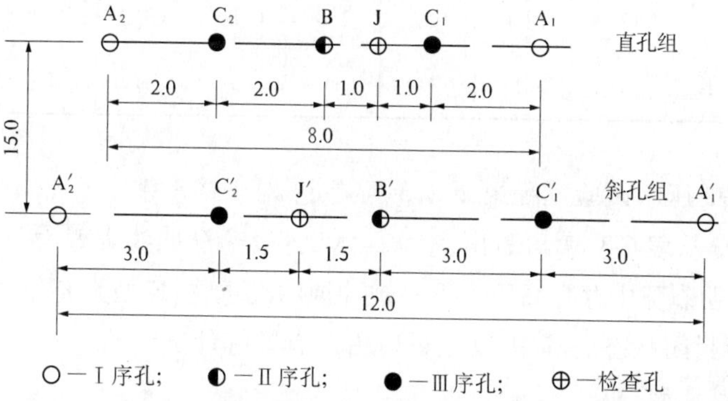

图6-3-8　灌浆孔平面布置　(单位:m)

斜孔孔向的确定依据岩体控制性的裂隙产状及帷幕轴线方向,考虑施工难度,确定灌浆孔的倾角(顶角)为15°。

3. 压水试验

所有试验孔段均做灌前压水试验,采用五点法和简易法两种。

1)五点法

对于直、斜孔组先导孔(A_2、A'_1)和检查孔,采用自上而下分段做压水试验。试段长度与灌浆段长度相对应,一般为5m。量测设备采用成都勘测设计院研制生产的ZS-1000型钻孔水文地质综合测试仪。

孔深20m以上各段采用0.3MPa压力进行单点压水(检查孔为五点法);20m以下各段按0.3MPa、0.6MPa、1MPa三级压力5个阶段进行压水。各级压力下压入流量的稳定标准为:在稳定压力下每3~5min测读压入流量一次,连续4次读数中最大值与最小值之差小于最终值的10%,或最大值与最小值之差小于1L/min,即可结束压水。计算流量取最终值。

2)简易压水法

在其余各序孔中按孔口封闭自上而下分段压水的方法进行。试段长度与灌浆段长度相对应。量测设备采用长委长江科学院研制生产的GJY-Ⅱ型灌浆自动记录仪。孔深20m以上各段按0.3MPa压力控制压水,20m以下各段为1.0MPa压力。压水进行30min,每5min测读一次压入流量,取后4个读数平均值作为计算值。

3)先导孔水流类型

根据先导孔五点法压水试验成果,各试段岩石透水率及相应的水流类型见表6-3-21。

表 6-3-21　　先导孔水流类型

孔号	项目	孔深(m)								
		20 ~ 25	25 ~ 30	30 ~ 35	35 ~ 40	40 ~ 45	45 ~ 50	50 ~ 55	55 ~ 60	60 ~ 终孔
A_1'	Lu 值	3.7	3.1	4.0	0.5	0	24.5	13.8	0.9	1.0
	$P \sim Q$ 曲线类型	D	D	D	—	—	—	E	—	D
A_2	Lu 值	39.3	18.0	9.2	2.0	0.85	13.2	11.9	6.0	8.2
	$P \sim Q$ 曲线类型	D	D	D	D	D	D	D	D	D

据 SL25 - 92 压水试验规程第 2.2.3 条规定,对于透水率小于 1Lu 的试段可不区分 $P \sim Q$ 曲线类型。从表 6-3-21 可看出,本次压水试验 $P \sim Q$ 曲线类型为 D、E 两种类型。D 型为冲蚀型,表明裂隙中存在高压力下易被冲蚀的充填物;E 型为充填型,反映了裂隙被充填、填塞的半封闭状态。其中,D 型试段占总有效统计试段的 92.3%。所以判定试区岩石水流类型为 D 型。

4. 现场浆液配比

实验室推荐的浆液基本上能满足现场灌浆施工的要求,鉴于现场条件和实验室制浆条件的差别,同时考虑到大规模生产时材料保证性等条件,在现场又进行了浆液配比试验。

现场浆液配方:水灰比 0.75:1,膨润土掺量 0.8%,减水剂掺量为膨润土的 0.8%。浆液密度 1.64g/cm^3,马氏黏度 33s,凝聚力(旋转黏度计)0.51N/m^2,2h 析水率 2%。在灌浆试验施工过程中,对浆液性能指标进行了跟踪取样测试,共取得 43 组样品进行了性能测试,其平均结果见表 6-3-22。

表 6-3-22　　现场使用浆液性能检测结果

水灰比	密度 (g/cm^3)	马氏黏度 (s)	凝聚力 (N/m^2)	2h 析水率 (%)	试验组数
0.75:1	1.61	33	2.03	2.3	43

5. 灌浆强度值的选取

隆巴迪建议了 5 种不同的 GIN 值,且在大多数情况下,推荐采用 150MPa · L/m 的中等灌浆强度值,其限制压力为 3MPa,限制灌注量为 200L/m。根据隆巴迪的建议并参照在小浪底水库进行的 4 次常规灌浆试验所采用的灌浆压力值,确定了如表 6-3-23 中所列的 3 种 GIN 值,相应的包络线如图 6-3-9 所示。

表 6-3-23　　选用的 GIN 值

孔深（m）	≤20	20 ~ 50	>50
GIN 强度值（MPa · L/m）	50	150	200
限制压力（MPa）	1.5	3.0	4.0
限制浆量（L/m）	100	200	250

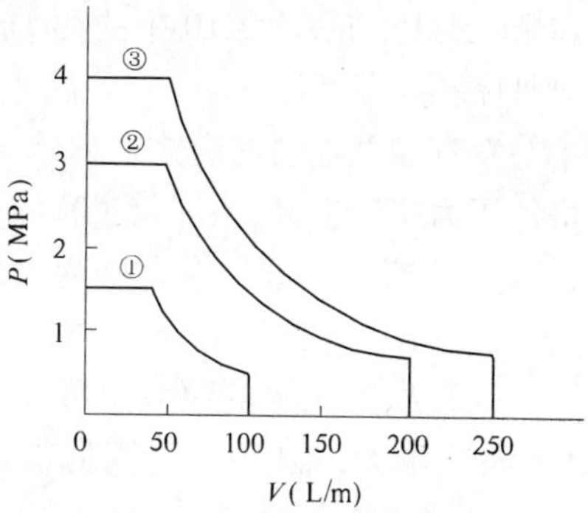

图 6-3-9　采用的 GIN 包络线

6. 灌浆

1）灌浆方法

就 GIN 灌浆理论而言，宜采用自下而上分段卡塞纯压式灌浆，而我国普遍采用的孔口封闭、孔内循环、自上而下分段灌浆方法，是一种成功的灌浆工艺。考虑灌浆试验是为小浪底工程今后的大规模灌浆施工，故确定现场试验依据 GIN 灌浆的原则，采用小口径钻孔、孔口封闭、孔内循环、自上而下分段灌浆方法。自下而上分段灌浆法作为对孔口封闭法的补充，仅在 A_2 孔中使用。

灌浆施工中，射浆管管口距孔底不大于 0.5m；当采用自下而上分段灌浆时，射浆管使用塑料管，栓塞位置按实际段长控制。

2）灌浆结束标准

灌浆开始后，随着灌浆过程的进行，达到灌浆最大压力或灌浆强度值后，当注入率不大于 1L/min 时，继续灌注 30min 后结束。

灌浆结束后，一般不待凝，但对于个别吃浆量大且未达到结束标准的段次，应调整压力，使之沿包络线下滑，直到流量小于规定值，持续 10min 即可结束。对于复灌段，需待凝 24h 后再进行下一段灌浆。

3）灌浆过程控制

（1）监控原则。采用 GIN 灌浆时，一旦灌浆强度值“GIN”选定以后，对于低压力大耗浆量容易灌注的宽大裂隙，或者高压力低耗浆量的细微裂隙的灌浆都应采用选定的 GIN 值，以保证在整个灌浆过程中每个灌浆段上的 GIN 值是个常数，即帷幕获得基本相同的“能量”，使幕体的厚度较均匀。

（2）监控方法。灌浆自动记录仪将连续采集到的灌浆压力 P、注入量 Q 信息在计算机屏幕上作出实际的 P、V 过程曲线和可灌性 $Q/P \sim V$ 曲线，灌浆施工技术人员根据这些灌浆过程曲线，随时调整压力、流量，使其逼近 GIN 曲线，并在 GIN 曲线上波动，直到灌浆结束，达到对灌浆全过程的控制。

（3）灌浆过程控制。GIN 帷幕灌浆的过程控制，大体上可分为以下三种情况：

微细裂隙地层的灌浆过程。对于这种地层，注入率很小，压力升高很快，当压力达到最大值后，保持压力稳定到灌浆结束。此时，灌浆过程曲线一般在 OEAH 区内，灌浆结束点落在 AE 线上，如图 6-3-10 中曲线①。这种情况多见于岩层比较完整、具有微细裂隙地段或对Ⅲ序孔灌浆范围。

中等发育裂隙地层的灌浆过程。对于这种地层，灌浆开始阶段注入率中等，随着注入率的增加压力平稳上升，当灌浆过程线逼近或达到 GIN 包络线的 AB 段时，逐渐降低灌浆压力，使过程线沿 AB 线下滑直到灌浆结束。这种情况的灌浆过程线一般在 OAB 区域，灌浆结束点落在 AB 曲线上，如图 6-3-10 中曲线②。

宽大张开裂隙地层的灌浆过程。对此类地层，由于耗浆量大，难以升压，因此有时呈无压自流状态。遇到这种情况，一般采取限流、间歇、复灌等措施处理，直到达到规定的灌浆结束标准。这种灌浆过程曲线一般在 OGBF 区，灌浆结束点一般在 BF 线或以远，如图 6-3-10 中曲线③。

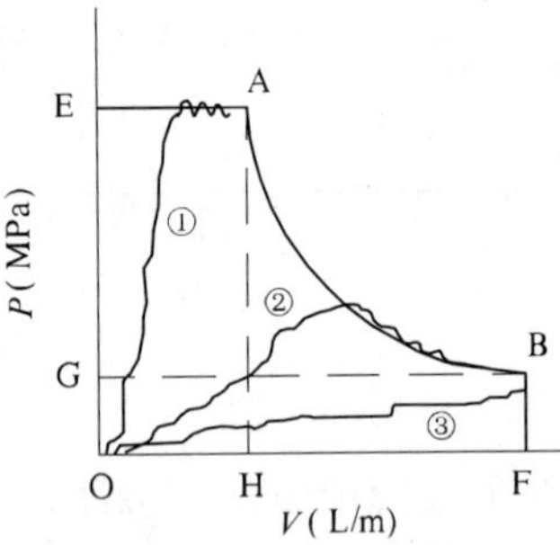

图 6-3-10　典型灌浆过程曲线

通过微机监控，可以分析、判断灌浆过程中浆液注入裂隙的情况及裂隙被充满的程度，有利于灌浆过程中各个环节的配合，减少了灌浆时间，节省了浆材，提高了灌浆质量。

7. 灌浆成果分析

1）直孔组

（1）压水试验。从图 6-3-11 直孔灌前透水率频率累计曲线资料分析，Ⅰ、Ⅱ序孔的频率累计曲线相近，其透水率差别不大；Ⅲ序孔的透水率显著减少。从小于 8Lu 的段次所占的比例来看，Ⅰ序孔中有 47.6%，Ⅱ序孔中有 54.5%，Ⅲ序孔中高达 95.5%。从表 6-3-24 灌前透水率平均值变化情况看，Ⅰ序孔、Ⅱ序孔的平均透水率均为 12.90Lu，说明Ⅰ序孔浆液扩散不到相距 4m 的Ⅱ序孔处。Ⅲ序孔的透水率已下降到 2.0Lu，较Ⅰ、Ⅱ序孔下降了 84.5%。

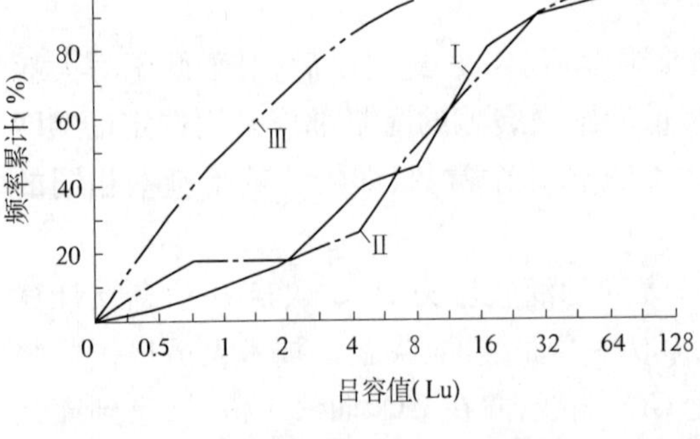

图 6-3-11　直孔灌前透水率频率累计曲线

表 6-3-24　直孔组灌前透水率情况

序次	孔号	吕容值(Lu)		
		最大值	最小值	平均值
Ⅰ序孔	A_1+A_2	80.40	0.60	12.90
	A_1	80.40	1.11	16.28
Ⅱ序孔	B	58.42	0.27	12.90
Ⅲ序孔	C_1+C_2	9.69	0.12	2.0

（2）单位耗浆量。从单耗情况（见图 6-3-12）来看，由于Ⅰ、Ⅱ序孔的共同作用，Ⅲ序孔大单耗的段次明显少于Ⅱ序孔，特别是 160～320kg/m 的段次，Ⅲ序孔由Ⅱ序孔的 27%

下降至不足5%，因此Ⅲ序孔较Ⅰ、Ⅱ序孔的递减还是明显的。

从平均耗灰量（见表6-3-25）来看，Ⅰ序孔平均单耗为83.8kg/m，Ⅰ序孔与Ⅱ序孔平均单耗相近并稍低，与表6-3-24中灌前压水成果是吻合的，反映了Ⅰ序孔灌浆作用的局限性。Ⅲ序孔单耗比Ⅰ、Ⅱ序孔分别递减了7.5%和17.6%。Ⅲ序孔单耗降低是Ⅰ、Ⅱ序孔灌浆效果的反映。

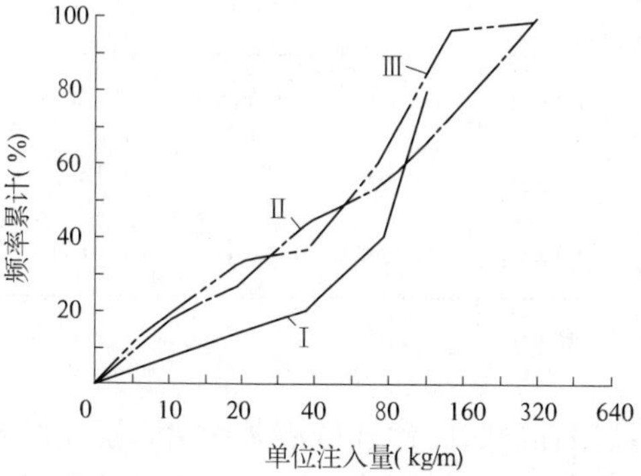

图6-3-12　直孔单位注入量频率累计曲线

表6-3-25　铅直孔组单位注入量情况

序次	孔号	段长（m）	单位注入量（kg/m）
Ⅰ序孔	A_1+A_2	113.42	61.3
	A_1	55.12	83.8
Ⅱ序孔	B	56.00	94.0
Ⅲ序孔	C_1+C_2	111.50	77.4

2）斜孔组

（1）压水试验。从图6-3-13斜孔灌前透水率频率累计曲线资料分析：Ⅰ、Ⅱ序孔的频率累计曲线相近，其透水率差别不大；Ⅲ序孔的累计曲线处于Ⅰ、Ⅱ序孔的曲线之上，其透水率明显减少。从频率累计曲线80%处看，Ⅰ序孔的透水率小于20Lu，Ⅱ序孔的透水率小于15Lu，而Ⅲ序孔的透水率小于4Lu。

从表6-3-26灌前透水率平均值变化情况看，Ⅱ序孔的透水率比Ⅰ序孔的下降了12.0%，Ⅲ序孔的透水率比Ⅰ序孔的下降了79.6%；从透水率值来看，灌前Ⅲ序孔已基本达到了小于5Lu的帷幕防渗标准，说明灌浆质量是良好的。

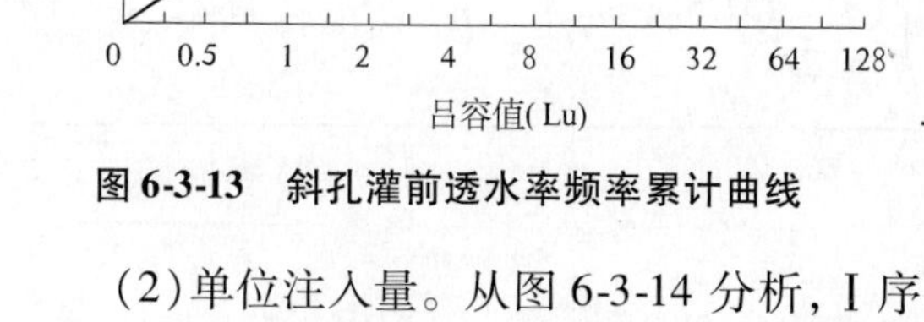

图6-3-13　斜孔灌前透水率频率累计曲线

表6-3-26　斜孔组灌前透水率情况

序次	吕容值（Lu）			累计递减率（%）
	最大值	最小值	平均值	
Ⅰ序孔	70.3	0.5	10.8	0
Ⅱ序孔	35.1	0.3	9.5	12.0
Ⅲ序孔	5.9	0.2	2.2	79.6

（2）单位注入量。从图6-3-14分析，Ⅰ序孔和Ⅱ序孔在大单耗（140kg/m）段方面相近外，在较小的单耗段次方面，仍存在随着次序的增加而单耗减少的规律。从累计频率80%处分析，Ⅰ、Ⅱ序孔的单耗为240kg/m，而Ⅲ序孔的单耗约为110kg/m，Ⅲ序孔较Ⅰ、Ⅱ序孔的单耗明显减少，可灌性降低，符合正常的灌浆规律。

从表 6-3-27 分析，Ⅱ序孔较Ⅰ序孔平均注入量减少 13.2%，Ⅲ序孔较Ⅰ序孔平均注入量减少 51.1%。这和灌前岩石透水率的递减规律是基本一致的。

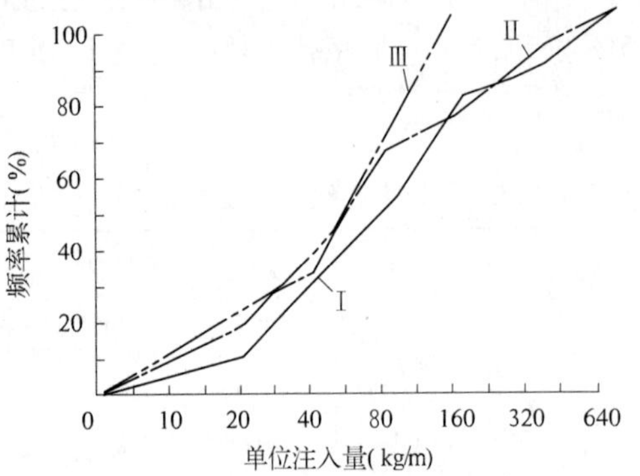

图 6-3-14 斜孔组单位注入量频率累计曲线

表 6-3-27 斜孔组单位注入量情况

序次	段长（m）	单位注入量（kg/m）	递减率（%）
Ⅰ序孔	104.3	119.9	0
Ⅱ序孔	54.50	104.1	13.2
Ⅲ序孔	110.05	58.6	51.1

从上述资料分析可以看出，直孔、斜孔两组灌浆在经过三序孔的灌浆后达到了较好的效果，但两者之间存在明显的不同，表现出Ⅰ、Ⅱ序孔之间在透水率、耗灰量方面随次序增加而递减的情况，直孔组不如斜孔组效果明显，说明采用斜孔灌浆比采用直孔灌浆有一定的优越性。

3）灌浆效果检查

直孔组和斜孔组检查孔各压水 11 组，从压水试验检测得到的吕容值来看，透水率大于 5Lu 的段次均只有一段，占总段次的 9.1%，合格率均为 91%，灌浆质量合格。直、斜孔平均透水率分别为 1.0Lu 和 2.1Lu，帷幕防渗性能得到了较大的提高，说明灌浆效果是理想的。

8. GIN 法和常规法灌浆对比

在左岸单薄山梁顶部进行过的斜孔帷幕灌浆试验，地质条件与 GIN 法灌浆现场试验区地质条件相似，采用灌浆参数基本相同，故二者具有可比性。二者的纯灌浆时间、平均单位注入量及检查孔压水试验结果对比见表 6-3-28。

表 6-3-28 GIN 法、常规法灌浆对比

灌浆方法	纯灌时间	平均单位注入量	透水率
GIN 法	16.18min/m	91.5kg/m	2.1Lu
常规法	25.94min/m	137.5kg/m	2.1Lu
GIN 法/常规法	0.62	0.67	1.0

（四）GIN 灌浆试验性生产

1. 试验段位置的选择

在现场试验的基础上，结合帷幕灌浆施工进行试验性生产，为 GIN 灌浆的推广和应用提供依据。

小浪底工程右岸以二叠系黏土岩为主、左岸以三叠系砂岩为主，分别属于不同的水文

地质单元，岩性及构造裂隙发育条件不同，所具有的可灌性存在较大的差别。因此，选取右岸黏土岩地层和左岸砂岩地层分别进行试验性生产。

右岸选择在 2 号灌浆洞，桩号 DG0 + 764.25 ~ DG0 + 807.00，灌浆轴线长 42.75m，受灌地层为 P_2^2，单直排孔，孔距 2m，共完成灌浆进尺 1 864.85m。

左岸选择在 4 号灌浆洞内，桩号 DG0 − 559.00 ~ DG0 − 593.00，灌浆轴线长 34m，受灌地层为 T_1^{3-2}、T_1^4，单直排孔，孔距 2m，共完成灌浆进尺 1 238.8m。

2.2 号灌浆洞灌浆

1）灌浆强度值

设计及施工采用的 GIN 值如表 6-3-29 所示。

表 6-3-29　灌浆强度值

孔深(m)	≤20	20 ~ 40	>40	备　注
GIN(MPa · L/m)	80 ~ 100(120)	150 ~ 200	200 ~ 250	括号内的数字为施工期调整后数值
V_{max}(L/m)	150(185)	200	250	

2）灌浆结束标准

灌浆结束标准为：

（1）达到 GIN 值，且流量小于 2L/min 时，持续 10min 可以结束。

（2）达到 GIN 值，但流量较大时，应调整压力，使之沿 GIN 曲线下滑，直到小于 2L/min 时，再持续 10min 可以结束。

（3）达到最大压力值，流量小于 1L/min 时，持续 30min 结束。

（4）当流量较大时，按规定及时采取限流、限量及间歇等措施。间歇时间 6 ~ 12h。

3）灌浆成果分析

（1）单位注入量。从图 6-3-15 中可以明显看到一个在常规灌浆中少见的现象，即第Ⅰ、Ⅱ序孔的累计频率曲线基本一致，这表明两序孔基本上在独立地对地层进行灌注，前序孔对后序孔影响很小，这就是限定 GIN 值和限定注入量两个因素的结果，使第Ⅰ序孔浆液只能进行有限的扩散。在常规灌浆中如果发生了这样的情况，则常常会认为“Ⅰ序孔没有灌好”或“Ⅰ序孔间距太大”，而在这里是一种正常的结果。虽然Ⅰ序孔对Ⅱ序孔整体影响不大，但在大进浆量的孔段上仍然存在一定的影响，表现在单位注入量大于 1 000kg/m 的 3 个段次只发生在Ⅰ序孔中。由表 6-3-30 可以看出，随着灌浆次序的增加，单位注入量呈明显递减趋势。递减率为：Ⅱ序孔单位注入量比Ⅰ序孔减少 26.42%，Ⅲ序孔单位注入量比Ⅰ序孔减少 62.12%，这也是随着孔序的增加，大吃浆量孔段减少的结果。

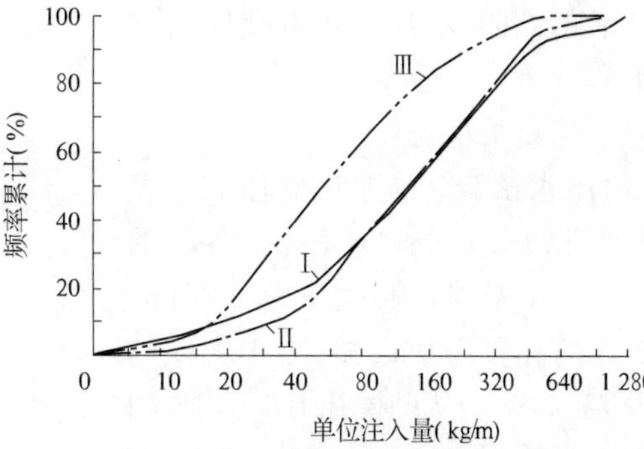

图 6-3-15　单位注入量频率累计曲线

表 6-3-30 单位注入量情况

序次	段长(m)	平均单位注入量(kg/m)	递减率(%)
Ⅰ序孔	104.3	225.81	0
Ⅱ序孔	54.50	166.29	26.42
Ⅲ序孔	110.05	85.54	62.12

表 6-3-31 为单位注入量按深度分层的统计结果，总体情况是层内各序的单位注入量均呈递减趋势，表明了地层被逐渐加密的过程。20～40m 及 40m 以下两层，Ⅱ序孔单位注入量与Ⅰ序孔比较呈减少的趋势，在 0～20m 的段次Ⅱ序孔单位注入量与Ⅰ序孔比较呈增加的趋势，分析原因主要是上部压力较小，限制了浆液的扩散距离。

表 6-3-31 单位注入量分层统计

孔段深度(m)	平均单位注入量(kg/m)		
	Ⅰ序孔	Ⅱ序孔	Ⅲ序孔
2～20	132.44	192.18	79.88
20～40	359.77	175.16	100.58
40 以下	173.17	143.16	84.17
平均	225.81	166.29	85.54

(2)透水率。各序孔灌前透水率累计曲线见图 6-3-16。从图 6-3-16 灌前透水率频率累计曲线看出，随着孔序的增加透水率呈递减的趋势。

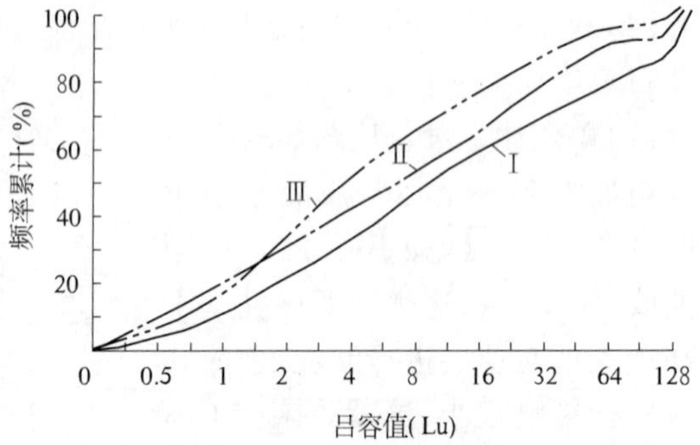

图 6-3-16 灌前透水率频率累计曲线

4)灌浆效果检查

(1)压水试验。灌浆试验段共布置 6 个检查孔，压水试验 64 段次，各段的透水率值均小于 3Lu，最大值为 2.96Lu。小于 2Lu 的孔段占 95.3%，小于 1Lu 的孔段占 73.44%。从勘探孔 RC－18E 的透水率情况看，全孔 14 段，有 6 段透水率很大，未测出具体数值；剩余 8 段中，除有两段分别为 4.22Lu、7.92Lu 外，其余 6 段在 16.8～95.14Lu 之间。与灌后的 6 个检查孔情况比较，说明灌浆效果是十分明显的。

(2)岩芯。从检查孔的取芯情况看，6 个检查孔的岩芯平均采取率为 90.5%，岩芯表面可见胶结良好的水泥结石。

5)GIN 灌浆与常规灌浆比较

两种灌浆方法单位灌浆段长耗灰量和各孔段平均纯灌时间的比较见表 6-3-32；两种

灌浆方法单位灌浆段长耗灰量的对比见图6-3-17。从表6-3-32、图6-3-17中可以看出：在灌浆效果均满足设计要求的前提下，GIN灌浆比常规灌浆每米节省水泥125.14kg。GIN灌浆每段平均纯灌时间比常规法灌浆缩短时间35min，平均节省工时23.5%。

表6-3-32　　两种灌浆方法浆材、工时消耗对比

项　目	单位注入量(kg/m)				孔段用时(h)			
	Ⅰ序孔	Ⅱ序孔	Ⅲ序孔	平均	Ⅰ序孔	Ⅱ序孔	Ⅲ序孔	平均
GIN法	234.65	172.20	88.10	149.34	1.72	1.73	1.28	1.53
常规法	447.62	274.47	142.93	274.48	2.8	2.0	1.62	2.0

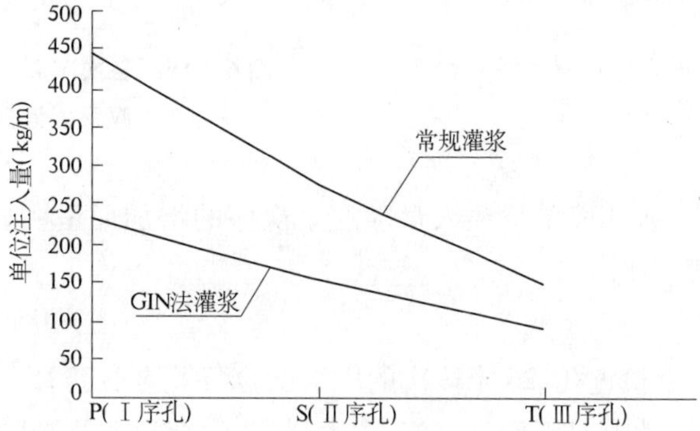

图6-3-17　GIN法和常规灌浆单位注入量对比

3.4号灌浆洞灌浆

1）灌浆

根据试区洞段的埋深和地质条件，GIN值按由浅及深逐渐加大原则确定。选用的GIN值及相应的P_{max}和V_{max}值列入表6-3-33，其他条件与2号灌浆洞相同。

表6-3-33　　选用的GIN值及相应的P_{max}和V_{max}值

孔深(m)	≥6	6~21	21~41	>41
GIN(MPa·L/m)	50~80	150	200	250
P_{max}(MPa)	1.5	3.0	3.5	4.0
V_{max}(L/m)	100	200	250	300

2）灌浆成果分析

(1)透水率。灌前各序孔透水率频率累计曲线见图6-3-18。

从图6-3-18各序孔透水率累计曲线看出，各孔段透水率随着灌浆次序的增加明显递减。根据灌前各次序孔透水率情况，地层的透水率主要集中在5Lu以下，透水率小于5Lu

的孔段Ⅰ序孔占63.8%，Ⅱ序孔、Ⅲ序孔时该数值分别上升至82.1%和92.9%。说明前序孔的灌浆对后续孔产生了影响。

(2)单位注入量。各次序灌浆孔段单位注入量频率累计曲线见图6-3-19。

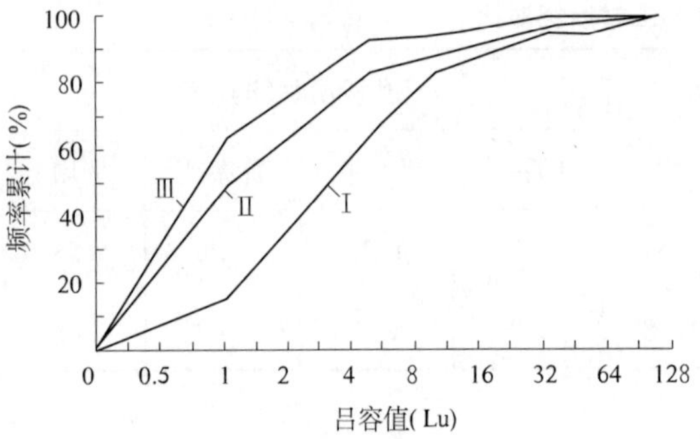

图6-3-18 灌前各序孔透水率频率累计曲线

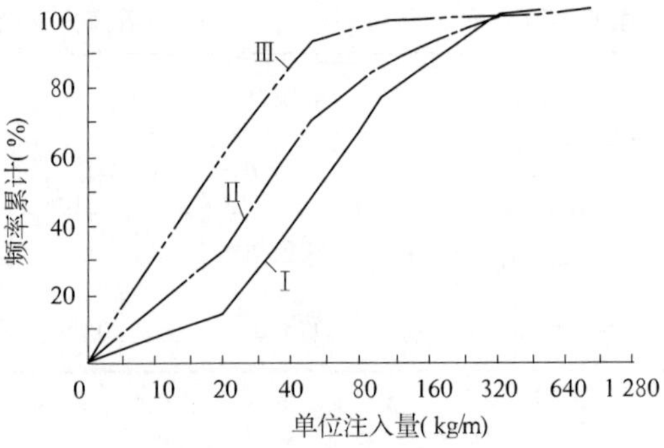

图6-3-19 各次序灌浆孔段单位注入量频率累计曲线

从图6-3-19看出，各孔段单位注入量随灌浆次序的增加而呈明显的递减趋势，与透水率具有相同的递减规律。

3)灌浆效果检查

试区内共布置2个检查孔，26个段次的压水试验结果均小于2Lu。从岩芯方面来看，岩芯采取率均为97%，水泥结石胶结良好，宽大裂隙、微细裂隙及岩层层面间均有水泥结石充填。上述结果表明灌浆质量是良好的。

4)GIN灌浆与常规灌浆比较

4号灌浆洞内帷幕灌浆N区，桩号为DG0－503.00～DG0－735.17，GIN灌浆仅为其中一段，其余为常规灌浆，故GIN灌浆与常规灌浆区具有完全相同的地质条件和设计参数，因而两者具有较好的可比性。两种灌浆方法的浆材、工时消耗情况列入表6-3-34。

表6-3-34 浆材、工时消耗对比

项目	灌段长度(m)	孔数(个)	段数(段)	单位注入量(kg/m)				孔段用时(h)			
				Ⅰ序孔	Ⅱ序孔	Ⅲ序孔	平均	Ⅰ序孔	Ⅱ序孔	Ⅲ序孔	平均
GIN法	1 108.3	17	240	75.7	52.0	31.7	49.7	1.0	0.92	0.75	0.86
常规法	6 593	100	1 418	364.8	147.9	55.6	158.8	1.75	1.16	0.81	1.14

从表6-3-34看出：在灌浆效果均满足设计要求的前提下，GIN灌浆比常规灌浆平均节省水泥109.1kg/m。每段平均纯灌时间比常规法灌浆缩短时间16.8min，平均节省工时24.56%。

第四节　F_1 断层处理设计

一、F_1 断层的地质特性

F_1 断层位于右岸河槽部位，顺水流方向展布，为一压扭性正断层，断层面在坝基范围基本倾向北，倾角 73°～85°，断距约 220 m。F_1 断层发生过左旋扭动，其南北两盘都有一系列张扭性人字形分支断层，南盘有 F_{230}、F_{231}、F_{232}、F_{233}、F_{235}，北盘有 F_{252}、F_{257}、F_{258} 断层。

坝址区，包括断层带和两侧影响带 F_1 断层最大宽度约为 30m，其中断层宽 10m，两侧影响带各宽约 10m。

从横穿 F_1 断层的∏41 号勘探平硐揭示的 F_1 断层横剖面可知，断层带、影响带并不能明显区分。其间夹有几条宽度不超过 1m 的断层泥，其余为泥包裹的角砾、岩块和破碎岩块。断层带充填物中含有角砾、岩块和岩粉。断层带充填物颗粒组成及其特性见表 6-4-1。

表 6-4-1　F_1 断层带充填物颗粒组成及其特性

试样编号	密度（g/cm^3）	颗粒组成（%）			临界比降
		>0.25mm	0.25～0.005mm	<0.005mm	
T_{460-1}	2.36	63	17	20	<99
T_{460-2}	2.36	63	17	20	
T_{460-3}	2.43	67	16	17	115.35
T_{460-4}	2.34	67	16	17	>359.3
T_{460-5}	2.24	72	13	15	60.16
T_{460-6}	2.24	72	13	15	56.8
T_{606-1}	2.06	25	28	47	>150
T_{606-2}	2.06	25	28	47	>150
T_{606-3}	2.32	62	23	15	>339.1

从表 6-4-1 可以看出，断层带充填物的黏粒平均含量为 24%，粉粒平均含量为 19%。断层带充填物细且密实，渗透系数较小，具有明显的隔水作用。断层带在垂直方向和水平方向上的渗透性差异不大，不同部位的断层带临界比降相差较大，证明断层泥本身不均匀。

对断层泥进行矿化分析，结果表明：断层泥中有机质、中溶盐、易溶盐含量极少，溶滤始末含量变化小。断层泥不会因长期化学溶蚀而导致机械性破坏。

根据 3 个钻孔共 8 段压水试验结果，断层带透水率为 0～8.2Lu。

断层两侧影响带，岩体破碎，钻孔压水试验结果（见图 6-4-1）表明其透水性较大，是坝基上下游贯通的主要渗漏通道。

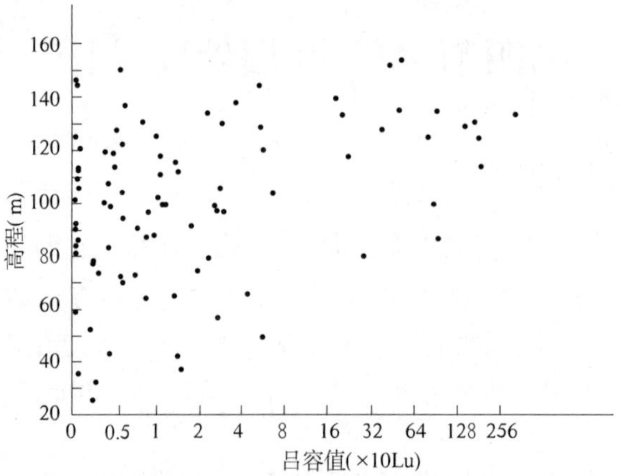

图 6-4-1　F_1 断层影响带渗透特性统计

图 6-4-1 中统计了断层两侧影响带 8 个钻孔共 92 段压水试验结果,可以看出:透水率小于 5Lu 的分布高程为 20～150m,占总数的 33%;透水率大于 5Lu 的绝大多数在 60m 高程以上,占总数的 67%;透水率大于 80Lu 的绝大多数在 100m 高程以上,占总数的 19%。

由此可见,F_1 断层影响带的渗透性有以下特点:具有较强的透水性,渗透性自上而下逐渐减弱;渗透性极不均匀。

二、F_1 断层处理

(一)处理方案研究

断层通常是坝基渗漏的主要通道,亦是坝基易发生渗透破坏的部位,对坝的安全影响巨大。小浪底 F_1 断层因其宽度大、出露位置低、顺水流方向展布的特点,为坝基处理的重点部位。F_1 断层的处理主要解决三方面的问题:斜心墙和断层间的接触冲刷、断层带的渗透稳定和沿断层及其影响带的渗漏。

对 F_1 断层的处理,曾研究了两种方案:防渗墙和灌浆方案。

采用混凝土防渗墙、混凝土塞和帷幕灌浆相结合的处理方案,即断层带采用防渗墙、混凝土塞,断层影响带采用帷幕灌浆,这是处理断层常用且较为可靠的方法。防渗墙的深度按水头的 1/2 控制,深约 70m,两侧嵌入断层影响带之中;防渗墙上、下游混凝土塞的深度按断层带宽度的 1/2～1/3 控制,在防渗体部位布置。

因采用混凝土防渗墙和混凝土塞处理断层,工程量大。断层处理主要是解决渗漏、接触冲刷和断层带的渗透稳定问题。考虑到断层带较为密实,沉降量小,为防止防渗体与断层带及影响带接触面间产生接触冲刷破坏,在两者之间设置混凝土盖板,盖板下加强帷幕和固结灌浆,减少坝基不均匀沉降和渗漏量。上、下游坝壳下铺设反滤加以保护。

(二)处理措施

经过比较分析,最终确定采用灌浆加固处理方案,具体的处理措施如下:

上游围堰只是施工期临时挡水,时间相对较短。仅对防渗体范围内的断层设厚 0.3m 的混凝土盖板,盖板嵌入基岩内;为防止初期运用时,位于上游坝壳下的断层带产生管涌破坏,在断层及其影响带范围内,均铺设反滤料和过渡料,厚度分别为 1m 和 2m。

心墙区范围内是处理的关键部位,采用钢筋混凝土盖板、多排帷幕灌浆和加深固结灌浆的综合处理措施。在断层及影响带范围，布置 5 排灌浆帷幕。参照压水试验结果，确定帷幕孔底高程 65m，固结灌浆孔孔深增至 10m。

断层及影响带范围设置厚 1m 的混凝土盖板，嵌入基岩中。断层带与影响带盖板间设置永久纵缝，以适应不均匀沉降；混凝土盖板横缝长度为 12m。纵横缝缝间底部设沥青麻片垫层，缝间设 IGAS 填料止水，缝上部用 PVC 封闭。位于断层带上的混凝土盖板按弹性地基板进行结构分析，断层带范围内的盖板布置受力钢筋，两侧影响带范围内盖板仅设分布钢筋。

下游坝壳部位是坝基渗流的逸出段，是断层处理的又一重点部位。为防止断层带渗透破坏，其上设 2A、2B 两层反滤和 3 区过渡料予以保护，厚度均为 1m，一直延伸至下游坝脚。

为安全起见，在 F_1 断层下盘布置灌浆观测隧洞，水库运用期间，需要时可对断层带进行补强灌浆。

第五节　固结灌浆及岩面处理

一、灌浆范围

固结灌浆和岩面处理统属于防渗体与基岩接触面处理的范畴。土石坝坝基的固结灌浆也称之为铺盖灌浆，其主要作用是解决防渗体和基岩面的接触冲刷问题，并有利于提高帷幕灌浆上部的灌浆质量。

土石坝由于对基础的强度要求较低，心墙基础开挖至新鲜完整岩石的情况较少，一般挖除强风化带至弱风化带。基础面一般存在一定规模的天然节理、裂隙，加之爆破开挖影响使岩石产生次生裂隙，并具有较强的透水性。对心墙基础岩石的表层进行一定范围的灌浆处理，充填宽大裂隙、降低透水性，减少防渗体和基岩面间的接触冲刷，对于高坝来说，是十分必要的。世界上已建的高坝亦多采用这种处理方式，见表 6-5-1。

从表 6-5-1 中的统计资料看，除澳大利亚达特摩斯坝固结灌浆范围为心墙底宽的 40% 以外，其余均为整个心墙底宽范围。

二、布孔及灌浆标准

固结灌浆的目的是封堵表层岩体中宽大裂隙，其孔、排距一般按网格状布置，网格间距通常为 3m，加拿大买加坝固结灌浆网格间距为 6m。固结灌浆的深度多在 5 ~ 15m 之间，一般不小于 5m。

小浪底坝基固结灌浆孔按 3m × 3m 正方形网格布置，孔深 5m。为了增强帷幕灌浆效果，帷幕轴线处 8m 宽混凝土盖板范围内的灌浆孔排距为 2m。固结灌浆按Ⅱ序孔施工，灌浆后的透水率小于 5Lu。在实施灌浆的初期，有些部位固结灌浆孔距减少至 1.5m 时，才达到设计要求。如果仍按上述指标控制，固结灌浆的工程量将大幅度增加，此后，参照国外工程经验，采取以下两项措施：一是浆液由 5∶1 ~ 0.5∶1 的逐渐变法改为采用稳定浆液；二是灌浆结束标准由按透水率控制改为按单位耗浆量控制，即若相临 4 个Ⅰ、Ⅱ序孔的平均耗灰量小于 50kg/m 时，即为合格，否则在 4 个孔中间布置一个Ⅲ序孔。

表 6-5-1 世界高坝防渗体基础面处理情况

工程名称	国家	防渗体形式	坝高(m)	心墙基础面处理			建成年代
				岩石开挖	岩面处理	固结灌浆	
渥洛维尔	美国	斜心墙	235	—	混凝土垫座	—	60 年代
波太基山	加拿大	心墙	183	挖除全风化层至新鲜岩石	设置混凝土齿墙	全面,深 7.5m	60 年代
买加	加拿大	斜心墙	245	覆盖层挖除至岩石	喷混凝土、混凝土盖板	全面,深 9m,6m×6m	70 年代
契伏	哥伦比亚	斜心墙	237	覆盖层开挖 50m 至基岩	混凝土垫板	全面,深 8～10m	70 年代
凯朋	土耳其	心墙	212	覆盖层挖除至岩石	混凝土垫座,厚 44m	全面,深 10m、15m,3m×3m	70 年代
艾瓦西克	土耳其	斜心墙	179	岩石基础	回填混凝土盖板	全面	70 年代
达特摩斯	澳大利亚	心墙	180	—	—	心墙宽度的 40%,深 5m	70 年代
恰尔瓦克	原苏联	心墙	168	覆盖层开挖 10m 至基岩	混凝土垫座,厚 14m	全面,深 10～12m	70 年代
菲尔泽	阿尔巴尼亚	心墙	165.6	覆盖层开挖 15m 至基岩	混凝土垫板	全面	70 年代
色里克特	泰国	心墙	140	挖至新鲜基岩	未处理	全面	70 年代
努列克	原苏联	心墙	317	—	喷混凝土,0.15m	全面,深 4～8m	80 年代
奇科森	墨西哥	心墙	240	—	—	—	80 年代
罗贡	原苏联	斜心墙	325	覆盖层开挖 12m 至基岩	喷混凝土	全面,15m	90 年代
特里	印度	心墙	260	完整岩面以下 3m 至坚硬岩石	混凝土垫板	全面,深 5m、10m	90 年代
克瑞马斯塔	希腊	心墙	160	开挖至基岩	—	全面	—
卡麦德罗	墨西哥	心墙	134	开挖覆盖层至基岩	岩石完整,未处理	全面,深 10m	—

第七章　动力分析

第一节　概　述

经国家地震局审定，坝址区地震基本烈度为Ⅶ度。本工程为特大型水利枢纽工程，其大坝为建在70m深砂砾石覆盖层上的斜心墙堆石坝。根据《水工建筑物抗震设计规范》(SDJ10—78)的规定，大坝设计烈度在基本烈度的基础上提高一度，即按Ⅷ度设防。其抗震设计的基本原则为：在发生设计地震烈度情况下，坝体发生较小的变形或破坏，但经一般性处理后，应不影响大坝的正常运用。

根据坝体结构特点和坝基地震地质条件，即深厚砂砾石覆盖层、高坝大库和坝体结构复杂、筑坝材料种类多等特点，在设计中重点对以下三个课题进行了研究：

(1)坝基砂砾石覆盖层抗液化性能研究。坝基砂砾石覆盖层最大深度约70m，密实程度不均，且在上部、中部和底部均分布有细砂和粉细砂层，最大含砂量达47%。研究坝基不同含砂量条件下砂砾石在循环荷载作用下的动强度、孔隙水压力增长规律、动应力和动应变关系等，以确定在Ⅷ度地震烈度下坝基砂砾石的抗液化性能。

(2)筑坝材料抗震性能研究。提高筑坝材料(主要是土料和含细颗粒的反滤料)的抗震性能是提高坝体抗震能力的有效途径。针对筑坝材料在坝体中功能及特性的研究，选择满足抗震要求，并具有较好抗震性能的筑坝材料。

(3)坝体抗震的工程措施和结构措施研究。针对坝型特点，对坝基砂砾石以及筑坝材料的抗震性能采用动力分析和模型试验进行研究验证；并参照完建工程经验，采取相应措施提高大坝的抗震能力。

研究结果表明，采取一定工程措施后，坝体在设计地震荷载作用下，虽然下游坝踵附近的砂砾石基础以及上游淤积土(对于无淤积土情况为上游坝趾的砂砾石基础)表层均有一定范围的液化区，但由于下游坝踵液化区离主坝坝脚较远，因此只影响压戗的局部。而压戗是根据已建工程经验，专为防止下游坝脚附近覆盖层液化而设置的工程措施，在产生液化破坏后还可修复，不会影响大坝本身的安全。上游水库淤积形成后，上游坝趾附近的砂砾石不会产生液化。上游反滤层局部区域也有液化破坏的可能，但由于范围较小，与渗透性能极好的堆石体相邻，对坝体安全不会构成威胁。现设计坝体能确保在设计地震烈度(Ⅷ度)作用下的稳定性。

根据小浪底工程世界银行特别咨询团专家I. M. Idriss的建议，小浪底水库触发地震震级为6.25级，震中距10km时，基岩峰值加速度为0.5g，该地震是大坝抗震稳定的控制工况。采用上述参数对大坝进行了地震稳定性校核，研究分析表明，虽坝基及坝体的液化区都要比设计地震(Ⅷ度烈度)作用下的范围大，但大坝仍具有良好的抗震稳定性。

第二节 地震动工程参数的确定

根据枢纽区地质构造和历史发震情况，对设计地震动工程参数等曾进行了反复研究。自 1960 年开始，先后由国家地震局、中科院、北京大学、河南省地震局、江苏省地震局以及黄委会设计院等单位对坝址区的潜在地震进行了专题研究，采用 10^{-4}年超越概率为坝址地震危险性评定准则，确定坝址场地地面峰值加速度为 0.215g。1985 年中美联合设计时，根据美国柏克德公司的建议，曾用 1971 年 San Fernando 地震时 Griffith 公园的地震记录进行过分析研究。1991 年世界银行咨询专家审查小浪底大坝动力分析时建议了远震和近震不同特性的新的地震动参数。世界银行咨询专家 I. M. Idriss 还针对水库触发地震进行分析研究，并提出建议。

小浪底水库最大水深 140m，总库容达 126.5 亿 m^3，受库水位淹没或回水影响，在库区内延伸长度大于 10km 的断层有石井河、塔底、城崖地、石家沟等。第四纪以来，这些断层大都有过不同程度的活动。通过历史地震法、破裂长度法和断层长度法等三种方法的研究，得出水库触发地震的最大震级一般为 5.5～5.6 级，小于本区构造地震考虑的最大可能震级，引起的地震烈度在设防烈度以内。1991 年 8 月 29 日世行特咨团专家在第 2 号咨询报告的补充意见谈到，虽然水库触发地震发生 6 级震级的可能性要比发生 5.5～6 级的要小，但也不是不可能的。他们根据目前已发生超过 6 级的四个水库：中国的新丰江(1961 年，6.1 级地震)、印度的柯依那(1967 年，6.5 级地震)、津巴布韦与赞比亚的卡里巴水库(1963 年，6.25 级地震)和希腊的克瑞玛斯塔(1966 年，6.25 级地震)，为安全计，推荐采用的水库诱发地震为 6.25 级，震中距 10km，最大峰值加速度 0.5g，并采用这些参数进行了动力稳定性复核。表 7-2-1 列出历次曾采用过的地震动参数。

表 7-2-1　小浪底工程历次采用的地震动参数

年份	提出单位	震源	最大加速度 a	卓越周期 t(s)	地震运动持时 t(s)	采用地震运动记录
1981	中国科学院工程力学所	远震	0.05g	0.7	35	1976 年唐山地震，6.3级，迁安记录
		近震	0.20g	0.3	25	
1984	中美联合设计		0.25g	0.4	20	1971 年 San Fernando 6.4 级，Griffith 公园记录，S90W
1985	河南、江苏地震局与国家地震局工程力学所	远震	0.215g		38	根据统计、概化和计算提出了近震、远震各 10 条地震运动时程曲线，远震为 8 级、震中距 90km，近震为 6.5 级、震中距为 30km
		近震	0.215g		15	

续表 7-2-1

年份	提出单位	震源	最大加速度 a	卓越周期 t(s)	地震运动持时 t(s)	采用地震运动记录
1991	小浪底工程世界银行咨询专家 I. M. Idriss	远震	0.16g		34	远震,震中距 90km,8 级;近震,震中距 29km,7 级;水库触发地震,震中距 10km,6.25 级
		近震	0.25g		19	
		水库触发地震	0.50g		15	

根据 I. M. Idriss 提供的基岩地震加速度反应谱(见图 7-2-1)合成的加速度时程曲线如图 7-2-2 所示。

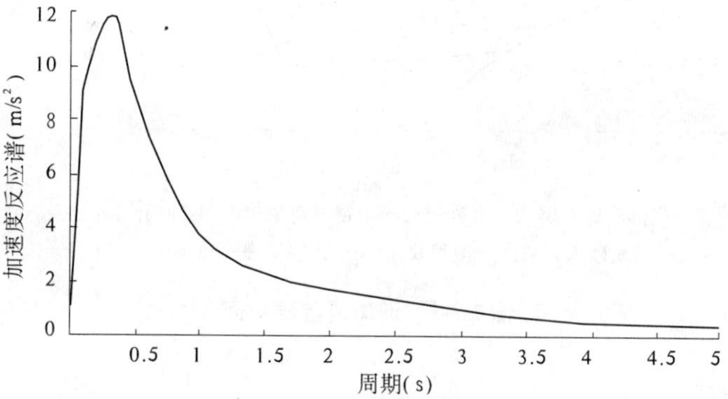

图 7-2-1　基岩地震加速度反应谱

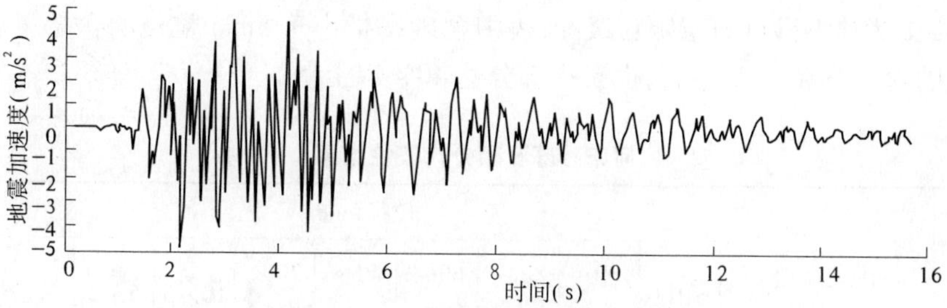

图 7-2-2　基岩地震加速度时程曲线

第三节　河床覆盖层组成及工程性质

一、组成

坝基以下河床覆盖层一般厚约 30m,深槽部位厚 50 ~ 80m,属深厚覆盖层,其组成为:(1)上部砂砾石层:顶面高程 125 ~ 135m,厚度 30 ~ 45m,含砂率一般为 20% ~ 30%,

大于30%的含砂率主要分布在两岸边。

(2)夹砂层:分布于上部砂砾石中间,厚度为1~4m;坝基下游侧夹砂层分布高程为101~120m,最大厚度达20m。粒径成分以极细砂为主,细砂与中砂次之。

(3)底砂层:分布在河床深槽内,层顶高程在80~100m,在坝轴线以上厚20~25m;坝轴线以下厚4~12m。以细砂为主,占50%~60%,下部夹少量的中细砂、中粗砂。

(4)底部砂砾石层:分布在深槽底部,顶部高程在73~80m之间,一般厚5~10m,最厚可达30m以上。

此外,还有洪积砂砾石、岸边坡积堆积物及表层粉细砂等,坝基范围内的这些土层均被挖除。具有代表性的土层分布见图7-3-1。

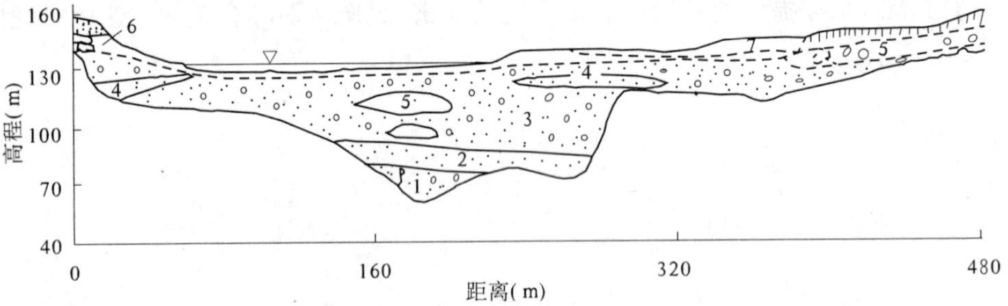

1—底部砂砾石层; 2—底砂层; 3—上部砂砾层; 4—夹砂层;
5—洪积砂砾石层; 6—坡积块石; 7—表层粉细砂和壤土

图7-3-1 河床覆盖层剖面

二、工程性质

(一)各土层颗粒级配

表7-3-1为典型砂砾石层颗粒级配,表中含砂率指小于5mm粒径的含量。表中可见不少部位的含砂量在30%左右,也有小部分达40%以上。

表7-3-1 **河床砂砾石颗分代表性结果**

部位	代表高程(m)	粒径(mm) >100	100~80	80~60	60~40	40~20	20~10	10~5	5~2	<2	修正后含砂率(%)
		含量(%)									
坝轴线与上辅线间	139.56~117.43	5.86	5.48	7.54	11.11	15.5	9.72	7.59	6.53	30.67	22.39
	119.92~101.80	2.11	5.68	6.24	8.0	11.91	8.97	7.83	8.58	40.66	26.04
左岸高含砂率带	136.76~118.46	7.42	5.18	5.04	7.63	11.36	7.77	6.05	4.79	44.76	32.67
	125.77~106.52	0.91	2.32	3.15	3.73	7.16	6.85	6.46	6.08	63.34	40.54

续表 7-3-1

部位	代表高程(m)	粒径(mm)									修正后含砂率(%)
		>100	100~80	80~60	60~40	40~20	20~10	10~5	5~2	<2	
		含量(%)									
	136.46~128.75	14.06	4.78	5.89	8.66	13.57	10.54	7.94	6.68	27.88	20.35
左侧滩地	128.97~120.20	4.87	4.78	5.44	9.14	14.49	10.57	7.35	7.64	25.72	26.08
	112.17~94.96	2.39	4.20	6.87	8.57	15.63	11.22	8.02	8.62	34.48	22.07
右岸东坡	135.16~131.89	10.78	3.48	4.13	8.19	10.96	7.65	5.63	5.36	43.82	31.99
洪积前沿	131.89~126.94	10.49	1.51	5.0	4.46	5.16	4.19	3.76	3.12	62.31	
高含砂带	126.94~118.87	11.41	4.69	3.39	3.898	9.12	7.15	5.395	4.72	50.23	36.67
	136.29~125.10	4.81	2.92	4.50	5.81	9.83	6.91	5.75	5.03	54.44	
坝轴线	126.61~120.36	9.50	6.88	9.38	8.81	12.59	6.64	6.14	7.15	32.91	24.02
下游	123.84~119.41	0.78	2.80	4.59	6.23	7.83	4.53	3.56	2.70	66.98	
	120.02~113.25	5.59	6.98	12.62	9.24	11.74	5.346	5.10	7.32	36.07	26.33

表 7-3-2 统计了夹砂层的颗粒级配，表中示出粉砂的平均粒径为 0.052mm，不均匀系数平均为 10；细砂的平均粒径为 0.082mm，不均匀系数平均为 2.4。

表 7-3-2　　夹砂层颗粒级配综合统计

岩 性	粒径(mm)　颗粒级配(%)　范围值/平均值									不均匀系数
	2~0.5	0.5~0.25	0.25~0.1	0.1~0.05	0.05~0.005	<0.005	d_{10}	d_{50}	d_{60}	
中、轻壤土(1 次)	1	4	32	26	21	15				
砂壤土(3 次)			5~0/2	63~30/41	65~27/51	8~5/6				
粉 砂(12 次)	10~0/3	34~0/15	51~0/34	83~15/28	37~6/14	11~2/6	0.006	0.052	0.062	10
细 砂(1 次)	13	26	40	16	3	2	0.042	0.082	0.1	2.4
中 砂(5 次)	15~9/10	61~43/48	38~26/29	8~2/6	45~0/4	7~0/3	0.042	0.115	0.135	3.2

表 7-3-3 为底砂层的颗粒级配统计，该层粉砂的平均粒径为 0.114mm，不均匀系数平均为 20.38；细砂的平均粒径为 0.154mm，不均匀系数平均为 1.9。

表 7-3-3　底砂层颗粒级配综合统计

岩性	粒径(mm)　颗粒级配(%)　范围值/平均值									不均匀系数
	10 ~ 5	5 ~ 2	2 ~ 0.5	0.5 ~ 0.25	0.25 ~ 0.1	0.1 ~ 0.05	0.05 ~ 0.005	<0.005	d_{50}	
砂壤土(1 次)			9 ~ 0/4	11 ~ 8/10	50 ~ 15/32	33 ~ 12/23	27 ~ 24/25	6 ~ 5/6	0.12	22.31
粉砂(19 次)			2 ~ 0	18 ~ 0/5	57 ~ 5/38	88 ~ 14/39	19 ~ 3/12	12 ~ 1/6	0.114	20.38
细砂(44 次)		2 ~ 0	24 ~ 0/5	32 ~ 0/14	84 ~ 44/70	15 ~ 0/7	5 ~ 0/2	4 ~ 0/1	0.154	1.90
中砂(14 次)	6 ~ 0/2	10 ~ 1/4	47 ~ 11/29	64 ~ 12/32	38 ~ 12/24	11 ~ 0/5	9 ~ 0/3	4 ~ 0/1	0.36	5.20
粗砂(8 次)	8 ~ 0/2	18 ~ 4/10	60 ~ 39/49	21 ~ 11/18	26 ~ 6/16	9 ~ 0/4	2 ~ 0/1		0.65	6.75

(二)容重

砂砾石的干容重主要与含砂率有关：当含砂率小于 30% 时，常见值为 21.5 ~ 23kN/m³，相对密度平均值为 0.75；当含砂率大于 30% 时，干容重在 21kN/m³ 左右，相对密度平均值为 0.63。

根据 33 次原状砂测定，夹砂层干容重一般为 15.5 ~ 16.5kN/m³，平均 16.3kN/m³，最大值 18.7kN/m³，最小值 15.1kN/m³，相对密度平均为 0.68。

根据 66 次原状取样测定，底砂层平均干容重为 16.9kN/m³，最大值在 18.8 ~ 18.9kN/m³ 之间，最小值在 14.8 ~ 15.2kN/m³ 之间，相对密度平均为 0.75。

(三)砂层的贯入击数

在对夹砂层进行的 14 组试验中有 7 组试验击数 50 次，未达 0.3m 深；对底砂层进行的 12 组试验中有 9 组试验击数 50 次未达 0.3m 深。说明夹砂层和底砂层均属紧密、极紧密的土层。表 7-3-4 示出夹砂层和底砂层标准贯入试验的结果。表中 N_1、N、σ_v 分别为标准贯入击数、实际贯入击数和贯入深度处的上覆有效压力，它们之间有如下关系：

$$N_1 = N + 3.3 - 3.4\sigma_v \tag{7-3-1}$$

式中：σ_v 的单位为 ×10MPa。

表 7-3-4　　砂层标准贯入击数

土 层	顺序	试验深度范围（m）	σ_v（×10MPa）	N	实际贯入深度（m）	N_1	岩性
夹砂层	1	12.61 ~ 12.85	0.21	50	0.24	46(53) +	粉细砂
	2	13.97 ~ 14.22	0.23	50	0.25	45(52) +	
	3	15.27 ~ 15.47	0.247	50	0.20	45(52) +	
	4	17.40 ~ 17.70	0.254	30	0.30	25	细砂
	5	18.55 ~ 18.80		50	0.25		
	6	19.64 ~ 19.94	0.287	46	0.30	40	
	7	21.44 ~ 27.79	0.357	37	0.30	28	
	8	19.70 ~ 19.77		50	0.07		
	9	21.98 ~ 22.11		50	0.13		
	10	23.23 ~ 23.31		50	0.08		
	11	32.97 ~ 33.42		48	0.30	35	
	12	31.12 ~ 31.42	0.546	38	0.30	23(30) +	细砂夹粉砂
	13	31.64 ~ 31.84	0.552	30	0.30	15(22) +	
	14	32.47 ~ 32.73	0.565	30	0.30	14(21) +	
底砂层	1	44.62 ~ 44.92	0.650	50	0.10	31(38) +	粉细砂
	2	45.94 ~ 46.24	0.667	50	0.21	31(38) +	
	3	46.94 ~ 47.24	0.630	50	0.11	32(39) +	
	4	29.92 ~ 30.22	0.439	37	0.30	25(32) +	
	5	31.07 ~ 31.19	0.457	60	0.12	48(55) +	
	6	34.85 ~ 34.95	0.507	32	0.10	18(25) +	
	7	38.18 ~ 38.37		50	0.16		
	8	39.65 ~ 39.81		50	0.13		
	9	41.13 ~ 41.26		50	0.13		
	10	45.73 ~ 45.85		60	0.12		
	11	48.99 ~ 49.29	0.714	83	0.30	32(39) +	
	12	50.59 ~ 50.89	0.738	90	0.30	68(75) +	

注：与细砂相比，粉细砂层不易液化，因此粉细砂采用细砂的标准贯入击数时增加7击，表内有 + 者为粉细砂层增加后的击数。

第四节 坝基、坝体材料动力特性试验研究

一、材料的基本性质

（一）研究重点

大坝动力分析时，要求对大坝所有材料进行动力特性试验，并重点研究饱和反滤料、饱和黏土、饱和掺砾土等的下述动力学性质：

（1）动应力比值 $\sigma_d/2\sigma^3$ 与破坏振次 N_L 的关系；

（2）动强度指标；

（3）动剪应变 γ 与动模量和阻尼的关系。

试验资料分别按轴向应变为 2.5% 和 5% 两种破坏标准进行整理。对于可液化土料固结比为 1 时，当孔压等于围压时也认为试样达到破坏。试验成果表明，按孔压作为破坏标准与按轴向应变 5% 控制所得成果相近。

（二）各种材料的基本物理力学指标

心墙土料取自西河清和寺院坡两个料场中的中粉质壤土和重粉质壤土，最大干容重分别为 17.6kN/m³ 和 16.7kN/m³；夹砂层干容重 16.2kN/m³，为重粉质砂壤土；底砂层干容重为 16.1kN/m³，相对密度为 0.758；反滤料粒径为 5～0.1mm，干容重 18.4kN/m³，相对密度为 0.80。

以上五种材料的颗粒级配曲线见图 7-4-1，主要物理力学指标见表 7-4-1。堆石料取自探洞内的红色砂岩，块体呈棱角状，质地坚硬，最大粒径为 500mm，大于 60mm 的粒径约占 65%。由于试样直径为 300mm，最大允许粒径为 60mm，因此采用等量替代法把原型级配替换为试验级配（见图 7-4-2），试验干容重为 20.8kN/m³。坝基砂砾石取自上部冲积砂砾石层，最大粒径 80mm，小于 5mm 的细料占 47%，试样干容重为 21.34kN/m³。

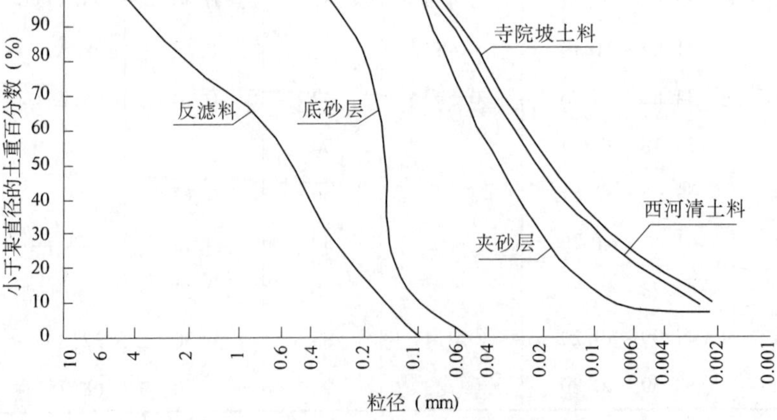

图 7-4-1 五种材料的颗粒级配曲线

表 7-4-1　　材料的物理力学指标

材料部位		寺院坡土料	西河清土料	夹砂层	底砂层	反滤	坝基	坝体
土的定名		重粉质壤土	中粉质壤土	重粉质砂壤土	细砂	中砂	砂砾石	堆石
平均粒径(mm)				0.036	0.154	0.51	5.8	16
不均匀系数				4.8	1.6	4.9	375	59
比重		2.74	2.73	2.685	2.69	2.68	2.60	2.66
流限(%)		35.0	27.5	27.3				
塑限(%)		24	19.2	15.0				
塑性指数		11	8	12.3				
最大干容重(kN/m^3)					17.35	19.51	23.09	21.80
最小干容重(kN/m^3)					13.20	15.10	19.91	17.60
振前干容重(kN/m^3)		16.80	17.71	16.20	16.12	18.41	21.34	20.80
相对密度					0.758	0.80	0.49	0.80
有效抗剪强度	C'(MPa)	0.005	0.030	0	0	0	0.094	0.132
	φ'(°)	26.2	29	33.02	38.65	42.50	36.93	39.57

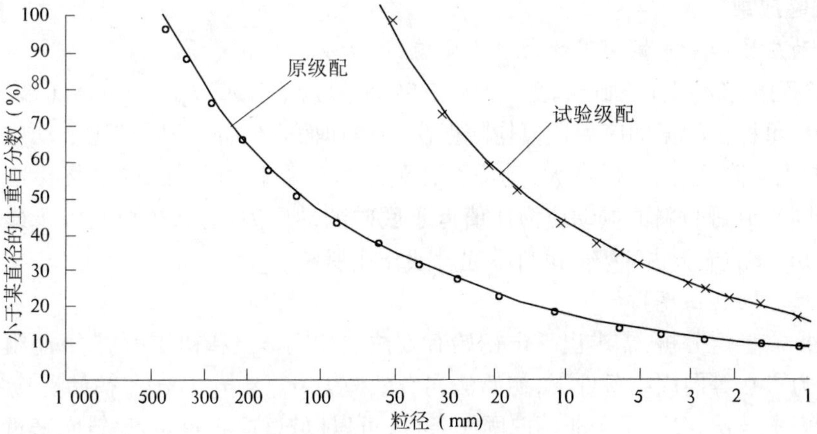

图 7-4-2　堆石料颗粒级配曲线

二、动力试验

(一)试验设备和试验方法

试验用仪器设备为 DSZ－100 型电磁式小型动力三轴仪、GZ－1 型共振柱三轴仪和大型电液伺服粗粒土动静三轴试验机。按有关规程规范进行试样的制备、饱和和固结。各类土动力试验的组合条件见表 7-4-2。

表 7-4-2　　各类土动力试验的组合条件

材料名称	试验项目	固结比 K_c	周围压力(kPa)
砂砾石	静力强度		200,400,600,800,1 200
堆石	静力强度		200,400,600,800,1 200
砂砾石	动力强度	1,1.5,2	600,800,1 200
	动模量—阻尼	1	600,800,1 200
夹砂层	动力强度	1,1.5,2	100,200
	动模量—阻尼	1	100,200,400,600
底砂层	动力强度	1,1.5,2,2.5	100,200
	动模量—阻尼	1	100,200,400,600
反滤料	动力强度	1,1.5,2,2.5	100,200
	动模量—阻尼	1	100,150,200,300,600
堆石	动模量—阻尼	1	100,150,200,300,600
西河清土料	动模量—阻尼	1	100,200,400,600
寺院坡土料	动模量—阻尼	1	100,200,400,600

(二)试验成果

1. 不同动应变和不同振次下的动应力比值

表7-4-3列出各种土在轴向应变2.5%和5%时动应力比值 $\sigma_{ad}/2\sigma_3 \sim N_L$(破坏振次)的相应关系。每种土的振动应力比值均随振次的增加而降低;同一固结比下动应力比值随围压 σ_3 增大而降低;固结比增大,动应力比值增大。在相同条件下(破坏标准、振次、固结比均相同),砂砾石料的振动应力比值低于底砂的动应力比值,主要是由于砂砾石料中粒径小于5mm的成分占47%,粗料不起骨架作用所致。

2. 动强度和动总强度指标

土石坝抗震稳定分析,需求出一定初始有效法向应力 σ_{fc}' 和初始剪应力 τ_{fc} 组合下的抗地震剪应力。在等向固结条件下,初始法向有效应力 $\sigma_{fc}' = \sigma_1' = \sigma_3'$,初始剪应力 $\tau_{fc} = 0$,抗震剪应力 $\tau_d = \sigma_{ad}/2$。对于非等向固结条件,可以以试样 $45° + \varphi'/2$ 斜面来近似比拟有建筑物荷载土体单元的破坏面,其应力状态:

$$\sigma_{fc}' = \sigma_3'[(K_c + 1) - (K_c - 1)\sin\varphi']/2 \tag{7-4-1}$$

$$\tau_{fc} = \sigma_3'[(K_c - 1)\cos\varphi']/2 \tag{7-4-2}$$

式中　σ_3'——固结侧压力;

K_c——固结比。

这样动剪强度值可表达为:

$$\tau_d = C_d + \sigma_{fc}'\tan\varphi_d \tag{7-4-3}$$

表 7-4-3　　动应力比值与破坏振次的关系

土层类别	固结比 K_c	固结压力 σ_3 (kPa)	干密度 (g/cm³)	动应力比值 $\sigma_{ad}/(2\sigma_3)$					
				$N_L=10$ 次		$N_L=20$ 次		$N_L=30$ 次	
				2.5%	5%	2.5%	5%	2.5%	5%
西河清土料	1	70	1.771	0.69	0.73	0.66	0.67	0.64	0.64
	1	100	1.771	0.61	0.64	0.58	0.60	0.56	0.58
	1	150	1.771	0.48	0.50	0.46	0.48	0.45	0.47
	1.5	70	1.771	0.72	0.76	0.70	0.73	0.68	0.71
	1.5	100	1.771	0.76	0.82	0.73	0.78	0.71	0.76
	1.5	150	1.771	0.66	0.67	0.63	0.65	0.60	0.64
	2.0	70	1.771	0.90	0.93	0.84	0.87	0.80	0.83
	2.0	100	1.771	0.82	0.86	0.77	0.80	0.74	0.76
	2.0	150	1.771	0.74	0.82	0.70	0.76	0.67	0.72
	2.5	70	1.771	0.98	1.08	0.95	1.01	0.93	0.97
	2.5	100	1.771	0.84	0.98	0.80	0.92	0.78	0.88
	2.5	150	1.771	0.69	0.78	0.66	0.73	0.64	0.70
寺院坡土料	1	100	1.680	0.59	0.90	0.56	0.72	0.54	0.64
	1	200	1.680	0.41	0.52	0.39	0.46	0.38	0.42
	1.5	100	1.680	0.51	0.71	0.49	0.58	0.48	0.51
	1.5	200	1.680	0.37	0.44	0.36	0.38	0.35	0.35
	2.5	100	1.680	0.44	0.50	0.41	0.45	0.40	0.42
	2.5	150	1.680	0.40	0.43	0.37	0.39	0.36	0.37
夹砂层	1	100	1.633	0.31	0.32	0.31	0.31	0.31	0.30
	1	200	1.629	0.26	0.27	0.26	0.26	0.26	0.26
	1.5	100	1.612	0.41	0.42	0.39	0.41	0.39	0.40
	1.5	200	1.629	0.36	0.37	0.34	0.36	0.34	0.35
	2.0	100	1.616	0.47	0.52	0.45	0.49	0.44	0.48
	2.0	200	1.629	0.40	0.45	0.38	0.43	0.37	0.42
底砂层	1	100	1.612	0.33	0.34	0.32	0.321	0.30	0.31
	1.5	100	1.612	0.52	0.54	0.50	0.53	0.49	0.5
	2	100	1.612	0.64	0.67	0.62	0.64	0.6	0.63
	2.5	100	1.612	0.81	0.86	0.77	0.82	0.74	0.81
反滤料	1	100	1.838	0.46	0.48	0.44	0.47	0.43	0.46
	1.5	100	1.843	0.62	0.74	0.57	0.68	0.54	0.64
	2	100	1.850	0.83	0.96	0.77	0.88	0.73	0.83
	2.5	100	1.847	0.94	1.06	0.86	0.98	0.81	0.92
砂砾石	1	600	2.134	0.23	0.23	0.22	0.22	0.21	0.22
	1.5	800	2.134	0.35	0.35	0.32	0.33	0.30	0.32
	2	1 200	2.134	0.50	0.53	0.47	0.50	0.46	0.48

注:表中 2.5%、5% 为破坏应变。

各种土料的动剪强度指标见表 7-4-4。将破坏面上的静强度 τ_{fc} 和动剪强度 τ_d 叠加，可得总动剪强度指标，见表 7-4-5。

表 7-4-4　　各种土材的动剪强度指标

土层名称	初始剪应力比 α	动剪强度指标 C_d（×100kPa），φ_d（°）											
		N_L = 10 次				N_L = 20 次				N_L = 30 次			
		2.5%		5%		2.5%		5%		2.5%		5%	
		C_d	φ_d	C_d	φ_d	C_d	φ_d	C_d	φ_d	C_d	φ_d	C_d	φ_d
西河清土料	0	0.12	10.7	0.14	11.5	0.12	9.8	0.13	10.7	0.12	8.6	0.13	9.8
	0.20	0.26	17.2	0.26	18.5	0.26	15.9	0.26	17.1	0.26	14.9	0.26	15.9
	0.354	0.27	18.3	0.30	19.5	0.27	17.0	0.28	18.2	0.27	16.0	0.30	16.7
	0.476	0.27	19.1	0.32	20.1	0.27	18.1	0.30	19.2	0.27	17.0	0.32	17.7
寺院坡土料	0	0.15	8.3	0.30	9.6	0.15	7.1	0.20	19.3	0.18	6.8	0.17	8.9
	0.193	0.26	10.4	0.38	11.4	0.26	9.3	0.30	10.5	0.26	9.0	0.23	10.2
	0.478	0.20	9.1	0.20	9.7	0.20	7.7	0.17	8.5	0.20	7.2	0.16	8.4
夹砂层	0	0.04	7.2	0.04	7.6	0.04	7.2	0.04	7.2	0.04	7.1	0.04	7.0
	0.188	0.19	7.2	0.12	12.8	0.16	8.4	0.12	10.2	0.16	8.5	0.12	10.9
	0.347	0.25	7.2	0.16	12.9	0.24	8.4	0.16	10.4	0.20	8.6	0.19	11.0
底砂层	0	0	10.2	0	10.5	0	10.1	0	9.8	0	9.3	0	9.7
	0.182	0	20.8	0	20.9	0	20.4	0	20.4	0	20.0	0	20.0
	0.333	0	22.2	0	23.8	0	22.0	0	21.8	0	21.8	0	22.2
	0.461	0	25.4	0	26.2	0	25.1	0	25.5	0	24.1	0	24.8
反滤料	0	0	13.9	0	14.5	0	13.4	0	14.1	0	13.0	0	13.9
	0.167	0	22.2	0	26.6	0	21.3	0	25.7	0	20.3	0	22.1
	0.310	0	27.3	0	31.3	0	26.6	0	29.3	0	25.8	0	27.3
	0.435	0	29.4	0	32.2	0	26.9	0	30.1	0	25.8	0	29.1
砂砾石	0	0	7.1	0	7.1	0	6.7	0	6.8	0	6.5	0	6.7
	0.184	0	13.3	0	14.6	0	12.7	0	13.7	0	12.5	0	12.9
	0.338	0	18.2	0	19.2	0	17.0	0	18.7	0	16.8	0	17.6

注：表中 2.5%、5% 为破坏应变；$\alpha = \sigma f_c'/(\tau f_c)$ 为初始剪应力比。

3. 动剪模量比和阻尼比

土体的动剪模量比和阻尼比随土体的动剪应变的变化而变化，试验得到各种土体动剪模量比（G_d/G_{dmax}）及阻尼比（λ）同动剪应变的关系见表 7-4-6。土体的最大剪切模量与土体的性质和围压有关，可按下式表示：

表 7-4-5　　动总剪强度指标

土层名称	初始剪应力比 α	动总剪强度指标 C_D(×100kPa), φ_D(°)											
		N_L = 10 次				N_L = 20 次				N_L = 30 次			
		2.5%		5%		2.5%		5%		2.5%		5%	
		C_D	φ_D	C_D	φ_D	C_D	φ_D	C_D	φ_D	C_D	φ_D	C_D	φ_D
西河清土料	0	0.12	10.7	0.14	11.5	0.12	9.8	0.13	10.7	0.12	8.6	0.13	9.8
	0.20	0.20	29.2	0.20	31.0	0.17	28.8	0.20	30.5	0.17	28.5	0.18	30.0
	0.354	0.17	37.5	0.18	38.2	0.18	36.3	0.18	37.0	0.18	35.0	0.18	36.5
	0.476	0.44	36.8	0.44	37.5	0.43	35.5	0.44	36.0	0.43	35.0	0.43	35.5
寺院坡土料	0	0.15	8.30	0.30	9.6	0.15	7.1	0.20	9.3	0.15	6.8	0.17	8.9
	0.193	0.28	19.8	0.40	21.0	0.28	19.0	0.36	19.5	0.28	19.0	0.30	19.0
	0.478	0.20	31.8	0.13	34.5	0.20	31.5	0.13	33.0	0.19	31.0	0.13	32.5
夹砂层	0	0.04	7.20	0.04	7.6	0.04	7.2	0.04	7.2	0.04	7.1	0.04	7.0
	0.188	0.08	22.8	0.105	22.5	0.10	21.1	0.072	22.7	0.10	20.9	0.09	21.8
	0.347	0.15	27.6	0.153	30.0	0.145	27.7	0.14	29.5	0.14	27.7	0.104	30.0
底砂层	0	0	10.2	0	10.5	0	9.7	0	9.8	0	9.3	0	9.7
	0.182	0	28.6	0	28.9	0	28.4	0	28.7	0	27.8	0	28.6
	0.333	0	36.3	0	37.3	0	36.1	0	36.6	0	36.1	0	36.6
	0.461	0	43.0	0	43.2	0	42.8	0	42.9	0	42.3	0	42.7
反滤料	0	0	13.9	0	14.5	0	13.4	0	14.1	0	13.0	0	13.9
	0.167	0	30.0	0	33.5	0	29.0	0	33.0	0	28.2	0	30.0
	0.310	0	39.5	0	42.0	0	38.6	0	41.5	0	38.5	0	39.0
	0.435	0	45.0	0	46.6	0	42.6	0	45.4	0	38.3	0	45.0
坝基砂砾石	0	0	7.10	0	7.1	0	6.7	0	6.7	0	6.5	0	6.7
	0.184	0	22.9	0	24.1	0	22.3	0	23.1	0	22.1	0	22.5
	0.338	0	34.1	0	34.4	0	32.8	0	34.1	0	32.7	0	33.3

$$G_{dmax} = KP_a(\sigma_0'/P_a)^n \qquad (7\text{-}4\text{-}4)$$

式中　K、n——两个参数，由试验确定，见表 7-4-7；

σ_0'——平均有效主应力；

P_a——1 个大气压力。

三、砂砾石和掺砾土动力试验

自初步设计以来，随着设计工作的深入，对选定的大坝材料及坝基砂砾石有了更深的了解。为进一步研究坝基砂砾石和掺砾土的动力特性，“小浪底高土石坝砂砾石及掺砾土抗震特性研究”课题被列入国家“八五”重点攻关项目。

表 7-4-6 G_d/G_{dmax}、λ 与 γ_d 关系

土类名称	项目	γ_d							
		5×10^{-6}	1×10^{-5}	5×10^{-5}	1×10^{-4}	5×10^{-4}	1×10^{-3}	5×10^{-3}	1×10^{-2}
坝基砂砾石	G_d/G_{dmax}	1.0	0.99	0.91	0.82	0.545	0.42	0.24	0.175
	λ	0.01	0.01	0.02	0.025	0.04	0.05	0.085	0.11
坝基夹砂层	G_d/G_{dmax}	0.988	0.978	0.912	0.845	0.386	0.205	0.07	0.06
	λ	0.019	0.019	0.024	0.028	0.046	0.064	0.174	0.242
坝基底砂层	G_d/G_{dmax}	0.99	0.98	0.916	0.857	0.516	0.342	0.11	0.07
	λ	0.02	0.02	0.024	0.026	0.042	0.056	0.126	0.18
坝体反滤料	G_d/G_{dmax}	0.99	0.98	0.9	0.813	0.35	0.205	0.063	0.04
	λ	0.02	0.02	0.025	0.026	0.045	0.057	0.105	0.180
坝壳堆石	G_d/G_{dmax}	1.0	0.99	0.92	0.84	0.59	0.45	0.158	0.08
	λ	0.018	0.02	0.035	0.04	0.065	0.08	0.145	0.20
寺院坡土料	G_d/G_{dmax}	0.97	0.958	0.908	0.86	0.588	0.40	0.182	0.08
	λ	0.035	0.035	0.04	0.043	0.055	0.065	0.115	0.16
西河清土料	G_d/G_{dmax}	0.99	0.978	0.93	0.884	0.59	0.37	0.09	0.052
	λ	0.04	0.04	0.042	0.049	0.068	0.08	0.12	0.17

表 7-4-7 最大动剪切模量参数和泊松比

土 料	K	n	μ
西河清土料	551	0.548	0.50
寺院坡土料	467	0.500	0.50
夹砂层	604	0.571	0.35
底砂层	755	0.523	0.35
反滤料	1 053	0.550	0.35
砂砾石	920	0.640	0.42
坝壳堆石	1 952	0.540	0.42

(一)主要物理静力学指标

根据试验分析,坝基砂砾石按级配曲线形式划分,有含砂量大、填料多的高缓坡型(含砂量占 53%);缺乏 5 ~0.5mm 颗粒的高平台型(含砂量占 19%);含砂率低的低缓坡型(含砂量占 14%)及低平台型(含砂量占 14%)等四类典型颗分曲线,详见图 7-4-3。根据这四种典型级配,按 192 组有代表性砂砾石级配,概化出三种试验用砂砾石级配,即粒径小于 5mm 含量分别为 47%、35% 和 25% 的基-1、基-2、基-3,级配曲线见图 7-4-4。

掺砾土是由砂砾石和寺院坡土料按 7∶3 的比例配制而成的,其试验用料的粗料级配见图 7-4-4。

砂砾石、掺砾土及寺院坡土料的主要物理静力学指标见表 7-4-8。

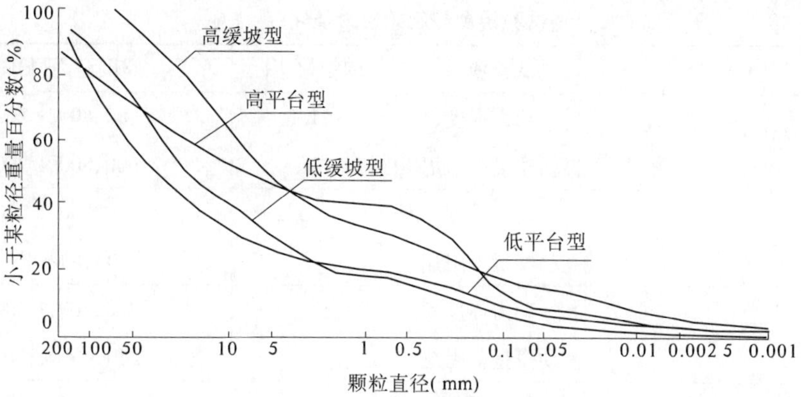

图 7-4-3　砂砾石现场颗分曲线

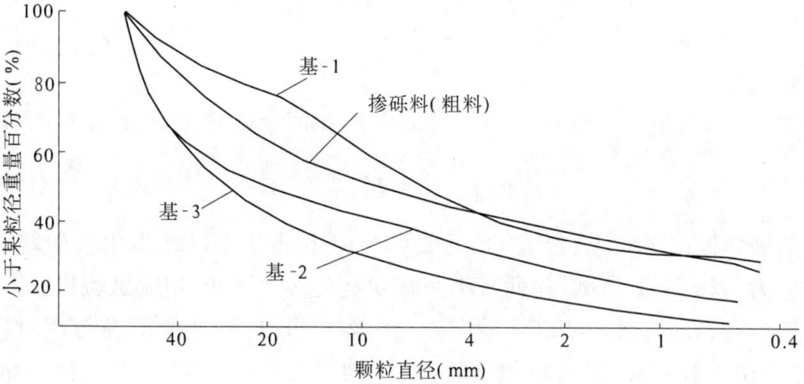

图 7-4-4　砂砾石试验颗分曲线

表 7-4-8　主要物理静力学指标

土名	平均粒径 d_{50} (mm)	不均匀系数 d_{60}/d_{10}	比重	试验干密度 (g/cm³)	最大孔隙比	最小孔隙比	相对密度	有效强度	
								C' (kPa)	φ' (°)
基-1	5.8	387.6	2.67	2.134	0.341	0.156	0.49	93.8	36.93
基-2	18.5	375	2.67	2.290	0.296	0.101	0.67	92.6	38.07
基-3	2.70	124.1	2.67	2.322	0.322	0.104	0.79		
掺砾土	0.845	684.21		2.03				22.0	28.05
寺院坡土料	0.017	12.22	2.72	1.69				21.7	28.30

(二)试验组合

动力试验均在不排水条件下进行,为比较掺砾土的动强度与寺院坡土料的动强度,还进行了寺院坡土料的动强度试验,试验组合及固结条件见表 7-4-9。

表 7-4-9　　**试验组合和起始应力条件**

试料名称	试验项目	固结比 K_c	周围压力(kPa)
基-1	动力强度	1,1.5	600,800,1 200
	动模量—阻尼	1	600,800,1 200
基-2	动力强度	1,1.5,2	400,800,1 200
	动模量—阻尼	1	400,600,800
基-3	动力强度	1,1.5,2	400,800,1 200
	动模量—阻尼	1	400,600,800
掺砾土	动力强度	1,1.5,2	200,600,1 000
寺院坡土料(小三轴)	动力强度	1,1.5,2	50,100,200,300

(三)试验成果分析

1. *破坏振次与动应力的关系*

破坏振次(N_L)与动应力比($\sigma_{ad}/2\sigma_3$)可以用 A、B 两个试验参数,采用幂函数表示:

$$\alpha_d = \frac{\sigma_{ad}}{2\sigma_3} = AN_L^{-B} \tag{7-4-5}$$

各种土的破坏振次与动应力比关系见表 7-4-10 和表 7-4-11。为比较坝基砂砾石之间的破坏动应力,以 $K_c = 1$ 为例,并列入小浪底坝基夹砂、底砂的相应试验指标,表 7-4-12 对比了坝基砂砾石、夹砂、底砂的破坏动应力。由表中可见,破坏动应力与相对容重关系很大,但砂砾石相对容重在 50% ~70% 时,破坏动应力没有明显增大。含砂量 47% 的基-1材料的破坏动应力最小,低于坝基夹砂和底砂的破坏动应力。

表 7-4-10　　**三种不同含砂量砂砾石的动应力比和 A、B 参数**

砂砾石	含砂率(%)	固结比 K_c	动应力比值($\sigma_d/(2\sigma_3)$)						A		B	
			N_L = 10 次		N_L = 20 次		N_L = 30 次					
			2.5%	5%	2.5%	5%	2.5%	5%	2.5%	5%	2.5%	5%
基-1	47	1.0	0.230	0.232	0.218	0.220	0.210	0.218	0.276	0.280	0.095	0.071
		1.5	0.354	0.358	0.318	0.330	0.298	0.320	0.433	0.440	0.125	0.087
		2.0	0.501	0.530	0.471	0.500	0.458	0.480	0.640	0.660	0.107	0.078
基-2	35	1.0	0.270	0.278	0.243	0.250	0.230	0.233	0.372	0.410	0.139	0.166
		1.5	0.435	0.472	0.395	0.430	0.372	0.407	0.590	0.657	0.134	0.145
		2.0	0.645	0.770	0.580	0.690	0.545	0.650	0.893	1.110	0.145	0.159
基-3	25	1.0	0.345	0.460	0.325	0.420	0.310	0.300	0.460	0.640	0.119	0.143
		1.5	0.560	0.660	0.498	0.570	0.460	0.525	0.860	1.050	0.186	0.202
		2.0	0.840	0.910	0.740	0.790	0.680	0.720	1.240	1.450	0.169	0.202

表 7-4-11　　掺砾料和寺院坡土动应力比值和 A、B 参数($\varepsilon_f = 5\%$)

土名	固结比 K_c	固结压力 σ_3 (kPa)	动应力比($\sigma_d/(2\sigma_3)$) $N_L=10$ 次	$N_L=20$ 次	$N_L=30$ 次	计算参数 A	B
掺砾料	1.0	200	0.364	0.345	0.340	0.438	0.078
		600	0.258	0.224	0.215	0.370	0.153
		1 000	0.215	0.202	0.195	0.262	0.087
	1.5	200	0.270	0.251	0.240	0.346	0.107
		600	0.225	0.205	0.194	0.310	0.139
		1 000	0.191	0.176	0.167	0.259	0.129
	2.0	200	0.248	0.228	0.217	0.322	0.116
		600	0.198	0.183	0.174	0.278	0.143
		1 000	0.170	0.158	0.150	0.221	0.113
寺院坡土料	1.0	100	0.705	0.680	0.670	0.780	0.044
		200	0.540	0.520	0.515	0.600	0.046
		300	0.435	0.420	0.415	0.480	0.043
	1.5	100	0.900	0.880	0.860	1.010	0.050
		200	0.505	0.485	0.475	0.580	0.060
		300	0.368	0.355	0.345	0.420	0.057
	2.0	100	0.910	0.890	0.870	1.000	0.041
		200	0.520	0.505	0.495	0.580	0.047
		300	0.375	0.365	0.355	0.420	0.049

表 7-4-12　　砂砾石、夹砂、底砂指标对比

土 名	平均粒径 d_{50}(mm)	含砂量 (%)	相对密度	A	B	$N_L=10$ 次 ($\sigma_d/2\sigma_3$)
基-3 砂砾石	27.0	25	0.79	0.64	0.143	0.460
基-2 砂砾石	18.5	35	0.67	0.41	0.166	0.280
基-1 砂砾石	5.8	47	0.49	0.28	0.071	0.238
夹砂	0.036			0.30	0.045 8	0.267
底砂	0.151		0.758	0.43	0.081 0	0.357

坝基砂砾石的动剪强度指标见表 7-4-13，动总剪强度指标见表 7-4-14。

表 7-4-13　　砂砾石的动剪强度指标

坝基砂砾石	初始剪应力比	动剪强度指标 φ_d(°) $N_L=10$ 次 2.5%	$N_L=10$ 次 5%	$N_L=20$ 次 2.5%	$N_L=20$ 次 5%	$N_L=30$ 次 2.5%	$N_L=30$ 次 5%	C_d (kPa)
基-1	0	7.10	7.10	6.70	6.80	6.50	6.70	0
	0.184	13.30	14.60	12.70	13.70	12.50	12.90	0
	0.338	18.20	19.20	17.00	18.70	16.80	17.60	0

续表 7-4-13

坝基砂砾石	初始剪应力比	动剪强度指标 φ_d(°)						C_d (kPa)
		N_L = 10 次		N_L = 20 次		N_L = 30 次		
		2.5%	5%	2.5%	5%	2.5%	5%	
基-2	0	8.29	8.59	7.47	7.69	7.08	7.15	0
	0.180	17.36	18.73	15.84	17.17	14.96	16.30	0
	0.330	22.91	26.96	20.96	24.51	19.80	23.24	0
基-3	0	10.55	13.95	9.55	12.78	9.50	11.89	0
	0.180	21.92	25.37	19.68	22.27	18.29	20.66	0
	0.330	29.02	31.01	26.05	27.56	24.19	25.44	0

表 7-4-14　　砂砾石的动总剪强度指标

坝基砂砾石	初始剪应力比	动剪强度指标 φ_d(°)						C_d (kPa)
		N_L = 10 次		N_L = 20 次		N_L = 30 次		
		2.5%	5%	2.5%	5%	2.5%	5%	
基-1	0	7.10	7.10	6.70	6.70	6.50	6.70	0
	0.184	22.90	24.10	22.30	23.10	22.10	22.50	0
	0.338	34.10	34.40	32.80	34.10	32.70	33.30	0
基-2	0	8.29	8.59	7.47	7.69	7.08	7.15	0
	0.180	26.20	27.42	24.86	26.03	24.08	25.27	0
	0.330	36.98	39.99	35.51	38.17	34.62	37.22	0
基-3	0	10.55	13.95	9.55	12.78	9.50	11.89	0
	0.180	30.19	33.17	28.25	30.50	27.03	29.11	0
	0.330	41.51	42.97	39.32	40.44	37.94	38.87	0

2. 动剪切模量与阻尼比

坝基三种不同含砂量砂砾石的动剪模量比 G_d/G_{dmax}、阻尼比 λ 与动剪应变关系，以及动剪模量关系式(7-4-4)中参数 K、n 值见表 7-4-15。

表 7-4-15　　砂砾石 G_d/G_{dmax}、λ 与 γ_d 关系

土类名称	项目	γ_d							K	n
		1×10^{-5}	5×10^{-5}	1×10^{-4}	5×10^{-4}	1×10^{-3}	5×10^{-3}	1×10^{-2}		
基-1	G_d/G_{dmax}	0.99	0.91	0.82	0.55	0.42	0.24	0.18	920	0.64
	λ	0.010	0.020	0.025	0.040	0.050	0.085	0.110		
基-2	G_d/G_{dmax}	0.98	0.89	0.82	0.56	0.44	0.13	0.08	1 260	0.532
	λ	0.010	0.018	0.020	0.040	0.050	0.100	0.130		
基-3	G_d/G_{dmax}	0.980	0.88	0.79	0.46	0.31	0.09	0.02	2 800	0.605
	λ	0.011	0.020	0.025	0.045	0.055	0.110	0.150		

3. 振动孔隙水压力模型及参数

坝基砂砾石不排水动三轴试验所测得孔压增长规律表明：

(1)孔压与振次不成正比。在小动应力作用下，振动初始孔压增长缓慢，振动中后期则明显加快，至接近破坏又变缓慢，并趋向一个定值；在大动应力作用下，一般第一周振动所产生的孔压即达到一个很大的数值。

(2)坝基砂砾石孔压增长过程不能用西特的反正弦及其他修正模型来描述；否则，其离散度太大。

为此，根据坝基砂砾石动力三轴试验结果，经回归分析得到振动孔隙水压力增长的指数模型：

$$(1-U)=C\cdot 10^{-K(1-\xi)} \tag{7-4-6}$$

式中　ξ——对数破坏振次比，$\xi=\lg N/\lg N_{\mathrm{L}}$；

N——振次；

N_{L}——破坏振次；

U——相对孔压比，$U=u_N/u_{\mathrm{L}}$；

u_N——振动 N 次产生的孔压；

u_{L}——破坏时的孔压；

$C=(1-U_0)10^K$；

U_0——第一振次产生的相对孔压比，$U_0=u_1/u_{\mathrm{L}}$。

以上关系式中，K、U_0 都可以用 N_{L} 的幂函数表示：

$$K=\alpha N_{\mathrm{L}}^{-\beta} \tag{7-4-7}$$

$$U_0=\gamma N_{\mathrm{L}}^{-\theta} \tag{7-4-8}$$

式(7-4-7)、式(7-4-8)中 α、β、γ、θ 为试验常数。

因此，确定 A、B、α、β、γ、θ、u_{L} 这 7 个试验常数后，就可以根据实际动剪应力时程关系确定砂砾石在振动过程中不排水条件下孔压的增长时程。

坝基砂砾石及坝料超静孔压增长模型参数值见表 7-4-16，其中淤积土的模型参数引用了相近材料试验成果。

4. 残余应变模型及参数

在振动荷载作用下，如果仅考虑由于孔压消散产生的体积应变，对于各向不等压固结土样，在不排水振动三轴试验中试样不仅产生孔压，而且产生剪切残余应变。试样在破坏(轴向应变达 5%)前，振动荷载产生的残余剪切应变可以用如下指数函数模型来描述：

$$\gamma=C_1 10^{b(C_2-\xi C_3)} \tag{7-4-9}$$

式中　γ——相对剪应变，$\gamma=\gamma_N/\gamma_{\mathrm{L}}$；

γ_N——振动 N 次产生的残余应变；

γ_{L}——破坏时产生的残余应变；

ξ——意义同孔压模型，$\xi=\lg N/\lg N_{\mathrm{L}}$。

b 可以用 N_{L} 的幂函数表示：

$$b=\alpha_0 N_{\mathrm{L}}^{-\beta_0} \tag{7-4-10}$$

在等向固结情况下，$C_1=C_2=0$，$C_3=10/\alpha_0$；在非等向固结情况下，$C_1=C_2=C_3=1$。

表 7-4-16　　饱和坝料超静孔压增长模型参数值

材料名称	静剪应力比	静正应力(kPa)	A	B	γ	θ	α	β	u_L
基-1	0	600.0	0.151	0.100	0.815	0.862	0.292	0.580	1.00
		800.0	0.151	0.100	0.815	0.862	0.520	0.644	1.00
		1 200.0	0.151	0.100	0.815	0.862	0.840	0.840	1.00
	0.182	1 318.0	0.320	0.100	2.540	0.773	0.820	0.432	0.87
	0.293	719.7	0.440	0.100	2.100	0.710	2.300	0.642	0.76
		959.6	0.440	0.100	2.100	0.710	2.300	0.642	0.76
		1 439.0	0.440	0.100	2.100	0.710	2.300	0.642	1.00
基-2	0	800.0	0.221	0.166	1.880	0.667	0.315	0.569	1.00
	0.188	877.0	0.495	0.145	1.660	0.519	0.743	0.621	0.85
	0.341	954.0	0.758	0.159	1.330	0.236	1.210	0.643	0.71
反滤料	0	100.0	0.289	0.100	0.779	0.290	0.352	0.134	0.88
	0.196	108.0	0.660	0.122	0.679	0.292	0.372	0.133	0.68
	0.323	116.0	0.810	0.120	1.140	0.315	0.600	0.208	1.00
	0.412	124.3	0.890	0.143	1.200	0.370	0.450	0.363	1.00
淤积土	0	100.0	0.270	0.135	1.260	0.778	0.190	0.306	0.74
		300.0	0.270	0.135	0.160	0.463	0.190	0.306	0.74
	0.192	112.0	0.284	0.136	1.040	0.552	0.330	0.331	0.53
		336.7	0.284	0.136	0.113	0.163	0.330	0.331	0.53
	0.345	124.5	0.280	0.130	0.970	0.419	0.550	0.366	0.50
		373.4	0.280	0.130	0.940	0.128	0.500	0.366	0.50
黏土	0	100.0	0.718	0.249	0.440	0.434	0.178	0.157	0.50
		200.0	0.450	0.249	0.440	0.434	0.178	0.157	0.50
		10 000.0	0.167	0.249	0.440	0.434	0.178	0.157	0.50
	0.193	100.0	1.060	0.287	0.440	0.434	0.178	0.157	0.50
		200.0	0.763	0.287	0.440	0.434	0.178	0.157	0.50
		10 000.0	0.360	0.287	0.440	0.434	0.178	0.157	0.50
	0.478	100.0	0.423	0.105	0.440	0.434	0.178	0.157	0.50
		200.0	0.368	0.105	0.440	0.434	0.178	0.157	0.50
		10 000.0	0.200	0.105	0.440	0.434	0.178	0.157	0.50

α_0、β_0 确定后，就可以根据振动应变及应力状态来计算残余剪切应变。坝基砂砾石及各种土料残余剪切应变计算参数见表 7-4-17。

由于饱和土体在振动荷载作用下颗粒移动后，土体体积有缩小的趋势而产生孔隙压力，因此当振动停止、孔压消散后，土体就会发生体积残余应变增量($\Delta\varepsilon_V$)，并可用下式表示：

$$\Delta\varepsilon_V = \Delta p / B_U \tag{7-4-11}$$

式中　Δp——孔隙水压增量；

B_U——土体回弹体积模量。

表 7-4-17　　坝基砂砾石及各种土料残余剪切应变计算参数

材料名称	固结应力比 K_c	固结应力 σ_3(kPa)	计算模型参数	
			α_0	β_0
基-1	1.5	800	0.62	0.370
	2.0	800	0.36	0.403
基-2	1.5	800	0.53	0.349
	2.0	400	0.44	0.424
		800	0.2	0.477
掺砾料	1.5	600	0.44	0.436
	2.0	600	0.62	0.530
寺院坡心墙料	1.5	100	1.00	0.312
		200	0.61	0.318
		300	0.51	0.310
	2.0	100	0.80	0.176
		200	0.36	0.279
		300	0.50	0.274
	2.5	100	0.29	0.261
		200	0.40	0.301
		300	0.60	0.269

第五节　抗震稳定分析研究

一、振动台试验

模型坝按与原型剖面 1∶200～1∶350 的比例在 2m×2.8m 台面尺寸的六自由度振动台上进行试验，以探讨模型坝的动力特性和破坏机理。

在振动台上共进行均质坝和斜墙坝两种坝型、8 个模型的试验，坝体为碎石或中砂，坝基为细砂或标准砂。采用随机波、地震波和正弦波三种激振波作为激励输入。模型坝试验概况见表 7-5-1，部分模型断面测点布置见图 7-5-1。

(一)自振特性

模型斜墙坝的第一共振频率在 32～42.5Hz，比一般地震的主震频率大很多，不会发生共振现象。模型的自震特性如表 7-5-2。

表 7-5-1　　模型坝试验工况

模型编号	坝高(cm)	坝型	坝体材料	地基材料	蓄水情况	地基饱和情况	坝面含水状况	试验槽编号
A	42	斜墙坝	碎石	标准砂	空库	饱和	湿	甲
B	42	均质坝	中砂	标准砂	空库	饱和	湿	甲
C_1	42	斜墙坝	中砂	粉细砂	空库	饱和	湿	甲
C_2	42	斜墙坝	中砂	粉细砂	空库	饱和	湿	甲
C_3	42	斜墙坝	中砂	粉细砂	满库	饱和	湿	甲
D	75	均质坝	中砂	粉细砂	空库	饱和	湿	甲
E	80	均质坝	中砂	粉细砂	空库	不饱和	干	乙
F	60	斜墙坝	中砂	粉细砂	空库	饱和	较干	乙

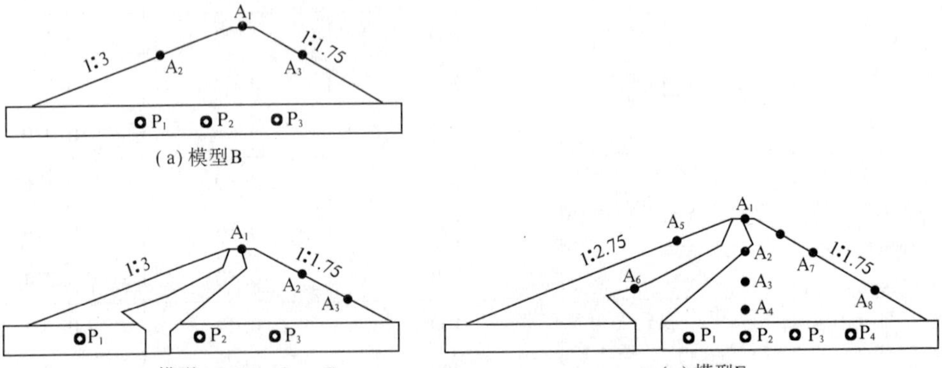

(a) 模型B

(b) 模型A、C_1、C_2、C_3

(c) 模型F

P_i—孔压计；A_i—加速度计

图 7-5-1　模型坝测点布置

表 7-5-2　　模型自振特性

模型编号	a_H	f_1(Hz)	f_2(Hz)	a_H	f_1(Hz)	f_2(Hz)
A	0.10g	35.0	55.0			
C_1	0.12g	40.0	60.0	0.30g	38.0	58.0
C_2	0.09g	42.5	60.5	0.30g	40.0	58.0
C_3	0.08g	37.0	55.0	0.30g		
F	0.03g	32.0	56.0			

注：a_H 为振动台台面加速度，f_1、f_2 分别为模型水平向的第一、第二共振频率。

(二)加速度反应

台面进行水平方向单向振动和水平、垂直双向的振动试验结果见表 7-5-3。

模型坝的动力反应试验表明,同一频率激振,随着振动量的增大,坝顶加速度放大率逐渐减小,表现了坝体材料明显的非线性特征;采用较高激振频率(略高于模型的共振频率),与低频激励的反应相比,坝顶的加速度放大率较高;在同一高程,模型表面的加速度放大率比坝内的加速度放大率要大;土石坝的陡坡有着与其缓坡相近的加速度分布规律,因此适度放缓边坡可增强坝坡的抗震稳定性。据此规律,许多位于高地震区的土石坝,除适当加宽坝顶外,还采用上部缓、下部陡的断面型式,如青海黑泉、新疆乌鲁瓦提面板坝、石头河心墙堆石坝等。

表 7-5-3　　坝顶水平向和垂直向加速度幅值

水平向台面加速度幅值	垂直向台面加速度幅值	波型	激振频率(Hz)	水平向加速度幅值	垂直向加速度幅值
$0.07g$	0	正弦波	50	$0.55g$	$0.20g$
$0.12g$	0	正弦波	50	$0.70g$	$0.28g$
$0.08g$	0	随机波	60 ~ 80	$0.60g$	$0.20g$
$0.30g$	0	地震波	2 ~ 20	$0.70g$	$0.23g$
$0.30g$	$0.1g$	地震波	2 ~ 20	$0.70g$	$0.25g$

由表 7-5-3 可知,垂直加速度幅值约为水平加速度幅值的 1/3。

(三)坝基的振动孔隙水压力反应

地基材料为粉细砂时,在振动荷载下会产生较大的孔隙水压力,在各种振动波下的孔隙水压力见表 7-5-4。

表 7-5-4　　坝基不同振动波下粉细砂的孔隙水压力

台面加速度幅值	波型	振动频率(Hz)	振动时间(s)	最大振动孔隙水压力(cm)		U_d/σ_v	
				P_1	P_2	P_1	P_2
$0.10g$	正弦波	40	15	1.5	3.5	0.04	0.03
$0.30g$	地震波	2 ~ 25	20	1.5	2.5	0.03	0.02
$0.60/0.20g$	地震波	2 ~ 25	20	35.0	50.0	0.38	0.40
$0.80g$	正弦波	40	30	40.0	45.0	>1	0.36
$1.40g$	正弦波	40	60	70.0	50.0	>1	0.40

注:1. U_d、σ_v 分别为振动孔隙水压力和其上覆有效应力。

2. 台面加速度一栏斜线上下分别为水平值、垂直值。

试验表明:坝基材料为粉细砂,在循环荷载作用下,会产生较大的振动孔隙水压力。振动量级较小时,坝基的振动孔隙水压力很小;当台面激励加速度幅值超过 $0.3g$ 时,坝基中产生较大的振动孔隙水压力;同一振动量级下,坝坡附近基础中振动孔隙水压力与上覆有效应力之比大于坝顶下方基础中的振动孔隙水压力与上覆有效应力之比；当用地震波激振时，坝基的振动孔隙水压力开始增长较快，然后在较长时间内保持较大的数值至振动完成，接着振动孔隙水压力几乎直线下降，至一定程度后下降速度明显减慢。

（四）振动破坏试验

由于坝脚附近孔压 u_d 与有效竖向应力 σ_v' 相比最大，因此坝脚处最易液化，破坏试验中坝坡变形相当大，并有隆起现象。

模型 C_2 的破坏现象见图 7-5-2。由于坝脚附近基础液化而发生较大变形，因此在不均匀沉降作用下，上、下游坝坡均出现了纵向裂缝；当下游坡较陡，产生的纵向裂缝多且宽，以下游坝脚处的纵向裂缝最宽，坝顶附近次之，两裂缝之间可能会形成滑动块体。斜墙坝模型 C_1、C_2 和 C_3 在振动频率 60Hz 条件下的振动破坏现象见表 7-5-5。

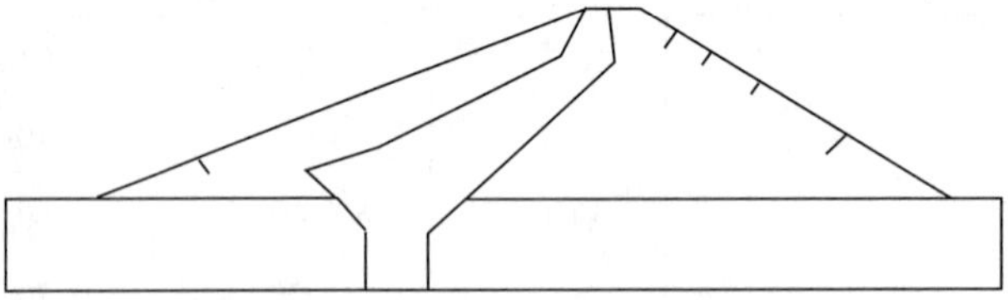

图 7-5-2 模型 C_2 的破坏性状

表 7-5-5 模型坝振动破坏现象

模型编号	振动量级	振动时间（s）	破坏现象	
			坝体及坝基	坝脚附近地基
C_1	1.4g	30	裂缝	喷砂冒水
C_2	1.7g	60	裂缝	喷砂冒水
C_3	1.7g	30	裂缝	喷砂冒水

二、经验判别法

在大坝基础设计中已将覆盖层上部的表砂层及全新统（Q_4）沉积物全部挖除，因此研究液化的对象主要是含砂量较大的砂砾石层和夹砂层。

（一）按地层所处的地质年代判别

1966 年邢台、1975 年海城、1976 年唐山地震中发生液化的土层在地质年代上都属于第四纪全新世土层，而没有在第四纪更新世晚期和更早的土层中出现过。小浪底大坝坝基覆盖层 130m 高程以下为上更新世（Q_3）地层，即在夹砂层顶面以上 5m，因此按照地质年代判断，夹砂层不会液化。

（二）根据颗粒级配判别

由海城、新疆西克尔和邢台地震液化分析得出，液化地层的平均粒径为 0.02 ~ 0.145mm，不均匀系数小于 10。若以这样的经验来判别，夹砂层的粉细砂和底砂层中的细砂均属可能液化材料。后经深入试验研究，当砂砾石中含砾量大于 70% 时，砾石已起骨架作用,砂只起填充作用,此时,其渗流和力学性质由砾石起主导作用,所以含砾量70%为判别地层是否存在液化可能性的界限。

(三)根据相对密度判别

当土料相对密度在0.75以上时,按照《水工建筑物抗震设计规范》(SDJ10—78),Ⅷ度地震情况产生液化的可能性较小。据此可认为夹砂层和含砂量大于30%的砂砾石层可能会液化,而底砂层和含砂量小于30%的砂砾石层不易液化。

(四)根据上覆有效自重应力判别

地基上覆有效应力越大,抗液化能力越强。根据海城地震的大量统计资料,当有效上覆压力分别为60kPa、100kPa和120kPa时,相应在Ⅶ、Ⅷ和Ⅸ度烈度地震区产生液化的可能性较小。按此判断,夹砂层有可能液化,坝基深度8m以内的含砂率超过30%的砂砾石层有液化的可能,而8m以下的砂砾石层和底砂层液化的可能性较小。

(五)根据标准贯入击数判断

按照《水工建筑物抗震设计规范》(SDJ10—78),在Ⅷ度地震情况下,埋深5m、10m、15m的标准贯入击数达到11、20、26击时,砂层即不会液化,而夹砂层的贯入击数平均为24击,小于26击,则有液化的可能。底砂层击数较高,无液化的可能。

根据以上5种经验法来判别,坝基8m深度内的夹砂层和含砂率大于30%的砂砾石层有液化的可能,而底砂层由于埋藏较深,无液化的可能。

三、按简化的剪应力对比法判别

简化剪应力对比法以西特(Seed)简化法为主,也曾采用与西特简化法相似的剪切波速法、输入地震波法等判断坝基液化的可能性。

(一)按细料的相对密度判别

在液化分析中,往往采用相对密度作为判别砂土是否液化的一项重要指标。直接测定砂砾石层中细料的相对密度是相当困难的,但可用下式计算砂砾石中细料的干密度及最大、最小和天然状态下的孔隙比,据此可求得细料的相对密度,判断其液化的可能性。

$$\rho_{do}=\rho_d(1-P)/(1-\rho_d P/\Delta S) \tag{7-5-1}$$

式中 ρ_{do}——砂砾石料中细料的干密度,g/cm^3;

ρ_d——砂砾石料的现场干密度,根据试验值$\rho_d=2.134g/cm^3$;

P——砂砾石料中粗粒(粒径大于5mm)的含量,$P=53\%$;

ΔS——砂砾石料中细料的密度,$\Delta S=2.6g/cm^3$。

根据式(7-5-1)求得细料的干密度$\rho_{do}=1.775g/cm^3$。而细料$e_{max}=0.628$、$e_{min}=0.233$、$e_o=0.465$,由此求得砂砾石层中细料含量为47%时的细料相对密度为0.41,小于0.75,属可液化土层。

(二)Seed的简化法

根据坝基砂砾石的埋藏条件,分析上游坝趾30m深度以内砂砾石层液化的可能性。根据勘探资料,典型河床横剖面坝基土层由浅入深的组成情况:

0~35m	上部砂砾层
35~56m	夹砂层

56 ~ 65m　　　　　底部砂砾石

65m 以下　　　　　河床基岩

用下式计算地震剪应力：

$$\tau_c = 0.65(a_{max}/g)\gamma_d \sum \rho \Delta h \tag{7-5-2}$$

用下式计算抗地震剪应力：

$$\tau_s = C_r C_d (\tau_d / \sigma'_o) \sum \rho' \Delta h \tag{7-5-3}$$

用下式计算安全系数：

$$F_s = \tau_s / \tau_c \tag{7-5-4}$$

式中　a_{max}——地面运动的最大加速度，小浪底Ⅷ度地震下采用 0.215g；

g——重力加速度；

γ_d——沿地基深度加速度折减系数，参照图 7-5-3 取值；

ρ——地层的实际容重，在地下水位以下采用饱和容重；

Δh——土层的分层厚度，m；

C_r——三轴试验的校正系数，根据土层的相对容重选取；

C_d——干容重校正系数，试验容重和计算容重一致，$C_d = 1$；

τ_d/σ'_o——试样的动剪应力比；

ρ'——土层的有效容重。

若 $F_s \geqslant 1$，则认为是不可能液化的，否则是可能液化的。

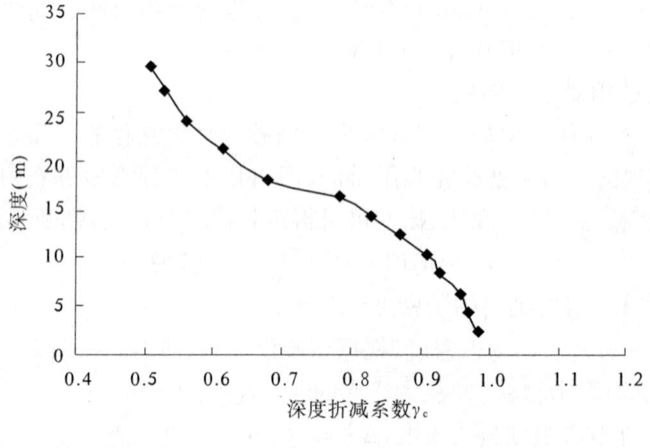

图 7-5-3　深度与深度折减系数 γ_c 关系

对上、下游坝脚地质剖面进行计算，($\sigma_{ad}/(2\sigma_o)$)根据动三轴试验求得，判别结果如表 7-5-6。

计算结果说明：在坝上游坡脚处，地面以下 16m 深含砂量大于 30% 的砂砾石有可能液化；在坝下游坡脚处，地面以下 19m 深以上的砂砾石层和 12m 深的夹砂层可能液化。

表 7-5-6　　上、下游坝脚剖面液化可能性计算结果

部位	深度 h (m)	地震剪应力 γ (kN/m³)	地震剪应力 γh (100kPa)	地震剪应力 γ_d	地震剪应力 τ_c (100kPa)	抗液化剪应力 $\sigma_{ad}/(2\sigma_o)$	抗液化剪应力 C_r	抗液化剪应力 γ' (kN/m³)	抗液化剪应力 $\gamma' h$ (100kPa)	抗液化剪应力 τ_s (100kPa)	液化可能性
上游坝脚	7	22.4	1.54	0.95	0.20	0.262	0.63	12.5	0.84	0.14	可能
	12	20.0	2.56	0.85	0.30	0.244	0.68	10.0	1.36	0.23	可能
	15	22.4	3.27	0.77	0.35	0.262	0.63	13.0	1.77	0.29	可能
	20	22.4	4.44	0.66	0.41	0.262	0.63	13.0	2.53	0.42	不可能
下游坝脚	15	22.4	3.40	0.77	0.37	0.262	0.63	12.5	2.15	0.36	可能
	17	22.4	3.88	0.71	0.39	0.262	0.63	13.0	2.42	0.40	不可能
	20	22.4	4.54	0.66	0.42	0.262	0.63	13.0	2.84	0.47	不可能

(三)剪切波速判断法

此判别方法仅适用于中等地震情况。由 F. Y. Yokel 等根据 Seed 的地震剪应力公式，经过换算求得地震产生的剪应变 γ_e 为：

$$\gamma_e = 0.65 \frac{a_{max}}{g} \frac{\sigma_v \gamma_d}{G_{max}(G/G_{max})_{\gamma e}} \tag{7-5-5}$$

式中　a_{max}——计算点土层的最大水平加速度；

$(G/G_{max})_{\gamma e}$——计算点实际剪切模量与最大剪切模量的比值；

σ_v——计算层上部总应力强度；

其他符号同 Seed 公式。

根据砂层地基液化和不液化的统计，当剪应变 γ_e 小于 0.01% 时，砂层不会产生液化。此时，$(G/G_{max})_{\gamma e}$ 可取常数 0.75。

又知

$$G_{max} = \frac{\gamma}{g} v_s^2 \tag{7-5-6}$$

式中　γ——土的容重；

v_s——砂层剪切波速(现场跨孔试验测出)。

小浪底坝基砂层和砂砾石层用该法判别情况见表 7-5-7。

表 7-5-7 说明，砂砾石层在孔深 10.04m(约 120.0m 高程)以上可能液化。

四、总应力法和有效应力法的地震反应分析

有效应力法地震反应分析，是研究地震作用下坝基砂层、砂砾石层和坝体反滤层液化的可能性，研究包括防渗土体在内的各种饱和坝体材料和坝基材料的振动孔隙水压力的增长、扩散和消散规律，研究坝体地震加速度分布规律及坝体的地震稳定性和变形规律的有效方法，并据此确定大坝的抗震措施。地震反应分析需对坝基和坝体材料进行大量的静动力三轴试验研究，以获取有关的计算参数。

表 7-5-7 用剪切波速法判别液化安全度

土层	孔深 (m)	干容重 (kN/m^3)	饱和容重 (kN/m^3)	σ_v (10Pa)	γ_d	v_s (m/s)	G_{max} (kN/m^2)	γ_e (%)	液化可能性
粉细砂	3.1	14.2	19.0	5.89	0.99	202	79 029	0.012 8	可能
砂砾石	4.86	21.0	23.1	9.96	0.97	233	127 836	0.013 1	可能
	7.02	21.0	23.1	14.95	0.95	215	108 848	0.022 7	可能
	8.81	21.0	23.1	19.08	0.92	314	232 168	0.013 2	可能
	10.04	21.0	23.1	21.92	0.90	566	754 355	0.004 6	不可能
	11.86	21.0	23.1	26.12	0.87	586	808 608	0.004 9	不可能
	13.12	21.0	23.1	29.03	0.83	566	754 355	0.005 5	不可能
	14.44	21.0	23.1	32.08	0.78	472	524 598	0.008 3	不可能

小浪底大坝在初步设计及优化设计阶段曾就斜墙坝型进行过多次以二维为主的动力有限元计算；招标设计阶段，对确定的斜心墙坝进行了二维和三维有效应力法地震反应计算，并据此研究结果，最终确定了大坝的抗震措施。

（一）斜墙坝总应力法动力有限元分析

作为国家“七五”科技攻关项目，对斜墙坝型计算了地震作用下以永久变形为主的动力有限元分析研究。

1. 分析方法

在黏弹性体情况下，考虑材料的动力非线性，动力平衡方程如下：

$$[M]\{a\}+[C]\{v\}+[K]\{\delta\}=-[M]\{a_g\} \tag{7-5-7}$$

式中 $[M]$、$[C]$、$[K]$——整体质量矩阵、阻尼矩阵和劲度矩阵；

$\{a\}$、$\{v\}$、$\{\delta\}$——整体结点加速度、速度和位移列阵；

$\{a_g\}$——整体结点地震加速度列阵。

动力平衡方程采用 wilson-θ 逐步积分法在时域内求解，取 $\theta=1.4$。

整体阻尼矩阵$[C]$由各单元阻尼矩阵$[c]^e$组成，单元阻尼矩阵$[c]^e$按下式计算：

$$[c]^e=\lambda\omega[m]^e+\lambda[k]^e/\omega \tag{7-5-8}$$

式中 λ——阻尼比；

ω——系统基频；

$[m]^e$、$[k]^e$——单元质量矩阵和劲度矩阵。

$[k]^e$ 与单元材料的动剪切模量 G 有关，而 G 和 λ 均为动剪应变 γ_d 的函数，分别采用如下两种方法来求得。

1）试验曲线输入法

非黏性土的动剪模量 G 按下式计算：

$$G=22K_{2max}(P_a\sigma_m{}')^{1/2}(G/G_{max}) \tag{7-5-9}$$

式中 K_{2max}——试验常数（见表 7-5-8）；

σ_m'——平均有效应力；

P_a——大气压力。

表 7-5-8　　坝体坝基材料的 K_{2max}

材料	堆石	反滤料	坝基砂	砂砾石
K_{2max}	120	65	60	120

黏性土动剪模量 G 采用如下经验公式计算：

$$G = 0.184\sigma_y'(G/S_u) \tag{7-5-10}$$

式中　σ_y'——竖向有效正应力；

S_u——不排水强度。

G/G_{max}、G/S_u 以及阻尼比 λ 均与动剪应变 γ_d 有关，各种材料的试验曲线见表 7-5-9。

表 7-5-9　　G/G_{max}、G/S_u 和阻尼比 λ 与动剪应变 γ_d 的关系

土类名称	项目	γ_d									
		0	1×10^{-5}	2×10^{-5}	4×10^{-5}	1×10^{-4}	6×10^{-4}	1×10^{-3}	2×10^{-3}	3×10^{-3}	1×10^{-2}
黏土	G/S_u	1 980	1 980	1 750	1 500	1 000	650	300	275	250	83
	λ	0.015	0.015	0.025	0.035	0.045	0.065	0.090	0.140	0.200	0.295
堆石	G/G_{max}	1.00	0.96	0.94	0.91	0.81	0.55	0.36	0.29	0.20	0.08
	λ	0.010	0.010	0.016	0.032	0.054	0.096	0.154	0.192	0.246	0.325
反滤料	G/G_{max}	1.00	1.00	0.94	0.89	0.64	0.33	0.18	0.15	0.09	0.05
	λ	0.010	0.010	0.016	0.032	0.054	0.096	0.154	0.192	0.246	0.325
坝基砂	G/G_{max}	1.00	1.00	0.92	0.84	0.54	0.024	0.12	0.10	0.06	0.06
	λ	0.010	0.010	0.016	0.032	0.054	0.096	0.154	0.192	0.246	0.325
砂砾石	G/G_{max}	1.00	0.96	0.94	0.91	0.80	0.55	0.36	0.29	0.20	0.08
	λ	0.010	0.010	0.016	0.032	0.054	0.096	0.154	0.192	0.246	0.325

2）修正的 H-D 模型法

各种材料的动剪切模量以及阻尼比，按修正的 Hardin-Drnevich（H-D）模型表达为：

$$G = G_{max}/[1+(\gamma/\gamma_R)^B] \tag{7-5-11}$$

$$\lambda = \lambda_{max}(1-G/G_{max}) \tag{7-5-12}$$

式中　γ_R——参考剪应变，$\gamma_R=\tau_{max}/G_{max}$；

λ_{max}——对应于最大剪应变的阻尼比，由表 7-5-9 得到。

τ_{max} 和 G_{max} 近似地由下式计算：

$$\tau_{max} = \{[(1+K_o)\sigma_y'\sin\varphi'/2 + C'\cos\varphi']^2 - [(1-K_o)\sigma_y'/2]^2\}^{1/2} \tag{7-5-13}$$

$$G_{max} = A(P_a\sigma_y')^{1/2} \tag{7-5-14}$$

式中 K_o——静止侧压力系数；

C'、φ'——有效应力强度指标；

A、B——试验常数（见表 7-5-10）。

表 7-5-10　　各种材料试验常数 A、B 值

常数	砂砾石	坝基砂	反滤料	块石	黏土
A	2 200	730	1 050	2 200	450
B	1.00	0.70	1.20	1.00	0.70

2. 液化判别

根据动力分析结果，按 Seed 和 Idriss 提出的剪应力对比法，判别砂土是否发生液化。

判断某单元 t 时刻是否液化，先确定 $0\sim t$ 之间产生的最大剪应力 $|\tau_{max}|$，剪应力峰值 $\tau_1,\tau_2,\cdots,\tau_n$ 及对应出现的次数 $n_1,n_2,\cdots,n_n$；计算各剪应力峰值与最大剪应力之比，根据表 7-5-11 求相应的转换系数 $\alpha_1,\alpha_2,\cdots,\alpha_n$；求该单元 t 时刻的等效循环周数 $N_f=\sum\alpha_i n_i$；由 N_f 和初始应力比 $\alpha=\tau_{xy}/\sigma_y$，查液化试验结果表 7-5-12 液化剪应力 τ_L 随 σ_y 变化直线的斜率和截距，计算 τ_L；代入下式得该单元 t 时刻的抗液化安全度 F。

$$F=\tau_L/(0.65|\tau_{max}|) \tag{7-5-15}$$

若 $F>1$，则认为该单元没有液化；若 $F\leqslant 1$，则认为该单元已液化。

表 7-5-11　　转换系数

$\frac{\tau}{\tau_{max}}$	0.35	0.40	0.45	0.50	0.55	0.60	0.65	0.70	0.75	0.80	0.85	0.90	0.95	1.00
α	0.02	0.04	0.10	0.20	0.40	0.70	1.00	1.20	1.40	1.70	2.05	2.40	2.70	3.00

表 7-5-12　　液化剪应力试验结果

材料	α	斜率（τ_L/σ_y）			截距（τ_{L0}）		
		5 周	10 周	20 周	5 周	10 周	20 周
反滤料	0	0.293	0.255	0.213	19.0	17.1	15.2
	0.1	0.363	0.313	0.263	36.0	32.4	28.2
	0.2	0.415	0.362	0.304	40.0	36.0	32.0
	0.3	0.468	0.402	0.352	57.5	51.8	46.0
坝基砂	0	0.292	0.250	0.200	19.0	17.1	15.2
	0.1	0.360	0.300	0.260	36.0	32.4	28.2
	0.2	0.410	0.400	0.300	40.0	36.0	32.0
	0.3	0.460	0.400	0.300	57.5	51.8	46.0

3. 动力稳定计算成果

假设基岩为绝对刚性，对于垂直边界，动力计算时作为自由边界，以避免反射波的干扰。

考虑到坝址区的实际情况，取近震时基岩最大水平加速度为 0.2g，卓越周期为 0.35s，持续时间 14s，输入地震波采用 1978 年唐山地震时在迁安实测的里氏 6.3 级强余震记录作为原始地震记录（其水平最大加速度为 0.11g，卓越周期为 0.14s）并调整为符合设计要求的加速度时程曲线，作为动力分析的输入地震波。

分别对一道防渗墙和两道防渗墙两种方案进行动力分析，求出坝基细砂层、夹砂层、表砂层和斜墙上下游反滤层在地震结束时的抗液化安全度。对这两种方案，坝基底砂层、斜心墙下游反滤层的抗液化安全度均较大，接近坝轴线部位的表砂层安全度也较大，这几部分砂土层的抗液化性能较好；但坝基下游夹砂层抗液化安全度分别只有 1.17 和 1.24，均出现在靠近下游平台尾部处；斜心墙上游面反滤层抗液化安全度较小，一道防渗墙方案最小安全度为 1.05，出现在上游平台下面的反滤层中，两道防渗墙最小安全度为 1.07，出现在上游反滤层的坝顶部位。

可见，设置下游压戗平台，对提高坝基抗液化能力有显著作用。

4. 地震永久变形分析方法

地震作用以水平剪切为主，水平动剪应力可在有限元中用等效结点力来代替。动剪应力随时间的变化，可用某一时段的均匀等效剪应力 $\tau_{av}=0.65\tau_{max}$ 和等效液化周数 N_{eq} 来表示。求出等效周次后，采用 Taniguchi 建议的动应力幅值与残余应变 γ_R 间的经验关系，将等效结点力作用于坝体结点上，所求得位移即为地震作用下的永久变形：

$$q_d/p_o'=\gamma_R/(a+b\gamma_R) \tag{7-5-16}$$

式中　$q_d=\tau_d=\sigma_d/2$，σ_d 为动应力幅值；

$p_o'=(\sigma_{1o}'+\sigma_{3o}')/2$，$\sigma_{1o}'$、$\sigma_{3o}'$分别为初始大、小有效主应力；

a、b——试验常数，均与主应力比 $K_c=\sigma_{1o}'/\sigma_{3o}'$和循环周数 N 有关。

永久变形计算中，动剪切模量 G 与残余剪应变 γ_R 有关，需迭代求解。

永久变形计算参数试验在振动三轴试验仪上进行，主应力比 K_c=1.5、2.0、2.5，小主应力 σ_{3c}=98、123、147kPa。试验结果为某一振动周数 N 和主应力比 K_c 下的 a、b 值，见表 7-5-13。

5. 二维永久变形计算成果分析

根据计算结果，坝顶水平和竖向永久位移分别为 1.65m 和 1.41m，约占坝高的 0.89% 和 0.79%；水平永久位移绝大部分指向下游，只在坝基上游靠基岩处水平永久位移指向上游，数值相对较小，竖向永久位移绝大多数向下，但在上游平台靠坡角处，部分结点竖向永久位移向上，数值不大；防渗墙竖向永久位移向下，而水平永久位移在上部指向下游，约 1/3 深度后指向上游，永久位移方向和大小见图 7-5-4。

6. 三维地震永久变形成果分析

三维地震永久变形成果分析采用与二维同样的计算方法及参数，取坝体右半部分作对称计算，离散成 327 个单元、549 个结点。计算结果与二维一致，但水平永久位移约增大 12%，竖向位移约减少 12%。

表 7-5-13　　各种材料的永久变形参数

材料	K_c	a			b		
		5 周	10 周	20 周	5 周	10 周	20 周
坝基砂	1.5	0.052	0.061	0.069	3.380	4.290	5.230
	2.0	0.042	0.050	0.060	3.320	4.233	5.211
	2.5	0.310	0.039	0.049	3.260	4.176	5.192
砂砾石	1.5	0.013	0.015	0.017	2.068	2.117	2.221
	2.0	0.011	0.012	0.014	2.057	2.102	2.217
	2.5	0.010	0.011	0.013	2.040	2.085	2.124
反滤料堆石	1.5	0.012	0.014	0.016	2.065	2.113	2.190
	2.0	0.010	0.011	0.013	2.020	2.080	2.121
	2.5	0.010	0.010	0.012	2.010	2.080	2.120
黏土	1.5	0.364	0.573	0.782	4.001	3.923	3.823
	2.0	0.291	0.474	0.657	3.932	3.871	3.809
	2.5	0.218	0.375	0.553	3.863	3.819	3.795

(二)选定坝型有效应力法地震反应分析

有效应力动力有限元分析的基本平衡方程仍根据式(7-5-7)和式(7-5-8)进行有限元离散,并按Wilson-θ法在时域内逐步积分求解。

各种材料的最大剪切模量按下式计算:

$$G_{max} = KP_a(\sigma'_o/P_a)^n \qquad (7\text{-}5\text{-}17)$$

式中　K、n——试验常数;

σ'_o——平均有效主应力;

P_a——大气压力。

孔隙水压增长按式(7-4-6)~式(7-4-8)进行计算,对于三维分析,孔压引起残余变形计算按式(7-4-9)~式(7-4-11)计算。

1. 二维地震反应分析

对小浪底大坝的最大断面、次大断面和最小断面,针对如下三种地震进行了有效应力分析:

(1)远震:震级 8 级,震中距 90km,基岩峰值加速度0.16g,历时 30s;

(2)近震:震级 7 级,震中距 29km,基岩峰值加速度0.25g,历时 19s;

(3)水库触发地震:震级6.25级,震源距

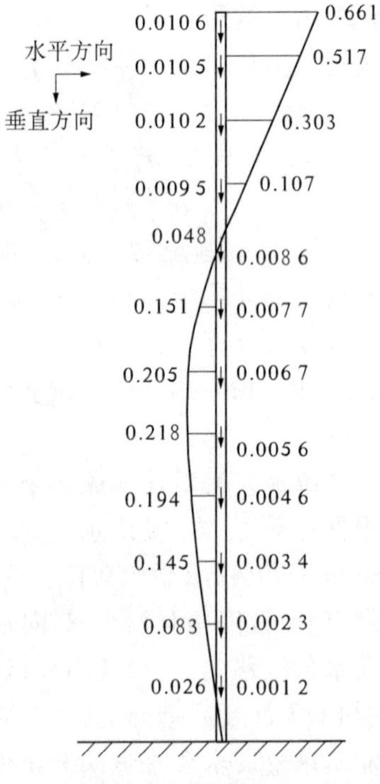

图 7-5-4　防渗墙永久位移　(单位:m)

(防渗墙深 70m,厚 1m,$E = 15GN/m^2$,$\mu = 0.167$)

10km,基岩峰值加速度 0.5g,历时 15.7s。

根据不同地震的反应谱及相应包络曲线特征值,按非平衡随机过程模型推求相应的地震加速度时程作为输入基岩地震波。

计算采用的各种坝料的基本非线性参数以及 G/G_{max}、λ(阻尼比)与 γ_d 的关系分别见表 7-5-14 和表 7-5-15;孔隙水压增长计算有关的参数见表 7-4-16;孔压扩散与消散计算参数见表 7-5-16;残余剪切应变计算参数见表 7-4-17。

表 7-5-14　　各种坝料最大剪切模量计算参数和泊松比

土料名称		砂砾石	夹砂层	反滤料	堆石	寺院坡黏土	混凝土	基岩
K	试验值	920	604	1 053	1 952	467	150 000	10 000
	采用值	1 400	1 100	1 500	2 000	470		
n	试验值	0.649	0.571	0.550	0.540	0.50		
	采用值	0.50	0.50	0.50	0.50	0.50		
μ	经验值	0.42	0.42	0.42	0.42	0.48	0.167	0.20

表 7-5-15　　G/G_{max}、λ 与 γ_d 关系

土料名称	项目	γ_d							
		5×10^{-6}	1×10^{-5}	5×10^{-5}	1×10^{-4}	5×10^{-4}	1×10^{-3}	5×10^{-3}	1×10^{-2}
砂砾石(含砂率47%)	G/G_{max}	1.00	0.99	0.910	0.820	0.545	0.420	0.240	0.18
	λ	0.02	0.02	0.020	0.025	0.040	0.050	0.085	0.11
砂砾石(含砂率35%)	G/G_{max}	1.00	0.98	0.890	0.820	0.560	0.440	0.130	0.08
	λ	0.01	0.01	0.018	0.020	0.040	0.050	0.100	0.13
夹砂层	G/G_{max}	0.99	0.98	0.916	0.857	0.516	0.342	0.110	0.07
	λ	0.02	0.02	0.024	0.026	0.042	0.056	0.126	0.18
反滤料	G/G_{max}	0.99	0.98	0.900	0.813	0.350	0.205	0.063	0.04
	λ	0.02	0.02	0.025	0.026	0.045	0.057	0.105	0.18
堆石	G/G_{max}	1.00	0.99	0.920	0.840	0.590	0.450	0.158	0.08
	λ	0.018	0.02	0.035	0.040	0.065	0.080	0.145	0.20
寺院坡黏土	G/G_{max}	0.97	0.96	0.908	0.860	0.588	0.400	0.182	0.08
	λ	0.04	0.04	0.040	0.043	0.055	0.065	0.115	0.16

计算结果表明,对大坝稳定最为不利、起控制作用的地震是水库触发地震。大坝整体稳定,但局部不稳定不会影响大坝的整体稳定。

对于上游坝坡的稳定性,在不考虑淤积土作用时,围堰稳定没有保障,围堰的上游防渗体将沿接触面滑动;在考虑淤积土作用时,大坝上游坡稳定。对于下游压戗,只要保持下游砂砾石地基表面排水通畅,其稳定是有保障的。

计算表明,斜心墙坝型的抗震性能优于斜墙坝型,斜心墙坝有较大的安全度,孔压数值较小,在进行整体抗震稳定验算时,斜心墙内孔压比可取 0.02。

表 7-5-16 孔压消散计算参数

材料名称	摩擦角 φ'(°)	凝聚力 C'(kN/m²)	破坏比 R_f	K	n	泊松比 μ	渗透系数 (m/s)
砂砾石（含砂量 35%）	38	0	0.67	960	0.41	0.42	2×10^{-5}
夹 砂	28	0	0.77	625	0.40	0.42	6×10^{-6}
反滤料	35	0	0.78	750	0.50	0.42	2×10^{-5}
心墙土料	22	50	0.95	555	0.31	0.42	2×10^{-8}
堆 石	42	0	0.93	1 000	0.57	0.42	1×10^{-3}
堆石过渡区	38	0	0.78	750	0.78	0.42	1×10^{-3}
淤积土	18	8	0.78	250	0.40	0.42	1×10^{-6}

2. 三维地震反应分析

小浪底大坝三维有效应力法动力分析是国家“八五”科技攻关“高土石坝动力分析及抗震工程措施研究”的一个子专题，该专题是针对最不利地震工况水库触发地震及坝基覆盖层含砂量47%的极端情况考虑的。大坝上游淤积土高程 254m。

评价饱和土料液化的标准，主要采用孔压值与静竖向有效应力之比（称为孔压水平）判断：当孔压水平大于 0.9 时，认为该处已液化；当孔压水平介于 0.5 ~ 0.9 时，认为该单元破坏。用孔压水平评价单元破坏的低值取 0.5，主要是式(7-4-6)中土体液化破坏时孔压比的最低试验值为 0.5（见表 7-4-16）。

为将有效应力法动力分析计算结果评价标准与总应力法评价标准比较，还引入西特安全系数法评价土体的抗震性能。两种评价标准比较可得出，若取西特安全系数小于1.3的区域为液化区，小于 1.5 的区域为破坏区，那么，两种评价标准基本是一致的。

动力分析结果表明，有、无淤积土情况下，坝顶最大地震加速度反应值分别达 7.11 m/s^2和 7.36m/s^2。

大坝最大剖面孔压等值线图和孔压与上覆压力之比示意图，无淤积土情况下，分别见图 7-5-5 和图 7-5-6；有淤积土情况下，分别见图 7-5-7 和图 7-5-8。由图可见，水库淤积对上游坝趾处的坝基液化破坏影响很大，没有淤积土情况下，在围堰旋喷防渗墙上游的坝基绝大部分处于液化状态，上游围堰会部分破坏；考虑淤积土情况，上游坝基液化状态有较大的改善，而且不会导致上游围堰的破坏。下游坝踵液化破坏严重，会危及大坝下游压戗的稳定，但对大坝坝体不会造成危害。

另外，大坝上游反滤层上部出现较大孔隙水压。黏土心墙出现较小孔隙水压增长。上游反滤层排水条件好，强度储备高，经分析不影响坝体的稳定性。

大坝由于孔隙水压消散产生水平及竖向永久位移，无淤积情况下，等值线图见图 7-5-9和图 7-5-10；考虑水库淤积情况，其等值线图见图 7-5-11 和图 7-5-12。

对计算成果的分析表明，小浪底斜心墙堆石坝坐落在 70m 深的砂砾石覆盖层上，由于覆盖层部分含砂量较高（达到47%），因此覆盖层存在液化的可能性。分析中采用可能发生的最大地震烈度，并假设坝基全部由最高含砂量砂砾石组成的最不利情况，大坝仅有局部破坏，说明其整体稳定是有保证的。

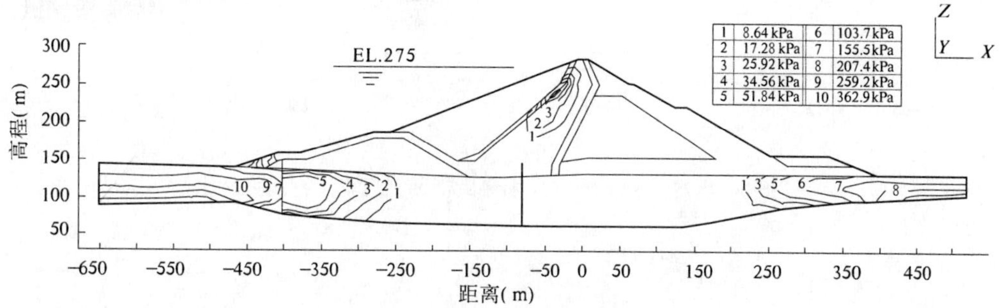

图 7-5-5　无淤积土情况大坝最大剖面孔压等值线

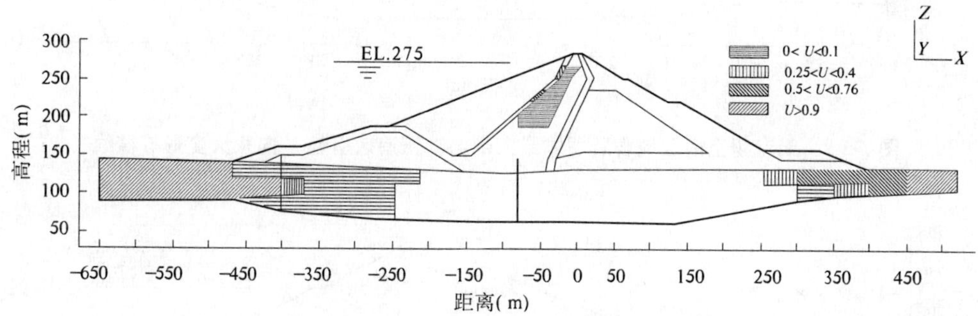

图 7-5-6　无淤积土情况大坝最大剖面孔压与上覆压力之比

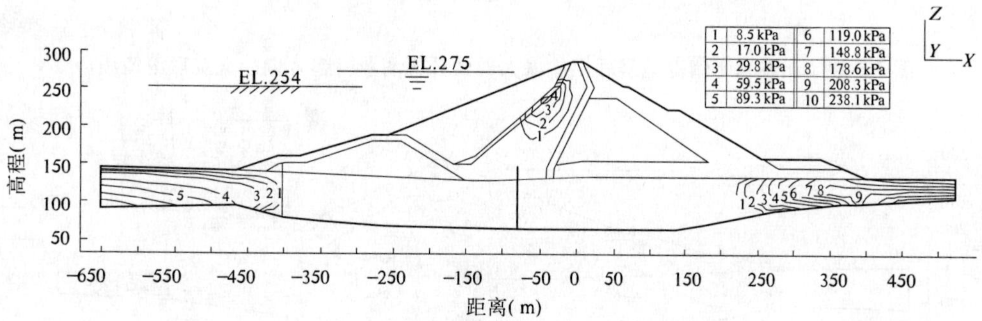

图 7-5-7　考虑淤积土情况大坝最大剖面孔压等值线

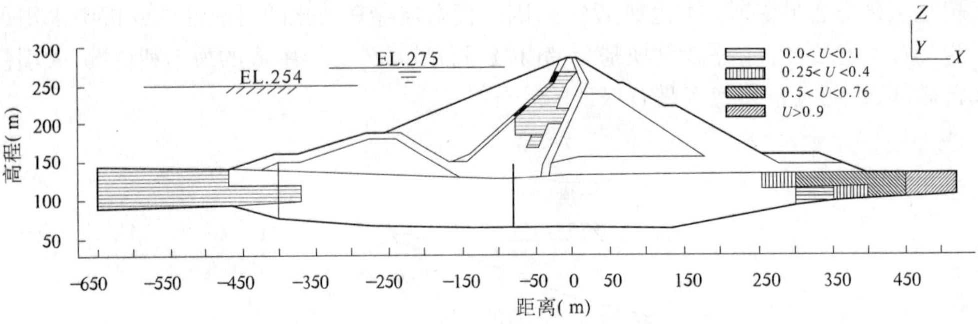

图 7-5-8　考虑淤积土情况大坝最大剖面孔压与上覆压力之比

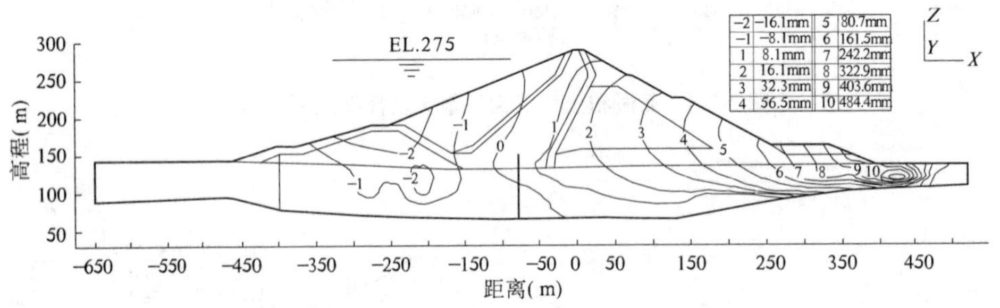

图 7-5-9　无淤积土情况地震后坝体最大剖面孔压消散引起 X 向永久变形等值线

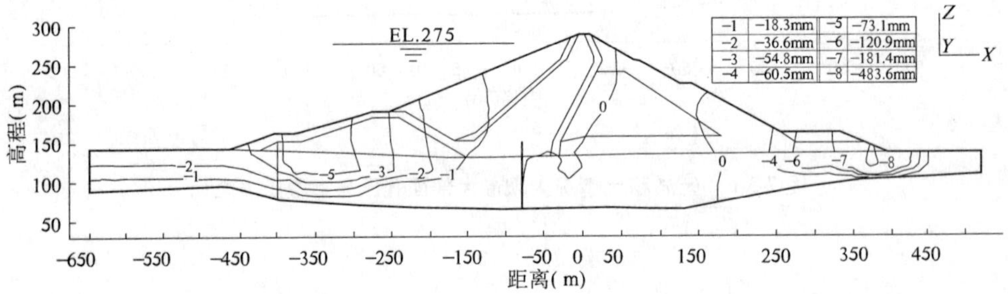

图 7-5-10　无淤积土情况地震后坝体最大剖面孔压消散引起 Z 向永久变形等值线

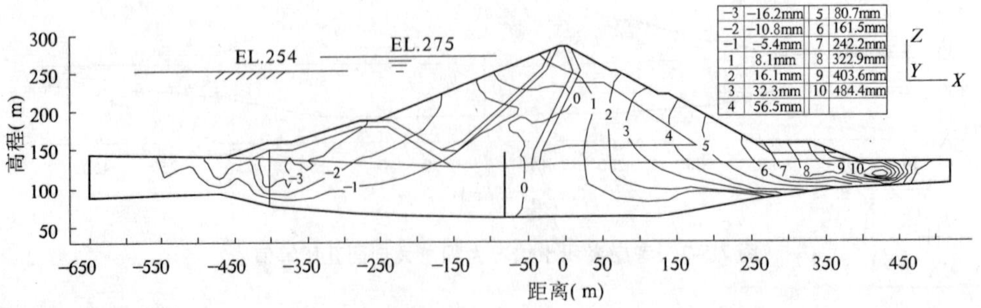

图 7-5-11　考虑淤积土情况地震后坝体最大剖面孔压消散引起 X 向永久变形等值线

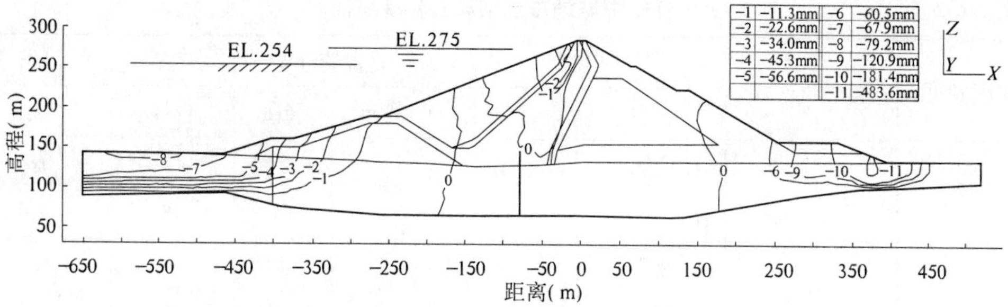

图 7-5-12　考虑淤积土情况地震后坝体最大剖面孔压消散引起 Z 向永久变形等值线

第六节　抗震工程措施

一、土石坝震害特点及震害统计分析

1966～1976 年为我国地震活动高峰期，土坝的震害大部分与土体的破坏有关。震害的主要影响因素有地震烈度、地基类别、设计和施工质量等。

（一）地震烈度的影响

1970 年 1 月 5 日，云南通海地震（7.7 级），Ⅵ度以上烈度区内土坝震害统计情况见表 7-6-1。1975 年 2 月 4 日，辽宁海城地震（7.3 级），Ⅶ度以上烈度区内水库震害统计情况见表 7-6-2。1976 年 7 月 28 日，河北唐山大地震（7.8 级），唐山地区水库工程的震害统计情况见表 7-6-3。

表 7-6-1　　云南通海地震土坝震害程度统计

地震烈度	宏观调查数	项目	基本完好	损坏	破坏	严重破坏	有震害坝
Ⅶ	27	座数	10	8	5	4	17
		震害率(%)	37.0	29.6	18.5	14.8	63.0
Ⅷ	16	座数	3	4	6	3	13
		震害率(%)	18.7	25.0	37.5	18.8	81.3
Ⅸ	8	座数	1	1	3	3	7
		震害率(%)	12.5	12.5	37.5	37.5	87.5
Ⅹ	6	座数	0	2	0	4	6
		震害率(%)		33.3		66.7	100.0
总计	57	座数	14	15	14	14	43
		震害率(%)	24.6	26.2	24.6	24.6	75.4

表 7-6-2　　辽宁海城地震土坝震害程度统计

地震烈度	宏观调查数	震害统计					
		项目	严重	较重	轻微	合计	无
Ⅶ	33	座数	2	8	5	15	18
		震害率(%)	6	24	15	45	—
Ⅷ	10	座数	3	2	4	9	1
		震害率(%)	30	20	40	90	—
Ⅸ	11	座数	7	2	2	11	0
		震害率(%)	64	18	18	100	—
总计	54	座数	12	12	11	35	19
		震害率(%)	22	22	20	64	—

表 7-6-3　　河北唐山地震土坝震害程度统计

地震烈度	宏观调查数	震害统计					
		项目	严重	较重	轻微	合计	无
Ⅵ	126	座数	3	8	74	85	41
		震害率(%)	2	6	59	67	—
Ⅶ	254	座数	29	70	128	227	27
		震害率(%)	11	28	50	89	—
Ⅷ	18	座数	7	3	7	17	1
		震害率(%)	39	17	39	95	—
Ⅸ	1	座数	1			1	0
		震害率(%)	100			100	—
总计	399	座数	40	81	209	330	69
		震害率(%)	10	20	52	82	—

由表 7-6-1 ~ 表 7-6-3 以及其他震害资料可以看出,水利工程遭受地震的震害率、破坏程度均随地震烈度的增大而增大,Ⅸ度和Ⅸ度以上区域的这种趋势尤为明显。

(二)地基类别的影响

表 7-6-4 统计了云南通海地震时各类地基上土坝的破坏程度。由表可知,通海地震中遭受破坏和严重破坏的土坝在岩石地基上的是少数,在一般性地基上的约有半数,而在软弱地基上的则为多数。这充分表明,工程的场地条件和地基类别对震害程度有着明显的影响。

表 7-6-4　　云南通海地震各类地基上土坝震害程度

地基情况	地震烈度	宏观调查数	基本完好数	损坏数	破坏数	严重破坏数
岩石地基	Ⅶ	7	3	3	0	1
	Ⅷ	3	2	1	0	0
	Ⅸ	2	1	0	0	1
	Ⅹ	0				
	小计	12	6	4		2
一般非岩性地基	Ⅶ	18	6	4	5	3
	Ⅷ	9	1	2	6	0
	Ⅸ	3	0	1	1	1
	Ⅹ	4		2		2
	小计	34	7	9	12	6
软弱地基	Ⅶ	3	1	1	1	0
	Ⅷ	4	0	1	0	3
	Ⅸ	2	0	0	1	1
	Ⅹ	2				2
	小计	11	1	2	2	6

(三)破坏类型

表 7-6-5 统计了唐山、海城、通海地震中土石坝震害类型。其中滑坡滑裂包括已有滑坡迹象的裂缝以及上游护坡块石松动下滑等,沉降变形指肉眼可见的明显沉降变形等。

表 7-6-5　　土石坝震害类型统计

地震烈度	地震名	调查坝数	震害类型						
			滑坡滑裂	纵缝	横缝	沉降变形	渗水增加	附属震害	无明显
Ⅵ	唐山	8	1	7	1	1		2	
Ⅶ	唐山	37	3	21	8	9	14	16	11
	海城	33	2	10	7		2	9	20
	通海	26	1	12	10		2	1	9
Ⅷ	唐山	11	2	8	4	3	5	4	1
	海城	10	1	8	8	4	4	5	1
	通海	11	2	7	7	1		1	2
Ⅸ	唐山	1	1	1	1	1	1	1	
	海城	11	3	9	9	1	9	9	1
	通海	7	1	6	6	2			1
Ⅹ	通海	2	1	1	2	2			

由表 7-6-5 和其他资料可见，土石坝的震害类型主要是裂缝（纵缝、横缝）、滑坡滑裂、沉降变形、渗水漏水、崩塌等破坏。

二、砂砾石坝基抗液化措施

（一）开挖

当坝基覆盖层存在有可液化的粉细砂和含砂量较高的砂砾石层时，条件允许，挖除可液化土层当属首选的措施。

（二）振冲加固

从经验法判别和地震反应分析可知，即使进行上述开挖，坝上、下游坡脚处仍是抗震的薄弱部位，夹砂层及其以上的砂砾石覆盖层抗震安全系数较小，K 值约等于 1，未达到抗震设计要求。另外，在河床基岩深槽右侧有一岩石陡坎，坝轴线处高达 45m，可能产生不均匀沉降，导致坝体产生横缝影响大坝安全。

为探索能否通过采用振冲加固的方法加密地基，提高夹砂层及其以上砂砾石覆盖层的抗液化能力，于 1992 年 4 月委托北京勘测设计院振冲公司进行了小浪底砂砾石地基振冲加密现场可行性试验。试验场地选择在坝轴线下游约 740m 的左岸滩地上。试验一组共 7 根振冲桩，呈梅花形布置（见图 7-6-1）。采用 75kW 振冲器，水平振冲加速度 10g，水平振动力 160kN，总重量 20.5kN，最大贯入深度仅 3.3m，加密效果见表 7-6-6。

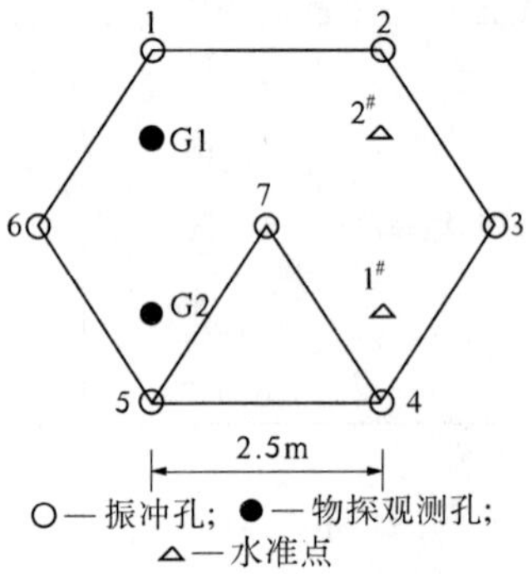

图 7-6-1　振冲桩平面布置

表 7-6-6　砂砾石地基振冲沉降观测结果

观测点	振前高程(m)	振后高程(m)	沉降量(mm)
1	137.600	137.582	18.0
2	137.875	137.860	15.0

由以上的试验结果可看出，在大振动荷载作用下，仅能贯入 3m 左右，说明砂砾石是非常密实的，采用振冲加密方法加固基础是不合适的。由于贯入深度较浅，振冲振动不能影响到砂砾石层内的夹砂层，因此采用振冲加密方法加密夹砂层是不合适的。

（三）压戗

坝上、下游坡脚处，仍然存在液化可能，根据不同情况采用了不同的处理措施。

对于坝上游坡脚，当水库投入正常运用后，最终坝前淤积厚度约达 120m，使覆盖层增加了较大的上覆压力，该处砂砾石层无液化可能，故不再处理。

对坝下游坡脚处，地震产生的超孔隙水压力较大，对不满足抗震要求的部位，采用压戗处理。按照发生地震时，坝下游覆盖层发生液化后不会影响坝下游坡脚安全的原则，确定压戗的高度和长度。根据判别覆盖层液化的经验法,覆盖层上覆有效应力大于0.2MPa时,在Ⅷ度地震下发生液化的可能性较小,确定压戗的高度为25m,参照动力分析结果,确定压戗长度为80m。

三、坝料设计及压实标准

(一)1区土料

1区土料采自寺院坡料场,料场中主要为黄土类的轻、中、重粉质壤土,即CI型土。土料的级配和黏粒含量不同,其抗震性能有差别。研究表明,中、重粉质壤土的抗震性能优于黏粒含量低的轻粉质壤土。为保证坝体有较好的抗震性,在招标技术文件中规定含黏量小于15%的轻粉质壤土不允许上坝。

(二)5区掺和料

内铺盖土料采用掺和料以提高其强度和大坝上游坡的抗震性能。掺和料采用70%的小于60mm的砂砾石和30%的寺院坡料场土料掺和。根据试验,其渗透系数为$3.73\times10^{-6}\sim8.72\times10^{-7}$cm/s,满足防渗要求。其静力和动力的抗剪强度也稍高于寺院坡土料。掺和料的静力和动力抗剪强度见表7-6-7。

表7-6-7　　掺和料的静力和动力抗剪强度指标

材料	静力抗剪强度指标		动力抗剪强度指标	
	C'(MPa)	φ'(°)	C(MPa)	φ(°)
寺院坡土料	0.02	25	0.061	16.91
掺和料	0.022	28.05	0.012	23.3

(三)反滤料和过渡料

动力分析表明,斜心墙上游包括反滤层液化度较高。为此在心墙上下游两侧将反滤层加厚,心墙上游第一层反滤水平宽度为4.0m,垂直厚度约为2.5m。斜心墙下游渗流出口部位特别加强了反滤保护,设两层反滤层,其水平宽度分别为6.0m和4.0m。

(四)压实标准

提高大坝填土的压实标准,可提高其强度,减小大坝变形,防止反滤料液化等,是提高大坝抗震稳定性的有效措施。

为此,小浪底大坝各种材料确定的压实标准为:防渗体土料压实后的干容重应等于或大于根据美国标准ASTM D698的标准普氏击实试验获得的最大干容重;反滤料压实后的材料干容重应等于或大于根据美国标准ASTM D4253进行震动容重试验获得的最大干容重的95%;堆石料压实后的孔隙率不大于0.22,上下游及压坡区堆石料压实后的孔隙率不大于0.24。

四、增加坝顶超高

地震区的土石坝坝顶超高,应考虑地震沉陷和地震涌浪超高。

震陷率为震陷量与坝高之比值,影响震陷率的主要因素有地震烈度、坝基压缩层厚度、坝型、压实方法等。通过对国内外30多座坝的震陷资料统计,得出坝顶震陷率与坝型及地震烈度的关系曲线见图7-6-2。从图中可看出,碾压式土坝的坝顶震陷率:烈度Ⅵ度,为0.1%;Ⅶ度,为0.8%;Ⅷ度,为1%;Ⅸ度,为2%,Ⅹ度,为5%。碾压式堆石坝的坝顶震陷率相对较小:烈度Ⅵ度,为0.006%;Ⅶ度,为0.025%;Ⅷ度,为0.1%;Ⅸ度,为0.3%。考虑小浪底土石坝为厚斜心墙,再加上坝高达160m,故坝基覆盖层厚70多m的情况下,地震附加沉陷量按坝高加覆盖层厚度的1%计为2.3m;地震涌浪高按1m计;上游库区内的1、2号滑坡体在蓄水情况下遇地震可能会复活,根据滑坡涌浪模型试验,库水位为275m时,在坝前引起的涌浪高为0.88m。以上由地震增加的坝顶超高共为4.18m。

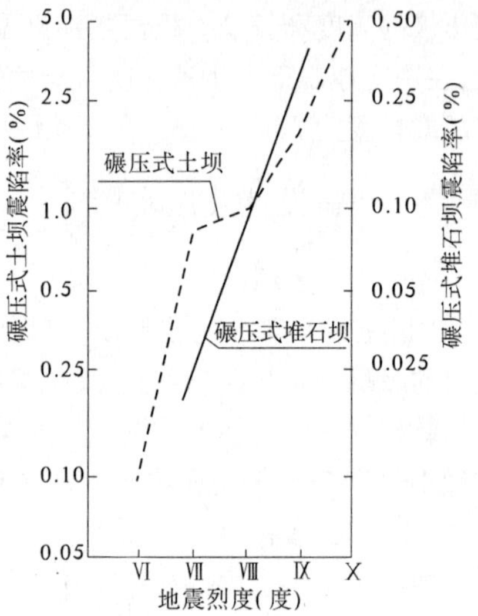

图7-6-2 坝顶震陷率与坝型及地震烈度的关系曲线

第七节 结束语

小浪底斜心墙堆石坝坐落在70m深的砂砾石覆盖层上,大坝地震设防烈度为Ⅷ度。由于其工程位置极为重要,为此,对大坝抗震安全性进行了长期研究。除各设计阶段进行的大量设计研究外,在国家"七五"科技攻关中,进行了"小浪底土石坝地震作用下永久变形分析研究",国家"八五"重点攻关项目"高土石坝动力分析及抗震工程措施研究"和"高土石坝坝料及地基土动力工程性质研究"等多项专题研究。

在对大坝地震危险性评价中,采用震级为里氏6.25级的水库触发地震,其震中距10km,基岩峰值地震加速度为0.5g,历时15.7s,是大坝动力稳定的控制性地震。对坝基砂砾石进行了详尽的动力特性试验研究,表明当坝基砂砾石含砂量为47%时,存在液化破坏的可能性。

大坝二维和三维总应力法和有效应力法地震反应分析研究表明,大坝在水库触发地震作用下,上游坝趾和下游坝踵会有液化破坏,上游反滤料的上部会出现较大孔隙水压。有关研究表明,地震不会影响大坝整体稳定,只会发生可修复的局部破坏。地震永久变形也是大坝抗震的重要指标,研究表明,在设计地震作用下,坝顶沉陷约1.41m,在设计控制范围之内。

综上所述,小浪底斜心墙堆石坝在各种工况条件下,均具有良好的抗震稳定性。

第八章　大坝监测设计

第一节　监测项目及监测断面选择

小浪底工程的大坝为国内第一壤土斜心墙堆石大坝，设计采用的许多技术不仅在我国高土石坝的建设史上首次采用，在世界坝工史上也属领先水平。为了保证大坝的施工期和运行期的安全，同时验证设计，以此提高我国高土石坝的设计水平，在坝身与坝基布设了较多的监测项目，形成了较为完整的大坝安全监测系统。

大坝监测设有变形（包括内部和外部变形）、渗流（坝体和坝基渗流、绕坝渗流、渗流量、黏土心墙的孔隙水压力）、应力应变（包括坝体和混凝土防渗墙）及地震反应等监测项目，并确定渗流、变形为重点监测项目。

根据大坝的工程地质条件、坝型及运用条件，选择三个横断面和两个纵断面作为主要监测断面对大坝的各种特性进行监测。三个横断面分别是 A—A（D0 + 693.74）、B—B（D0 + 387.5）、C—C（D0 + 217.5），两个纵断面分别为沿斜心墙轴线断面 D—D 及沿坝轴线断面 E—E。其中 A—A 监测断面位于 F_1 断层带上，F_1 断层对大坝的影响较大，是重点监测部位；B—B 监测断面位于最大坝高处，而且此处覆盖层深约 70m，是坝体的典型监测断面；C—C 监测断面位于左岸坡坡脚处，该断面防渗体基本上处于岩石基础和河床覆盖层的交界部位，同时该断面坝轴线附近有一基岩陡坎，使其变形比较复杂，有引起坝体裂缝的可能。

第二节　变形监测设计

变形监测资料在建筑物安全评价中比较直观，是建筑物结构性态变化的集中体现，因而，变形监测是安全监测系统的重要组成部分。对于土石坝来说，变形监测也是反映大坝性态最为重要的指标，为此，在小浪底大坝监测设计时，将变形监测作为重点监测项目进行测点的布设。

一、大坝监测设计

（一）外部变形监测设计

大坝的外部变形按照顺河流方向及坝轴线方向的水平变形和垂直变形两部分进行监测设计。由于小浪底大坝是坐落在深 70 多 m 覆盖层基础上的高土石坝，经估算包括坝基覆盖层在内最大沉陷变形可达 2 ~ 3m，坝址处河床宽 400 ~ 600m，沿坝轴线方向存在较大的不均匀沉降变形。所以，大坝及坝基的变形是影响坝体结构安全、产生裂缝的主要因素，应作为重点监测项目。

当水库蓄水运用后,大坝沿水流方向的水平变形十分重要,它是挡水建筑物安全的主要控制指标,经计算小浪底大坝上下游方向的水平位移值最大可达117.4cm。所以无论混凝土坝和土石坝,都把上下游水平变形作为主要的监测项目。对土石坝而言,沿坝轴线方向的水平位移也同样重要,它是引起土石坝横向裂缝形成上、下游渗水通道的直接原因。因此,沿坝轴线方向的水平变形也是大坝的重点监测项目。

根据坝体结构布置及坝基地形、地质情况,在坝上游坡共布设3条测线,其中1条布置在上游围堰顶部(该围堰也是坝体的一部分),另2条分别布置在坝坡面225.00m高程(正常死水位以下)和260.00m高程水位变动区。上游围堰185.00m高程测线设置的目的,主要为获得施工期围堰的三维变形,以便为施工期围堰安全运行提供监测数据,同时也为后期坝体安全鉴定以及验证设计积累资料。225.00m高程测线是坝壳料填筑最深的部位,又位于正常死水位以下,容易发生较大的沉陷变形。而260.00m高程位于水位变动区,一般可以进行长期监测,同时有限元的计算结果表明,在该高程附近是坝体沉陷变形和水平变形较大的部位。根据以上因素设计的三条测线,可以监测坝体在施工期、初蓄期和运行期的表面变形情况。

坝顶上下游两侧各布设一条测线,其中上游侧测线位于防浪墙上游1.5m处,下游侧测线位于顶下游边线外0.5m。

坝体下游坡共布设3条测线,它们分别位于下游坝坡的250.00m、220.00m高程马道上和155.00m高程平台上。这3条测线布设的主要目的是监测下游坝坡的变形,以判断大坝下游坡的稳定状况。

坝体表面监测标点既可作为水平变形又可当作垂直变形测量的标点。根据坝体长、坝较高的特点,为全面了解整个坝体在各阶段的运行状况,使其监测点在空间上具有一定的连续性,监测标点的间距一般为60m,而在左岸基岩陡坎、最大坝高处以及F_1断层带附近是坝体不均匀变形的集中部位,这些部位的监测标点间距加密为30m。

大坝各测线的位置、测点数量见表8-2-1所示。各测线的具体布置情况详见图8-2-1。

表8-2-1　　大坝各测线的位置、测点数量

测线位置		高程(m)	测线长度(m)	测点数	备 注
坝顶测线	上游侧	283.00	1 187	25	测线分2段
	下游侧	283.00	1 634	32	测线分3段
上游坡测线		260.00	1 335	25	测线分2段
		225.00	1 225	14	测线分2段
上游围堰测线		185.00	962	8	
下游坡测线		250.00	873	22	测线分2段
		220.00	823	16	测线分2段
		155.00	743	11	
合计				153	

(二)大坝内部变形监测设计

坝体内部变形监测分为垂直位移监测、水平位移监测、土体应变监测和坝体与岸坡以及不同料区间的界面相对错动监测。内部变形监测与外部变形监测紧密结合、相互印证才

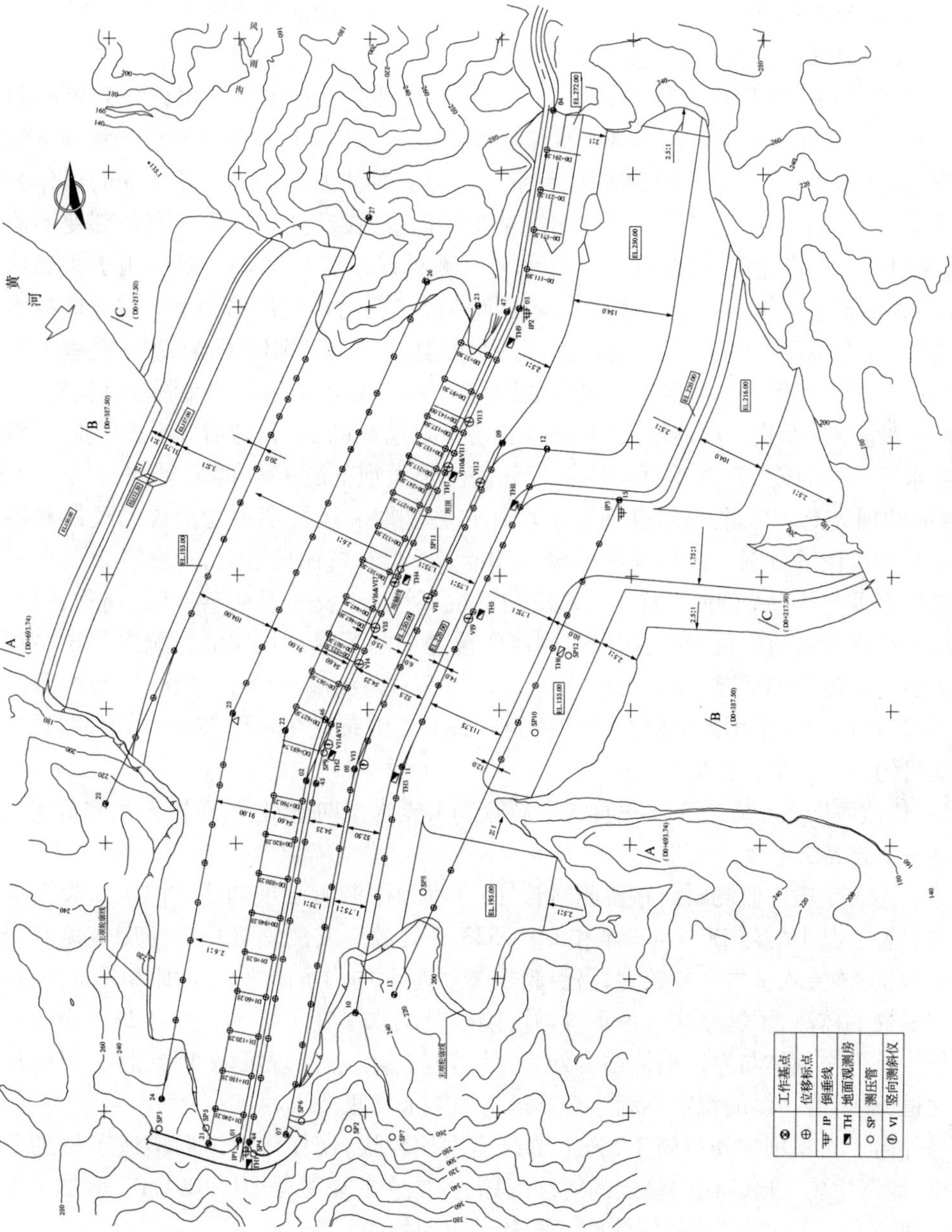

图 8-2-1　主坝外部变形监测布置

能取得比较完整的大坝变形监测数据。

1. 垂直位移监测

1) 测斜管

沿大坝纵、横断面共布设有 17 支测斜管。在每支测斜管的轴线方向上按一定间距安装有沉降环，垂直及斜向测斜管每 3m 设 1 个沉降环，水平向测斜管每 6m 设 1 个沉降环。

A—A 监测断面布置有 2 支垂直向测斜管和 1 支水平向测斜管。垂直向测斜管分别位于大坝下游 12m 的坝肩和大坝下游 66.5m 处，这种阶梯布设方式可以控制该断面下游坝体在施工期和运行期可能出现的整体和局部变形。其管口位置分别位于坝顶下游侧和 250m 高程马道上，便于监测和维护，管底通过钻孔伸入基岩内不少于 1.5m，以作为坝体变形监测的基准点。为了得到坝体的绝对变形信息，在其孔口处均设有外部变形监测标点，采用外部变形监测对其进行校测；水平向测斜管布置在 220m 高程，用于监测该监测断面 220m 高程下游过渡层和坝壳在施工期和运行期的垂直位移和上下游方向的水平位移情况，其上游端点位于心墙下游过渡层内，监测端点位于坝体下游 220m 高程平台上的监测房内。为了得到坝体的绝对变形数据，在其孔口处也采用外部监测进行校测。

B—B 监测断面是大坝的最大坝高断面，是重点监测断面，布置有 3 支垂直向测斜管和 2 支水平向测斜管。3 支垂直向测斜管分别位于大坝下游 12m 的坝肩、大坝下游 65m 和 134m 的坝壳上，可以控制该断面下游坝体在施工期和运行期可能出现的整体和局部变形。其管口位置分别位于坝顶下游侧、250m 及 220m 高程马道上，管底埋设要求和孔口的监测要求与 A—A 剖面一样。2 支水平向测斜管中，1 支布置在 142.0m 高程，该处坝基面以下是深厚的河床覆盖层，用以监测河床覆盖层的沉降对坝体的影响以及该高程坝体上下游方向的变形情况，其上游端点深入心墙 5m，监测端点位于 155m 平台的监测竖井内，在其孔口处也采用外部监测进行校测。另 1 支则布置在高程 220m 马道，布置方式和监测目的同 A—A 监测断面。

C—C 监测断面布置有 2 支垂直向测斜管和 1 支水平向测斜管，布置方式和监测目的均同 A—A 监测断面。

除上述 3 个横向监测断面布置测斜管外，在坝顶下游侧沿坝轴线方向也布设 3 支垂直向测斜管。其中桩号 D0 +467.5 和 D0 +523.5 处的 2 支测斜管位于河床右侧基岩陡坎上下部位，该陡坎基岩高差较大，易引起坝体坝基不均匀沉降而产生坝体裂缝，通过这两支测斜管的监测，了解陡坎部位不均匀沉陷以及其水平变形情况。桩号 D0 +143.0 处的测斜管是下游坝体与左岸山体结合处，该处基岩较陡，若出现沉陷变形，将有可能形成渗流通道，对下游坝体的稳定不利。对其进行监测非常重要。

另外由于右岸坝体先行施工，施工填筑速度比较快，使坝体沿纵向形成了较陡的斜坡，有可能产生施工阶段纵向稳定的特殊问题，为此在右岸桩号 D1 +091.00 增加了 1 支 VI－14 测斜管，以监测该部位坝体施工期及运用期的内部变形。

通过上述测斜管的布设，基本上可以监测到坝体不同高程、不同部位的三向变形，测斜管（含沉降监测）测点与枢纽测量网联测，构成整个大坝的变形监测体系，利用这个监测系统可以适时地监视大坝运用期的变形状态。测斜管的具体布设情况详见图 8-2-2 ~ 图 8-2-4。

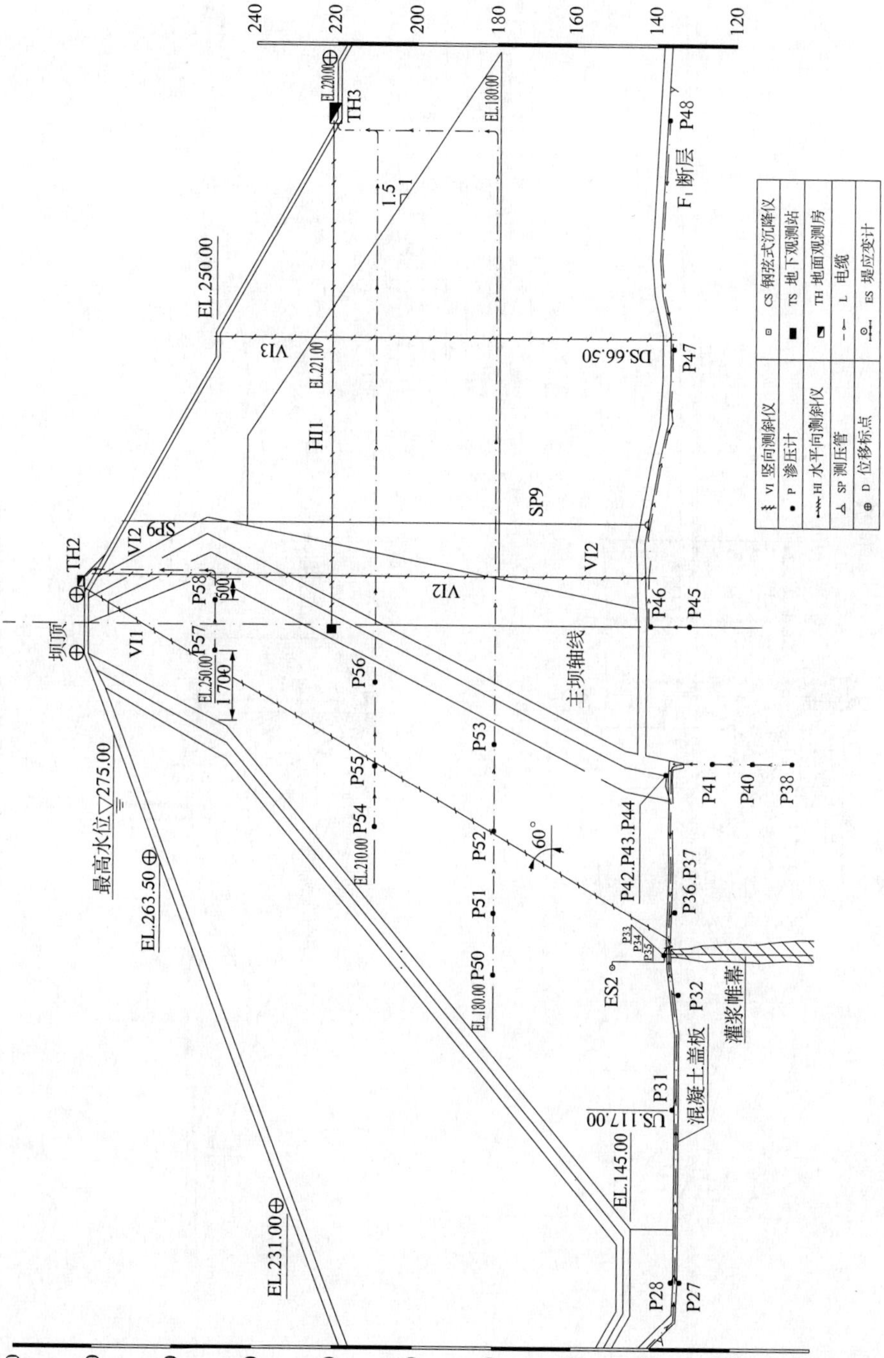

图 8-2-2　大坝 A—A 剖面布置

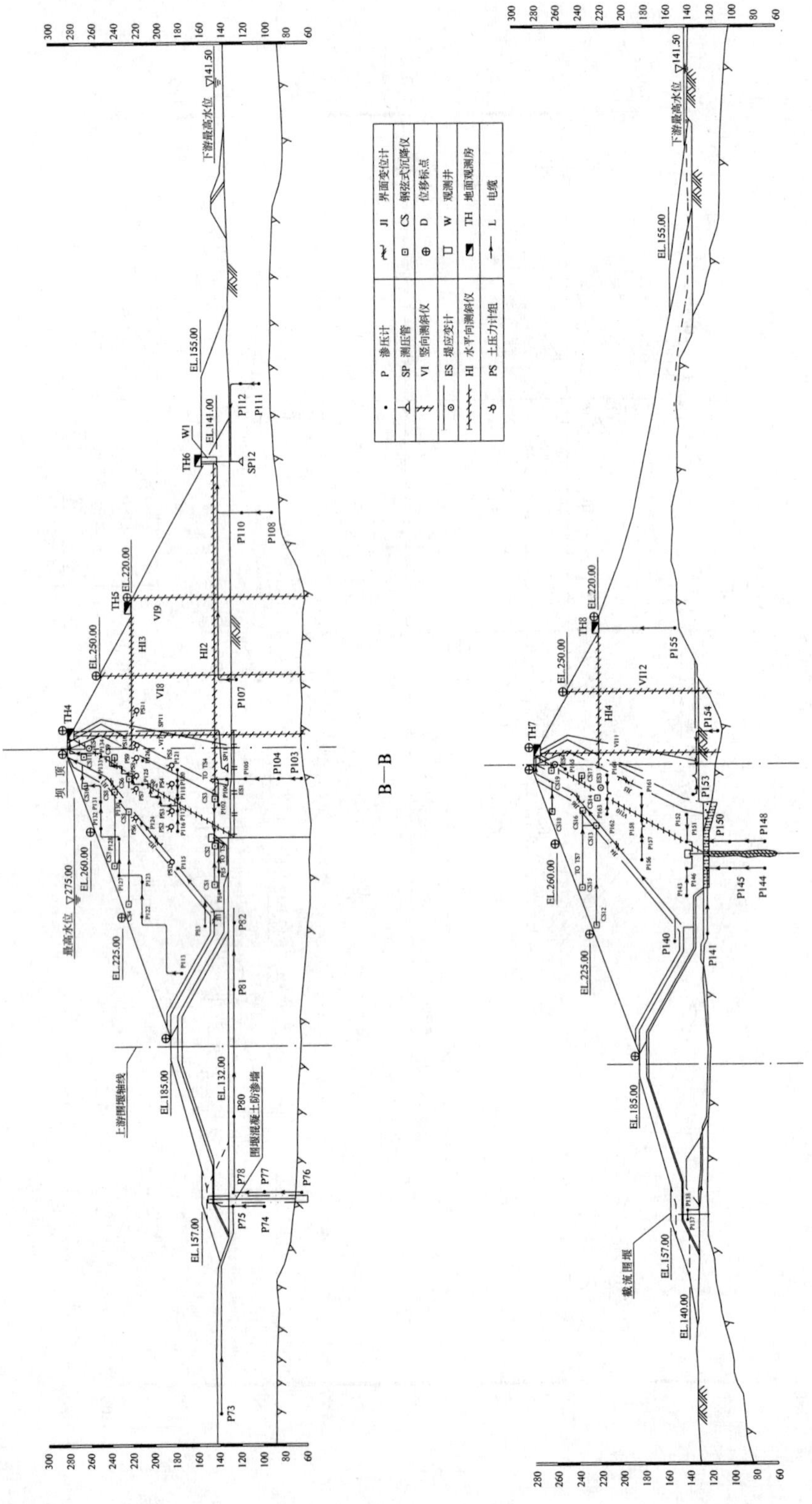

图 8-2-3 大坝 B—B、C—C 剖面布置

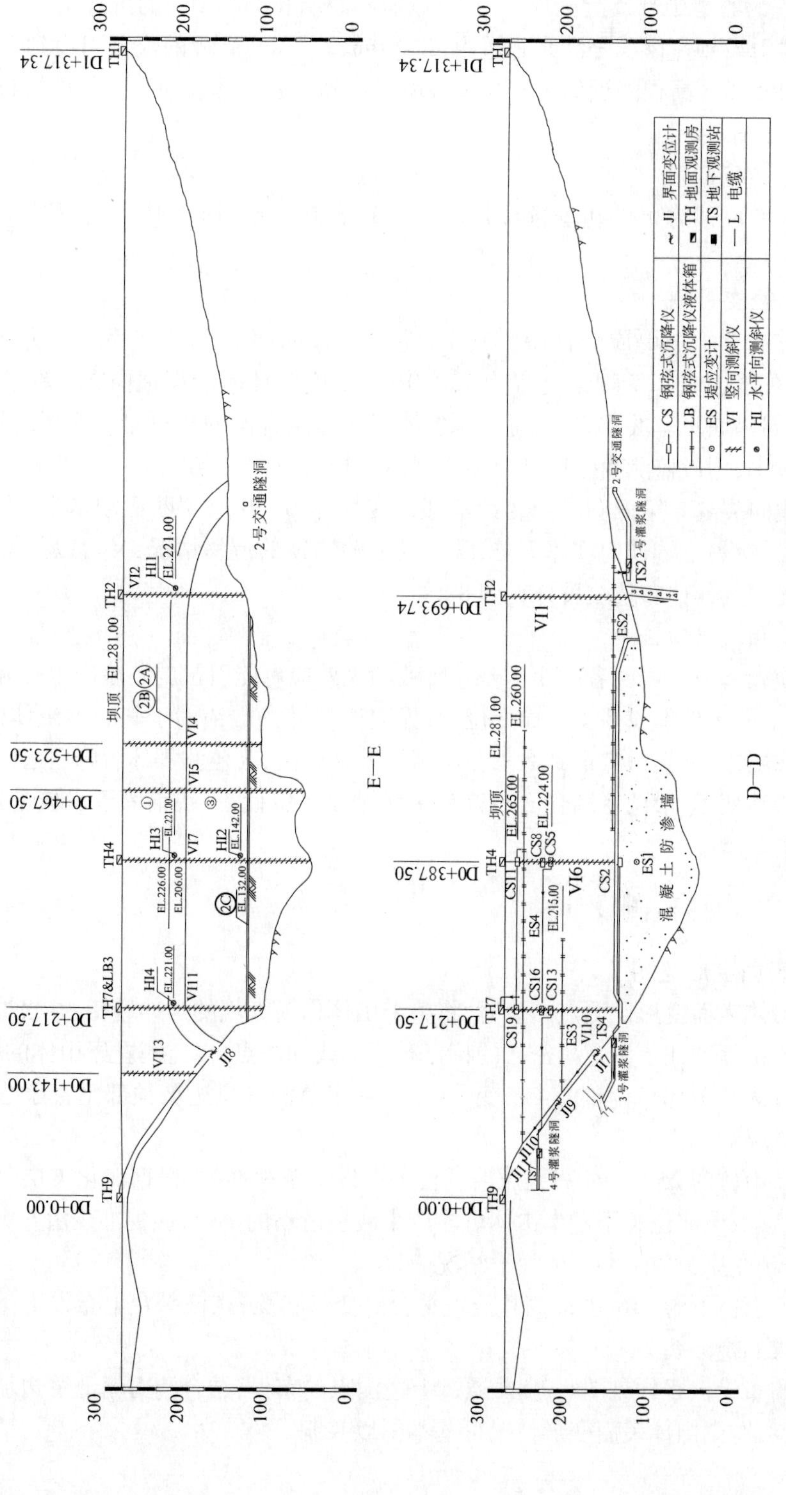

图 8-2-4 大坝 D—D、E—E 剖面布置

2）钢弦式沉降仪

钢弦式沉降仪主要集中布设在 B—B、C—C 两断面 144.0m、224.0m、237.0m 和 265.0m高程的心墙中部及上游坝壳内，重点监测心墙和上游坝壳的沉降量。其中144.0m高程的仪器引设到左岸 3 号灌浆廊道内，224.0m、237.0m 高程的仪器引设到左岸 4 号灌浆廊道内，265.0m 高程附近的仪器穿过心墙引设到下游坝体表面。其具体的布设情况详见图 8-2-3 和图 8-2-4。

2. 水平位移监测

由于水平位移的布设和垂直位移的布设结合在一起，所以其布设情况和垂直位移相同。

3. 土体应变监测

大坝布置有 4 套堤应变计串。其中，左岸布置的两套埋设高程分别为 260.0m 和 215.0m；右岸布置的一套埋设高程为 150.0m。堤应变计串沿坝轴向布置在防渗心墙轴线附近，一端锚固于岸坡基岩中，可监测坝体与基岩结合面的相对错动变形，另一端伸入大坝防渗体中，用以监测两岸坡基岩陡坎坝体不均匀沉陷引起防渗体的纵向变形以及可能产生的横向裂缝。第四套堤应变计串埋设在坝体 B—B 监测断面坝基上，一端与混凝土防渗墙锚结，另一端伸向坝体下游，既可以了解墙顶的位移情况，又可以了解坝基的水平变形情况。其具体布设位置详见图 8-2-4。

4. 界面相对错动监测

由于坝壳和斜心墙两者的变形差异所致的拱效应可能引起斜心墙产生裂缝，为此，沿斜心墙上、下游边坡埋设 6 支界面变位计，界面变位计一端锚固于斜心墙土体内，另一端锚固于反滤层中。另外，考虑到大坝左岸坝肩岸坡较陡，为监测坝体沉降引起的防渗体与基岩间的错动变形，沿两者结合面布置有 5 支界面变位计，一端锚固于岸坡基岩上，另一端锚固于斜心墙中。

二、左岸山体监测设计

（一）表面变形监测

左岸山体表面变形监测点布设时，将整个山体作为大坝的延伸看待，并根据左岸单薄山体的地质条件和地下洞室群密布的特点布置测线和测点，以监测左岸山体的稳定状况。

在进口边坡顶部平台布设 4 个变形标点，用来监测进口边坡顶部垂直于边坡方向的水平变形情况。

在左岸山体的 250.00m 高程压坡平台上布设 1 条视准线，根据泥化夹层分布情况和稳定计算结果，该部位位于左岸山体可能产生浅层滑动的部位，该视准线由 6 个位移标点组成，以监测左岸山体下游侧的变形情况。

为监测山体下游 216.00m 高程压坡平台的变形状况，在该平台上布设 1 条由 5 个变形标点组成的视准线。

具体的布设位置详见图 8-2-5。通过上述测点的布设，结合消力塘上游边坡布设的表面位移标点，左岸山体表面变形情况可基本得以控制。

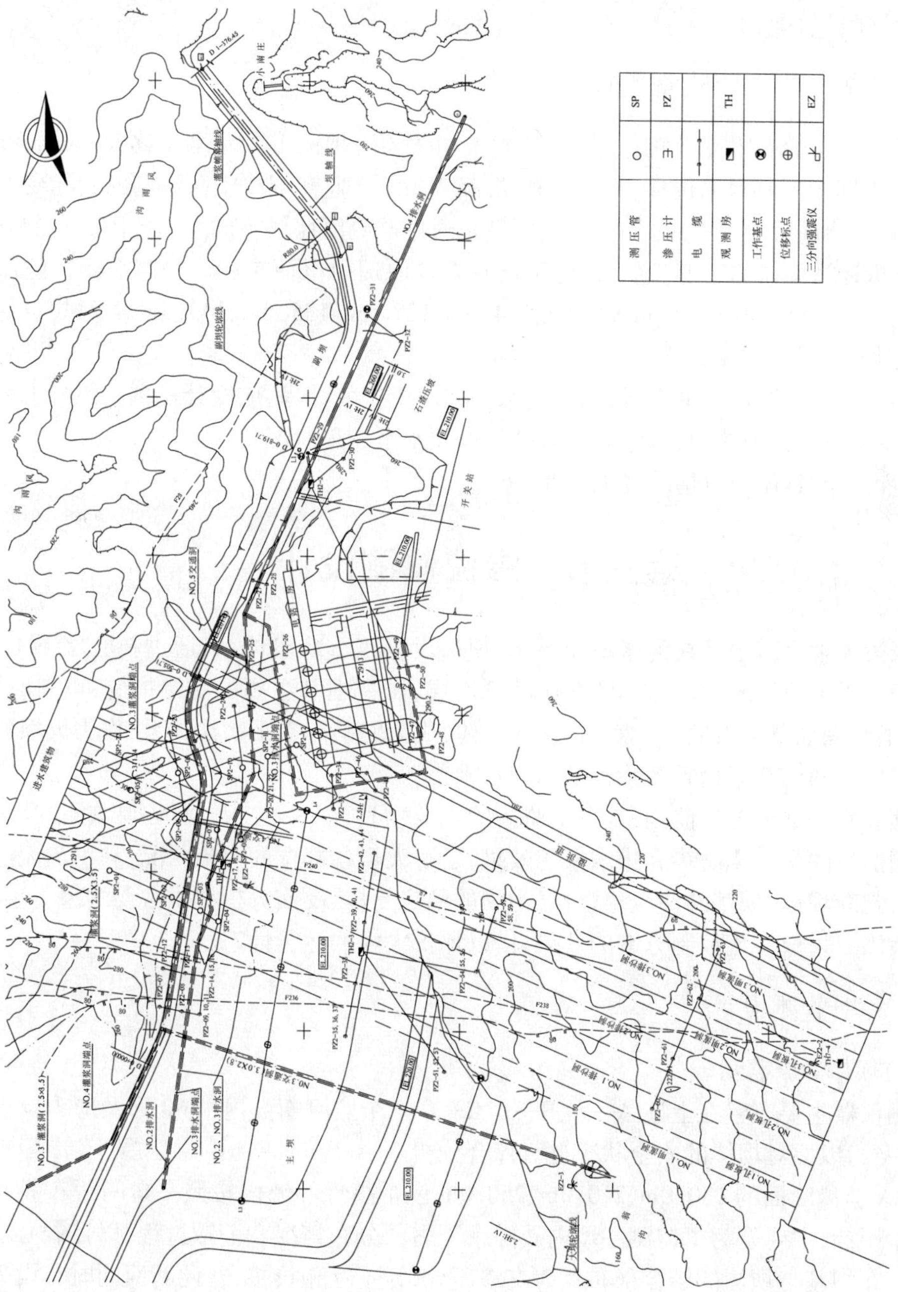

图 8-2-5　左岸山体监测系统布置

（二）内部变形监测

除上述布设的外部标点外，为了更准确地了解左岸山体的整体变形情况，在 3 号排水洞内布设一条由 6 个测点组成的引张线和一条 10 个测点组成的静力水准系统，具体的布设位置详见图 8-2-5。

三、混凝土防渗墙监测设计

根据清华大学有限元计算结果，大坝竣工期防渗墙顶向上游水平位移为 30cm、沉降 8.4cm，蓄水期向下游水平位移为 11.2cm、沉降 7cm。为监测混凝土防渗墙的实际变形情况，采用倾角计进行墙体的变形监测，其原理是通过监测沿墙体不同高程各监测点的倾角变化来分析计算墙体的变形，这一设想是从测斜仪原理引申而来的。按照混凝土防渗墙变形的规律，沿墙体中部 71.0m、91.0m、124.0m、128.5m、135.5m、143.5m 高程共布置有 6 支倾角计。

为了监测防渗墙顶水平变形，墙顶设水平方向土应变计串，应变计一端与混凝土墙顶联结，另一端埋设在坝体中，以定性了解防渗墙顶水平变形状况。

上述仪器的具体布设情况详见图 8-2-6。

第三节　渗流监测设计

河床段大坝直接坐落在河床覆盖层上，坝基设有双重防渗体系，通过斜心墙下 1.2m 厚的主坝混凝土防渗墙截断深厚的河床砂砾石层，作为坝基主要的防渗措施；以斜心墙、内铺盖、上游围堰壤土斜墙、天然淤积连成一体，成为完整的水平防渗体系，作为大坝的辅助防渗措施。两岸基岩设置灌浆帷幕和排水帷幕。

大坝及其基础的渗流监测，是安全监控的重要项目之一，也是大坝必须监测的项目。渗流监测的目的是监测防渗和排水系统效果，了解大坝各部位的渗流状况，利用渗流监测资料分析判断坝体、坝基的渗流稳定性，为坝的稳定复核、反演分析提供必要的渗流参数，并验证大坝所采取渗流控制方案的效果，借以评价大坝的运行性态。

一、大坝监测设计

（一）坝体渗流监测

监测仪器主要布置在上述 A—A、B—B、C—C 三个监测断面内，与变形及应力监测的布置相一致，以便对坝体的安全状况进行综合分析。

A—A 监测断面的 180.0m、210.0m、250.0m 三个高程心墙内按照一定间距布设一定数量的渗压计，主要是为了监测心墙内孔隙水压力的分布情况和消散过程，以控制心墙填筑速度。在坝基与坝体的结合部布置 3 支渗压计，为了互相校核，在此断面同时布设 2 支测压管。其具体布设情况详见图 8-2-2。

B—B 监测断面与 A—A 剖面的布设形式和目的一样，在坝基与坝体的结合部布置 4 支渗压计，为了互相校核，在此断面也布设 2 支测压管。斜心墙后的测压管按照常规方法布设，势必穿透心墙并位于坝体上游，为此采用“L”形测压管布设。

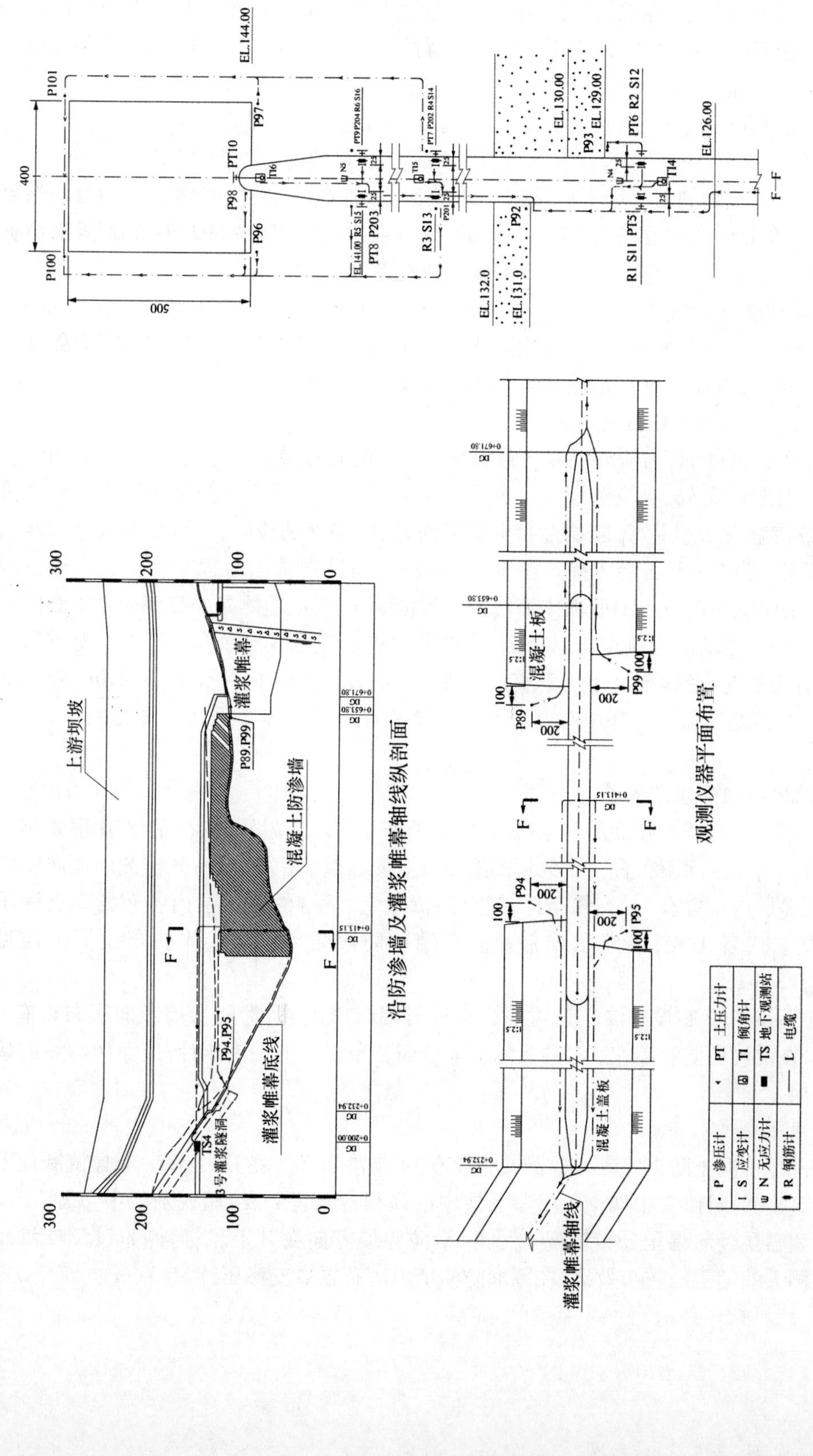

图 8-2-6　主坝混凝土防渗墙监测仪器布置

考虑到上游坝壳被泥沙淤填，在水库水位骤降时，因坝体表面的渗透系数降低而使坝体内孔隙水压力无法及时排出，这样坝体内部的渗透压力增加，对上游边坡稳定十分不利。针对大坝这一特点，在该监测断面上游堆石体内的不同部位布设了8支渗压计。

为了监测反滤层排水效果，在上述3个高程的反滤层内各布置1支渗压计，与埋设在上游铺盖中的渗压计和位于其下面的坝体和坝基渗压计形成一个垂直监测断面。

C—C监测断面的布设思想和布设方式基本上与上述监测断面相同，唯该剖面没有布设测压管。B—B、C—C断面渗流监测仪器的具体布设情况详见图8-2-3。

除在三个横断面的斜心墙下游坡脚布设有测点以监测防渗墙下游渗流出口处的渗流状况外，还沿坝轴线方向在桩号D0+298.00、D0+487.00和D0+592.94的相近部位各布设1个测点，以便了解整个斜心墙下游坡脚处的渗流状况。

（二）坝基渗流监测

为了全面掌握坝基的渗流情况，除沿A—A、B—B、C—C等3个横向监测断面的坝基面布置测点外，还在整个坝基范围的重要部位均设置有测点。

1. A—A、B—B、C—C监测断面

在A—A监测断面，为监测混凝土盖板与心墙接触面的渗流分布情况，在接触面沿程布设6支渗压计。另外，为监测坝基覆盖层不同深度以及上下游方向渗透压力的分布情况，在心墙外侧（此处也是F_1断层混凝土盖板的终点）和坝轴线处，布设2个垂直监测断面，每个断面布设2~3支渗压计。在B—B监测断面沿坝基面沿程布设了8个渗流测点，其中3个渗流测点位于围堰坝体和覆盖层的接触面上，以监测判断接触面是否会产生接触冲刷。由于本断面为重点监测断面，为监测坝基覆盖层不同深度以及上下游方向渗透压力的分布情况，沿程布设3个垂直监测断面，分别位于坝上34m、坝下210m和坝下323m。C—C监测断面沿坝基面布设了5个渗流测点。其具体布设情况详见图8-2-2和图8-2-3。

2. 主坝防渗墙和灌浆帷幕

在A—A、C—C监测断面的灌浆帷幕上、下游布置有7支渗压计；在左、右岸灌浆帷幕上、下游沿纵向一定间距布置一定数量的渗压计和测压管；在大坝B—B监测断面防渗墙上、下游覆盖层内布置有16支渗压计，紧靠防渗墙上、下游的覆盖层内各布置2支渗压计，其中基岩内各1支，以监测帷幕及防渗墙的防渗效果。其具体的布设情况详见图8-2-6、图8-3-1。

除在B—B断面布设有渗压计对防渗墙进行渗流监测外，沿防渗墙纵向还布设有4支渗压计，在混凝土防渗墙左、右端头的上下游面各布置有1支渗压计，监测防渗墙的接触防渗效果。

3. 围堰防渗墙

上游围堰混凝土防渗墙渗流监测共布设有14支渗压计。在D0+387.50监测断面上共布置有5支渗压计，其中墙上下游覆盖层中沿高程各布置2支、墙底基岩中布置1支，以了解沿覆盖层竖向渗压分布情况。另外，沿防渗墙方向在其上、下游侧布设7支渗压计。为监测天然铺盖的防渗效果，在围堰防渗墙上游布置2支渗压计。

4. F_1 断层

为了监测 F_1 断层及其两侧影响带的渗流稳定性和灌浆帷幕的防渗效果,包括前述坝基测点在内,沿 F_1 断层坝基下共布设有 17 支渗压计。在灌浆帷幕的下游 F_1 断层的两侧破碎带中布置 2 支渗压计;在灌浆帷幕上游坝基布置 4 支渗压计,坝轴线下游布置 4 支渗压计;在斜心墙底部混凝土盖板上布置 5 支渗压计,以监测接触面的渗流状态。

5.1 号排水洞

除上述对防渗墙和灌浆帷幕的渗流情况进行监测外,在两岸排水帷幕上、下游也布置有渗压测点,以监测排水效果和了解地下水的分布情况。其具体布设情况详见图 8-2-5。

(三)绕坝渗流监测

为监测左岸坝体与岸坡连接部位的渗流状况,除在 C—C 剖面布设一定的渗流监测仪器外,沿坝体与岸坡的结合面也布设一定的监测仪器。其具体布置情况详见图 8-2-5。

右岸山体原设计中共布置了 6 支测压管,其中帷幕前 1 支测压管、帷幕后设 5 支测压管成 3 排布置。测点布置情况详见图 8-3-1。

(四)渗流量监测

渗流量监测的目的是了解土石坝渗透流量变化规律,综合其他渗流监测成果,判断坝的工作状态和其运行的安全性。为便于准确地研究分析大坝各部分的渗流量状况,采用分区、分段的原则进行渗流量监测。大坝渗流量监测分坝体渗流、坝基渗流、两岸绕渗三部分。

左岸、右岸绕坝渗流自斜心墙后两岸均做有一混凝土截渗墙,截渗墙嵌入基岩 0.5m,绕坝渗流顺截渗墙后的排水沟引向下游,混凝土截渗墙末端做引水渠和量水堰,监测两岸的渗流量;河床部分的渗流量由坝体排水体汇入下游基坑后,在其左、右两侧各设一个量水堰。由于布置量水堰处的坝基覆盖层深达近百米,未采用防渗墙将其截断,所以所测渗漏量仅是大坝渗漏量的一大部分。

由排水洞汇流的渗流量均利用设在排水洞或交通洞的量水堰进行监测。右岸在 1 号排水洞内设 2 个量水堰;左岸在 2 号排水洞内设 2 个量水堰;3 号交通洞出口设 1 个量水堰;左岸 3 号、4 号排水洞内各设 1 个量水堰。量水堰的布设情况详见图 8-3-1。

二、左岸山体监测设计

水库蓄水后,随着库水位的抬升,左岸山体内的浸润线也将随之抬高。由于水文地质条件的变化,将引起岩性和泥化夹层性状的某些变化,这些变化将直接影响到左岸山体的稳定和建筑物的安全。因此,渗流监测的目的主要为:

(1)了解左岸山体内地下水位的分布和变化情况;

(2)了解库水位与地下水位之间的时效关系;

(3)灌浆帷幕防渗效果监测;

(4)排水帷幕排水效果监测。

由于帷幕防渗和排水是渗流控制的主要措施,为此,在帷幕前、帷幕与排水之间以及排水幕后布设 3 个纵向监测断面;根据地质情况及建筑物的分布情况,沿纵向布设 9 个横向监测断面;为监测整个左岸山体的地下水位分布情况,在排水与消力塘之间又布设 3 个

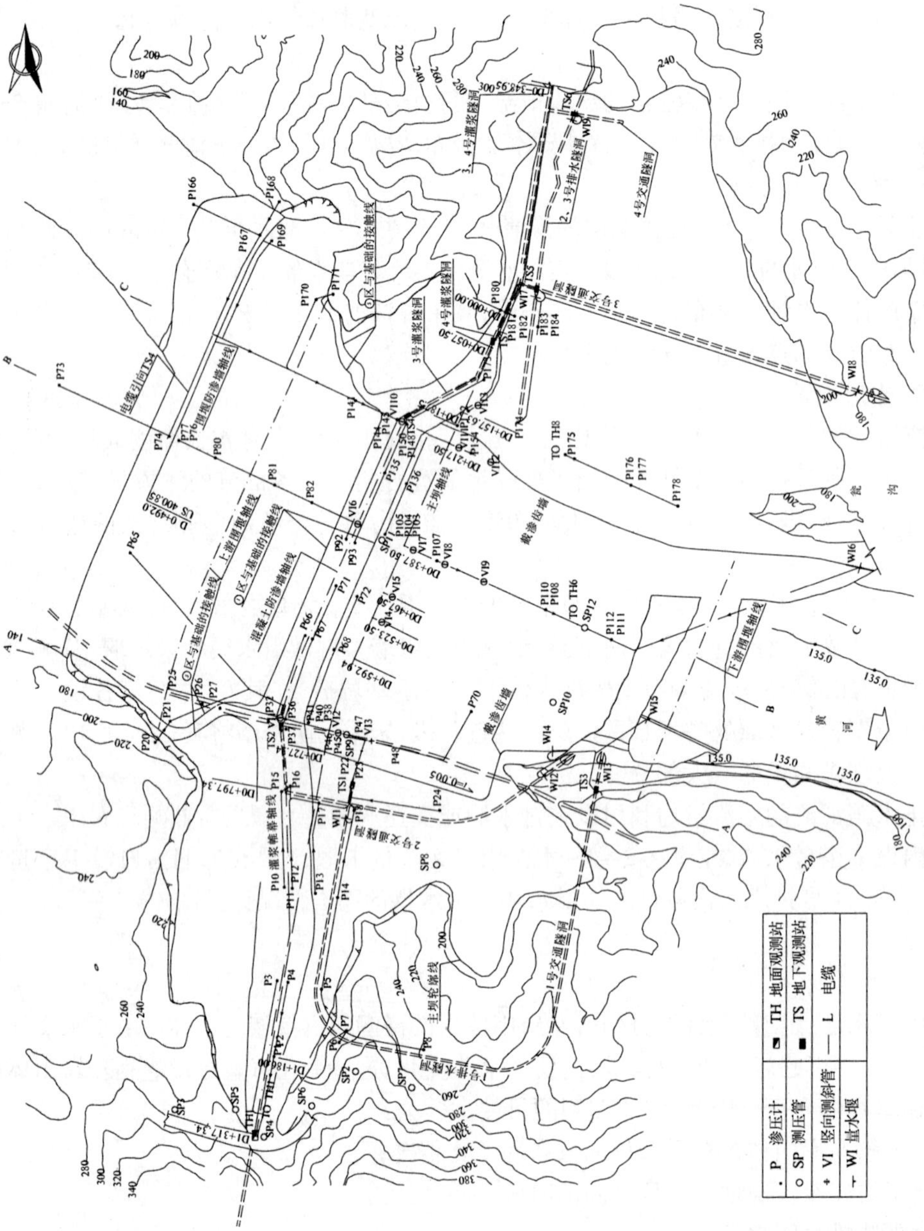

图 8-3-1 主坝基础监测仪器布置

纵向监测断面;为监测地下厂房的排水效果,在排水洞的上、下游侧和右侧各布设两个监测断面;另外,为监测西沟水库蓄水后对地下厂房的影响情况,在西沟水库与地下厂房之间布设一个渗流监测断面。监测断面和监测仪器布设情况详见图 8-2-5。

第四节　应力应变监测设计

根据大坝坝型特点,大坝设置的应力应变监测项目包括坝体应力、作用在防渗墙上的土压力以及主坝混凝土防渗墙和围堰混凝土防渗墙的结构应力应变监测等。

一、坝体应力监测

坝体的应力,特别是土坝坝体的应力,对了解坝体的结构性态非常重要。但目前类似工程的监测资料表明,由于影响坝体应力的因素很多,监测的数据很难反映坝体真实的结构状态,加上坝体应力监测在技术上尚有不完善之处,仪器的安装埋设要求高等原因,坝体应力监测作为辅助监测项目,主要目的是验证设计。鉴于上述原因,仅在 B—B 监测断面布设应力监测测点。

由于坝体较长,因此按平面应力问题布设测点。为了能计算分析坝体最大最小主应力,在 B—B 监测断面平面内每一个测点布置 3 支互成 120°土压力计,同时,为了定性了解坝轴线方向的应力,沿坝轴线方向另设 1 支土压力计,组成土压力计组,即每个测点共 4 支土压力计。由于土压力计所测的土压力均为总压力,为了得到坝体的有效应力,必须扣除该部位的孔隙水压力值,为此在每组土压力计附近埋设一支渗压计。

参考坝体的有限元计算结果并考虑到由于坝体各区不均匀沉降所产生的拱效应对坝体应力的影响,测点在水平面上成排布置,沿坝高设两排共 11 组土压力计组。其中,高程 183.0m 上布设 6 组,高程 223.0m 上布设 5 组。因坝体应力监测的重点是了解斜心墙中土体的应力,所以有 7 组土压力计组设在斜心墙内,其余 4 组埋设在过渡料和堆石体内,其具体布设情况详见图 8-2-3。

二、主坝混凝土防渗墙监测

为检验混凝土防渗墙内部不同高程、不同部位(墙上游侧、下游侧)的应力状况,在混凝土防渗墙内埋设了一定数量的监测仪器。由于混凝土防渗墙结构监测仪器埋设比较困难,影响监测结果的因素较多,因此对混凝土防渗墙的监测重点放在防渗效果上,结构监测不作为重点,故只选择桩号 DG0 + 413.15 的横断面进行监测,监测项目包括应力应变监测、侧向水压力和土体对防渗墙的压力监测及墙体变形监测。

(一)应力应变监测

根据主坝混凝土防渗墙结构应力计算显示的各部位的应力情况,同时考虑到监测布局的合理性,主坝混凝土防渗墙结构应力应变监测仪器共布置在 8 个高程上,分别是 55.0m、70.0m、89.0m、105.0m、123.0m、128.0m、135.0m、141.0m。由于 126.20m 高程以下混凝土为水下浇筑,没有布设钢筋,因此在其以下五个高程均在上下游侧布置应变计,共 10 支应变计,以监测上述诸高程混凝土防渗墙的实际受力情况。为消除混凝土自身徐变和膨胀对测值的影响，在 71.0m、88.0m、122.0m 三个高程布置 3 支无应力计。126.20m高程以上为立模浇筑并布设有钢筋笼，因此该高程以上墙体内的上下游侧各分别布置 1 支钢筋计和 1 支应变计，共 6 支应变计、6 支钢筋计，以便钢筋应力和混凝土应力互相校核，同时，在墙体中部 127.5m、141.5m 高程各布置 1 支无应力计。

（二）防渗墙的侧向水压力和土压力监测

为监测混凝土防渗墙上、下游不同高程侧向水压力的分布情况，在监测断面的上下游各布置 5 支渗压计。由于河床覆盖层渗透系数比较大，因此只在河床覆盖层 54.0m、90.0m高程防渗墙的上下游各设有 1 支渗压计；坝体中 135.0m、141.0m 高程防渗墙的上、下游各设有 1 支渗压计。

为监测混凝土防渗墙上下游不同高程的土压力，在监测断面上共设 10 支土压力计，其中沿 54.0m、89.0m、128.0m、135.0m、141.0m 高程上、下游侧共设 9 支，另外 1 支布设在防渗墙的墙顶上。

三、围堰混凝土防渗墙结构监测

围堰混凝土防渗墙结构监测只选择一个监测断面，桩号为 D0 + 387.50。监测的项目为应力应变和侧向水压力。应力应变监测采用混凝土应变计并设有无应力计，侧向水压力监测采用渗压计。

应力应变监测仪器布置在 4 个高程上，分别为 76.3m、100.0m、120.0m 和 133.0m。在上述高程的上下游各埋设 1 支应变计，共 8 支；在 99.5m 和 132.5m 高程墙体的中部各埋设 1 支无应力计。

侧向水压力监测仅在 120.0m 和 133.0m 两个高程防渗墙的上下游覆盖层内各布置 1 支渗压计，共 4 支。

第九章　施工中出现问题及处理

第一节　主坝混凝土防渗墙一期工程施工缺陷处理

一、防渗墙施工

防渗墙分两期施工，第一期工程位于右岸滩地，桩号 DG0 +394.8 ~ DG0 +653.8 之间，长度259m，为槽孔墙，造孔面积约 11 850m^2，防渗面积约 10 400m^2，混凝土填筑方量 14 840m^3，最大成墙深度 81.92m。

第一期工程开始由北京市的一个队伍施工，共分为 43 个槽孔。施工至 1993 年 11 月，共浇筑了 1 号、8 号、12 号、14 号、30 号、32 号、36 号和 37 号等 8 个槽孔的混凝土。在施工过程中，陆续发现了诸如混凝土拌和不均匀、离析、混凝土上升速度小于 2m/h 及脱管絮凝等严重的施工工艺和施工质量问题。为此，小浪底水利枢纽建设管理局决定对已浇筑的 8 个槽孔墙进行全面质量检查，并由中国水利水电基础工程局承包余下的工程，1994 年 10 月 26 日完成防渗墙施工和墙下基岩帷幕灌浆工作。

二、墙体质量检查及评价

（一）质量检查方法

由于主坝混凝土防渗墙是坝基防渗处理最主要的工程措施，其质量的好坏直接关系到大坝的安全，而且在施工过程已发现有较严重的质量问题，有必要进行墙身质量检查。经与建设单位进行充分讨论协商后，首先确定采用钻孔取芯检查。在钻孔取芯检查基本完成之后，根据检查情况又进行了压水试验、混凝土芯抗压试验和弹性波 CT 测试等工作。

1. 打检查孔

根据防渗墙施工情况，共分三期在 15 个墙段打取芯检查孔 24 个，为其他目的打检查孔 10 个，实际共打 34 个检查孔。做压水试验 15 段次。

2. 物探无损检查

由黄河勘测规划设计有限公司物探大队利用已打的取芯检查孔采用弹性波透射 CT 方法先后分三次共对 29 个槽孔混凝土进行检测，检测面积约达 70% 的墙体防渗面积。

3. 芯样强度试验

对 4 个检查孔中的部分混凝土芯样送室内做抗压强度试验。

弹性波透射 CT 检测分区及检查孔位置见图 9-1-1。

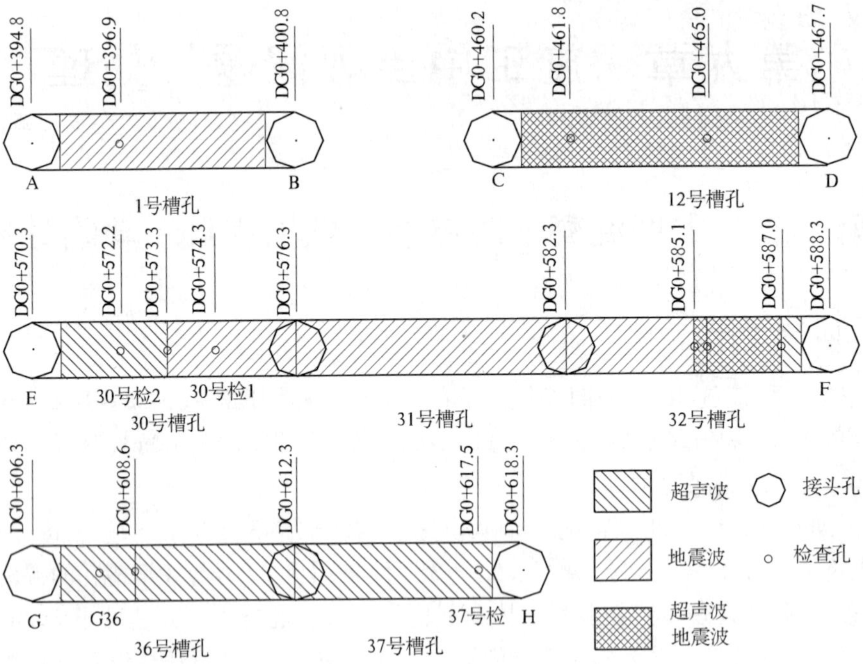

图 9-1-1　弹性波透射 CT 检测分区及检查孔位置

(二)检查结果

1.1 号槽

钻孔取芯检查表明,混凝土实际浇筑高程低于设计高程达 6.97m。在孔深 32.30m 和 62.25m 处,混凝土芯上附有泥浆粉。孔深 55.24 ~ 58.69m 段,混凝土表面有宽和深 1 ~ 3cm 的条状断续缺损,面上附有泥浆粉,有缝隙的混凝土芯累计长占该孔段长度的 80% 左右。其他孔段还零星分布有气孔。

透射 CT 色谱图检查表明,在左侧深 46.5 ~ 57.0m 段有一低波速区,宽度 0.7 ~ 1.2m,波速为 3 200 ~ 3 580m/s。其他部位还零星分布一些小的低波速区,波速在 3 580 ~ 4 100m/s 之间。

2.8 号槽

该槽仅有钻孔取芯检查结果。检查结果表明,混凝土实际浇筑面低于设计高程 3.40m;孔底有 0.4m 的沉渣淤积,大于规范不大于 10cm 的规定。在孔深 27.80 ~ 67.07m 段中,不同深度有 13 处混凝土芯分别有混凝土碎块、裂缝、环状缺损、泥浆粉分离面等许多质量问题。在孔深 54.82m 以下,钻孔不回水,说明墙体严重透水。

3.12 号槽

钻孔取芯检查表明,该槽孔混凝土存在较多的质量问题。在孔深 8.13 ~ 10.90m 段缺少粗骨料,甚至完全没有。混凝土表面颜色呈白色,可能是混凝土中混入了泥浆。在孔深 18.08 ~ 65.87m 段,共有 14 处、累计段长 5.9m 存在孔洞、碎块、条状缺损断口、缝隙等质量问题。较严重的 45.98 ~ 46.81m 段,混凝土芯缺损达 1/2,更严重部位如 65.74 ~

65.87m段中混凝土芯局部穿透。

后又在12号槽进行了补充钻孔，取芯检查表明，在孔深16.67m以上，混凝土胶结较差，在孔深12.26～12.33m和16.67～16.82m段各有一处大的孔洞。根据对混凝土芯的观察，孔深12.26～12.37m处的孔洞直径为8cm；孔深16.67～16.82m处孔洞直径为15cm，该处混凝土胶结较差。钻孔取芯抗压试验结果如表9-1-1、表9-1-2所示，试验表明，孔深15.39～15.62m三个样品抗压强度为35.82～35.9MPa，推算28d强度为25.5～25.6MPa。

表9-1-1　　C12检查孔混凝土总样描述

编号	芯样长(cm)	描述
10#	23	黄灰色，直径 $D=3$cm 的粗骨料较多，且部分为风化石，贫水泥，含小气孔较多（$d=2$mm 左右）
11#	51	灰黄色，微含风化骨料，略贫水泥，但骨料分布较均匀，含直径 $d=2$mm 左右的小气孔

表9-1-2　　12号槽C12检查孔混凝土芯样试验结果

野外编号	样品名称	室内编号	自然容重 (kN/m^3)	自然抗压强度(MPa)			试件尺寸(cm)/高径比
				试验值	标准值	28d值	
10	混凝土	12－1(1)	22.2	35.8	35.8	25.4	ϕ8.52×8.44/0.99
	混凝土	12－1(2)	22.4	35.9	35.9	25.6	ϕ8.53×8.77/1.02
	混凝土	平 均	22.3	35.8	35.8	25.5	
11	混凝土	12－2(1)	23.8	38.9	47.1	33.6	ϕ8.55×15.24/1.78
	混凝土	12－2(2)	23.8	35.6	42.7	30.5	ϕ8.56×15.07/1.76
	混凝土	12－2(3)	24.1	38.8	46.9	33.5	ϕ8.56×15.77/1.84
	混凝土	平 均	23.9	37.8	45.6	32.6	

4.14号槽

该槽孔仅有钻孔取芯检查结果，检查表明该槽孔在已浇8个槽孔中质量问题最为严重。混凝土实际浇筑面低于设计高程2.74m，在孔深10.17～14.55m和15.40～33.98m段中，有6段累计长6.4m，取芯为松散的砾石、砾石及混凝土碎块。当钻进到34.08～34.95m孔深后提钻，沉淀管内有砾质中粗砂，再下钻时发现差3.0m下不到孔底，说明孔内已由塌孔发展为涌沙。当钻进到33.59m后，孔内不返水，说明墙体漏水严重。

5.17号槽

1995年8月坝基开挖使14号槽（DG0+480.90）以右、高程129m以上的墙体揭露出来，发现该槽孔墙约在131.50m高程以下有一个面积约3m×3m的断墙，孔洞内全被泥沙充填。

6.22 号槽

1994 年 11 月完成的 $JT22C_1$、$JT22C_2$ 两个检查孔中分别发现在高程 129.5m 和 127.55m以上墙体中取不出岩芯,说明有断墙现象。

开挖后发现 22 号槽有一豁口,宽 3.75m,底部是两个台阶形状,左侧台阶长 1.55m,右侧台阶长 2.2m,右侧台阶高出左侧台阶 2.05m,其高程分别为 130.05m 和 128.0m。

7.30 号槽

该槽孔混凝土实际浇筑面低于设计高程 0.44m,检查孔处孔底有厚 1.34m 的沉渣。在孔深 9.0m 以上,混凝土芯中有零星小气孔,在孔深 19.21 ~ 19.41m 段,混凝土芯表面有蜂窝状缺损,严重处混凝土芯缺 2/3。

透射 CT 色谱图反映出,上部 8.0m 混凝土质量不均匀,孔深 12.0m 以下靠南侧(检查孔以南)墙体混凝土不均匀,低波速区的波速值为 3 980m/s 左右。

1994 年 8 月补打的两个检查孔取芯检查表明,混凝土致密完整,呈长柱状,个别部位有轻微麻面。混凝土抗压试验结果见表 9-1-3,从表中可以看出,标准抗压强度值为 42.4 ~ 58.3MPa,折合 28d 强度为 30.3 ~ 41.6MPa。

表 9-1-3　　30 号槽 C30 检查孔混凝土芯样试验结果

野外编号	样品名称	室内编号	自然容重 (kN/m^3)	自然抗压强度(MPa)			试件尺寸(cm)/高径比
				试验值	标准值	28d 值	
12	混凝土	30 - 3(1)	23.7	40.6	50.3	35.9	φ8.39 × 16.84/2.01
	混凝土	30 - 3(2)	24.0	34.1	42.3	30.2	φ8.33 × 16.92/2.03
	混凝土	30 - 3(3)	23.9	47.0	58.3	41.6	φ8.28 × 16.90/2.04
	混凝土	30 - 3(4)	23.9	37.0	47.0	33.6	φ8.46 × 17.15/2.03
	混凝土	30 - 3(5)	23.8	48.5	49.5	35.3	φ8.29 × 8.79/1.06
	混凝土	平均	23.9	41.6	49.5	35.3	
13	混凝土	30 - 4(1)	24.1	39.4	48.9	34.9	φ8.58 × 17.17/2.00
	混凝土	30 - 4(2)	24.0	43.5	53.9	38.5	φ8.58 × 17.60/2.05
	混凝土	30 - 4(3)	24.0	34.2	42.4	30.3	φ8.59 × 17.28/2.01
	混凝土	30 - 4(4)	24.2	38.4	47.6	34.0	φ8.58 × 17.33/2.02
	混凝土	30 - 4(5)	24.3	46.6	57.8	43.3	φ8.58 × 17.39/2.03
	混凝土	平均	24.1	40.4	50.1	35.8	

8.32 号槽

该槽孔混凝土浇筑面低于设计高程 0.45m,检查孔处孔底有厚 0.74m 的沉渣。深 2.20 ~ 11.15m 段混凝土表面呈白色,可能是泥浆混入所致;10.77 ~ 10.85m 段混凝土芯破碎,砾石表面无胶结水泥存在,其他部位分布有孔洞、气孔、麻面等。

由透射 CT 色谱图反映出,波速分布不均匀,上部有一个三角形低速区,波速小于

3 980m/s。下部混凝土波速在 4 260 ~4 500m/s，极少部分在 3 980 ~4 260m/s。

9.36 号、37 号槽

36 号槽混凝土浇筑面低于设计高程 0.3m，孔底有 0.22m 沉渣，混凝土芯表面呈白色，说明混凝土中可能混入了泥浆。孔深 1.80 ~9.91m 处有较多的气孔、麻面，其他部位有少量气孔分布。37 号槽孔在孔深 1.20 ~ 11.60m 段，混凝土芯表面呈白色。在深 1.20 ~21.08m 的整个孔段分布较多的气孔、蜂窝、麻面、裂缝等。

从透射 CT 色谱图可以看出，除 37 号槽深 16.0m 以上部位波速分布较均匀，波速 $V_p \geq 4\ 500$m/s 外，两槽孔的大部分混凝土质量都不均匀，最低波速值仅为 3 980m/s。$V_p < 4\ 000$m/s 的低波速区主要分布在 36 号槽北侧深 11.0 ~ 13.0m、20.0m ~ 21.5m（孔底）和 37 号槽南侧深 2.0 ~16.5m 处，其他部位有零星分布。

为验证透射 CT 成果的可靠性，于 1994 年 7 月在 36 号槽布置了一个检查孔，该孔位于 36 号槽北端 0.5m 处，混凝土芯样基本情况见表 9-1-4。

表 9-1-4　　36 检查孔混凝土芯样描述

编号	芯样长(cm)	描 述	取样深度(m)
1#	27	周边光滑，石子级配均匀，略有小气孔，密实，强度较高	20.92 ~ 21.20
2#	32	性质基本同 1#，但周边有长 28cm、宽 1 ~ 3mm 裂缝并与孔洞贯通，孔洞 ϕ10mm ×5mm，垂直分布 3 个	17.70 ~ 18.03
3 - 1#	11	略有小孔洞，性质近 1#	15.70 ~ 15.95
3 - 2#		同 1#，但周边有孔洞	
4#	32	较坚硬致密，粗骨料较少，石子多为 2 ~4mm，光滑，完整	14.30 ~ 14.63
5#	21	性质同 4#，但周边较粗糙，粗骨料分布不均，垂直方向：一边大、多；另一边小、少	13.78 ~ 14.10
6#	17	周边粗糙，孔洞较多，最大者约 ϕ30mm，一般为 ϕ10mm × 5 mm，水泥较少，且骨料多风化	13.61 ~ 13.78
7#	11	同 6#，但裂沟孔洞更大，孔洞达 ϕ40mm ×20mm，裂沟宽 7cm，深1.5mm，含较多风化骨料	13.22 ~ 13.33
8#	19	骨料分布均匀，周边较光滑，略有孔洞，周边略缺损 ϕ30mm × 5mm，上部含风化骨料	5.80 ~ 6.00
9#	23	同 8#，但含风化骨料较多，且贫水泥	1.65 ~ 1.88

以上 9 个样品的抗压强度试验结果及推算的 28d 标准强度值见表 9-1-5。

36 号、37 号槽孔透射 CT 结果表明，两槽孔混凝土质量极不均匀，其中 36 号槽混凝土强度最低 R_{28} = 14.7MPa，因此在 37 号槽南侧补打了一个检查孔，取芯并做抗压强度试验。抗压强度试验结果见表 9-1-6。应该指出，在钻孔过程中，钻孔曾产生偏斜，即在孔深 6.77m 以下处钻孔偏向 38 号槽，在两槽孔接头缝处，接缝内取出的全为土芯，说明接头缝

表 9-1-5 **36 号槽 C36 检查孔混凝土芯样试验结果**

野外编号	样品名称	室内编号	自然容重 (kN/m³)	自然抗压强度(MPa)			试件尺寸(cm)/高径比
				试验值	标准值	28d 值	
1#	混凝土	1	25.0	33.2	40.2	29.8	φ9.23×16.47/1.8
2#	混凝土	2-1	23.5	28.9	32.7	34.2	φ9.06×12.91/1.4
	混凝土	2-2	23.1	28.7	33.6	24.9	φ9.14×16.52/1.8
	混凝土	平均	23.3	28.8	33.1	24.5	
3-1#	混凝土	3-1	24.1	33.1	33.1	24.5	φ8.81×8.91/1
3-2#	混凝土	3-2	23.3	32.5	32.5	24.1	φ9.16×8.88/1
4#	混凝土	4-1	23.5	43.5	50.1	37.1	φ9.21×17.19/1.9
	混凝土	4-2	22.5	41.8	47.2	35.0	φ9.23×13.15/1.4
	混凝土	平均	22.5	42.6	48.6	36.0	
5#	混凝土	5-1	22.3	39.8	39.8	29.5	φ5.00×9.61/1.9
	混凝土	5-2	23.0	37.0	37.0	27.4	φ5.00×9.69/1.9
	混凝土	平均	22.6	38.4	38.4	28.4	
6#	混凝土	6	22.3	19.2	23.2	17.2	φ9.06×15.96/1.8
7#	混凝土	7-1	24.8	43.4	43.4	32.1	φ9.23×8.70/1
	混凝土	7-2	20.9	19.9	19.9	14.7	φ9.09×8.39/1
	混凝土	平均	22.8	31.6	31.6	23.4	
8#	混凝土	8	24.3	35.3	43.8	32.4	φ8.82×17.44/2
	混凝土	9	22.9	37.6	46.6	34.5	φ9.03×17.95/2

表 9-1-6 **37 号槽 C37 检查孔混凝土芯样试验结果**

野外编号	室内编号	自然容重 (kN/m³)	自然抗压强度(MPa)			试件尺寸(cm)/高径比
			试验值	标准值	28d 值	
14#	37-5(1)	21.8	30.3	37.0	26.4	φ8.33×15.85/1.90
	37-5(2)	22.1	29.4	36.5	26.1	φ8.24×17.37/2.11
	37-5(3)	22.0	36.0	36.0	25.7	φ8.25×6.57/0.79
	平均	22.0	31.9	36.5	26.1	
15#	37-6(1)	22.6	28.5	32.8	23.4	φ8.40×12.61/1.50
	37-6(2)	22.8	25.5	29.8	21.3	φ8.33×13.39/1.61
	平均	22.7	27.0	22.3		

最小宽度也应大于0.11mm。从所取混凝土芯看，混凝土呈白色，质地疏松。标准抗压强度为29.8～37.0MPa，折合28d强度为21.3～26.4MPa。

开挖面以上Ⅰ、Ⅱ期槽孔墙接头：1995年11月，当防渗墙上游水位约130.40m、下游水位约129.00m时，发现16号～26号槽间的Ⅰ、Ⅱ期槽孔墙接头缝间有渗水现象。11月22日上午基础工程局实测16号～17号墙间接头缝渗水量达600mL/min。

（三）检查结果对比

上述三种完全不同的检查方法（钻孔取芯、弹性波透射CT结果检测和钻孔取芯抗压强度试验）所得的检查结果比较吻合。以12号槽为例：该槽孔左侧深14.0～18.0m、宽1.4m范围内低波速区；钻孔取芯证明，孔深16.97m以上混凝土胶结差，缺少粗骨料，在16.67～16.82m岩芯缺损成0.15m孔洞；在孔深15.39～15.62m室内抗压强度试验结果R_{28}=25.5～25.6MPa。又如36号槽，由色谱成果可知，在槽孔左边11.5～13.0m处有一低波速区，钻孔检查结果证明，在13.22～13.33m处取芯抗压强度试验，28d强度仅为14.7MPa。

以上事实说明，采用物探方法检测混凝土防渗墙的墙体质量，并辅以钻孔检查，可以获得较为满意的结果。

（四）质量检查方法评价

1.钻孔取芯检查

钻孔取芯检查是常规的质量检查方法，结果直观可靠。但是它仅能反映钻孔周围小范围内局部墙体混凝土的质量情况，而且只能定性地评价墙体混凝土质量。仅靠这种检查方法还不能正确评价墙体混凝土的整体质量情况。

2.弹性波透射CT检查

弹性波透射CT检查是一项新技术，在工民建、交通工程中应用较多，用于混凝土防渗墙质量检查尚属首次。透射CT检查与钻孔相比能较全面地反映墙体混凝土的整体情况，但测试结果易受测试环境、测孔条件等因素的影响。

3.抗压强度试验

抗压强度试验能客观地反映混凝土质量，是本次主坝防渗墙质量检查中唯一能定量评价墙体混凝土质量的依据，同时也是验证透射CT结果可靠性的重要依据。但是，混凝土芯抗压强度试验同钻孔检查一样，仅能反映墙体局部的混凝土质量情况。另外，本次质量检查仅做了12号、30号、36号、37号四个槽孔的混凝土芯抗压强度试验。

根据混凝土强度可间接评价其抗渗性，如：对于混凝土强度低但较均匀的情况，可判定为渗透性小、抗渗比降低；对于其强度较高，有孔洞、缝隙等各种缺陷时，受力破坏后则可能成为直接的渗漏通道。

4.对比分析

将上述三种检查结果对比分析可知，对于混凝土质量较差的低波速可能有两种情况：第一，混凝土本身质量较均匀，但强度低，比如混凝土中混入泥浆；第二，混凝土中分布较多的孔洞、缝隙等缺陷，使得波速弯曲射线无法从较密集的孔洞、缝隙之间绕过，形成低波速区。对于高波速区也存在两种情况：第一，混凝土本身确实是密实、坚硬、均匀，因而所测波速较高；第二，混凝土中分布有一定数量的孔洞、缝隙。根据“波走高速体”这一基本规律,弯曲射线可以从孔洞、缝隙等之间穿过。因而波速值并不低,反映到色谱图或波速等值线图仍为高波速区。

对于低波速区,根据波速与混凝土强度的相关关系,可大致判断混凝土是否满足设计要求。对于高波速区,不能简单地根据波速与强度的相关关系判断混凝土是否满足设计要求,必须对三种检查结果进行对比分析,才能得出正确的结论。比如对于上述第一种情况,根据透射 CT 测出的波速及钻孔检查对混凝土芯的描述能较容易地对混凝土质量给以基本符合实际的评价。但对于混凝土芯中存在有缺陷的第二种情况,仅根据透射 CT 和钻孔检查两种结果很难作出客观的评价。这是因为混凝土中各种缺陷(见钻孔检查结果)分布的多少直接影响到其抗压强度,在这种情况下若不结合抗压强度试验很难得出较准确的结论。

从上述检查成果和对比分析可以得出结论,钻孔取芯检查、弹性波 CT 测试、抗压强度试验三种检查结果各有侧重,需根据三种成果的具体情况,相互补充对比,综合分析才能对墙体混凝土的质量得出较为客观的评价。

(五)墙体混凝土的质量分析

1.28d 标准强度计算依据和方法

由于抗压强度试验用混凝土试样是利用岩芯制成的,选取一些具有不同类型质量特征样品进行试验,建立强度与波速之间的关系。因此,有几点需要说明:样品尺寸不规范;未按做抗压强度试验的要求取芯,芯样受扰动稍大;样品数量不足,建立的强度与波速关系误差较大;墙体受力状态为三维,而试验为单轴。由于上述原因,各种样品试验强度值不能代表墙体整体质量的好坏,仅反映取样点近处的质量情况;抗压强度试验值与墙体实际强度有一定误差;仅能利用强度与波速关系从 CT 图上对墙体强度定性分析。

根据波速与强度相关关系及混凝土龄期,推算出每个槽孔各种波速对应的 28d 标准强度。

混凝土强度与龄期的关系采用《水工混凝土试验规程》(SD105—82)附表 1.2 所列普通硅酸盐水泥混凝土与龄期的发展系数参考值,见表 9-1-7。

表 9-1-7　混凝土强度与龄期关系

龄期(d)	7	28	90	180	360
发展系数	0.65	1	1.20	1.30	1.40

由于波速与强度相关关系率定有一定误差,因此推算出波速与 28d 标准强度关系(见表 9-1-8)仅能作为评价墙体质量的一项重要的参考指标。各个槽孔情况有别,对于 36 号槽孔,可根据其混凝土抗压强度试验结果直接进行质量评价。对于其他槽孔则需综合各种检查结果,分析后方能给予客观评价。

2.墙体混凝土质量分析

根据钻孔取芯、弹性波透射 CT 检测和抗压强度试验,对上述槽孔混凝土浇筑质量评价如下。

1)1 号槽

(1)混凝土芯中分布有条状缺损、泥浆分离面、深 1 ~ 3cm 的缝隙和小气孔,说明混凝土的均一性较差。

表 9-1-8 **混凝土 28d 强度推算**

槽孔号	1	12	30	32	36	37
龄期(d)	360	215	200	205	255	205
波速(m/s)	3 580	3 580	3 980	3 980	3 980	3 980
实际强度(MPa)	30	30	30	30	30	30
28d 标准强度(MPa)	21.43	22.74	22.88	22.83	22.35	22.83
波速(m/s)	3 735	3 735	4 135	4 135	4 135	4 135
实际强度(MPa)	35	35	35	35	35	35
28d 标准强度(MPa)	25	26.54	26.70	26.64	26.08	26.54
波速(m/s)	3 860	3 860	4 260	4 260	4 260	3 860
实际强度(MPa)	40	40	40	40	40	40
28d 标准强度(MPa)	28.57	30.33	30.51	30.44	29.81	30.44
波速(m/s)	4 100	4 100	4 500	4 500	4 500	4 500
实际强度(MPa)	50	50	50	50	50	50
28d 标准强度(MPa)	35.71	37.91	38.41	38.05	37.26	38.05

注:1 号、12 号槽为地震波波速,其余槽孔为超声波波速,在小浪底大坝防渗墙测试中得到:$V_{声波} = V_{地震波} + 400m/s$。

(2)大部分墙体质量均匀,波速 $V_p \geq 4\ 100m/s$,相应 28d 强度大于 35MPa。但在北侧深 46.5 ~ 57.0m、宽 1.2m 范围内,波速仅在 3 580 ~ 3 860m/s 之间,28d 强度小于 21.4MPa,低于设计强度。

2)8 号槽

墙体混凝土胶结差,多处呈碎裂状,含有裂缝、缺损等严重质量问题。孔深 54.82m 以下钻孔不返水,说明墙体已不能起到防渗作用。

3)12 号槽

(1)孔深 18.08 ~65.87m 段共有 14 处各种类型的质量缺陷,累计段长 5.9m,混凝土质量缺陷较多。

(2)从色谱图看,墙上部(18.0m 以上)有一 $V_p < 3\ 580m/s$ 的低波速区,特别是在槽孔左侧深 14.0 ~ 18.0m、宽 1.4m 的较大范围为低波速区。该处混凝土抗压强度仅25.5 ~ 26.6MPa,低于设计强度,其余大部分混凝土质量尚均匀,波速值不小于 4 100m/s。

4)14 号槽

该槽孔在混凝土浇筑过程中已发现混凝土出现絮凝现象,混凝土面上升速度小于 2m/h、混凝土离析等严重质量问题,故首先在该槽打孔检查。检查结果表明:

(1)全孔有累计近 6.4m 长的孔段取出的混凝土芯为未胶结的砾石、砾石和混凝土碎块。

(2)孔深 33.59m 以下,孔内不返水,说明墙体已不能起到防渗作用。

5)17 号槽

该槽孔主要问题是该槽孔墙约在 131.50m 高程以下有一个面积约 3m × 3m 的断墙，孔洞内全被泥沙充填。

6)22 号槽

该槽孔主要问题是：有一豁口，宽 3.75m，底部是两个台阶形状，左侧台阶长 1.55m，右侧台阶长 2.2m，右侧台阶高出左侧台阶 2.05m，其高程分别为 130.05m 和 128.0m。

7)30 号槽

该槽孔主要问题是：

(1)两次钻孔检查表明，墙底分别有 1.34m 和 0.24m 厚的岩石碎块和砾石沉渣。

(2)从色谱图看，混凝土强度很不均匀，波速小于 4 135m/s 的区域占相当大的比例。

(3)钻孔下部岩芯缺损严重，最严重处岩芯缺 2/3。

8)32 号槽

(1)墙底有 0.74m 厚的岩块和砾石沉渣。

(2)岩芯内有未胶结的砾石及混凝土碎块，并有一定数量的孔洞、气孔、麻面等。

(3)混凝土质量不均匀，低波速区范围大，推算 28d 抗压强度仅为 22.83MPa，远低于设计强度。

9)36 号、37 号槽

两个槽孔混凝土的主要质量问题是：

(1)由色谱结果图明显看出，两个槽孔混凝土的质量极度不均一，低波速区范围大，分布无规律。

(2)37 号、38 号两个槽孔接缝处夹泥厚至少 0.1m。

(3)混凝土强度低，由表 9-1-5 可知，在 C36 孔内取 14 个混凝土芯样试验，仅有两个样品满足设计要求，28d 强度最低仅 14.7MPa。37 号槽共取 5 个混凝土芯样试验，28d 强度 21.3 ~ 26.4MPa，在 37 号槽浇筑时，由机口取样，3d 无强度。以上事实充分说明这两个槽孔混凝土的质量很差。

(4)岩芯内有较多的气孔、麻面、裂缝等缺陷。

三、处理方案

(一)基本原则

防渗墙系地下隐蔽工程，其施工质量的优劣关系着大坝和整个枢纽的安危。因而，处理设计的指导思想是彻底处理、不留隐患，并按以下各原则确定各槽孔的处理方案。

(1)处理后的墙体应满足原设计的抗渗和强度等技术指标；

(2)处理后的墙体型式不应对墙体和墙顶周围土体的应力、变形产生不利影响；

(3)处理后的墙体应尽量与标书图纸保持一致；

(4)处理方案应便于施工，以利于确保施工质量、缩短工期，按期将施工场地移交给外商。

(二)实施的处理方案

(1)1 号槽左侧低强度混凝土由一标承包商在截流后施工左岸河床段防渗墙时全部

打掉，重新浇筑。

(2)8 号、14 号槽混凝土凿除，重新浇筑。

(3)17 号、22 号槽断墙处理为彻底清除夹泥，并凿除不合格混凝土，立模浇筑新的混凝土，并在混凝土中掺 10% 的膨胀剂，以消除混凝土干缩可能产生的裂缝。

(4)30 号、32 号槽墙底沉渣采用水泥灌浆处理。

(5)36 号、37 号槽墙接头缝用在 35 号 ~ 36 号、37 号 ~ 38 号槽间墙的接头缝处各凿打一个 φ1.2m 单桩，下圆形钢筋笼，重新浇混凝土予以处理。

(6) Ⅰ、Ⅱ期槽孔墙接头缝渗水问题采用以下几种措施予以处理。

对基础面以上(墙上游 130m、墙下游 129m 高程)15 号槽以右墙上游面的接头缝，凿成 V 形槽后，喷混凝土封堵；对墙下游面夹泥厚的接头缝也凿成 V 形槽，喷混凝土封堵。

基础面以下的接头缝在墙上游面用高压旋喷灌浆处理：

——15 号 ~ 25 号槽间的接头缝旋喷灌浆深度 15m；

——25 号 ~ 42 号槽间的接头缝因墙深一般 20 ~ 22m，所以旋喷灌浆直达基岩；

——16 号 ~ 17 号槽间的接头缝因渗水量较大，故增加为三个单桩；

——37 号槽补打的单桩以左接头缝增加一个旋喷灌浆孔。

四、结论

小浪底大坝防渗墙一期工程出现了较为严重的质量问题，由于将钻孔取芯、强度试验、压水试验和弹性波透射 CT 四种检测结果有机地结合起来，对防渗墙墙体质量作出较全面的评价，提出的加固处理方案，均被建设方采纳。在确保工程质量的前提下，按期完成了防渗墙的施工任务，从而保证了在主体工程开工前，把一期工程移交给国际承包商。

在 1999 年 9 月完成的小浪底水利枢纽蓄水安全鉴定报告中对主坝防渗墙施工缺陷处理的评价是："局部质量问题，已进行了认真有效处理，顺利通过验收。"

小浪底水库蓄水运用 9 年来，防渗墙下游侧埋设的渗压计监测结果表明，防渗墙削减剩余水头的 97% 以上，充分说明防渗墙防渗可靠。

第二节　东坡"倾倒变形体"滑坡处理

一、东坡"倾倒变形体"

东坡"倾倒变形体"位于右岸东坡山梁前部，坝轴线下游桩号 DS0 + 040 ~ DS0 + 280 间的坝壳基础范围内，分布高程 145 ~ 230m。变形体中有 F_{233} 断层通过，F_{233} 以北为 P_2^{3-4} 岩组，以南为 P_2^{3-5}、P_2^{3-6} 及部分 P_2^4 岩组。

"倾倒变形体"上部厚 27 ~ 35m，下部厚 10 ~ 15m，包括其上覆黄土层总方量约 90 万 m^3。

"倾倒变形体"平面和典型地质剖面详见图 9-2-1、图 9-2-2。

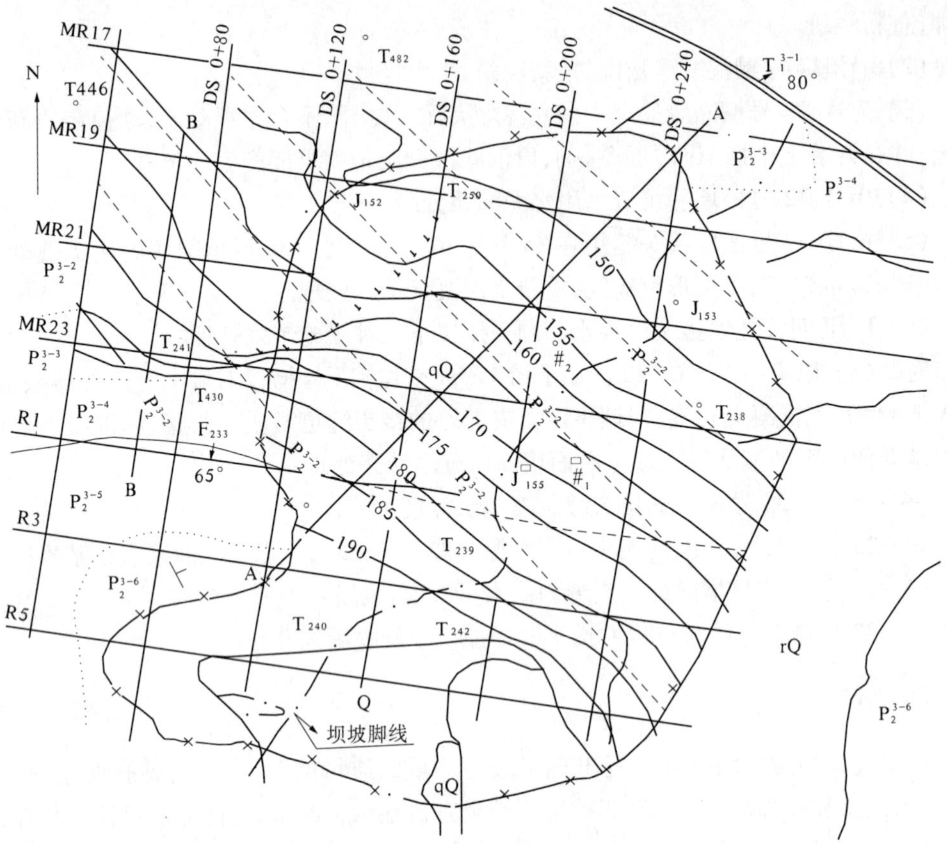

图 9-2-1 东坡“倾倒变形体”地质平面

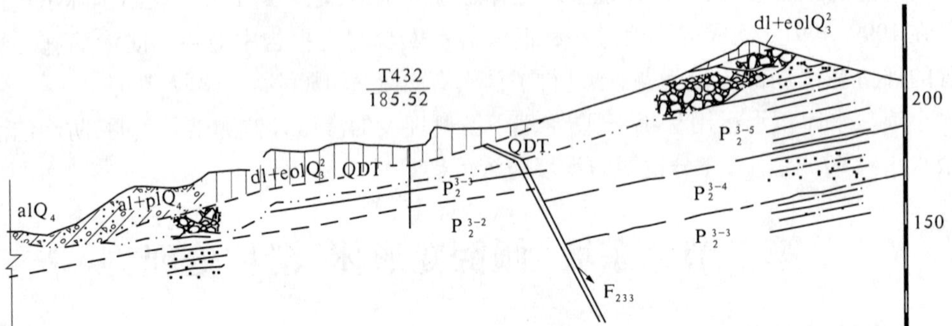

图 9-2-2 东坡“倾倒变形体”典型地质剖面

二、开挖设计

(一)施工期稳定分析

右岸基础全部位于二叠系的 P_2^3 岩层上。该岩层由砂岩与黏土岩呈互层状分布,岩层倾向约 NE40°、倾角 8°~12°。右岸 2 号交通洞的地质素描中,发现变形体前缘底部有夹泥层,因而对施工期开挖坡的稳定进行了核算。

稳定计算时，假定变形体处于极限平衡状态，反求滑动面上的 $f=0.27$（假定沿岩层真倾角方向滑动），由此求得开挖前后静力安全系数为：

开挖前：$F_s=1.13$；

开挖后：$F_s=1.10$。

（二）开挖设计

根据钻孔、竖井资料，所谓"倾倒变形体"只是岩块产生向坡外的倾倒、转动，引起产状略有变化，岩体表面裂缝数量及宽度增加，土随之充填裂缝内，其表部形成土石混合层，但其内部结构与原岩层比无太大变化，抗剪强度、容重可满足坝壳基础要求。据此开挖设计中仅挖除覆盖黄土及变形体上部土石混合层，共挖除 52 万 m^3。

根据施工期稳定分析结果，变形体开挖后处于临界稳定状态，因而在施工技术要求中提出以下几点：

（1）自上而下开挖，严禁先下部断脚、后上部削头的开挖方法；

（2）开挖过程中加强监测；

（3）开挖后应及时回填。

三、滑坡

（一）滑坡情况

滑坡前约一周，曾在滑坡后缘的 167m 和 180m 高程上发现宽 4～10cm 裂缝，顺河流方向缝长约 150m，个别地方的裂缝宽度达 28cm。

1995 年 7 月 6 日晨，坝下游桩号 DS0＋040～DS0＋260，高程 143～180m，沿坝轴线方向宽 70～80m 范围发生滑坡。该滑坡体前缘向河床方向滑移 1～2m，后缘下坐约 2m，落差 1～3m，形成前缘滑坡、后缘拉裂，总体积约 13 万 m^3。滑坡典型剖面见图 9-2-3。

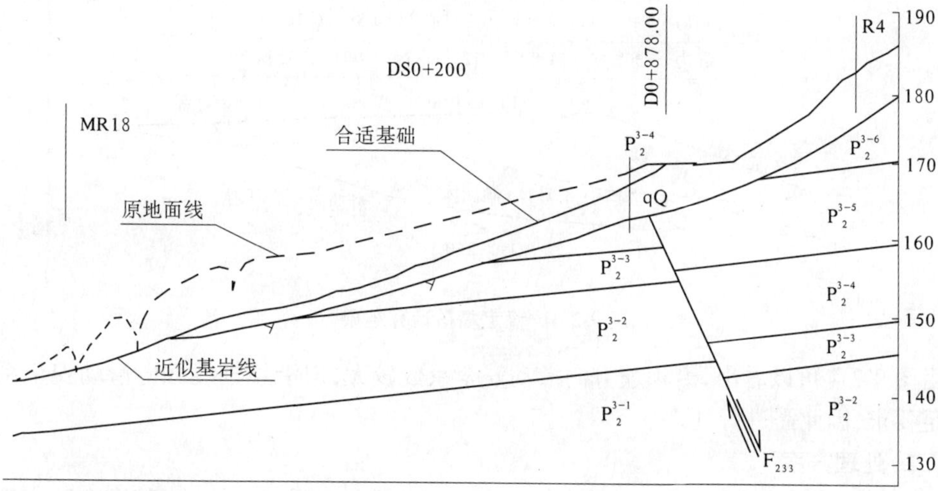

图 9-2-3　滑坡体典型剖面

（二）滑坡原因

（1）开挖后发现，在东坡"倾倒变形体"上游侧存在一古坡积物滑坡体，其后缘高程

180m、前缘为 148m，顺河流方向桩号 DS0 + 040 ~ DS0 + 170。

（2）该古滑坡体前缘的堆积物全部被挖除，使滑床完全处于临空状态，因而诱发了古滑坡体的复活滑动。

（3）滑床为 P_2^{3-2} 岩层层顶，滑床上有厚 10 ~ 20cm 的夹泥层，滑床倾向约 NE40°、倾角约 15°，后缘塌滑壁倾角约 40°。

根据滑动面情况，反求其摩擦系数为 $f = 0.140 \sim 0.158$。

四、处理方案

（一）论证

滑坡发生后，为摸清滑床情况，并论证"倾倒变形体"作为坝壳基础的可能性，在滑坡体上挖了两个竖井和三个探槽，同时选择 DS0 + 919.84 和 DS0 + 260 两个典型剖面用摩根斯坦法，采用不同的摩擦系数进行稳定敏感性分析，其结果见图 9-2-4。

滑动面摩擦系数	0.15	0.20	0.25	0.30	0.32	0.38
静力安全系数	4.462	4.597	4.740	4.939	4.956	5.089

滑动面摩擦系数	0.15	0.20	0.25	0.30	0.35	0.40
静力安全系数	1.023	1.227	1.434	1.651	1.868	2.085

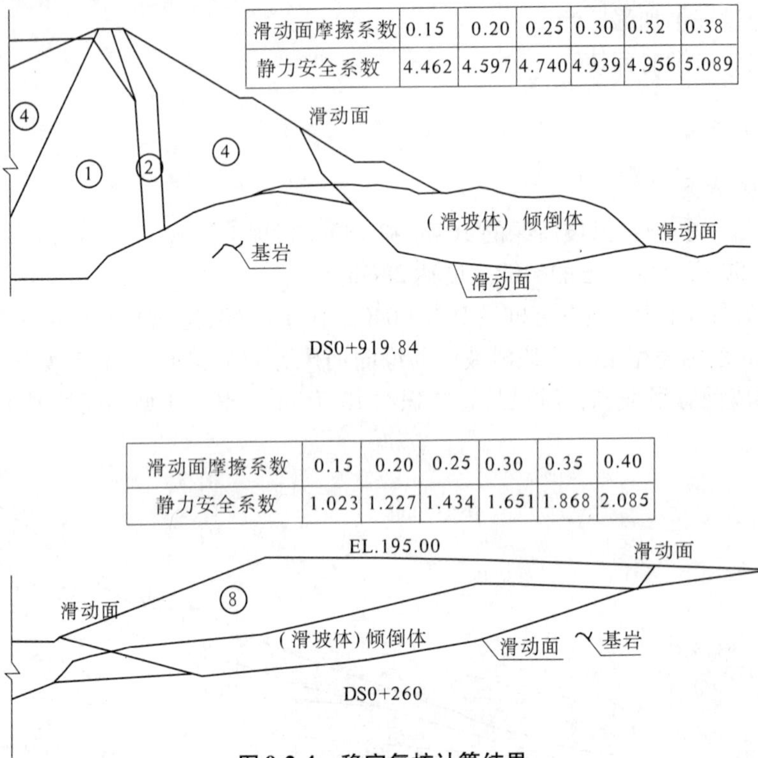

图 9-2-4 稳定复核计算结果

由图 9-2-4 可以看出，沿坝坡方向滑动安全系数较大，但沿坝轴线方向滑动安全系数不满足要求，因此需进行处理。

（二）处理方案

滑坡体及拉裂区全部挖除。"倾倒变形体"前缘部分因受滑坡影响，其密实度变松也全部挖除，其余部分保留作为坝壳基础。典型开挖图详见图 9-2-5 ~ 图 9-2-7。

根据开挖图计算，共开挖 12.9 万 m^3，保留在坝壳基础内的倾倒变形体方量约为 4.0 万m^3。

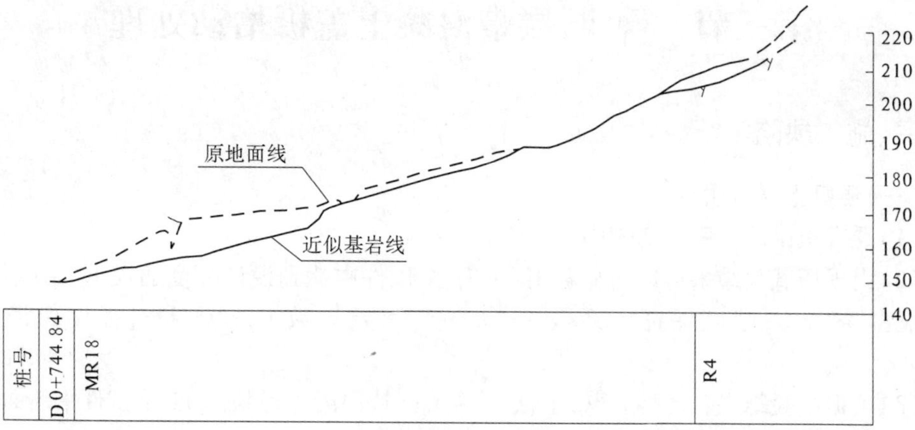

图 9-2-5　东坡滑坡体开挖设计 DS0 + 120.00 断面

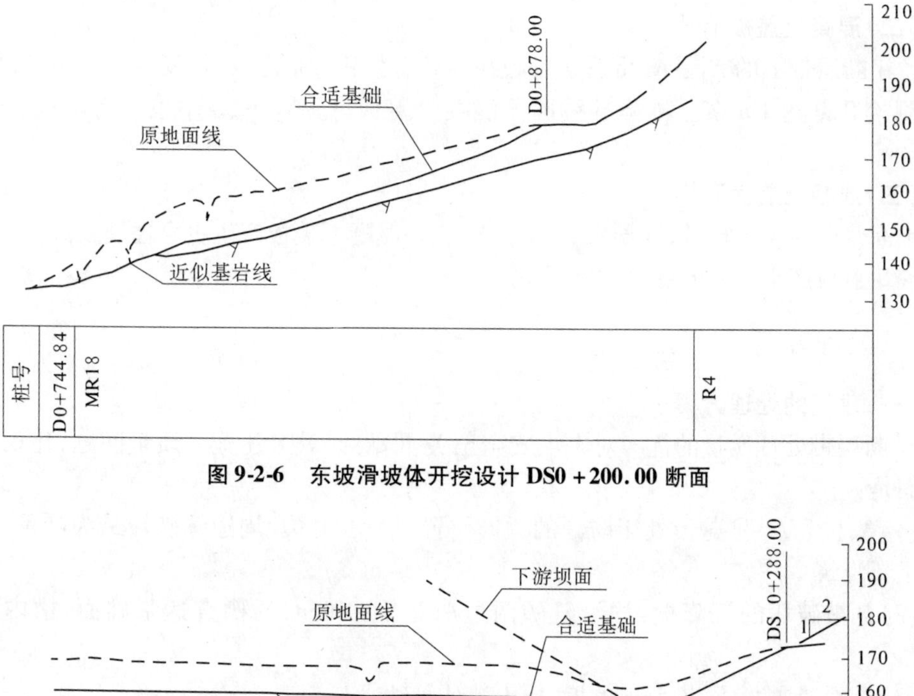

图 9-2-6　东坡滑坡体开挖设计 DS0 + 200.00 断面

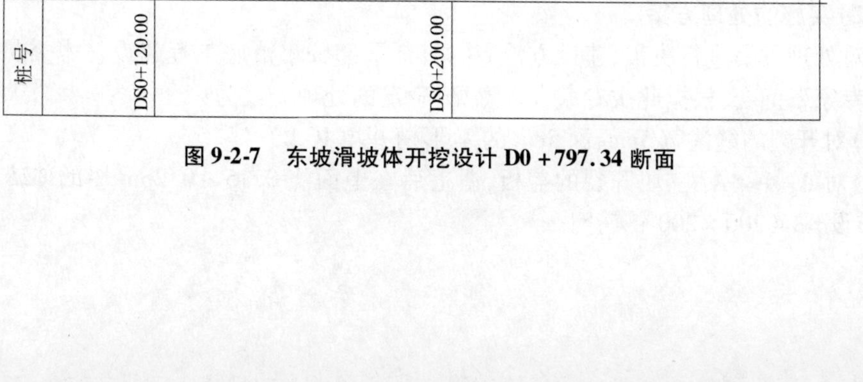

图 9-2-7　东坡滑坡体开挖设计 D0 + 797.34 断面

第三节　F_1 断层带混凝土盖板抬动处理

一、施工缺陷

(一)混凝土浇筑质量

(1)混凝土设计强度为25MPa。

(2)由现场试验结果可以明显看出:在31个试件中达到设计强度的仅12个试件,合格率仅占38.7%;强度保证率系数 $t=0.488$,离差系数 $C_v=0.228$,强度保证率仅68.76%。

(3)根据试验结果,计算断层带上从 $A_1 \sim A_9$ 9块混凝土盖板的11个试件平均28d强度仅20.46MPa;在11个试件中仅有两个试件强度(A_2、A_6)大于设计强度,其余9个试件均小于19.4MPa,最低强度仅14MPa。

F_1 断层带及两侧影响带混凝土盖板实际分缝、分块情况详见图9-3-1。

(二)混凝土盖板抬升

位于断层带上的 $A_4 \sim A_9$ 混凝土盖板在固结灌浆和帷幕灌浆时,发生严重抬升,如 A_6 板右侧抬升量达1m多。帷幕轴线两侧混凝土盖板 A_4、A_5、A_6、A_7 也均有不同程度的抬升。

(三)混凝土盖板开裂

因灌浆致使盖板抬升,并导致 A_6、A_7、A_8 三块混凝土盖板产生贯穿性裂缝。

三块盖板产生裂缝的位置详见图9-3-2。

二、处理方案

(一)建议的处理方案

F_1 断层带处理质量的优劣对大坝安全至关重要,针对上述施工质量问题,建议的处理方案是:

(1)A_5、A_6、A_7 号盖板处于防渗的关键位置,抬动、开裂、周边缝破坏最为严重,应凿除后重新浇筑。

(2)凡被破坏的沉降缝,均沿缝的两边凿宽5~10cm的槽直达基础面,槽内浇筑IGAS。

(3)沿裂缝凿宽、深各5cm的槽,槽内灌环氧砂浆。

(4)全部盖板上面回填1m厚1A高塑性黏土。

(二)实施的处理方案

为对处理方案进行决策,建设方曾专门召开了部分小浪底工程建设技术委员会委员参加的专家咨询会,根据此次专家咨询意见,确定的处理方案为:

(1)对开裂的缝凿宽5cm、深5cm的V形槽并填IGAS。

(2)对 A_6、A_7、A_8 三块开裂的盖板,凿毛后在上面浇0.15~0.26m厚的C25级混凝土,并布设ϕ8@200×200钢筋网。

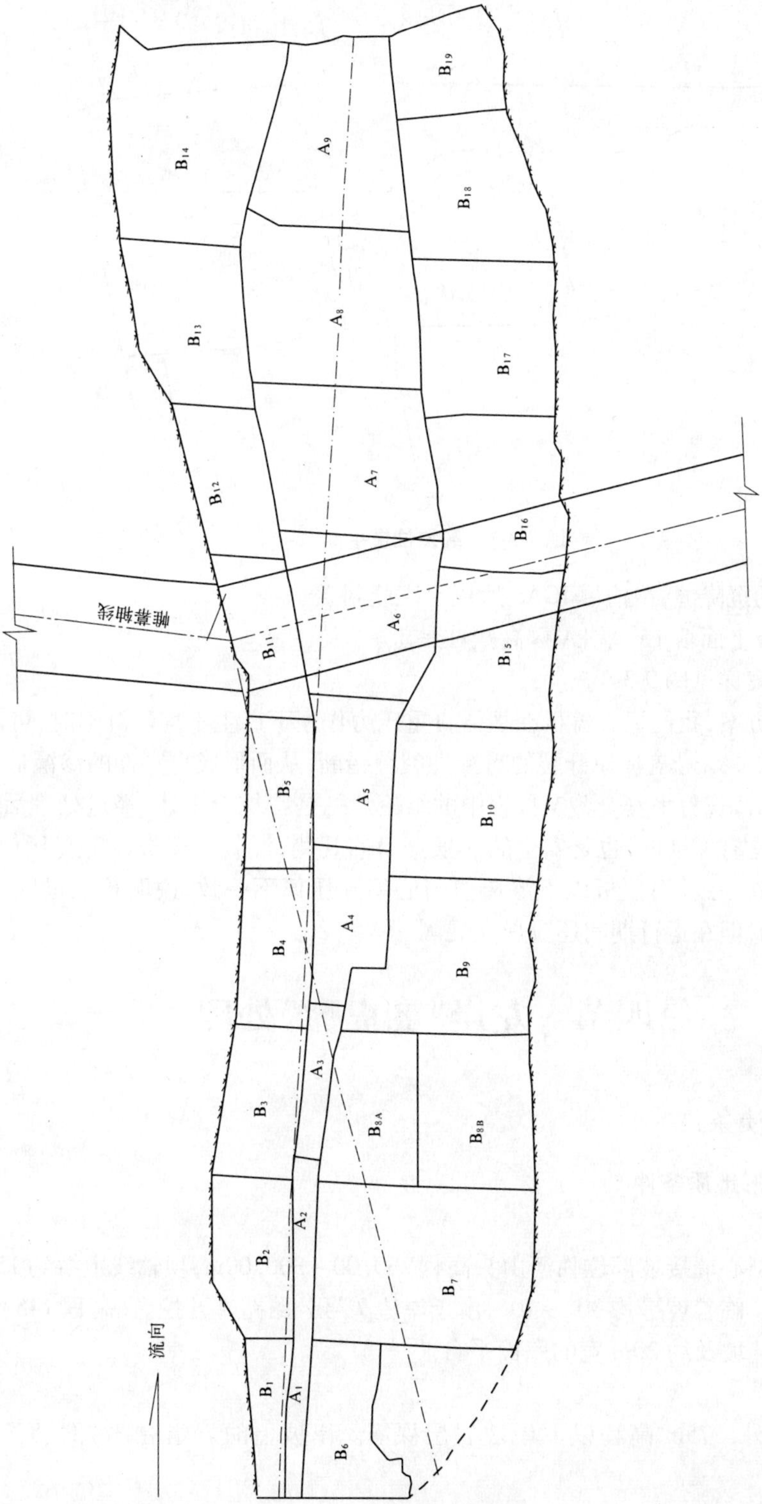

图 9-3-1　F_1 断层带及两侧影响带混凝土盖板实际分缝、分块

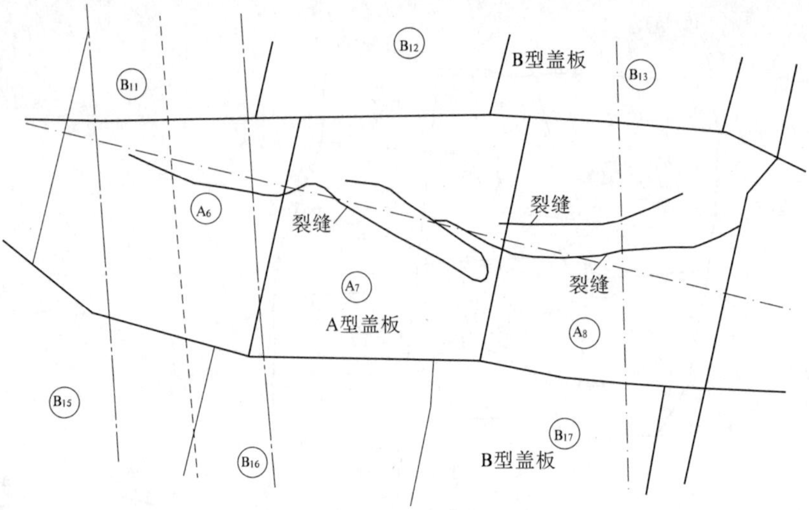

图 9-3-2 裂缝位置平面

(3)被破坏的沉降缝，凿槽填 IGAS 后用土工膜封盖。

(4)全部盖板上面填 1m 厚 1A 区高塑性黏土。

以上处理方案详见图 9-3-3。

对上述处理方案，我们担心盖板在坝体自重压力作用下产生不均匀沉陷时，可能再次将周边缝及 A_6、A_7、A_8 号盖板原开裂的贯穿性裂缝错断，从而形成贯穿性的渗漏通道。

对以上处理措施，蓄水安全鉴定报告中的结论意见是："综合上述，经过处理后，沿 F_1 断层的渗流稳定是有保证的，也是安全的。根据目前观测，混凝土盖板以上孔压值升高，与心墙孔压值升高一致，而盖板以下渗压值与心墙孔压值不一致，说明盖板已起隔水作用，处理是有效的，但在运行期间还应加强观测。"

第四节 左岸"老虎嘴"处理

一、工程地质条件

(一)基岩地形地质条件

1. 岸坡地形

左岸坝肩与斜心墙接坡部位临河山头高程 290.00～300.00m，坝轴线上游约 150m 发育有一条小冲沟。临谷坡平均 30°～40°，由于岸边 7 号公路路基开挖，在高程 145～170m 形成了 1:0.3 的陡坡及约 20m 宽的路面平台。

2. 地层岩性

岸坡除上部外，275m 高程以下岸坡岩层裸露。岸坡上的岩组有 T_1^1、T_1^2、T_1^{3-1}、T_1^{3-2} 和 T_1^4。

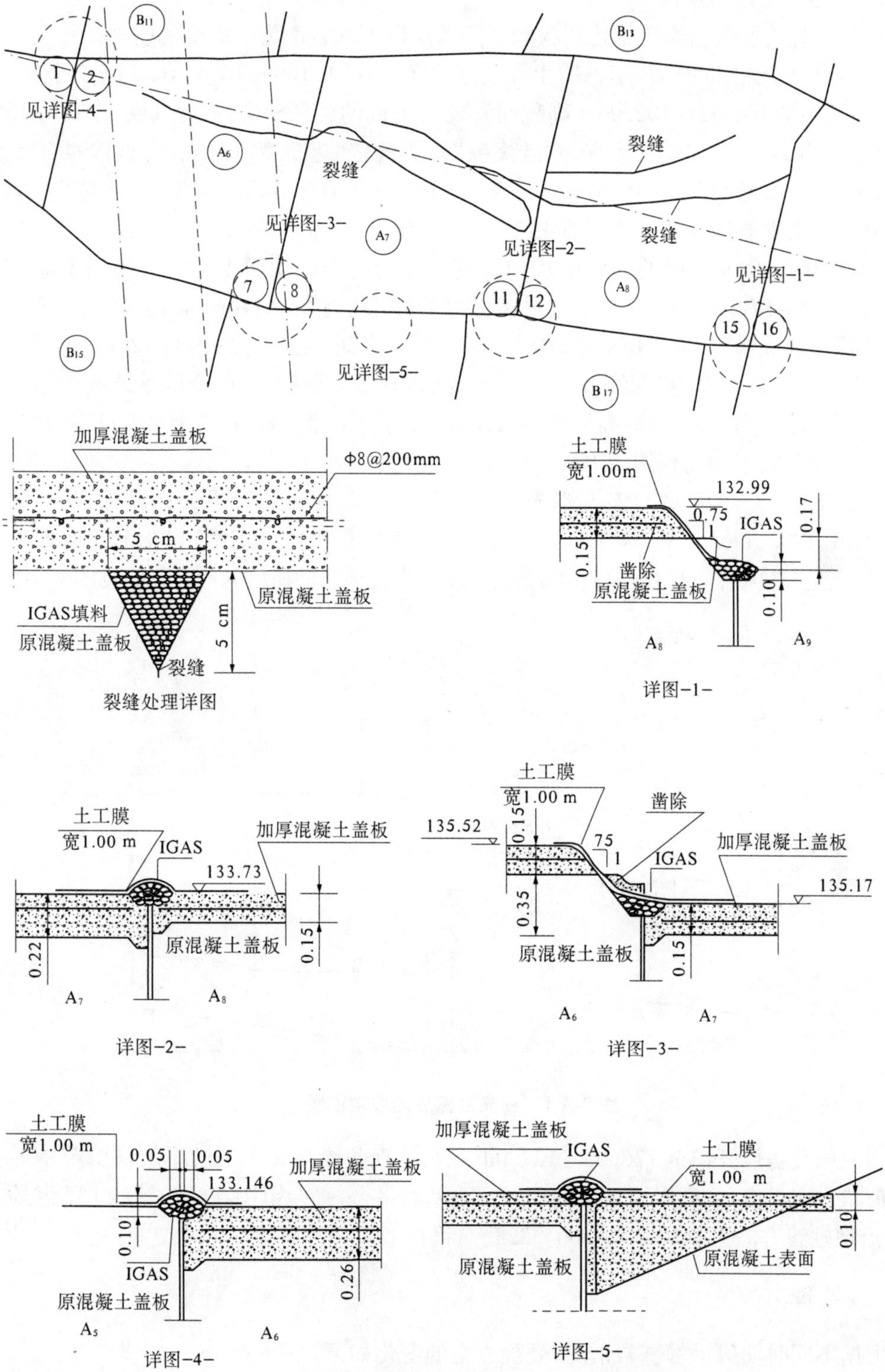

图 9-3-3　实施的处理方案典型细部图

(二)覆盖层地质条件

招标设计阶段根据原有钻孔资料判断覆盖层以下基岩面为一缓变的岩坡。

1993 年 4 月在主坝防渗墙轴线上布置了 T665、T654、T655、T656、T657 等 5 个钻孔，在 T656 孔中的 104.13 ~ 102.06m 高程间发现 2.07m 的含砾砂层，据此判断 T656 与 T657 钻孔间(孔距 14m)基岩陡坎下有一“老虎嘴”。为确定“老虎嘴”的深度，于 1994 年 5 月在 T655 与 T656 号钻孔间(T656 钻孔以左 7m 处)补打 T666 钻孔，未见“老虎嘴”。本次钻孔揭示的地质条件与招标设计阶段有很大变化，即在防渗轴线桩号 DG0 + 240.00 ~ DG0 +400.00 之间基岩面的形状由均匀缓变变化为两个陡坎两个平台。第一个陡坎位于 DG0 +240 ~ DG0 +253 之间，陡坎顶高程约 150m，底高程约 110m，高约 40.0m；第二个陡坎(所谓“老虎嘴”)位于 DG0 + 270 ~ DG0 + 290 之间，陡坎顶高程约 120m，底高程约 100m，高约 20m，“老虎嘴”深约 10m，内大外小，内充填含砾砂层；两个陡坎之间为第一个平台，外沿高程约 120m，内沿高程约为 110m，第二个平台位于第二个陡坎下至 DG0 + 290 ~ DG0 +355，平均高程约为 100m。

为了查明“老虎嘴”的分布与形态，1996 年 11 ~ 12 月又进行了补充勘探，共布置了 T700、T701、T702、T703、T704 等 5 个钻孔。补充勘探修正后，“老虎嘴”的形状又有明显变化，其特点是“老虎嘴”的“张开”高度加大、深度减小。补充勘探后的地质剖面见图 9-4-1。

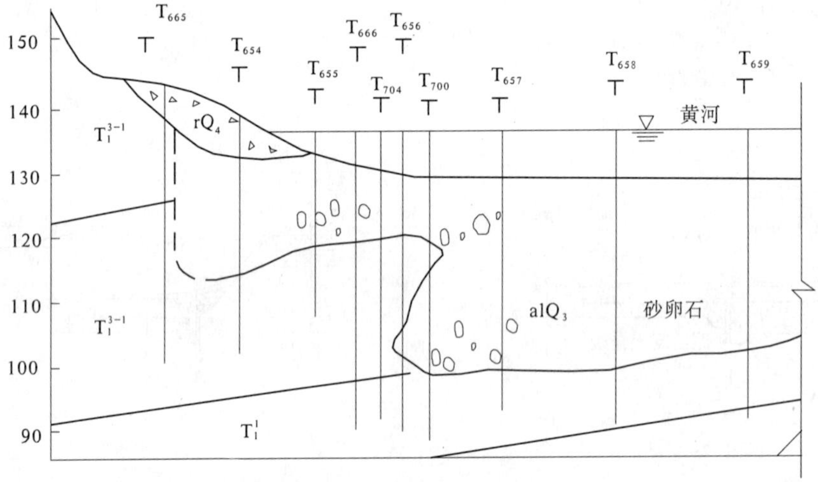

图 9-4-1 补充勘探后地质剖面图

当河床覆盖层开挖至 126.00 ~ 127.00m 后，发现防渗轴线上下游岸坡坡脚范围的基岩面形状有明显变化，在岸坡坡脚处出现了一基岩平台，平台范围在防渗轴线上下游约各 20m，沿坝轴线方向为 D0 +210 ~ D0 +225，高程在 127 ~ 128m 之间。

二、处理方案

根据不同时期揭示的基岩情况，处理方案的变化如下。

(一)招标设计阶段

(1)覆盖层开挖：在岸坡附近斜心墙和下游反滤的覆盖层全部挖除，斜心墙下游的局部范围采用回填混凝土处理。

(2)混凝土防渗墙:混凝土防渗墙插入斜心墙的水平长度要求不小于20m,则左端点桩号确定为D0+207.29。

(3)灌浆帷幕:按照灌浆帷幕进入相对隔水层不少于5.00m的要求和P_2^4岩层顶面的变化情况,帷幕底高程确定为60.00m,向河床方向帷幕延伸至D0+295.00。

(二)施工图设计阶段

(1)从上述地质勘探资料可知,施工期勘探的基岩面形状有较大变化,主要问题是高程120.00m以下所谓“老虎嘴”的处理。

方案一是大开挖方案,待开挖出该基岩陡坎平台后,再根据实际的地形地质条件和施工进度要求,调整处理方案。其主导思想是将“老虎嘴”全部开挖出来,削除岩石反坡和陡坡,并可对T656钻孔以左的基岩平台进行彻底处理。但此方案工程量大,截流后该段处理工作占用直线工期长。

(2)补充勘探完成后,对大开挖方案进行了调整,提出了部分开挖方案,即将最低开挖高程由原来开挖到“老虎嘴”底部基岩面,高程约100.00m,提高至“老虎嘴”顶基岩平台前沿的115.00m高程。该方案削除115m高程以上倒悬岩体,并可对基岩平台及左端陡坎进行彻底处理,槽孔防渗墙北端至T704号孔。此方案开挖深度减少了15.00m,不仅减少了开挖工程量,还大大降低了开挖施工难度,避免了大部分的低效率开挖工作。

该方案与标书图相比,工程量增加:

——开挖、回填各增加 11.0万m^3

——回填混凝土 1.1万m^3

——固结灌浆进尺 1 100m

——岩石基础面处理约 1 500m^2

该方案典型纵剖面详见图9-4-2。

对该方案,一标承包商提出28周的工期索赔,其要求虽不完全符合实际,但说明截流后该段处理仍将占用较长的直线工期,并会直接影响到1999年大坝抢填到预定200m的拦洪高程。针对此问题,对处理方案又进行了优化。

三、采用的处理方案

(一)处理原则

(1)“老虎嘴”要彻底予以封堵。

(2)左岸坡脚处高约30m的基岩陡坎应予处理。

(3)坡脚附近覆盖层中混有坡积层,其密实度相对较差,应予加密。

(4)尽量缩补该段基础处理工作占用的直线工期,为1999年汛前戗填大坝的拦洪高程争取时间。

(二)处理方案

(1)根据上述四点处理原则,提出采用高压旋喷灌浆加固方案。根据防渗墙轴线处主河槽河床底高程一般为127~128m情况,确定将该段覆盖层开挖到127m高程。

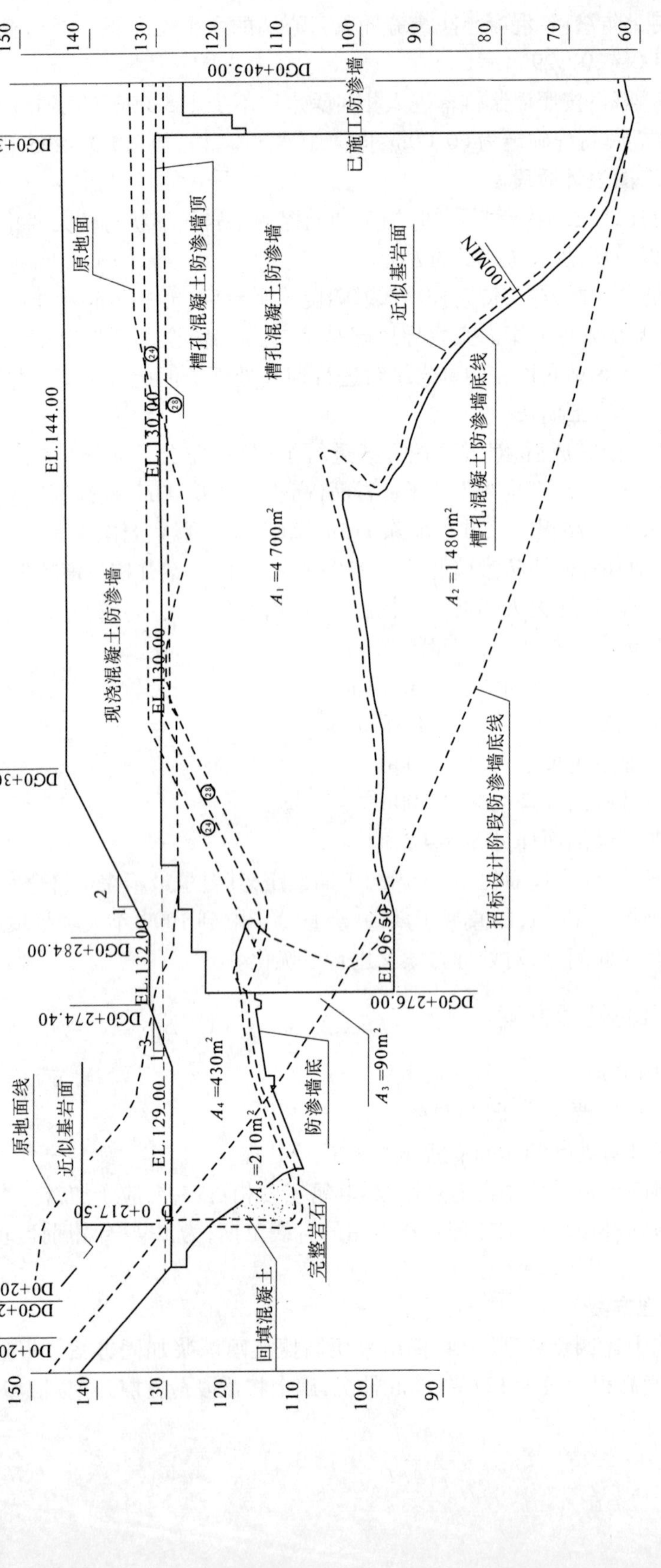

图 9-4-2　部分开挖方案纵剖面

由于“老虎嘴”及其以左基岩平台未开挖出来，可以省去覆盖层开挖、心墙区回填、整形混凝土回填及固结灌浆等所占用的直线工期。

(2)槽孔混凝土防渗墙一直打到岸边，“老虎嘴”彻底予以封堵。

(3)对“老虎嘴”以左基岩平台以上较松的覆盖层采用高压旋喷灌浆方法予以加密。

在工期安排上，一标承包商应在1998年2月底前完成上游围堰高压旋喷灌浆防渗墙施工，然后可立即转移到“老虎嘴”处施工，并与主坝防渗墙施工同时进行而不占用直线工期。

施工实践证明，上述安排是完全合理的：上游围堰高喷墙施工于1999年2月24日完成；左岸心墙区覆盖层加固高压旋喷灌浆施工于1999年3月18日开工，5月28日全部结束，历时72天，共完成钻孔484个，钻孔进尺8 225.21m，旋喷灌浆进尺6 035.1m。其施工未占用直线工期，为抢填1999年大坝拦洪高程赢得了宝贵的时间。防渗墙施工于1999年7月16日结束。

(4)对于左岸坡脚部位自110~140m高程间的基岩陡坎采用两种措施予以处理：①对127m高程以下覆盖层，用调整高喷桩桩顶高程、桩距的办法，将其整形为1∶1的边坡，详见高喷桩布置平面及剖面图（图9-4-3）；②127m高程以上回填压缩性很小的5区掺和料替代1区心墙土料，并对心墙在平面上向下游方向的扩散予以整形。

四、加固效果检测

（一）检测方法

为检测采用高压旋喷灌浆方法加固砂砾石地基的加固效果，采用“附加质量法”及弹性波测速法等地基物理力学参数原位测试新技术，获得测点上的容重、动弹性模量、动剪切模量、动泊松比等参数，作为评价加固效果的依据。

测点布置在帷幕轴线上、下游两侧桩孔间距1.5m×1.5m的区域内。

帷幕轴线上游共布置8个点位计13个点次，其中灌浆前检测5个点次、灌浆后检测8个点次；下游4个点位，均在灌浆后检测。

（二）检测结果

(1)帷幕轴线上游灌浆前后检测结果见表9-4-1。

(2)帷幕轴线下游灌浆后检测结果见表9-4-2。

(3)灌浆龄期的影响。位于桩上的4#、5#、6#测点，施测时灌浆龄期不同，其检测结果列入表9-4-3。

由表9-4-3中各项检测结果可明显看出，随着龄期的增长，地基承载力、原位容重、波速等各项指标均有显著提高，且其规律性很好。

（三）加固效果分析

由表9-4-1、表9-4-2所列各测点检测结果说明，砂砾石覆盖层经采用高压旋喷灌浆方法加固后，其各项物理力学指标均较加固前有显著提高，加固效果十分明显。

(1)地基承载力：桩位处提高6倍，桩间提高1.5~2.0倍。

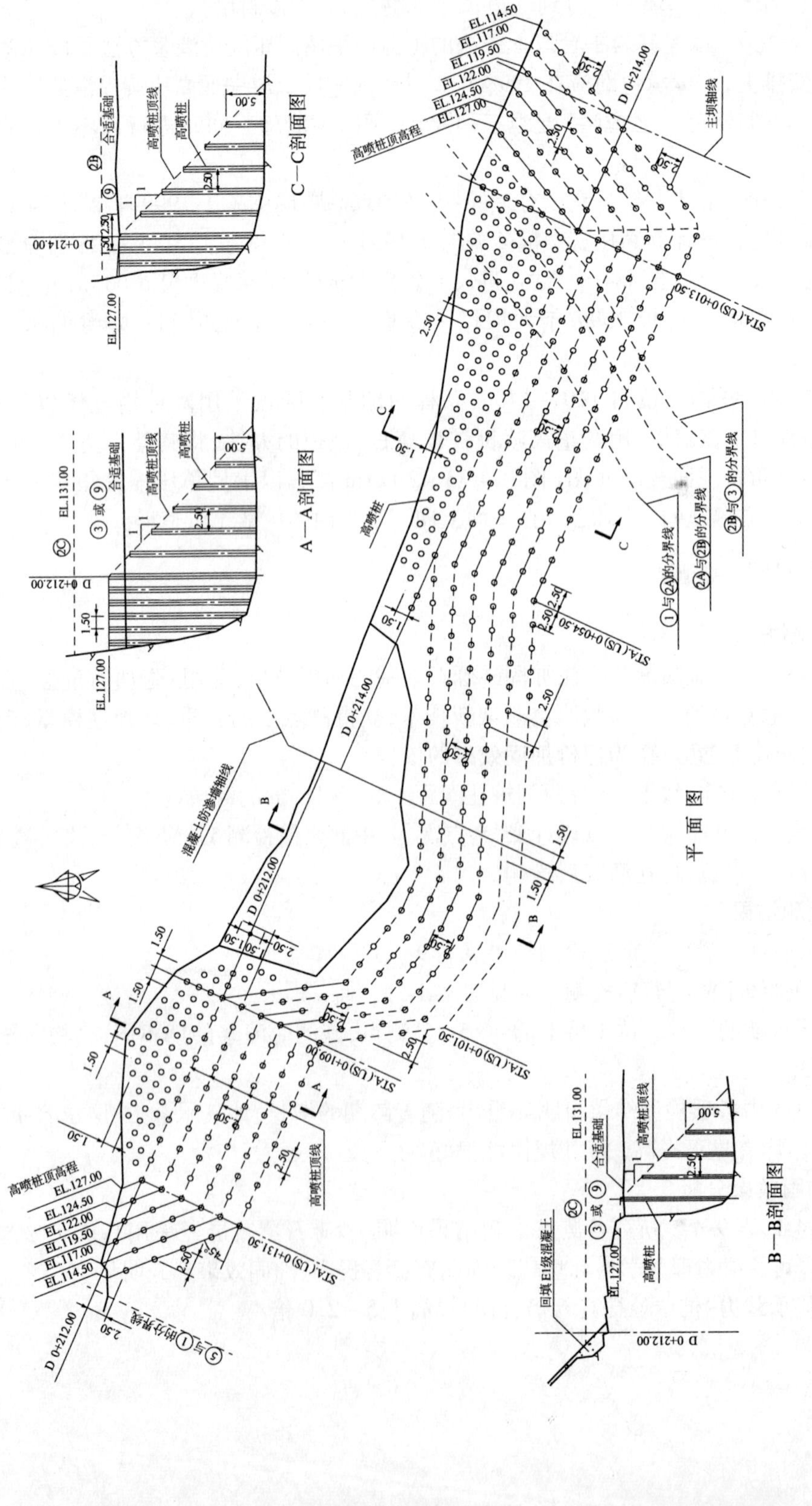

图 9-4-3　高喷桩布置平面及剖面　（单位：m）

表 9-4-1　　　　上游侧各点检测结果

检测时间	点号	地基承载力基本值(kPa)	原位容重(g/cm^3)	纵波速度(m/s)	横波速度(m/s)	动弹性模量($\times10^3$MPa)	动剪切模量($\times10^3$MPa)	动泊松比	等效深度(m)	备注
灌浆前	1#	346	2.256	580	256	0.409	0.148	0.379	2.395	桩间
	2#	342	2.251	577	244	0.373	0.134	0.391	2.397	桩间
	3#	342	2.204	553	233	0.332	0.119	0.392	2.158	桩间
	4#	349	2.277	581	258	0.417	0.152	0.377	2.417	桩上
	5#	359	2.292	589	263	0.437	0.159	0.375	2.410	桩上
灌浆后	1#	1 036	2.368	1 084	547	1.882	0.708	0.329	2.758	
	2#	867	2.351	1 058	528	1.747	0.654	0.335	3.136	
	3#	1 045	2.370	1 213	612	2.361	0.888	0.329	3.255	
	4#	2 423	2.415	2 000	1 078	7.270	2.806	0.295	4.028	
	5#	2 527	2.472	2 061	1 122	8.025	3.112	0.289	4.196	
	10#	1 023	2.366	1 073	541	1.841	0.692	0.330	2.738	桩间
	11#	929	2.358	1 061	529	1.761	0.660	0.335	3.019	桩间
	12#	864	2.328	1 030	499	1.559	0.579	0.347	3.077	桩间

注:桩间测点位于 4 根桩的中心处。

表 9-4-2　　　　下游侧灌浆后各点检测结果

点号	地基承载力基本值(kPa)	原位容重(g/cm^3)	纵波速度(m/s)	横波速度(m/s)	动弹性模量($\times10^3$MPa)	动剪切模量($\times10^3$MPa)	动泊松比	等效深度(m)	备注
6#	3 645	2.480	2 513	1 340	11.590	4.453	0.301	4.321	桩上
7#	839	2.387	1 111	526	1.792	0.661	0.355	3.655	桩间
8#	863	2.393	1 201	582	2.185	0.811	0.346	4.157	桩间
9#	3 612	2.456	2 335	1 244	9.896	3.801	0.302	3.732	桩上

表 9-4-3　　　　灌浆龄期与检测结果

测点	龄期(d)	承载力(kPa)	原位容重(g/cm^3)	纵波速度(m/s)	横波速度(m/s)	动弹性模量($\times10^3$MPa)	动剪切模量($\times10^3$MPa)	动泊松比	等效深度(m)
4#	6	2 423	2.415	2 000	1 078	7.270	2.806	0.295	4.028
5#	11	2 527	2.472	2 061	1 122	8.025	3.112	0.287	4.196
6#	25	3 645	2.480	2 513	1 340	11.59	4.453	0.301	4.321

(2)原位容重:桩位处提高 6.06% ~7.85%,桩间提高 4.44% ~7.53%。

(3)动弹性模量:桩位处提高 16.4 ~17.4 倍,桩间提高 3.6 ~6.1 倍。

(4)动剪切模量:桩位处提高 17.5 ~18.6 倍,桩间提高 3.8 ~6.5 倍。

(5)纵波速度:桩位处提高约 3.5 倍,桩间提高 1.83 ~2.19 倍。

(6)横波速度:桩位处提高 4.2 倍,桩间提高 2.14 倍。

第五节 3 区过渡料级配不良问题

一、3 区料的质量要求

标书技术规范要求:3 区堆石过渡层的填筑材料应是清洁的、坚固的、开采有棱角的砂岩、粉砂岩和黏土岩,粉砂岩和黏土岩的含量小于 5% 的质量。

3 区堆石过渡层石块的最大粒径小于 250mm,小于 5mm 粒径的含量小于 30% 的质量,小于 0.1mm 粒径的含量小于 5%。3 区堆石过渡层应从石门沟料场采取。

同时还要求:填筑材料应有良好级配,并在规定的级配范围内。

大坝标承包商进场不久,便提出在马粪滩料场生产 3 区料的申请,它涉及到设计方案和合同条件的变更。

对承包商的申请设计方十分重视,根据马粪滩料场天然砂砾石料级配情况,为确保 3 区料的施工质量和其在坝体结构中的功能,经分析计算,明确提出了在马粪滩料场生产 3 区料的级配包线。

二、3 区料的实际级配情况

(一)审批的级配包线

工程师在审批 3 区料的生产工艺时,未按照设计提供的级配包线让承包商生产,而是工程师自己重新提出级配包线。工程师在同意承包商 3 区料可以在马粪滩料场生产的同时,承包商也承诺按工程师提出的级配包线生产 3 区料。

设计提出的包线和工程师的包线详见图 9-5-1。

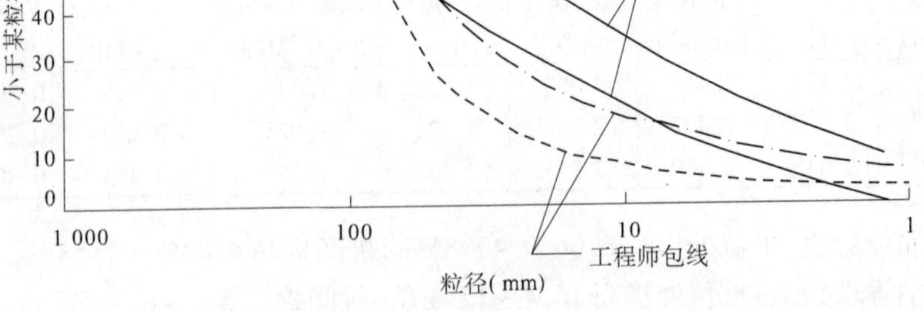

图 9-5-1 3 区过渡料级配包线

（二）实际级配情况

由实际级配情况明显看出：无论是在料场还是在坝面，在长达3年多的时间，承包商并未按标书技术规范要求和承诺生产出合格的3区料，其级配远远偏离工程师审批的范围线和设计包线，主要为大于40mm的颗粒级配极为不良。

由于3区过渡料在坝体结构中具有至关重要的作用，其级配不良问题引起设计、业主、技术委员会、大坝安全专家组、CIPM专家等的极大关注，要求承包商按批准的级配包线加工、生产3区料。

三、设备改造后级配情况

承包商自1997年12月开始进行设备改造，于1998年5月22日试生产，8月底正式投产。设备改造后生产的3区料由以下四部分组成：

（1）由一级颚破破碎出的150（200）~0.1mm的颗粒；

（2）由新安装的圆锥破碎机生产的80（75）~0.1mm的颗粒；

（3）由一级破碎得到的部分80~0.1mm的颗粒；

（4）回收洗砂机洗出的1.2mm以下的粉细砂。

以上四部分颗粒配比为（1）:（2）:（3）:（4）=45:30:10:15。

由以上配比生产出来的3区过渡料级配情况可以明显看出：设备改造后生产的3区料的级配虽有较大改善，由设备改造前的以粗颗粒为主变为较均匀的级配；在24条级配曲线中仍有17条偏离工程师批准的范围线；由于在过渡料中掺加了大量1.2mm以下颗粒，使3区过渡料变成管涌土，因而它们对改善3区料的级配是无益的。

针对上述情况，业主曾召开专家咨询会，专家们认为，1998年8月第二次改进完成后生产的3区料级配较均匀、稳定，基本可满足工程师规定的级配包线的要求。经过改进后的3区过渡料，砂料含量偏多，建议不掺加1.2mm以下的细料。

四、对大坝安全的影响分析

3区过渡料的级配不良对坝的安全可能会产生以下后果。

（一）上游坝壳形成塌陷坑

确定3区料级配的一个重要原则是，它应能保护2C反滤料，使其不至于在库水位降落条件下，2C料进入到3区料中。由于3区料中的空隙大于反滤料的最大颗粒粒径，2C料进入到3区料中后，便会在靠近心墙上游侧的上游坝壳中形成塌陷坑，巴基斯坦塔贝拉2号副坝形成的塌坑便是例证。

由于2C料进入到3区料中，致使上游侧的心墙1区料也同时失去了2C反滤料的保护，在库水位降落条件下，心墙土料有可能流失，这些部位的心墙断面将被削弱。

（二）斜心墙裂缝

对于斜心墙下游侧的3区料，除具有保护2B反滤料和颗粒由细到粗的过渡作用外，在确定其断面尺寸时，还把它作为斜心墙的支撑体，并要求其密实度应大于相邻的4B、4C坝壳堆石体的密实度。由于3区料的级配不良，颗粒粗，空隙大，很可能会造成以下三种不良后果：

（1）在坝体自重和水压力作用下，2B 料进入到 3 区料中，2A 料进入到 2B 区范围内。由于颗粒移动，致使斜心墙下游侧反滤料密实度由密变松，导致斜心墙的沉陷增加，这样极易在斜心墙上部的上游面产生拉裂缝。

（2）由于颗粒的移动，改变了 2A 和 2B 的级配曲线，使得这两个区的料失去原设计的反滤功能，使心墙土料失去保护。

（3）由于 3 区料颗粒太粗，无细料填充，其密实度必然比级配良好的 3 区料要低，其沉陷量将会增加，并导致斜心墙沉陷量的增加，这样也极易在斜心墙上部的上游面形成近似水平状的拉裂缝。

第十章　大坝工程施工

第一节　工程概述

一、工程规模

大坝为壤土斜心墙堆石坝，最大坝高 160m，坝顶设计高程 281m，坝顶长 1 666.29m，上、下游坝坡分别为 1∶2.6（下部 1∶3.5）和 1∶1.75。上游拦洪围堰为大坝的一部分，设计为斜墙堆石围堰，沿拦洪围堰下游坡面设一内铺盖，将大坝防渗体与上游拦洪围堰斜墙及坝前淤积铺盖连接起来，形成大坝坝基的水平防渗体系。

大坝以垂直防渗为主，水平防渗为辅。大坝斜心墙下设一混凝土防渗墙，墙厚 1.2m，墙顶高程 144.0m，防渗面积 21 812m^2。两岸基岩进行帷幕灌浆和固结灌浆处理，形成坝体的垂直防渗系统。

河床坝基开挖、基础处理及拦洪围堰和坝体的填筑均在上游枯水围堰和下游围堰的保护下进行。枯水围堰与截流戗堤结合，截流戗堤堤顶高程为 143.0m，枯水围堰顶高程为 152.5m，采用混凝土防渗墙和高压旋喷墙防渗。下游围堰为土石围堰，斜墙铺盖防渗，堰顶高程为 145.0m。

大坝施工为一个标（国际标——Ⅰ标），工程由意大利英波吉洛（Impregilo）为责任公司的黄河承包商（YRC）承建。大坝标工程包括大坝填筑、坝基开挖、基础处理及相应的原型观测设备供应、安装、埋设和导截流工程。其中，右岸大坝和上游围堰防渗墙的地下部分，右岸灌浆、排水洞及相应的帷幕灌浆和基础排水工程等均由国内承包商承建。黄河承包商于 1994 年 6 月进场，同年 12 月 15 日较合同进度计划提前一个月开工，至 1998 年 7 月坝基开挖全部完成，完成开挖量 880.21 万 m^3；大坝至 2000 年 11 月 30 日竣工，完成填筑量 5 073 万 m^3。

二、施工特性

（一）坝址自然条件

坝段内河道平直，流向近东西。河谷上宽下窄，变化于 750 ~ 300m，坝轴线处宽约 500m。河道主流靠左岸，常水位河面宽 200 ~ 250m，平均河床高程 129m，最低高程 125m。右岸有宽 350 ~ 400m 的滩地，高程 135 ~ 150m。河床覆盖层主要为砂卵石，一般厚为10 ~ 30m，中间有 60 ~ 70m 深的覆盖层深槽，基岩最低高程为 60m。在高程为 110 ~ 125m，夹有厚 2 ~ 3m 的表砂层；高程为 84 ~ 100m，夹有厚 12 ~ 20m 的底砂层。左河床由于长年流水冲刷，覆盖层厚为 3 ~ 10m。

右坝肩山顶高程为 420m，其中 260 ~ 420m 高程为砂岩，地势较陡峻；高程 260m 以下，主要为黏土岩夹薄层砂岩，受冲沟割切，形成三座低矮小山梁，地势较平缓。

左坝肩山顶高程为300m左右，主要为砂岩夹薄层页岩，岸坡陡峻，平均坡度为30°～40°。左岸山体因受上游风雨沟，下游翁沟、葱沟和西沟的割切，形成长约2.5km、宽厚不一的山梁，简称单薄分水岭。

河床及两岸山体断裂构造较为发育，如F_1、F_{230}、F_{236}、F_{238}等断层，均呈上、下游方向展布，成为坝基防渗处理的重点。

（二）水文气象条件

小浪底水利枢纽控制流域面积694 155km^2，其中三小间（三门峡—小浪底区间）流域面积5 730km^2。洪水主要由暴雨形成，多年平均径流量405.5亿m^3，多年平均流量1 342m^3/s，实测最大洪峰流量22 000m^3/s，调查最大历史洪水流量36 000m^3/s。全年分汛期和非汛期两个时段，非汛期从11月至次年6月底，其中3月底、4月初为桃汛期，枯水期20年一遇洪水流量4 160m^3/s，来水受三门峡发电、下游供水防凌等影响，施工期控制流量2 210m^3/s；7～10月为汛期，洪水分别来源于三门峡以上中游地区降雨或三门峡以下三小间降雨，20年一遇洪水流量16 170m^3/s。

坝址区缺少气象资料，借用附近孟津县气象资料。年平均气温14℃上下，1月份最低，极端最低气温达－17.2～－20℃。7月平均气温26～27.5℃，极端最高气温达41.5～43.7℃。坝区年降水量达600～660mm，其中7～9月降水量占年降水量的50%以上，全年降水天数（大于0.1mm）约为89天。年平均蒸发量1 800～2 100mm。年平均相对湿度约为60%。极端最大风速达20m/s以上，冬季盛行风向WNW，其他季节以ENE风向为主。

三、施工分期及施工程序

依据坝址区地形特征和水文气象特点，为缩短大坝施工工期，降低截流后的上坝填筑强度，大坝包括拦洪围堰分两期施工。截流前为第一期工程，进行右岸坝基开挖和相应的基础处理，并将坝体填筑到200m（实际已填至260m高程）高程。截流后为第二期工程，进行河床基坑和左岸坝基开挖及相应部位的基础处理，直至大坝全部建成。

大坝施工程序如下：

（1）大坝标承包商进场前，由国内承包商完成桩号DG0＋394.80～DG0＋653.80段主坝混凝土防渗墙。其中，自桩号DG0＋394.80～DG0＋460.80靠近主河槽段墙顶浇筑到高程126.50m，桩号DG0＋460.80～DG0＋653.80间右岸滩地段墙顶浇筑到高程138.50m；上游枯水围堰塑性混凝土防渗墙自桩号DG0＋252.59～DG0＋492.00段也同时完成。

（2）修建枯水期纵向围堰，并进行右岸滩地覆盖层及坝肩不分类料开挖、风化岩石开挖、断层处理、心墙盖板混凝土浇筑、基础固结灌浆和帷幕灌浆。

（3）完成桩号DG0＋394.20～DG0＋653.80段主坝混凝土防渗墙顶部的立模混凝土浇筑，桩号DG0＋240.00～DG0＋414.50段上游枯水围堰高压旋喷防渗墙施工。

（4）在枯水期纵向围堰保护下，截流前完成右岸滩地拦洪围堰的填筑，并将坝体填筑至高程260.0m。

(5)导流洞开挖完成后,进行左岸高程140.0m以上坝基开挖和基础处理。

(6)围堰截流闭气后,即进行基坑排水,然后进行拦洪围堰部位的基础不分类料的清理及基础处理;待基础处理完成后,即开始拦洪围堰的填筑,并要求汛前填筑至185.0m高程。

(7)拦洪围堰施工的同时,进行坝基不分类料的清理、岩石开挖、固结灌浆和河床混凝土防渗墙的施工;而后进行坝体填筑,要求截流后第二年(1999年)汛前坝体填筑到高程200.0m;第三年(2000年)汛前坝体填筑到高程236.0m;第四年(2001年)坝体填筑全部完成。

第二节　大坝工程施工布置

一、上坝道路

2号路从东官庄至右坝肩,全长5.22km,主要承担运输大坝土石方填筑料;3号路起自右坝肩跨小清河,经小西沟、大西沟至赤河滩弃渣场,全长4.7km,主要承担运输大坝基础开挖料和土石填筑料;4号公路自右坝肩向下游经西苗家、东苗家、西河清至东河清,末端同反滤料加工厂相连,在西河清东与下游黄河公路大桥相接,全长4.6km,主要承担运输石料、反滤料、过渡料上坝及混凝土骨料至混凝土拌和站;5号公路自大坝基坑向下游与4号公路在西苗家相接,全长1.1km,主要承担运输石料、反滤料、过渡料上坝及成品混凝土;左岸6、7、8、9号公路主要承担导流洞、泄洪洞、排沙洞、引水发电洞、溢洪道、电站厂房等项工程的开挖出渣、混凝土浇筑、金属结构安装及发电机组安装,兼顾左岸大坝基础开挖出渣运输和桥沟渣场、桥沟口渣场堆存料的上坝运输。

二、附属工厂

施工附属工厂主要包括反滤料和过渡料加工厂、混凝土拌和系统、综合加工厂、修钎厂、汽车保养厂等。由于大坝施工主要为土石方工程,再加上承包商的设备绝大部分为全新设备,因此所需综合加工厂、修钎厂、汽车保养厂的规模均较小。

(一)马粪滩反滤料和过渡料加工系统

马粪滩反滤料和过渡料加工系统布置在东河清村西的滩地上,与黄河大桥和4号公路相通,交通十分便利。整个系统布置紧凑合理,占地面积5万m^2,仅占规划设计面积23.2万m^2的21.6%,基本按照从过渡料到反滤料,从筛分到破碎、制砂流程布置,进料口在料场一侧,出料在上坝方向,避免了重复运输。

马粪滩反滤料和过渡料加工系统主要承担加工大坝填筑所需的反滤料和过渡料,兼顾生产混凝土骨料、5区掺和料砂砾料以及道路养护料。根据反滤料、过渡料综合最大填筑强度26.9万m^3/月,确定加工系统设计生产能力1 600t/h。其中,反滤料设计生产能力750t/h,过渡料设计生产能力1 100t/h。

马粪滩反滤料、过渡料加工系统于1995年4月开始建筑安装,同年10月底建成投产,至工程完工系统运行良好,设备完好率在90%以上。

（二）混凝土拌和系统

大坝标混凝土拌和系统布置在右岸 4 号公路与 5 号公路交叉口处，总占地面积约 3 000m^2。主要为大坝混凝土防渗墙和心墙混凝土盖板生产成品混凝土，成品混凝土由混凝土搅拌运输车经 5 号路运往作业面，平均运距约 1.5km。

该系统布置有 1 座 2m^3 的拌和楼、2 个水泥罐、1 个粉煤灰罐，有粗、中、细粒径的骨料堆一座，布置简单、紧凑、合理，最大生产能力 60m^3/h，满足工程施工需要。

三、堆弃渣场

实际施工过程中，承包商基本上是按照合同文件中相应的规定规划堆弃渣场，只对个别弃渣场进行局部调整。大坝工程土石方开挖总量为 3 180.70 万 m^3，其中回采量为 843.60 万 m^3。各堆弃渣场情况如下：

（1）上岭弃渣场位于大坝左岸上游大风雨沟沟内的上岭，占地面积约 17.4 万 m^2，堆筑高程 130～150m，渣场容积 397 万 m^3。主要用于堆存大坝左岸高程 200m 以下基础开挖及Ⅱ标进口开挖弃料，运距 4.0km。

（2）小南庄弃渣场位于大坝左岸上游小南庄以西支沟内，占地面积约 57 万 m^2，堆筑高程 200～292m，渣场容积 1 596 万 m^3。主要为Ⅱ、Ⅲ标开挖的弃料场，兼作大坝左岸高程 200m 以上基础开挖的弃料场。

（3）赤河滩弃渣场位于大坝右岸上游滩区上，距坝轴线 3～4km，滩面高程 140m，滩区面积 60 万 m^2，堆渣容积 1 023 万 m^3。主要堆存大坝右岸岸坡土石方开挖及河床砂砾石开挖弃料，运距约 4.5km。

（4）大西沟堆渣场位于右岸上游自小清河至木底沟的黄河滩区，全长约 1.2km，面积约 16.44 万 m^2，堆存高程 136～160m，容积 165 万 m^3。主要堆存大坝右岸滩区及河床开挖的砂砾石料，供大坝和截流围堰回填砂砾石料回采，运距 1.5km。

（5）1995 年 4～8 月，右岸坝基开挖高峰期，承包商为获得更大的效益，在开挖区西南侧的两条大冲沟内增设两个小弃渣场，在右岸下游 8 区压戗东侧增设一个小弃料场，较赤河滩弃渣场近约 4km，共弃渣约 150 万 m^3。

（6）桥沟口回采料场位于大坝下游葱沟滩区，桥沟河入黄河口西侧，主要堆存进口石方开挖料和导流洞洞挖料。面积为 13.5 万 m^2，堆存高程 135～165m，渣场容积约 233 万 m^3，运距 1.5km。

（7）桥沟回采料场位于桥沟河内右岸滩区上，距桥沟口 1～2km，面积约 4.6 万 m^2，堆渣高程 150～170m，容积约为 56 万 m^3，为大坝回采 4C 区任意料料场，运距约 5.0km。

（8）槐树庄回采料场位于左岸下游的滩地上，滩区高程 132m，面积约 52.2 万 m^2，堆渣高程 132～170m，容积约 963 万 m^3，为大坝区压戗料回采料场，运距约 7.0km。

四、供水和供电设施

（一）供水设施

大坝工程施工用水由小浪底、西河清及马粪滩供水系统提供。3 个供水系统合计最大供水量为 2 900m^3/h。

供水系统包括小浪底地质勘探水井和小清河水源井，最大供水量1 400m^3/h，截流前供大坝基础处理、坝体填筑及附属企业、生活用水。

西河清供水系统从西河清水源井抽水，最大抽水量400m^3/h，为大坝填筑施工及西河清生活区、马粪滩生活区供水。大坝填筑施工由沿4号公路布置的供水管线，先将西河清供水系统的水送至设置在右坝肩下游230m高程的加压水池加压，再接管线至各取水点。西河清生活区、马粪滩生活区由供水管线从西河清供水系统水池将水直接送至各用水点。

马粪滩供水系统为反滤料加工系统提供筛洗用水。该系统由蓄水池、泵房和供水管线组成。蓄水池为反滤料毛料采坑形成，池深15m，总容量8万m^3，蓄水池内设浮式泵房，安装3台KSB型水泵，通过管路向反滤料加工系统供应筛洗用水，供水强度约为1 500m^3/h。

（二）供电设施

大坝施工用电由右岸110kV变电站提供，从西河清110kV变电站沿坝下山梁接线至设置在坝后230m高程山头的35kV变电所降压，向大坝、小浪底、土石料场及生活区供电。

西河清110kV变电站布置在西河清村东，西河清黄河公路桥南150m高程阶地上，占地面积约1.3万m^2。共布置两台25 000kVA变压器，出线电压为35kV和6kV两级。35kV出线4回，其中两回供南岸变电所，另两回供北岸蓼坞变电所及其他北岸负荷。6kV出线6回，主要供马粪滩供电区的砂石料加工及施工供水用电。110kV接线采用内桥，35kV和6kV采用单母线分段。

右岸坝后35kV变电所布置两台SL7－50000/35/6主变压器，35kV采用桥形接线，6kV采用单母线分段，出线8回。

第三节　筑坝材料的开采与加工

一、概况

大坝标招标文件规定：土料场选择寺院坡料场、会缠沟料场和上游小料场，石料场选择石门沟料场，反滤料场选择下游马粪滩料场。各料场特性见表10-3-1。

表10-3-1　料场特性

料场名称		勘探储量（万m^3）	拟使用量（万m^3）	天然含水量（%）	最优含水量（%）	平均运距（km）	剥土量（万m^3）
土料	寺院坡	2 159	990	19~21	19	6.5	44.6
	会缠沟	13.6	6.5	22.3		11.0	13.67
	上游小料场	197	203.75	14.9	15.5	2.0	19.3
石料	石门沟	3 462	2 455			6.5	140
反滤料	马粪滩	760	367			5.0	134

二、土料开采

大坝填筑土料为1A区料、1B区料和1区料。它们分别来自会缠沟土料场和寺院坡土料场。寺院坡料场包括李家坡、艮沟、寺院坡、后苇园和前苇园，合同文件明确指定了李家坡堆料区、弃料区和表土堆存区的位置。

（一）会瀍沟料场

会瀍沟料场位于离马屯镇2km的会瀍沟村南石山梁，距小浪底坝址平均11.0km。料场地面高程377～392m，东西长340m、南北宽200m。土层厚0.5～8m，埋深6～13m，为粉质黏土，总储量13.6万m^3，属低压缩性土至中压缩性土，主要用于1A区高塑性心墙料和混凝土防渗墙固壁料。

根据1A区料用量少且不能集中使用的特点，先将会缠沟料场土料装运到李家坡堆存场堆存，然后再从李家坡堆料场挖运上坝。

由于1A区料的运输需经过1号公路，而1号公路的设计荷载为汽－20，不能满足黄河承包商运输设备的运行要求，因此黄河承包商将1A区料的挖运堆存分包给其联营伙伴水电十四局承担。采用立面开采方式，用1m^3液压反铲挖装，20t自卸汽车运输，运距4.0km。共配备1m^3反铲1台，20t自卸汽车6辆。料场开采从1996年5月中旬开始到1996年6月结束，开采1A区料1.5万m^3堆存于李家坡堆存料场。1A区料于1996年8月16日开始填筑，上坝采用挖运1区料的机械从李家坡堆存料场挖运，截止到1998年10月26日，1A区料填筑全部结束，共填筑1A区料1.17万m^3。

（二）寺院坡土料场

寺院坡土料场为心墙1区料料场，位于右岸寺院坡、前苇园和后苇园村，由艮沟、后苇园、前苇园、李家坡、寺院坡等土料场组成，地面高程380～450m，南北长约3.0km、东西宽约0.6km，开采面积约200万m^2，储量约2 159万m^3，为填筑使用量的2.6倍。料场北部距坝址直线距离约1.0km，有2号公路从料场通过，交通便利，上坝平均运距6.5～7.0km。

土料系黄土类土，以中、重粉质壤土为主，土层厚度10～30m，中上部分布有1～3层钙质结核，结核层厚0.1～0.6m，采料时应将钙质结核清除。土料天然含水量接近最优含水量，属易压实的中压缩性土，各项性能指标均满足技术规范要求。

料场覆盖层主要为耕植土层，厚约0.3m，采料前应清除耕植土并堆存于李家坡堆存场，以便以后造地还田用。

根据开采区土层厚度的不同，采用不同的开采方式。土层较薄时，采用斜坡采方式开采土料；土层较厚时，采用立采方式开采土料。

（1）斜坡采方式：采用Cat D9N或Cat D8N推土机从上至下沿斜坡集料，Cat 992D或Cat 988F轮式装载机挖装，Perlini DP366（36t）、Perlini DP755（65t）型自卸汽车运输。

（2）立采方式：采用EX1100型液压反铲挖装，Perlini DP366、Perlini DP755型自卸汽车运输。

由于艮沟、后苇园土料场位于石门沟石料场上部，为给石门沟石料场开采创造条件，1区土料首先开采艮沟、后苇园土料场土料。1995年9月艮沟、后苇园土料场开采1区土料时，大坝尚不具备填筑条件，因此开挖的土料运至李家坡堆存料场堆存，直至1996年4月直接运输上坝。李家坡堆存料场共堆存良沟、后苇园土料场1区土料86.5万m^3。截至1998年12月31日，良沟、后苇园土料场土料已开采完毕，李家坡堆存土料的回采和李家坡土料场的开采，共完成1区土料填筑量385.80万m^3。

三、石料开采

石门沟石料场为大坝填筑4A、4B区石料和6A、6B、7区护坡堆石料提供料源。料场位于坝址右岸石门沟右侧，东与寺院坡土料场相邻，南北长1km、东西宽0.5km，距坝址直线距离2.5km。2号公路从旁边经过，交通十分便利。

石门沟石料场岩石为三叠系刘家沟T_1^{3-1}、T_1^{3-2}和T_1^4岩组，上覆黄土厚10~30m，为寺院坡土料场的一部分。T_1^4岩性为巨厚层硅质、钙硅质石英细砂岩，层厚60m，是坝址区坚硬岩石占比例最高的地层；T_1^{3-2}岩性以厚层泥钙质粉细砂岩为主，夹厚层、中厚层硅钙质细砂岩，层厚30m；T_1^{3-1}岩性为巨厚层硅质、钙硅质石英细砂岩，层厚28~31m。各岩层中夹有少量黏土岩。硅质、钙质石英细砂岩饱和单轴抗压强度大于200MPa，泥钙质粉细砂岩饱和单轴抗压强度大于100MPa。T_1^4岩石勘探储量为2 000万m^3，T_1^3岩石勘探储量为1 462万m^3，为大坝填筑使用量的1.73倍。

（一）道路布置

1996年6月，石门沟石料场上覆部分黄土挖除后，已具备石料开采条件，工程师批准了承包商提交的石料开采方法和措施。7月下旬开始修筑进入工作面的道路，由于石料场北侧和东侧有2号公路通过，因此首先从2号公路350.0m高程处修筑1条干线道路，再接支线分别至300m、310m、320m、330m、340m、350m等高程作业面，随着开采作业的进一步深入，又在2号公路处相继修筑了进入360m、370m、380m高程的3条运输道路。

（二）开采方法

石料开采采用台阶爆破法施工，爆破方法采用深孔梯段松动爆破。由Tamrock CHA1100C型液压履带钻机钻爆破孔。该型号钻机性能优良，可自动换接钻杆，钻速达30m/h。Hitachi EX1800型正铲挖掘机（10.3m^3）和Cat 992D（10.7m^3）型轮式装载机挖装爆破石渣，Perlini DP755型自卸汽车运输直接上坝。

（三）爆破参数

根据料场区地形情况和石料开采强度的要求，石料开采共开劈了310m、320m、330m、340m、350m、360m、370m、380m及380m以上等9个台阶，除380m以上台阶的台阶高度随地形变化，高度在10~16m外，其余台阶的台阶高度约为10m。依据台阶高度、岩性和上坝块石粒径的要求，确定爆破参数。石料开采爆破中采用的钻孔直径分别为76mm、89mm、102mm和127mm，炮孔间排距分别为2m×3m、3m×4m、4m×5m、5m×5.5m和5m×6m，单位装药量控制在0.323kg/m^3左右。

（四）石料场开采实施情况

石门沟石料场1995年6月批准施工，1995年9月开始运输上坝填筑。截止到大坝竣工，石门沟石料场共完成填筑量为：4A区料1 336万m^3；4B区料1 109万m^3；6A区料、6B区料和7区料护坡块石料89万m^3；8区压坡料178万m^3。

四、砂砾石料的开采及加工

(一)料场及毛料开采

砂砾石料料场位于坝下游黄河右岸东河清附近的马粪滩天然砂砾石料场，距坝址4.0～4.5km。料场顺河长2.0km、宽0.5km，面积100万m^2，滩面高程135.0～137.0m，高出河水位3.0～4.5m，砂卵石层厚度大于15m，按开采到125m高程计算，储量约为766万m^3。表层覆盖粉细砂和壤土，厚2.0～3.0m。

大坝标施工合同规定大坝工程的2A、2B、2C区反滤料，混凝土、喷混凝土粗细骨料以及场内交通道路养护所用的磨耗层、保护层的填筑料料源均来自该料场。

根据招标文件资料，马粪滩砂卵石料场砂砾石天然级配如表10-3-2所示。

表10-3-2　马粪滩料场砂砾石天然级配

粒径(mm)	>150	150～80	80～40	40～20	20～10	10～5	5～2.5	2.5～1.25	1.25～0.63	0.63～0.315	0.315～0.08	<0.08
含量(%)	19	29	16	10	5	3	2	2	2	3	4	5

由表10-3-2可以看出，料场天然级配中大于80mm超径石几乎占去一半，而反滤料、混凝土粗细骨料以及场内交通道路养护用料最大粒径均不大于80mm，因此大部分超径料在加工过程中被弃掉。同时考虑到右岸滩地坝基开挖堆存于上游大西沟堆料场的冲积砂卵石数量有限，不能满足大坝5区掺和料的需求量，承包商利用超径料，经过简单加工，替代合同中规定的在石门沟石料场开采的3区过渡料和5区掺和料中的砂砾料。这样，马粪滩料场就成为大坝填筑料除土料、石料以外其他料的料源。

1994年5月30日承包商进场后，对马粪滩料场进行了验证勘探，较详细地核查了料场储量和天然级配，认为招标文件提供的料场勘探资料可信，精度也达到了要求，并根据料场钻孔资料进行统计分析，确定了料场储量和选择开采范围的储量。计算成果见表10-3-3。

表10-3-3　料场复勘结果

项　目	统计资料对比	
	全部钻孔	选择区的钻孔
面积(m^2)	723 000	705 000
覆盖层(万m^3)	175.57(占21%)	122.20(占16%)
毛料储量(万m^3)	661.32(占79%)	646.65(占84%)
合　计(万m^3)	836.89(占100%)	768.85(占100%)
地下水位以上储量(万m^3)	61.54(占9%)	155.87(占24%)
地下水位以下储量(万m^3)	599.79(占91%)	490.78(占76%)
合　计(万m^3)	661.33(占100%)	646.65(占100%)

由表10-3-3可以看出,选择开采区面积70.5万m^2,毛料储量646.7万m^3,占选择区的76%,平均开采深度为9.2m。按合同文件工程量清单计算,反滤料、过渡料及掺和料需用成品骨料量615.38万m^3,选择储量与需用量之比为1.05∶1。考虑到料场开采、运输、加工等各环节的损失、级配的不平衡、勘探误差等因素,选择的储量显得不足,必要时需扩大开采范围。监理工程师在审批承包商过渡料替代方案时,承包商承诺,马粪滩料场优先满足大坝反滤料、混凝土骨料的料源需求,一旦发生储量不足问题,将扩大开挖范围,若仍不能满足需求,过渡料仍将由石门沟石料场开采补充。

毛料开采月平均工作23d,高峰期工作25d,采用每天两班工作制,每班工作10h。毛料利用率按75%考虑。根据大坝填筑施工进度计划安排,确定毛料开采平均强度为22.5万t/月、652t/h;高峰强度为50万t/月、1 333t/h。

毛料采用立采方式开采,由CatD8N推土机辅助集料,EX1100液压反铲挖掘机或Cat988F(5.9m^3)、Cat992D轮式装载机装DP755型自卸汽车运输,平均运距2.5km。

为了降低采料坑内的水位,减少开采损失,提高开采效率,使开采作业始终能在干燥的环境下进行,承包商在采料坑内及时开挖排水沟和积水坑,布置FLygt2250型潜水泵将采料坑内的渗水抽排至蓄水池,作为加工系统冲洗用水的一部分。

由于马粪滩料场滩地高出河床常水位3.5~4m,因此料场开采时顺河修筑了能抵御20年一遇洪水的防洪堤,汛期基本不受洪水威胁,在有排水设施的情况下,毛料开采可不受季节的影响。同时考虑到挖运设备性能优良、数量充足,运输距离较近等有利条件,加工系统不设毛料堆。毛料开采主要机械见表10-3-4。

表10-3-4　毛料开采主要机械汇总

序号	名称	型号	规格	单位	数量
1	液压反铲挖掘机	EX1100	5.1m^3	台	2
2	轮式装载机	Cat992D	10.7m^3	台	1
3	轮式装载机	Cat988F	5.9m^3	台	2
4	自卸汽车	DP755	65t	辆	9
5	推土机	CatD8N	285HP	台	1
6	水泵	FLygt2250	54kW	台	1

(二)反滤料、过渡料加工系统的设计和运行

1.系统布置

反滤料、过渡料加工系统布置在马粪滩料场上游侧的滩地上,距坝轴线约6.5km。加工厂总面积5万m^2,厂内除布置有加工系统外,还布置有蓄水池、沉淀池以及成品骨料储料堆。加工厂毛料直接来源于马粪滩料场开采的天然砂砾石料;骨料冲洗用水主要由毛料开采坑渗水和生产循环水提供;电力由西河清黄河公路桥南的110kV变电站提供。

加工系统的生产规模主要由反滤料、过渡料填筑综合最大强度确定,同时还考虑5区掺和料用料、混凝土骨料、道路养护材料的需求强度及加工、使用过程的损耗等因素。根

据大坝填筑施工进度计划安排，反滤料、过渡料填筑综合最大强度发生在 1998 年 3 ~7 月间。高峰期各类加工料的需求强度见表 10-3-5。

表 10-3-5　　各类加工料的月生产强度

材料种类	月需要方量 (m^3)	使用损耗系数	容重 (t/m^3)	月需要量 (t)	加工损耗系数	月生产总量 (t)
2A	10 000	1.040	2.02	21 008	1.06	22 268
2B	10 000	1.045	1.90	19 855	1.06	21 046
2C	46 000	1.035	2.05	97 601	1.05	103 457
其他用料	5 000	1.000	2.00	10 000	1.06	10 600
小 计	71 000			148 464		157 371
3 区过渡料	198 000	1.035	2.00	409 860	1.02	418 057
合计	269 000			558 324		575 428

由表 10-3-5 知，反滤料加工系统月生产总量为 157 371t，按每月工作 24 天，每天工作 20h（两班制），考虑高峰系数 1.25，生产效率 85%，由此计算得小时生产量为 482t，实际采用 500t/h。

同样由表 10-3-5 知，过渡料加工系统月生产总量为 418 057t，除高峰系数取 1.05 外，其他参数同反滤料系统，计算得小时生产量为 1 076t，实际采用 1 100t/h。

2. 设备选型

根据毛料的天然级配和力学性能，以及所需骨料的级配和需用量选择破碎设备，考虑到马粪滩天然毛料级配中超径石偏多，而小石、砂子比例偏低，为达到骨料的生产平衡，加工厂的破碎系统中设置粗、中、细三段破碎。粗碎系统由一台意大利产型号为 BR/M1300 ×800 的颚式破碎机组成，用来破碎筛分出的粒径在 500 ~ 150mm 的骨料；中碎系统由 2 台法国产型号为 BS4/13 的旋回破碎机和 2 台意大利产型号分别为 SYMONS4 1/4″ST、SYMONS4 1/4″SH 的旋回破碎机组成，用来破碎筛分出的粒径分别在 250 ~ 80mm、80 ~ 40mm、40 ~ 20mm 的骨料；细碎系统由 1 台意大利产型号为 GYRADISC 48 旋回破碎机和 2 台意大利产型号为 2000 SPL 的棒磨机组成，用来制砂，破碎粒径为 20 ~ 5mm 的骨料。

骨料的级配要求是确定筛分设备的依据。马粪滩反滤料加工厂通过一系列的破碎筛分，生产出满足规范要求的级配骨料，其分级粒径分别为：0.075 ~ 1.2mm、1.2 ~ 5mm、5 ~ 20mm、20 ~ 40mm、40 ~ 80mm、80 ~ 150mm、150 ~ 250mm。加工厂主要筛分系统可分 3 级：一级筛分为初筛，安装有两台单层篦条筛，筛孔尺寸 500mm，毛料经过初筛，粒径大于 500mm 作为弃料，粒径小于 500mm 的混和料进入下一级筛分系统；二级筛分安装有 1 台双层振动筛和 1 台单层振动筛，筛孔尺寸分别为 150mm、80mm、5mm，可将小于 500mm 的混和料分级为 500 ~ 150mm、150 ~ 80mm、80 ~ 5mm、5 ~ 0mm，除 500 ~ 150mm 级配料需进入初碎楼破碎和 5mm 以下级配料需进入洗泥机洗泥外，其他级配料由皮带直接运送至过渡料成品料堆，完成过渡料的加工；三级筛分安装有 2 台双层振动筛，筛孔尺寸分别为 80mm、40mm、20mm、5mm，可将 250mm 以下的混和料分级为 250～80mm、80～40mm、40～20mm、20～5mm 及 5mm 以下。250～80mm 级配料进入中细碎楼破碎；80～40mm、40～20mm 级配料部分进入中细碎楼破碎，另一部分则直接送至反滤料成品料堆；20～5mm 级配料部分直接送至反滤料成品料堆，另一部分则进入制砂系统制砂；5mm 以下级配料进入砂洗系统制砂。

由于马粪滩砂砾石料天然级配中细骨料的含量偏低，因此选用人工制砂系统制砂，人工砂分 5～1.2mm 和 1.2～0.075mm 两级，采用棒磨机和旋回破碎机制砂。

3. 工艺流程

根据反滤料、过渡料的级配要求，整个加工系统工艺流程设计为 2 个相互独立的加工系统，即反滤料加工系统和过渡料加工系统。反滤料加工系统设计为全闭路生产，过渡料加工系统设计为开路生产。为了调整过渡料产品级配，增加其碎石含量，工艺流程设计和车间布置上使过渡料加工系统能够利用反滤料加工系统的破碎设备，在过渡料中增加较小粒径碎石的含量。

4. 加工系统布置

按照加工系统主要生产任务的不同，系统布置分为过渡料生产部分和反滤料生产部分。过渡料部分包括进料预筛分楼，筛分、粗碎楼，成品料堆和装料仓。反滤料部分包括中间料堆，筛分楼，中、细碎楼，制砂系统，成品料堆和装料仓。过渡料成品料堆和反滤料的中间料堆紧靠，当反滤料料源不足时，过渡料可自动补充；又能通过运输皮带从反滤料系统将人工碎石输送到过渡料成品料堆。

整个加工系统的运行由 3 个中央控制室集中控制，分别控制过渡料的生产、反滤料生产和反滤料、掺和料的配制，运行相互独立，互不干扰，根据需要可单独运行其中的任一部分，使系统生产具有较大的灵活性，同时也使系统能分部检修维护。

5. 骨料筛洗用水

加工系统筛洗用水主要为反滤料加工用水。反滤料加工系统设计生产能力 750t/h，每吨成品骨料约需 1.5t 冲洗水，高峰期加工场用水强度约 1 500t/h。利用第一个毛料开采坑作为蓄水池，池深 15m，总容积 8 万 m^3。水源来自毛料开采坑的地下渗水，其他开采坑作为筛洗后的污水沉淀池，污水经沉淀澄清后流入清水池循环利用；沉淀池被污物填满后，随着采料的进行，再利用下一个采料坑作为沉淀池。污水的循环利用，避免了对环境的污染，同时也保证了加工系统始终有充足稳定的水源。

蓄水池设浮式泵房，安装有 3 台 150 SV－SP 型水泵，通过管道向反滤料加工系统供应筛洗用水。安装有 4 台 ETA 200/400R 型水泵将反滤料加工系统的污水通过管道排入污水沉淀池。

6. 实际运行情况

马粪滩反滤料、过渡料加工系统自 1995 年 10 月投产运行至大坝填筑完成，该系统经过多年的运行表明：工艺设计及其设备选型，设备质量，系统规模和生产能力以及供电、供水、排污系统的布置等是合理的，满足了大坝填筑施工的要求。加工系统采用的主要设备见表 10-3-6。

表 10-3-6　　加工系统主要设备

名称	型号、规格	铭牌生产率（t/h）	数量（台或套）	功率（kW）	自重（t）	产地
双层倾斜振动筛	VRM 240/500－2A	175～580	1	2×22	15	意大利
双层倾斜振动筛	VRM 240/650－2A	400～1 100	2	2×（2×22）	34	意大利
双层水平振动筛	VPU 245/600－2A	380	2	2×45	24	意大利
单层静力筛	CP50	70	4		6	法国
单层砂脱水筛	VPE 150/300－1A		2	2×（2×6）	5	意大利
初次颚式破碎机	BR/M 1300×800	200/300	1	132	43	意大利
二次旋回破碎机	BS 4/13	200～250	2	2×110	28	法国
三次旋回破碎机	SYMONS4 1/4" ST	290～310	1	132	27	意大利
三次旋回破碎机	SYMONS4 1/4" SH	70～109	1	132	27	意大利
四次旋回破碎机	GYRADISC 48	80～90	1	200	28	意大利
棒磨机	2000 SPL	20～40	2	2×200	66	意大利
旋流脱水机	CY 715		4		4	法国
旋流/筛网式脱水机	UNIT 8	50～105	2	（2×45）+（2×2.7）		法国
取砂泵	8/6E－AH		4	4×75	5	法国
双螺旋洗泥机	φ44″		1	2×30	16	法国
四次旋回细料破碎机	GYRADISC 48		1	200	28	意大利
1－1/2 层水平振动筛	VPU 165/400－1A		1			意大利
振动给料器			30	96.2		意大利
脱水筛	VPU 200/400－2A	30～100	1	22		意大利
供水泵	ETA 200/400 R		4	4×55		
排水泵	150 SV－SP		3	3×75		
胶带输送机			31	1 190		

第四节　坝基和岸坡开挖

一、不分类料的开挖

大坝标招标文件技术规范对不分类材料开挖的定义为：不分类材料指表土、土和所有已风化的岩石不经爆破便能开挖的材料。

承包商为完成不分类材料的开挖，选择了国际上先进的机械设备，如推土机、装载机为美国 Cat 产品；挖掘机为日本 Hitachi 产品；自卸汽车为意大利 Perlini 和 IVECO 产品。

1994 年 12 月 15 日右岸不分类料开挖开始，至 1995 年 11 月 16 日结束，月均最大开挖强度 90.90 万 m^3。1997 年 2 月 27 日，为争取在截流前完成更多的大坝填筑量，减轻截流后第一年汛前坝体填筑压力，在右岸 $R_2\sim R_8$ 心墙槽下游侧开始坝壳基础开挖。1997 年 4 月 1 日，右岸不分类料开挖全部结束，共开挖不分类料 520.33 万 m^3。右岸不分类料开挖月强度见图 10-4-1。

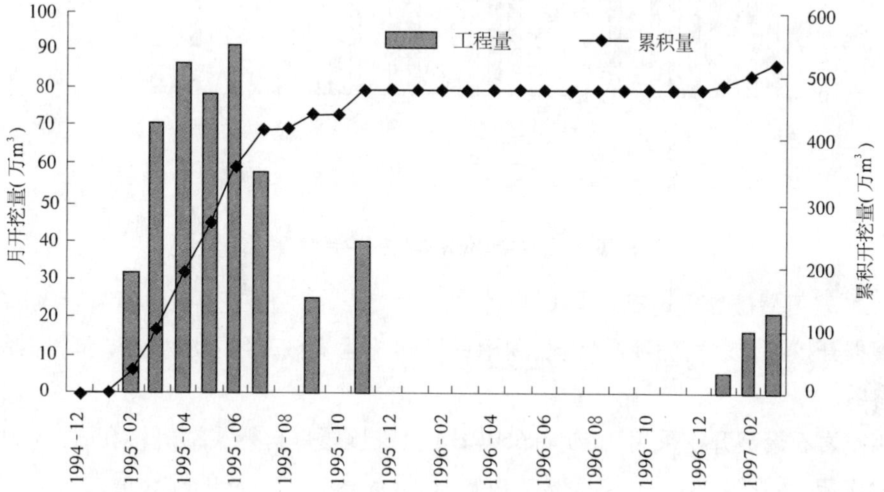

图 10-4-1　右岸不分类料开挖月强度曲线

1996 年 2 月 15 日，洞群标承包商将左岸开挖场地移交给大坝标承包商；2 月 26 日开始左岸不分类料的开挖，月均最大开挖强度 24.65 万 m^3。左岸不分类料开挖月强度见图 10-4-2。

1997 年 10 月 28 日截流成功后，随着基坑抽水的结束，于 11 月 4 日开始了河床基础不分类料的开挖，12 月底基坑开挖基本完成，共完成不分类料开挖 59.40 万 m^3。

以上共完成坝基不分类料开挖 853.2 万 m^3。

二、岩石开挖

（一）施工方法

招标文件技术规范对“岩石开挖”的定义为：坝基完整岩石的开挖，以及不分类材料中单个的、分离体积大于 $1m^3$ 石块的开挖。

大坝基础岩石开挖主要为心墙齿槽区岩石开挖。采用台阶爆破开挖施工，根据不同开挖区域对岩石基础结构的要求，整个坝基岩石开挖采用了四种爆破型式：周边采用预裂爆破；底部采用保护层浅孔小药量爆破；左岸高程 139 ~ 129m 边坡开挖，为保护高程 145m 的混凝土盖板及固结灌浆，采用防震孔 + 预裂爆破；其他区域采用岩石台阶爆破。

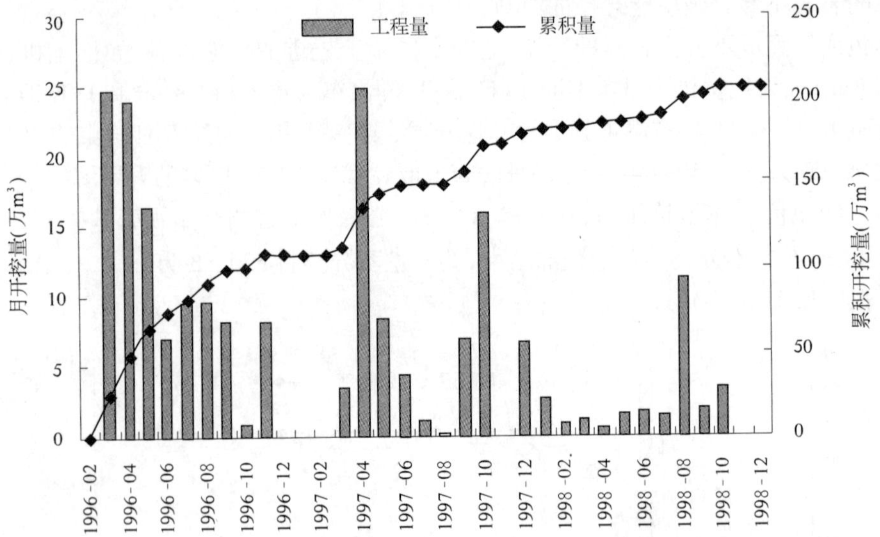

图 10-4-2　左岸不分类料开挖月强度曲线

(二)岩石爆破参数选择

根据开挖部位岩石的地质情况,利用钻机和挖运机械,经现场爆破试验,选择合适的爆破参数。

坝基岩石爆破开挖采用 Tamrock660CHA 型液压履带自行式钻机钻孔,炸药为 2 号岩石乳化炸药,雷管为 NOEL3 号、2 号非电雷管,导爆索为 12g/m 的棉导爆索。

爆破参数:

(1)爆破孔。台阶高度(H)一般为 10m;孔径:$d = H/(0.1 \sim 0.15)$mm,施工中采用了 64mm、76mm、89mm 3 种孔径的爆破孔;抵抗线:$V = (25 \sim 40)d$,一般采用 2 ~ 3m;孔距:$E = 1.25V$,一般采用 3m;堵塞长度:$A = (0.7 \sim 1.0)V$,一般采用 1.0m。

(2)预裂孔。预裂孔布置在最终设计开挖线前 2m,孔径为 76mm,孔距为 0.6m,孔深视台阶高度而定,线装药密度为 275g/m,底部为 1 束 3 根的棉导爆索。

(3)防震孔 + 预裂孔。预裂孔布置在最终设计开挖线前 2m,防震孔布置在最终设计开挖线上,孔内不装药,且孔深较预裂孔更深。

(三)岩石开挖实施情况

右岸岩石爆破作业于 1995 年 3 月 3 日开始,1996 年 7 月 30 日完成最后一次爆破作业,共实施爆破作业 91 次,其中 14 次为浅孔小药量结构开挖,最大一次爆破药量 5 574.0kg、爆破岩石 2.07 万 m³。右岸岩石开挖总量约为 42.42 万 m³。右岸岩石开挖月强度见图 10-4-3。

左岸岸坡岩石爆破作业于 1996 年 4 月 10 日开始,结束于 1997 年 4 月 2 日,共实施爆破作业 48 次,其中 7 次为浅孔小药量结构开挖,最大一次爆破药量 3 537.0kg、爆破岩石 1.24 万 m³。左岸岸坡岩石开挖总量约为 11.41 万 m³;左岸单薄分水岭岩石开挖共完成 19.09 万 m^3。左岸岩石开挖月强度见图 10-4-4。

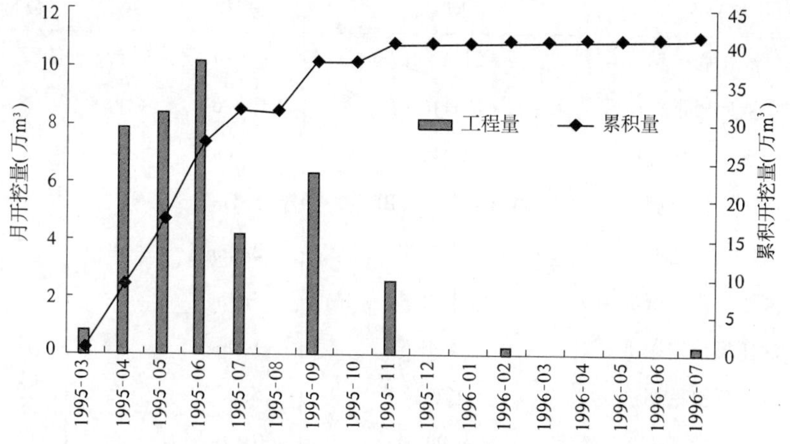

图 10-4-3　右岸岩石开挖月强度曲线

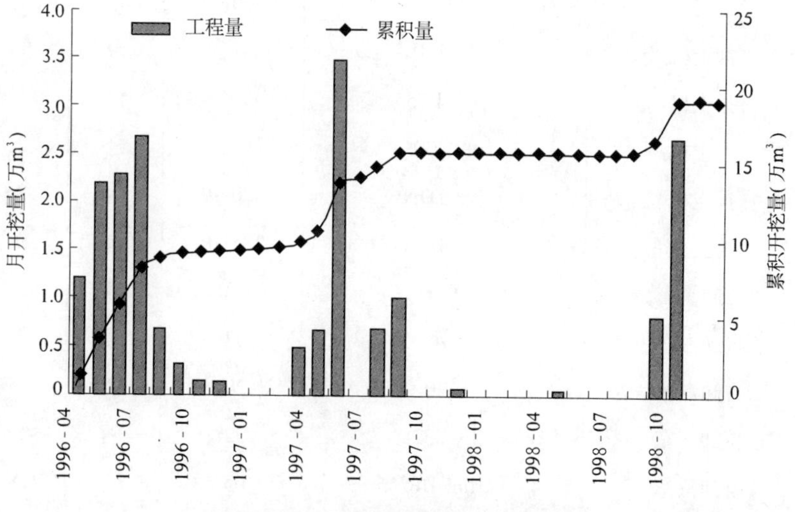

图 10-4-4　左岸岩石开挖月强度曲线

坝基、坝坡开挖主要施工机械见表 10-4-1。

(四)安全措施

坝基岩层为砂岩或砂岩和黏土岩互层,且节理较发育,为防止爆破震动使开挖线以外岩体造成破坏,每次爆破实施前,承包商至少在 24h 前提交爆破计划,经现场监理工程师审查签字后方可钻孔实施,现场工程师对钻孔成果、装药、点炮、震动监测全过程实施监控。爆破震动监测按规范进行,每次爆破前安装 2 台震动监测仪于爆破区外 30m、60m 处,仪器为瑞典 UVS1500 型低频率震动监测仪,体积小,灵敏度高,由电脑自动采集数据,分析并绘制震动速度曲线,自动打印输出。

表 10-4-1　　坝基、坝坡开挖主要施工机械汇总

序号	机械名称	型号	规格	单位	数量	备注
1	液压履带钻	CHA660	2"～4"	台	3	
2	液压履带钻	CHA1100C	3"～6"	台	2	
3	液压正铲挖掘机	E245	4.0m^3	台	1	分包商
4	液压反铲挖掘机	Hitachi 1100BE	5.1m^3	台	2	
5	液压反铲挖掘机	Hitachi 400H	2.2m^3	台	2	
6	液压反铲挖掘机	小松	3.8m^3	台	3	分包商
7	液压反铲挖掘机	Cat	1.0m^3	台	1	分包商
8	液压反铲挖掘机	长江	5.0m^3	台	2	分包商
9	轮式装载机	Cat 992D	10.7m^3	台	3	
10	轮式装载机	Cat 988F	5.9m^3	台	2	
11	轮式装载机	Cat 988B	5.9m^3	台	1	分包商
12	推土机	Cat D8L		台	1	分包商
13	推土机	小松 D155		台	1	分包商
14	推土机	TY200		台	2	分包商
15	推土机	Cat D9N	370HP	台	2	
16	推土机	Cat D8N	285HP	台	9	
17	自卸汽车	Cat	32t	辆	10	
18	自卸汽车	小松	32t	辆	3	
19	自卸汽车	T20	20t	辆	15	
20	自卸汽车	俄 G32t	32t	辆	8	
21	自卸汽车	Perlini DP755	65t	辆	18	
22	自卸汽车	Perlini DP366	36t	辆	14	

三、基坑抽水

(一)排水系统布置

采用明排方式排水。沿纵向围堰内侧坡脚处开挖排水干沟,沿干沟每 50～100m 间距开挖一个集水坑,由布置在集水坑处的潜水泵通过排水钢管将集水排入主河道。其他开挖区域的渗水,根据需要随时开挖纵横支沟,将集水排入干沟。

为保护 1 区、1B 区土料正常填筑施工,对岸坡岩石的裂隙水采取在渗出点凿坑集水,用 2″钢管引水自流到纵向围堰内侧的集水坑集中排出。

为保证大坝各区料首层填筑位于干的基础上,对于河床砂砾石基础渗水区,采取挖纵

横排水沟集水,沟内填3区料,渗水沿排水沟流入纵向围堰内侧集水坑集中排出。

大坝防渗墙最南端基坑渗水,上下游各增设一台4″泵将水排入纵向围堰内侧集水坑集中排出。

为防止心墙区的排水泵事故停机造成集水超过心墙填筑高程,将2个集水坑的排水钢管连成整体。

为控制右岸填筑过程中来自高程125m基础的渗流,顺河方向修筑了长约40m的集水沟,将渗流引至排水井中。排水井由直径1m的混凝土管组成,管壁布设小孔,并将其埋入地下2~3m深的冲积层中。管中填入反滤料,井中安装潜水泵排水。随着填筑体的上升,逐节接长混凝土管,使排水井的井口总是高出工作面直至高程130m。排水井的渗水经泵送入排水钢管,集中排至基坑外,日最大排水量50 000m^3/d,一般为30 000~40 000m^3/d。

(二)排水设备

采用瑞典产型号分别为FLygt2250、FLygt2151、FLygt2102的潜水泵抽排基坑集水。这些型号的产品性能优良,安装简便,能数月连续不停机抽水,在额定小时抽水范围内,能任意调节排水量,抽水不会间断。潜水泵主要技术参数见表10-4-2。

表10-4-2　　潜水泵主要技术参数

型　号	额定功率(kW)	水头(m)	排水量(L/s)	相应功率(kW)	质 量(kg)
FLygt2250(10″)	54	12.5	250	45	540
FLygt2151(6″)	20	13	85	16	165
FLygt2102(3″)	3.7	12	22	3.4	50

根据坝基渗水量的情况,第一期基坑排水布置4台FLygt2250型潜水泵和3台FLygt2151型潜水泵,汛期再增加4台FLygt2250型潜水泵;第二期基坑排水布置4台FLygt2250型潜水泵。

第五节　防渗墙及高压旋喷灌浆防渗墙施工

坝基垂直防渗体系包括主坝混凝土防渗墙、上游枯水围堰塑性混凝土防渗墙、上游枯水围堰高压旋喷灌浆防渗墙三部分。

一、主坝混凝土防渗墙施工

主坝混凝土防渗墙设计墙厚1.2m,墙嵌入基岩1.0m,墙顶高程144.0m,其中高程126m以上设置钢筋笼。全长466m,总防渗面积21 800m^2。混凝土设计强度R_{28} = 35MPa,强度保证率为85%。

为保证大坝后期填筑强度,争取填筑工期,混凝土防渗墙分两期施工,第一期右岸滩地部分在主体工程开工前由国内承包商施工,最大造孔深度达81.9m,防渗面积为10 600m^2,共分43个槽孔施工。工程从1993年2月15日开工,至1994年10月14日完成。主要采用冲击钻造主孔、液压抓斗和钻劈法造副孔的施工方法进行施工。第二期左岸河床部分，最大成墙深度 70.3m，防渗墙面积 5 100m^2，在截流后由大坝标黄河承包商的分包商法国地基建筑公司施工。该公司使用自己生产的双轮铣和抓斗进行槽孔开挖，并首次成功地采用了先开挖横向槽孔浇筑塑性混凝土，然后造主孔平接主墙的先进施工方案，较计划工期提前 58 天完成。

（一）右岸防渗墙施工

右岸混凝土防渗墙全长 259.6m，桩号 DG0 + 394.2 ~ DG0 + 653.80，先后由北京市水利基础总队和中国水利水电基础工程局承担施工。

右岸河床覆盖层深达 70 多 m，自上而下大致可分为表砂层、上部砂卵石、底砂层和底部砂卵石。在上部砂卵石层中分布有厚 1 ~ 4m 的夹砂层，并夹有粒径达 1.0m 的大漂石。底砂层位于高程 80 ~ 100m 之间。河床基岩为黏土岩和砂岩。河床深槽右侧有高约 45m 的基岩陡坎，坡度为 1:0.6。

1993 年 2 月 ~ 1994 年 1 月，由北京市水利基础总队进行主坝防渗墙造孔施工，共完成造孔进尺 6 366.71m，浇筑 8 个槽孔混凝土 2 941.4m^3。

造孔平台高程为 140.0m，平台宽为 30m，伸入河床部分采用铅丝笼防护。为防止平台下 6 ~ 8m 厚的粉砂土在造孔中产生塌孔，在修建施工平台时对该层粉砂土作了振冲处理。轴线两侧各 6m 范围内，布设振冲桩以提高承载力。孔排距均为 1.5m，振冲桩深入砂卵石层顶部。

采用“两钻一抓法”造孔，水下直升导管法浇筑混凝土，槽孔间的连接为套接。即用意大利产 R – 15 型钻机钻主孔，用液压导板抓斗抓副孔，然后清孔成槽。实际施工时因 R – 15型钻机不适应地层条件，工效很低，故改用冲击钻打主孔，仍用液压抓斗抓副孔。混凝土浇筑过程为现场拌和站拌制混凝土，混凝土搅拌车运输，通过集料斗进入导管，进行水下混凝土浇筑。

投入的主要设备：R – 15 型钻机 1 台，液压导板抓斗 1 台，大口径回转钻机 1 台，冲击钻机 10 台，强制式混凝土拌和机 4 台，混凝土搅拌车 3 台，以及其他辅助施工设备。

1994 年 1 月小浪底水利枢纽建设管理局和北京市水利基础总队解除合同，全部撤出现场。

1994 年 1 ~ 10 月，由中国水利水电基础工程局承接余下的防渗墙施工。采用冲击钻造主孔、液压导板抓斗造副孔，部分副孔采用钻劈法施工。水下直升导管法浇筑混凝土，槽孔间连接为套接的传统施工方法施工。防渗墙共分 43 个槽孔，槽孔长度6.6 ~ 8.7m，大部分为 7.2m。为避免施工中的干扰，冲击钻和液压抓斗分别布置在槽孔两侧，抓斗抓出的砂卵石由装载机装自卸汽车运走。施工高峰时抓斗抓取副孔的工效为 48m^2/（台 · 日），冲击钻钻凿主、副孔的工效分别为 1.8m^2/（台 · 日）、3m^2/（台 · 日），凿缓凝性混凝土接头孔的工效为 2.3m^2/（台 · 日）。

防渗墙混凝土由 JS500 型卧轴强制式混凝土搅拌机拌和，采用自动称量骨料，人工加水泥和掺和料。储料场的卵石和砂经由设于皮带廊道中的 650mm 宽皮带运输机运至矿车内，再由矿车分运至 3 台拌和机储料斗内。拌和好的混凝土由 6m^3 搅拌车运至槽口卸入导管内。该拌和站的生产能力为 53m^3/h。混凝土面上升速度为 2.5 ~ 5.22m/h，混凝土浇筑的最高强度为 $55m^3/h$。

为了在施工期间为河床留出足够的过水断面，桩号 DG0 + 394.2 ~ DG0 + 460.8 间混凝土墙顶浇筑至高程 126.5m，DG0 + 460.8 以右用 3 个槽孔过渡到墙顶浇筑高程 138.5m。

造孔泥浆由设在右岸滩地上的 10 台 $2m^3$ 卧式泥浆搅拌机制浆，备有 6 个储浆池，总储量为 $900m^3$，该制浆站日生产能力为 $548m^3$。由于当地黏土质量差，黏粒含量仅为 35%，因此为拌制合格的泥浆，在制浆时加入了少量的膨润土，每立方米泥浆加 12.5kg 膨润土和碱粉。

（二）几个问题的处理

（1）右岸基岩陡坎及反坡处理：在桩号 DG0 + 510 ~ DG0 + 546 段，基岩呈陡坎状，基岩面从高程 68m 上升至 118m，平均坡度达 1∶0.6，在这样陡的岩面上造孔难度很大。施工中发现，岩面比预计的还要陡，且存在一个较高的反坡。施工中承包商采取了一系列措施，钻进中随时检查孔斜情况并及时采取纠偏措施，同时调整入岩深度，保证各个方向均能满足入岩 1.0m 以上的要求，该部位最大单孔入岩深度 18m，完全封闭了反坡，其余均在 2.0m 以上，孔斜率全部合格，满足了设计要求。

（2）接头孔施工和混凝土强度问题：混凝土设计强度为 35MPa，在国内防渗墙中尚无先例。在槽孔间采用套接时，混凝土早期强度高达 17MPa 以上，造孔难度大，孔斜不易控制。为此，经过大量的试验论证，提出改变混凝土配方，即在混凝土中掺加 40% 粉煤灰，制成缓凝型混凝土。这种混凝土早期强度低，有利于接头孔的施工，而后期强度逐渐增长，能够满足设计要求。为此将混凝土强度指标由 $R_{28} = 35MPa$ 修改为 $R_{28} = 20MPa$，并以 90 天龄期的强度 33MPa 作为控制强度，一年后强度可达到 50MPa 以上。实践证明，这种混凝土对保证接头孔的顺利施工起到了很好的作用。

总计完成造孔进尺 17 101.37m，浇筑混凝土 21 526.90m^3，形成挡水面积10 543.60m^2，完成墙体下基岩帷幕灌浆 5 188.73m，注入水泥 472.36t，墙体钢筋笼160.8t。完成观测仪器埋设 25 支，全部合格。

（三）左岸混凝土防渗墙施工

1. 施工布置

1997 年 10 月 28 日截流后，黄河承包商首先对基坑进行了排水和清理，并沿防渗墙轴线填筑了高约 3m、顶部高程为 132m、宽为 30m 的造墙平台。为防止施工过程中槽孔塌陷，沿墙体轴线两侧设混凝土导墙。

为配合双轮铣设备的施工，在防渗墙下游靠左岸设一个泥浆制造系统，膨润土浆被存放在 3 个 $500m^3$ 的泥浆池中，循环使用。膨润土由法国 SFBD 公司生产，采用袋装运至工地。

沿大坝拦洪围堰下游布置有临时道路与造墙平台相接，混凝土由大坝下游混凝土拌和站供应。

2. 施工方案

根据河床左侧的地质情况，考虑混凝土防渗墙混凝土强度高对套接钻孔带来的困难，承包商最终采用了先开挖横向接头槽孔，浇筑塑性混凝土，然后再造主孔的新工艺。主要施工次序为：防渗墙开挖施工前，在防渗墙之间的接头孔处开挖垂直于墙轴线长 2.8m、宽 1.2m 的横向槽孔，入基岩 0.5m，浇筑塑性混凝土，塑性混凝土的配合比和物理指标如表 10-5-1所示。

表 10-5-1　　塑性混凝土的配合比和物理指标

配合比					物理指标			
砂（kg）	砾石（kg）	膨润土（kg）	水泥（kg）	水（L）	水灰比 W/C	抗压强度（MPa）	塌落度（cm）	弹性模量 E（MPa）
783	784	100	130	305	2.35	2～4	18～22	150～500

当防渗墙主槽孔两端接头处的横向槽孔完成后，进行主槽孔Ⅰ序孔的开挖，通过切割进入横向槽孔 70cm 深，形成一超出横向槽孔中心线 10cm 的槽孔。Ⅰ序孔平均长度 6.4～7.5m，切割横向孔后槽孔总长为 7.8～8.9m，造孔完成后，清孔然后浇筑混凝土。

Ⅱ序孔开挖时，防渗墙内的横向槽孔预留的塑性混凝土将被开挖，同时将Ⅰ序孔超出接头孔中心线 10cm 的混凝土用双轮铣切削干净，形成新鲜的混凝土接触面。接头孔中超出主槽孔横向槽孔的塑性混凝土被保留下来，对接缝起加固和保护作用。

左岸“老虎嘴”及新老混凝土防渗墙接头处理：因高差约 8m 的岩体开挖量大，故经比较确定岩体不开挖，增加 3 排旋喷灌浆孔，形成厚约 3m 的旋喷墙体来堵住“老虎嘴”。

为保证截流后的混凝土防渗墙和截留前右岸已施工的混凝土防渗墙能够良好地搭接，在接头处采用双轮铣对原右岸老混凝土防渗墙进行切削，浇筑新混凝土，并且对原右岸已施工的混凝土防渗墙缺陷部位，采用高压旋喷灌浆进行加固。

3. 双轮铣在防渗墙施工中的应用

双轮铣，又称液压铣槽机（Hydrofraise），1973 年由法国索列丹斯（Soletanche）公司首先研制而成，是当今世界上最先进的挖槽设备。法国、德国、意大利和日本等国均能生产该设备，并在美国、法国和匈牙利等国的水电工程中得到应用。三峡和小浪底工程在防渗墙施工中均使用了双轮铣。

小浪底工程使用的双轮铣设备型号为 HF4000，其主要技术特性如表 10-5-2 所示。

表 10-5-2　　HF4000 双轮铣的主要技术特性

开挖深度（m）	切削鼓轮转速（r/min）	切削扭矩（kN · m）	液压马达功率（HP）	切向力（t）	起重能力（t）	泵排量（m^3/h）	允许最大渣径（mm）	最大液压能力（bars）
60～150	9～25	40～120	475	25～60	120	450	100	45

双轮铣的工作原理是通过铣钻机下部的滚轮铣刀切削地层，并利用泥浆反循环排渣。铣钻机是一个高 15m、重 12～16t 钢制重型机架，钻掘长度 2.4～2.8m，宽度 0.59～1.5m。两个切削鼓轮安装在机架的下端，鼓轮上有滚轮铣刀，两个滚轮转向相反，施加的力偶达到 40kN · m。鼓轮分别由两个潜水液压马达驱动，在转动过程中破碎、切削地层，使之与膨润土浆液混合，由切削鼓轮上方安装的潜水泵抽吸被钻掘出的碎屑和泥浆，并通过排渣

管排出地面。泥浆经筛分站筛分后循环使用。铣钻机上部有一个液压千斤顶,它把铣钻机和吊车的承重缆连在一起,千斤顶的作用主要是调节铣钻机的钻进速度。整个切削体除固定各工作部件外,还可为切削提供一定的动力,并起导向作用。

履带式起重机通过钢丝绳悬吊和升降切削机体,为铣钻机提供动力。起重机操作室装有电子指示仪,可以自动记录钻机的深度、前后和左右偏离度、钻进的速度及鼓轮的运转情况。操作人员可通过油缸及时调整切削机体的工作状态,保证槽孔的垂直度。该钻机的垂直精度可达0.3%。

由于双轮铣的工效高,因此制浆和泥浆处理系统也较先进,铣钻机抽出的泥浆在泥浆处理系统通过筛分,除去泥浆中直径大于60μm的颗粒后送回储浆池循环使用。

河床左侧混凝土防渗墙全长151m,根据先施工横向接头孔,然后再造主孔的施工方案,共分22个横向槽孔和23个主槽孔施工。整个施工从1997年12月8日开始至1998年3月10日完成,历时93天,共浇筑横向槽孔塑性混凝土4 210m^3、主槽孔一级配混凝土7 399m^3,成墙面积5 100m^2。

该项目是截流后大坝标的关键工程,控制工程的直线工期,承包商采用了先进的施工设备,配备4台11.7t级的导板抓斗、1台双轮铣并配备了2台11t的冲击锤。

在砂卵石地层中用抓斗作为主要的开挖设备。如果覆盖层结构均匀,则首先采用抓斗在导墙顶高程以下预开挖4m深的槽,然后再使用双轮铣开挖。当抓斗开挖到基岩时,再采用双轮铣对基岩进行铣削。对于Ⅱ期槽孔的开挖,用双轮铣铣去槽孔两端Ⅰ期混凝土各10cm,使槽孔接缝有新鲜的混凝土出露。施工中双轮铣在抓斗的配合下,开挖均质地层时效率高,开挖工效为2.5～3.0m^3/h,双轮铣在接头孔和主槽孔基岩中的开挖效率见表10-5-3,表中主槽孔中的参数包括铣削10cm混凝土接头的施工。

表10-5-3　　双轮铣的开挖工效

施工部位	总进尺(m)	总耗时(h)	平均进尺(m/h)	效率(m^3/h)
接头孔	59.03	112.9	0.52	1.76
主槽孔	332.74	523.15	0.64	1.60

槽孔的垂直度控制和基岩的鉴定:在抓斗开挖和采用双轮铣对接头横向塑性混凝土开挖时,每隔10m,利用内设电子指示仪的双轮铣插入正在开挖的槽孔内进行检查,随时纠正上下、左右的偏差,并自动记录孔深情况。在Ⅰ序孔开挖过程中,双轮铣工作中的测斜作为初期资料。在Ⅱ期槽孔开挖中,为保证与在Ⅰ序孔的混凝土接触,双轮铣必须重新定位进行测斜,即作为最终的测斜资料。实测的偏斜数据见表10-5-4。

表10-5-4　　双轮铣实测的偏斜数据

施工部位	左右方向		前后方向	
	最大平均偏距(mm)	最大平均偏斜率(%)	最大平均偏距(mm)	最大平均偏斜率(%)
主槽孔	35	0.24	60	0.36
接头孔	40	0.27	55	0.33

河床左侧混凝土防渗墙在施工中采用横向槽孔填充塑性混凝土保护下的平板式接头新技术,解决了在深覆盖层中高强混凝土套接造孔施工困难的问题。采用这种新方案剩余横向槽孔的塑性混凝土将附在接头孔的两端,对接头起保护作用。双轮铣设备在小浪底得到了成功的运用,使得在直线工期上的混凝土防渗墙施工较原计划提前 58 天完成。12 个检查孔岩芯获得率达 97% ~100%;防渗墙与基岩之间接触紧密;两个相邻垂直接缝间的混凝土黏结好,压水测试透水率在 0 ~2.42Lu 范围内。

二、上游围堰塑性混凝土防渗墙施工

上游围堰防渗墙为塑性混凝土,墙轴线长 239.41m,截流后和龙口处的高喷墙组成围堰的垂直防渗体。设计墙厚 0.8m,混凝土抗压强度 2.0MPa,弹模不大于 500MPa,渗透系数不大于 1×10^{-7}cm/s。

通过多种配合比试验筛选,施工采用的混凝土配合比见表 10-5-5。

表 10-5-5　　混凝土配合比

水灰比	砂率(%)	每立方米材料用量(kg)						
		水泥	砂	卵石	膨润土	水	YW	YNH－1
1.53	45.5	150	760	910	40	230	0.02	0.6

该墙为前期开工的项目之一,由中国水利水电基础工程局承担施工。1993 年 2 月 15 日开工,至 1994 年 1 月 4 日完成最后一个槽孔的混凝土浇筑。施工方法为冲击钻造孔成槽,水下直升导管法浇筑混凝土,槽孔连接为套接。施工中投入冲击钻 23 台及 1 台日本产真砂抓斗。整个防渗墙共分 39 个槽孔,每个槽孔长 6.8m,实际最大深度 73.4m,平均深 61.8m,墙体深入基岩不小于 0.5m。总计完成造孔进尺 20 898.99m,浇筑塑性混凝土 6 135.5m^3,埋设观测仪器 24 支。

平均造孔工效 84.6m/d,高峰时达 145.3m/d,混凝土浇筑强度为 30m^3/h。

三、上游枯水围堰高压旋喷灌浆防渗墙施工

(一)概述

高压旋喷防渗墙包括对塑性混凝土墙的加高段和河床段两部分。塑性混凝土墙的加高段,桩号 D0 +420.05 ~ D0 +252.56,墙顶高程 150.00m,墙底高程 130.00m,与塑性混凝土墙的搭接长度为 5m。河床段,从桩号 D0 + 252.56 至 D0 + 019.5,墙顶高程为 150.00m,墙体最低高程 101.00m,塑性混凝土墙与河床段旋喷墙的连接处布置 5 个搭接桩。旋喷墙轴线与塑性混凝土墙的轴线相同,旋喷桩采用单排桩成墙,按孔距 1.0m 布设,成墙厚度 1.2m,沿轴线共布置 406 个旋喷桩孔。

旋喷墙孔通过填筑层和原河床覆盖层。填筑层的干容重在 2.2t/m^3 以上;原河床覆盖层为第四纪河床冲积砂卵石层,级配不良,卵石含量较高,局部地段卵漂石含量较多,并有架空,给造孔带来很大的困难。

(二)高压旋喷灌浆现场试验

根据工程合同文件规定的要求,旋喷防渗墙由单排旋喷桩搭接而成,桩中心距1.0m,成桩直径不小于1.20m,造孔最大倾斜率小于0.5%,墙体强度1.5~2.2MPa,渗透系数小于10^{-6}cm/s。为保证满足旋喷墙施工质量的要求,通过现场试验,选择合适的施工控制参数,确定适合本工程地层特性的施工工艺,对选用施工设备的可靠性进行检验。试验分两步进行,首先进行单桩试验,在单桩试验成功的基础上,再进行围井试验。

根据工程经验和室内试验成果,现场试验选用稳定浆液。浆液水灰比1.89:1,膨润土掺量为水泥用量的5%,密度1.35g/cm^3,马氏黏度为35~40s。

1997年6月26日至7月2日,为验证选定的浆液能否满足合同文件的要求,并检验施工设备的性能和施工工艺,在填筑的砂卵石层中做了4个10m深独立的旋喷桩试验。钻孔直接由喷浆机完成,选用单、双喷嘴和两种提升速度的不同组合进行浆液喷射,喷浆压力为40MPa。旋喷桩完成7天后,将上部5m开挖出露,人工清理露出的桩体,测量各部位实际桩径并作体型描述,试验结果见表10-5-6。

表10-5-6　　单桩桩径试验结果统计

桩号	喷嘴个数(个)	提升速度(cm/min)	实测桩径(m)	
			最小	最大
1	1	26.7	1.37	1.92
2	1	17.1	1.75	2.42
3	2	26.7	1.30	1.94
4	2	17.1	1.57	2.19

由试验结果可以看出,4种不同组合的旋喷桩最小直径1.30m,满足合同文件规定的要求,试验结果达到了预期目的,为围井试验提供了可靠的依据。

为进一步确定施工参数,检验成墙工艺和墙体防渗性能,承包商于1997年6月28日至8月20日又进行了围井试验。根据单桩试验的结果,考虑到实际施工地层的不均匀性及卵漂石的影响,围井试验时采用双喷嘴,并确定施工控制参数为:灌浆压力大于40MPa,空气压力1.5MPa,输浆量225L/min,旋转速度12r/min;提升速度:Ⅰ、Ⅱ序孔的原地层为17.1cm/min,填筑层和Ⅲ序孔为26.7cm/min。

围井试验区位于距旋喷墙轴线5.0m填筑至152.5m高程的枯水围堰上,试验地层上部12m为砂卵石填筑层,下部为原河床覆盖层。围井由25个旋喷桩组成,其中16个间距为1.0m、深32m的桩组成一个正方形围井,底部由9个同样深度的旋喷桩封底,只旋喷底部2m。

围井旋喷桩施工选用HD90型回转式冲击钻钻孔,不下套管,每个钻孔均作孔斜测量。通过对4个单桩钻孔和围井25个钻孔的孔斜测量,平均偏斜率为0.87%,最大为1.12%、最小为0.45%,偏斜率小于0.5%的钻孔仅有3个,占总钻孔的10.3%。也就是说,合同文件中规定的最大倾斜率0.5%的标准在实际施工中很难达到。根据试验结果,实际施工时钻孔倾斜率的控制标准改为小于1%。

为验证旋喷墙的渗透性能，试验中采用固定水头和变水头两种方法，试验结果为围井内的渗透系数在 $1.41\times10^{-5}\sim9.5\times10^{-6}$cm/s。

试验中估测了 6 个桩的返浆量，分序平均后Ⅰ、Ⅱ序孔为 42%，Ⅲ序孔为 50%。根据返浆量及地层的平均孔隙率估算成桩直径，平均为 1.46m，最大为 1.59m、最小为 1.32m。桩径估算公式为：

$$D=2\times[(0.814+V_{D})/\pi]^{0.5}$$

式中 D——成桩直径，m；

V_D——旋喷桩每米耗浆量，m^3/m。

为验证桩径估算公式的可靠性，在渗透试验结束后，对围井的内部和一侧的外部进行了开挖检查，内部开挖深度为 6.8m，外部为 5.7m。经外观检查，墙体连续，井壁胶结情况良好，实际成桩直径均比估算的桩径大，可以满足技术规范对成桩直径的要求。

旋喷防渗墙施工可以采用试验用的浆液配合比和施工工艺及控制参数。

（三）高压旋喷灌浆防渗墙施工

1. *主要施工机械*

钻孔机械采用 1 台 HD90 型、2 台 CasagrandeC6 型和 1 台 CasagrandeC8 型冲击回转式钻机造孔。这些钻机性能稳定，可实现自动化操作，能适应各种地层。特别是 C8 型钻机，为当今国际上较先进的全新钻机，具有跟管钻进功能，能较好地控制孔斜，特别适合在松散的覆盖层中钻孔。

测斜仪采用 SISGEO C6004 型或 C800U 型测斜仪进行钻孔倾斜度测量。可在护壁用的钢套管内进行并能直接得出各点的数值，经计算得出钻孔的偏斜值和方位角，也能和计算机连接，更快捷地得出钻孔的偏斜值和方位角。

喷浆机械采用 SIRIO2 SC 型履带自行式高压旋喷机喷射造墙。本喷射机自身具有一定的钻进功能，配备有 46m 的高支架，孔深 45m 以内的孔可一次旋喷完成。旋喷用钻杆为二重管，装卸方便，密封可靠。喷浆杆内径 30mm，为高压浆液通道，外径 90mm，内外径之间为压缩空气通道，每节长为 3.0m。旋喷机还配备有 LUTZ CL88 多功能钻灌参数记录仪，喷灌过程中可自动记录孔深、浆压、转速、提升速度等参数，并在荧光屏上显示，便于随时监视旋喷进展过程。

制浆设备采用搅拌能力分别为 $12m^3/h$ 和 $24m^3/h$ 的搅拌机制备膨润土浆和水泥稳定浆液。

浆液输送设备采用型号为 HT400 和 7T-450 的高压泵各 1 台，用于运送膨润土浆和水泥浆，两种高压泵均能满足标书上要求的输出浆压。

2. *浆液及施工参数*

根据旋喷灌浆试验结果，旋喷浆液采用稳定浆液，采用浆液配比为：水∶水泥∶膨润土=850kg∶450kg∶22kg。水泥为洛阳水泥厂生产的散装 525 号普通硅酸盐水泥，膨润土为从澳大利亚进口产品。按此配比生产的稳定浆液技术指标为：密度 $1.35g/cm^3$，马氏黏度小于 40s。

旋喷灌浆施工参数为：灌浆压力大于 40MPa，进浆量为 225L/min，使用双喷嘴，喷嘴直径为 3mm，气压大于 1.5MPa，喷浆杆旋转速度为 12r/min，提升速度在 13.3～26.7

cm/min,实际操作时视孔序及钻孔偏斜的情况确定。

3. 高压旋喷防渗墙施工

高压旋喷防渗墙施工由意大利 SGC 公司承建。施工分Ⅰ、Ⅱ、Ⅲ序,按逐步加密进行。根据施工进度安排,施工分两期进行,第一期为对原已建塑性混凝土防渗墙的加高,轴线长约 168m,孔深 20m,与原墙搭接 5.0m,孔底高程 130.0m。施工在 153.0m 高程的填筑平台上进行,共完成钻孔进尺 3 714m,喷浆 3 308m。第二期在截流后,围堰填筑至 152.5m 高程后进行,旋喷墙轴线长约 233.0m,要求钻孔进入基岩以下 0.5m。第二期从 1997 年 11 月 13 日开始施工,至 1998 年 2 月 24 日结束,共完成钻孔进尺 7 848m,喷浆 6 766m。整个旋喷防渗墙施工累计完成钻孔 11 562m,喷浆 10 074m,成墙 9 897m^2。据施工现场记录统计,最大孔深达 51.0m,超过 40m 深的孔有 37 个,钻孔的平均偏斜率为 0.47%,钻孔和旋喷灌浆的生产率分别为 77m/d 和 66m^2/d。

4. 旋喷施工质量控制

为保证成墙的施工质量满足技术规范的要求,施工中主要对孔深、孔斜、浆液质量、喷浆中断等关键工序进行严格控制。

第一期施工时,因孔底高程已确定,钻孔只需钻至预计深度即可喷浆。第二期施工时,要求钻孔深入基岩 0.5m 以上,为了确定实际的基岩高程,将所有的Ⅰ序孔作为基岩的勘探孔,每孔均需取样作基岩鉴定,以此确定实际钻孔深度。Ⅱ、Ⅲ序孔根据Ⅰ序孔确定的基岩面高程确定钻孔深度,但终孔时仍要取样鉴定,以确保钻孔深入基岩的深度。

孔斜控制标准为偏斜率小于 1%,对所有钻孔均进行孔斜检测,要求在开始喷浆作业前提交检测结果,根据提交的检测结果确定旋喷提升速度。对偏斜率大于 1% 的钻孔,按 1.2m 的标准桩径作图,检查搭接情况;对于可能影响良好搭接的墙段,一般采用降低旋喷提升速度适当增大成桩直径,从而实现良好搭接,如仍不能良好搭接的,则采取增加附加桩的办法解决。全部钻孔偏斜率检测结果资料统计分析表明,全部 408 个钻孔,最小偏斜率为 0.05%、最大为 1.52%,其中小于 0.5% 的有 243 个孔,0.5% ~1.0% 的有 144 个孔,大于 1.0% 的有 21 个孔。

对于两处在墙底部位不能良好搭接的桩,采用各增加 1 个附加孔的方法解决,其余偏斜率大于 1.0% 的孔,采用降低旋喷提升速度以增加桩径的办法解决。

第六节　坝体填筑施工

一、概述

大坝为壤土斜心墙堆石坝,上游拦洪围堰为主坝坝体的一部分。根据坝体不同部位的功能和对填筑料的要求,并为充分利用工程开挖的各类料,将坝体设计为 17 个填筑区,对应有 17 种填筑料,按照各区料在坝体中的作用不同,将坝体填筑料分为防渗料、反滤料、过渡料、堆石料、护坡料和压戗料等 6 类,总填筑工程量 5 184.7 万 m^3,其中土料 971 万 m^3。根据施工总进度计划安排和施工导截流要求,为降低坝体填筑强度,坝体填筑分两期进行。截流前为第一期,填筑桩号 D0 +492.50 以右的部分坝体,合同要求填筑高程为200.0m;截流后为第二期,填筑坝体剩余部分。

为保证筑坝材料的质量满足大坝设计要求,招标文件对各类填筑料的来源及质量作了具体的规定,详见表10-6-1。

表10-6-1 大坝各类填筑料的来源及要求指标

填筑区号	填筑区名称	填筑料来源	要求指标
1区	大坝心墙区	寺院坡土料场	钙质结核 $d_{max}<100mm$,含量小于8%。压实前含水量和最优含水量之差一般在+2%~-1%范围内;近基岩面1m内+3%~+1%范围内,最优含水量按美国标准ASTM D698进行的标准普氏击实试验确定
1A区	大坝心墙高塑性区	会缠沟土料场	含水量 $\omega=w_{0_p}+(+3\%\sim+1\%)$,$w_{0_p}$ 为最优含水量,最优含水量按美国标准ASTM D698进行的标准普氏击实试验确定
1B区	上、下游围堰斜墙区	大西沟、小西沟和小浪底土料场	同1区料
2A区	下游第一层反滤区	马粪滩砂石料场	粒径 $d=20\sim0.1mm$,级配详见级配曲线,骨料坚固度符合美国标准ASTM C88所确定细料坚固度的要求
2B区	下游第二层反滤区	马粪滩砂石料场	粒径 $d=60\sim5mm$,级配详见级配曲线,骨料坚固度符合美国标准ASTM C88所确定细料坚固度的要求
2C区	上游反滤区	马粪滩砂石料场	粒径 $d=60\sim0.1mm$,级配详见级配曲线,骨料坚固度符合美国标准ASTM C88所确定细料坚固度的要求
3区	过渡区	马粪滩砂石料场	按工程师批准的级配曲线加工
4A区	A类堆石	石门沟石料场	粒径 $d_{max}<1m$,$d<5mm$ 的含量小于25%;$d<0.1mm$ 的含量小于5%;粉砂岩和黏土岩含量小于5%
4B区	B类堆石	石门沟石料场	粉砂岩和黏土岩含量小于10%,其他要求同4A区料
4C区	C类堆石	石门沟石料场	粒径 $d_{max}<1m$,$d<5mm$ 的含量小于30%;$d<0.1mm$ 的含量小于5%;粉砂岩和黏土岩含量小于20%
5区	内铺盖	右岸大坝下游掺和料场	为寺院坡土料和马粪滩加工厂加工的砂砾料按6:4的比例掺和而成
6A区	上游块石护坡	石门沟石料场	粒径 $d>700mm$ 的含量不小于50%,$d<400mm$ 的含量不大于10%

续表 10-6-1

填筑区号	填筑区名称	填筑料来源	要求指标
6B 区	下游块石护坡	石门沟石料场	粒径 $d>500$mm 的含量不小于 50%，$d<80$mm 的含量不大于 10%
7 区	块石护坡	石门沟石料场	粒径 $d_{max}<500$mm，$d>400$mm 的含量不小于 50%，$d<100$mm 的含量不大于 10%
8 区	压戗石渣	围堰后、槐树庄、大西沟堆料场	粒径 $d_{max}<1$m，$d<100$mm 的含量不大于 10%
9 区	回填砂砾石	大西沟堆料场	
10 区	上游铺盖区	坝基高程 140m 以上及右岸开挖的黄土	

大坝分两期填筑，截流前为第一期，截流后为第二期。承包商按照合同规定的大坝填筑最早开工日期、最迟完工日期，以及填筑期坝体拦洪度汛要求，制定了大坝填筑施工的详细进度计划。计划中各填筑期要求填筑高程及填筑工程量见表 10-6-2。

表 10-6-2　大坝分期填筑高程及相应填筑工程量

项目		施工时间（年-月-日）	填筑高程（m）	填筑方量（万 m^3）	填筑强度（万 m^3/月）	备　注
截流前右岸		1995-02-01 ~ 1997-10-31	200.0	1 215.0	36.9	实际填筑时间始于 1995 年 4 月 22 日右岸区压戗填筑，截止到 1997 年 10 月 26 日，右岸坝体已填筑至 261.0m 高程
截流后	上游围堰	1997-11-01 ~ 1998-06-30	185.0	232.0	29.0	100 年一遇洪水度汛标准
	下游围堰	1997-11-01 ~ 1998-06-30	145.0	13.3		下游围堰顶高程
	大坝	1998-02-12 ~ 1998-06-30	142.0	280.0		主坝全断面高程
		1998-07-01 ~ 1999-06-30	200.0	1 310.0	110.0	300 年一遇洪水度汛标准
		1999-07-01 ~ 1999-12-31	215.0	645.0	107.5	满足第 5、6 号机组发电蓄水要求
		2000-01-01 ~ 2000-06-30	236.0	535.0	89.2	500 年一遇洪水度汛标准
		2000-07-01 ~ 2001-08-31	283.0	957.0	68.4	填筑至坝顶高程

二、现场试验

为保证各种料的压实质量，招标文件对各类料的碾压设备类型以及相应的碾压参数作了详细的规定。规范规定的各类填筑料碾压参数见表 10-6-3。

表 10-6-3　　规范规定的各类填筑料碾压参数

参数	1、1A、1B	2A、2B、2C	3	4A、4B、4C	5	8	9
碾压设备	凸块振动碾	振动平碾	振动平碾	振动平碾	凸块振动碾	振动平碾	振动平碾
填筑层厚(cm)	≤25	≤25	≤50	≤100	≤25	≤100	≤60
碾压遍数	6	2	4	6	4	4	6
压实指标	干容重不小于按美国标准 ASTM-D698 进行的标准普氏击实试验获得的最大干容重	干容重不小于按美国标准 ASTM-D4253 进行振动密度试验获得的最大干容重的 95%	孔隙率不超过 0.22	孔隙率不超过 0.24	干容重不小于按美国标准 ASTM-D698 进行的标准普氏击实试验获得的最大干容重		干容重不小于按美国标准 ASTM-D4253 进行振动密度试验获得的最大干容重

为证实承包商的施工设备和施工方法对所有区填筑材料的填筑及压实能否达到规定的要求，除 6A、6B、7 区和 10 区填筑料外，承包商均按标示的技术规范要求进行了各区料的现场碾压试验以确定各区料的碾压参数。1、1A 区和 1B 区土料的碾压试验在坝区以外的李家坡和大西沟土料场附近进行，其他各区填筑料的碾压试验均在坝面上进行。各区料的碾压试验结果见表 10-6-4。

对于特殊部位防渗土料的压实采用了多种压实机械进行碾压试验，综合比较试验结果表明国产小型蛙式夯压实效果较好，当土料含水量接近最优含水量时，填筑层厚 13cm，夯实 8 遍，可基本达到规范要求的压实度。

由碾压试验成果统计表可以看出，除 5、9 区料的碾压试验外，其他各区料的现场碾压试验获得的碾压参数，均与规范要求的相同。5 区料碾压试验结果表明，不改变压实遍数和填筑层厚，采用光面振动碾碾压比规范规定的凸块振动碾的压实效果好。9 区料碾压试验结果表明，填筑层厚 80cm，采用自重 17t，频率为 21.7Hz 的光面振动碾碾压 8 遍，压实干密度均在 2.335g/cm^3 以上，此结果比规范要求的填筑层厚 60cm、碾压 6 遍效果更好。

三、坝体填筑施工

1. 施工工序及碾压分区

由于坝体填筑作业面大，施工强度高，加上多种料同时施工等因素，因此为减少施工干扰，大坝填筑采用分区流水作业施工。土料填筑分为四道基本工序，即铺土、水分调节、压实和质量检测。石料填筑采用进占法铺筑，边卸边铺。经现场加水与不加水对比试验，确定石料填筑不加水，因此石料填筑分为三道工序，即铺料、碾压和质量检测。根据碾压机械经济合理的运行要求，每一工序最小宽度为 30m，长度为 50～80m，各工序流水分段

表 10-6-4

现场填筑碾压试验结果

项目		1	1A	1B	2A	2B	2C	3	4A	4B	4C	5	8	9
试验时间（年-月-日）		1995-09-23	1996-05-20	1995-12-13	1996-01-03	1995-12-30	1996-01-15	1995-11-07	1995-10-11	1996-01-09	1996-06-18	1996-05-24	1995-05-12	1995-12-16
试验地点		李家坡	李家坡	大西沟	现场	现场	现场	现场	现场	现场	现场	现场	现场	现场
试验方法		灌砂法	灌砂法	灌砂法	灌水法	灌水法	灌水法	灌水法	灌水法	灌水法	灌水法	灌水法	灌水法	灌水法
碾压设备		17t 凸块振动碾			17t 振动平碾									
碾压参数	填筑层厚（cm）	25	25	25	25	25	25	50	100	100	100	25	100	80
	碾压遍数	6	1～2	6	2	2	2	4	6	6	6	4		8
	频率（Hz）	21.7	21.7	21.7	21.7	21.7	21.7	21.7	21.7	21.7	21.7	21.7	21.7	21.7
含水量（%）	试验含水量	17.2～18.2		14.6～14.8	4.385～5.679	0.727～1.434	4.2～4.3	0.41～0.45	0	0.489～0.789	1.2	7.2	1.6	1.890～2.263
	最优含水量	18		16								8.6		
干密度（g/cm^3）	范围	1.676～1.692		1.778～1.82	2.045～2.12	2.063～2.078	2.104～2.163	2.006～2.02	2.228	2.104～2.196	2.221	2.171	2.33	2.321～2.358
	平均值													
	最大干密度	1.681		1.756								2.143		
压实度	范围	99.7～100.6		100.7～103.1								101.3		
	平均值	100.15		102.4										

均平行坝轴线布置，采用进退法压实。

2. 施工方法

1) 防渗土料

防渗土料包括斜心墙1区土料和1A区高塑性土料、上游围堰1B区土料、5区混合不透水铺盖及上游10区不透水铺盖。其中，上游10区不透水铺盖不需碾压。

1、1A区土料场土料的天然含水量接近最优含水量，多数情况下略高于最优含水量，因此在料场无需进行专门的水分调节工作，只有当填筑面上防渗料的含水量偏高时，采用平地机尾部的耙子进行耙松、翻晒处理；当含水量偏低时，采用20m^3带有雾状喷头的IVECO洒水车在防渗土料表面均匀洒水，再用平地机尾部耙子来回翻耙，使含水量均匀，接近最优含水量。

1B区土料场属重粉质壤土，天然含水量只有6%～8%，而最优含水量在14%～16%，因此在料场进行加水调节，加水调节方法曾使用了深槽灌水法和表面洒水法。通过实践，多采用的是在土表面洒水然后用推土机把洒过水的土料堆积起来，装料时根据含水量情况再用装载机适当地翻拌一次，然后装车运输上坝。洒水用水管直接洒水或洒水车洒水。

5区掺和料是由1区土料与60mm以下的级配砂砾石按比例混合而成。砂砾石料由马粪滩加工厂加工生产，通过控制砂砾石料的含水量控制掺和料的含水量，使其接近最优含水量。

1A、1B区土料及5区掺和料填筑采用10.7m^3或5.9m^3装载机从寺院坡和李家坡料场装料，65t或36t自卸汽车运输上坝，285HP推土机平料，再由Cat 14H型平地机配合耙松、平整，控制铺料厚度30～35cm。采用17t凸块振动碾碾压，1区料碾压6遍，1A区料碾压1～2遍，压实厚度均为25cm。

特殊部位防渗料的填筑包括对混凝土基础面的清理及洒水湿润、刷泥浆、刨毛、铺料、蛙式夯击实、质量检测等工序流水作业。为确保防渗土料与混凝土基础面接触良好，铺料前需将混凝土表面的粉尘、杂物清理干净，洒水湿润5～10min，再由人工刷水土比例为1:2.5的1区土料泥浆。铺料宽度视坡度缓陡而定，一般为1.5～2.0m，以保证蛙夯区垂直基岩面有1m厚的填土层。采用夯重39kg的国产小型蛙式夯夯实，填筑层厚13cm，夯实8遍。

雨天影响到规定的水分调节要求时，停止填筑防渗料。大雨之前，暂停填筑，并用光面振动碾将已填筑的防渗料压成光滑面，以减少表面材料吸水率。恢复填筑前，对原已压实完毕的填筑层，先刮除表面不合格湿土，再用核子密度仪测试已压实土料的压实度及含水量，对符合要求的填筑面经刨毛后才允许铺料填筑；对未压实的填筑层，同样清除表面不合格土层，测试含水量，合格后即进行翻松、平整、碾压；若土料含水量偏高，则需翻松、晾晒，直至合格。

施工中不留施工纵缝，施工横缝做成不陡于1:3的坡度，高差不超过20m。接缝填筑前采用反铲对先前原预留横向施工缝进行削坡处理，沿水平方向往里至少挖除1m露出新的坡面，大致和原来坡面平行。削坡后填筑每一层防渗料前，需对原填筑料测试每一层的干密度、含水量，符合要求后才允许铺料覆盖、跨缝碾压。

2）反滤料、过渡料

2A、2B、2C 区反滤料填筑采用 65t 或 36t 自卸汽车从马粪滩加工厂储料斗装料运输上坝。由于反滤料的填筑宽度比较狭窄，因此每车料卸成 2～3 堆，然后由反铲摊平，铺料厚度 30cm，由 17t 振动平碾碾压 2 遍，压实厚度 25cm。

3 区过渡料填筑用自卸汽车从马粪滩加工厂储料斗装料运输上坝，285HP 推土机铺料，铺料厚度 60cm，由 17t 振动平碾碾压 4 遍，压实厚度 50cm。

3）堆石料及砂砾石料

4A、4B、4C 区堆石料和 8 区压戗料填筑采用 10.3m^3 液压正铲挖掘机从石门沟石料场或桥沟及桥沟口堆渣场装料，65t 自卸汽车运输上坝，370HP 推土机平料，17t 振动平碾碾压。4A、4B、4C 区堆石料铺料厚度 1.2m，碾压 6 遍，压实厚度 1.0m；8 区压戗料区铺料厚度 1.2m，碾压 4 遍，压实厚度 1.0m。

9 区砂砾石料填筑采用 10.7m^3 或 5.9m^3 装载机从坝基开挖区或大西沟堆料场装料，65t 或 36t 自卸汽车运输上坝，285HP 推土机平料，铺料厚度 1.0m，17t 振动平碾碾压 8 遍，压实厚度 0.8m。

4）块石护坡

6A、6B、7 区护坡块石料的填筑厚度在垂直坝面方向为 1～2m，无碾压要求。在坝体壳料填筑 2～3m 后，由测量人员标明边界和坡度的示坡桩，每隔 10m 左右设一示坡桩。按示坡桩示出方向，由施工人员指挥 2.2m^3 液压反铲首先对已填筑的堆石坡面进行修坡处理，然后再由 10.3m^3 液压正铲挖掘机从石门沟护坡料加工厂装料，65t 自卸汽车将护坡块石直接卸在坡面上，由 2.2m^3 液压反铲将大小块石均匀铺填，并沿垂直坡面方向击打护坡块石，以压实、挤密。这种击打非常有效，使得护坡块石铺填密实，并做到坡面平整。

3. 多种料施工

坝体填筑材料达 17 种之多，施工中在同一高程有时多达 10 余种，合理安排各种材料的填筑顺序，既可保证填筑料的施工质量，又不影响坝体的施工速度，是坝体填筑施工组织的难点和重点。填筑前承包商提交的主坝填筑施工方法中，并未对多种料施工制定详细的施工方法。根据技术规范的要求，参考国内外已建土石坝工程关于多种料施工经验，结合现场填筑区域、施工机械设备、方法及施工进度要求，监理工程师要求承包商提交详细的多种料施工方法，经工程师与承包商研究、讨论、修改，最终确定了多种料填筑施工方法。

1）平起填筑

均衡坝体的填筑速度，尽可能使其平起上升填筑。这种施工方法的优点是能减少接缝、接坡、削坡等工序。有利于大型机械进行机械化施工；有利于以后继续填筑时布置进入防渗区的施工道路；有利于相邻料平起填筑时的跨缝碾压；均衡填筑强度。

2）填筑次序

技术规范合理地规定了各种填筑料的填筑厚度，使得填筑可以按规定的层厚协调上升。施工时按照材料分区的不同坡向，确定各种料的填筑先后次序。反滤料与防渗料按“犬牙交错”先砂（粗料）后土料或先土料后砂（粗料）的方法施工，其余料按先细料后粗料逐层平起填筑，各区协调上升。

施工实践证明，按以上次序流水作业施工中，先粗料后土料填筑法适合大型机械施工，施工速度快，容易控制边界偏差，保证填筑质量，因此承包商多采用此施工次序。

3）控制边界偏差

多种料填筑的各区料边界偏差必须在规范允许的偏差范围内。为严格控制边界偏差，承包商采用了先进的测量仪器，使得测量放样工作快速、及时、准确。全天进行测量作业，每一层填料边界均放样测量，每隔 10 ~ 20m 设一放样桩。对偏差较大的边界用反铲对照测量桩进行边界修理，平料后即碾压，保证了填筑断面的准确及填筑质量。

4）跨缝碾压

多种料平起填筑时一律采取跨缝碾压施工，以保证边界处材料能被充分压实。跨缝碾压前，须保证填料边界的准确性，用反铲清除堆石施工缝处及堆石和过渡料边界处的集中大块石，回填较小粒径的材料，平整后跨缝碾压。

4. 冬季施工措施

1）防渗料的冬季施工

优先在料场向阳、背风处取土。开采前应清除表面的冻土，保证装料时的土料为正温；同时，派专人在料场定期进行土温、含水量的测量。要求上坝土料含水量在规范允许范围内，且不大于塑限含水量的 90%。对表面风干冻土必须进行剔除处理，含水量合适风干的轻微冻土迅速翻耙、整平，并用凸块碾击碎后，快速铺料。接坡处，基础面以上 1m 厚填土范围（蛙夯区）不允许含有冻土。在任何情况下不允许含有冰雪；碾压前的松土温度不得低于 -1℃；气温低于 -10℃ 或 0℃ 以下而风速超过 10m/s 时，应停止施工。为保证层间结合良好，对压实后土层表面风干土，应依据气温控制洒水，或将干土层刮去，刨毛后尽快铺土；合理分区填筑，缩小作业面，基本维持每 40 ~ 60m 为一碾压段。加强现场施工管理，集中施工设备，搞好流水作业。做到快铺、快压、快检，随铺、随压、随检。

如因下雪停工，复工前须将坝面积雪、不合格土层清理干净，检查合格后方可复工。同时，要求随时掌握气温变化，做好寒潮预报，在寒潮到来前，做好压实土的防冻工作。当发现土被冻结后，要求进行处理。

2）反滤料的施工

控制上坝反滤料的含水量不大于 4%；控制冻块粒径小于 15cm。如出现整层结冻，应先用凸块碾破碎，再用平碾碾压。任何情况下反滤料中不允许含有冰雪。

3 个冬季施工的实践表明，只要采取适当的施工措施，精心组织施工，大坝填筑进度和填筑质量几乎不受冬季气候的影响。

5. 大坝填筑强度及施工形象进度

大坝填筑分两期进行：截流前为第一期，填筑桩号 D0 + 492.50 以右的坝体部分，合同要求截流前大坝右岸填筑至 185.0m，1997 年 12 月 31 日前主坝右岸填筑至 200.0m 高程；截流后为第二期，填筑坝体剩余部分。合同要求 1998 年 6 月 30 日前上游拦洪围堰填筑至 185.0m 高程，1999 年 6 月 30 日前大坝全断面填筑至 200.0m 高程，2000 年 6 月 30 日前大坝全断面填筑至 236.0m 高程。

大坝右岸填筑始于 1995 年 4 月 22 日右岸下游 8 区压戗填筑。1996 年 5 月 29 日，开始右岸 MR4 以右心墙区土料的填筑,标志着坝体填筑施工的全面展开。截止到 1997 年 10 月 31 日,主坝右岸全断面填筑至 260.60m 高程,共完成土石方填筑 1 668.04 万 m^3,其中,完成土方填筑 316.48 万 m^3。根据对 1996 年 4 月至 1997 年 5 月间的填筑工程量资料分析,右岸坝体填筑月最高上坝强度为 98.65 万 m^3,月平均强度为 72.11 万 m^3,不均匀系数 1.37;日最高上坝强度为 4.91 万 m^3,日平均强度为 3.01 万 m^3,不均匀系数 1.63。截流前右岸各种填筑料的月填筑强度见图 10-6-1 ~ 图 10-6-3,月综合填筑强度见图 10-6-4。

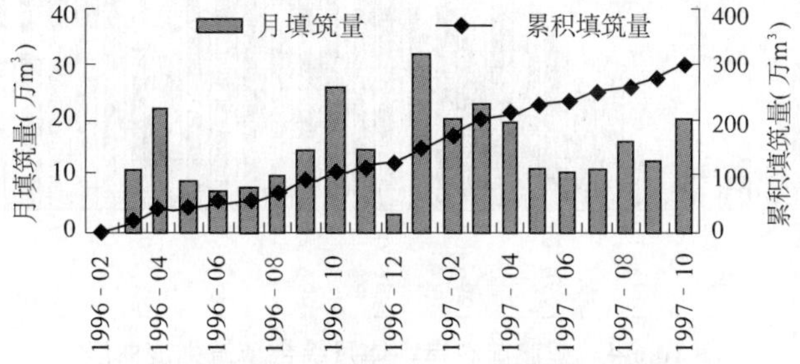

图 10-6-1　截流前右岸坝体土料月填筑强度曲线

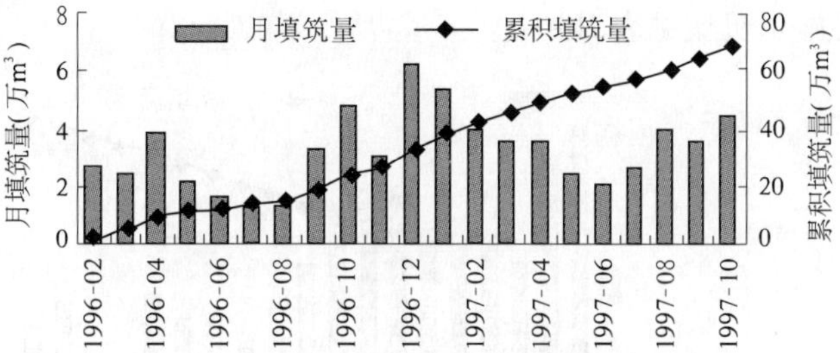

图 10-6-2　截流前右岸坝体反滤料月填筑强度曲线

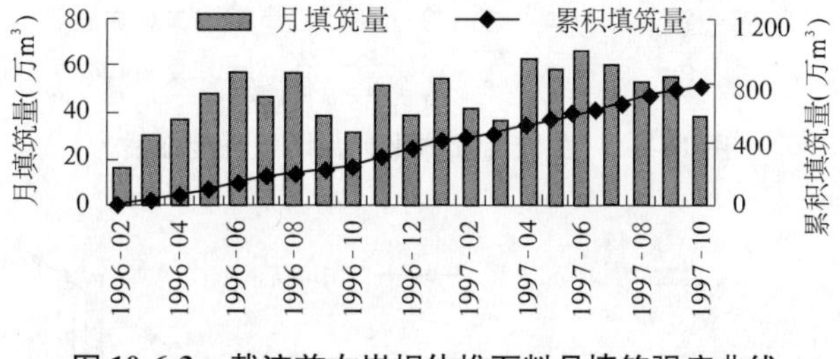

图 10-6-3　截流前右岸坝体堆石料月填筑强度曲线

1997 年 9 月 25 日开始截流预进占,10 月 26 日 16 时开始大河截流,并于 28 日 10 时 28 分主河床按计划胜利合龙,截流成功;10 月 29 日 7 时,截流戗堤闭气,随后开始基坑抽水,至 11 月 12 日基坑抽水全部结束,基坑具备了大规模开挖和填筑的条件。主坝河床段填筑于 1997 年 11 月 25 日开始,至 2000 年 6 月,大坝全断面填至设计高程,共完成土石方填筑 3 344.68 万 m^3。根据对 1997 年 11 月至 2000 年 6 月间的填筑工程量资料分析,河床段坝体填筑月最高上坝强度为 157.98 万 m^3,月平均强度为 106.11 万 m^3,不均匀系数 1.49;日最高上坝强度为 6.70 万 m^3,日平均强度为 3.85 万 m^3,不均匀系数 1.74。截

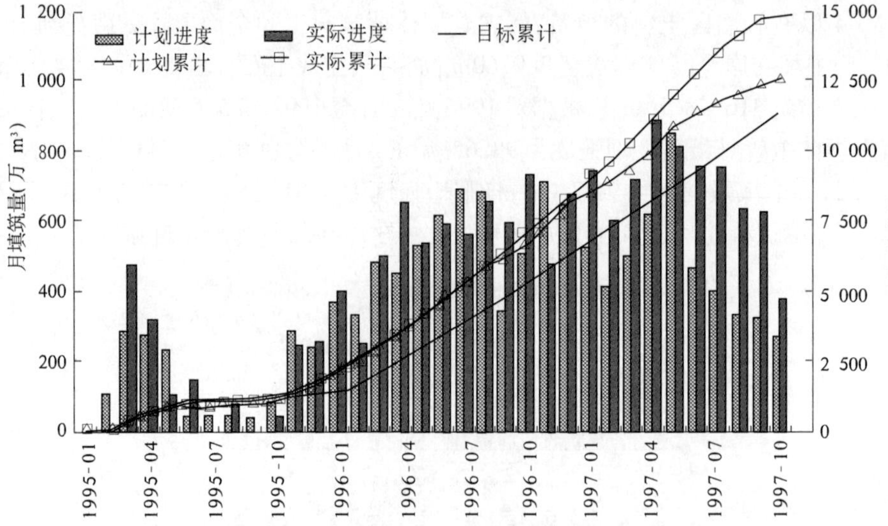

图 10-6-4　截流前右岸坝体月综合填筑强度曲线

流后河床段坝体各种填筑料的月填筑强度见图 10-6-5 ~ 图 10-6-7。

大坝填筑主要施工机械见表 10-6-5。

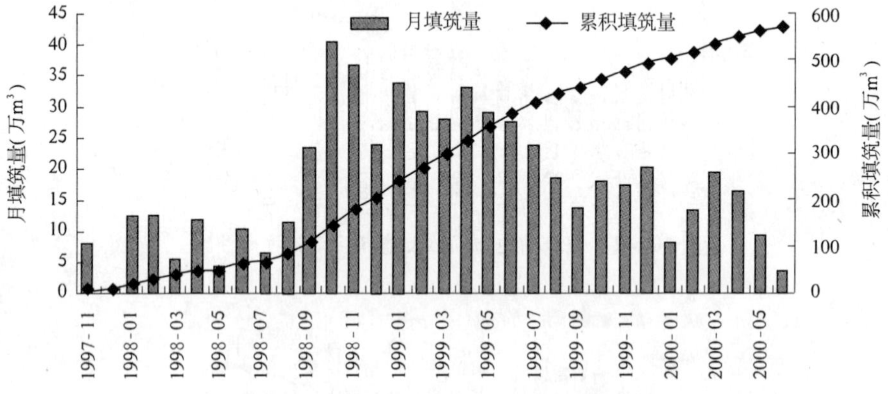

图 10-6-5　截流后坝体土料月填筑强度曲线

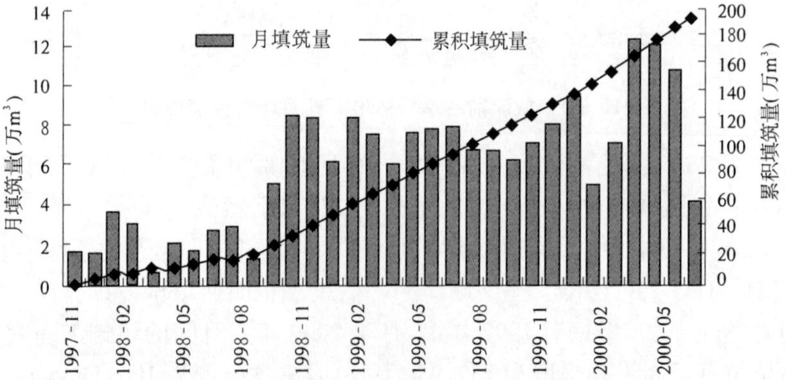

图 10-6-6　截流后坝体反滤料月填筑强度曲线

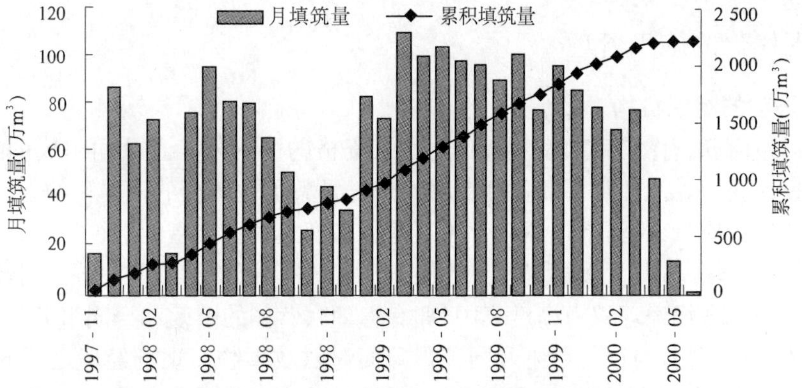

图 10-6-7　截流后坝体堆石料月填筑强度曲线

表 10-6-5　大坝填筑主要施工机械

序号	机械名称	型号	规格	单位	数量
1	液压正铲挖掘机	Hitachi 1800	10.3m^3	台	4
2	液压反铲挖掘机	Hitachi 1100BE	5.1m^3	台	4
3	液压反铲挖掘机	Hitachi 400H	2.2m^3	台	4
4	轮式装载机	Cat 992D	10.7m^3	台	2
5	轮式装载机	Cat 988F	5.9m^3	台	3
6	推土机	Cat D9N	370HP	台	2
7	推土机	Cat D8N	285HP	台	9
8	平地机	Cat 14G/14H		台	6
9	自卸汽车	Perlini DP755	65t	辆	41
10	自卸汽车	Perlini DP366	36t	辆	14
11	自卸汽车	Iveco	25t	辆	5
12	凸块振动碾	SD170F	17t	台	6
13	振动平碾	SD170D	17t	台	7
14	液压履带钻机	Tamrock CHA600		台	3
15	液压履带钻机	Tamrock CHA1100C		台	5
16	洒水车	Iveco	20t	辆	3

第七节　主要施工经验总结

小浪底水利枢纽主坝工程由以意大利英波吉洛公司(Impregilo S. P. A)为责任公司的黄河承包商联营体(YRC)承建。英波吉洛公司是意大利的一个国际性总承包公司,在世界水电建设行业具有较高声誉。黄河承包商自1994年6月4日进场,至大坝工程竣工的施工情况看,黄河承包商实现了高速度、高强度、高效率、高效益,各项施工技术指标均达到了国际先进水平,说明承包商在施工组织及现场施工管理方面经验丰富,值得我们学习借鉴。

一、现代化的施工管理

(一)严密的组织机构

黄河承包商联营体是由四家具有独立法人资格的国内外工程公司组成的经济实体,以最少的投入获得最大的经济效益和良好的声誉是其承包工程的根本目的。为保证工程施工进度和施工质量,黄河承包商联营体组建了高度集中且严密的组织机构,施工现场最高领导部门为现场经理,下设技术、生产、机电和行政等分部门经理,各分部门经理下设相应的分支机构。现场经理权力高度集中,拥有管理联营体的财政和合同事务的权力,在一定限制下还负责订货、与银行往来及同工程师商讨财政事物。现场经理之下的部门经理职责是全权负责管理各自部门的人事、机械和材料。至于涉及订货、分包和财政方面的事务,则需要得到现场经理的批准。

(二)先进的办公设备及管理软件

黄河承包商联营体全部实现了办公自动化,各部门均配备计算机,日常工作中的文件处理、施工进度控制、投资控制、车间图绘制和试验资料统计分析等均由计算机完成;对人员、设备、材料等的数据统计也由计算机进行动态管理。注重现代化的计算机信息管理,工作效率高,表现出了较高的管理水平。

承包商采用目前国际上最先进的P3管理软件编制施工进度计划。运用P3管理软件可以快速准确地反馈实际施工进度信息并进行多角度的分析,能及时对计划进行调整、修改,并在复杂的施工进度计划中找出关键作业线路和主要控制点,能适应错综复杂的施工条件变化,较好地控制了施工进度。

(三)先进的通讯手段

承包商除实现办公区、生活区及工地有电话联系外,还在工区内建立了功能强大、多频道的无线对讲机通讯网,各部门负责人、工程师和现场工长均配备有对讲机,方便互相联系。

二、设备先进,科学配套

(一)先进设备

为保证承包工程按业主要求的进度施工,承包商选用了国际上先进的施工机械设备,如土石方机械中的推土机、装载机、平地机为美国Cat产品,液压挖掘机为日本Hitachi产品,自卸汽车为意大利Perlini产品,钻孔机械为芬兰Tamrock产品;混凝土防渗墙成槽设备为意大利产双轮铣;高压旋喷防渗墙钻孔设备为意大利产旋喷钻机;砂石料加工系统的破碎、筛分、冲洗及胶带输送等设备为法国或意大利产品。

(二)科学的配套

为合理利用设备资源,充分发挥各类设备的生产效率,加快施工进度,承包商对选用的各类型施工设备进行了科学的配套。如坝基土方开挖选用CatD8N/D9N推土机集料,HitachiEX400/1100型液压挖掘机或Cat988F/992D型轮式装载机挖装,Perlini DP755/366型自卸汽车运输。坝基岩石开挖采用Tamrock CHA660型液压履带自行式钻机钻孔爆破,Cat D8N/D9N推土机集料,Hitachi EX1100/400型液压挖掘机挖装,Perlini DP755/366

型自卸汽车运输。坝体土方填筑采用 Cat D8N/D9N 推土机集料,CAT 988F/992D 型轮式装载机挖装,Perlini DP755/366 型自卸汽车运输上坝,坝面由 Cat D8N 推土机初步平料,Cat 14H 型平地机平料,17t 凸块振动碾碾压。坝体堆石填筑采用 Tamrock CHA1100C 型液压履带自行式钻机钻孔台阶爆破开采石料,Cat D9N 推土机辅助集料, Hitachi EX1800 型液压挖掘机挖装,Perlini DP755 型自卸汽车运输上坝,坝面由 Cat D9N 推土机平料,17t 振动平碾碾压。

先进的设备以及科学的配套组织施工,保证了高效率、高效益。

三、高效、方便、快捷的检测手段

(一)先进、快捷的施工测量手段

为准确控制各施工区的位置,承包商除合理布置大地测量控制网点外,还选用了德国 ZEISS 公司生产的 EITA3 型电子全站速测仪。该仪器配有便携式微型计算机,能储存系统信息,储存能力强,并自动处理各种测量信息,快速、准确,如确定一个样桩仅需 3min 左右时间。

(二)方便、快捷的质量检测手段

土料压实密度的检测方法有环刀法、气囊法、灌砂法和核子湿度 - 密度仪法等。传统常采用环刀法、气囊法和灌砂法等。环刀法所需时间长,试验时人为影响因素大,相应测试结果的误差也大,不能及时提供测试结果用于现场质量控制;灌砂法的检测数据可靠,但至少需要 12h 才能得到试验结果;核子湿度 - 密度仪法最大的优点为检测速度快,测试一组试验成果仅需 2 ~ 3min,数据准确,便于及时进行现场质量控制,有利于加快填筑进度。基于核子湿度 - 密度仪法优越性,大坝土料填筑压实密度的检测广泛采用核子湿度 - 密度仪法,但考虑到土料矿物组成、使用时间和周围环境等因素的影响,需定期进行灌砂法或标准槽的现场校验,并用其结果对核子湿度 - 密度仪进行率定,以保证试验结果的可靠性。

四、经营策略灵活,获取最大经济效益

(一)引入分包商

承包商进场初期,由于受施工设备的订货、入关、运输、组装的影响,不可能提前或按期开工。承包商联营体引进中国水电十四局为分包商,依靠十四局的施工队伍和设备于 1994 年 12 月 15 日提前开工。至 1996 年 6 月底分包商退场,共完成土石方 160 万 m^3,但分包商得到的支付单价仅为联营体与业主签订合同价的 52% ~55% 。

(二)不断提出合理化建议

承包商与监理工程师、设计单位密切配合,不断提出合理化建议,取得了显著的经济效益。

增设 3 处小弃料场。利用开挖区附近冲沟自然地形,就近堆弃右坝肩上部开挖的不分类料,共可堆弃料 90 万 m^3,运距比合同指定的赤河滩弃料场近约 5km。这不仅加快了开挖进度,在提前完成右岸开挖中起到了积极作用,而且这些场地又可作为坝区很好的施工场地,也为承包商带来了可观的经济效益。

将3区过渡料由石门沟料场开采改为马粪滩开采加工。承包商在对马粪滩砂石料场开采前，曾对该料场进行验证勘探，较详细地核查了料场储量和天然级配；根据料场天然级配中超径石约占一半，承包商提出利用超径石料，经过简单加工，可替代合同中规定的在石门沟石料场用钻爆法开采的3区过渡料。工程师在得到承包商承诺保证满足过渡料质量和产量要求的前提下，给予了批准。实践证明，该反滤料、过渡料加工系统很好地满足了大坝填筑要求，解决了大量超径石的堆弃问题。

交通运输干线的裁弯取直。小浪底场内运输干线均由业主在三个国际土建标承包商进场前建成。承包商进场后，左、右岸场内干线公路分别移交给不同的承包商使用和维护。根据实际地形条件和黄河承包商运输设备的性能，对4条干线公路进行了裁弯取直，裁弯取直工作在不影响其他车辆正常行驶的前提下，由承包商自费进行。通过此项措施大大提高了运输效率，获取了可观的经济效益。

五、重视施工机械维修、保养和高标准公路养护

（一）重视施工机械维修、保养

承包商除制定有严格的施工机械管理制度外，还特别重视对施工机械的维修、保养。承包商与施工机械供应商合作建立工地备用配件库，施工机械完成规定工程量后强制进行检修、养护。由设置在Iveco135E18流动服务车现场快速检修，Iveco流动服务车载有直流发电机、小型空压机、电焊机、悬臂吊杆、绞车等，可现场快速检修机械设备。油料由加油车送到现场，工地一般实行两班作业，每班12h，每班有1.5h的工间休息，这期间各种车辆停放有序，此时流动服务车、加油车开始服务。星期日为休息日，检修工作一般在休息日进行。从开工至竣工，由于承包商重视对施工机械的维修、保养，施工机械的完好率始终保持在90%以上，保证了各施工机械的高效运转。

（二）高标准公路维修和养护

场内运输干线均为泥结碎石路面，公路维修和养护情况直接影响到道路路况的好坏，因此安排专门的机械设备如推土机、平地机、振动平碾和洒水车全天候维修和养护场内道路，始终保持道路的平整和畅通无阻，减少了机械磨损及事故的发生，从而为高强度、高效率施工提供了条件。

第十一章　大坝初期挡水运用情况及大坝安全性评价

第一节　蓄水运用情况

一、蓄水情况

小浪底水库于1999年10月25日下闸蓄水，标志着小浪底水利枢纽开始投入运用。2000年水库最高蓄水位234.66m；2001年水库最高蓄水位为236.33m；2002年为240.87m；2003年秋汛期间，黄河中游渭河流域降雨较多，期间库水位迅猛上涨：8月26日，库水位230.23m，9月2日库水位超过240.00m，9月20日库水位达250.25m，10月6日达260.02m，10月15日达水库蓄水运用以来的最高水位265.69m，距水库的正常蓄水位275.00m仅差9.31m；2004年水库最高蓄水位为261.99m；2005年最高水位为259.61m；2006年最高水位为263.41m。

截至2007年6月30日，水库共在250.00m以上水位运行782d，其中260.00m以上水位运行189d。

二、调水调沙运用

小浪底水库拦沙初期运用的调度方式为："拦粗（沙）、排细（沙）、调水调沙"运用。根据以上调度原则，2002年至2006年先后共进行五次"调水调沙"运用，见表11-1-1。

表11-1-1　水库调水调沙运用情况

序次	日期（年-月-日）	库水位变化（m）	出库水量（亿 m^3）
1	2002-07-04～2002-07-15	236.56～223.90	25.69
2	2003-09-06～2003-09-18	246.10～249.07	18.25
3	2004-06-19～2004-07-13	249.06～224.98	57.11
	2004-08-23～2004-08-30	224.99～218.48	
4	2005-06-09～2005-06-30	252.00～225.00	38.83
5	2006-06-10～2006-06-29	254.05～224.51	53.95

由表11-1-1中的库水位变化情况可知，调水调沙期间库水位降幅最大达29.54m，最大平均日降幅达2～3m。

大坝的安全监测结果表明,2003 年秋汛期间库水位的首次迅猛上升及历年来水库调水调沙运用期间库水位的连续大幅度降落运用,对大坝的变形、渗流都产生了明显的影响。

三、水库淤积

小浪底水库的效益之一是减淤,即将上游来的粗沙拦蓄在库内,将细沙排入大海中,以减轻黄河下游河床的淤积抬升。

1999 年水库蓄水前,坝前淤积高程约 140.00m。2000 年 10 月中旬 ~ 11 月上旬,三门峡水库集中排沙,入库沙量 3.72 亿 t,坝前淤积高程达 166.00m,累积淤积量 4.19 亿 m^3。2001 年入库沙量 2.84 亿 t,出库 0.21 亿 t,累积淤积量达 7.16 亿 m^3,进水塔前淤积高程为 177.50m,至 2003 年 12 月底累积淤积泥沙 13.75 亿 m^3。2004 年 12 月底淤积量达 14.08亿 m^3,进水塔—坝前淤积高程为 180.50 ~ 180.90m。2005 年汛后泥沙测验结果,库区淤积量为 16.86 亿 m^3。2006 年 5 月底淤积量 18.2 亿 m^3,坝前淤积高程约为 181.00m。截至 2006 年底,水库共拦蓄泥沙约 21 亿 m^3,有效地减缓了黄河下游河床的淤积抬升。

四、大坝初期挡水运用中出现的问题

(一)坝基和两岸坝肩基岩渗漏

水库下闸蓄水后不久,当库水位趋近 200m 后,先后发现右岸的 1 号排水洞,左岸 2 号、4 号、28 号、30 号等排水洞相继出现渗水,并随库水位的升高,渗水量明显增加,渗水量与库水位具有良好的相关关系;自 2003 年 3 月坝基量水堰建成并投入观测后,2003 年当库水位超过 260m 后,右岸 1 号排水洞的渗水量约 7 000m^3/d,左岸各排水洞的渗水量约13 000m^3/d,坝基渗水量约 35 000m^3/d,整个枢纽区的总渗漏量达 55 000m^3/d,合0.64m^3/s。

(二)坝顶下游侧纵向裂缝及上下游坝坡沉降变形

小浪底大坝主河槽部位坝体于 1998 年 9 月中旬开始全面填筑施工,2000 年 6 月 26 日大坝全线填筑到高程 280.00 ~ 282.00m,该时段内大坝填筑施工平均升高为 6.14 m/月,其中 1999 年 3 月,填筑强度达到 158 万 m^3/月,相应大坝升高 8m/月;2000 年 11 月 30 日大坝竣工,较合同工期提前 13 个月。

大坝挡水运用初期,水库管理部门特别加强了对大坝及各枢纽建筑物的巡检和安全监测,2001 年 7 月下旬(库水位 192.00m)巡检时发现大坝坝顶下游侧桩号 D0 + 727.00 以左、距坝顶下游侧路缘石 0.4 ~ 0.6m 处有 1 条长约 100m、开口最大宽度约 10mm 的非连续纵向裂缝。2002 年 5 月,坝顶铺设混凝土六棱块时,裂缝被覆盖。2003 年"华西秋雨"期间,由于降雨量较大,雨水进入裂缝,使裂缝进一步显现出来,此时裂缝连续长达约 160m;2004 年 8 月拆除坝顶混凝土六棱块准备对裂缝进行临时封闭处理,测得裂缝长 627m(桩号 D0 + 130.00 ~ D0 + 757.00)。

坝顶下游侧发现纵向裂缝的同时,也发现大坝上部坝坡有明显的沉降变形,2001 年 12 月,测量计量部选择 D0 + 097.50 ~ D0 + 727.50 间共 6 个典型断面对大坝的上、下游坝坡进行测量。测量结果显示,大坝上部的上、下游坝坡坡面产生局部沉降,最大沉降发生在大坝的最大断面附近，相对于设计坝坡最大沉降 2.65m。

（三）监测仪器运行状况分析

1. 仪器工作状况

小浪底大坝共安装各类监测仪器、测点 635 支（点），其中自 1995 年 12 月以来由国际承包商（YRC）安装埋设的各类仪器共 599 支（点），前期工程（主要是上游围堰防渗墙和主坝防渗墙 126.0m 高程以下）国内承包商埋设的各类监测仪器 36 支（点）。左岸山体埋设各类监测仪器 100 支（点）。

截止到 2002 年底，坝体内埋设的监测仪器设备有 214 支出现读数异常现象或已失效。出现异常或失效的情况，对于电测仪器是指输出错误的读数或无读数输出；对于测斜管和测压管是指管体在某一高程出现堵塞现象，占已埋大坝仪器设备的 33.7%，其中由坝体变形过大超出仪器量程或被损坏的占 13.54%，仪器电缆被损而使仪器失效的占 18.11%，两者合计占 31.65%，即由于坝体变形尤其是不均匀变形量过大造成仪器本身失效或由电缆损坏引起仪器失效占全部被损坏仪器设备的 93.93%，其余主要是个别仪器质量差造成的，如埋设在主坝防渗墙的 6 支倾角计全部损坏就是由于这种仪器设备为试制品，尤其是防水性不过关造成的。左岸山体在工程后期埋设的仪器，目前均正常工作。

在上述损坏仪器中，有的已基本完成监测任务，如埋设在上游围堰防渗墙上的仪器及上下游两侧的仪器，所幸位于关键部位的监测仪器完好率较高，目前正常工作的监测仪器可基本满足大坝安全监测的需要。

2. 仪器失效原因分析

埋设在大坝各部位仪器的失效情况及失效原因分类见表 11-1-2。

1）坝体变形大，超过仪器自身测量范围

a. ES2 堤应变计

ES2 堤应变计串由 43 支相互串联的堤应变计组成，总长近 300m，安装高程为 150.0m，用来监测心墙纵向水平位移和土体应变。按照设计要求，该应变计串应在同一高程进行安装埋设，由于施工进度的不平衡性，右岸心墙施工较快，于 1996 年 11 月 25 日至 30 日，安装埋设了第一批共 27 支堤应变计，其桩号为 D0 + 728.101 ~ D0 + 544.546，距坝轴线的距离为 US83.67。1997 年 6 月 20 日，距岸坡较近的两支仪器超过了其量程范围，通过和施工填筑进度图比较发现，出现这一现象显然是由于右岸填筑较快、边坡发生侧向变位造成的。1998 年 12 月 12 日至 14 日，又将剩余的 16 支堤应变计安装埋设完毕。但这些仪器在 1998 年底至 1999 年底时段内，相继发生了超量程现象，经对仪器的原理和安装方法进行仔细研究，找出了仪器超量程的原因：第一，右岸施工填筑的不平衡，填筑边坡出现了较大的侧向位移，致使第一批安装的仪器超过了其量程范围；第二，仪器本身的测量原理存在缺陷。安装埋设的堤应变计是由两个传感器组成的，两个传感器的量程之和才是该仪器的测量范围，并且两个传感器共用其中一个信号线，当其中一支仪器损坏时，即使第二支仪器仍正常工作，其读数也无法测出，这样实际上将仪器的测量范围人为减少一半，此类仪器出现损坏现象，主要是这种原因造成的；第三，安装埋设时，预置的伸缩量不当。当进行安装时，要预估埋设处的变化量，调整仪器的拉压测量范围。在进行该

表 11-1-2　　大坝失效监测仪器按失效原因分类明细

序号	失效原因	仪器类型	数量	失效仪器/埋设仪器（%）
1	仪器本身质量问题	界面应变计 渗压计 倾角计	1 6 6	
		小计	13	2.05
2	坝体变形大，仪器超过自身量程范围或仪器本身遭到破坏	堤应变计 沉降计 界面变位计 测斜管 测压管	45 18 3 18 2	
		小计	86	13.54
3	坝体变形大，造成仪器电缆拉断或剪断	渗压计 土压力计 应变计 钢筋计 无应力计 土压力计组	63 7 18 4 3 20	
		小计	115	18.11
		总计	214	33.7

组仪器安装时，没有考虑这一因素，这也是仪器损坏的原因之一。ES3 堤应变计在进行安装时，注意了这一因素，仪器的完好率就高。

b. 钢弦式沉降仪

钢弦式沉降仪为美国 GEOKON 公司的产品，目前许多仪器超出了其量程范围。造成这一现象的原因主要是安装时液体管和通气管的接法不当。

c. VI14 测斜管

1997 年 10 月中旬监测时发现 VI14 在 203.50m 高程以下探头下不去已无法监测，根据此前监测资料分析，203.50m 高程以下坝体位移比较小，在 203.50m 高程以上位移突然增大，致使该测斜管在 203.50m 高程附近产生较大的错动变形造成。据查，该处填筑料为粉质黏土，含水量大、抗剪强度指标低，加之右岸侧坝体填筑快，产生较大的向河床方向的侧向压力，使该高程测斜管产生较大的剪切变形，致使测斜仪无法通过该处对该高程以下的坝体变形进行监测。

d. 水平测斜管

HI2 水平测斜管埋设在 142.0m 高程，只穿越 3 区和 4B 区，设计长度为 280m。由于承包商在测斜管长度范围内坝体分两期填筑，测斜管也分两期安装，两期之间安装时间相差 4 个月。由于坝体填筑时间的不同以及填筑高程的不平衡，测斜管发生较大的不均匀沉降变形,使测斜仪无法在该处通过。

e. 其他测斜管和测压管

2000 年 4 月,测斜管 VI2、VI4、VI5、VI7、VI11 和测压管 SP9、SP11 在高程 250m 附近发生了损坏和变形。出现上述现象主要是由于这个位置正好是坝体 1 区和 2 区交接处和坝体由斜心墙变为正心墙处,由于不同料区的不均匀沉陷和心墙体在折点区域的应力集中,使得该区域内的不均匀变形较大,加上测斜管埋设过程中,承包商没有仔细阅读图纸、了解设计意图,把测斜管的每节长度 1.5m 改为每节 3m,每节管子接长了但每节管联结处预留沉降变形仍为 10cm。这样,使适应坝体变形的预留沉降量减少一半,使得这些测斜管适应变形的能力大大降低而损坏。

测斜管 VI1、VI3、VI6、VI8、VI9、VI10、VI12 和 VI13 在底部附近发生堵塞现象,可能是因为坝体变形过大,与基础附近变形不协调造成。

2)仪器电缆拉断或剪切破坏造成仪器损坏

由于不同料区坝体的不均匀沉陷,导致电缆拉断或剪切破坏造成仪器损坏的数量最多,占大坝安装埋设仪器总数的 18.11%,占损坏仪器总数的 53.74%。如埋设在 250m 高程上的 23 支仪器引至 TS4 测站的大部分仪器以及 P50、P51、P52、P53、P54、P55、P56 等仪器设备失效或损坏均是电缆跨越不同坝料区的不均匀变形引起的。在进行监测设计时,虽已注意到不同料区之间以及堆石体内的不均匀沉陷问题,并采取了电缆走“S”形、回填细料等一系列处理防范措施,可能因电缆以上的上覆压力太大,虽电缆走“S”形,坝体变形时,电缆也无法适应坝体变形被拉断。

3)仪器质量问题造成损坏

纯属由于仪器质量问题而造成所埋仪器设备失效或损坏的不多,仅占全部失效或损坏仪器的 6.07%。例如,埋设在主坝防渗墙的 6 支倾角计就属于仪器质量不过关或较差、不适于被测区的环境条件造成。美国 Sinco 公司的 8 支渗压计存在质量问题。

第二节　两岸坝肩、坝基渗漏处理及效果

一、渗漏原因分析

(一)渗漏特征

根据枢纽区的水文地质条件、两岸坝肩及坝基各部位的渗水分布情况,其渗漏表现为以下 3 个特点。

1. 层状透水

层状透水系指沿透水岩层产生的渗漏。当库水位超过 190m 后,左岸山体的透水岩层 T_1^{3-1}、T_1^4,右岸的透水岩层 P_2^2 被库水全部淹没或部分淹没,因而表现出左岸 2 号、30 号排水洞开始出现渗水,右岸 1 号排水洞也出现渗水。随着库水位的抬升一方面水头在逐渐增加,另一方面两坝肩前缘的入渗面积也在增加,因而渗水量也随库水位的抬升明显增加,两者表现出良好的相关关系。

2. 带状透水

带状透水系指沿断层带及其两侧影响带产生的渗漏。由于枢纽区主要断层均呈上、下游方向展布，因此沿断层带及其两侧影响带形成了明显的渗漏通道。如右岸1号排水洞内出水量最大的排水孔均位于F_1断层和F_{231}与F_{233}断层交会带范围内，左岸2号排水洞出水量大的排水孔位于F_{236}断层带上，便是例证。

3. 壳状透水

壳状透水系指沿山体表部风化卸荷带形成的渗漏。当库水位超过250m以后，库水已淹没左岸山体上部的风化卸荷壳，并形成渗水通道，此时左岸4号排水洞内的渗水明显增加，表现出一个“门坎”水位。

综上所述，枢纽区多层状非均质各向异性透水岩体是库水渗漏的基本结构，它们和强透水的断层带及由于风化卸荷作用形成的风化壳岩体，共同构成了枢纽区的渗漏网络。因此，坝基及两岸山体的渗漏应是层状、带状、壳状三种渗透结构相互组合的结果。

（二）左、右两岸坝肩及左岸山体渗漏原因分析

根据枢纽区水文地质条件和大坝及左岸山体渗控工程设计情况，坝基及两岸坝肩产生较大渗漏的原因主要有以下几方面。

1. 悬挂式灌浆帷幕

左右两岸相对隔水岩层埋深较大，左岸P_2^4黏土岩层埋深在40m高程以下，右岸P_2^1黏土岩埋深在80m高程以下，帷幕底未深入到相对隔水岩层内，属悬挂式帷幕。枢纽区岩层倾向下游，主要透水岩层在库区出露于地面以上，具有良好的库水入渗补给条件，库水必然从帷幕以下的透水岩层产生层状渗漏。

英国学者葛兰德对欧美一些大坝坝基灌浆帷幕进行分析后认为：对于均质透水岩层，即使帷幕深度达到透水岩层厚度的90%，而经过其余10%厚度透水岩层的渗漏量，仍然高达未处理时渗漏量的35%。由此可见，采用悬挂式帷幕对于减少坝基渗漏量是相当有限的。

2. 帷幕体单薄

由于坝基岩层节理裂隙比较发育，节理的线密度一般为2～3条/m，且均为80°以上的陡倾角，左坝肩部位的帷幕最深达120～160m，虽经过补强灌浆，灌浆帷幕很难封堵所有的宽大裂隙，因而仍会有库水穿过帷幕的薄弱部位渗向下游。

3. 库水入渗补给边界长

国内外许多水利水电工程的渗流观测结果表明，渗漏量大小与库水入渗边界长短及壅高水头有密切关系。小浪底大坝上游左岸有风雨沟，右岸有深约数公里的小清河，库水位为265m时，库水入渗边界长达4km，壅高水头130m。世行特咨团专家认为，小浪底水库发生上述渗漏是正常的。

4. 承压含水层水量得到充分补给

右岸的承压含水层（P_2^{2-1}、P_2^{2-3}、P_2^{3-2}、P_2^{3-4}）在水库蓄水前便有较高的承压水位和一定的含水量。坝基开挖时，P_2^{3-4}岩层已被挖除，P_2^{3-2}岩层也大部分被挖除，因此造成库水渗漏的只有P_2^{2-1}、P_2^{2-3}砂岩层。P_2^2层砂岩厚约50m，为硅质中粒砂岩，水库蓄水前，在坝基下的承压水位142～190m。水库蓄水后，当库水位超过该层的承压水位时，库水便会沿该层顺层向坝下游渗漏，使其水量得到充分补给，并沿F_1、F_{230}、F_{231}、F_{233}等几条断层上溢，进入1号排水洞内。

5. *库水沿内铺盖、淤积泥沙及其与两岸岸坡接触带入渗*

对于坝基渗漏而言，心墙上游内铺盖、淤积泥沙及与两岸岩坡接触面基岩是坝基水平防渗的薄弱部位。当库水位达到一定的高度后，库水会通过这些部位向主坝防渗墙上游河床段坝基渗漏，致使防渗墙上游侧的渗压计测值升高，库水由防渗墙下基岩渗到下游河床，进而使坝基渗漏量相应增加。

（三）坝基渗漏途径分析

1. *F_1 断层带以右坝基*

F_1 断层顺河向展布，断距达220m，在横向上具有隔水作用，但其两侧影响带却是强透水带。F_1～F_{230}断层间，F_{230}、F_{231}、F_{233} 3条近东西向断层横贯右坝肩，贯通水库的上下游，构成本区主要渗漏通道，其渗漏水绝大部分排泄到1号排水洞；F_{230}断层以南渗水，该断层断距较大，断层泥较厚，可以看成是一条隔水边界。若有少量渗水透过断层，也会被1号排水洞排水幕截住。所以，F_1 断层带以南的渗水排泄到河床的可能性不大。

2. *左坝肩及左岸山体渗水*

F_{236}断层以北的Ⅰ区、Ⅱ区的库水渗漏主要应是沿 F_{236}、F_{238}、F_{240}等3条贯穿左岸山体的主断层及其之间发育的分支断层、次一级小断层构成的强渗漏通道排向下游，其中绝大部分渗水将排泄到布置在不同高程上的2号、4号、28号和30号排水洞内；同时在横向上，3条断层还是具有一定的隔水作用，所以 F_{236} 断层以北的渗水排向河床的可能性也不大。

由此可以认为，河床段坝基渗漏水应主要来自 F_1～F_{236}之间宽约700m的坝下基岩，特别是 F_{236}以南左坝肩强风化卸荷带、左坝肩下部 T_1^1～T_1^4 强透水岩层和河床基岩深槽及深槽两侧的 T_1^1、T_1^2 透水岩层。

3. *河床段坝基渗漏通道分析*

根据 F_1～F_{236}断层之间坝基水文地质条件，该段坝基的渗漏主要由以下三部分组成：

（1）F_1 断层上盘（北侧）影响带及其以北与防渗墙南端（桩号 D0+643.34）间，坝基由于有 F_1、F_{251}、F_{252}、F_{257}、F_{258}等数条小断层贯通水库上、下游，且该段坝基岩体较为破碎，因此坝基固结灌浆时由Ⅱ序孔最终增加到Ⅳ序孔才满足设计要求；帷幕灌浆时，水泥单耗也相对较大。该段坝基应是库水渗漏的主要通道之一。这个观点可由埋设在帷幕轴线上游、F_1 断层带混凝土盖板下的渗压计 P_{25}、P_{26}、P_{27}及帷幕轴线下游，F_1 断层上盘的渗压计 P_{36}的测值明显高于河床中部相应部位的 P_{65}、P_{66}、P_{95}及 P_{67}、P_{68}等渗压计的测值约10m之多得到证明。

（2）河床深槽段宽157m（灌浆桩号 DG0+365.80～DG0+522.80）的防渗墙下基岩未灌浆，深槽内并有 F_{253}、F_{254}、F_{255}等数条小断层顺河向展布，贯通水库的上下游，该段基岩虽为厚约20m的 P_2^4黏性土岩层，但根据防渗墙上、下游渗压计测值的变化情况判断，深槽段坝基岩体也是库水渗漏的主要通道之一。

（3）左坝肩（Ⅲ区）基岩的渗漏应是坝基渗漏的主要部位，主要依据是：①左坝肩地形陡峻，岸坡平均坡度30°～40°，岸坡上基岩裸露，风化卸荷带深度可达50～80m。坝基开挖时，岸坡岩体卸荷裂隙十分发育，有的张开裂隙最宽可达20～30cm，延伸长度大于

40m；坝基灌浆时，该部位的水泥单耗达 1 000 ~ 2 000kg/m。由于组成岸坡的岩体为 T_1^1 ~ P_1^5 的坚硬岩组总厚约 250m，因此风化卸荷作用增强了本区岩体的透水性。②该区灌浆帷幕虽然经过补强，但幕底仍未深入到 P_2^4 相对隔水岩层内，属悬挂式帷幕。③帷幕轴线上游约 100m 的冲沟内及岸坡上发育两条高角度的 F_{601} 及无名小断层（见图 11-2-1），它们均位于上游坝壳下面，是库水的直接入渗口，且渗径很短。④$2^{\#}$ 排水洞南端距岸坡尚有约 100m 的距离，所以 $2^{\#}$ 排水洞以南岸坡的渗漏将直接向河床排泄。$2^{\#}$ 排水洞南端向下的排水孔中无水渗出，我们曾经用 10L/s 的流量向孔内注水，也未见水位升高，可见左岸山体下部基岩的渗漏通道极为通畅。⑤1999 年 11 月，在左坝肩下游葱沟供水井做抽水试验时，正值水库下闸蓄水后不久。主井和滩区其他几个水位观测孔，抽水后不但水位恢复快，而且水位比下闸前平均抬高 1.9m，这也充分说明左坝肩下部岩体渗水通道相当畅通。

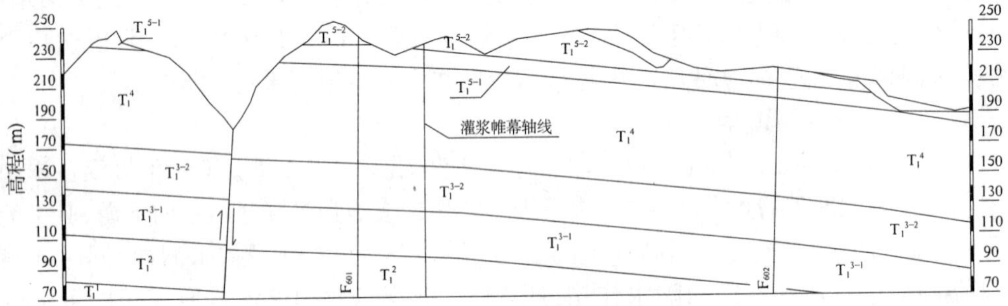

图 11-2-1　左坝肩工程地质横剖面

综上所述，左坝肩应是坝基渗漏水的主要来源。

二、渗漏通道的探测研究

（一）同位素综合示踪方法

小浪底水利枢纽建设管理局曾两次委托河海大学科学院采用同位素综合示踪方法研究左岸山体的渗漏途径和可能存在的集中渗漏通道。

同位素综合示踪方法查找结果表明：在 F_{28} 断层下盘与灌浆帷幕之间的 T_1^{3-1} 地层中存在一条绕过坝肩的集中渗水通道（高程 58m 以上），渗漏水通过 $30^{\#}$ 排水洞北侧的 $109^{\#}$ ~ $171^{\#}$ 排水孔排出，该通道是 $30^{\#}$ 排水洞的主要补给源，库水渗漏途径如图 11-2-2 所示。$4^{\#}$ 排水洞内的渗水，系通过 T_1^4 岩层内帷幕的渗漏。

（二）物探方法探测

在采用同位素综合示踪方法查找渗漏通道的同时，小浪底水利枢纽建设管理局还先后两次委托黄河设计公司物探总队采用物探方法探测左岸山体和坝基的渗漏通道。

物探采用瞬变电磁法、可控源音频大地电磁法和大地电磁法三种方法进行探测、对比分析。左岸山体探测的主要结论为：在溢洪道以左至垭口副坝左坝头间存在 5 个集中渗漏通道，5 处渗漏通道均位于 T_1^4 岩层内，其沿帷幕轴线方向的宽度 5 ~ 31m，中心高程为 150 ~ 212m。

坝基渗漏通道探测结果为：主要渗漏通道位于 F_{236} 断层以右左岸岸坡下面的 T_1^1 ~ T_1^5 岩层内，其高程自 60.0 ~ 226.0m，如图 11-2-3 所示。

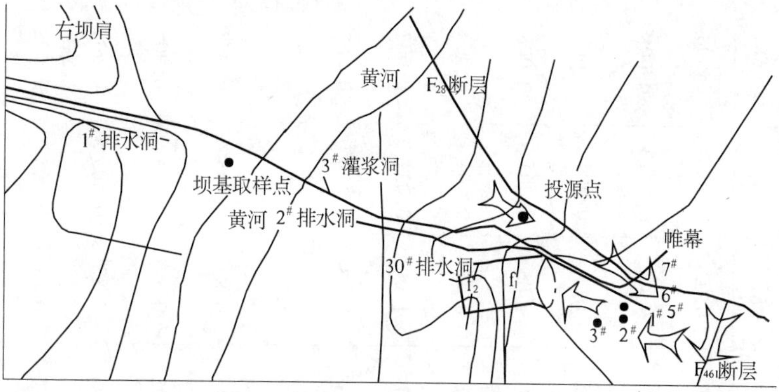

图 11-2-2　绕坝渗漏通道

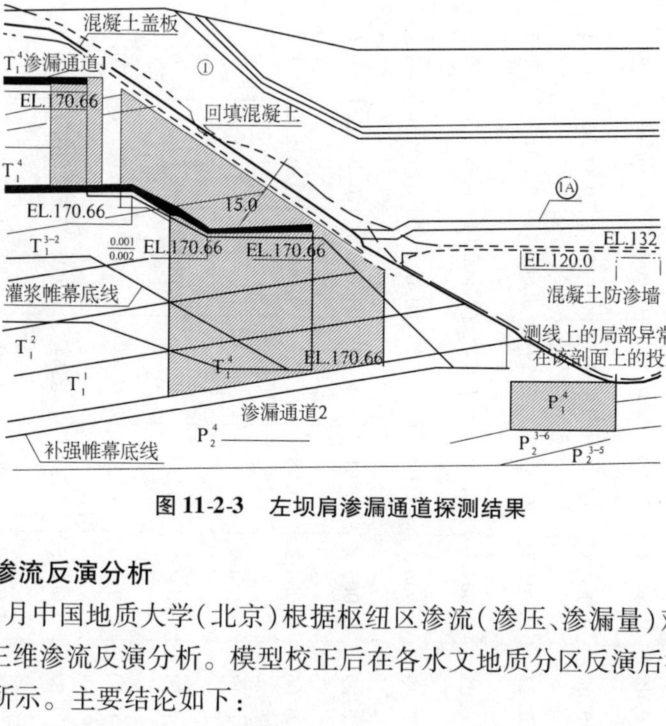

图 11-2-3　左坝肩渗漏通道探测结果

（三）三维渗流反演分析

2004 年 11 月中国地质大学（北京）根据枢纽区渗流（渗压、渗漏量）观测结果完成了整个枢纽区的三维渗流反演分析。模型校正后在各水文地质分区反演后得到的渗透系数值如表 11-2-1 所示。主要结论如下：

（1）左坝肩绕渗是坝后水塘的重要水量来源。由于左岸主要透水岩层 $T_1^1 \sim T_1^5$ 在坝前均有出露，库水可直接进入以上透水岩层，同时由于防渗帷幕未截断这些透水岩层，它们又在下游与河床砂砾石覆盖层直接接触，因此形成了库水良好的渗漏通道；左坝肩部位为 F_{236} 断层影响带和岸边风化卸荷带的重合区，基岩裂隙发育，渗透性大，自然会成为库水绕渗的通道。

（2）河床区是坝基渗漏的另一主要途径。在上游库区，库水首先通过近 40m 厚的淤泥层进入原河床的砂砾石层；然后，在砂砾石层中流向坝前区，在遇到上游防渗墙时，则通过 P_2^4 和 T_1^1 地层从墙下绕渗。在南部上游防渗墙缺失区则直接进入上游坝前区；在上游坝前区， 库水则通过 6m 厚的内铺盖进入上游坝前区。上游坝前区内的地下水一部分侧

表 11-2-1　　模型校正后各参数分区的渗透系数值　　（单位：m/d）

分区号	P_2^{3-6}	P_2^4	T_1^{1+2}		T_1^{3-1}		T_1^{3-2}		T_1^4		T_1^5		T_1^6
			K_h	K_v	K_h	K_v	K_h	K_v	K_h	K_v	K_h	K_v	
Ⅰ$_1$	0.5	0.35	0.06	0.003 7	0.45	0.79	0.000 65	0.001 1	3.3	5.7	0.02	0.003 8	0.008
Ⅰ$_2$	0.5	0.35	0.08	0.004 3	0.59	0.91	0.000 84	0.001 3	1.3	2.0	0.94	0.004 8	0.008
Ⅰ$_3$	0.5	0.35	0.22	0.003 7	0.51	0.79	0.000 74	0.001 1	1.3	2.0	0.3	0.004 1	0.008
Ⅰ$_4$	0.5	0.35	0.05	0.004 1	0.30	0.14	0.000 91	0.001 3	0.3	0.1	0.06	0.004 5	0.008
Ⅱ$_1$	0.5	0.35	0.45	0.006 3	1.00	1.80	0.001 10	0.001 9	2.4	5.7	0.30	0.004 1	0.008
Ⅱ$_2$	0.5	0.35	0.09	0.003 7	0.61	1.00	0.000 65	0.001 1	0.6	1.1	1.00	0.037 0	0.008
Ⅱ$_3$	0.5	0.35	0.06	0.004 3	0.78	1.20	0.000 84	0.001 3	1.5	2.3	0.03	0.120 0	0.008
Ⅲ$_1$	0.5	0.35	0.13	0.014 0									
Ⅲ$_2$	0.5	0.35	0.04	0.004 6	0.37	0.64	0.000 75	0.001 4	0.5	0.95	0.82	0.005 5	0.008
Ⅲ$_3$	0.5	0.35	0.13	0.014 0	0.37	0.64	0.000 79	0.001 4	0.5	0.95	0.82	0.005 5	0.008
Ⅲ$_4$	0.5	0.35	0.04	0.004 6	0.37	0.64	0.000 75	0.001 4	0.5	0.95	0.82	0.005 5	0.008
Ⅲ$_5$	0.5	0.35	0.85	0.047 0	1.90	2.90	0.000 93	0.001 4	3.4	5.3	0.61	0.005 7	0.008
Ⅲ$_6$	0.5	0.35	0.05	0.004 9	0.42	0.71	0.000 91	0.001 5	0.6	1.0	0.63	0.006 1	0.008
风化带			2.60	2.90	2.60	2.90							

绕过主防渗墙南端 ~ F_1 间的 T_1^1、T_1^2 渗到下游河床，其主要部分，经主防渗墙下的基岩流入下游河床区的砂砾石层中，最终到达坝后水塘。

(3)水库水位的高低对坝下水塘的流量大小有决定性影响，但库区内泥沙的淤积和内铺盖的"滞后效应"对库水位与坝后水塘流量的定量关系影响巨大。2003 ~ 2004 年水库高水位运行期间，坝后水塘流量与库水位的"异常"现象与此有直接关系。

(4)根据坝后水塘渗水量与防渗墙上、下游两侧渗压计 P_{144} 和 P_{148} 间渗压差的关系，推算出左坝肩的绕坝渗漏量约为主河床部位坝基渗漏量的两倍。

上述通过 3 种不同途径探测、研究坝基及左岸山体的渗漏通道，其结果十分接近，即库水通过透水岩层或者在透水岩层内帷幕体的薄弱部位渗向下游。F_{236} 断层以右的左坝肩部位是坝后水塘渗水的主要来源；河床部位混凝土防渗墙下的 P_2^4、T_1^1 岩层内存在绕渗，为坝后水塘渗水的次要来源。

以上渗漏通道的探测研究结果与由枢纽区水文地质条件的分析结果也十分吻合。

三、水库渗漏处理措施

(一)防渗补强灌浆

水库蓄水运用后，两岸坝肩基岩及坝基产生了较大的渗漏，对此，引起了上级主管部门及领导、参建各方的高度重视，先后曾多次召开专家咨询会，研究产生渗漏的原因，分析渗漏对大坝、枢纽各建筑物安全的影响及应采取的工程措施。

随着水库蓄水运用过程中出现的渗漏问题，前后共进行 3 个阶段较大范围的帷幕补强灌浆和其他相应的工程措施：

1. 第一阶段(2000 ~ 2001 年)

(1)针对 1#排水洞内在 F_1 断层下盘影响带、F_{231} 和 F_{233} 断层交会带形成的带状渗漏特征，根据现场条件在 2#灌浆洞桩号 DG0 + 757.00 ~ DG0 + 845.93 间长 88.93m 的范围内增加 1 排灌浆孔，孔距 2m，孔底达相对不透水岩层 P_2^1 内；右岸坝段上游坝脚处215.00m高程平台上对 F_{231} ~ F_{233} 断层间宽 120m 范围实施封堵灌浆，孔距 2m，幕底达 P_2^1 相对不透水岩层内。

针对 F_1 断层上埋设的渗压计 P_{32}、P_{35} 及 P_{37} 测值异常现象，在 2#灌浆洞左端对 F_1 断层带混凝土盖板下实施水泥—化学复合灌浆，以封堵 F_1 断层带上混凝土盖板可能出现的裂缝。

(2)左岸 3#、4#灌浆洞内及左岸山体由地面实施补强灌浆，对原一排灌浆帷幕区再增加 1 排灌浆，对 F_{236}、F_{238}、F_{240} 断层带范围再增加两排灌浆。灌浆洞内及 4#灌浆洞以左至副坝间补灌帷幕的幕底为 90m 高程，主要封堵 T_1^2、T_1^{3-1}、T_1^4 主要透水岩层。

(3)补强灌浆效果。第一阶段补强灌浆完成后，1 号排水洞内渗水量减少 20% ~ 30%；左坝肩帷幕下游侧的渗压计 P_{148}、P_{181} 的渗压水位下降达 17m 之多；地下厂房顶拱和上游边墙的渗水量由灌前的 310m³/d 减少为 13.5m³/d。

2. 第二阶段(2002 ~ 2003 年)

本阶段主要是针对库水位超过 235m 后出现的问题，并根据物探探测和同位素综合示踪方法研究结果，采取以下一些工程措施：

（1）在进水塔以左对 F_{28} 断层及两侧影响带范围内开挖梯形槽然后回填黏土，对上口进行封闭，以阻止库水从 F_{28} 断层带直接进入山体内。垂直 F_{28} 断层走向布置两排灌浆孔，孔距 2m，孔底达 130m 高程，主要封堵 T_1^4 强透水岩层，截断沿 F_{28} 断层带的渗漏；对进水塔以左 F_{28} 断层下盘的岩石边坡采用挂钢筋网掺加防水剂的喷混凝土予以封闭，以封堵库水沿风化壳岩体的渗漏。

（2）针对采用物探方法探测到的两个集中渗漏通道 TD1、TD2 在 4[#]灌浆洞内实施灌浆封堵；对 F_{238} 断层带及其两侧影响带再次进行补强灌浆。

（3）对 3[#]灌浆洞右端洞顶以上左岸岸坡的“三角区”进行补强灌浆，以封堵 2[#]排水洞的集中渗漏通道。

（4）加深 28[#]排水洞内向上的排水孔；在 f_1、f_2 两条小断层范围内增设斜向上游的排水孔。

本阶段完成后，左岸山体的渗水量进一步减少：2[#]排水洞内 U－028 号～U－036 号排水孔的渗水量由库水位 240.37m 时的 1 700.8m^3/d，减少为库水位 262.80m 时的 125 m^3/d。30[#]排水洞内的渗水量在库水位 240m 时减少约 40%；当库水位低于 235.0m 时，厂房顶拱已不渗水。

3. 第三阶段（2004 年）

2003 年秋汛期间库水位超过 260m 以后，为封堵 TD3、TD4、TD5 等 3 个集中渗漏通道，并尽量减少地下厂房顶拱、30[#]排水洞等的渗水量，采取了以下工程措施：

（1）在 3[#]灌浆洞左端，对 4[#]、5[#]、6[#]发电洞以下岩体实施补强灌浆。

（2）在灌溉洞内自桩号 0＋423.00～0＋631.00 间长 208m 范围内向下达 90.00m 高程、向上达 245.00m 高程进行灌浆，以封堵 3 个集中渗漏通道内的 T_1^{3-1}～T_1^{5-2} 主要透水岩层。

（3）4[#]灌浆洞内下平段自桩号 DG0－414.00～DG0－735.17 间向下的帷幕补强灌浆，幕底达 140.00m 高程，主要封堵 T_1^4 强透水岩层。

（4）对进水塔后边坡 275.00m 高程以下迎水面裸露的岩石边坡采用喷混凝土封闭，以尽可能减少库水的入渗口。

（5）3[#]、4[#]灌浆洞内左坝肩部位的补强灌浆，3[#]灌浆洞内自桩号 DG0－154.00～DG0＋200.00，长 354.0m，幕底伸入到相对不透水岩层 P_2^4 内。

（6）地下厂房顶拱、主变洞和尾闸室顶拱渗水的引、排处理。

（二）利用异重流加速坝前泥沙的淤积

2000 年 10 月中旬～11 月上旬，三门峡水库集中排沙，小浪底水库也相机排沙，利用异重流使坝前淤积高程由 140m 抬升到 166m；此后，在历年的调水调沙运用中，均利用异重流加速坝前淤积。截至 2007 年 5 月底，坝前泥沙的淤积高程已达 180m 以上，淤积厚度超过 50m。

河床部位混凝土防渗墙上游侧渗压计的观测结果显示，坝前淤积形成的天然铺盖削减 20%～47% 的水头，其防渗效果十分显著。

四、补强灌浆效果分析

通过上述 3 个阶段采取的综合工程处理措施，左岸山体及坝基的渗水量已显著减少。

(一)4[#]排水洞灌浆前后渗水量变化情况

4[#]排水洞灌浆前后渗水量变化情况见表 11-2-2。

表 11-2-2　　4[#]排水洞灌浆前后渗水量变化

灌浆前			灌浆过程中			减幅(%)
日期(年-月-日)	库水位(m)	渗水量(m^3/d)	日期(年-月-日)	库水位(m)	渗水量(m^3/d)	
2003-09-06	245.82	496	2004-11-24	245.18	178	64.10
2003-09-16	250.36	772	2004-12-30	250.92	183	76.30
2003-09-25	255.00	913	2005-03-03	255.31	172	81.20
2003-10-02	258.00	1 041	2005-03-31	258.12	205	80.30
2004-04-21	259.92	1 070	2005-04-14	259.21	207	80.65
2004-05-27	255.05	716	2005-05-10	255.28	164	77.09
2004-06-10	252.11	589	2005-06-02	252.19	151	74.36
2004-06-21	243.01	370	2005-06-20	242.79	133	61.05
2004-07-01	236.58	177	2005-06-21	235.69	102	42.37
2004-07-24	224.51	22	2005-07-07	224.18	15	31.82

(二)28[#]排水洞补强灌浆前后渗水量变化

28[#]排水洞补强灌浆前后渗水量变化见表 11-2-3。

表 11-2-3　　28[#]排水洞补强灌浆前后渗水量变化

灌浆前			灌浆过程中			减幅(%)
日期(年-月-日)	库水位(m)	渗水量(m^3/d)	日期(年-月-日)	库水位(m)	渗水量(m^3/d)	
2003-09-03	241.73	193.5	2004-10-19	241.73	180.8	6.60
2003-09-06	245.83	376.5	2004-11-25	245.40	209.3	44.4
2003-09-13	250.36	567.5	2005-01-12	250.91	238.0	58.1
2003-09-24	254.76	672.0	2005-02-27	254.66	270.0	59.8
2003-10-05	258.12	742.0	2005-03-31	258.12	304.0	59.0
2004-04-21	259.92	1 395.0	2005-04-15	259.32	316.0	77.3
2004-05-20	255.86	1 049.0	2005-05-05	256.10	299.0	71.5
2004-06-17	249.40	718.0	2005-06-13	250.24	235.0	67.3
2004-07-07	233.10	236.0	2005-06-22	234.71	154.0	34.8
2004-07-15	224.79	101.0	2005-07-06	225.21	32.0	68.3

(三)30[#]排水洞补强灌浆前后渗水量变化

30[#]排水洞补强灌浆前后渗水量变化见表 11-2-4。

表 11-2-4　　30#排水洞补强灌浆前后渗水量变化

灌浆前			灌浆过程中			减幅(%)
日期(年-月-日)	库水位(m)	渗水量(m^3/d)	日期(年-月-日)	库水位(m)	渗水量(m^3/d)	
2003-09-05	244.43	6 131	2004-11-23	244.95	5 986	2.4
2003-09-09	248.95	7 908	2004-12-14	248.87	6 123	22.6
2003-09-12	250.15	8 419	2004-12-28	250.52	6 624	21.3
2003-09-25	254.78	9 475	2005-02-27	254.66	6 138	35.2
2003-10-05	258.45	9 985	2005-03-30	258.00	6 380	36.1
2004-04-27	259.26	9 502	2005-04-12	259.46	6 306	33.6
2004-05-25	255.24	8 748	2005-05-11	254.95	6 122	30.0
2004-06-22	245.68	7 817	2005-06-17	246.77	5 548	29.0
2004-07-13	225.00	5 750	2005-07-05	224.99	3 667	36.2

注：施工期间地下厂房区渗水量约达 1 700m^3/d，扣除此数才是 30#排水洞实际渗水量。

(四)厂房顶拱补强灌浆前后渗水量变化

厂房顶拱补强灌浆前后渗水量变化见表 11-2-5。

表 11-2-5　　厂房顶拱补强灌浆前后渗水量变化

灌浆前			灌浆过程中			减幅(%)
日期(年-月-日)	库水位(m)	渗水量(m^3/d)	日期(年-月-日)	库水位(m)	渗水量(m^3/d)	
2003-08-29	234.12	11.8	2004-09-26	234.15	7.0	40.4
2003-09-06	245.83	58.1	2004-11-26	245.58	27.5	52.7
2003-09-20	250.25	127.7	2004-12-29	250.74	34.0	73.4
2003-09-24	254.76	140.1	2005-02-25	254.24	34.0	75.7
2003-10-05	258.45	164.0	2005-04-01	258.23	30.0	81.7
2003-10-07	260.96	183.0	2005-04-08	259.36	30.0	83.6

第三阶段帷幕补强灌浆主要目的是减少厂房区的渗水量，以改善电站的运行环境，确保机电设备的安全运转。由表 11-2-2～表 11-2-5 帷幕补强灌浆前后渗水量的变化情况可以看出，灌浆效果十分显著，达到了预期目的。

(五)主变洞顶拱及尾水闸门室顶拱

主变洞顶拱及尾水闸门室顶拱的渗水经对渗漏水进行引排水处理后，上述部位已接近干燥状态，厂房、主变洞及尾水闸门室的运行环境已得到了根本改善。

(六)左坝肩帷幕补强灌浆效果分析

(1)坝基渗漏量减少。为研究左坝肩帷幕补强灌浆效果,现选择2004年上半年和2005年上半年库水位缓慢下降过程中坝基渗漏量观测结果进行对比,如表11-2-6所示。

表11-2-6　　库水位下降过程坝基渗流量变化

日期(年-月-日)	库水位(m)	渗流量(m^3/d)	日期(年-月-日)	库水位(m)	渗流量(m^3/d)	减少量(m^3/d)	减幅(%)
2004-04-26	259.45	32 591	2005-04-10	259.61	31 341	1 250	3.8
2004-05-03	258.15	32 856	2005-04-23	258.27	31 281	1 575	4.8
2004-05-26	255.15	32 696	2005-05-10	258.28	29 911	2 785	8.5
2004-06-07	253.16	32 599	2005-05-19	253.11	29 112	3 484	10.7
2004-06-16	250.08	31 814	2005-06-12	250.76	26 328	5 486	17.2

注:1.2005年汛后库水位~渗流量关系为库水位上升过程的测量值。

2.2005年8月中旬~9月底量水堰经过改造,堰口抬高1.3m。

由于库水位变化缓慢,渗压计测值及坝基渗流量观测结果应能反映渗流场的实际情况。坝基渗流量观测结果表明,左坝肩帷幕补强灌浆完成后,坝基渗流量有所减少,其效果尚未完全显现出来,还有待今后继续观测。

(2)渗压计测值降低。坝基C—C断面防渗墙下游侧埋设在T_1^{3-1}透水岩层中的渗压计P_{148}的测值下降达6m多。

(3)2#排水洞内位于F_{238}断层带上向上的排水孔U-094号~U-105号间12个大渗水量的孔被完全封堵;位于F_{240}断层带上的U-143号孔灌前渗水量达270m^3/d,现已完全被封堵,无渗水排出。

五、枢纽在275m库水位时的渗漏量预测分析

(1)2003年以来,小浪底水库实际发生的最大渗漏量统计如表11-2-7所示。最大渗漏量

表11-2-7　　小浪底水库实际发生的最大渗漏量统计

部位		日期(年-月-日)	库水位(m)	渗漏量(m^3/d)
右岸1#排水洞		2003-11-05	263.60	7 090
坝基		2004-04-11	261.52	34 894
左岸	2#排水洞	2004-02-02	257.12	160
	4#排水洞	2003-11-02	263.92	1 495
	28#排水洞	2003-11-02	263.92	1 100
	30#排水洞	2003-10-25	262.61	11 558
厂房顶拱		2003-10-15	265.48	209
合　计				56 506

是在左岸第三阶段补强灌浆以前水库在最高运用水位约 265m 时的实测值。在第三阶段补强灌浆以后,左岸及坝基同水位下的渗漏量均减少很多。

(2)右岸 1# 排水洞所测最大渗漏量为 7 090m^3/d。右岸的渗漏主要是沿透水岩层 P_{22},该岩层厚约 52m,在库内层顶高程 200 ~ 205m,目前渗漏量基本稳定。由于近年来黄河汛期枯水少沙,淤积发展缓慢,水库淤积高程一直在 180m 左右,因此当淤积面高于 205m 时,该透水岩层将完全被封闭,渗漏量还会大幅下降。

(3)左坝肩补强灌浆后,坝基(包括左坝肩)渗漏量对比如表 11-2-8 所示。

表 11-2-8　渗漏量变化比较

日期(年-月-日)	库水位(m)	渗漏量(m^3/d)	日期(年-月-日)	库水位(m)	渗漏量(m^3/d)	差值(m^3/d)
2004-12-26	250.10	27 801	2005-06-13	250.24	26 328	1 473
2004-05-27	255.05	32 836	2005-05-11	254.95	30 172	2 664
2004-04-19	260.08	33 834	2005-04-10	259.61	31 342	2 492

由表 11-2-8 对比可知,左坝肩补强灌浆后,坝基渗漏量在 255 ~ 260m 库水位时减少约2 500 m^3/d。当渗透系数和过水面积一定,在稳定渗流场条件下,渗漏量与水头大小成正比。现库水位 260m 时,坝基渗漏量为 31 342m^3/d;当库水位为 275m 时,水头仅增加约 11%。据此估算并参考中国地质大学的分析成果,预测在 275m 水位时,坝基总渗漏量不会超过 35 000m^3/d。

(4)左岸山体补强灌浆后,左岸总渗漏量减少约 50%。参考中国地质大学的分析成果,预测在 275m 水位时,左岸山体总渗漏量不会超过 9 000m^3/d。

综上所述,随着水库淤积的进一步发展,渗漏通道会逐渐被泥沙淤堵,上述预测的渗漏量还会进一步减少,预测水库正常蓄水位 275m 时的总渗漏量不会超过 50 000m^3/d(合 0.58m^3/s)。

第三节　大坝变形分析

一、大坝变形监测成果分析

(一)外部变形观测点布置及观测

主坝坝体外部变形监测共在坝顶上、下游侧,大坝上、下游坝坡布置 8 条视准线进行水平位移观测,埋设在视准线观测墩上的沉陷监测点进行坝体的垂直位移观测。8 条视准线分别是上游坡高程 185.00m、225.00m 和 260.00m 视准线,坝顶上、下游侧高程 283.00m视准线及坝下游坡高程 250.00m、220.00m 和 155.00m 视准线。

8 条视准线共设立 27 个工作基点和 120 个位移标点。由于坝体长,监测点变形大,因此小浪底工程咨询公司测量计量部根据现场条件分别采用小角法、GPS 全球卫星定位技术法、极坐标法和边角交会法进行水平位移观测,采用几何水准和三角高程法进行垂直位移观测。

目前,8 条视准线中上游坝坡高程 185.00m、225.00m 两条已被库水淹没不能观测,其余均可进行正常观测。

(二)大坝变形监测成果分析

1. 顺水流方向水平位移

自 2001 年以来至 2006 年 5 月 31 日,大坝 B—B、C—C 断面上各位移标点顺水流方向各年年末的累计水平位移观测结果见表 11-3-1。

表 11-3-1　B、C 断面各监测点历年顺水流方向水平位移　（单位:mm）

断面	视准线	2001 年		2002 年		2003 年		2004 年		2005 年		2006 年 5 月 31 日	
		年末累计	年内变化量	年末累计	年内变化量	年末累计	年内变化量	年末累计	年内变化量	年末累计	年内变化量	期末累计	期内变化量
B 断面	上游 260	118	51	140	22	257	117	262	5	276	14	292	16
	上游 283	188	188	268	80	440	172	453	13	486	33	507	21
	下游 283	253	253	448	195	720	272	784	64	852	68	886	34
	下游 250	349	213	448	99	635	187	693	58	740	47	757	17
	下游 220	152	90	190	38	281	91	314	33	338	24	344	6
	下游 155	41	11	46	5	51	5	54	3	59	5	59	0
C 断面	上游 260	55	17	66	11	159	93	159	0	167	8	178	11
	上游 283	186	186	281	95	448	167	467	19	495	28	512	17
	下游 283	218	218	394	176	663	269	744	81	802	58	843	41
	下游 250	309	191	384	77	546	160	590	44	630	40	646	16
	下游 220	85	54	103	18	139	36	158	19	178	20	182	4

注:1. 表中水平位移均为正值,表示向下游方向位移,负值表示向上游方向位移。

2. 2001 年的年内变化量一栏中与年末累计位移值不同者,为与 2000 年测值的比较。

由表 11-3-1 可以看出:大坝顺水流方向水平位移主要受时效和库水位变化的影响,尤以 2003 年最为突出。2003 年秋汛期间库水位由 240m 迅猛上涨到 265.69m,致使年内水平位移变化量达到历年最大值。顺水流方向水平位移总体逐年呈递减变化趋势;从一个观测断面分析,高程高的点,其位移值大于高程低的点;坝顶下游侧视准线上各监测点向下游方向的水平位移值均大于同桩号坝顶上游侧测点的位移值。

另外,从某一条视准线的水平位移看,河床部位坝高大,相应各测点的水平位移也大;向两岸坝高逐渐降低,相应各测点的水平位移也逐渐减小,且在两坝端的测点出现向上游方向微量位移。

2. 大坝垂直位移

大坝各监测点的垂直位移均呈下沉变化。大坝上游坡 2 600.00m、283.00m 及大坝下游坡上 4 条视准线各监测点至 2006 年 5 月 31 日垂直位移的累计量绘制成等值线图,如图 11-3-1 所示。

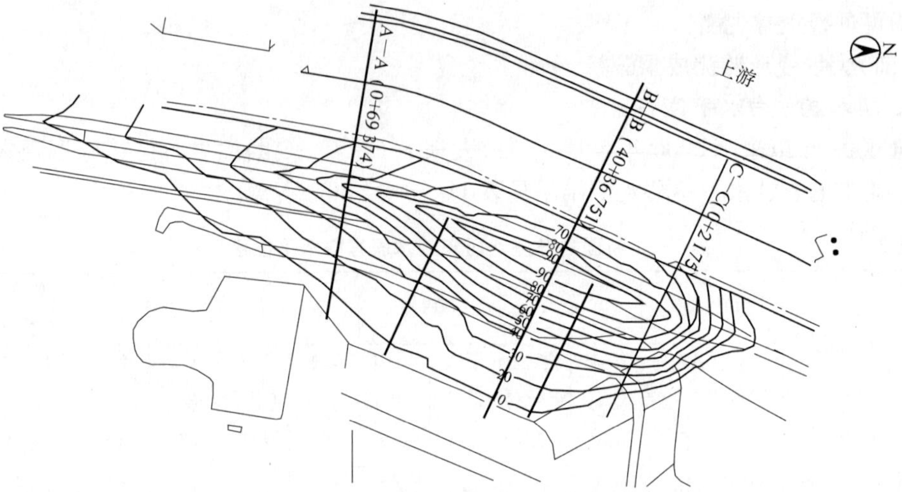

图 11-3-1　大坝垂直位移等值线

由图 11-3-1 可以明显看出，等值线封闭性良好，具有很明显的变化规律；在坝轴线方向上，以河床部位（B—B 断面）沉降量最大，向两岸沉降量随坝高逐渐降低而逐渐递减；在同一大坝观测断面上，坝顶的沉降量最大，随着测点高程的降低沉降量也相应递减。

现选择大坝 B—B、C—C 监测断面上各测点自 2001 年～2006 年 5 月 31 日期间各年年末的累计位移值，年变化量等沉降观测资料列入表 11-3-2 中。

表 11-3-2　　**B、C 断面各监测点垂直位移年变化统计**　　（单位：mm）

断面	视准线	2001 年		2002 年		2003 年		2004 年		2005 年		2006 年 5 月 31 日	
		年末累计	年内变化量	年末累计	年内变化量	年末累计	年内变化量	年末累计	年内变化量	年末累计	年内变化量	期末累计	期内变化量
B 断面	上游 260	283	176	383	100	488	105	577	89	622	45	638	16
	上游 283	280	280	485	205	648	163	795	147	863	68	881	18
	下游 283	359	359	596	237	770	174	950	180	1 025	75	1 043	18
	下游 250	347	221	458	111	633	175	692	59	735	43	752	17
	下游 220	178	102	234	56	318	84	351	33	378	27	390	12
	下游 155	28	11	34	6	39	5	43	4	46	3	46	0
C 断面	上游 260	241	148	326	85	420	94	497	77	541	44	554	13
	上游 283	248	248	420	172	577	157	701	124	764	63	780	16
	下游 283	313	313	517	204	682	165	806	124	862	56	877	15
	下游 250	310	196	416	106	575	159	632	57	672	40	686	14
	下游 220	119	69	160	41	205	45	230	25	251	21	258	7

注：1. 表中垂直位移均为正值，表示坝体位移为沉降。

2. 各年的年变化量均为与上一年累计位移值的比较。

由表 11-3-2 可以看出,大坝各监测点均为沉降;坝顶下游侧监测点的沉降量大于同桩号上游侧监测点的沉降量;大坝沉降量主要受时效和库水位升、降变化两个因素的影响;目前大坝各监测断面的沉降量已渐趋稳定。

3. 沿坝轴线方向水平位移

大坝各视准线沿坝轴线方向的水平位移总体呈右坝肩部位测点向左岸位移,左坝肩部位测点向右岸位移,位移零点位于 B—B 断面的最大坝高处。由于左岸岸坡较陡,因而左岸各测点位移大于右岸的位移,符合土石坝变形的一般规律。

截至 2006 年 5 月 31 日,左坝肩部位坝体沿坝轴线方向各监测点间沉降梯度为 0.35% ~0.72%,小于 1%,左坝肩部位的坝体不会产生横向裂缝。

二、坝顶下游侧纵向裂缝产生原因分析

为摸清裂缝的基本情况,并借以分析裂缝产生的原因,2004 年 6 月和 2006 年 9 月两次分别在裂缝最大的部位桩号 D0 +303.00 ~ D0 +657.00 间、横跨裂缝共开挖 7 个探坑,坑深 4.0 ~4.8m,裂缝深度 2.0 ~3.9m,裂缝均位于过渡料区内(见图 11-3-2),与大坝心墙相距约 6.3m。

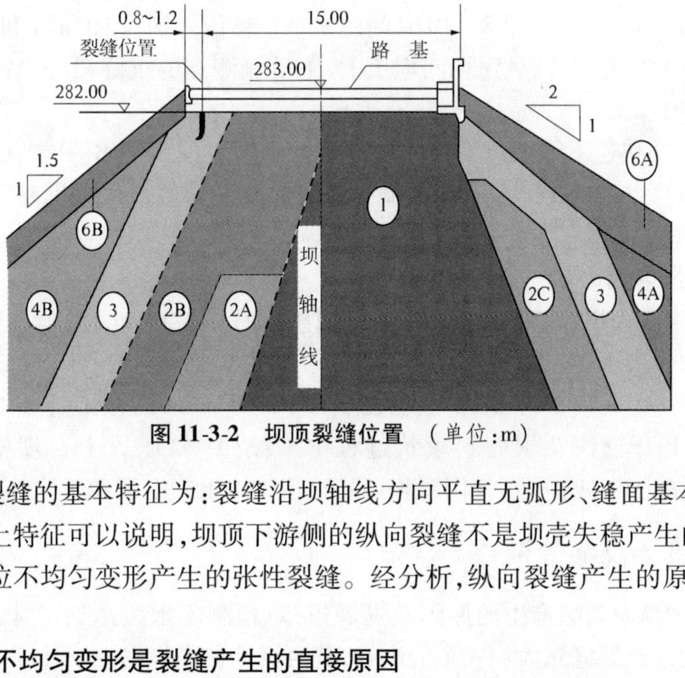

图 11-3-2　坝顶裂缝位置　(单位:m)

7 个探坑裂缝的基本特征为:裂缝沿坝轴线方向平直无弧形、缝面基本竖向、裂缝两侧无错台。以上特征可以说明,坝顶下游侧的纵向裂缝不是坝壳失稳产生的滑动裂缝,而是由于坝顶部位不均匀变形产生的张性裂缝。经分析,纵向裂缝产生的原因主要有以下几个方面。

(一)坝顶不均匀变形是裂缝产生的直接原因

由表 11-3-1、表 11-3-2 中 B—B、C—C 两个断面中坝顶上、下游侧监测点历年的位移差值情况(见表 11-3-3)可以证明这个结论。

由表 11-3-1 可知,2001 年底坝顶下游侧发现纵向裂缝时,B—B 断面上、下游方向水平位移差值为 65mm,沉降差为 79mm,到 2006 年 5 月 31 日,B—B、C—C 两断面上、下游方向的水平位移差值分别达到 379mm 和 331mm,沉降差分别为 162mm 和 97mm,水平应变值最大达 2.36%、沉降梯度最大达 1.01%。由此说明坝顶部位不均匀变形是坝顶下游

侧产生纵向裂缝的主要原因。

表 11-3-3　**B—B、C—C 断面坝顶上、下游测点历年位移差值统计**　（单位：mm）

断面	位移	2001 年	2002 年	2003 年	2004 年	2005 年	2006 年 5 月 31 日
B—B	水平位移差	65	180	280	331	366	379
	沉降位移差	79	111	122	155	162	162
C—C	水平位移差	32	113	215	277	307	331
	沉降位移差	65	97	105	105	98	97

注：1. 位移差值均为下游测点值 - 上游的测点值。

2. 上、下游方向水平位移"＋"为向下游位移；沉降"＋"为下沉位移。

（二）库水位的骤升、骤降加剧了不均匀变形的发生

水库下闸蓄水后，曾经历了几次库水位的较快上升和较快下降的变化。

（1）2003 年秋汛期间，库水位快速上升，9 月 2 日为 240.35m，9 月 11 日库水位达到 250.86m，该时段库水位上升速率为 1.21m/d；10 月 15 日库水位达到 265.69m，其上升幅度达 35.46m。2003 年 B—B 断面坝顶上、下游侧测点全年向下游方向的累计水平位移值为 172mm 和 273mm，其中秋汛 8～10 月间的水平位移值分别为 105mm 和 144mm，分别占全年位移量的 61% 和 53%；秋汛期间坝顶上、下游侧测点的沉降量分别占全年累计沉降量的 31% 和 30%。

（2）库水位的快速下降加速了坝体的不均匀变形。如大坝 B—B 断面坝顶下游测点的垂直位移，2004 年、2005 年水库调水调沙期间的月平均位移值分别是年平均位移值的 2.9 倍和 2.8 倍。

（三）其他影响因素

小浪底河床段大坝建基于厚度 70 余 m 的砂砾石覆盖层上，因而河床部位坝体的变形较大；河床部位大坝自 1998 年 9 月至 2000 年 6 月 26 日大坝填到 282m 高程，大坝月平均上升高度达 6.33m，1999 年 3 月，上坝强度为 158 万 m^3，大坝相应上升 8m。

大坝填筑上升较快及坝壳料填筑过程中未按照《碾压式土石坝施工技术规范》（SDJ213—83）的要求加水碾压等因素均可导致坝体竣工后变形和不均匀变形的增大。

三、大坝变形反演分析

为分析坝顶纵向裂缝产生的原因及发展规律、预测库水位达到正常蓄水位 275m 时的变形发展，论证该裂缝对大坝安全的影响，黄河设计公司根据大坝外部变形监测成果进行了大坝变形的反演分析。

（一）蓄水影响及数值模型的建立

1. 蓄水影响

土石坝初次蓄水对大坝及边界条件有多种复杂的影响，可以概化为以下 4 种作用力：

（1）施加作用于心墙上游侧的水压力 E_1；

（2）施加作用在上游坝基上的水压力 E_2；

(3)减小上游坝壳材料的密度至水下密度(浮密度)E_3;

(4)减小上游坝壳材料的强度及变形参数,以模拟饱和而引起的湿化破坏(E_4)。

以上四种作用如图 11-3-3 所示。

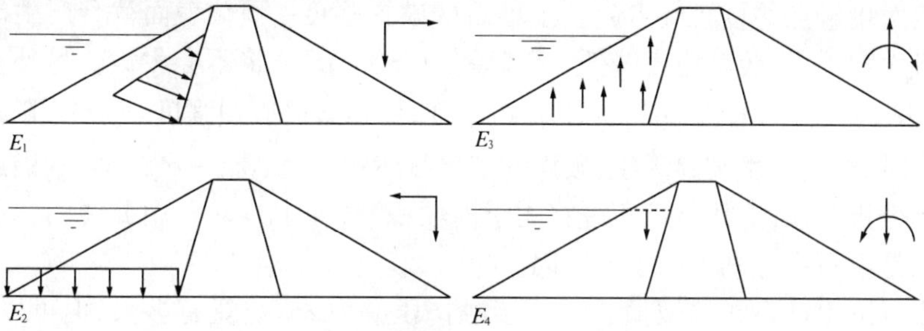

图 11-3-3 蓄水对大坝的影响

2. 数值模型的建立

选取最大横剖面 B—B,作为数值计算剖面,按平面问题计算。

有限元模型左右边界为 x 方向约束,底边为固定边界。填筑过程通过分级加载实现,由于实际坝体填筑过程的复杂性,流变模型应用于实际计算时进行了相应的处理:因分层填筑荷载增加过程不规则,初始时间难以确定,计算时采用了只用相对时间而不用绝对时间的策略;另外,在流变分析中,每一荷载级需再划分几个时段,第一时段只计算荷载变化引起的变形,其余时段计算流变变形。

(二)本构关系及其参数的确定

1. 模型的选取

堆石坝竣工后的实测变形中包含相当大的随时间发展的流变变形,计算中若不考虑这一项,将难以准确地拟合实际变形。堆石料流变的研究是从实际变形观测开始的。一些建成蓄水的面板堆石坝的原型观测结果表明,堆石坝体的变形在一定时期内并未结束,竣工后仍会产生一定的后期沉降。从已有的观测资料看,竣工后的沉降一是由于水位变化或其他原因而产生,二是堆石体及心墙黏土流变的结果。堆石料流变发生的原因,与其变形机理联系十分密切。从概念上分析,堆石料流变机理及其规律、发生机制及其作用等应当与土体或岩体的流变性质相类似,但堆石体的流变从机理上还有别于土体,并具有其自己的特点。无论堆石的密实状态如何,堆石块状颗粒之间的孔隙总是存在着,这就为变形创造了条件。

堆石料的流变主要有两个方面,一方面是堆石颗粒一些棱角或边缘接触的局部软弱界面(统称为堆石颗粒破损表面)在外力 σ_j 作用下被压碎的变形,其破损强度 σ_{sm} 常常小于对应的接触挤压应力 σ_{im},σ_j 的合力方向总体上对该颗粒形成压应力,使其产生累积挤压效应。由此在堆石颗粒破损表面将会产生一定的塑性压缩变形,其总量为:

$$\varepsilon_1 = \sum_{k=1}^{K} \int (\sigma_{im}^k - \sigma_{sm}^k) \mathrm{d}\zeta_k \tag{11-3-1}$$

另一方面是细化颗粒向孔隙滑移充填引起的变形,其应变为:

$$\varepsilon_2 = \sum_{k=1}^{K} \int T_k (\zeta_k \mathrm{d}\theta_\zeta^{(k)} + \eta_k \mathrm{d}\theta_l^k) \tag{11-3-2}$$

因此,堆石颗粒在蠕变中的塑性应变:

$$\varepsilon = \varepsilon_1 + \varepsilon_2 = \sum_{k=1}^{K} \int (\sigma_{\text{im}}^{k} - \sigma_{\text{sm}}^{k}) \mathrm{d}\zeta_k + \sum_{k=1}^{K} \int T_k (\zeta_k \mathrm{d}\theta_{\zeta}^{(k)} + \eta_k \mathrm{d}\theta_{l}^{k}) \tag{11-3-3}$$

一旦表面接触点的接触应力超过了堆石的破损强度,颗粒表面就会产生破碎现象,从而使接触面积增大,接触应力降低,所以差值($\sigma_{\text{im}}^{k} - \sigma_{\text{sm}}^{k}$)将不会太大。另外,在长期应力作用下,即便颗粒间的接触应力 σ_{im}^{k} 保持不变,但堆石的破损强度 σ_{sm}^{k} 却会随时间降低,当 $\sigma_{\text{im}}^{k} < \sigma_{\text{sm}}^{k}$ 时,就会产生破碎现象,破碎的结果显然将维持($\sigma_{\text{im}}^{k} - \sigma_{\text{sm}}^{k}$)$\leqslant 0$。因此,从应变值的数量级分析可知,上式后项积分将大于前项积分,即 $\varepsilon_2 > \varepsilon_1$。由此说明,颗粒细化滑移充填孔隙是堆石产生蠕变的主要原因。

目前难以测出堆石颗粒破损表面的接触挤压应力 σ_{im}^{k} 究竟有多大,但可以肯定这种接触应力将会很高,以致在这一高应力作用下相应部位的堆石颗粒产生压碎、软化或滑移,高接触应力得以释放、调整与转移。实际情况表明,具尖锐棱角的堆石料的颗粒破碎要比圆角的砂砾石料大得多,其原因也在于此。

由于水库蓄水期上游坝壳中主应力轴将发生明显偏转,早期的土石坝应力和变形分析大都只限于施工期,因此蓄水期的计算结果往往不理想。为了合理考虑蓄水期上游坝壳中主应力轴发生偏转的情况,本次计算中采用双屈服面弹塑性本构模型模拟坝壳堆石料和心墙土体骨架的应力—应变关系。计算中考虑了上游坝壳的浸水变形和坝料的流变变形特性。

屈服面方程如式(11-3-4)所示,在 $p \sim q$ 平面内如图 11-3-4 所示。

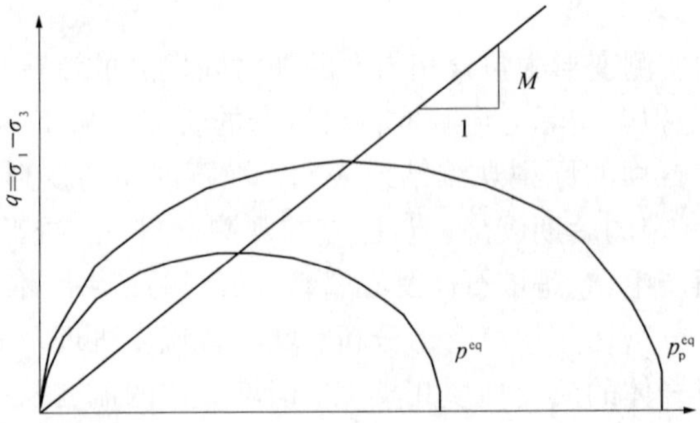

图 11-3-4 $p \sim q$ **平面屈服面**

$$p^{\text{eq}} = p' + \frac{q^2}{M^2 p'} \tag{11-3-4}$$

图 11-3-4 中参数如式(11-3-5)所示:

$$p^{\text{ep}} = \sigma' \left[\frac{1 + 2K_0^{\text{NC}}}{3} + \frac{3(1 - K_0^{\text{NC}})^2}{M^2 (1 + 2K_0^{\text{NC}})} \right]$$

$$p_{\text{p}}^{\text{ep}} = \sigma_{\text{p}} \left[\frac{1 + 2K_0^{\text{NC}}}{3} + \frac{3(1 - K_0^{\text{NC}})^2}{M^2 (1 + 2K_0^{\text{NC}})} \right] \tag{11-3-5}$$

本构关系如下所示:

$$\underline{\dot{\varepsilon}} = \underline{\dot{\varepsilon}}^{e} + \underline{\dot{\varepsilon}}^{c} = \underline{\underline{D}}^{-1}\underline{\dot{\sigma}}' + \lambda\frac{\partial g^{c}}{\partial \sigma'} \tag{11-3-6}$$

其中

$$\underline{\underline{D}}^{-1} = \frac{1}{E_{ur}}\begin{bmatrix} 1 & -\nu_{ur} & -\nu_{ur} \\ -\nu_{ur} & 1 & -\nu_{ur} \\ -\nu_{ur} & -\nu_{ur} & 1 \end{bmatrix} \tag{11-3-7}$$

$$g^{c} = p^{eq} \tag{11-3-8}$$

所以

$$\dot{\varepsilon}_{\nu}^{c} = \dot{\varepsilon}_{1}^{c} + \dot{\varepsilon}_{2}^{c} + \dot{\varepsilon}_{3}^{c} = \lambda = \left(\frac{\partial p^{ep}}{\partial \sigma_{1'}} + \frac{\partial p^{ep}}{\partial \sigma_{2'}} + \frac{\partial p^{ep}}{\partial \sigma_{3'}}\right) = \lambda = \frac{\partial p^{ep}}{\partial p'} = \lambda = \alpha \tag{11-3-9}$$

定义 $\alpha = \partial p^{ep}/\partial p'$，由式(11-3-6)可得：

$$\dot{\varepsilon} = \underline{\underline{D}}^{-1}\underline{\dot{\sigma}}' + \frac{\dot{\varepsilon}_{\nu}^{c}}{\alpha}\frac{\partial p^{ep}}{\partial \sigma'} = \underline{\underline{D}}^{-1}\underline{\dot{\sigma}}' - \frac{1}{\alpha}\frac{\mu^{*}}{\tau}\left(\frac{p^{ep}}{p_{p}^{ep}}\right)^{\frac{\lambda^{*}-\chi^{*}}{\mu^{*}}}\frac{\partial p^{ep}}{\partial \underline{\sigma}'} \tag{11-3-10}$$

其中

$$p_{p}^{ep} = p_{p0}^{ep}\exp\left(\frac{-\varepsilon_{\nu}^{c}}{\lambda^{*}-\kappa^{*}}\right) \text{或} -\varepsilon_{\nu}^{c} = (\lambda^{*}-\kappa^{*})\ln\frac{p_{p}^{ep}}{p_{p0}^{ep}}$$

弹性变形可表示为：

$$-\dot{\varepsilon}_{\nu}^{e} = \kappa^{*}\frac{\dot{p}'}{p'} = \frac{1+\nu_{ur}}{1-\nu_{ur}}\frac{\kappa^{*}}{1+2K_{0}}\frac{\dot{\sigma}'}{\sigma'} \tag{11-3-11}$$

模型主要参数见表11-3-4。

表11-3-4　　模型主要参数

强度参数			变形参数		
C	φ	ψ	λ^{*}	κ^{*}	μ^{*}
内聚力	内摩擦角	剪胀角	压缩指数	回弹指数	蠕变指数

2. 模型计算参数的反演

1)基本原理

堆石室内流变试验由于需要长期加荷，其“尺寸效应”、“时间比尺”和“颗粒破碎”问题难以解决，加之室内制样很难达到现场碾压的密实度等因素的影响，因此确定原型堆石体的流变参数十分困难，对需要在大型三轴仪上进行试验的堆石料来说，进行流变试验几乎是不可能的。结合弹塑性流变模型，对坝体原型观测资料进行反分析确定流变参数，并据此进行有限元分析，可能是唯一切实可行的途径。

在很多情况下，土体参数的确定比本构关系的选择更为重要，因此有必要对坝体材料参数进行反演，并由此评价坝体的变形与稳定。目前，对土石坝参数的反演常采用正反分析法，即将土体参数反演问题转换成优化问题。而在求解该优化问题时，目前用得较多的是高效、全局收敛的遗传算法。但对于观测数据非常有限，待反演参数较多的情况，反演的结果可能失真。对于非线性问题的位移反分析，通常采用基于优化求解的正反分析方法。为减少计算工作量,采用正交设计法安排力学参数的初始值试算。根据有限元正算的结果,用回归分析方法建立位移与岩体力学参数的数学关系式。利用这个数学函数式和各测点的实测位移值,建立下列目标函数:

$$E(x) = \sum_{i=1}^{n} [f_i(x) - u_i]^2 \tag{11-3-12}$$

式中 $f_i(x)$——i 测点的位移和力学参数间的函数式;

x——岩土体力学参数组合;

u_i——i 测点的实测位移值;

n——测点个数。

最后利用最优化方法即可找出使目标函数达到最小,即全局最优值的最佳力学组合。由于岩土工程问题的复杂性,常需采用数值计算方法进行反演分析,亦即采正分析的过程,利用最小误差函数,通过迭代逐次逼近待定参数的最优值。一般情况下难以求得目标函数的各阶导数,因而只能选用黄金分割法、变量轮换法、单纯形法和合形法等较为简单的直接搜索法。但这些方法需要在计算前给出各待定参数的取值范围和试算值,多次调用有限元计算程序,计算时间长,收敛速度慢,计算结果受给定初值的影响,易陷入局部极小值,解的稳定性差。近年来,基于人工神经网络和遗传算法的智能化反分析方法在岩土工程中得到了应用。岩土工程问题十分复杂,在已知量和未知量之间存在很强的非线性关系,这种非线性关系通过人工神经网络可以得到很好的映射。利用神经网络近似代替结构有限元分析计算,可以克服优化过程中需要进行大量有限元正分析的缺点。演化算法仿效生物学中进化和遗传的过程,从随机生成的初始群体出发,逐步逼近所研究问题的最优解,是一种具有自适应调节功能的搜索寻优技术。在岩土工程位移反分析中,采用演化算法代替常规的优化方法,可以避免陷入局部极小值,得到全局最优解。

基于神经网络和演化算法的位移反演分析方法的流程如图 11-3-5 所示。从图中可以看出,该法主要包括 3 个计算流程:

(1)构造训练参数组并通过有限元正分析生成训练样本。首先,根据实际问题确定所需反演参数的个数、输出参数的个数及反演参数的取值范围;然后,采用正交设计的方法构造训练样本的输入参数组,对各输入参数组分别进行有限元的正分析计算,其结果作为相应的输出参数组;最后,将各组参数标准化为 0.1 ~ 0.9 的数以生成神经网络的训练样本。采用演化算法训练和优化用于替代有限元计算的神经网络(见图 11-3-6)。

(2)构造测试参数组对建立的神经网络模型进行误差检验,对采用训练样本优化得到的神经网络模型,需要测试将其应用于非训练样本时的计算情况,以估计神经网络可能的计算误差。测试样本的输入参数组采用随机的方法进行构造,对各输入参数组分别进行有限元的正分析计算,其结果作为判断神经网络计算精度的标准。当神经网络输出的模拟结果与有限元计算的结果误差较大时,需增加训练样本的数量和密度,并重新对神经网络进行优化和训练。

(3)应用建立的神经网络模型进行土体参数的反演计算。采用优化好的神经网络代替有限元计算,根据位移的观测结果对模型的计算参数进行反演分析。计算中模型参数的优化方法仍然采用前述的演化算法,其过程除去掉采用 Vogl 算法对神经网络的训练外,其余过程与前述训练神经网络的过程基本相同。另外,在反演分析中,种群中的个体(实数数组)代表模型参数,适应值函数为$f=1/E_0$,E_0将个体(1 组模型参数)带入优化好的神经网络所得输出与实测位移之间的误差。

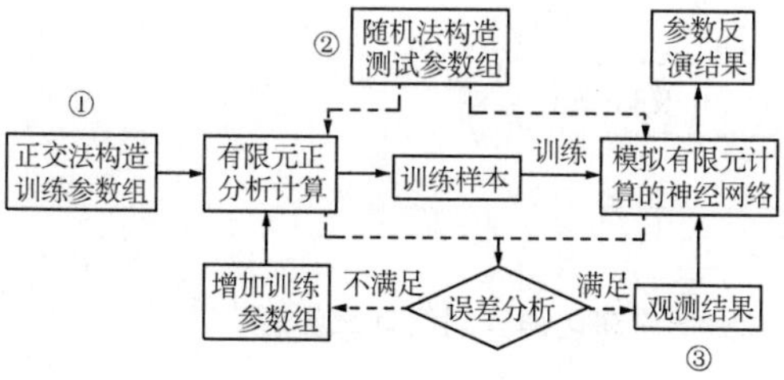

图 11-3-5　基于神经网络和演化算法的反分析方法

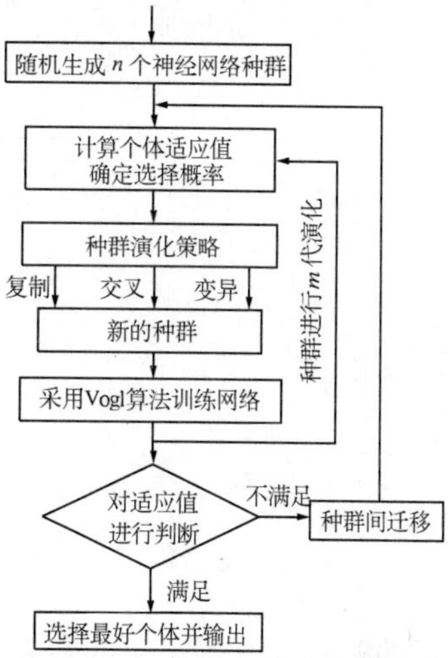

图 11-3-6　基于演化算法的神经网络

2)模型参数的反演

坝体主要材料有 7 种,由于本专题研究以变形为主,考虑到反演问题的复杂性,因此仅以反演流变参数为主要目标,不考虑强度参数的变化。如果每种材料的流变参数均不相同,则需要反馈分析的参数多达 21 个,实际上难以实现。考虑到反滤层比较薄,参数有点偏差,但影响不会很大,因此本次反分析中只反演 15 个参数,即坝基砂卵石层和底砂层、堆石体、过渡层及心墙黏土的参数λ^*、κ^*、μ^*,并假定反滤层与过渡层的流变参数相同。作为标准断面的观测资料,选用了 B—B 计算断面上、下游坝壳不同高程(上游 225m、260m、283m 及下游 283m、250m、220m)共计 12 个沉降及水平位移观测值,反演模型参数,运用有限元计算成果来检验由上述演化过程得到的神经网络的计算精度。

在位移反演分析中,待反演参数的变化范围根据以往工程经验及流变试验结果如表 11-3-5所示。基于正交试验的参数反演演化神经网络计算流程如图 11-3-7 所示。反演目标参数确定须首先分析本构方程中参数的敏感性,筛选出对变形影响显著的力学参数,按正交优化方法产生样本,进而进行反演分析。

表 11-3-5　　待反演计算参数的变化范围

材料	C(kPa)	φ(°)	ψ	λ^*($\times10^{-3}$)	κ^*($\times10^{-3}$)	μ^*($\times10^{-3}$)
堆石	0	42	0	10.0~26.0	1.0~3.0	0.5~1.5
过渡层	0	35	0	5.0~15.0	0.5~2.5	0.4~1.2
黏土	50	22	0	2.0~8.0	0.5~1.0	0.1~0.3
砂砾石	0	35	0	12.0~30.0	1.2~3.2	0.8~2.0
底砂层	0	28	0	8.0~20.0	0.8~2.8	0.5~1.6

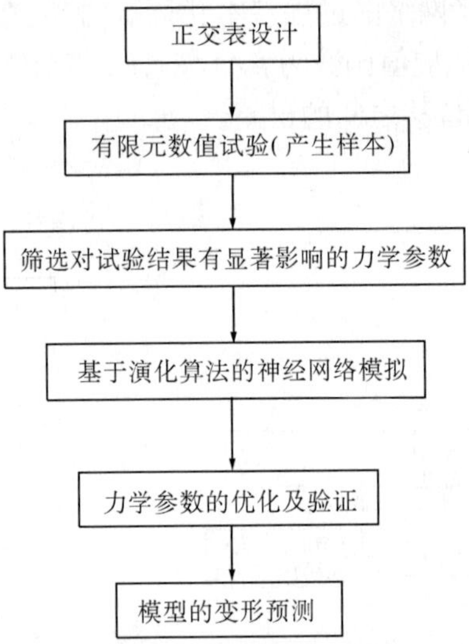

图 11-3-7 基于正交试验的参数反演演化神经网络计算流程

反演时首先利用正交试验方法产生若干组输入参数。参数 λ^*、κ^*、μ^* 的取值间距分别为 1.0、0.5、0.1。对每组参数采用有限元计算观测点处变形,对各组及相应的计算变形进行标准化,作为神经网络反分析的样本,优化迭代过程采用遗传算法加快收敛速度。为了分析神经网络优化过程的有效性,在计算过程中跟踪了神经网络个体在演化过程中的标准误差的变化过程(见图 11-3-8)。可见其标准差在演化的最初几代内迅速下降,进化 10 代后标准误差已消除 95% 以上,之后误差的下降逐渐变慢,100 代以后误差的变化已非常小。

反演所得计算模型参数见表 11-3-6,计算结果和观测结果对比如图 11-3-8 ~ 图 11-3-10所示。

表 11-3-6 计算模型参数反演的结果

材料	C(kPa)	φ(°)	λ^*($\times10^{-3}$)	κ^*($\times10^{-3}$)	μ^*($\times10^{-3}$)	渗透系数 k(m/d)
堆石	0	42	17.95	1.83	0.97	86.4
过渡层	0	35	9.43	1.40	0.71	86.4
黏土	50	22	4.74	0.707	0.19	0.000 086 4
砂砾石	0	35	18.25	1.98	1.11	86.4
底砂层	0	28	13.26	1.59	0.84	86.4

(三)裂缝成因分析

1. 沉降梯度与纵向裂缝

岩土体不同于一般的连续介质,具有非连续性和非均匀性。当发生不均匀沉降,也即两点间的沉降差值达到临界值时,岩土体可能产生裂缝。两点的差异沉降用沉降梯度表示,沉降梯度定义如下:

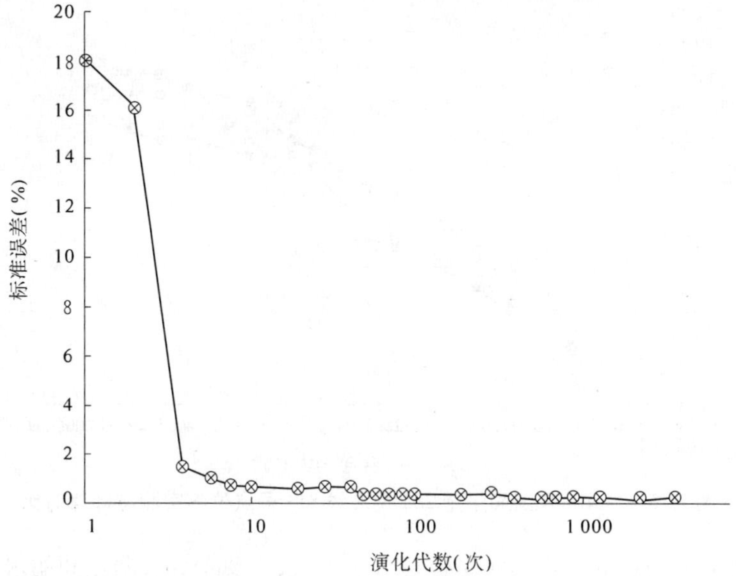

图 11-3-8　误差变化函数

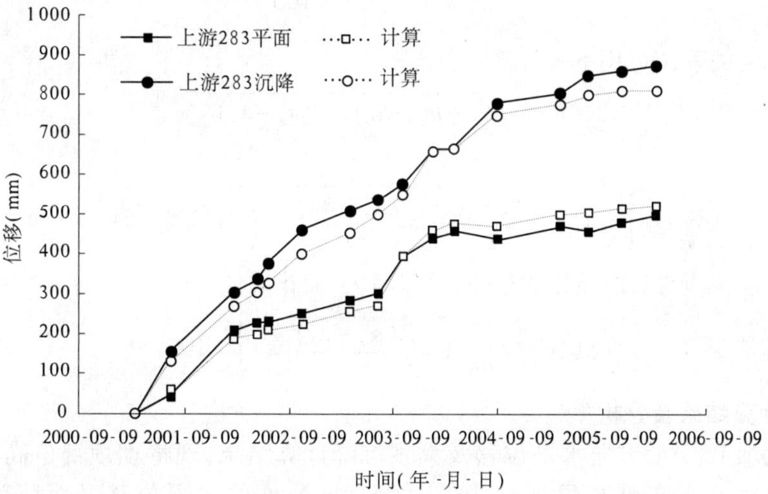

图 11-3-9　B—B **剖面上游** 283 **视准线** C_{13}**点位移与计算对比**

$$\gamma(\%) = \frac{\Delta s}{l} \times 100 = \frac{s_a - s_b}{l} \times 100 \tag{11-3-13}$$

式中　γ——同一高程上 a、b 两点间的沉降梯度(%)；

l——a、b 两点间的距离；

s_a、s_b——a、b 两点沉降量。

2. 水平应变与纵向裂缝

当坝体内的水平应变大于其材料的极限拉应变时，就会产生裂缝。因此，探讨同一高程上两点间拉伸变形的大小是很有意义的。

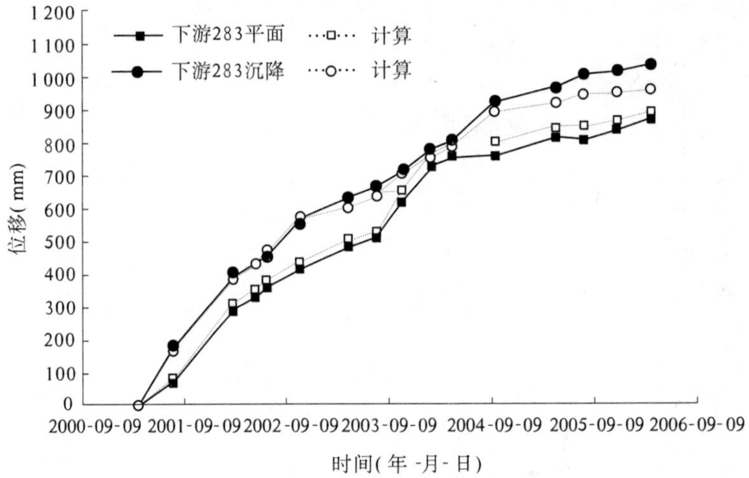

图 11-3-10 B—B 剖面下游 283 视准线 813 号点位移实测与计算对比

设坝体上 a、b 两点的沉降与水平位移分别为 s_a、s_b 及 h_a、h_b，两点间的水平距离为 l_0，变形后 a、b 两点移至 a'、b'，其长度为 l'，其拉应变由下式定义：

$$\varepsilon(\%) = \frac{l'-l}{l} \times 100 \tag{11-3-14}$$

根据几何关系，l'可用下式计算：

$$l' = \sqrt{(l+h_a-h_b)^2+(s_a-s_b)^2} \tag{11-3-15}$$

代入可得：

$$\varepsilon(\%) = \left[\sqrt{1-\frac{2(h_a-h_b)}{l}+\left(\frac{h_a-h_b}{l}\right)^2-\left(\frac{s_a-s_b}{l}\right)^2}-1\right]\times 100 \tag{11-3-16}$$

上式中后两项与前两项相比很小，可以略去，简化成：

$$\varepsilon(\%) = \left[\sqrt{1-\frac{2(h_a-h_b)}{l}}-1\right]\times 100 \tag{11-3-17}$$

（四）计算结果及分析

根据大坝上、下游方向水平位移及大坝沉降计算结果，现将坝顶部位高程 270.00m 以上至坝顶间几个典型高程坝轴线上，坝上、下游坡的水平位移及沉降计算结果列入表 11-3-7。

表 11-3-7 坝顶部位各高程水平位移、沉降计算结果 （单位：mm）

高程(m)	上、下游方向水平位移				沉降			
	上游坡	坝轴线	下游坡	水平应变(%)	上游坡	坝轴线	下游坡	沉降率(%)
283.00	551	722	943	2.95	859	876	1 018	1.89
280.00	489	690	985	2.31	801	789	985	1.53
275.00	455	703	1 012	1.90	756	722	896	1.07
270.00	432	777	1 053	1.70	674	635	785	0.92

根据目前国内外土石坝外部变形观测结果及有关研究成果，若沉降梯度大于1%，则岩土体就有开裂的可能。坝顶7个探坑测得裂缝深度为2.0～3.9m，由沉降观测资料求得裂缝底部沉降梯度为1.1%。若依此为标准，计算的裂缝深度为5.2m。

岩土体所能承受的最大拉应变多是针对岩石和土体的，如黏性土的临界拉应变为0.1%～0.3%。对于堆石体，尚无相关资料可供参考。由表11-3-7中水平应变值的变化可知，随高程降低，水平应变值渐小。根据水平位移观测资料求得裂缝底部的水平应变为2.3%，若依此为临界值，则计算的裂缝深度约4.6m。

（五）275m库水位时变形预测

根据水库下闸蓄水以来库水位上升情况，拟定库水位在30天由260m升至275m，分析坝体变形的发展情况。计算结果表明，当库水位由历史最高水位265.69m升至275m正常蓄水位时，坝体的垂直位移及水平位移的最大增量分别为21mm和22mm；坝顶上、下游差异沉降量及水平位移差很小（见表11-3-8）。

表11-3-8　　水位上升至275m时不同库水位的坝顶位移相对变化

时间（d）	库水位（m）	垂直位移（mm）		水平位移（mm）	
		上游283	下游283	上游283	下游283
0	260	0	0	0	0
10	265	11	13	8	10
20	270	21	26	16	23
30	275	28	35	27	32

注：垂直位移、水平位移参照的库水位为260m。

（六）结论

（1）在土石坝实测位移中包含了随时间发展的流变变形。大坝变形反演分析采用弹塑性流变模型可以较精确地拟合坝体的实际变形。

（2）由变形计算结果可知，水库蓄水后坝体的沉降和水平位移均是坝顶下游侧的变形量大于坝顶上游侧的变形量；在深度方向上，上部变形梯度大于下部的变形梯度。分析坝顶部位的沉降梯度和水平应变，若依沉降梯度1%、水平应变2.3%为坝体产生裂缝的临界值，则坝顶下游侧纵向裂缝深度应小于5.2m，与测斜管的观测结果极为接近。计算表明，坝顶部位的不均匀变形是坝顶下游侧产生纵向裂缝的直接原因。

（3）当库水位由历史最高水位265.69m上升到275.00m时，坝顶部位沉降及水平位移增量分别为21mm和22mm；坝顶上下游的差异变形量很小，表明既有裂缝仅有微量发展。

四、裂缝的临时处理

根据大坝外部变形观测资料，大坝变形尚未稳定，因此对坝顶下游侧纵向裂缝采取了如下临时封闭处理措施，以防降雨贯入缝内，使裂缝进一步发展。

自坝顶下游侧路缘石向上游3m范围内拆除坝顶路面的混凝土培育棱块，并开挖15cm深，以裂缝为中心开挖宽60cm、深20cm的梯形槽；裂缝内用最大粒径100mm的砂砾石料充填，并用人工捣实；7 个探坑采用最大粒径 200mm 的砂砾料回填，每层厚度 30cm，夯实后干容重不小于 21kN/m^3；梯形槽及其两侧开挖区回填黏土与砂砾石混合料，砂砾石粒径 20～40mm，与黏土按 1∶1 的比例充分拌和后回填夯实至原路面，然后铺设幅宽不小于 2.5m 的复合土工膜，膜厚 0.5mm。土工膜上游边嵌入路面内深度不小于 10cm，其下游边与下游侧路缘石黏接；土工膜上面铺厚 4cm 的细砂，其上铺设六棱块。

在开挖的 7 个探坑内，除 7 号坑埋设 3 支土体位移计外，其余 6 个坑内各埋设 2 支土体位移计，以监测裂缝的变化，并据此分析裂缝变化的影响因素。

五、高土石坝坝顶产生纵向裂缝工程实例

（一）库加尔坝（美国）

库加尔坝位于俄勒冈州的威拉米特河上。大坝为斜心墙堆石坝，高 156m、顶长 527m、宽 12m。坝基覆盖层厚 1.5～9.0m，心墙坐在基岩上，于 1963 年建成。

堆石最大粒径 610mm，填筑层厚 60～180cm，采用 10t 振动碾碾压；心墙料采用 50t 四轮气胎碾碾压。

1964 年 6 月水库初次蓄水达到正常高水位的第 2～3 天，突然在坝顶出现贯穿坝顶全长的数条纵向裂缝。裂缝主要发生在心墙和反滤层的分界面上，缝宽 6～13mm，根据试坑检查，裂缝深 1.52m。裂缝从秋天一直到冬天的水位下降期有所发展，到 1965 年缝宽扩大到 150mm；在横剖面的坝顶材料分区界面处，显示出约有 300mm 的台阶状的不均匀沉降，如图 11-3-11 所示。

纵向裂缝产生原因：主要是由于浸水作用在材料的分区间产生不均匀沉降造成的。

（二）隆德巴特坝（美国）

该坝为斜心墙堆石坝，坝高 134m，坝顶长 402m、宽 13.4m，于 1964 年建成。

坝基覆盖层厚 30m。心墙料采用 50t 气胎碾碾压 4 遍；堆石最大粒径 610mm，填筑层厚 60cm，10t 振动碾碾压 4 遍。

1964 年 10 月 16 日库水位低于正常高水位 14m 时，在坝顶中心出现一条纵向裂缝，到 11 月裂缝长 150m，缝宽 4～15mm，深入防渗体内。此后又在心墙上游边和过渡层之间出现纵向裂缝，缝宽 127mm，深度大于 1.2m。

裂缝原因：上、下游坝壳材料的压缩性比心墙大。

（三）泥山坝（美国）

泥山坝位于华盛顿州白河上，为心墙堆石坝，坝高 130m，坝顶长 212m、宽 15.3m；心墙和反滤层坐落在新鲜基岩上，于 1941 年建成。

施工方法：心墙混合料铺土厚 15cm，羊足碾碾压 6 遍；坝壳堆石采用抛填法施工，高压水枪冲实。

1942 年坝顶心墙与上、下游过渡层接合处出现纵向裂缝，最大缝宽 100mm，深 1.8m，经回填后，于 1948 年又重新开裂。

裂缝原因：上、下游坝壳压缩变形比心墙大，产生差异沉降所致。

（四）樱桃谷坝（美国）

该坝为心墙堆石坝，坝高 101m，坝顶长 792m、宽 12m。坝基覆盖层厚 5m，于 1955 年

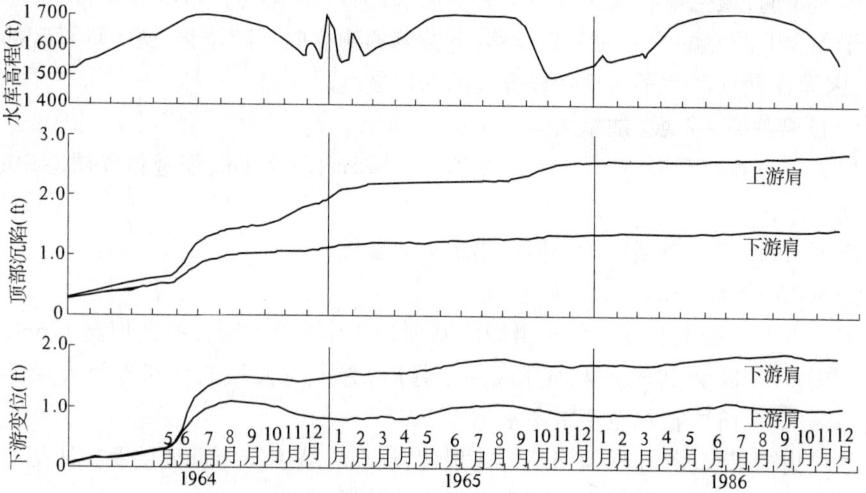

(a)1964～1966 年期间沉陷和下游坝顶变位

(注:1ft = 0.304 8m)

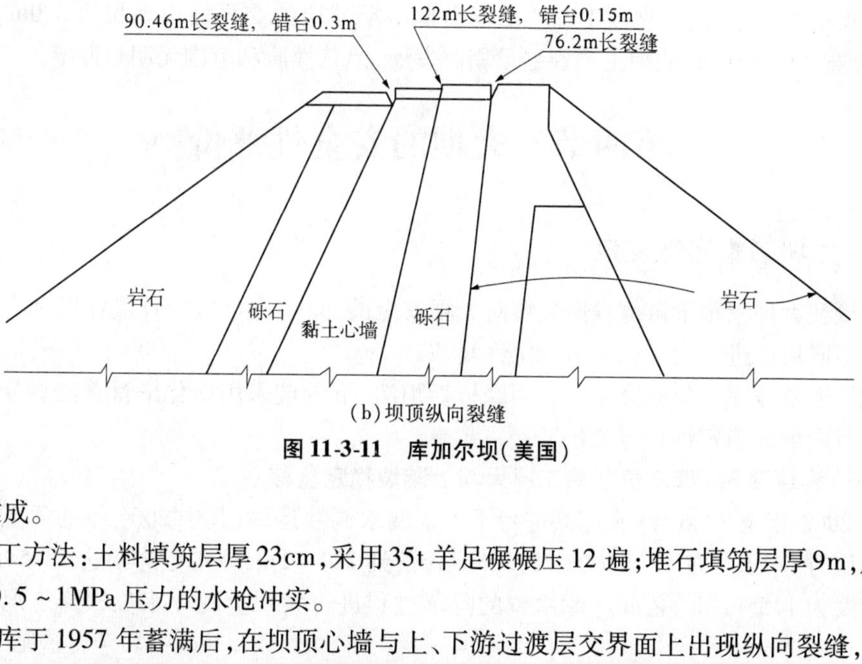

(b)坝顶纵向裂缝

图 11-3-11　库加尔坝(美国)

10 月建成。

施工方法:土料填筑层厚 23cm,采用 35t 羊足碾碾压 12 遍;堆石填筑层厚 9m,用 4 倍水、以 0.5～1MPa 压力的水枪冲实。

水库于 1957 年蓄满后,在坝顶心墙与上、下游过渡层交界面上出现纵向裂缝,长 9～12m,深 25～30m,上游侧裂缝比下游侧多。第二次蓄水又再次发现纵向裂缝。

裂缝原因:上、下游堆石体与心墙之间有差异变形。

(五)界伯奇坝(奥地利)

该坝为心墙堆石坝,坝高 153m,坝顶长 630m、宽 10m,坝基覆盖层厚 25m,1965 年建成。

施工方法:心墙料填筑层厚 30cm,用 40t 振动碾碾压 6 遍,后改为铺土厚 15cm,用 20t

振动碾碾压 8 遍；坝壳堆石填筑层厚 2m，不加水，用 8.5t 振动碾碾压。

由于坝顶上游侧的测点向上游位移，下游侧的测点向下游位移，两个堆石区的变位方向相反，因而在坝顶产生了沿坝轴线方向的纵向裂缝。

（六）拉格兰德 -2 坝（加拿大）

该坝为斜心墙堆石坝，坝高 156m，坝顶长 2 835m、宽 9.1m，坝基覆盖层厚 20m，心墙坐落在基岩上，于 1982 年建成。

首次蓄水时，心墙与坝壳的交界面出现纵向裂缝。

（七）Masjed - E - Soleyman 坝（伊朗）

该坝为黏土心墙堆石坝。位于伊朗库基斯坦省卡鲁恩河上，最大坝高 176m，坝顶长 480m，于 2000 年 11 月建成。大坝建成一个月后，为了对大坝的性状以及大坝的安全进行监测，共分 5 个阶段蓄水至正常高水位 372m。

某些观测结果表明，在坝顶出现纵向裂缝，且在心墙上游与反滤层及反滤层与坝壳堆石之间出现分离，说明上游坝壳的沉降大于心墙的沉降。

（八）贾提路哈尔坝（印度）

该坝为斜心墙堆石坝，坝高 112m，坝顶长 1 200m、宽 12m，覆盖层厚 3m，坝基为页岩 - 砂岩，于 1967 年建成。

大坝竣工后不久，在坝顶中部心墙下游侧与反滤层的交界面出现长约 300m 的纵向裂缝，缝宽 25 ~ 38mm，此后主要裂缝虽稍有发展，但其性质和范围无明显改变。

第四节　大坝的安全性评价

一、大坝的稳定性复核

为论证大坝坝顶下游侧纵向裂缝对大坝安全的影响，根据裂缝预测深度和裂缝实际深度的不同情况进行大坝的抗滑稳定性复核。

大坝上游坡库水位骤降工况采用摩根斯坦法，下游坡采用简化毕肖普法。分以下几种工况对大坝的稳定性进行复核。

（一）裂缝深 8m 库水位骤降工况大坝上游坡稳定复核

自 2002 年至 2006 年，水库共进行了 5 次调水调沙运用；其中 2006 年的第五次调水调沙运用时，库水位在 19 天内自 254.05m 降落到 224.51m，库水位降幅达 29.54m，平均降落速度为 1.55m/d。依此次库水位的降落过程进行大坝上游库水位骤降工况的稳定复核。

计算参数如表 11-4-1 所示。

坝上游坡安全系数最小的滑裂面通过大坝防渗体及坝基泥化夹层，最小稳定安全系数为 1.55，远大于规范值 1.30。由此说明，坝顶裂缝深达 8m 时对坝上游坡稳定安全系数影响甚微。

（二）裂缝 8m 深时大坝下游坡的稳定复核

对于下游坡，静力和地震工况条件下的危险滑裂面均位于坝壳堆石体内。滑弧很浅，

表 11-4-1　　计算参数

材料	容重(kN/m^3)		抗剪强度	
	湿容重	饱和容重	C(MPa)	φ(°)
心墙土料	19.8	20.5	0.02	19.6
反滤料	19.1	21.6	0	36.0
过渡料、堆石	21.1	23.0	0	40.0
内铺盖料	20.8	21.7	0.03	28.0
河床砂卵石	—	22.2	0	33.08
淤积	—	17.6	0	0
基岩	—	26.0	0	35.0
夹泥	20.1	20.6	0.005	14.04
4C 区回采堆石	21.0	22.5	0	34.0
8 区压坡石渣	19.6	22.0	0	30.0

故采用堆石体的非线性强度指标 44°，静力稳定最小安全系数为 1.556，Ⅷ度地震工况时的最小稳定安全系数为 1.202，均大于规范规定值。

（三）坝顶裂缝深 4m，缝内无水时下游坡稳定复核

在裂缝上开挖的 7 个探坑中，最大缝深为 4m，为此按缝深 4m 进行稳定复核。静力工况时，安全系数 1.57；Ⅷ度地震工况时，安全系数 1.22，均大于规范规定值。

大坝上、下游坝坡的稳定复核结果表明，虽然坝顶下游侧产生纵向裂缝，其抗滑稳定安全系数仍满足规范要求，大坝是稳定安全的。

二、大坝工作性态分析及其安全性评价

（一）大坝初期运用工作性态良好

大坝挡水运用近 7 年来，2003 年 10 月 15 日库水位达 265.69m。截至 2006 年 5 月 31 日，大坝已在较高库水位 250.00m 以上安全运行 683 天，其中在 260.00m 以上库水位运行 189 天（其中 2006 年以来，在 260.00m 以上库水位连续运行 98d）。大坝的各种监测资料显示，大坝变形已渐趋稳定，并符合土石坝变形的一般规律；大坝渗控工程的工作性态未见异常；坝体、坝基防渗可靠。水库初期运用实践表明，大坝初期运用工作性态良好。

（二）大坝变形渐趋稳定

大坝的外部变形监测资料显示：自 2004 年以来，大坝的水平位移和沉降已渐趋减小，如坝顶竣工后沉降量（D0＋340.00）2005 年 9 月 8 日测为 1 220mm，截至 2006 年 5 月 20 日，测得该处沉降量为 1 235mm，月平均沉降仅 1.7mm。竣工后坝顶沉降率为 0.77%。河床深槽部位坝基覆盖层厚达约 70m，加上大坝高度共约 230m，至今大坝沉降率仅为 0.77%，与大多数高土石坝的沉降率相近；坝轴线方向左坝肩部位相邻两测点的最大沉降梯度为 0.72%，绝大多数小于 0.5%。

大坝变形过程线平顺、无突变，符合土石坝变形的一般规律。

（三）坝体、坝基防渗可靠

埋设在主坝防渗墙下游侧的渗压计的观测结果显示，库水位变化数十米，而其测值升降变化小于2 m。由埋设在主坝防渗墙上下游侧渗压计的测值对比可知，主坝混凝土防渗墙削减剩余水头的99%以上（见表11-4-2），这充分说明坝体、坝基防渗体系运行正常，防渗可靠。由于防渗墙下游侧的心墙基础及坝基础表面的渗流出口处，加强了反滤层保护；河床段坝基除有混凝土防渗墙防渗外，并有内铺盖及天然铺盖组成的辅助防渗体系。因此，可以保证大坝在高水位运用条件下的安全。

表11-4-2　　典型库水位时防渗墙防渗效果分析

日期（年-月-日）	库水位（m）	F_1 以左			B—B			C—C			P_{300}
		P_{66}	P_{67}	（%）	P_{81}	P_{105}	（%）	P_{95}	P_{136}	（%）	
2004-10-11	240.03	193.674	137.991	99.71	194.052	141.554	99.34	194.948	138.063	99.96	137.827
2004-11-23	244.95	200.126	138.192	99.73	200.356			202.629	138.217	99.70	138.023
2005-03-01	255.10	212.561	138.419	99.68	212.596			216.271	138.446	99.66	138.178
2005-04-10	259.61	216.349	138.472	99.66	216.430			220.502	138.538	99.60	138.209
2005-05-11	254.95	213.292	138.294	99.68	213.327	141.978	99.48	217.156	138.383	99.58	138.051
2005-10-03	250.02	203.897	138.942	99.51	204.391	140.247	99.76	207.670	139.250	99.09	138.622
2005-12-02	259.08	217.415	139.032	99.50	218.158	140.351	99.78	220.630	139.270	99.23	138.640
2005-12-10	259.14	218.127	139.050	99.53	218.558	143.650	99.38	221.282	139.320	99.23	138.680
2005-12-23	258.21	217.198	138.970	99.50	218.146	143.550	99.38	220.232	139.240	99.17	138.580
2006-03-28	262.61	218.866	139.040	99.56	219.011	143.690	99.38	222.030	139.400	99.15	138.690
2006-04-05	263.11	219.408	139.040	99.52	219.563	143.680	99.38	222.599	139.370	99.14	138.650
2006-05-13	260.04	217.642	139.100	99.53	217.749	143.710	99.37	220.991	139.430	99.15	138.730

注：P_{300}测值为大坝下游水位。

（四）坝基覆盖层的渗透比降远小于设计允许值

保持坝基的渗透稳定是确保大坝安全的关键之一，为此，在主坝防渗墙下游侧渗流出口部位，坝基表面设置一层厚1m的2C区反滤料，其上为3区过渡层，以确保坝基砂砾石层的渗透稳定。

坝基砂砾石层的设计允许渗透比降0.10～0.20。根据埋设在主坝防渗墙下游侧渗压计测值和坝后水塘内渗压计P_{300}的测值进行比较，实测坝基覆盖层内的渗透比降值远小于设计允许值，见表11-4-3。

（五）混凝土防渗墙工作性态良好

混凝土防渗墙厚1.2m，墙体最大高度84m，向上插入心墙12.00m，墙顶有4m×5m的高塑性土区以减少应力集中的影响，向下嵌入基岩1～2m。混凝土防渗墙设计强度（d_{28}）35MPa。墙体施工过程中，曾采用钻孔取芯、物探CT弹性波及开挖直观检查，对施工缺陷进行了有效补救，保证了墙体的防渗功能。蓄水安全鉴定报告认为："我们根据国内外大量建墙经验及实例，认为此段防渗墙的施工质量是可靠的，防渗效果也是可信的。"

表 11-4-3　　实测坝基渗透比降

上游侧渗压计			P_{300}	渗透比降
渗压计	桩号	观测值(m)		
P_{68}	34.00/us	139.12	138.68 (380.54/DS)	0.001 1
P_{72}	34.00/us	139.28		0.001 4
P_{136}	34.00/us	139.39		0.001 7
P_{150}	73.00/us	139.26		0.001 3
P_{110}	210.00/Ds	139.03		0.002 0
$P_{71} \sim P_{72}$	73.00/us	141.37		0.053 6
	34.00/us	139.28		
说明	观测值选自 2006 年 4 月 15 日，库水位 262.13m，该日前后库水位在 260m 以上运行均在 1 月以上			

原型观测资料说明，墙顶部位所测墙体最大压应力约 16MPa，小于该部位的设计计算值约 25MPa。

（六）坝基渗流场已趋稳定

自 2004 年 3 月以后，库水位与坝基渗漏量具有良好的对应关系，说明坝基已基本形成稳定的渗流场。例如，2006 年 2 月 5 日～5 月 13 日库水位均在 260m 以上波动，坝基渗漏量在 31 000～32 500m^3/d 之间变化，该值较 2004 年 4 月 19 日前相近库水位时减少约2 000m^3/d。

（七）坝基渗水均为清水

自坝后水塘出现渗水以来，坝基渗水均为清水。2005 年 12 月在坝后水塘内取样和水下录像检查结果表明，水塘底部无泥沙沉积，说明坝基无任何产生管涌破坏的迹象。

综上所述，小浪底大坝经过近 7 年挡水运用的考验，充分说明大坝工作性态良好，经局部和整体稳定复核，大坝稳定、安全。

坝基及两岸坝肩山体的基岩漏水和坝顶下游侧产生的纵向裂缝等水库初期运用中出现的问题，引起了水利部领导、上级主管部门和参建各方的高度重视和关注。为此，水利部领导主要针对上述两个问题，做出重要指示，由小浪底水利枢纽建设管理局委托水利部水利水电规划设计总院和中国水利水电科学研究院组成专家组，专门就小浪底水库的渗漏问题于 2006 年进行了"渗控专题安全鉴定"，专家组于 2006 年 3 月提出了《黄河小浪底水利枢纽渗控专题安全鉴定报告》；针对坝顶产生的纵向裂缝等问题，专家组于 2007 年 4 月提出了《黄河小浪底水利枢纽初期运用技术评估报告》。其主要结论如下：

（1）黄河小浪底水利枢纽工程已经受较长时间、较高水位运行考验，渗漏问题经补强处理，效果明显，目前渗漏水量已趋稳定，工程运行基本正常。预测正常蓄水位 275.00m 时，渗水量和渗透比降虽然会有所增加，但不致影响水工建筑物安全运行，枢纽渗漏问题不影响枢纽工程竣工验收。

(2)对拦河主坝上、下坝坡发生的局部不均匀变形问题,已经处理;坝顶下游侧发生的纵向裂缝是坝体不均匀变形导致的张性裂缝,而坝体的长期变形、库水位的升降变化是裂缝发展的主要因素,复核计算结果表明,大坝整体稳定满足安全运用要求;预测在正常蓄水位 275.00m 及每年库水位升降时,坝顶裂缝及上、下游坝坡局部变形还会有一定变化,但不影响大坝安全运用。因此,小浪底水利枢纽竣工验收的技术条件已经具备。